समकालीन रंग–परिदृश्य

समकालीन रंग-परिदृश्य

सत्येन्द्र कुमार तनेजा

राधाकृष्ण प्रकाशन

ISBN : 978-81-8361-934-9

समकालीन रंग-परिदृश्य

पहला संस्करण : 2019

मूल्य : ₹995

प्रकाशक

राधाकृष्ण प्रकाशन प्राइवेट लिमिटेड
जी-17, जगतपुरी, दिल्ली-110 051

शाखाएँ : अशोक राजपथ, साइंस कॉलेज के सामने, पटना-800 006
पहली मंजिल, दरबारी बिल्डिंग, महात्मा गांधी मार्ग, इलाहाबाद-211 001
36 ए, शेक्सपियर सरणी, कोलकाता-700 017

वेबसाइट : www.radhakrishnaprakashan.com
ई-मेल : info@radhakrishnaprakashan.com

मुद्रक : बी.के. ऑफसेट
नवीन शाहदरा, दिल्ली 110 032

SAMKALEEN RANG-PARIDRISHYA
Criticism by Satyendra Kumar Taneja

जो मात्र जीवन-साथी नहीं—
शशी के लिए

अन्तर्कथा

मेरी इस पुस्तक के चुने हुए लेख उस लम्बी यात्रा के दस्तावेज हैं जो शुरू तो हुई एक सामान्य अध्यापक के नाट्याध्यापन के नाते से, परन्तु बहुत देर नहीं लगी जब उसने यह जाना-समझा और सीखा कि रंगमंच को बीच में लाए बिना, अध्यापन की यह प्रक्रिया कितनी अधूरी और कैसी उसकी सीमाएँ हैं। इस पुस्तक के लेख और समीक्षाओं में नाटक और रंगमंच के पारस्परिक रिश्तों को सामने रखते हुए आकलन करने की कोशिश की गई है। इन दोनों के सम्बन्ध इतने अनिवार्य और निकट होते हुए भी एकरेखीय या सपाट नहीं हैं कि उन्हें परिभाषित किया जा सके। इनकी आपसी सम्भावनाओं से पूर्ण टकराहट, प्रमुखता पाने या आगे निकलने या अपने को बेहतर प्रदर्शित या स्थापित करने की होड़ वस्तुत: इनकी सृजनात्मक ताकत है। यह सफर कई बरस तक चला। इन लेखों में अकादमिक होने की कमजोरियों से उबरने के सतत प्रयास मिलेंगे। यह इसी का असर है कि अपने लेखों और समीक्षाओं के चयन में, मैं पर्याप्त तटस्थ और कहीं-कहीं निर्मम रहा हूँ। 'सम्मेलन पत्रिका', 'हिन्दुस्तानी पत्रिका', इलाहाबाद, 'नागरी प्रचारणी पत्रिका', बनारस, 'परिषद पत्रिका', बिहार राष्ट्रभाषा परिषद, पटना, 'परिशोध' पंजाब विश्वविद्यालय चंडीगढ़—जो अपने दौर की अग्रणी पत्रिकाएँ रही हैं, उनमें प्रकाशित मेरे लेखों को इस पुस्तक में संकलित न करने में कोई हिचक नहीं रही। एक कदम आगे-जैसे ही रंगमंच से जुड़ाव बढ़ता गया, रंगकर्म से सीधे सम्बन्ध रखने वाली उस समय की निम्न लघु-पत्रिकाएँ—'अभिनय-संवाद', 'नाट्य-वार्ता', 'रंगमंच', 'अभिनय', 'कला वार्ता'—और 'इनैक्ट' भी—में प्रस्तुति-समीक्षा आदि मुद्दों पर लिखने का दायित्व बखूबी निभाता रहा। यहाँ यह भी जिक्र कर दूँ कि समाचार-पत्र—'जनसत्ता' के चंडीगढ़ संस्करण में लगभग 11-12 हफ्तों तक (1984) मेरी लिखी 'दिल्ली रंगमंच' पर साप्ताहिक रिपोर्ट प्रकाशित होती रही। रंगमंच से सीधे सम्बन्ध रखने के बावजूद भी इस लेखन को पुस्तक में शामिल नहीं किया गया।

इस सन्दर्भ में यहाँ इस बात का उल्लेख करना जरूरी है कि रंगकर्म के व्यावहारिक पहलुओं को समझना मेरे लिए इतना आसान नहीं रहा। जितना और जैसा भी समझ पाया, यह सब एक समर्पित दर्शक की जिज्ञासु-वृत्ति का परिणाम है। साहित्य कला परिषद, संगीत नाटक अकादमी, राष्ट्रीय नाट्य विद्यालय और दिल्ली थिएटर के विभिन्न कार्यक्रमों की भागीदारी ऐसे अनेक अवसर प्रदान करती रही जिससे रंगकर्म की गुत्थियाँ खुलती रहीं।

इस दिशा में, रंगमंच से संलग्नता का सर्वाधिक वास्ता साहित्य कला परिषद द्वारा आयोजित 'भारतेन्दु नाट्य समारोह' ने प्रदान किया। पिछले कई बरसों से परिषद इस समारोह का आयोजन कर रही है जिसमें वर्ष भर के प्रस्तुतीकरणों में से श्रेष्ठ 5-10 चुनी प्रस्तुतियों का मंचन होता है। चुनाव के लिए परिषद एक चुनाव-समिति का गठन करती है, जिसमें इस लेखक को सदस्य होने के नाते प्रस्तुतियों के परीक्षण के अनेक अवसर मिले। इस प्रकार के अनुभव से किसी भी प्रस्तुतीकरण की प्रदर्शन-पद्धति, रंग-युक्तियों के प्रयोग, दृश्य-संरचना, संवाद-प्रस्तुति, कार्य-व्यापार, दृश्य-गतियाँ, प्रस्तुति का आरम्भ और उसका अन्त जैसी व्यावहारिक स्थितियों को देखने-समझने की क्षमता बढ़ती गई। यह सिलसिला पर्याप्त उपयोगी और लाभप्रद सिद्ध हुआ।

अच्छा थिएटर सदा समकालीन होता है। इतने वर्षों की अवधि में कई समकालीन सवाल और समस्याएँ सामने आईं। इस पुस्तक के लेख इन्हीं मुद्दों और मसलों को उठाते हैं, जैसे—'हिन्दी का नाटक या हिन्दी में नाटक' या 'हाशिए पर है मौलिक नाट्य-लेखन'। इन लेखों में मैंने हिन्दी नाटक की उस निरीहता को रेखांकित किया जहाँ निर्देशक प्राय: मंच-प्रतिष्ठित विदेशी नाटकों के अनुवाद या रूपान्तर को प्राथमिकता देकर प्रस्तुत तो करता रहता है लेकिन हिन्दी के मौलिक नाटकों को अनदेखा कर रहा है। ऐसी स्थिति में हिन्दी का नाटककार ठगा-ठगा-सा रहता है, जैसे उसकी सायास अवहेलना हो रही हो। यह सवाल कई बार कई बरस बाद भी उठता रहा। मैंने स्वयं भी इस मसले को 1981, 1992 और 2009 में उठाया।

70-80 के दशक में ऐसी आशंका-सी उठने लगी थी कि थिएटर के व्यावसायिक स्तर पर बढ़ जाने का तात्पर्य है, उसके व्यापारिक या कमर्शियल हो जाने का खतरा। चिन्ता के इस मुद्दे की चर्चा मैंने प्रकाशित अपने पहले लेख (1978) में की है। इस दौर में भारतीय रंगमंच-निर्देशन और अभिनय की दुनिया में कीर्तिमान स्थापित करने वाली विरल प्रतिभाओं के अप्रतिम योगदान के अतिरिक्त इन विशिष्ट निर्देशकों-अभिनेताओं ने अपने अद्वितीय प्रस्तुतीकरण से थिएटर जगत को अमिट स्मृतियों से समृद्ध किया। हबीब तनवीर, इब्राहिम अल्काज़ी, श्यामानन्द जालान, ब.व. कारन्त जैसे सर्जक-निर्देशकों ने अपने-अपने स्तर पर नई प्रस्तुति-शैली को विकसित कर, उसके विलक्षण पर रचनात्मक प्रयोग से हिन्दी रंग-जगत में युगान्तकारी परिवर्तन का सूत्रपात किया। इस अवधि में अभिनय की दुनिया में अद्भुत प्रतिभाओं का विस्फोट-सा हुआ, बहुमुखी सामर्थ्य के धनी इन कलाकारों ने अपने अभिनय की मोहिनी-शक्ति से रंगकला में प्रोत्साहनवर्धक प्राणवत्ता ला दी। अधिकांश प्रमुख अभिनेता राष्ट्रीय नाट्य विद्यालय से हैं परन्तु बड़े शहरों के शौकिया थिएटर से निकले श्रेष्ठ कलाकार भी कम नहीं हैं। समग्र रूप से यह माना जा सकता है कि इन्हीं विभूतियों की महत्ता, प्रतिष्ठा और उल्लेखनीय योगदान की वजह से समकालीन हिन्दी रंगमंच को स्वर्णयुग का गौरव प्राप्त हो सका। उपरि-विषय पर इस पुस्तक में पर्याप्त सामग्री मिल जाएगी।

हिन्दी रंगमंच के विकास की दिशा बहुमुखी रही है, उसे सही परिप्रेक्ष्य में समझने के लिए कुछ लेख ऐसे हैं जो न केवल रंगमंच के इतिहास के कुछ पहलुओं या स्थितियों

को जानने में मदद करते हैं बल्कि उनके परवर्ती प्रभावों की महत्ता को भी स्पष्ट किया—'इप्टा', 'जब्तशुदा साहित्य, पत्रकारिता और पारसी थिएटर', 'विद्रोही-वृत्ति का मंत्र बना नील-दर्पण', 'दिल्ली रंगमंच', 'पंजाबी रंगमंच'। इसी कड़ी में प्रेमचन्द और भारतेन्दु हरिश्चन्द्र के रंगकर्म के अलग प्रकार के नजरिये को अनदेखा नहीं किया गया। भोपाल में हुए 'स्कन्दगुप्त' के मंचन की प्रस्तुति-प्रक्रिया के साक्षी रहने के क्षणों को मैंने डायरी शैली में निबद्ध किया है—'साकार होते शब्दों का इतिहास'। इस संकलन के कुछ लेख संस्मरणात्मक हैं—'आपबीती के बहाने नाट्यालोचन पर एक विमर्श', 'बुल्ला की जाने, मैं कौन', 'कारन्त के साथ कुछ समकालीन अनुभव'। 'क्रान्ति का विचार और संस्कृत नाटक' इस लेख में प्रचलित छवि से हटकर, संस्कृत नाटक के एक अछूते पक्ष को नई दृष्टि से उजागर करने की कोशिश की गई है। हिन्दी नाटक और रंगमंच पर समान रूप से अधिकार रखने और रंगकर्म में अलग पहचान बनाने में समर्थ लक्ष्मीनारायण लाल और रमेश मेहता के समस्त लेखन को न्यायोचित प्रकाश में परखने के प्रयास किए गए हैं।

इस पुस्तक में 16 समीक्षाएँ संकलित हैं, कुछ का सम्बन्ध नाटकों से है और कुछ का रंगमंच से जुड़े मसलों से। दृष्टिकोण की बात पहले ही हो चुकी है। कोई भी नाटक की पुस्तक हो या रंगकर्म सम्बन्धित कोई मुद्दा या गतिविधि, उसकी अन्तर्वस्तु से उठते या जुड़े इतर सवालों को, समीक्षा लिखते समय उसके शीर्षक के माध्यम से प्रतिध्वनित किया है—'विद्रोह के लुभावने स्वर', 'युद्ध के निमित्त राष्ट्रप्रेम और राजनीति', 'औपनिवेशिक परिवेश में विदेशी नाटकों के नाट्यानुवाद', 'प्रासंगिकता के दबाव से घिरे कुछ नाटक' या कुछ और ऐसे शीर्षक जो रचना की परिधि से हटकर अलग तात्पर्य या सम्भावना को व्यंजित कर रहे हैं, उनको टटोलने की कोशिश की गई है।

समीक्षा की मूलभूत अपेक्षा वस्तुनिष्ठता है जिसके निर्वाह के प्रति मैं यथेष्ट सतर्क रहा हूँ। प्रत्येक समीक्षक का अलग नजरिया रहता ही है। किसी भी नाटक या प्रस्तुतीकरण के केन्द्र में, चाहे वो विषयवस्तु हो, चाहे चरित्र हो या कोई विचार—मूल्यांकन का मेरा आधार (किसी भी विचारधारा के बिना) प्रगतिशील-दृष्टि और उसी कोण से उसको परखने की प्रवृत्ति रही है। नाटक हो या रंगमंच, समाज से सीधा वास्ता रखने वाले ये दोनों लोकप्रिय और उत्प्रेरक माध्यम हैं, उनमें एक ऐसी संवेदनशील अन्तर्दृष्टि व्याप्त रहनी चाहिए जो (पाठक-लेखक) के अनुभव संसार को आन्दोलित कर उसको ज़मीनी यथार्थ के प्रति सजग करें। क्या रंगकर्म का प्रयोजन जीवन-मर्म की तलाश नहीं होना चाहिए?

मेरे ये चुनिन्दा लेख विगत कई वर्षों से अपने विषय के प्रति लगातार बढ़ते लगाव, गहरी दिलचस्पी तथा अपने दृष्टिकोण की खोज के परिणाम हैं। अपनी जानकारी को ताजा रखने और अपनी मन:स्थिति में खुद को आश्वस्त रखने के लिए नाटक और थिएटर पर लिखी हिन्दी और अंग्रेजी किताबों, पत्रिकाओं, ब्रोशर का अध्ययन-मनन कभी रुका नहीं। अनुभव से पता चला कि थिएटर की दुनिया ही कुछ ऐसी है—जहाँ न घुसना आसान है, न निकलना आसान!

मेरी यह पुस्तक समकालीन रंग-लेखन के विविध पहलुओं का सम्यक् समीक्षात्मक विश्लेषण अवश्य करती है परन्तु उसका दायरा 20वीं सदी के अन्तिम दशकों के आस-पास का है, रंगकर्म की मौजूदा वस्तुस्थिति में कई उल्लेखनीय बदलाव हो रहे हैं जिनका जायजा लेना प्रासंगिक होगा। पिछले कुछ वर्षों में, देश और दुनिया में गुणात्मक परिवर्तन हुए हैं। उत्तर-आधुनिकता, वैश्वीकरण और उदारवाद की धारणाएँ ऐसे प्रवाह की तरह फैली हैं। जिनके प्रभावस्वरूप जीवन, समाज और स्थापित परम्पराओं-आदर्शों के प्रति हमारी निष्ठा, प्रतिबद्धता और दृढ़ता को विचलित कर दिया। हालात ऐसे होते जा रहे हैं कि विचार, विचारधारा या मनीषी-समाज के प्रति न पहले जैसा आदर-भाव रहा और न उनमें वैसी प्रखरता या प्रबलता रही। इसी के साथ जिस तेजी से टेक्नोलॉजी का अनुशासनपरक पर अप्रत्याशित विस्तार हुआ है उसने समूची व्यवस्था को अपनी गति के अनुरूप चलने के लिए विवश कर दिया है। बाजार-संस्कृति का उदय और उसका फैलाव टेक्नोलॉजी के बिना सम्भव नहीं। यह उसका प्रतिफल है। बाजार-संस्कृति के बहुव्यापी परिणाम चारों ओर देखे जा सकते हैं। बाजार-संस्कृति अपनी कार्यसिद्धि या कहें व्यावसायिक पूर्ति के लिए समाज की स्थापित मान्यताओं का अतिक्रमण करने में कोई संकोच नहीं करती। दोनों—बाजार-संस्कृति और टेक्नोलॉजी—के समग्र प्रभाव से एक विशेष प्रकार की सोच विकसित हो रही है जहाँ आप अपनी युक्ति या सुविधा के अनुरूप सही या गलत के मानदंड निर्धारित कर सकते हैं। बाज़ार-संस्कृति की इस कदर बढ़ रही कामयाबी की वजह मीडिया—विशेष रूप से टेलिविज़न की वह सम्मोहन-शक्ति है जो व्यक्ति के स्वतंत्र सोचने की क्षमता को कुंद-सी कर उसे विवश छोड़ देती है। इसकी प्रतिच्छाया थिएटर पर पड़ने लगी है। पॉपुलर थिएटर या बेहतर प्रतिबद्ध श्रेष्ठ रंगकर्म को लेकर कोई एक राय बनाए रखना मुमकिन नहीं रहता। बाजार-संस्कृति का पहला प्रहार हिन्दी भाषा की संरचना पर पड़ा। कभी सम्प्रेषण के नाम पर, कभी उपयोगिता के नाम पर—खिचड़ी भाषा की नई अभिव्यक्ति-शैली प्रचलित हो रही है, जहाँ मनमाने प्रयोग मिलेंगे। हिन्दी के समाचार-पत्र और पत्रिकाएँ इसके प्रमाण हैं।

बाजार-संस्कृति के मुताबिक नया रंग-परिवेश चारों ओर छाया हुआ है। मौजूदा परिस्थितियों में किए जाने वाले रंगकर्म को कहने भर के लिए चाहे शौकिया मान लें परन्तु उसकी आकांक्षाएँ व्यावसायिक नहीं कमर्शियल सफलता की दिशा में हैं। यह कोई दोष नहीं, थिएटर की यह नई अपेक्षाएँ हैं और रंगकर्म की प्रगति का अगला कदम है। इस प्रकार प्रस्तुतीकरण के निरन्तर चलते रहने—बेहतर होते रहने की सम्भावनाएँ खुली रहती हैं। समय आ गया है कि थिएटर आर्थिक धरातल पर स्वावलम्बी हो। इसके लिए एक व्यावसायिक व्यवस्था आवश्यक है ताकि लगातार प्रदर्शन का सिलसिला बना रहे। हमें यह नहीं भूलना होगा कि दुनिया के श्रेष्ठ और अविस्मरणीय प्रस्तुतीकरण व्यावसायिक थिएटर की देन है। यह सब आर्थिक आत्म-निर्भरता के बिना मुमकिन नहीं। इसके दो स्रोत हैं—केन्द्र हो या विभिन्न राज्य, कला और संस्कृति के विकास का दायित्व शासन-व्यवस्था के अधीन स्थापित संस्थाएँ निभाती रही हैं। ये संस्थाएँ प्रदर्शनकारी कलाओं—थिएटर को भी सांस्कृतिक अनुदान देती हैं। इस दिशा में इनकी महत्ता, उपयोगिता

और ऐतिहासिक योगदान को अनदेखा नहीं किया जा सकता। राजसत्ता के बदल जाने के साथ-साथ प्रत्येक राजनीतिक दल के राष्ट्रहित के अपने-अपने मतलब निकालने की नीति अपनाने लगते हैं। बिना सीधे दखल दिए राष्ट्रीय सुरक्षा के नाम पर खास तरह की दमनकारी स्थितियों की घेरेबन्दी की जाती है कि जिनसे ऐसा मानसिक दबाव बना रहे या किसी न किसी खतरे की आशंका का अहसास होता रहे ताकि कलाकर्म अपनी सीमा में ही रहे और कलाकार को अपने सम्मान या मर्यादा की चिन्ता बनी रहे। दूसरा स्रोत, बदले हालात में इन कलाकारों को रंगकर्मी, अपनी प्रस्तुति के मंचन के लिए चुस्त और व्यवहारकुशल बनना पड़ता है तभी वे कुछ रकम इकट्ठी कर पाते हैं। कला और संस्कृति की गतिविधियों में दिलचस्पी रखने वाले कुछ कॉरपोरेट सेक्टर के अधिकारी वक्त पर आर्थिक मदद करते रहे हैं। असल में दोनों स्रोतों के संचालकों को अपनी-अपनी सांस्कृतिक-छवि को उज्ज्वल प्रदर्शित करने की चिन्ता बनी रहती है परन्तु दोनों के निहित प्रयोजन कैसे छिपे रह सकते हैं, ऐसी सूरत में ये संचालक, सूत्रधार की भूमिका अदा करने से झिझकते नहीं।

प्रस्तुति-कला की खोज की नई दिशा अब तकनीकी रंग-उपकरणों के इर्द-गिर्द हो रही है। नाटकीय कार्य-व्यापार की गति और आस्वाद बदल रहा है। नई रचनात्मक सम्भावनाएँ खुल रही हैं। स्क्रीन के कुशल प्रयोग से नाट्यालेख के केन्द्रीय चरित्र या उसकी अन्तर्वस्तु के नए आयाम या नई अर्थच्छवियों को टटोला जा सकता है। यह सब कल्पनाशील निर्देशक के दक्ष प्रयोग पर निर्भर करता है। टेक्नोलॉजी और बाजार-चेतना ने एक नए रंग-परिवेश के संकेत दिए। नया दर्शक प्रबुद्ध, जागरूक तथा समर्थ-वर्ग से आया है, उधर युवा पीढ़ी का उत्साह कम नहीं है, जो प्रदर्शन-प्रिय हैं और इसे वह मंच-प्रतिष्ठा के रास्ते की नजर से देख रहा है। दर्शक का दायरा बढ़ा है, सम्भवत: वह बढ़ता रहेगा। दर्शक को पूरा पता है कि वह फिल्म या टी.वी. सीरियल नहीं देख रहा, वह थिएटर के जीवन्त अनुभव से गुजरना चाहता है। दर्शक की दिलचस्पी को बनाए रखने की वजह से निर्देशक की चुनौतियाँ बढ़ गई हैं। वह समकालीन यथार्थ में कुछ रंजक, कुछ रोचक रंग-युक्तियों के अनोखे मिश्रण से अपने प्रस्तुतीकरण को विश्वसनीय स्वरूप दे रहा है। लोकप्रियता की होड़ को वह भूला नहीं है, जाहिर है इसमें अनुसरण की प्रवृत्ति है। निश्चय ही कुछ निर्देशक अवश्य ऐसे हैं जो अपनी सृजनात्मक शक्तियाँ जीवन या समाज में मौजूद सवालों या उलझनों की टकराहट से उत्पन्न मानवीय संवेदन के जरिए अपनी प्रस्तुति को असरदार और गहरा अनुभव प्रदान करते हैं। आर्थिक मदद के दोनों स्रोत अपनी या अपेक्षित नीति पर चल रहे हैं। इनकी सीमाओं के चलते, आजकल नाटक पर्याप्त मात्रा में खेले जा रहे हैं, दर्शक आ रहे हैं। बीच-बीच में अच्छी प्रस्तुतियाँ अवश्य मिल जाती हैं। दिल्ली में सप्ताहान्त थिएटर तो लगातार हो रहा है, अब अनेक बड़े शहरों में—भोपाल, जबलपुर, पटना, जयपुर, चंडीगढ़, अमृतसर, जोधपुर, रायपुर, जम्मू और मुम्बई थिएटर की गतिविधियों में विस्तार हुआ है। टेक्नोलॉजी का असर और फैलाव इसलिए चकित करता है क्योंकि रंग-परिवेश और रंग-प्रक्रिया उसी दिशा में बदल रहे हैं। तकनीकी रंग-उपकरणों की मदद लेना कुछ आवश्यक-सा हो गया है।

कुछ हटकर प्रत्येक निर्देशक की यह कोशिश तो रहती है कि उसका प्रस्तुतीकरण कुछ नया, कुछ भिन्न लगे। प्रदर्शन की गति में कुछ रोमांचकारी, कुछ विलक्षण प्रसंग जोड़कर निर्देशक नाटकीय अनुभव को अधिक प्रभावोत्पादक बनाना चाहता है। इस प्रवृत्ति से सुनने-देखने के स्थान पर देखने-सुनने की पद्धति को अपनाया जा रहा है, इससे शब्द की सत्ता या प्रबलता गौण हो रही है। तात्त्विक धरातल पर परखें तो समस्त कला-कर्म और थिएटर को भी, वस्तुतः 'हस्तक्षेप' की प्रक्रिया से अपनी अर्थवत्ता की खोज करनी होती है। रंगमंच के प्रदर्शन-पक्ष में प्रत्यक्षता और तात्कालिकता की अपार प्रभविष्णु शक्ति के कारण जीवन व समाज में सार्थक बदलाव लाने की अनूठी ताकत है। ऐसे निर्देशक हमेशा उभरते रहते हैं जो प्रचलित प्रदर्शन-शैलियों या रूढ़ियों के अनुसरण से बचते हैं। वे साहसी सोच और वैसे रंगकर्म में संलग्न रहते हैं। वे न अपने व्यावसायिक दायित्व को भूल पाते हैं और न अपने सपनों को। वे व्यवस्था में व्याप्त विषमता से उत्पन्न सामाजिक और आर्थिक सवालों को तो सामने लाते हैं परन्तु वे उनके प्रतिपक्ष को भी रेखांकित करते हैं। ऐसे थिएटर का चरित्र अलग किस्म का होता है, उसमें अपने समय की आवाज सुनी जा सकती है। रंगमंच का इतिहास मनबहलाव या मनोविनोद प्रधान लोकप्रिय नाटकों के अनेक प्रदर्शनों से भरा पड़ा है। अन्ततः यथास्थिति का पोषण करने वाला ये थिएटर एक बड़े शून्य को भरता है, उसकी उपस्थिति की अपनी तरह से जरूरत है। इस सन्दर्भ में हमें यह नहीं भूलना होगा कि थिएटर की दुनिया में पारसी थिएटर एक महत्त्वपूर्ण कड़ी है। पारसी थिएटर अगर व्यावसायिक स्तर पर कामयाबी से चलने लगा था तो ऐसे ही पॉपुलर थिएटर जैसा, परन्तु धीरे-धीरे वह बदला-सँभला और उसमें नारायण प्रसाद बेताब, राधेश्याम कथावाचक, आगाहश्र कश्मीरी जैसे ख्याति प्राप्त नाटककार हुए, नामी अभिनेता उभरे, अपनी प्रदर्शन शैली विकसित की और श्रेष्ठ प्रस्तुतीकरण खेले गए, यही नहीं, आजादी की लड़ाई से प्रेरित होकर विद्रोही-प्रकृति के नाटक भी लिखे गए। इसी सिलसिले में मनोरंजन के सर्जक कलाकार 17वीं शती के मोलियर और 20वीं शती के चार्ली चैपलिन ने मनोरंजन के मनोहारी आजरण को निमित्त बनाया और अपने जमाने के धर्म, समाज और राजसत्ता की कथनी और करनी में व्याप्त अन्तर्विरोधों पर तीखे प्रहार किए, जिसे दोनों ने बड़ी सृजनात्मक सरलता से दृश्यांकित किया। मनोरंजन के जरिये निर्देशक क्या कहना चाहता है, दरअसल यही मायने रखता है। इसी का सहारा लेकर वह पॉपलुर होकर, बाजारू सफलता पा सकता है, जैसा अक्सर होता है। रंगकर्मी हो या निर्देशक, वह पॉपुलर थिएटर करें या गम्भीर, उसे अपने मन्तव्य के बारे में निर्भ्रान्त रहना चाहिए जो उसके प्रस्तुतीकरण से स्पष्ट व्यंजित होता रहे।

इधर, आचरण की नई संस्कृति का प्रचलन हो रहा है। राजसत्ता से सम्बन्ध रखते हो या बाजार से, समाज का एक तबका अधिकाधिक अधिकार पाने या अपने रुतबे की सुविधाएँ हथियाने की अन्धी दौड़ में लगा हुआ है। मीडिया की दुनिया ने प्रभु समाज की सफलता या हैसियत को अनोखी चमक दे दी है। उदात्त मूल्य या आदर्श निष्प्रभ हो गए हैं। किसी सत्य या तथ्य की खोज आधी-अधूरी या उलझी रह जाती है या उलझा दी जाती है। सच्चाई को समझ या जान पाना आसान नहीं रहा। जीवन-व्यवहार संवेदनहीन हो रहे हैं। न्याय-

विमुख-सी हो रही इस व्यवस्था में जी रहे दर्शक-समाज के प्रति अपनी व्यावसायिक और मानवीय जिम्मेदारियों का ध्यान रखते हुए रंगकर्मी-निर्देशक को यह स्पष्ट रहना चाहिए कि वह क्यों और किस मकसद से थिएटर कर रहा है। यह नहीं भूलना होगा कि उसके पास अपने प्रेक्षक को तत्काल अनुप्रेरित करने और जीवन अनुभव प्रदान करने की अलग किस्म की क्षमता है। ऐसी सूरत में निर्देशक का तात्त्विक परिप्रेक्ष्य सबल होना जरूरी है तभी वह इस तिजारती समय और उसके यथार्थ की गुत्थियों को समझ पाएगा।

आधुनिक परिवेश में अनिश्चय की मन:स्थिति में जी रहा 21वीं सदी का इनसान अपनी दोहरी और विडम्बनापूर्ण जिन्दगी से अपरिचित नहीं रहा, उससे अब अभ्यस्त हो चुका है, पर अपने आपको वह असहाय और अकेला पाता है। थिएटर का मूल स्रोत आज का जीवन और समाज है, वह कैसे उससे विच्छिन्न हो सकता है। रंगकर्म के अनेक प्रकार और अपार प्रदर्शन-शैलियाँ हैं। समकालीन विषम सवाल को उठाने, उसके पक्ष-विपक्ष को रेखांकित करने और अपने प्रस्तुतीकरण को सबल मानवीय परिप्रेक्ष्य देने में ही निर्देशक की उपलब्धि और थिएटर की अर्थवत्ता है। रंगकर्म की स्वस्थ प्रगति के लिए किसी भी विचार या जीवन-दृष्टि की मजबूत नींव रंगकर्मी के पास अवश्य होनी चाहिए। इसी प्रक्रिया से थिएटर अपने हमसफर दर्शक का सहारा-सलाह का साथी बन सकता है। रंगकर्म का उत्कर्ष इसी दिशा में देखना होगा। असल में प्रभावोत्पादक प्रस्तुतीकरण के जीवन्त नाटकीय-अनुभव ही अन्तत: निर्णायक सिद्ध होते हैं।

अपने अध्यापन और थिएटर के साथ-साथ मेरा पढ़ना-लिखना बराबर चलता रहा, इन्हीं के साथ मेरी सोच, मानदंड और मेरे विश्वास भी बदलते-सुधरते रहे। इसी वजह से कहीं-कहीं अन्तर्विरोध मिल सकते हैं। जिन्दगी के यथार्थ न सपाट हैं, न एकरेखीय। इन अनुभवों से गुजरते हुए समकालीन लेखक-रंगकर्मी ने विघटित हो रहे मौजूदा जीवन पर—मानव-प्रकृति पर उसकी नियति पर—द्रष्टा रूप के नाते वह किस नतीजे पर पहुँचा? या क्या कोई खरी टिप्पणी की। सभी क्लासिकल कृतियाँ इसीलिए अविस्मरणीय रही हैं। मैं अपनी कोशिश में कितना कामयाब हुआ हूँ, कहना कठिन है।

चालीस साल की अवधि में विभिन्न अग्रणी पत्रिकाओं में इस पुस्तक में प्रकाशित लेखों को संकलित करना, व्यवस्थित करना और सुनियोजित आकार देना जरूरी था। इस श्रमसाध्य कार्य की योजना को पूरा करने में शुरू से अन्त तक रेणु अरोड़ा की मदद और सलाह मिलती रही। उसके इस निर्व्याज-सहयोग के बिना यह कार्य कैसे सम्पन्न होता, कहना कठिन है। समय-समय पर डॉ. के.डी. शर्मा, भानु भारती के सुझाव लाभप्रद सिद्ध हुए।

इतने बरस पुराने सम्बन्धों के प्रति अपने सौहार्द-भाव का निर्वाह करते हुए श्री अशोक महेश्वरी ने इस पुस्तक के प्रकाशन का जो दायित्व सँभाला है, इससे मेरे विश्वास को बल मिला है। मैं उनके प्रति, सस्नेह, आभार प्रकट करता हूँ।

—सत्येन्द्र कुमार तनेजा

10 जुलाई, 2018
दिल्ली

पुनश्च

लन्दन थिएटर के जाने-माने केन्द्र—वेस्ट एंड में स्थित हैरल्ड पिन्टर थिएटर हॉल में शेक्सपियर के कालजयी नाटक 'हैमलेट' के नए प्रदर्शन के अवसर पर इस प्रस्तुतीकरण के सुप्रसिद्ध निर्देशक—राबर्ट इके ने कुछ विस्मयकारी—कुछ झकझोरने वाला बयान देते हुए कहा कि अगर थिएटर देखने के लिए आए दर्शकों से मनमाने ढंग से बढ़ाई जा रही टिकटों के दाम कम नहीं किए गए तो अगले 50 सालों में थिएटर की मौत हो सकती है।

अपने निर्देशक के आग्रह से एक कदम आगे बढ़ते हुए रंगजगत के ख्यातिप्राप्त और समर्पित अभिनेता एन्ड्रयू स्कॉट ने इस बात पर बल दिया कि 30 वर्ष की आयु के युवा दर्शकों के लिए अगर कम दाम की टिकटों की व्यवस्था न की गई तो उनके लिए हैमलेट (नायक) की भूमिका के प्रस्ताव को स्वीकार करना सम्भव न हो पाएगा।

'हैमलेट' नाटक के निर्देशक और अग्रणी अभिनेता—दोनों के ऐसे निर्णय और आचरण में साहस और गहरे सामाजिक सरोकार का एहसास है। भारतीय रंगकर्म पर जो बाजार का दबाव बना रहता है, उन रंगकर्मियों के लिए यह पहल एक प्रेरक मिसाल है।

(डेली टेलीग्राफ, लन्दन, 15 जून, 2017)

क्रम

रंग विमर्श

मूल्यांकन

रंग विमर्श

1

आपबीती के बहाने नाट्यालोचन पर एक विमर्श

'स्वान्तःसुखाय' की खोज में मुझे सबसे बेहतर किताबों की दुनिया लगी—इतनी विविध, इतनी दिलचस्प—बाँधकर रखने वाली—आलोक बिखेरती पर सदा नए सवाल उठाने वाली। संयोग से, किसी व्यक्ति का कार्यक्षेत्र अध्यापन हो तो फिर बात ही और हो जाती है। अगर वह व्यक्ति मात्र मुलाजिम नहीं है और इस व्यवसाय को 'स्वान्तःसुखाय' की मनोभूमि पर ले रहा है तो किताबें एक समानान्तर संसार के द्वार खोल देती हैं। अब तो बरसों-बरस बीत गए, मैंने अपने आपको इसी दुनिया के जरिये रास्ता टटोलते पाया है। यहाँ मुझे अलग प्रकार के अनुभव हुए। इस राह पर चलते हुए मैंने यह जाना और महसूस किया कि पढ़ने से कहीं अधिक पढ़ाने की प्रक्रिया से गुजरते हुए व्यक्ति की सामान्य जानकारियाँ गहरी समझ, स्वतंत्र सोच, और निर्भ्रान्त दृष्टिकोण में परिवर्तित होने लगती हैं। कक्षा में जिस तन्मयता से विषय-विवेचन की शुरुआत होती है, उत्तरोत्तर उसके विश्लेषण-प्रवाह में आना स्वाभाविक है। इस स्तर पर पाया गया कि तत्काल उत्प्रेरित मैं ऐसे विचार-बिन्दुओं को उठा रहा हूँ जिनकी ओर पहले ध्यान नहीं गया था। यह प्रत्याशित स्थिति जितनी सुखद है, आकलन-क्षमता की दृष्टि से यह व्यक्ति को उतना समर्थ बनाती है। इस लिहाज से अध्यापन-कर्म और आलोचना-कर्म चाहे भिन्न लगें, दोनों की कार्य-विधि समान है। मुझे इस बात का पूरा अहसास है कि विश्वविद्यालय और एकेडेमिक जगत का कितना बौद्धिक ह्रास हो रहा है। उसके अन्दर व्याप्त ठहराव और दोहराव को लेकर साहित्यकारों-आलोचकों में जो आम धारणाएँ बनी हैं, वस्तुस्थिति उससे भी अधिक चिन्ताजनक है। 'अध्यापकीय-समीक्षा' का निहित तात्पर्य है—रूढ़िधर्मी दृष्टिपथ अपनाना अर्थात् शास्त्र की लीक का अनुसरण करना। बहुसंख्य अध्यापक इसी सुरक्षित मार्ग पर चलते हैं परन्तु ऐसे अध्यापकों की मिसाल कम नहीं है जिन्होंने अपने गम्भीर अध्ययन, मौलिक चिन्तन और उत्कृष्ट लेखन के बल पर आलोचना-जगत में शीर्ष स्थान अर्जित किया। कहने की आवश्यकता नहीं कि आचार्य रामचन्द्र शुक्ल से शुरू हुई इस परम्परा में अनगिनत नाम बताए जा सकते हैं। यह सिलसिला आज भी जारी है—यहाँ की अन्य भाषाओं में और विदेश की भी। क्या साहित्यकारों में श्रेष्ठ और सामान्य लेखक नहीं होते? बहुतायत किनकी है—यह क्या किसी से छिपा है?

सन् 1953-54 में दिल्ली विश्वविद्यालय का छात्र होने के नाते हमें विख्यात आलोचक और विद्वान डॉ. नगेन्द्र ने जयशंकर प्रसाद का लिखा 'चन्द्रगुप्त' नाटक पढ़ाया। प्रतिपाद्य-

विषय तो सुपरिचित था परन्तु परत-दर-परत उनकी बहुस्तरीय विश्लेषण-विधि असरदार थी और यादगार भी। वाग्मिता न होते हुए उनका बौद्धिक-संधान सभी छात्रों को अभिभूत कर देता था। मैं कभी असाधारण छात्र नहीं रहा पर उपर्युक्त अनुभव से हमेशा मुझे यह लगा कि तन्मयता से कोई अध्यापक पढ़ाए और छात्रों को बाँध न पाए? मेरे अवचेतन मन में अध्यापक डॉ. नगेन्द्र एक 'रोल मॉडल' बन चुके थे। 1940 में डॉ. नगेन्द्र द्वारा लिखित 'आधुनिक हिन्दी नाटक' प्रकाशित हुआ। अपनी गुणवत्ता के कारण आज भी वह एक उल्लेखनीय किताब है। काव्य-शास्त्र, छायावादी काव्य, पंत, कामायनी के वे विशेषज्ञ थे जबकि उनका शोध-प्रबन्ध रीतिकाव्य पर था। वे उस दौर के सम्पूर्ण एवं श्रेष्ठ अध्यापक थे। नाट्याध्यापन में उनकी विवेचन-परिधि अन्तर्वस्तु और चरित्र-चित्रण के इर्द-गिर्द रहती थी। मंच-संरचना नाट्य-विधा का अविभाज्य हिस्सा है, उस पर उन दिनों इतना ध्यान नहीं दिया गया और न उससे जुड़े सवाल पूछे जाते थे।

डॉ. नगेन्द्र की तुलना में डॉ. दशरथ ओझा नाट्यालोचन के प्रति पूरी तरह समर्पित थे। उन्होंने विश्वविद्यालय परिसर में नाटक-विधा को उसकी स्वतंत्र पहचान दी। इसी प्रयोजन को सामने रखकर डॉ. ओझा ने कई पुस्तकें लिखीं जो एकेडेमिक जगत में बहुचर्चित और बहुपठित रहीं। अध्यापक-लेखक के नाते उनकी खासी हैसियत थी और नाम था, लम्बे अरसे तक उनके नाटककार जगदीशचन्द्र माथुर के साथ सम्बन्ध रहे, दोनों ने सहलेखन भी किया। नाटक और रंगमंच के नए समीकरण को वे समझ तो रहे थे परन्तु इस सन्दर्भ में—लेखन और अध्यापन दोनों के स्तर पर—डॉ. ओझा की सोच और पकड़ निर्भ्रान्त नहीं थी। अनेक नाटकों के रचयिता, रंगकर्म के व्यावहारिक अनुभव से पुष्ट और बौद्धिक विमर्श में निपुण डॉ. लक्ष्मीनारायण लाल के प्रभावी वजूद से विश्वविद्यालय के वातावरण में सार्थक बदलाव आया। उन्होंने नाटक और रंगमंच पर कई उपयोगी पुस्तकें लिखी हैं जिनमें समन्वित मूल्यांकन-विधि का प्रयोग मिल जाएगा। अपनी बहुमुखी विशेषताओं के कारण वे अध्यापन-शैली में नवीनता ला सके। डॉ. लाल ने नई पीढ़ी को रंग-लेखन के लिए अनुप्रेरित भी किया।

50 और 60 के दशक में एकेडेमिक क्षेत्र के बाहर हिन्दी रंगजगत में स्फूर्ति और सक्रियता आने लगी थी। शौकिया थिएटर की बढ़ती गतिशीलता के साथ-साथ राष्ट्रीय नाट्य विद्यालय की निरन्तर चल रही प्रस्तुतियों ने हिन्दी रंगमंच के एक नए दौर का सूत्रपात किया। पत्र-पत्रिकाओं में इनकी पर्याप्त चर्चा हो रही थी। दरअसल यह एक देशव्यापी नए रंग-आन्दोलन का जमाना था जिसमें रंगकर्म के प्रति एक अनोखी लहर-सी उमड़ी थी। इस प्रवाह में दिल्ली की कुछ शिक्षण संस्थाओं ने थिएटर के प्रोत्साहन एवं संवर्धन में ऐतिहासिक भूमिका निभाई। मॉडर्न स्कूल और सरदार पटेल स्कूल के असाधारण योगदान को भुलाया नहीं जा सकता। इधर विश्वविद्यालय के किरोड़ीमल कॉलेज, सेन्ट स्टीफेन्स कॉलेज, मिरांडा हाउस आदि ने छात्रों में थिएटर-निष्ठा की अपनी अनुकरणीय परम्परा को जीवित रखा। यहाँ एक दिलचस्प सच्चाई को प्रकाश में लाना आवश्यक है। इन संस्थाओं में रंगकर्म को सक्रिय करने की पहल या तो स्वयं छात्र कलाकार करते थे या हिन्दीतर—विशेष रूप से अंग्रेजी के प्राध्यापक नेतृत्व सँभालते थे। चारों ओर रंगमंच या उसकी उत्साहवर्धक खबरों से घिरे

हिन्दी विभाग ने इस दिशा में अपनी तरह की सजगता दिखाई। इतना सबकी समझ में आने लगा कि नाटक के अध्ययन-अध्यापन या शोध-कार्य में रंगमंच एक ऐसा अनिवार्य तत्त्व है जिसको अब अनदेखा नहीं किया जा सकता। बात चाहे एम.ए. के प्रश्न-पत्र बनाने की हो या शोध-विषय निर्धारित करने की, रंगमंच से सम्बद्ध शब्दावली अपनाने का रिवाज बढ़ गया। पाठ्यक्रम में आमूल बदलाव किए गए। शुरुआत ठीक ही कही जाएगी परन्तु सारी स्थिति विडम्बनापूर्ण रूप धारण करने लगी। छात्रों में रंगमंच या उसके विभिन्न पहलुओं को गहराई से समझने की जिज्ञासा कम न थी परन्तु प्राध्यापन तो पुरानी लीक पर चल रहा है—रह-सहकर सभी प्रकार के सवालों के हल पुस्तकों में खोज पाना कैसे मुमकिन हो सकता है। व्यावहारिक पक्ष बिलकुल अछूता रहा। यह जानकर आश्चर्य होता है कि एक शोधार्थी ने राष्ट्रीय नाट्य विद्यालय पर थीसिस लिखकर पीएच.डी. की उपाधि प्राप्त कर ली परन्तु उसके परिसर में होने वाली प्रस्तुतियों या रंगजगत से उसका—या किसी भी शोधार्थी का—कोई सरोकार नहीं रहा। यह परिपाटी अब सभी विश्वविद्यालयों में मिल जाएगी। पुस्तकीय-ज्ञान की अपनी सीमाएँ हैं, वह धीरे-धीरे रूढ़ होने या शास्त्र का रूप धारण करने लगता है जबकि मंचन के स्तर पर लगातार परिवर्तन और प्रयोग हो रहे हैं। पुस्तकीय-ज्ञान का महत्त्व कम नहीं है, वस्तुतः उसी से विषय की नींव बनती है परन्तु सम्पूर्णता तभी आ पाएगी जब नाटक और रंगमंच के पारस्परिक रिश्तों और उससे जुड़े सवालों पर पूरा आलोक पड़े।

शोध-प्रबन्ध के परीक्षक बनने के मुझे कई अवसर मिले। मेरे अनुभवों को मात्र कटु कहना शालीनता होगी, उसमें हिन्दी विभाग या विश्वविद्यालय व्यवस्था द्वारा परीक्षक की सीधी अवमानना मिल जाएगी। पंजाब विश्वविद्यालय से एम.फिल. का एक लघु-शोध प्रबन्ध परीक्षार्थ आया जिसका विषय लक्ष्मीनारायण लाल के किसी नाटक से जुड़ा हुआ था। इसमें शोधार्थी ने एक जानी-मानी समीक्षा-पुस्तक से नकल की, थोड़ी नहीं, पन्ने-दर-पन्ने। मुझे सन्देह हुआ, मूल पुस्तक मिल गई। इस चौंकाने वाली खोज को प्रमाण-पुष्ट करने के लिए मुझे अतिरिक्त मेहनत करनी पड़ी। ऐसी स्थितियों के लिए अभ्यस्त और चुस्त विभाग के अध्यक्ष ने आरोप की गम्भीरता को टालने की शैली में जवाब दिया कि नकल तो सभी लोग करते हैं, कुछ का पता लग जाता है, अधिकांश का नहीं। न तो मुझे इस मूल्यांकन का पारिश्रमिक मिला और न आगे से कोई शोध-प्रबन्ध वहाँ से आया। पूना विश्वविद्यालय के एक शोधार्थी उन दिनों दिल्ली रंगमंच का अध्ययन करने यहाँ आए हुए थे, थोड़ा परिचय हो गया। वे हिन्दी रंगमंच पर ही काम कर रहे थे। लौटने से पूर्व अतिरिक्त आत्मीय स्वर में जता गए कि आप मेरे थीसिस के एक परीक्षक होंगे। शोधप्रबन्ध आया, उसमें कई असंगतियाँ पाई गईं, सुधार के लिए लिखना जरूरी लगा ताकि उसे दोबारा प्रस्तुत किया जा सके। इस शोधार्थी के गाइड मेरे घर आ धमके। दावा किया-पूना विश्वविद्यालय में मेरी इतनी धाक और दबदबा है, पत्र-पत्रिकाओं में एक प्रतिष्ठित लेखक हूँ। आप अर्थात् आप-जैसे साधारण अध्यापक अस्वीकृति का ऐसा निर्णय कैसे ले सकते हैं? तीसरा परीक्षक नियुक्त हुआ और उस शोधार्थी को उपाधि मिल गई। पंजाबी विश्वविद्यालय के एक वरिष्ठ अध्यापक घर आ गए। कुछ प्रलोभन, कुछ धमकी की शैली में इशारा किया कि आपको

विश्वविद्यालय का बहुत काम मिलेगा। एम.फिल. की कॉपियाँ आपके पास आई हुई हैं—आप मेरे बेटे को अधिकतम अंक दीजिए। अगर वह विश्वविद्यालय में फर्स्ट नहीं आया तो उसे अध्यापक की नौकरी नहीं मिलेगी। शेष सभी परीक्षकों से मैं सम्पर्क कर चुका हूँ। विभाग के अध्यक्ष से थोड़ा परिचय था, एक पत्र द्वारा उन्हें असलियत की सूचना दी, उनका तत्काल उपदेशभरा उत्तर मिला। इलाहाबाद विश्वविद्यालय से एक थीसिस आया—'द्विवेदीयुगीन नाटकों में रंग-संकेत', शीर्षक से बहुत उत्साहित हुआ। पढ़कर निराशा हुई, रंग-संकेत की अवधारणा और इतिहास को लेकर न ठीक समझा गया और न लिखा गया। सारा थीसिस मेरी पेन्सिल के निशानों से भरा पड़ा था। पता लगा कि तीसरा परीक्षक नियुक्त कर उपाधि प्रदान कर दी गई है। यहाँ मेरा प्रयोजन अपने को केन्द्र में रखकर कुछ श्रेय पाना नहीं है। असली मुद्दा परीक्षण की समस्या को उठाना है, और यह भी सर्वविदित है कि मेरे-जैसे अनेक भुक्तभोगी ऐसी यातना झेलते हैं। शोध-प्रबन्ध का मूल्यांकन श्रमसाध्य कार्य तो है ही, उसके साथ एक नैतिक दायित्व भी जुड़ा है। एक दूसरे कोण से देखें तो गम्भीरता से किए गए शोध-कार्य में नाट्यालोचन की नई सम्भावनाओं का उन्मेष हो सकता है। 'प्रसाद के नाटकों का शास्त्रीय अध्ययन' की मिसाल को नहीं भूलना चाहिए। मौजूदा वस्तुस्थिति यह है कि विभाग, गाइड या शोधार्थी आपसे आँख मूँदकर उपाधि के लिए संस्तुति-पत्र चाहते हैं। शोधजगत का इस समय मूल-मंत्र है समीकरण का, थीसिस मंजूर कीजिए नहीं तो दूसरा दरवाजा खोलने में कोई हिचक या देरी न होगी। इस प्रकरण के आधार पर मेरी राय में सबसे अधिक जिम्मेदारी गाइड की है। शोधार्थी से वास्ता केवल विषयवस्तु तक नहीं है, उसके लिए भी मूल्यवादी दृष्टि और कार्य-प्रणाली अपनानी आवश्यक है।

इस समस्या से सम्बन्धित कुछ मेरे अनुभव भी हैं जिनकी चर्चा अप्रासंगिक न होगी। दिल्ली विश्वविद्यालय से मेरे साथ शोध-कार्य कर पीएच.डी. उपाधि प्राप्त करने वालों की संख्या 10 के आसपास रही होगी। विभाग की परिपाटी के अनुसार गाइड ही परीक्षकों की सूची प्रस्तावित करता है। विश्वविद्यालयों में नाटक और रंगमंच से सम्बद्ध काबिल विशेषज्ञों का मिलना दूभर होता जा रहा है। प्रत्येक विश्वविद्यालय में विभाग का अध्यक्ष सत्ता के केन्द्र में रहता है। उसकी हैसियत के चलते उसे साहित्य की सभी विधाओं का विद्वान मानना ही पड़ेगा। अपने सुरक्षित भविष्य को देखते हुए उसके इर्द-गिर्द शोधार्थियों की भीड़ का लगा रहना पर्याप्त स्वाभाविक कहा जाएगा। अधिकतर परीक्षक परचिय-परिधि के लगाए जाते हैं। विनिमय की इस प्रक्रिया से दोनों पक्षों को लाभ होता है। कभी-कभी साफ-सुथरा या स्वतंत्र प्रकृति का परीक्षक भी फँस जाता है। अपने सहयोगियों के बीच इस मुद्दे पर चल रही बातचीत के दौरान दिल्ली विश्वविद्यालय के एक सुपरिचित अध्यक्ष ने बताया कि आजकल हर हफ्ते-दस दिन में एक थीसिस के आँकने की खबर आ रही है। इसी सन्दर्भ में मेरा विनम्र निवेदन है कि मुझे समर्पित और परिश्रमी शोधार्थियों के बीच काम करने का सौभाग्य मिला। इनमें से अधिकांश ने विभाग के अध्यक्ष को अपने विषय और अपनी पसन्द के अनुरूप गाइड के बारे में लिखकर अनुरोध किया था। इनका जिक्र करने की एक वजह है, इनके साथ अक्सर चलने वाला विमर्श सन्तोषप्रद तो रहा ही, वस्तुत:

वह मेरी बौद्धिक चुनौतियों के लिए सदा उत्प्रेरक सिद्ध हुआ। यहाँ दो शोधार्थियों का उल्लेख करना चाहूँगा। गुलशन कुमार एम.ए. में मेरा छात्र था। रंगमंच उसकी प्रकृति और प्रवृत्ति का अभिन्न अंग था। अभिनेता और निर्देशक गुलशन कुमार को रंगकर्म का पर्याप्त अनुभव था। 'अभिकल्प' उसका अपना ग्रुप था जिसने श्रीराम सेंटर की बेसमेंट में कई नाटक प्रस्तुत किए। जी.पी. देशपांडे द्वारा लिखित 'उद्ध्वस्थ धर्मशाला' के सफल मंचन से उसकी प्रतिष्ठा बढ़ी। उसने डॉ. लक्ष्मीनारायण लाल के नाटकों पर पीएच.डी. की उपाधि प्राप्त की। वह आता रहा पर वह मेरे विमर्श पर नहीं चला। दुर्भाग्य से उसकी अकाल मृत्यु हो गई। दूसरी मिसाल है जयदेव तनेजा। अपने शोध के विषय और उसकी कार्य-दिशा को लेकर वह बिलकुल स्पष्ट और सुलझा हुआ था। अध्यापन से परिपक्व होती सोच और समझ ने उसमें अपने कदमों पर चलने का विश्वास जगा दिया था। समकालीन हिन्दी नाटक एवं रंगमंच पर अनेक पुस्तकों के लेखक जयदेव ने अपनी क्षमता को प्रमाणित किया है और यथेष्ट प्रतिष्ठा अर्जित की है। जाहिर है, ऐसे योग्य शोधार्थी कम होते हैं।

रंगकर्म के देशव्यापी प्रसार का यह परिणाम निकला कि कई विश्वविद्यालयों ने स्वतंत्र थिएटर विभाग खोल दिए। समय की माँग, या यूँ कहिए, अपने पिछड़ेपन को छिपाने के लिए हिन्दी विभागों को भी बदलना पड़ा। एम.ए. का पाठ्यक्रम हो या नाटक से जुड़ा शोध-विषय, रंगमंच का उल्लेख आवश्यक-सा हो गया। इधर, नाटक और रंगमंच के अध्ययन-अध्यापन में नए प्रकार की विवशताएँ खड़ी हो गईं। गिनी-चुनी पुस्तकों के अतिरिक्त, कोई विकल्प न था, अब स्थितियाँ कुछ बेहतर हैं। मूल चुनौती है—'स्टेज' और 'स्टडी' का कहाँ-कैसे तालमेल रखा जाए जो अध्यापन के परिप्रेक्ष्य में उपयोगी और सार्थक हो। यह सब अध्यापक की अपनी तैयारी पर निर्भर करता है। इसे अपना सौभाग्य ही कहूँगा, मेरी स्थिति और दृष्टि में बहुत फर्क था। 70 के दशक से मैं दिल्ली थिएटर का नियमित दर्शक हो चुका था। कुछ साहित्य कला परिषद कुछ संगीत नाटक अकादमी की गतिविधियों में शिरकत से लाभ हुआ। इन सबके असर से मेरा समावेशी, दृष्टिकोण और उसके आधार पर बनी आकलन-क्षमता प्रौढ़ होती गई। आलोचना, नटरंग, छायानट, समकालीन भारतीय साहित्य आदि अनेक पत्रिकाओं में नाट्य-समीक्षा के अतिरिक्त रंगकर्म से जुड़े समकालीन मुद्दों पर लिखना जारी रहा। रंगमंच से मेरा वास्ता गहरा होता गया। आत्म-विश्लेषण के धरातल पर मैं सदा यह पूछता-आँकता रहा कि पिछली पीढ़ी या अपनी पीढ़ी की तुलना में मैंने अध्यापन-प्रणाली में क्या नया प्रयोग या प्रक्रिया विकसित की है, जैसे, 'चन्द्रगुप्त' या 'आधे अधूरे' पढ़ाते हुए नाट्य-विधान के अतिरिक्त रंगमंच-सापेक्ष किसी नुक्ते या रंगयुक्ति की खोज करनी और उसके निमित्त नए आयाम टटोलने। नाटककार या नाटक की रंग-पद्धति के महीन-से-महीन पहलू को पकड़ने में मेरी दिलचस्पी रही। दिल्ली विश्वविद्यालय के साउथ कैम्पस में मैंने नाटक पढ़ाए हैं। पहले दिन पहले लेक्चर से और बाद में पीरियड के आरम्भ में मैं सदा थोड़ा समय पाठ्य-पुस्तक के किसी-न-किसी विचार-बिन्दु के बहाने छात्रों को अलग प्रकार से बार-बार याद दिलाता रहा कि हम जो रचना पढ़ रहे हैं, वह नाटक तो है परन्तु क्या 'चन्द्रगुप्त', 'अन्धायुग' और 'आधे अधूरे' की संरचनात्मक बुनावट के अन्तर को समझते हो? धीरे-धीरे कक्षा को अन्तर्वस्तु या चरित्र

या शिल्प के गम्भीर या सूक्ष्मतर धरातल पर ले जाने में ही मेरी परीक्षा होती रहती। यहाँ जब या जितनी भी सफलता मुझे प्राप्त हुई उसका श्रेय जिज्ञासु छात्रों के चेहरों को जाता। छात्रों के साथ विश्वास की अन्तर्क्रियाएँ बढ़ने लगीं। दूसरे सत्र में मैं छात्रों को संवाद-वाचन प्रतियोगिता के लिए तैयार करता। पाठ्यक्रम में लगे किसी नाटक में से छात्र को अपनी पसन्द के दो या तीन लम्बे संवादों का संवेगात्मक पाठ करना होता। मूल्यांकन के लिए किन्हीं दो छात्रों को नियुक्त किया जाता। दो श्रेष्ठ छात्रों को पुरस्कार भी दिए गए। मेरा अगला कदम उन्हें किसी नाटक—हो सके तो पाठ्यक्रम के नाटक—के प्रस्तुतीकरण के लिए अनुप्राणित करना रहा। इस उपक्रम में संयोजन और अनुशासन की जिम्मेदारी तो मेरी होनी ही थी, सर्वाधिक चिन्ता का पक्ष था अर्थव्यवस्था, जिसका निदान मेरे 100 रुपए के साधारण योगदान से शुरू होता। इस पहल का अपेक्षित प्रभाव पड़ना था, इसके बाद सारा दायित्व छात्र खुद सँभाल लेते थे। इस प्रस्तुतीकरण के लिए रा.ना.वि. या बाहर से किसी सुपरिचित निर्देशक की मदद पाना मेरे लिए मुश्किल काम न था। दरअसल प्रस्तुति-प्रक्रिया को लेकर मेरा नजरिया बहुत साफ था। इस अभियान के केन्द्र में केवल छात्र रहेंगे, उन्हें ही सब कुछ करना, सीखना और समझना है। सम्पर्क और परामर्श निरन्तर था, पर मेरा दखल न्यूनतम रहता। साउथ कैम्पस के लेक्चर हॉल में पहले वर्ष 'आधे अधूरे' का मंचन हुआ। मंच पर पहली बार अभिनय करने वाले छात्र ने पाँचों भूमिकाओं को जीवन्त किया। रा.ना.वि. से सुपरिचित नाटककार एवं निर्देशक त्रिपुरारी शर्मा को विशेष रूप से आमन्त्रित किया गया, उन्होंने कुछ अरसा पहले 'आधे-अधूरे' का निर्देशन किया था। बाद में, चाय पर, उनके साथ एक सार्थक बातचीत हुई। वे सन्तुष्ट थे, पर चकित भी। जिस कक्ष में इस नाटक को प्रस्तुत किया गया वह न कोई थिएटर-हॉल था और न वहाँ विधिवत् कोई मंच। आशुकला की यह एक अनोखी उपलब्धि थी। प्रेक्षकों में छात्रों के अतिरिक्त प्रोत्साहन देने के लिए कई अध्यापक भी आए। अगले वर्ष इन्हीं छात्रों ने 'अन्धायुग' को प्रस्तुत किया। काव्य नाटक की अपनी कठिनाइयाँ रहीं, पर छात्रों में आत्मविश्वास बुलन्द था, उन्होंने साहस के साथ इस चुनौती को निभाया। दो-एक वर्ष बाद ज्ञानदेव अग्निहोत्री के 'शुतुरमुर्ग' को उठाया गया। हल्का-फुल्का दिखाई देने वाले इस नाटक में व्यंग्य को स्थापित करना आसान न था। मुझे तो एक बार परखना ही था परन्तु तीनों नाटकों के नए नाट्यालेख छात्रों ने तैयार किए। इन दिनों छात्रों में गजब की स्फूर्ति एवं समर्पण-भाव आ जाता, सारा माहौल एक उत्सव के उत्साह में बदलने लगता। ऐसे प्रयासों से आमूल परिवर्तन की उम्मीद लगाना नादानी होगी। इतना निश्चित है कि रंगकला का यह अनुभव उनके मानस-पटल पर अमिट छाप छोड़ गया। अब उन्हें यह भी स्पष्ट होने लगा कि नाटक क्यों-कैसे एक भिन्न विधा है और रंगमंच पर उसके प्रस्तुतीकरण का क्या तात्पर्य है। वैयक्तिक स्तर पर इन छात्रों का मनोबल निखर आया और कक्षा के वातावरण में आत्मीय भाव की गन्ध महकने लगी।

रंगकर्म के इस आस्वाद के आधार पर विद्यार्थियों को यह समझाना आसान हो गया कि नाट्यानुभव और रंगानुभव में क्या अन्तर है ? कक्षा में उनका वास्ता नाटक के पाठ तक रहा है, क्या इस प्रक्रिया से नाट्यानुभव सम्भव नहीं है ? और, क्या इसका कम महत्त्व है ? नाटक साहित्य की विधा है तो सही, परन्तु क्रियाओं और अन्तर्क्रियाओं से गठित उसके

संरचना-तंत्र की यह विशेषता है कि वह पाठक एवं दर्शक दोनों को नाट्यानुभूति से अनुप्राणित करता है। ध्यान रहे, दोनों के स्तर एवं स्वरूप में अन्तर रहेगा। हमें यह नहीं भूलना चाहिए कि विश्व की क्लासिक नाट्यकृतियों को जो इतना सम्मान और गौरव मिला है, वह सबसे पहले उसके गम्भीर अध्येताओं ने ही दिया। इन्हीं सुधी पाठकों में से उभरी कुछ प्रतिभाओं ने आकलन के नए मानदंड स्थापित कर नाट्यालोचन को मौलिक आयाम से समृद्ध किया। यहाँ यह स्पष्ट करना आवश्यक है कि पाठ के धरातल पर जो नाट्यानुभव होता है, उसमें रंगशिल्प का ताना-बाना बुना रहता है। यही स्थिति रंगानुभव को लेकर कही जा सकती है। अन्योन्याश्रित विधाएँ होने के नाते दोनों की पारस्परिकता बनी रहती है, पर वस्तुस्थिति इतनी सपाट नहीं है। दोनों के इतिहास और विकास की दिशा को परखा जाए तो ऐसे दौर बहुत कम मिलेंगे जब दोनों में सहयात्री का भाव रहा हो, अक्सर इनमें स्वायत्त रहने की वृत्ति पाई गई है। एक सरलीकृत नुस्खा प्रचलित है—लिखा हुआ नाटक नाटककार का, और मंच पर प्रस्तुत करते समय निर्देशक की अधिकार-परिधि शुरू हो जाती है। रंगजगत में यह किसी से छिपा नहीं है कि नाटककार और निर्देशक के बीच कहीं सर्जनात्मक वर्चस्व और कहीं अहं की टकराहट उठने लगती है। अक्सर नाटककार को समझौते करने पड़ते हैं। हिन्दी नाटक और हिन्दी रंगमंच का इतिहास इस असलियत का प्रमाण है कि दोनों में बहुत कम समीकरण बैठा है।

नाट्यानुभव में रंग-समीक्षा की भूमिका पर विचार करना अप्रासंगिक न होगा। रंग-समीक्षा का फलक बहुत व्यापक है—निर्देशक की प्रस्तुति-परिकल्पना, कार्य-व्यापार और गतियों की दृश्य-संरचना, चरित्रों की जीवन्त पहचान देने वाला अभिनय, तकनीकी पक्ष में दृश्य-बन्ध, संगीत, वेश-भूषा, प्रकाश-व्यवस्था—ये सब मिलकर प्रस्तुतीकरण के स्वाभाविक अंश बनकर रंगानुभव को सघन करते हैं। अन्ततः बल समग्र प्रभाव पर देना होगा। आकलन के अतिरिक्त प्रस्तुति-समीक्षा से नाट्यानुभव विश्वसनीय और गहरा हो जाता है। प्रस्तुति-समीक्षा को पत्रकारिता या मीडिया के दबावों से हटकर नहीं देखा जा सकता। इससे उसकी पाठकों या रंगकर्मियों की नजर से उपयोगिता कम नहीं होती। रंग-आलोचना में समकालीन रंगकर्म से जुड़े मुद्दों या विवादों पर गम्भीर विमर्श चलता रहता है। यह सारा विवेचन अधूरा रहेगा अगर इस सन्दर्भ में 'नटरंग' पत्रिका और विख्यात रंग-आलोचक नेमिचन्द्र जैन के ऐतिहासिक योगदान का गौरवपूर्ण उल्लेख न किया गया। अगली पीढ़ी में कई अनुभवी और समर्थ रंग-समीक्षक आगे आए हैं जिन्होंने अपनी आकलन-क्षमता से हिन्दी रंग-समीक्षा के क्षितिज को विस्तार दिया है।

रंग-समीक्षा की अपनी विशिष्टता पर भी गौर करता होगा। अपने प्रस्तुतीकरण के लिए जब कोई निर्देशक किसी नाटक का चयन कर लेता है तो उसकी सर्जनात्मक शक्तियाँ ऐसे फॉर्म की खोज में क्रियाशील होने लगती हैं जिसमें नए प्रदर्शन-तत्त्वों का ऐसा कल्पनाशील संयोजन होता कि वह कथ्य या चरित्र के अनछुए आयाम को आलोकित कर सके। दूसरे शब्दों में, प्रस्तुति-समीक्षा का मुख्य आधार रंगकला के रचनात्मक प्रयोग को परखना है। श्रेष्ठ नाट्यालोचक हो या प्रतिभाशाली निर्देशक, अन्ततः वे दोनों पक्षों—कथ्य और रंगकला के सार्थक विलयन में ही अपनी सफलता ढूँढ़ते हैं। 'अन्धायुग' या 'आधे-अधूरे' जैसे श्रेष्ठ

नाटकों के ख्यातिप्राप्त प्रस्तुतीकरण में ऐसे नए आयाम की खोज मिलेगी। रंग-समीक्षा का यह दायित्व है कि वह नए रंग-सूत्रों को पहचाने और नए तात्पर्य को स्पष्ट करे। नाट्यानुभव में पाठ-पक्ष प्रमुख रहता है परन्तु नाटक की रंगपरिकल्पना को समझे बिना उसका आस्वाद और प्रभाव निष्प्रभ रहेगा। रंगानुभव में प्रस्तुति-पक्ष केन्द्र में रहता है परन्तु नाटक की अन्तर्वस्तु और चरित्र प्रबल होंगे तभी प्रस्तुतीकरण प्रभावोत्पादक हो सकता है। निष्कर्ष साफ है कि रंगमंच के बिना नाटक और नाटक के बिना रंगमंच का अध्ययन और मूल्यांकन इतिहास की उस भूल को दोहराना है जिसे हिन्दी नाट्यालोचन अब तक भुगत रहा था। नए रंग-आन्दोलन के बहुव्यापी उत्कर्ष के दौरान नाटक और रंगमंच के पारस्परिक सम्बन्धों में अद्भुत तालमेल पाया गया। इसे इतिहास की विरल घटना कहा जा सकता है। अब वस्तुस्थिति बदल चुकी है। नाटक अब साहित्य के घेरे से निकलकर रंगमंच के खुले दायरे में सार्थकता पाने लगा है। प्रकृति से रंगमंच अपनी आशाओं और अपेक्षाओं के अनुरूप गतिशील रहता है। पुरानी सीमाओं से निकलकर हिन्दी रंगमंच का व्यापक फलक और कलात्मक उत्कर्ष अब ऐसी स्थिति पर पहुँच चुका है जहाँ सामान्य हिन्दी नाटककार इतना सक्षम नहीं हो सका। यह भी सच है कि जगदीशचन्द्र माथुर, मोहन राकेश, सुरेन्द्र वर्मा, मणि मधुकर, शंकरशेष जैसे सशक्त नाटककारों ने इस चुनौती का सामना किया और अपनी रंग-क्षमता के प्रमाण दिए।

नाट्याध्यापन और थिएटर से जुड़े अपने अनुभवों को निमित्त बनाकर कुछ वस्तुस्थिति को पेश किया है, कुछ टिप्पणियाँ और विचार-बिन्दु समेटे हैं। अध्यापन-प्रक्रिया के परिप्रेक्ष्य में मैंने नाट्यालोचन के बदलते चरण और नए सूत्रों को टटोलने की कोशिश की है। इस विधा से जुड़ा दिल्ली विश्वविद्यालय और हिन्दी विभाग का सम्भवत: सबसे पुराना छात्र हूँ। विभाग में कमोबेश पुरातन मानसिकता व्याप्त है, इसलिए यहाँ मेरी चिन्ताओं को अभिव्यक्ति मिली है।

मेरे शोध-प्रबन्ध का प्रकाशित संशोधित संस्करण 'हिन्दी नाटक : पुनर्मूल्यांकन' 1971 में निकला। मैंने इस पुस्तक में उस दौर में चल रही शोध-प्रणाली का पालन किया। अपनी सीमाओं से उबरने और कुछ नया कर पाने की छटपटाहट का नतीजा निकला—'नाटककार भारतेन्दु हरिश्चन्द्र की रंगपरिकल्पना' (1976) का प्रकाशन। भारतेन्दु हरिश्चन्द्र हिन्दी नाट्य-जगत के उन्नायक एवं कीर्तिस्तम्भ हैं। ऐसे युगपुरुष के नाटकों पर कुछ लिखने का साहस जुटाना एक गम्भीर चुनौती तो है ही। इधर, हिन्दी आलोचना में एक अनोखी नीति अपनाई जा रही है जहाँ जनवादी सम्भावनाओं के साहित्यकारों को अलग निगाह से देखने-परखने का आग्रह है, उनकी विशिष्ट छवि की प्रतिष्ठा हो और उसका गौरवगान निर्विवाद चले। यहाँ कोई सैद्धान्तिक मतभेद नहीं है, सवाल कुछ और निराशा उस विवेचन शैली की है, जो सतही है और रूढ़ि-सी बन चुकी है। भारतेन्दु के साहित्य को जनवादी प्रवृत्तियों तक समेटे रखना और मात्र उसे ही उपलब्धि समझना उचित नहीं है। भारतेन्दु पहले नाटककार हैं जिन्होंने इस विधा के दोनों पक्षों—नाटक एवं रंगमंच की सामाजिक उपयोगिता और महत्ता को समझा, अपनाया और यही नहीं अपने मंडल के नाटककारों को इस सुलझे

दृष्टिकोण के अनुसरण से अनुप्रेरित किया। नवजागरण के परिप्रेक्ष्य में इस कला-कर्म के प्रति उनके अन्दरूनी लगाव की ओर ध्यान जाना स्वाभाविक है। वे स्वयं एक दक्ष अभिनेता और समर्पित रंगकर्मी थे जो अपने जीवन के अन्तिम वर्ष तक इस अभियान में सक्रिय रहे। सैद्धान्तिक ही नहीं, व्यावहारिक रंगकर्म और उसके अनुभव से सम्पन्न नाटककार से यह अपेक्षा और बढ़ जाएगी कि वह इस विधा की परिपाटियों और मर्यादाओं का निर्वाह करे। भारतेन्दु के नाटकों का आकलन करते हुए मैंने इस पुस्तक में समावेशी दृष्टि अपनाई है। मेरी राय में अगर कोई नाटककार अपनी विषयवस्तु के सम्बन्ध में साफ-सुथरा नजरिया रखता है तो उस रचना की रंगदृष्टि को समझना कठिन नहीं रहता। इसे यूँ भी कह सकते हैं कि आन्तरिक और बाह्य रंगतत्त्वों में अन्विति ढूँढ़ निकालना जरूरी है। इस कड़ी में नाटक के रूपबन्ध, दृश्यबन्ध, भाषा-संवाद आदि को परखते हुए नाटक की रंगपरिकल्पना का खाका स्पष्ट होने लगता है। प्रत्येक नाटक को इन कसौटियों पर आँका गया है। शुरुआत मैंने नाटक के तात्पर्य को अभिव्यंजित करने वाले बीज शब्दों से की है। इस पद्धति के सहारे नाट्यानुभव के रंगानुभव तक पहुँचने की कोशिश की गई है। भारतेन्दु के नाटकों के निम्न अर्थपूर्ण शीर्षक मेरी समीक्षा-प्रक्रिया की पुष्टि करते हैं, जैसे—'हरिश्चन्द्र का सत्य : पारसी रंगशैली का साहित्यिक प्रयोग', 'नवीन रंगशिल्प की ट्रेजिडी : नीलदेवी', 'अन्धेर नगरी : नाटककार की रंगपरिकल्पना का निकष', 'वैदिकी हिंसा हिंसा न भवति : रंगमंच की हिंसा और हिंसा का रंगमंच', 'पारसी रंगविधि में रीतिकालीन प्रेमाभिव्यक्ति : चन्द्रावली', 'भारत दुर्दशा : रंग दुर्दशा के कारण रंगहीन प्रस्तुति'। समन्वित मूल्यांकन-विधि का पालन हुआ, इसीलिए यह शीर्षक इतने व्यंजनापूर्ण हो सके हैं।

मेरे अध्ययन के निष्कर्ष यथेष्ट चौंकाने वाले थे। नाटककार के नाते भारतेन्दु ने एक नए युग का सूत्रपात किया परन्तु नाट्य-लेखन के स्तर पर अन्तर्वस्तु के अबाध आवेग को अनुशासित न कर सके। वाग्स्फीति के कारण उनकी नाट्य-कृतियों में आवृत्ति और विस्तार आ गया है जो नाटकीय-तंत्र को शिथिल कर देता है। यह मानकर सन्तोष कर लेना उचित न होगा कि उनके नाटकों के कथ्य प्रासंगिक एवं महत्त्वपूर्ण हैं, इसलिए शेष कुछ भी परखने की आवश्यकता नहीं है। 'भारत दुर्दशा' का शीर्षक इसकी मिसाल है जहाँ वस्तुनिष्ठता को केन्द्र में रखा गया है। नाट्य-लेखन एक संयत विधा है और भारतेन्दु जैसे नाट्य-चेता एवं रंगकर्मी से उसके पालन की उम्मीद करना वाजिब है। उनकी रंगपरिकल्पना में मुझे पारसी थिएटर के प्रभाव-संकेत मिले हैं। नाट्य-भाषा का गम्भीर अध्ययन किया गया है। 'नाटककार भारतेन्दु की रंगपरिकल्पना' की भूमिका की निम्न पंक्तियाँ इस सन्दर्भ में हैं—'नाटक के सम्यक् आकलन के लिए हिन्दी नाट्यालोचन को नए मूल्यों और मानदंडों की तलाश करनी है, मेरी यह पुस्तक इसी दिशा में उठा हुआ एक कदम है।'

रंगकर्म में कलात्मक सुरुचि एवं स्तरीयता पर बल देने वाले सजग और संवेदनशील नाटककार जयशंकर प्रसाद अपने समय के रंगमंच में आ रही गिरावट से बहुत अस्थिर और उद्विग्न थे। ऐसी विकट परिस्थितियों में जब नाटक और नाटककार का अवमूल्यन हो रहा था, तब उन्होंने इनकी महत्ता और प्रतिष्ठा को स्थापित करने के लिए एक सही और साहसपूर्ण विचार रखा—'रंगमंच के सम्बन्ध में यह भारी भ्रम है कि नाटक रंगमंच

के लिए लिखे जाएँ। प्रयत्न तो यह होना चाहिए कि नाटक के लिए रंगमंच हो, जो व्यावहारिक है' (1937)। आज इतने बरस बीत गए, अधिकांश विद्वानों ने प्रसाद के विचारों को न तो उनके युग के परिप्रेक्ष्य में परखने की कोशिश की और न स्वतंत्र स्तर पर उनके द्रष्टा रूप को पहचाना। कुछ प्रतिक्रियावश, कुछ विडम्बनापूर्ण स्थिति में, प्रसाद के नाटक साहित्यिकता और रंगमंचीयता के दुश्चक्र में उलझकर रह गए। तर्क और प्रमाण से पुष्ट लिखी पुस्तक 'प्रसाद के दो नाटक' में लेखक कृष्णानन्द गुप्त ने कटाक्ष एवं व्यंग्यपूर्ण शैली में प्रसाद के दोनों नाटकों—'चन्द्रगुप्त' और 'स्कन्दगुप्त' को तीन अन्वितियों की कसौटी पर आँका और अपने हिसाब से उनकी कमियों का अनावरण किया। इस प्रकार के नाटकों में स्थान की अन्विति का दोष ढूँढ़ना और कटु आलोचना करना—अनभिनेयता का आरोप लगाना—पूर्वग्रहपूर्ण तो था ही, अन्यथा भी देखें, वह निहायत निन्दनीय था। इस पुस्तक के प्रकाशन ने हिन्दी नाट्य-जगत को हतप्रभ कर दिया था। कुछ वर्ष बाद वैसी ही प्रबल और प्रभावी पुस्तक लिखी—'प्रसाद के नाटकों का शास्त्रीय अध्ययन'। इसके लेखक बनारस विश्वविद्यालय के अध्यापक डॉ. जगन्नाथ प्रसाद शर्मा दूसरे अतिवाद पर चल रहे थे। कई वर्षों तक इस पुस्तक की प्रभुता एकेडेमिक जगत पर छाई रही। इस पुस्तक की आकलन-पद्धति ने साहित्यालोचन-परिपाटी की जड़ें मजबूत कीं। इससे अनुप्राणित होकर अनेक शोध-प्रबन्ध लिखे गए जिनमें रंगमंच के विवाद से बचने की नीति अपनाई गई और प्रसाद के नाटकों के पाठ्य-पक्ष को वरीयता दी गई। प्रसाद के नाटक पाठ्यक्रम के अपरिहार्य हिस्सा बन चुके थे और अध्यापक-समाज किसी भी सूरत में बदलाव के लिए तैयार न था। विश्वविद्यालयों में सम्भवतः सबसे अधिक शोधकार्य—नाट्यविधा के अन्तर्गत—प्रसाद के नाटकों पर हुआ। अब वस्तुपरक या तटस्थ विश्लेषण की अपेक्षा रखना व्यर्थ था, पूजा-भाव ने जगह बनानी शुरू कर दी। रंगमंच का मुद्दा जिन्दा तो था। इधर, नाट्य-जगत में यह आत्म-सम्मान का सवाल बन गया कि कम-से-कम प्रसाद के जीवन-काल में उनके एक नाटक का मंचन तो हो। 1933 में 'चन्द्रगुप्त' नाटक को प्रस्तुत करने का निर्णय लिया गया। वातावरण में उत्साह था, स्वयं प्रसाद पूरी निष्ठा के साथ इस उपक्रम में भाग ले रहे थे। इस प्रस्तुतीकरण के लिए प्रसाद ने नया नाट्यालेख तैयार किया। प्रेक्षकों में हिन्दी के प्रमुख आलोचक, साहित्यकार तथा बनारस विश्वविद्यालय के अग्रणी अध्यापक उपस्थित थे। पूरी कोशिश के बावजूद 'चन्द्रगुप्त' का मंचन जमा नहीं। इससे कहीं यह निष्कर्ष नहीं निकलता कि नाटक में कमी थी परन्तु प्रतिक्रियाएँ अपेक्षानुसार हुईं। जो विद्वान प्रसाद के नाटकों को अनभिनेय समझते थे, उन्हें अपना बल मिला। विश्वविद्यालयों और अध्यापक वर्ग को अपने पक्ष की पुष्टि मिली और तय किया कि नाटकों को साहित्य की परिधि में ही पढ़ने-पढ़ाने में सुरक्षा और सम्मान है।

50-60 के दशक में नए रंग-आन्दोलन के अन्तर्गत बहुमुखी विकास के सर्वाधिक अवसर हिन्दी रंगमंच को मिले। मंच पर हुए नए सर्जनात्मक प्रयोगों की अभूतपूर्व सफलता और चारों ओर से मिली मान्यता ने हिन्दी रंगमंच के प्रति आश्वस्ति का वातावरण ला दिया। अनेक साहित्यानुरागी रंगप्रेमियों और समीक्षकों में विचार दृढ़ होता गया कि जब तक प्रसाद के नाटकों का मंच पर आमना-सामना नहीं होता और उनके प्रति नकारात्मक रवैया समाप्त

नहीं होता, तब तक हिन्दी रंगमंच की उपलब्धियाँ अधूरी कही जाएँगी। प्रसाद के नाटक यदा-कदा खेले जाने लगे और इस दिशा में कुछ सराहनीय प्रयास भी हुए। इस सन्दर्भ में प्रसाद-साहित्य के प्रेमी ब.व. कारन्त का नाम अग्रणी ही नहीं, उसे बेजोड़ कहना चाहिए। उन्होंने इस क्रम से प्रसाद के चार नाटकों का मंचन किया—'चन्द्रगुप्त', 'विशाख', 'स्कन्दगुप्त', 'कामना'। 'स्कन्दगुप्त' के प्रस्तुतीकरण में वे अधिक प्रौढ़, परिपक्व और सफल नजर आए। प्रसाद के नाटकों की प्रदर्शनगत समस्याओं से वे निरन्तर जूझते रहे। इस तरह वे अपनी प्रदर्शन-शैली को आकार देने में समर्थ हो गए। इसका आधार था थिएटर और संगीत का ऐसा तालमेल जिससे प्रसाद के मन्तव्य को नया आयाम मिले। प्रसाद को मंच-प्रतिष्ठा देने का श्रेय कारन्त को देना होगा। यह सच्चाई, फिर भी, चुभती रही कि पाठ के स्तर पर प्रसाद के नाटकों की अर्थबहुल अन्तर्वस्तु, और मानव-प्रकृति संश्लिष्ट चरित्रों का एक व्यापक फलक है जिसमें व्यक्ति और समाज के उत्साह एवं अवसाद की तात्त्विक खोज है, क्या वजह है कि यह बहुरंगी आभा मंच पर इतनी निखर नहीं पाई। मंच पर प्रसाद का बहुत कुछ छूट जाता है। एक और गौरतलब तथ्य है। थिएटर की दुनिया में जिस सहज भाव से मोहन राकेश, विजय तेन्दुलकर, गिरीश कारनाड के नाटक प्रस्तुत किए जाते हैं, वहाँ प्रसाद के किसी नाटक की बात आते ही, पहल करने की बजाय, निर्देशक किसी-न-किसी मजबूरी या बचाव का रास्ता ढूँढ़ते हैं। मैंने निरन्तर यह महसूस किया है कि एकेडेमिक जगत हो या थिएटर वाले, दोनों बखूबी जान-समझ चुके हैं कि अपने मौजूदा आकार में प्रसाद के नाटकों में ऐसी कमियाँ विद्यमान हैं जो उन्हें मंच-प्रिय नहीं रहने देतीं। कारण अपने-अपने हों, असलियत से कोई टकराना नहीं चाहता। कोई अपने घेरे से बाहर निकल उन गुत्थियों को खोलने की दिशा में आगे नहीं आ रहा, बच निकलने की प्रक्रिया तो चल ही रही है। बरसों से प्रसाद के नाटक पढ़ाते हुए मैं इस पृष्ठभूमि और उसके दबाव से गुजर रहा था, नाट्य-जगत के दूसरे श्रेष्ठ स्तम्भ नाटककार जयशंकर प्रसाद पर लिखने की हिम्मत जुटाई, 1988 में प्रकाशित 'प्रसाद का नाट्य-कर्म' उसी का प्रतिफल है।

'प्रसाद का नाट्य-कर्म' पुस्तक के प्रारम्भिक अध्यायों में मैंने यह सिद्ध करना चाहा है कि नाट्य-लेखन क्षमता या नाट्य-चिन्तन के स्तर पर प्रसाद में किसी असंगति या असमर्थता की बात सोचना बहुत बड़ी भूल होगी। 'विशाख' की भूमिका से लेकर 'रंगमंच' नामक निबन्ध तक उनके विविध विचार-सूत्रों का गहराई से अध्ययन करें तो स्पष्ट हो जाएगा कि वे अपने युग के रंगकर्म से लेकर इस विधा की मंचन-अपेक्षाओं तक अपने दृष्टिकोण में सजग एवं परिपक्व हो रह थे। इसमें मौलिकता एवं साहस का पुट रहा है। इसका प्रमाण उनकी नाट्य-लेखन यात्रा है, अन्तिम तीन नाटक—'स्कन्दगुप्त', 'चन्द्रगुप्त' एवं 'ध्रुवस्वामिनी' उनकी नाट्य-प्रतिभा की अद्भुत उपलब्धियाँ हैं। इनमें 'स्कन्दगुप्त' उनका सर्वश्रेष्ठ नाटक है, इसे कालजयी नाट्य कृति का दर्जा दिया जा सकता है। इसकी त्रासदी का स्वरूप आधुनिक है और संवेदनस्पर्शी भी।

इस नाटक की समस्या, अन्तर्वस्तु या चरित्रांकन में कोई बाधा, आपत्ति या खटकने वाली बात नहीं है। दरअसल प्रसाद का द्रष्टा रूप प्रबल है। उनकी राष्ट्रीय चेतना में इतिहास, संस्कृति और दर्शन की समन्वित धारा सहज गति और दिशा पर चल रहे नाटकीय व्यापार

का अतिक्रमण करती रहती है। प्रसाद की हस्तक्षेप करती अवधारणाओं से नाट्य-लेखन और नाट्य-संरचना में सन्तुलन गड़बड़ा गया है। मैंने अपनी पुस्तक में इसी नाटक को आधार बनाया है और बहुत करीब से उसके पाठ की संरचनात्मक सीमाओं को समझने की कोशिश की है। दरअसल प्रसाद का द्रष्टा रूप प्रबल है उसकी अवधारणापरक टिप्पणियाँ अनायास पाठ का हिस्सा बनती गई हैं। बौद्ध-दर्शन या ब्राह्मण-बौद्ध द्वन्द्व को दार्शनिक परिप्रेक्ष्य देना इस प्रवृत्ति की एक मिसाल है। उनके औदात्य-भाव ने विचित्र स्थितियाँ खड़ी कर दीं। भटार्क और विजया के जीवन में बड़े नाटकीय मोड़ आए, उनका मंच-प्रभाव प्रत्यक्ष और गहरा हुआ, प्रस्तुतीकरण में उन्होंने अपेक्षाकृत अधिक प्रमुखता ले ली। उधर, देवसेना और स्कन्दगुप्त केन्द्रीय पात्र अवश्य है परन्तु उनके सम्बन्ध भावप्रवण एवं वायवी हैं, दृश्य स्तर पर जिनकी रंग-आभा निखर न सकी। बाहरी आक्रमणों और घरेलू षड्यंत्रों से देश को मुक्ति दिलाने और राष्ट्रीय-गौरव की रक्षा करने वाले स्कन्दगुप्त का 'निर्वीर्य, निरीह बालक' पुरगुप्त को मातृभूमि की बागडोर सौंपना भी इसी मनोवृत्ति का प्रतिफल है। यह इसी का नतीजा है कि नाटक का समापन खंड फीका पड़ गया। 'स्कन्दगुप्त' नाटक के कई रंगमंचीय संस्करण निकले पर उनसे कोई यथेष्ट सफलता हासिल नहीं हुई। अपने नाट्य-कर्म और उससे जुड़े दायित्व के बारे में प्रसाद पर्याप्त निर्भान्त थे, वे अपनी सोच और संकल्पना के अनुरूप एक रंगविधि की खोज कर रहे थे पर यह भी उतना ही सच है कि वे नाट्य-लेखन और रंगपरिकल्पना में अपेक्षित समीकरण न बिठा सके। इसकी वजह भी रंगमंच के प्रति शुरू से चला आ रहा उनका पूर्वग्रह है जिनका निराकरण अब निर्देशक ही कर सकता है। अपने पिछले अनुभवों का लाभ उठाते हुए कारन्त 'स्कन्दगुप्त' की प्रस्तुति-संरचना को सँभालने में सक्षम रहे। सम्भवत: इसीलिए कारन्त एक स्वतंत्र प्रसाद-प्रतिष्ठान की स्थापना की बात करते रहे जहाँ निर्देशक तरह-तरह के प्रयोग कर सकें ताकि प्रस्तुति-विधि का एक मॉडल विकसित हो सके। इसी पुस्तक पर काम करते हुए मैंने अनेक नाटककारों-निर्देशकों-अभिनेताओं से ठीक इसी मुद्दे पर उनकी राय या टिप्पणी माँगी। लगभग सभी ने बड़ी निपुणता से प्रसाद के नाटकों के गुणों का बखान किया और किसी-न-किसी नाटक के मंचन का आश्वासन दिया। इतने बरस बीत गए, उत्साह बहुत कम मिला है। नाटककार प्रसाद की सीमाओं को बारीकी से आँकने वाले मोहन राकेश ने 30 वर्ष बाद उसी परिपाटी पर लिखे सुबद्ध नाटक 'आषाढ़ का एक दिन' से यह प्रमाणित किया कि अन्तर्वस्तु और प्रस्तुति-विधान के बीच सन्तुलन कैसे रखा जा सकता है।

क्या यह वस्तुस्थिति किसी से छिपी है कि प्रसाद के नाटक वैयक्तिक स्तर पर कम उठाए गए, इस पर रंगजगत में सायास चुप्पी व्याप्त है। साहित्यकारों और नाट्यालोचकों में प्रश्नाकुलता के स्थान पर समाहार की नीति पाई गई। उनके मत में रंगमंच के सर्वतोमुखी उत्कर्ष के साथ-साथ प्रसाद के नाटकों की तथाकथित कमियाँ दूर होती जाएँगी। प्रसिद्ध विद्वान एवं रचनाकार राधावल्लभ त्रिपाठी और नन्दकिशोर आचार्य ने 'प्रसाद के नाट्य-कर्म' पर पुस्तक-समीक्षा लिखी। दोनों, समान रूप से, उनके नाटकों की सीमाओं पर बेबाकी से सवाल उठाने पर कतराते रहे। यहाँ गौरतलब है वह मानसिकता, जो पहले से यह मानकर चल रही है कि उनके नाटक रंगमंच पर, जैसे भी हों, खेले जा सकते हैं, खेले जाएँगे। इन

दोनों प्रतिष्ठित लेखकों के विचारों का मैं पूरा सम्मान करता हूँ पर इस तरह की सोच पर चलना मूल आलोचना-कर्म को नकारना है।

प्रसाद के नाटकों पर मेरी दूसरी पुस्तक 'नाटककार जयशंकर प्रसाद' 1997 में प्रकाशित हुई। एक व्यापक फलक पर सुविचारित एवं सुनियोजित यह पुस्तक पाँच खंडों में विभाजित है जिसमें नाटककार प्रसाद के जीवन एवं नाट्यलेखन के हर पहलू पर एक साथ एक पुस्तक में इतनी विपुल सामग्री संकलित की गई है। अच्छी-खासी मेहनत से तैयार यह मात्र एक सम्पादित पुस्तक नहीं है, विस्तृत परिप्रेक्ष्य देते हुए यह नाटककार प्रसाद को परखने की विशिष्ट दृष्टि भी प्रदान करती है।

इतने वर्षों के अन्तराल के बाद मैंने यह महसूस किया है कि हिन्दी नाट्य-समाज अपनी दोनों नाट्य-विभूतियों—भारतेन्दु हरिश्चन्द्र और जयशंकर प्रसाद के प्रति गहरी आस्था रखता है और उनकी ऐसी छवि में किसी प्रकार के बदलाव को पसन्द नहीं करता। वामपन्थी रचनाकार-समीक्षक भारतेन्दु को लेकर अपने बँधे नजरिए से हटकर किसी स्वतंत्र विचार-विवेचन का नोटिस तक नहीं लेना चाहते। इससे बढ़कर और क्या विडम्बना हो सकती है कि ऐसे मताग्रह के चलते प्रसाद-जैसी विरल प्रतिभा को दक्षिण पन्थी खेमे का मानकर उन्हें एक विचित्र दयनीय स्थिति में ला खड़ा किया है। देश की स्वाधीनता और राष्ट्रीय गौरव के लिए कर्म का उत्साह रखने वाला और निजी जीवन में कर्म का अवसाद झेल रहे स्कन्दगुप्त की सोच क्या दक्षिणपन्थी कही जा सकती है? इधर स्वतंत्र साहित्यकार-समीक्षकों का गुट और विश्वविद्यालय के विशाल अध्यापक वर्ग का दृष्टिपथ कम निराश करने वाला नहीं है। आत्ममुग्ध अवस्था में जी रही यह जमात प्रसाद के प्रशस्तिमूलक आकलन से बाहर निकलना ही नहीं चाहती। दोनों पक्षों के पूर्वग्रह बरकरार हैं और पूरे आलोचना-कर्म में, जिसमें नाट्यालोचन और रंग-समीक्षा शामिल है, से वस्तुनिष्ठता गायब है।

(रंग-प्रसंग, 2004)

2

साकार होते शब्दों का इतिहास

जयशंकर प्रसाद के नाटकों को लेकर हमेशा मुझे कोफ्त होती है। पढ़ने-पढ़ाने के स्तर पर जो नाटककार इतना अनुप्राणित करे, क्या वह रंगमंच के लिए सचमुच 'वर्जित क्षेत्र' है, जैसा कि थिएटर वाले कहते-मानते आए हैं ? इसलिए भोपाल में रंगमंडल 'स्कन्दगुप्त' का मंचन कर रहा है, इस समाचार से मुझे राहत मिली। चलिए, कोई तो ऐसा साहसी निर्देशक मिला जिसने प्रसाद के नाटकों को मंचित करने के संकल्प का पालन किया। कारन्त के लिए प्रसाद अपरिचित नहीं हैं, पुराना अनुभव रहा है। वे 'स्कन्दगुप्त' का निर्देशन कर रहे हैं, यह सूचना मिलने पर मैंने फैसला कर लिया था कि मैं भोपाल जाकर इस प्रस्तुतीकरण की विकास-यात्रा का साक्षात्कार करूँगा और इस तरह जान-समझ सकूँगा कि यह नाटक कहाँ-कैसे-क्यों कमजोर पड़ता है। इसकी सफल सम्भावनाओं को लेकर कभी मन आश्वस्त होता और कभी यह आशंका घेरने लगती कि प्रसाद की विफल प्रस्तुतियों के इतिहास में वृद्धि तो नहीं हो रही है। इन्हीं भावों से आन्दोलित मैं 7 फरवरी, 1984 को दोपहर बाद भोपाल पहुँचा। सीधे भारत भवन गया।

7 फरवरी

अन्तरंग प्रेक्षागार में गीतों का स्वराभ्यास चल रहा है। रंगमंडल के सदस्य गीतों की मधुर धुनों में आत्मविस्मृत हैं। मैं एक ओर बैठ जाता हूँ, अजनबी हूँ, शहर के लिए, इस वातावरण के लिए, और शायद 'इस' प्रसाद के लिए भी। मैंने रामगोपाल बजाज की प्रस्तुति-प्रक्रिया को देखा-जाना था। मनोहर सिंह, राजेश विवेक, रंजीत कपूर जैसे प्रमुख अभिनेताओं से बातचीत भी की थी। वह चौंकाने वाला इतिहास है। पर 'आह ! वेदना मिली विदाई।' और 'हिमाद्रि तुंग शृंग से, प्रबुद्ध शुद्ध भारती' के कोमल और ओजस्वी स्वर मुझे इतना बाँध लेते हैं कि मैं अपने सवालों के बोझ से मुक्त होने लगता हूँ और गीतों के प्रवाह में बहने लगता हूँ। यह सिलसिला डेढ़ घंटे तक चलता रहता है।

थोड़े अन्तराल के बाद पूर्वाभ्यास होना है। कारंत ने मेरा सामान अपने निवास-स्थान भिजवा दिया है। अतिथि निर्देशक श्यामानन्द जालान मुझे अपने साथ अपने होटल ले गए। वे 'जनता का शत्रु' के निर्देशन के सिलसिले में आमन्त्रित हैं। हम दोनों प्रवासी हैं। चाय-नाश्ते के साथ हिन्दी रंगमंच, कारन्त और रंगमंडल को लेकर टीका-टिप्पणी चलती रहती

है। शाम को 'स्कन्दगुप्त' का पूर्वाभ्यास शुरू होता है। बहुत जमता नहीं। अभी प्राम्पटिंग हो रही है। कारन्त का ध्यान प्रवेश-प्रस्थान, रंगचर्या और दृश्य-विन्यास की ओर अधिक जा रहा है। छोटी-छोटी भूलें हो रही हैं।

निवास-स्थान पर पहला दिन होने के कारण मेरे लिए संकोच का व्यवहार बना हुआ है। कारण जाहिर है। मेरे कारन्त के साथ निकट सम्बन्ध नहीं रहे। दूसरे, मेरे ही अनुरोध पर उनके यहाँ रहने की व्यवस्था हुई है ताकि निर्देशक की रंग-परिकल्पना को आत्मीयता और अन्तरंगता के साथ निरन्तर जान-समझ सकूँ। घर में कारूत का आचरण खुला होता है। यूँ बनारस में 'चन्द्रगुप्त' (1972) के प्रस्तुतीकरण को लेकर मैं राष्ट्रीय नाट्य विद्यालय में उनसे कई बार मिल चुका हूँ। इसलिए जल्दी हिल-मिल जाता हूँ। अपने मित्र और सहपाठी विजय मोहन सिंह से परिचय करवाते हुए कारन्त ने कहा है कि इनके आने से लाभ होगा। प्रसाद के नाटकों को खेलने के लिए कई तरह की मदद चाहिए। ये आलेख के स्तर पर सहयोग दे सकते हैं। मुझे इस शैली में कारन्त का बड़प्पन लगता है। आज का लेखा-जोखा लेता हूँ तो पहला और गहरा असर नाटक के गीत-संगीत का है जिसकी अनुगूँज अभी विद्यमान है। प्रसाद के नाटकों में गीत, कथ्य और चरित्र के कई आयाम खोलते हैं या नाटकीय सघनता लाते हैं। कारन्त का यह अपना क्षेत्र है। इसका भरपूर लाभ उठाकर उन्होंने इस तरह सारे प्रस्तुतीकरण को काव्य-व्यवहार दिया है।

स्वराभ्यास पिछले कई दिनों से चल रहा है। कारन्त ने इस दैनिक अनुष्ठान से एक और प्रयोजन सिद्ध किया है। रंगमंडल के सदस्यों में स्कन्दगुप्त और प्रसाद के प्रति अनुकूल मनोभूमि तैयार करने के लिए इस माध्यम का आश्रय लिया गया है। प्रसाद के नाटकों को लेकर पहली प्रतिक्रिया न भिन्न थी और न नई थी। 'स्कन्दगुप्त' के मंचन का निर्णय जलाई 1983 में ही हो चुका था। परन्तु नवम्बर 1983 के दिल्ली नाट्योत्सव के बाद सदस्यों ने प्रसाद को दोबारा पढ़ा। एक बार स्कूल-कॉलेज में पढ़ चुके थे। कुछ-एक को छोड़कर, उनकी 'नाटक' को लेकर अब तक जो समझ बनी थी, प्रसाद उसमें नहीं आते थे। नाटक-पाठ के समय चुटकी और मजे का रुख था। पृथ्वीसेन, महाप्रतिहार और महादंडनायक की बिना कारण, एक साथ, आत्महत्या उन्हें काफी हास्यास्पद लगी थी। बन्धुवर्मा और जयमाला बातचीत कर रहे हैं, पीछे से अचानक देवसेना आती है और निर्णयात्मक मोड़ दे जाती है। ऐसे और कई उदाहरण। यह सब उनके गले नहीं उतरता था। व्यर्थता का अहसास होता था। कारन्त को यह सब पता है। कारन्त के सामने राष्ट्रीय नाट्य विद्यालय का तजुर्बा है, जहाँ निर्देशक बजाज के अतिरिक्त अधिकांश लोगों की न स्कन्दगुप्त में दिलचस्पी थी और न उसके प्रस्तुतीकरण में उत्साह। अपनी टीम में स्फूर्ति और तत्परता पैदा किए बिना कोई निर्देशक कामयाब नहीं हो सकता। कारन्त ने संगीत के जरिये उनकी बद्धमूल मन:स्थिति को तोड़ा है। 'करना है' की संकल्प-शक्ति संगीत की सरलता से उनकी चेतना पर छाने लगती है। धीरे-धीरे संलग्नता और तल्लीनता आती है। अब उन्हें अपनी भूमिकाएँ अर्थपूर्ण लगने लगी हैं तथा संवाद के निहित तात्पर्य खुलने लगे हैं। लक्ष्यसिद्धि की ओर अग्रसर होते इस प्रस्तुतीकरण में इस विश्वास का उल्लेखनीय स्थान है, जो रचना, रचनाकार और निर्देशक के प्रति है। यह नींव गीत-संगीत ने तैयार की है।

8 फरवरी—पूर्वाह्न

कारन्त रंगमंडल के सदस्यों से मेरा परिचय करवाते हैं—प्रसाद-प्रेमी एक और पागल उनके घर में, वह भी दिल्ली से। इस तरह कामकाज छोड़कर इतने दिन पहले इस प्रस्तुतीकरण को देखने-समझने कौन आता है? उन्होंने आशा प्रकट की है कि इनके आने से नाटक की बारीकियों को समझने में मदद मिलेगी। साथ ही अपनी कमियों का पता लगता रहेगा। मैंने कहा—हमारा लक्ष्य समान है—प्रसाद को समझना, अपनी संस्कृति और इतिहास के सन्दर्भ में अपने वर्तमान को जानना। मेरा आग्रह है कि नाटक और प्रस्तुतीकरण को लेकर उठते छोटे-मोटे सवालों के बारे में आप मुझसे संवाद बनाए रखें।

पूर्वाभ्यास से पहले स्वराभ्यास। सामूहिक गायन से आवेश, तन्मयता और बदली मनोदशा। नाटक की विभिन्न समस्याओं तथा पात्रों की मन:स्थिति को समझने की कारन्त की यह शैली मुझे प्रेरणावर्धक लगी है। फिर भी, कई सदस्य सक्रिय एवं मुखर हैं, कुछ ढीले-ढाले। संगीत आज भी मुग्ध करने वाला लगा। उसकी प्रभविष्णु शक्ति से यह आशंका अवश्य हुई कि कहीं वह स्वतंत्र न हो जाए।

अपराह्न

अजीब-सा लगा कि कई पात्रों को अभी तक अपने संवाद पूरी तरह याद नहीं। प्राम्पटिंग से न गति रहती है और न स्वाभाविकता। पहला दृश्य शिथिल जाता है। दूसरे दृश्य में कारन्त दिलचस्पी दिखाते हैं। धातुसेन (द्वारिका प्रसाद) और मुद्‌गल (अमर सिंह) की उपस्थिति दृश्य को रोचक और कहीं-कहीं कामिक स्वरूप प्रदान करती है। अनन्तदेवी (शोभा) पहले आकर, चबूतरे पर खड़ी हो जाती है। 'न छेड़ना उस अतीत स्मृति से...' एक दृश्यानुरूप गीत है। मातृगुप्त (दिनेश) भाषा और संवाद के स्तर पर नाटक के आस्वाद को बदल देता है। चौथे दृश्य में षड्‌यंत्र का वातावरण मिलता है। भटार्क गुप्त द्वार से आता है। प्रपंचबुद्धि का प्रवेश अति-नाटकीय हो गया है। शर्वनाग अपने चरित्र की पहचान तो करवाता है परन्तु कामिक पक्ष प्रमुखता ले गया है। रामा की भूमिका के लिए व्यवस्था नहीं हो सकी है। इसलिए सरोज ने रामा का काम सँभाला है। स्त्रियों के रोने से कुमारगुप्त की मृत्यु-सूचना दी गई है। पुरगुप्त (गोपाल) का प्रवेश और व्यवहार उसके व्यक्तित्व को इंगित करता है। छठे दृश्य में गोविन्दगुप्त (अरुण) को प्रमुखता दी जाती है। कारन्त ने विजया की टिप्पणी 'भयानक और सुन्दर' को साकार करते हए स्कन्दगुप्त को घायल दिखाया है। विजया और देवसेना की प्रतिक्रिया अर्थपूर्ण है।

दूसरा अंक। पहला दृश्य कुछ बिखर-सा गया है 'मनुष्य फँसाने का सिद्धान्त...' का प्रसंग अनावश्यक चिपका लगा। शर्वनाग (आलोक) ने अपनी भूमिका को कामिक रखा है। भटार्क (महेन्द्र) और गोविन्दगुप्त (अरुण) का द्वन्द्व-युद्ध विश्वसनीय लगता है। राज्य-समर्पण को लेकर जयमाला अपने पति का तत्काल कहना नहीं मानती। बन्धुवर्मा क्षुब्ध होकर चला जाता है। मूल नाटक में वह मान लेती है। इस परिवर्तन से कारन्त ने नारी की स्वतंत्र अस्मिता पर बल दिया है। वह अपने विवेक से निर्णय लेती है और स्कन्दगुप्त से सिंहासन ग्रहण करने के लिए अनुरोध करती है। राज्यारोहण के अवसर

पर भव्यता और दृश्यता है। इसमें स्कन्दगुप्त के व्यक्ति पक्ष को इंगित करने के लिए निम्न एकालाप जोड़ा गया है—'इस साम्राज्य का बोझ किसलिए...' यह पूरा जमता नहीं है।

कुछ अभिनेता प्रथम परिचय में अपनी क्षमता के प्रमाण दे जाते हैं : द्वारिका (धातुसेन), अमरसिंह (मुद्गल), दिनेश (मातृगुप्त), गोपाल (पुरगुप्त), आलोक (शर्वनाग), राजकुमार (दूत)। कुछ ने पूरी तैयारी नहीं की है—विपिन, विभा, शरद रावल आदि। प्रस्तुति में कच्चापन है। छोटी-छोटी स्थितियों में रोचकता और नाटकीयता लाने में कारन्त कुशल हैं। धातुसेन सुग्रीव के सन्दर्भ में 'लड्डू' शब्द का प्रयोग करता है। दूसरे धरातल पर मुद्गल पहले से बैठाया जाता है, और 'लड्डू' शब्द सुनकर अपना प्रलोभन व्यक्त करता है। राज्यारोहण के अवसर पर स्कन्दगुप्त शर्वनाग को मुक्त कर देता है। 'मुक्त' शब्द सुनकर सभी गण्यमान्य व्यक्ति 'मुक्त...मुक्त' बोलते हैं। इस तरह स्कन्दगुप्त की क्षमा-वृत्ति को व्यापक परिप्रेक्ष्य मिलता है।

9 फरवरी

अब तक मैं कई सदस्यों से मिल चुका हूँ। सारा दिन साथ होने के कारण मिलना आसान है। स्कन्दगुप्त के स्वरूप और मंचन-समस्याओं को लेकर सदस्यों की कारन्त के साथ बातचीत हो चुकी थी। उस समय अधिकांश सदस्यों में विरक्ति-का-सा भाव था। अब स्थिति बदल चुकी है। ये स्कन्दगुप्त के विभिन्न विचार-सूत्रों तथा कथा-सूत्रों के बारे में चर्चा करना चाहते हैं। विभिन्न पात्रों के अन्त:सम्बन्ध का प्रश्न रोचक और उत्तेजक है। अनीता को यह मालूम न था कि कमला कलंकिनी है और भटार्क एक अवैध सन्तान। आलोक अपनी भूमिका को कामिक बना रहे थे जबकि प्रसाद का शर्वनाग अल्हड़ और फक्कड़ स्वभाव का सैनिक है जो प्रलोभन में आकर कुचक्र में फँस गया है। शोभा और सरोज में पर्याप्त उत्सुकता पाता हूँ। उन्होंने भूमिका के अन्तर्विरोध को समझा है।

विपिन के साथ संवाद की स्थिति बनी रहती है। राष्ट्रीय नाट्य विद्यालय का स्नातक होने के कारण वह अधिक प्रबुद्ध युवक हैं। नेपथ्य-कर्म में उन्हें व्यस्त रहना पड़ता है पर अभिनय को लेकर उनमें गम्भीर दृष्टि लगती है। स्कन्दगुप्त एक बहुआयामी चरित्र है। इतिहास, युग और व्यक्तित्व के परिप्रेक्ष्य में मैं विश्लेषण और स्पष्टीकरण देता हूँ। विभा अभी तक देवसेना के चरित्र को आत्मसात् नहीं कर सकी है। इसलिए उनकी दिलचस्पी कम है। अधिकांश सदस्य अपनी कमियाँ जानने के लिए उत्सुक रहते हैं। मुझे लगा कि प्रत्येक अभिनेता के इर्द-गिर्द एक शून्य है जिसको भरने के लिए मिलना-जुलना जरूरी है। अब प्रसाद या स्कन्दगुप्त को लेकर चुटकियाँ, व्यंग्य या मजाक समाप्त हो चुके हैं। प्राय: सब किसी गीत की कड़ी गुनगुनाते मिलते। क्या यह व्यवहार शिष्टाचार मात्र है या किसी अन्त:प्रेरणा का परिणाम? मेरे लिए निर्णय करना आसान नहीं है।

पूर्वाह्न में गीत-संगीत का सामूहिक गायन होता है। कारन्त संगीत को संगीत के मधुर-प्रवाह में पेश कर रहे हैं ताकि मंडल के लोग मानसिक तौर पर तैयार हो सकें। इस दृष्टि से यह ढील ठीक लगती है।

अपराह्न। तीसरे अंक से पूर्वाभ्यास शुरू होता है—शिथिल-सा, पर कुछ नाटकीय बिन्दु अवश्य उल्लेखनीय हैं। प्रपंचबुद्धि एक क्रूर भिक्षु ही रहता है, राजनीति में दखल रखने वाला, 'अधिकार लोलुप' भिक्षु नहीं। 'इस साम्राज्य का बोझ किसके लिए...' एकालाप से स्कन्दगुप्त के व्यक्ति-पक्ष का अनिश्चय और आशंका प्रकट नहीं होती। विपिन तय नहीं कर पा रहे हैं कि इस भूमिका को कहाँ-कैसे अभिनीत किया जाए। विभा तो देवसेना को न पूरी तरह स्वीकार कर सकी है और न अस्वीकार। सरोज भी न्याय नहीं कर पा रहीं।

हूण चर की संवाद-शैली ऐसी रखी गई है जिसमें उपेक्षा-अपमान की तेजी हो। वह नाट्य-स्थिति के अनुरूप असरदार है। मुझे ध्यान में आया कि पुरगुप्त की संवाद-प्रस्तुति का लय-विधान कुछ इस प्रकार का है जो एक पदाश्रित और दुर्बल व्यक्ति का होता है—'बन्दी करो, न'। कारन्त ने चरित्र के अनुरूप संवाद-प्रस्तुति, स्वरोच्चार, लय-विधान के मौलिक प्रयोग किए हैं। इस रंगयुक्ति से वे एक-आयामी पात्रों की चारित्रिक विशेषता प्रतिष्ठित करने में सफल रहे हैं। मातृगुप्त, प्रपंचबुद्धि, शर्वनाग, अनन्तदेवी, पुरगुप्त, शक-हूण में इसके सफल प्रयास हुए हैं। विजया-अनन्तदेवी कलह में यही प्रयोग है। इस दिशा में दिनेश (मातृगुप्त) को अधिक सफलता मिली है। 'अरुण यह मधुमय देश हमारा' का कारुणिक स्वरविधान मातृगुप्त की त्रासदी को मार्मिक बनाता है। इसी दृश्य में गोविन्द दीक्षित (देवनन्द) 'वेस्या' और 'सक्तिसाली' बोलते हैं—एक असादृश्य। इस भूल पर उन्हें टोका नहीं जाता है।

कुभा नदी के स्थान पर 'कुम्भा' का प्रयोग हो रहा है। मैं सुधारता हूँ। इसी तरह पहले दृश्य में स्कन्दगुप्त के एकालाप में 'लालची' शब्द अटपटा लगता है। उसे बदला जाता है। इसी दृश्य में स्कन्दगुप्त पर्णदत्त को 'बूढ़े सेनापति' कहता है। एक ओर पर्णदत्त को राष्ट्रीय जागरण का नेतृत्व दिया जाता है, और, दूसरी ओर, ऐसे अनादरपूर्ण शब्दों का प्रयोग होता है। बाद में 'वृद्ध सेनापति' शब्द अपना लिया जाता है। बजाज ने सरलीकरण की झोंक में आलेख में ऐसे कई विचित्र प्रयोग किए हैं। कारन्त ने इस ओर पूरा ध्यान नहीं दिया।

कुभा बाँध के टूटने और सैनिकों के बहने के दृश्य को पढ़ाते समय दोष गिनाया जाता है—अनभिनेय है। मगर यहाँ दाएँ ढलान के किनारे से सैनिक कूद-कूदकर नदी में बहते हैं, तो यह दृश्य विश्वसनीय और नाटकीय लगता है। चबूतरे पर खड़े होकर बन्धुवर्मा सैनिकों को सम्बोधित करता है। उसका संयोजन कुछ इस प्रकार फैला है कि वह सर्व-भारतीय परिप्रेक्ष्य प्रदान करता है। ब्राह्मण-बौद्ध दार्शनिक विवाद निकाल दिया गया है। अब टकराव की परिस्थितियाँ स्पष्ट हो जाती हैं। कमला के स्थान पर धातुसेन स्कन्दगुप्त को 'सहानुभूति जाग्रत' करने की प्रेरणा देता है। पर्णदत्त के भीख माँगने वाले दृश्य में नागरिकों की रसिक-वृत्ति कुछ ज्यादा हो गई है। मूल नाटक से हटकर यहाँ पर्णदत्त में क्षोभ है, निराशा नहीं। देवसेना के आने पर वह अपने प्रयोजन में सफल होता है।

इस दृश्य की शक्ति है, जनमेजय का नागयज्ञ से लिया गया यह गीत—'क्या सुना नहीं कुछ, अभी पड़े सोते हो'। शक-हूणों के साथ युद्ध जमता नहीं। बन्धुवर्मा की मुत्यु पर राज्यश्री से लिये गए गीत को कड़ी 'करुणा कादम्बिनी बरसे' हृदयस्पर्शी है। अगले दृश्य में जब

यह सूचना स्कन्दगुप्त को दी जाती है तो पीछे एक ओर बैठा बन्धुवर्मा अन्तिम संवाद दोहराता है—'भीम और देवसेना उनकी शरण हैं।' इससे स्कन्दगुप्त और देवसेना के अन्त:सम्बन्ध और गहरे तथा जटिल होते हैं। नाटक का समापन (प्रारम्भ की तरह) सभी रंग-तत्त्वों के मिश्रण से होता है। दोनों गीत तो नाटक के आधार-स्तम्भ हैं। पूर्वाभ्यास में बहुत दक्षता तो नहीं है, पर पात्रों की रंगचर्या, दृश्य-संयोजन, गीत आदि को लेकर निर्देशक की अभिकल्पना अवश्य आश्वस्त करती है।

10 फरवरी

आज सुबह कारन्त का मूड ठीक नहीं। प्रस्तुतीकरण को लेकर कई समस्याएँ सिर उठा रही हैं। इधर रंगमंडल में आपसी सम्बन्धों को लेकर घुटन और तनाव-सा है। वे खुलकर बात करना चाहते हैं। कारन्त बरस पड़ते हैं। इस तरह के राग-द्वेष में उलझकर न कोई परिणाम निकलता है, और न इनसे लाभ होता है। शक्ति का अपव्यय है। मैं भी महसूस कर रहा हूँ कि कुछ लोग पूरी जिम्मेदारी के साथ काम नहीं करते, ऐसा लगता है कि कारन्त को लेकर वे सहज नहीं। इधर कारन्त भी, मैं पाता हूँ, कुछ लोगों को लेकर सहज नहीं हैं। पर आज कारन्त स्पष्ट हैं और सख्त भी। निर्देशक सारे प्रस्तुतीकरण का प्रेरक स्रोत है, सभी उसी से अनुप्रेरित भी होते हैं। यह सच है कि 'बाबा' के प्रति सदस्यों की निर्विवाद आस्था है। कोई सामने सिर नहीं उठा सकता। एक कारण यह भी है कि रंगमंडल में चाहे अच्छे कलाकार हैं, पर वे इतने प्रबुद्ध और तर्कशील नहीं हैं। यह स्थिति कारन्त के लिए उपयोगी सिद्ध हुई है और नियंत्रण रखना कठिन नहीं होता।

दिल्ली की वस्तुस्थिति भिन्न थी। उस प्रस्तुतीकरण में सभी जाने-माने विख्यात कलाकार भाग ले रहे थे। परन्तु तर्क और सन्देह ने सब अस्त-व्यस्त कर दिया। इस प्रस्तुति के उत्तरोत्तर विकास में इस तथ्य को ध्यान में रखना जरूरी है कि कारन्त शक्ति के स्रोत हैं जबकि बजाज विवश एवं निरुपाय थे। असल में, प्रसाद के नाटक परिश्रम माँगते हैं। सारी टीम को मुस्तैदी से क्रियाशील बनाना इतना आसान नहीं है। यूँ कारन्त के व्यक्तित्व में अनुशासनप्रियता नहीं है।

नाटक का प्रारम्भ 'आह! वेदना मिली विदाई' के कोमल स्वरों से होता है—अन्तरंग भावनाओं की ललित अभिव्यक्ति। राष्ट्र के प्रति अपने उत्तरदायित्व को समझते हुए स्कन्दगुप्त सैनिकों को सम्बोधित करता है : 'वीर मगध सैनिकों, गरुड़ध्वज का मान रहे, भले ही प्राण जाएँ।' उसका वीर-साहसी पक्ष मुखरित होता है, 'हिमाद्रि तुंग शृंग से' गीत से। गीत के उपरान्त वह 'अधिकार सुख कितना मादक और सारहीन है...' संवाद बोलता है। कोमल और ओजस्वी लहरों के बीच आन्दोलित स्कन्दगुप्त का एकालाप अर्थवान लगता है। प्रारम्भ प्रस्तुति-परिकल्पना के अनुरूप दृश्यता, भव्यता और गेयता लिये हुए है। परन्तु कारन्त आज सन्तुष्ट नहीं लगते।

अंक 1 दृश्य 2 में कार्य-व्यापार की सम्भावना अधिक है और कारन्त का धातुसेन (द्वारिका प्रसाद) और मुद्गल (अमर सिंह) पर विश्वास है। नर्तकियों का गीत, और हँसी, सारे दृश्य को हास्य-व्यंग्य से जीवन्त बना देते हैं। 'लड्डू', 'फिर लड्डू' प्रतिक्रिया व्यक्त

कर मुद्गल हास्य उत्पन्न करता है। असल में, द्वारिका और अमर सिंह को देखकर कारन्त को नई-नई बातें सूझती हैं।

अंक 1 दृश्य 3। दिनेश (मातृगुप्त) अपने चरित्र को साकार करने में सम्भवतः सर्वाधिक सफल रहे हैं, कारण उन्होंने संवाद और संवेदना में सन्तुलन बनाए रखा है। कारन्त ने मातृगुप्त के चरित्र को 'अरुण यह मधुमय देश हमारा' गीत से खोला है। वह उसकी भावाभिव्यक्ति की कविता भी है, जिसे उसके संवाद के साथ गूँथा गया है। धातुसेन सरल-हृदय मातृगुप्त के आगे गुप्त साम्राज्य के रहस्य खोलता है, और अनन्तदेवी की शक्ति बताता है तो मंच के केन्द्रीय धरातल पर कुमारगुप्त-अनन्तदेवी-पुरगुप्त मदिरा पीते दिखाए जाते हैं। समानान्तर दृश्य-परिकल्पना से नाटकीय अनुभव सघन होता है, और दूसरे पहलू भी उजागर होते हैं। कथासूत्रों को जोड़ने और निभाने में कारन्त प्रयत्नशील रहे हैं। मंच-प्रभाव की दृष्टि से यह दृश्य उल्लेखनीय है।

अंक 1 दृश्य 3-4। अनन्तदेवी केन्द्रीय धरातल पर रहती है। कुमारगुप्त पीछे चबूतरे पर मदिरा पीता है। इस दृश्य में शोभा (अनन्तदेवी) की प्रमुखता है जो अधिकार-लोलुपता प्रदर्शित करने में सफल है। दो गिद्धों के साथ अट्टहास करते हुए प्रपंचबुद्धि का प्रवेश सचमुच भूकम्प के समान भारी लगता है। अनन्देवी और भटार्क के सम्बन्धों को भी व्यंजित किया गया है। महेन्द्र को देखकर भटार्क के एकालाप को सरल कर दिया गया है—'हे दुर्भेद्य नारी, तेरे हृदय में...।'

अंक 1 दृश्य 5। आरम्भ कौतुक से होता है—'आह! मेरी सुन्दरी! अप्सरा!' संकेत है केन्द्र के दो स्तम्भों के पीछे रखी तलवार से। आलोक (शर्वनाग) स्वयं एक अच्छे अभिनेता हैं। वह उत्सुकता और कामिक प्रभाव पैदा कर सके हैं। बीच में शर्वनाग का एक संवाद जोड़ा गया है—'न जाने आज क्या घटित होने जा रहा है।' रामा सतर्क हो जाती है। अभी तक रामा की भूमिका के लिए अभिनेत्री की व्यवस्था न होने के कारण सरोज यह जिम्मेदारी निभाती है। अभिनय-क्षमता का प्रमाण देते हुए गोपाल (पुरगुप्त) अग्रणी हो जाते हैं। पुरगुप्त का पूरा चरित्र उभरकर सामने आ जाता है। पृथ्वीसेन के महत्त्वपूर्ण संवाद को हटाकर सरल बनाया गया है—'सुनो भटार्क और कुमार! हम इस स्वच्छन्द निर्णय का विरोध करते हैं और विरोध में आत्म-बलिदान करते हैं। कोई हमें नहीं रोक सकता।' पर तीनों की मृत्यु जमती नहीं।

अंक 1 दृश्य 6। मातृगुप्त मुद्गल की गठरी उठा लेता है। मनोविनोद होता है। कारन्त की दिलचस्पी स्वाभाविक है। नेपथ्य का लाभ उठाते हुए शक-हूण के अत्याचार सूच्य बनाए गए हैं। शक-हूण से मुठभेड़ के बाद गोविन्दगुप्त का प्रवेश उनकी वीरता और गौरव को प्रतिष्ठित करता है।

अंक 1 दृश्य 7। 'घने प्रेम तरु तले' गीत देवसेना, विजया और जयमाला के मनोजगत के अनुरूप है। तीनों अपने-अपने काम में जुटी हैं। क्षत्राणी जयमाला अस्त्र-शस्त्र सँभाल रही है। विजया गुप्त द्वार के नीचे दबे धन की देखभाल कर रही है। देवसेना अगली स्थिति के बारे में उत्सुक है। स्कन्दगुप्त, विजया और देवसेना के त्रिकोण को पूरा प्रतिष्ठित किया गया है। जयमाला स्कन्दगुप्त के आने पर कुछ शब्द कहती है। गीत फिर गाया जाता है। अब उसकी कड़ियाँ अधिक अर्थवान लगती हैं।

अंक 2 दृश्य 1। पिछले दृश्य का विस्तार। 'बीती विभावरी जाग री' की धुन को बदला जाता है। मैं कारन्त को बताता हूँ कि यह उद्‌बोधन-गीत है। पहले की धुन कोमल अधिक थी। बन्धुवर्मा चर का एक लिखित सन्देश स्कन्दगुप्त को देता है जिसमें राज्यारोहण का प्रकरण है, आगामी घटनाओं को देखते हुए कारन्त ने इसका पूरा नाटकीय लाभ उठाया है। स्कन्दगुप्त से लेकर चक्रपालित यह सन्देश पढ़ता है और आवेश में जयकार लगाता है। 'राजाधिराज स्कन्दगुप्त की जय'। कहता है, 'युवराज यही सुअवसर है।' सारा वातावरण बदल जाता है। एकसूत्रता की दृष्टि से इसका महत्त्व है। 'खगकुल कुल-कुल-सा बोल रहा' गीत की कड़ी देवसेना के संवाद की कड़ी बन गई है, इसमें पहले अन्तरा और फिर स्थायी लिया गया है। बन्धुवर्मा का एकालाप ठीक गया।

अंक 2 दृश्य 2। मदिरा के साथ गायन और नृत्य। लयबद्ध ध्वनियाँ—'घिट्टं घिट्टं, भवानी ले ले।' कारन्त का अपना लिखा गीत। उसमें बोल से अधिक लय-तान द्वारा उसके उग्र चरित्र को रेखांकित किया गया है। गिद्धों के साथ उसका प्रवेश एवं व्यवहार, विशेष रूप से विपत्तिवज्र गिरने का प्रसंग, प्रस्तुतीकरण के सामान्य विधान से भिन्न तथा भारी हो गया है।

अंक 2 दृश्य 3-4। देवकी की हत्या का षड्‌यंत्र। शर्वनाग गुनगुना रहा है—'भवानी ले ले।' प्रपंच का प्रभाव चल रहा है। ढलान से आती रामा को देखकर वह कहता है—'हाँ मिल गई—एक नारी—लो अभी रक्त की धारा बहाता हूँ...अरे तुम रामा! मेरी देवी रामा।' प्रेक्षक की दृष्टि से सारी बात खुल जाती है। रामा पीछे भागती है। थोड़ी देर बाद केन्द्रीय ढलान में खड़ी देवकी के पास पहुँच जाती है। दोनों दृश्यों का संयोजन एक दृश्य की तरह किया गया है। दाएँ ढलान से अनन्तदेवी, प्रपंचबुद्धि भटार्क, पुरगुप्त और शर्वनाग आते हैं। अनन्तदेवी, प्रपंचबुद्धि और भटार्क की बातचीत के बीच आगे खड़ा शर्वनाग 'मैं प्रस्तुत हूँ' दो-तीन बार बोलता है। इससे शर्वनाग की व्यग्रता और स्थिति के खतरे सामने आ जाते हैं। स्कन्दगुप्त के साथ मुद्‌गल और धातुसेन हैं। हत्या के लिए तैयार शर्वनाग को मुद्‌गल रोकता है, जो स्कन्दगुप्त को देखकर घबरा जाता है। स्कन्दगुप्त-भटार्क का द्वन्द्व विश्वसनीय लगता है। स्कन्द देवकी के चरण छूता है। कोई संवाद नहीं है। दोनों दृश्यों को सुगठित किया गया है।

अंक 2 दृश्य 5। जयमाला देवसेना की तरह भावुक नहीं है। उनके व्यक्तित्व एवं दृष्टिकोण की रक्षा से दृश्यान्त नाटकीय हो गया है। वह सचमुच मालवेश्वरी हो जाती है।

अंक 2 दृश्य 6। कमला-भटार्क तथा, बाद में, कमला-विजया-भटार्क की दृश्य-रचना को सँवारा जाता है। अनीता दुबे (कमला) की संवाद-प्रस्तुति और रंगचर्या पर कारन्त विशेष समय लगाते हैं पर ज्यादा लाभ नहीं होता। विजया बाएँ ढलान से आती है, उसके प्रवेश-समय को ठीक किया जाता है। विजया-कमला-भटार्क त्रिकोण दुरुस्त लगता है। भटार्क और गोविन्दगुप्त का द्वन्द्व ठीक जमता है।

अंक 2 दृश्य 7। राज्यारोहण की दृश्य-अभिकल्पना गरिमापूर्ण। समारोह अनुष्ठान के साथ सम्पन्न होता है। बाएँ ढलान के किनारे पर सिंहासन की व्यवस्था करके दृश्य को नया कोण दिया गया है। सारा मंच भरा हुआ है। पुरोहित मंत्रोच्चारण कर रहे हैं।

मुद्गल साथ-साथ सूचनाएँ दे रहा है। केन्द्रीय धरातल के बीच में आकर स्कन्दगुप्त अपना स्वगत कहता है—'इस साम्राज्य का बोझ किसलिए...'। राज्यारोहण की ताम-झाम में अकेली आवाज—स्कन्दगुप्त के दोनों आयामों और अन्तर्विरोध को इंगित करती है। आज विपिन अपेक्षाकृता सफल हैं। दाएँ धरातल पर बन्दी हैं। विजया भटार्क के वरण की घोषणा करती है। देवसेना (विभा) का स्वगत स्वाभाविक नहीं लगता। इस दृश्य को कई स्तरों पर चलाया और सँभाला गया है। साम्राज्यवादी ताकतों का मुकाबला करने के लिए केन्द्रीकरण आवश्यक है, अर्थात् एकत्रीकरण, समीकरण और विलय। इस तरह राज्यारोहण का सांकेतिक महत्त्व है। पर, नेतृत्व राजा बनकर नहीं, सैनिक बनकर करना है। तीसरे, निजी स्तर पर त्रासदी।

अंक 3 दृश्य 1-2। मध्यान्तर के बाद फिर प्रपंचबुद्धि। देवसेना की हत्या का कुचक्र। देवसेना-विजया संवाद के बाद देवसेना बाएँ ढलान पर बैठ जाती है। विजया-भटार्क-प्रपंच में दुरभिसन्धि। मातृगुप्त का संवाद बदल दिया गया है—'यह क्या कर्मकांड चल रहा है? भटार्क यहाँ और कापालिक के साथ! नीच भटार्क! सम्राट स्कन्दगुप्त इस समय उपस्थित रहते तो तुम्हारे कुकृत्य स्वयं देख लेते। देखूँ क्या करते हैं?' स्कन्दगुप्त दाएँ धरातल पर स्वगत कहता है। विपिन निभा ले जाते हैं। इस बीच विजया देवसेना को फुसलाती हुई लाती है। मातृगुप्त प्रहार करता है और देवसेना की रक्षा करता हुआ ले जाता है। यह संघर्ष शैलीबद्ध तरीके से प्रस्तुत किया गया। दाएँ धरातल पर खड़े स्कन्दगुप्त की टिप्पणीअर्थपूर्ण है—'साधु! मातृगुप्त! कवि और योद्धा!' मातृगुप्त को काश्मीर का शासक बनना है, उसके लिए कारन्त औचित्य प्रदान करके सिद्ध करते हैं कि वह कवि के साथ योद्धा भी है। मूल नाटक से हटकर, कारन्त ने मातृगुप्त को चारित्रिक प्रतिष्ठा प्रदान की है।

अंक 3 दृश्य 3। छोटी-छोटी हरकतों और विशिष्ट संवाद-शैली से गोपाल (पुरगुप्त) अपनी उपस्थिति प्रकट कर देते हैं। सैनिक पहले से हाजिर होता है और उसके सामने अनन्तदेवी और भटार्क शक-हूण के साथ गुप्त समझौता करते हैं। विजया पुरगुप्त को मदिरा देती है। सैनिक-भटार्क विवाद में एक सधे हुए अभिनेता होने के कारण राजकुमार (सैनिक) इस दृश्य को नाटकीय और असरदार बनाते हैं। महेन्द्र (भटार्क) सामना नहीं कर पाते, उत्तेजित भटार्क अनन्तदेवी के निम्न इशारे से चल पड़ता है—'आओ, भविष्य की योजनाओं पर विचार करें।' कारन्त ने विजया-पुरगुप्त तथा भटार्क-अनन्तदेवी के निजी सम्बन्धों को प्रकट किया है। सारे दृश्य को नई व्याख्या और गति दी गई है।

अंक 3 दृश्य 4। 'ले चल मुझे भुलावा देकर, मेरे नाविक धीरे-धीरे' लहर का यह गीत जयमाला-देवसेना-सखियों की भावदशा को व्यंजित करता है। मगर घटनाक्रम की दृष्टि से अनावश्यक-सा जान पड़ता है। मुद्गल-देवसेना प्रसंग में मुद्गल (अमर सिंह) आकर्षण उत्पन्न करता है।

अंक 3 दृश्य 5। 'मांझी साहस है से सोने' पिछले दृश्य का यह गीत सैनिक के सन्दर्भ में चुनौती देने वाला गीत है। शवल (बन्धुवर्मा) इस बार बेहतर है, अक्सर लाइनें भूल जाते हैं। सैनिकों की उपस्थिति आर्यावर्त का आभास देती है। दाएँ ढलान पर गरुड़ध्वज हाथ में पकड़े बन्धुवर्मा की मृत्यु। सही विन्यास नहीं मिल पाया है। दृश्यान्त में गरिमा और भव्यता।

अंक 3 दृश्य 6। कुभा का रणक्षेत्र। भटार्क की नीचता के कारण आशंकापूर्ण वातावरण। पीछे से बन्धुवर्मा जो संवाद दोहराता है, वह सार्थक लगता है। कुभा में सभी सैनिक कूद जाते हैं। अन्त में स्कन्दगुप्त का यह संवाद जोड़ा गया है—'मेरे प्रिय सैनिकों, तुम्हारा बलिदान चिरस्मरणीय रहेगा। अब आर्यावर्त का भविष्य मैं हूँ, स्कन्दगुप्त, इस विशाल आर्य साम्राज्य का वीर सैनिक! मेरे राज्याभिषेक का परिणाम!' इस स्पष्टीकरण से पराजय और त्रासदी की स्थिति साफ हो जाती है।

अंक 4 दृश्य 1। विजया-अनन्तदेवी के संवादों में ईर्ष्या-द्वेष की चुभन। विजया-सैनिक (शर्वनाग), प्रसंग में सरोज का टूटना-सँभलना और राष्ट्रीय जागरण में शामिल होना स्वाभाविक लगता है। नेपथ्य से 'हिमाद्रि तुंग श्रृंग से' की कड़ी भावपूर्ण और अर्थपूर्ण लगती है।

अंक 4 दृश्य 2। राष्ट्रीय भावना के कवि-गीतकार मातृगुप्त, अर्थात् 'अरुण यह मधुमय देश हमारा...' से एकीकृत! उसके सारे सपने टूट चुके हैं। करुणाभरे स्वरों में 'अरुण यह मधुमय देश हमारा...'। स्कन्दगुप्त के बाद मातृगुप्त की हताश मन:स्थिति। त्रासदी गहराती है।

अंक 4 दृश्य 4-5। ब्राह्मण-बौद्ध विवाद। कारन्त इसे साम्प्रदायिक स्वरूप देने में सफल रहते हैं। बलि के लिए मिमियाती बकरी की कल्पना रोचक तथा अर्थपूर्ण। विभिन्न दलों का बात में से बात पकड़ना और समूहन उल्लेखनीय है। सारी स्थिति का समाहार करता है धातुसेन (द्वारिका प्रसाद)। वह अपनी नई क्षमता का परिचय देते हैं।

अंक 4 दृश्य 6-7। स्कन्दगुप्त का एकालाप। विपिन में कुछ उच्चारण-शक्ति है और कुछ संवेदना। उपर्युक्त दृश्य 4-5 को देखते हुए द्वारिका (धातुसेन) का चुनाव सही और असरदार है। अनीता दुबे (कमला) के लिए यह सम्भव न था। बजाज के प्रस्तुतीकरण में भी यही परिवर्तन मिलता है। हूण देवसेना का पीछा करता है, वह रक्षा के लिए चिल्लाती है। पर्णदत्त बचाता है। धातुसेन केन्द्रीय धरातल में खड़ा सब देखकर कहता है—'साधु! पर्णदत्त!' पर्णदत्त को महत्ता दी गई है। धातुसेन देवकी की समाधि की सूचना देता है। स्कन्द पर माँ की मृत्यु का प्रभाव पूरा प्रकट नहीं होता।

अंक 5 दृश्य 1। अमर सिंह अपनी चाल-ढाल और रंग-व्यवहार से लम्बे सूच्य संवाद को जीवन्त बनाता है। विजया को लेकर उसकी चिढ़ हास्य उत्पन्न करती है। पश्चात्ताप की मुद्रा में भटार्क को अमात्य के ये शब्द 'सावधान! जिस कालभुजंगी राष्ट्रनीति को लेकर तुम खेल रहे हो, प्राण देकर भी उसकी रक्षा करना' याद आ रहे हैं। परन्तु पृथ्वीसेन का यह संवाद काटा गया था। यह उल्लेख सन्दर्भहीन लगता है।

अंक 5 दृश्य 2। राष्ट्र की बिखरी शक्तियों को संयोजित और संगठित करने में पर्णदत्त प्रयत्नशील है। 'क्या सुना नहीं कुछ, अभी पड़े सोते हो' गाकर वह भीख माँग रहा है। देवसेना को लेकर नागरिकों का लम्पट व्यवहार उसे क्षुब्ध करता है। नागरिकों के समूहन और टिप्पणियाँ स्थिति को व्यापक परिप्रेक्ष्य देते हैं। देवसेना के लौटने पर संयत हो जाता है। निम्न संवाद जोड़ा गया है—'फिर भी मुझे अपने देशवासियों पर विश्वास है, वे जागेंगे, समझेंगे—मैं फिर गाऊँगा।' नाटक की राष्ट्रीय भावना, अन्तिम युद्ध की सफलता की दृष्टि

से यह परिवर्तन महत्त्वपूर्ण और आवश्यक लगता है। पर्णदत्त के चरित्र को प्रमुखता मिलती है। पिछले ढलान से स्कन्द आ रहा है और बाएँ ढलान पर खड़ी देवसेना मुद्गल से भीख ले रही है। देवसेना को भीख लेते देखना और बन्धुवर्मा के अन्तिम अनुरोध को याद कर स्कन्द का उद्विग्न होना स्वाभाविक लगता है। दोनों की मनोदशा दबाव और तनाव से पूर्ण है, परन्तु विपिन और विभा न्याय नहीं कर पाते। देवसेना चली जाती है और विजया आती है। सरोज चरित्र के निकट रही हैं। उसकी आत्महत्या उसी स्थल पर होती है जहाँ उसका गुप्त धन गड़ा था। भटार्क को आत्महत्या से रोक स्कन्द आशा उत्पन्न करता है। कारन्त ने इस दृश्य को तराशा है तथा दृश्य-परिकल्पना से प्रभावशाली बनाया है।

अंक 5 दृश्य 3-4-5। महादेवी की समाधि को राष्ट्रीय जागरण का प्रतीक बनाया है। राष्ट्ररक्षा की शपथ वहीं ली जाती है। सैनिक समाधि के आगे शपथ लेकर रणक्षेत्र में जाते हैं। 'हिमालय के आँगन में उसे, प्रथम किरणों का दे उपहार' की लय के साथ सैनिक-प्रवेश। एक ओर भारतीय दूसरी ओर शक-हूण। उत्साह और आवेश का आवरण। पर यह युद्ध न शैलीबद्ध रहता है न स्वाभाविक। अन्त में, (1) स्कन्दगुप्त घायल खिंगिल को क्षमा कर राष्ट्र-कीर्ति की घोषणा करता है, (2) अनन्तदेवी को भी क्षमा करता है, (3) केन्द्रीय धरातल पर खड़े भटार्क को सूचना 'तुम्हारी प्रतिज्ञा पूरी हुई, पुरगुप्त शासक होंगे', (4) पर्णदत्त घायल पड़ा है, उसकी मृत्यु। 'करुणा कादम्बिनी' का गायन। इस दृश्य में कुछ कमियाँ हैं। पुरगुप्त की अनुपस्थिति के कारण अनन्तदेवी को क्षमा का दृश्य स्वाभाविक नहीं लगता। अनन्तदेवी बन्दिनी नहीं लगती। इसका संयोजन ठीक नहीं हुआ है।

अंक 5 दृश्य 6। 'आह! वेदना मिली विदाई।' देवसेना और स्कन्दगुप्त ढलान पर। सामूहिक गायन में सभी पात्र सम्मिलित होते हैं। हाथ में गरुड़ध्वज लिये अन्त में सिमटते जाते हैं। व्यक्ति और राष्ट्र का प्रश्न सामने आता है। चाक्षुष स्वरूप के साथ भव्य अन्त हुआ है। आन्तरिक संगति और कार्य-व्यापार में प्रवाह के कारण यह प्रस्तुतीकरण पर्याप्त आश्वस्त करता है।

11 फरवरी

सुपरिचित लेखक रमेशचन्द्र शाह से मुलाकात होती है। वे कारन्त और रंगमंडल को लेकर बहुत आशावान हैं। विशाख का जिक्र आता है। उन्हें उस प्रस्तुतीकरण से निराशा नहीं हुई थी। इस सन्दर्भ में मेरी रंगमंडल के सदस्यों से भी बातचीत हुई है। वे उस प्रस्तुति से सन्तुष्ट नहीं थे। उसे एक अभ्यास-प्रस्तुति समझना होगा। रमेशचन्द्र शाह को मेरी योजना का पता लग चुका है। वे मेरी प्रतिक्रिया जानना चाहते हैं। मुझे महसूस हो रहा है कि यह प्रस्तुतीकरण जमीन पकड़ रहा है, इसलिए वह उभरेगा और जमेगा।

सुबह गीत-संगीत का स्वराभ्यास चलता है। यह सूचना दी जाती है कि आज दोपहर बाद पूर्वाभ्यास होगा। पूर्वाभ्यास सबके लिए उपयोगी होगा। पता लगेगा कि कहाँ क्या गलती या कमी है, सामान्य प्रभाव या प्रवाह है या नहीं। थोड़ी सतर्कता आ जाती है।

कारन्त आज पहले दृश्य को सँवारते हैं। उसकी महत्ता स्पष्ट है। स्कन्दगुप्त पिछले चबूतरे पर 'अधिकार सुख कितना मादक...' संवाद बोलता है। कुछ और सुधार भी किए

जाते हैं। पात्रों को रवानगी के साथ संवाद याद नहीं, प्रवेश-प्रस्थान के समय में भूल-चूक हो रही है। थोड़ी-बहुत प्राम्पटिंग भी चल रही है। सामूहिक रूप से नाटक के खुलने और खिलने की सम्भावनाएँ मिल रही हैं। महाकाव्य की तरह फैला यह प्रस्तुतीकरण न उखड़ रहा है न बिखर रहा है। नाटक की निहित शक्ति अनुप्राणित करने लगती है और यह भी छिपा नहीं रहता कि उसका शिल्प-पक्ष कमजोर है।

पूर्वाभ्यास से पिछले दिनों के परिश्रम और कार्य-दिशा का मूल्यांकन किया जा सकता है। कारन्त की रंग-परिकल्पना में व्यावहारिकता पर बल है। ये छोटे-छोटे परिवर्तन या संवाद जोड़ या काट देते हैं ताकि प्रेक्षक को लगे कि वह प्रसाद के नाटक का यथेष्ट आस्वाद ले रहा है। कारन्त में दक्षता और मंजाव नहीं है और न भाषा-संवाद पर मेहनत की गई है। मध्यान्तर के बाद कुछ स्थितियों तथा रंग-शैली में आवृत्ति मिलती है, कहीं ढीलापन। कभी यह लगता है नाटक अब समाप्त होने वाला है। प्रासंगिक पात्र अधिक ग्रहणशील और प्रयत्नशील लगते हैं और चारों प्रमुख पात्रों की कमजोरयाँ साफ दिखाई देती हैं। संगीत की अजेय शक्ति से कैसे इनकार किया जा सकता है, हालाँकि कारन्त उसे नाटकीय मर्यादा में रखना चाहते हैं। सामान्य प्रवाह एवं प्रभाव के कारण यह प्रस्तुतीकरण आशाएँ जगाता है।

कारन्त ने महेन्द्र (भटार्क), अनीता (कमला) पर भाषा-संवाद को लेकर समय लगाया है, पर यथेष्ट लाभ नहीं। एक दिन रंगमंडल के सदस्यों को सम्बोधित करते हुए मैं भी भाषा-संवाद के प्रति जागरूक रहने के लिए सावधान कर चुका हूँ। रोज का अनुभव है; 'सेना' को 'सैना', 'सेनापति' को 'सैनापति', 'हृदय' को 'हिरदय', 'देवसेना' को 'देवसैना', 'कृपा' को 'क्रपा', 'वृद्धा' को 'व्रद्धा', 'वेश्या' को 'वेस्या', 'क्षमा' को 'शमा' सुन-सुनकर मैं अशान्त रहा हूँ। कारण जाहिर है। संगीत की रोज तैयारी होती है पर भाषा-संवाद की नहीं। प्रसाद की भाषा को साफ-सुथरा बोलने से ही मंच-प्रभाव पड़ जाता है। विपिन, शवल, विभा की आंशिक सफलता का यही रहस्य है। तैयारी करने पर उल्लेखनीय प्रभाव पड़ता है। दिनेश, राजकुमार, आलोक, द्वारिका, शोभा के प्रमाण सामने हैं।

रंगमंडल के सदस्यों से अक्सर बातचीत होती रहती है। विपिन नाटक के कथ्य, अपने चरित्र तथा अन्तःसम्बन्धों को लेकर अपनी भूमिका की स्थिति समझते रहते हैं। सरोज विजया के अन्त से सन्तुष्ट नहीं हैं। विजया से चरित्र की परतों को सहानुभूति से प्रकट करने की बात होती है। प्रसाद को लेकर शोभा प्रबद्ध लगती है, उन्होंने अनन्तदेवी की भूमिका को सही कोण से पकड़ा है। प्रदीप कई सिद्धों से मिले हैं, बाहर भी गए हैं। प्रपंचबुद्धि की पहचान के लिए उन्होंने अपना सिर मुँड़ा लिया है। देवसेना के व्यक्तित्व और उसकी सार्थकता को लेकर विभा के साथ कारन्त के घर में बहस हुई है। वे इस भूमिका के प्रति सहज नहीं हो सकी हैं। माधुरी, अरुण, माँगीलाल, वकार फारूकी, आशीष आदि में उत्सुकता और ग्रहणशीलता है। प्रमुख भूमिका न होते हुए भी जयन्त में अच्छी समझ दीख पड़ती है।

12 फरवरी

आज के अन्तरंग प्रेक्षागार में 'जनता के शत्रु' का पूर्वाभ्यास होने लगा है जिसका निर्देशन श्यामानन्द जालान कर रहे हैं। उन्हें 15 तारीख को ही कलकत्ता लौट जाना है। आज से

15 फरवरी तक स्कन्दगुप्त के पूर्वाभ्यास पिछले कक्ष में होंगे। यहाँ गोलाकार में बैठे सदस्य सामूहिक गायन के बाद नाटक का एक बार वाचन करते हैं। इस प्रक्रिया में समय, स्थान और स्थिति का अनुशासन न रहने से शिथिलता आने लगी है। 11 फरवरी का पूर्वाभ्यास पिछली मेहनत का परिणाम था, धीरे-धीरे उसमें ह्रास आने लगा है। तैयारी बिखरने लगी है।

इन्हीं दिनों कारन्त ने एक दिन द्वारिका और अमर को अलग बुलाकर उनके सारे संवादों-स्थितियों को सुधारा-सँवारा है। रंगमंडल के ये अनोखे, निष्ठावान कलाकार हैं। इनके लिए एक बार इशारा करना पर्याप्त है। विजया को देखकर मुद्गल उपेक्षा का भाव दिखाता है। कारन्त के सुझाव पर अमर चिढ़ाने की मुद्रा में नाक से ऐसी आवाज निकालता है कि हँसी आ जाती है।

द्वारिका (धातुसेन) के चरित्र में विविधता है। वह सिंहल का राजकुमार है, हँसोड़ है, बौद्ध धर्मानुयायी है। वह धातुसेन की जटिल दार्शनिक शब्दावली को चाहे न समझता हो, पर सबको बखूबी व्यंजित करता है। कारन्त ने एक बड़े तत्त्व की बात कही। 'अच्छे अभिनेता का प्रमाण है कि उसकी छठी इन्द्रिय कहाँ-कितना काम करती है। यह विशेषता या तो इन दो कलाकारों में है या मुझमें!' और अमर के साथ तो रोज का अनुभव है। कारन्त को इन दोनों पर अतिरिक्त विश्वास है। इसीलिए कमला का संवाद काटकर धातुसेन को दिया गया है और भीमवर्मा का मुद्गल को। कारन्त इनमें अपना विस्तार पाते हैं। जिस भावना के साथ वे इनमें दिलचस्पी लेते हैं, वह अन्यत्र नहीं मिलती। समय तो उन्होंने महेन्द्र पर भी लगाया है, पर वह भटार्क के चरित्र को प्रतिष्ठित न कर सका है। असल में भटार्क के लिए मुझे महेन्द्र का चुनाव सही नहीं लगता।

अन्तरंग प्रेक्षागार में घंटों बैठकर मैंने स्कन्दगुप्त के उन्मेष और विकास को कई बार देखा है। 11 फरवरी के पूर्वाभ्यास के बाद स्पष्ट होने लगा है कि इस प्रस्तुतीकरण की सफलता के रहस्य क्या हैं। सबसे पहला ध्यान अन्तरंग प्रेक्षागार की ओर जाता है जिसके दो-तिहाई भाग के दृश्यबंध और एक-तिहाई हिस्से में बैठने की व्यवस्था की गई है। प्रेक्षक और मंच के आमने-सामने होने की स्थिति उपयुक्त समझी गई है। ऐतिहासिक नाटक होने के कारण कथ्य, समय और स्थान का बोध कराने वाले प्रतीक या परिदृश्य की अपेक्षा बनी रहती है। किसी भी प्रतीक का आश्रय न लेते हुए खुले और खाली मंच का विधान कर कारन्त ने सूझबूझ और साहस का परिचय दिया है। महाकाव्य की तरह फैले इस बहु-आयामी नाटक को सँभालना और निर्बाध कार्य-व्यापार के लिए व्यवस्था करना निर्देशक के लिए सदा चुनौतीपूर्ण है। दुर्भाग्य से पिछले अनुभव हताश करते हैं।

प्रसाद के नाटकों की दृश्य-अभिकल्पना के बारे में कारन्त का अपना चिन्तन और दृष्टि है। शेक्सपियर के नाटक जैसे ग्लोब और स्वैन थिएटर के अनुरूप ढल गए थे, वैसे ही प्रसाद के नाटकों के लिए उपयुक्त रंगस्थल की तलाश होनी चाहिए।

प्रसाद के नाटकों की आधारभूत मंचन-कठिनाइयाँ दृश्य-अभिकल्पना को लेकर है। कारन्त भारत भवन में वह रंगस्थल निर्धारित करने में सफल रहे हैं। इस रंगस्थल में तीन धरातल हैं। दाएँ हाथ पर एक अपेक्षाकृत छोटा धरातल है जिसमें कम पात्रों के अन्तरंग दृश्य प्रस्तुत किए गए हैं। एक केन्द्रीय धरातल है जो पर्याप्त बड़ा है। इस पर प्रमुख घटनाएँ

मंचित की गई हैं। पीछे नुक्कड़ पर एक ऊँचा चबूतरा है जिससे मत्तवारणी का काम लिया गया है। इसके साथ दो बड़े और दो छोटे ढलान हैं। दाएँ हाथ की ढलान का शुरू का हिस्सा ऊँचा रखा गया है ताकि वहाँ से कूदने आदि के दृश्य दिखाए जा सकें। सीढ़ियाँ भी हैं। इस विस्तृत रंगस्थल को ऐतिहासिक परिदृश्य प्रदान किया है दो दाएँ, दो बाएँ और दो पीछे के स्तम्भों ने। तीन दरवाजे हैं, एक दाएँ, एक बाएँ और एक दो स्तम्भों के पीछे। केन्द्रीय धरातल के मध्य में दो स्तम्भों और पिछले दरवाजे के बीच एक ढलान है, उसमें एक रहस्यमय दरवाजा है। यह खंड रहस्यमय वातावरण प्रदान करता है। भटार्क इसी गुप्त दरवाजे से आता है, विजया की धनराशि भी इसी गुप्त दरवाजे में दबी पड़ी है। श्मशान और प्रपंचबुद्धि की रहस्य-साधना के लिए यह अनुकूल स्थान है। इस प्रकार तीन धरातल, तीन ओर स्तम्भ, तीन ओर ढलान, एक ऐसी ऐतिहासिक पृष्ठभूमि देते हैं जिससे राजप्रासाद, प्रकोष्ठ, पथ, शिविर, युद्धक्षेत्र की कल्पना साकार हो जाती है।

रंगस्थल का कल्पनापूर्ण और सृजनात्मक प्रयोग हुआ है, जो नाट्य-स्थिति और दृश्य-संयोजन के अनुरूप आकार-प्रकार और रंग-रूप ग्रहण कर लेता है। राज्यारोहण के समय यह फैला रंगस्थल एक विराट राजसभा की भव्यता और गरिमा का अनुभव देता है। गांधार घाटी के रणक्षेत्र में सैनिकों का समूहन इस प्रकार किया गया है कि वह सार्वप्रादेशिक परिप्रेक्ष्य देता है। इस तरह यह दृश्य-अभिकल्पना एक ऐसी रूपरेखा है जिसमें संगीत, अभिनय, रंगचर्या, दृश्य-संयोजन, वेशभूषा, प्रकाश-व्यवस्था मिलकर नए रंग और रेखाएँ भरते हैं और नए चित्र बनाते हैं। इनके सामूहिक प्रभाव से समय और स्थान को सूचित करने की आवश्यकता नहीं रहती।

स्कन्दगुप्त के दृश्यों, स्थानों, पात्रों और कार्यों में इतनी विविधता और विस्तार है कि कार्य-व्यापार में गति, क्षिप्रता, और प्रवाह नहीं रह पाता। कथा-तन्तु बिखरने लगते हैं। पिछली प्रस्तुतियाँ इसका प्रमाण हैं। किन्तु इस रंगस्थल में नाटक को उभरने और निखरने का पूरा मौका मिला है। अन्तिम युद्ध के अवसर पर कितने स्थलों पर कार्य होता है। विजयी स्कन्दगुप्त खिंगिल और अनन्तदेवी को क्षमा कर देता है। केन्द्रीय धरातल पर वह भटार्क को सूचना देता है कि उसने उसके वचन का पालन किया और पुरगुप्त को भावी शासक नियुक्त किया। चबूतरे की सीढ़ियों पर पर्णदत्त मृतप्राय पड़ा है। स्कन्दगुप्त के पहुँचने पर उसकी मृत्यु और 'करुणा कादम्बिनी बरसे' का सस्वर पाठ होता है। इस प्रकार कार्य-व्यापार के प्रवाह के कारण नाटकीय अनुभव बना रहता है। यह रंगस्थल वह अवसर प्रदान करता है, जहाँ कथ्य, कार्य-व्यापार, संगीत सभी एक-दूसरे में विलीन होने लगते हैं, और इस तरह एक ऐसा समन्वित प्रभाव उत्पन्न करते हैं जो जीवन्त है, अनोखा है। दृश्य-अभिकल्पना में कारन्त के साथ रोबिन दास का महत्त्वपूर्ण योगदान रहा है।

16 फरवरी

कल तक अन्तरंग में आयोजित नौटंकी, भवाई, पंडवानी, राई आदि के कार्यक्रम समाप्त हो गए। कल रात ही स्कन्दगुप्त का दृश्यबन्ध लगना था, प्रकाश-व्यवस्था का लम्बा-चौड़ा प्रबन्ध होना था। पर आज सुबह तक सब कुछ अधूरा है। समय का लाभ उठाते हुए कारन्त

ने गीत-संगीत को लिया है और वे सदस्यों को बताते हैं कि कहाँ-कितना काटा गया है। रोज के सामूहिक गायन में पूरे गीत होते थे। 11 फरवरी के पूर्वाभ्यास का अनुभव सामने है। यह बराबर महसूस होता रहा है कि गीतों का आवेश कहीं-कहीं स्वतंत्र हो जाता है। कारन्त ने सावधानी से पुनर्नियोजन किया है।

गीत-चयन में कारन्त मूल नाटक से ही बँधे रहे हैं। उन्होंने राज्यश्री, जनमेजय का नागयज्ञ, चन्द्रगुप्त, लहर और स्कन्दगुप्त की गीत-सम्पदा का लाभ उठाया है। साथ ही संयम से काम लेकर किसी भी गीत को पूरा नहीं गवाया है।

दृश्यबंध अभी पूरा नहीं हुआ है। संगीत-मंडली के बैठने की व्यवस्था पीछे, चबूतरे के साथ हो रही है। कुछ ढलान ठीक करने हैं, पॉलिश का काम है। वेशभूषा की छोटी-मोटी चीजें बाकी हैं। यह सब देखते हुए कारन्त ने तय किया है कि पूरी सज्जा और प्रकाश-व्यवस्था के साथ पूर्णाभ्यास शाम को होगा।

आज सदस्यों में उत्साह है। सभी सक्रिय हैं। करते-कराते रात 9.25 पर पूर्वाभ्यास शुरू हुआ। प्रारम्भ सीधा-सपाट नहीं है—एक क्रम से सेना का आगमन, युगल गीतों का संयोजन, स्कन्दगुप्त का सेना को सम्बोधन और एकालाप।

समय, क्रम और गति में न दक्षता है और न कसावट। शौकिया थिएटर का कच्चापन तथा भूल-चूक। कुछ लोग संवाद भूल गए हैं, कुछ 'क्यू' भूल गए हैं, कहीं संवाद पहले शुरू हो जाता है, कहीं प्रवेश समय पर नहीं होता। पात्रों में आपसी क्रिया-प्रतिक्रिया कम तथा अपना संवाद कह जाने की प्रवृत्ति दीख रही है। कहीं-न-कहीं सभी चूके हैं। कारण प्रत्यक्ष है। प्रकाश-व्यवस्था के साथ पहली बार रिहर्सल हो रहा है, उससे बहुत गड़बड़ हुई है। वेशभूषा तथा सज्जा के कारण आत्मसजगता आ गई है। उससे सन्तुलन में फर्क आ गया है। हालाँकि अस्थायी और अन्तिम दृश्यबंध में अन्तर नहीं है, फिर भी दृश्यबंध आज लगा है, इसलिए स्थान को लेकर थोड़ा अनिश्चय होना अनिवार्य है। गायन-मंडली पीछे बैठाई गई है। इसलिए स्वर के माधुर्य और तेजी में अन्तर आ गया है। अब तक सभी पात्र मिलकर गाते थे, आज आमन्त्रित गायक और गायिका ने गाया है। उन्हें गीत पूरे याद नहीं हैं और न उन्हें समय का इतना ध्यान है। उनकी आवाज भी बारीक है। गीत नाटक का कितना हिस्सा बन पाए, यह भी पता चलता है।

निम्न टिप्पणियाँ द्रष्टव्य हैं : वीरांगना जयमाला अस्त्र-शस्त्र सँभाल रही है, विजया गुप्त धन के कारण घबराई इधर-उधर भाग रही है, पहले देवसेना यहीं खड़ी रहती है, अब वह दाएँ ढलान से यह गाती हुई आ रही है, 'घने प्रेम तरु तले'। चारित्रिक पहचान के लिए अर्थपूर्ण परिवर्तन। प्रभा अभी तक कभी-कभार आई थीं। आज वह पहली बार सम्मिलित हुई हैं, पर उन्होंने रामा की भूमिका निभा ली है। देवसेना और सखियों का दृश्य काटकर भीमवर्मा का संवाद धातुसेन को दिया गया है। पृथ्वीसेन, महादंडनायक और महाप्रतिहार आत्महत्या के बाद तीन अलग दिशाओं की ओर जाते हैं। इससे कुछ विश्वसनीयता आई है।

राज्यारोहण में स्कन्द का एकालाप बदल दिया गया है। अब है—'इस संसार का कोई उद्‌देश्य है। इस पृथ्वी को स्वर्ग होना है। हमें स्वर्ग बनाना है।...' यह बदलाव नाटक की व्याख्या और स्कन्द के चरित्र के अनुकूल है। कारन्त 'स्वर्ग' की स्थापना की शुरुआत

राज्यारोहण से करना चाहते हैं। राजसी वैभव से पूर्ण इस दृश्य को औपचारिक और अनुष्ठानपरक बनाया गया है। मंत्र-जाप, भेंट, सब कुछ दिखाया गया है। जयमाला सबके बाद में आती है। सिंहासन को देखकर शान्त भाव से स्कन्द से ग्रहण करने के लिए अनुरोध करती है।

हूण-चर के संवाद की लय को संयत किया गया है। केवल 'अपार धन' और 'रत्न भंडार' शब्द लटकाकर बोले गए हैं। आक्रोश के कारण सैनिक (राजकुमार) भटार्क के आगे तलवार फेंककर चला जाता है। उपेक्षा और अपमान की चाक्षुष अभिव्यक्ति। स्कन्दगुप्त कुभा नदी में कूदता है। उसी समय आशंकित देवकी केन्द्रीय धरातल का यह कहते हुए चक्कर लगाती है—'मेरे स्कन्द, पुत्र मेरे, तुम कहाँ हो'। मृत्यु की सूचना का यह मार्मिक संकेत है।

स्कन्द-देवसेना-विजया के त्रिकोण और संघर्ष को तीव्र बनाने के लिए भी कारन्त ने एक परिवर्तन किया है। जब देवसेना स्कन्दगुप्त से अभिमानी भक्त की भावना व्यक्त करके लौटती है तो दूसरे ढलान पर उत्तेजित विजया के साथ उसका आमना-सामना होता है जो स्थिति को तनावपूर्ण बनाता है। मूल नाटक में विजया बाद में आती है।

द्वारिका 'सर्वे सन्तुनिरामयः...' का पूरा श्लोक नहीं बोल पाता और मुद्‌गल भी संवाद भूल जाता है। हाँ, ये दोनों सँभालना भी खूब जानते हैं। भीखवाला दृश्य। पर्णदत्त बताता है कि देवसेना समाधि के लिए फूल चुनने गई है, स्नान करने नहीं, जैसा पहले था। काश्मीर के दृश्य में मालिनी को चुप दिखाया है। वह कोई संवाद नहीं बोलती केवल एक कदम आगे बढ़ती है। देवकी की समाधि पर श्रद्धांजलि अर्पित करने के बाद सैनिक युद्ध में जाते हैं। इससे देवकी के चरित्र को महत्ता मिलती है। उसे नवजागरण का प्रतीक बनाया गया है। बन्धुवर्मा की मृत्यु दाएँ ढलान पर दिखाई जाती है। वह ठीक नहीं होती। युद्ध के दृश्य लगते नहीं, कहीं आधुनिक हो जाते हैं, कहीं-कहीं पात्रों को चोटें आती हैं। पूर्णाभ्यास समाप्त होता है रात 12.45 पर।

यह पूर्वाभ्यास बिखरा-उखड़ा लगता है। इसका मूल कारण सदस्य दबी जुबान से कह रहे हैं। पाँच दिन निरन्तर पूर्वाभ्यास नहीं हुए। 11 फरवरी तक जो मंच-क्षमता अर्जित की गई थी, वह ढीली-कमजोर पड़ गई है। मेरा मन भारी हो गया है। प्रसाद कहाँ सफल हो सके हैं? रामगोपाल बजाज, विमल लाठ, राजेन्द्र उपाध्याय के प्रस्तुतीकरण ऐसे ही कारणों से कमजोर गए होंगे। मैं पहले घर आ गया हूँ। कारन्त देर से लौटते हैं। सुबह भी कोई बात नहीं होती। चुप हैं, पहली बार उन्हें इतना आत्मलीन पाता हूँ। आशा की एक किरण है, उन्हें समझ में आ रहा है कि कहाँ-कैसे गलती हुई है।

17 फरवरी

प्रदर्शन-दिवस। सुबह दस बजे बुलाया गया है, वातावरण में भारीपन। रात का अनुभव अप्रत्याशित था और चौंकाने वाला भी। सभी के चेहरों पर चिन्ता की रेखा है। सभी सावधान है। कारन्त का पहला ध्यान गीत-संगीत की ओर जाता है। कुछ स्थलों पर गीत स्वतंत्र हो रहे हैं। मातृगुप्त 'अरुण वह मधुमय देश हमारा' के स्थायी-अन्तरे को अपने संवाद के साथ

मिलाकर तीन बार गाता था, उसे दो बार किया गया है। 'भवानी ले ले' के अन्तरे को निकाल दिया गया है, और केवल धुन तथा लय में नाटकीय प्रयोजन सिद्ध किया जाएगा। 'हिमालय के आँगन से' का एक अन्तरा निकाला गया है।

प्रारम्भ और समापन खंड के विन्यास को कसा है। विशेष रूप से गरुड़ध्वज के साथ सैनिकों की परेड, गोलाकार गतियाँ और उनका एकत्रीकरण—सभी प्रकार की तब्दीलियों को अच्छी तरह समझाया और दोहराया गया है। विपिन अपना एकालाप चबूतरे पर नहीं, मंच के केन्द्र में खड़े होकर बोलते हैं। स्कन्दगुप्त को बन्धुवर्मा की मृत्यु की सूचना देते हुए बन्धुवर्मा की अन्तिम इच्छा का संवाद दोहराया जाता था, इसे काट दिया गया है। प्रपंचबुद्धि वाले दृश्य को हलका किया गया है। अन्तिम दृश्यों को लेकर कारन्त ने विभा को अलग से समझाया है और कुछ अटपटे वाक्य निकाल दिए हैं। भटार्क और शर्वनाग को कसा है। ब्राह्मण-बौद्ध विवाद प्रसंग को निकाल दिया है। एकान्विति में बाधा नहीं आई है बल्कि सुबद्ध हो गया है।

अन्तिम अभ्यास शुरू हुआ था दोपहर 2.20 पर और समाप्त हुआ 5 बजे। वेशभूषा तो नहीं थी पर सांकेतिक स्तर पर कुछ-न-कुछ सबने ओढ़ रखा था। प्रभा पहुँच चुकी थीं, गायक-गायिका और नर्तकियाँ भी। सब चौंकन्ने और होशियार थे। पूरी तैयारी थी। यह अभ्यास ठीक ही है। समय, गति और प्रवाह का निर्वाह हो सका है, विपिन और विभा जान-समझ चुके थे, इसलिए चरित्र की रक्षा कर सके हैं। मैं खाना खाने घर आया हूँ, पर कारन्त वहीं रुके हैं। समाधि वाले दृश्य को अनुशासित करने के लिए लकड़ी के एक ढाँचे को समाधि का प्रतीक बनाया गया है, जिसकी सैनिक परिक्रमा करते हैं। ढलान के नीचे एक पेड़ का ढाँचा रखा गया है। कुछ और सुधार भी हुए हैं।

सायं सात बजे से स्कन्दगुप्त का प्रथम प्रदर्शन। कोई अतिरिक्त उत्तेजना नहीं, सारी स्थितियाँ कारन्त की पकड़ में हैं। प्रदर्शन शुरू होता है, सवा सात बजे और चलता है दस बजे तक, लगभग अढ़ाई घंटे। न अधिक विस्तार न अधिक बोझिल। अपनी सम्पूर्णता में प्रस्तुतीकरण दर्शकों को बाँधे रखता है। वे पूरी तन्मयता से इतिहास के उस दौर से गुजरते हुए सामयिक संकेतों को ग्रहण करते हैं। दर्शक-प्रतिक्रिया को लेकर मैं उत्सुक था, और मुझे तृप्ति और सन्तोष का अहसास हुआ है। विख्यात कवि शमशेर की टिप्पणी सभी की प्रतिक्रिया को अभिव्यक्त करती है—'कारन्त ने प्रसाद को सजीव किया, और असम्भव को सम्भव कर दिखाया।'

प्रस्तुतीकरण की विशेषताएँ साफ उभर आई हैं। प्राणशक्ति है गीत-संगीत, जिसमें कार्य-व्यापार गुँथा हुआ है। इससे प्रस्तुति का स्वरूप काव्यपरक हो गया है। नाटक की व्याख्या स्पष्ट है : व्यक्ति और राष्ट्र के स्तर पर संघर्ष, प्रेम और युद्ध के बीच द्वन्द्व, दोनों गीत इस व्याकरण को प्रारम्भ और अन्त में प्रतिष्ठित करते हैं। कार्यक्षिप्रता ने प्रस्तुतीकरण को गति और स्फूर्ति दी है नाटक में अलग दिखाई देने वाले प्रसंग या स्थल इस रंगस्थल पर पारस्परिकता और अन्विति ग्रहण कर लेते हैं। इसीलिए एक दृश्य में से दूसरा तथा कई धरातलों पर समानान्तर दृश्य दिखाए जा सके हैं। इस रंगस्थल में व्यापक देश का, एक राष्ट्र की भावना का, स्वरूप उभरता है। संवाद-प्रस्तुति में स्वर सामान्य से थोड़ा ऊँचा रखा गया

है जिसमें आवेश और ऊष्मा हो। चरित्र-निरूपण के लिए लय-विधानों का पूरा नाटकीय लाभ उठाया गया है। वेशभूषा में बहुत चमक-दमक नहीं। धरातलों-ढलानों का रंग भूरा है, शिरस्त्राण, पट्टों का रंग भूरा। सारी प्रस्तुति का रंग भूरा है जो उसे उदासी का स्पर्श देता है।

इस प्रस्तुतीकरण की कुछ सीमाएँ हैं। स्कन्द और देवसेना की वेशभूषा आकृष्ट नहीं करती। अस्त्र-शस्त्र को लेकर बड़ी गड़बड़ रहती है, स्वयं स्कन्द का शिरस्त्राण ठीक नहीं बँधता और लोगों के साथ भी ऐसी कठिनाइयाँ रही हैं, गोविन्दगुप्त (शबल) तो बिना शिरस्त्राण के आ जाता है। दोनों गीतों के भाव-प्रवाह में स्कन्दगुप्त का महत्त्वपूर्ण एकालाप खो जाता है। ढलान पर गरुड़ध्वज के साथ बन्धुवर्मा की मृत्यु का दृश्य कमजोर रहता है। अन्तिम युद्ध के बाद महत्त्वपूर्ण निर्णय और कार्य एक साथ दिखाए जाते हैं जिसका अपेक्षित प्रभाव नहीं पड़ता। पुरगुप्त की अनुपस्थिति से नाटकीय क्षति हुई है। मुद्‌गल और चक्रपालित संवाद भूल जाते हैं। अभिनय का स्तर ऊँचा तो नहीं है परन्तु अधिकांश पात्र चरित्र के नजदीक रहते हैं। इनमें धीरे-धीरे चारित्रिक विशिष्टता तथा व्यावसायिक निखार आएगा।

प्रसाद के नाट्य-संसार में अतिनाटकीयता का आवरण है। इस आवरण को चीरकर उन्हें विश्वसनीय बनाने में कारन्त सफल रहे हैं। सम्प्रेषण एवं आस्वाद के स्तर पर वे प्रसाद के नाटक का अनुभव करवाते हैं। उसमें रस भी है और द्वन्द्व भी। वस्तुत: इस प्रस्तुतीकरण की सफलता का श्रेय कारन्त ही परम्पराशील रंगदृष्टि को जाता है जिसमें समन्वय एवं व्यावहारिकता है। प्रसाद मंच पर स्वाभाविक लगते हैं।

प्रस्तुतीकरण के बाद कारन्त रंगमंडल के सदस्यों को बधाई देते हैं। सभी के चेहरों पर सन्तोष एवं तृप्ति का भाव है। स्कन्दगुप्त उस तरह का नाटक नहीं है जैसे नाटक वे अब तक खेलते रहे हैं। एक डर का भाव बना रहा है। विशाख की असफल प्रस्तुति को भुलाना कठिन रहा है। इतना तो सभी समझ गए हैं कि यह ठीक-ठिकाने स्तर का प्रस्तुतीकरण हुआ है, जो अब बेहतर तथा और प्रभावशाली होगा। कारन्त रोबिन दास के प्रति आभार करते हैं, जिन्होंने आखिरी दिनों में दृश्यबन्ध, वेशभूषा आदि के काम को सूझबूझ से सँभाला है। कारन्त प्रस्तुति की कमियों की ओर सदस्यों का ध्यान दिलाते हैं। ढाल, तलवार, जिरह-बख्तर, शिरस्त्राण को लेकर व्यवस्था नहीं रही। वेशभूषा, रूपसज्जा और प्रकाश-व्यवस्था में सुधार की गुंजाइश है। रोबिन साफगोई से काम लेते हुए कहते हैं कि कुछ सदस्यों ने गैर-जिम्मेदारी का परिचय दिया है। शिरस्त्राण को ठीक बाँधने की कोशिश तक नहीं करते। स्कन्दगुप्त का शिरस्त्राण टेढ़ा था, सो सारी प्रस्तुति में वैसा ही रहता है उसकी सज्जा भी ठीक प्रकार से नहीं की जाती, जबकि वह नायक है। दृश्यबन्ध को लेकर पहले से बताने-समझाने के बाद भी कुछ चीजें रह जाती हैं। वेशभूषा में तात्कालिक प्रबन्ध करने पड़े। वे विश्वास प्रकट करते हैं कि ये भूलें दूर हो जाएँगी और यह प्रस्तुतीकरण सफल होगा। कारन्त सूचना देते हैं कि कल स्कन्दगुप्त का पूर्वाभ्यास होगा।

18 फरवरी

आज सुबह, खूब बारिश हुई। गारा की गाड़ी का मंचन बहिरंग में अठारह को होना था। मौसम को देखते हुए उसे चौबीस तक के लिए स्थगित करना पड़ा है। 'जनता का शत्रु'

उन्नीस के लिए तय है। उसका दृश्यबन्ध अठारह की रात को लगेगा। इसे कारन्त की सूझबूझ तथा दूरदृष्टि ही कहना चाहिए कि स्कन्दगुप्त के लगे हुए दृश्यबन्ध का सामयिक लाभ उठाकर वह एक-एक दृश्य को माँजने-निखारने में जुट गए हैं। इस तरह सारी बातों को उठाते-समझाते देखकर एक वरिष्ठ आलोचक की यह टिप्पणी द्रष्टव्य है—यह सब क्या अब किया जा रहा है ? पहले क्या तैयारी की थी ?

कारन्त की पहली चिन्ता संगीत रहा है। नाटक में संगीत प्रमुखता न ले जाए, इसके लिए कारन्त निरन्तर सावधान रहते हैं और अनुपात को बनाए रखते हैं। सभी गीत नहीं लिये जाते। कहाँ क्या बदला गया है, इसे दोहराया और पक्का किया जाता है। आरम्भ और अन्त को पूरा दोहराया जाता है। रात के प्रदर्शन में विपिन का एकालाप जमा नहीं था। वह केन्द्र में खड़ा होकर 'अधिकार सुख' को प्रतिष्ठित करता है। अब सारे दृश्य को ठीक किया जाता है। रामप्रसाद (पर्णदत्त) चबूतरे पर अपना संवाद बोलते हुए बहुत झूलते हैं जो अस्वाभाविक लगता है। चक्रपालित और दूत के संवाद दोबारा दुरुस्त किए जाते हैं कुमारगुप्त-धातुसेन-भटार्क-पृथ्वीसेन वाले दृश्य में गतिशीलता तो है परन्तु दक्षता नहीं। इसमें धातुसेन (द्वारिका) को प्रमुखता दी जाती है। गठरी वाले दृश्य का फिर से संयोजन होता है। अमर सिंह उसे ताजा और दिलचस्प बनाने में कुशल हैं। शक-हूण केन्द्रीय धरातल से नेपथ्य की ओर भाग जाते हैं। पीछे पीड़ित नागरिक, 'बचाओ' 'बचाओ' चिल्लाते हैं। सबको विन्यास दिया जाता है। बाएँ धरातल पर मातृगुप्त तथा धातुसेन, और केन्द्रीय धरातल पर पुरगुप्त को मदिरा पिलाकर कुमारगुप्त ठहाका लगाते हैं, अनन्तदेवी स्तब्ध रह जाती है।

भाषा-संवाद को स्पष्ट करते हुए बीज शब्दों और विराम पर बल दिया जाता है। भटार्क के एकालाप को तराशा जाता है। कारन्त शब्द या वाक्य-रचना को तत्काल बदल देते हैं, शर्वनाग के कौतुक को फिर से परखा जाता है। आज सबसे अधिक लाभ प्रभा (रामा) को होता है। न वे उपस्थित रहती थीं और न उनकी ओर ध्यान जाता था। उन्हें अपनी भूमिका को समझने और करने का पूरा अवसर मिला। गोपाल (पुरगुप्त) कुछ अधिक सक्रिय हो जाते हैं, उन्हें रोका और अन्तःपुर में प्रवेश को लेकर वकार फारूकी (पृथ्वीसेन), सुदामा (महाप्रतिहार), गोविन्द (महादंडनायक) को समझाया जाता है। कारन्त प्रयोजन को स्पष्ट करते हैं। इस तरह पहले छह दृश्यों का परिसंस्कार होता है।

इतने दिन साथ रहकर यह तो स्पष्ट हो गया कि कारन्त कहाँ सहज हैं, अर्थात् अपने आप सजग हो जाते हैं और कहाँ सहज नहीं हैं, अर्थात् जरूरत होते हुए भी सजग नहीं होते। कारन्त का मत है कि नाटक में रिहर्सल की बजाय रियाज होना चाहिए तभी व्यावसायिक कौशल आ सकेगा। संगीत का उन्होंने सचमुच रियाज कराया है और पूरी सफलता पाई है। इस प्रस्तुतीकरण की पहली उपलब्धि संगीत है। उन्होंने नाटक के औदात्य को संगीत से प्रतिष्ठित किया है। उसका माधुर्य पक्ष नाटकीय विकास के लिए स्फूर्तिवर्धक सिद्ध हुआ है, बाधक नहीं। दृश्य-अभिकल्पना और दृश्य-संयोजन में अनोखी समझ है। यह रंगस्थल ही प्रसाद के संश्लिष्ट शब्द को साकार कर सका है। दृश्य-संयोजन में वे थियेट्रिकल हो गए हैं। भावों और विचारों से भारी आलेख को मंचोपयोगी तो बनाते हैं परन्तु उनकी रुचि गठरी वाले दृश्यों में या कौतुक में अधिक रही है। एक कोण से देखा जाए

तो कारन्त की परम्पराशील रंगदृष्टि तथा प्रसाद की भारतीय परिकल्पना में अन्तर नहीं है। समकालीन निर्देशकों में प्रसाद के नाटकों को प्रस्तुत करने की क्षमता कारन्त में कुछ अधिक है। कारन्त को सबसे अधिक चिन्ता प्रेक्षक के रंगानुभव की रहती है। नाटक उसकी समझ में आए और उसे प्रसाद का आस्वाद मिले, इसके लिए वे लगातार अदल-बदल करते रहते हैं। साधारण होते हुए भी यह महत्त्वपूर्ण उपलब्धि है।

कारन्त भाषा-संवाद को लेकर सहज नहीं हैं। कोई गलत उच्चारण कर रहा है तो कर रहा है, उसे न टोका जाता है और न समझाया जाता है। मैं रोज बेचैनी से देखता-सुनता था। प्रसाद के नाटक तो भाषा के स्तर पर मेहनत माँगते हैं, पर कारन्त की निष्क्रियता को देखकर उनकी भाषा-संवेदना पर सन्देह होने लगता है। आलेख को लेकर भी यही रवैया लगता है। शर्वनाग रामा को अगर 'शॉल का आँचल' बोल गया तो यही बोलता जाता है। उसको सुधारा नहीं जाता कि यहाँ 'आँचल' पर्याप्त है, 'शॉल' की जरूरत नहीं। बजाज का आलेख नाटकीय है, पर उसे भी तराशने की आवश्यकता है। मंच पर पात्रों में पारस्परिकता और अन्तःसम्बन्ध कम मिले हैं।

पर कारन्त प्रसाद के प्रति सहज हैं, अर्थात् अपने आप जनमेजय का नागयज्ञ या ध्रुवस्वामिनी उठाना चाहते हैं। क्या उनका यह सरोकार कम महत्त्व रखता है?

और मुझे महसूस होता है कि वे मेरे प्रति निरन्तर सहज रहे, क्या इसे भुलाया जा सकता है?

(नटरंग स्कंदगुप्त पर विशेष-44, 1985)

3

रंग-विभूतियों की त्रिवेणी

बोल्शेविक क्रान्ति की अभूतपूर्व सफलता विश्व के इतिहास की अब मिसाल बन चुकी है। इस सन्दर्भ में सम्भवतः कुछ ही लोगों को यह जानकारी होगी कि आम आदमी को क्रान्ति के लक्ष्य या उससे जुड़े विचारों के प्रति उत्प्रेरित करने, उसमें संघर्ष का माद्दा पैदा करने और इस तरह इस आन्दोलन को रचनात्मक गति एवं दिशा देने में विभिन्न रंग-टोलियों की भावोत्तेजक प्रस्तुतियों ने कमाल की कामयाबी हासिल की थी। क्रान्ति की इस लहर ने देश के कला-जगत को बहुत उद्वेलित किया, परिणामस्वरूप देश की अग्रणी कला-प्रतिभाएँ इस लहर का हिस्सा बनीं—प्रसिद्ध निर्देशक, प्रमुख नाटककार और संवेदनशील अभिनेता। विश्वविख्यात निर्देशक मेयरहोल्ड इसी दौर के प्रेरक स्तम्भ थे। राजनीति, समाज और सृजन-कलाओं के ऐसे अन्तःसम्बन्ध इतिहास की एक उल्लेखनीय घटना कहे जाएँगे। इनकी गतिविधियाँ थीं तो प्रचार ही, पर स्तर और सार्थकता का निर्वाह उनकी विशिष्टता थी। इसे एक प्रीतिकर संयोग ही कहना होगा कि भारत के इतिहास में 40 के दशक में ऐसे ही अवसर आए जब राजनीति, समाज और प्रदर्शनकारी कलाओं की पारस्परिक सक्रियता ने उल्लेखनीय भूमिका निभाई। रूसी क्रान्ति की तरह यहाँ भी देशभर की श्रेष्ठ कला-प्रतिभाएँ सम्मिलित हुईं और उन्होंने कला और संस्कृति को आधार बनाकर ऐसे सर्जनात्मक कार्यक्रम संयोजित किए जिनसे राष्ट्रीय चेतना का प्रसार हो सके।

भारतीय रंगमंच की विकास-यात्रा में 40 के दशक का ऐतिहासिक महत्त्व है, यह तथ्य थोड़ा चकित कर सकता है। इस दशक में साहित्य की अन्य विधाओं में अप्रत्याशित मोड़ आए। पहली बार रंगमंच, समाज और राजनीति के पारस्परिक सम्बन्धों का एक गहरा समीकरण पाया गया। इस दशक में शौकिया थिएटर तो अपनी सामान्य गति से क्रियाशील था। पारसी थिएटर की व्यावसायिक प्रस्तुतियों की एकच्छत्र प्रभुता और उनमें गायब होता समकालीन समाज निश्चय ही चिन्ता का विषय बना हुआ था। इस चुनौती का सामना किया इप्टा और पृथ्वी थिएटर्स की सबल उपस्थिति ने। रंगकर्म और समाज की एक-दूसरे पर बढ़ती निर्भरता ने देश के रंग-परिवेश में अनुकूल स्थितियाँ-सी ला दीं। सम्भवतः यह उन्हीं का प्रतिफलन है कि इसी दशक में थोड़े-थोड़े अन्तराल के बाद तीन विरल रंग-विभूतियों का उदय हुआ—शम्भु मित्र, हबीब तनवीर और इब्राहिम अल्काज़ी। कोई

भी सूची निर्विवाद हो, ऐसा मुमकिन नहीं परन्तु इन तीनों के चुनाव के बारे में सबसे कम मतभेद होगा। इस दौर के ऐतिहासिक परिप्रेक्ष्य पर निगाह डालना जरूरी है।

भारतीय रंगमंच की पृष्ठभूमि में यह परखना होगा कि इप्टा आन्दोलन का क्या योगदान है? रंगमंच के इतिहास में सम्भवतः यह पहला अवसर है कि थिएटर ने देशव्यापी स्तर पर इतनी प्रमुखता हासिल कर ली हो। इस आन्दोलन में प्रदर्शनकारी कलाओं को नई अर्थवत्ता प्रदान की और उन्हें अपने समय और समाज के अनुरूप प्रासंगिक बनाया। रंगकर्म का स्वरूप ही नहीं बदला, उसका चरित्र भी जनवादी हो गया। विशाल जन-समुदाय को भागीदार बनाने के नए रंग-मुहावरे की खोज चली। रंगकर्म सामाजिक परिवर्तन का माध्यम तो था ही, अब वह मुक्ति संघर्ष का सशक्त औजार बना। समग्र रूप से उस आन्दोलन का आकलन करें तो इप्टा प्रगतिशील आदर्शों का पक्षधर रहा। यही वजह है कि देश के बेहतरीन संगीतकार, नर्तक, गायक, गीतकार, रंगकर्मी एक मंच पर सम्मिलित हुए, और प्रदर्शनकारी कलाओं के नए और सार्थक प्रयोग करने में सफल हुए। अपने ही जीवनकाल में देशव्यापी प्रसिद्धि पाने वाले महान गायक के.एल. सहगल भी इस लहर का हिस्सा बने। देहरादून की सड़कों पर झोली फैलाकर गाते हुए सहगल ने हजारों रुपए इकट्ठे किए। पृथ्वीराज कपूर का योगदान तो सुपरिचित है। इप्टा का आन्दोलन मात्र सामयिक उबाल नहीं था, वह एक नए युग का सूत्रपात था जब कलाकर्मी जीवन या समाज में व्याप्त अन्याय या शोषण से उत्पन्न कोलाहल को अनसुना या अनदेखा नहीं कर सकता और न ही उस उथल-पुथल से अशान्त एवं अस्थिर अपनी पहचान खो रहे मनुष्य की जीवन-त्रासदी की उपेक्षा कर सकता है। कला और जीवन के ऐसे गहरे रिश्ते फिर कभी नहीं मिले। यह भी उतना ही सच है कि यह विरल संगम कुछ ही वर्ष तक चला पर इस आन्दोलन के परवर्ती प्रभाव भी कम उत्साहवर्धक नहीं हैं। ऐसी ही रंग-उत्तेजनाओं के परिपार्श्व में इसी दशक में—भारतीय रंगमंच पर तीन रंगविभूतियों का उदय इसकी पुष्टि करता है—शम्भु मित्र, हबीब तनवीर और इब्राहिम अल्काज़ी।

वाचन-कला की नैसर्गिक प्रतिभा के धनी शम्भु मित्र के प्राथमिक या कहें स्वाभाविक रुझान कविता-पाठ (नाट्य-पाठ भी) में रहे हैं। कविता के सस्वर-पाठ में वे इतने अभ्यस्त, समर्थ एवं लोकप्रिय हो गए थे कि उनमें दर्शकों को मंत्रमुग्ध करने की क्षमता आ चुकी थी। अभिव्यक्ति का यह वह आधार था जिसने शम्भु मित्र को संवाद-प्रस्तुति का सिद्ध कलाकार बनाया। अभिनेता के नाते शम्भु मित्र की रंग-यात्रा का यूँ तो प्रारम्भ 1939 में हुआ परन्तु मिनर्वा व्यावसायिक थिएटर से ही उन्हें प्रमुख भूमिकाएँ मिलनी शुरू हुईं। अभिनय-कला के विविध पर सूक्ष्म पहलुओं को समझने और अपनाने के अवसर शम्भु मित्र को शिशिर भादुड़ी जैसे अनुभवी, प्रभावी एवं विख्यात अभिनेताओं के सान्निध्य से 'श्रीरंगम व्यावसायिक' थिएटर में मिले। इन वरिष्ठ कलाकारों से वे बहुत अनुप्राणित थे। यहीं उन्होंने किसी थिएटर-ग्रुप को व्यवस्थित रूप से चलाने की व्यावहारिक नीति और विधि को भी सीखा। व्यावसायिक थिएटर में रंगकर्म और दर्शक के रिश्ते, प्रस्तुतीकरण के कलात्मक उत्कर्ष या उसकी सफलता के तात्पर्य, घिसी-पिटी रंग-परिपाटियाँ, लोक-वृत्ति आदि की

पूरी जानकारी मिलने पर शम्भु मित्र को ऐसे थिएटर–जगत से वास्ता रखना निरर्थक लगा। एक समय के बाद शम्भु मित्र को इस प्रकार के थिएटर की ताकत भी समझ में आने लगी और उसकी सीमाएँ भी छिपी नहीं रहीं, वे उससे अलग हो गए।

1943 में बंगाल में पड़े अकाल की भीषण दुर्घटना ने सारी व्यवस्था और जीवन-क्रम को तहस–नहस कर दिया। सारा ध्यान सामने खड़ी नई चुनौतियों ने ले लिया। कलकत्ता के बुद्धिजीवी, लेखक, रंगकर्मी, संगीतकार, नर्तक तथा अन्य संस्कृतिकर्मी राहत–कार्य पर विचार–विमर्श के लिए एकत्रित हुए। इस मकसद को पूरा करने के लिए 'एंटी फासिस्ट राइटर एंड आर्टिस्ट एसोसिएशन' ने गीत–नृत्य–नाटक के मिले–जुले कई कार्यक्रम आयोजित किए। उल्लेखनीय है 'बंगला स्क्वैड' की स्थापना। पीपुल्स रिलीफ कमेटी, स्टूडेंट्स फेडरेशन, जैसी अन्य संस्थाएँ भी इस दिशा में सक्रिय हुईं। प्रसिद्ध एवं लोकप्रिय गायक विनय राय के हृदयस्पर्शी अर्थपूर्ण गीत–संगीत ने जनता के मनोबल को आश्वस्त करने और नई कठिनाइयों का सामना करने की शक्ति पैदा करने में कमाल का असर दिखाया। 'भूखा है बंगाल' कार्यक्रम इसी मुद्दे को उठाता है। विजन भट्टाचार्य के एक–अंकीय नाटक 'जबानबन्दी' में अकाल की असलियत का मार्मिक चित्रण हुआ है। अपने नए नाटक 'नवान्न' में भट्टाचार्य को वह सफलता मिली थी जहाँ वे इस समस्या के यथार्थ का कारुणिक दृश्यांकन कर सके। दोनों नाट्यालेखों की अन्तर्निहित शक्ति को साकार किया शम्भु मित्र के कल्पनाशील निर्देशन ने। 'जबानबन्दी' जनवरी 1944 में कुछ दिनों के लिए 'स्टार' थिएटर में प्रदर्शित हुआ, "नवान्न, श्रीरंगम् में सात दिन तक खेला गया। इस प्रदर्शन को बड़े उत्साह से पसन्द किया गया और उसे आशातीत सफलता मिली। इस नाट्यालेख को अलग–अलग स्थानों पर प्रस्तुत किया गया। इस प्रस्तुतीकरण का रंग–जगत पर अच्छा असर पड़ा और इस प्रस्तुतीकरण से प्रभावित होकर यह माना जाने लगा कि बंगला थिएटर–समाज में एक नए युग का सूत्रपात हुआ है जिसके प्रवर्तन का श्रेय शम्भु मित्र को दिया गया। इस नाट्यालेख के कथ्य और उसकी अभिव्यक्ति से इसके लोक नाटक होने का आभास–सा मिलता है, भट्टाचार्य ने ग्रामीण समाज के परिवेश और बोलचाल की शैली का पालन किया है, यह सब यथार्थ की धार को तीव्र करने के लिए हुआ है, परन्तु 'नवान्न' लोक नाटक नहीं है। शम्भु मित्र ने नाटक के मूल अभिप्राय को केन्द्र में रखकर प्रस्तुति–विधान, दृश्य–संरचना में यथार्थ की रक्षा की है, परन्तु उसका स्वरूप तरल एवं करुणापरक है।"

मई 1943 में इप्टा की स्थापना हुई और अक्टूबर 1943 में विनय घोष, विजन भट्टाचार्य, शम्भु मित्र आदि की टीम इप्टा में शामिल हो गई। इप्टा ने एक सांस्कृतिक लहर–सी ला दी थी जिसके प्रभाव से देशभर के सभी प्रकार के कलाकार बम्बई में एकजुट हुए, सभी में राष्ट्र–भाव की उमंग थी, एक आवेग था कि हम सब मिल–जुलकर विभिन्न प्रदर्शनकारी कलाओं के माध्यम से नए साहसी प्रयोग करें और अवाम में राजनैतिक जागृति पैदा करें। इप्टा एक जनवादी संगम था जिसके अप्रत्यक्ष रूप से एक प्रतिबद्धता तो थी ही। इसी दिशा में अगला कदम था—'सेंट्रल स्क्वैड' का गठन, इसमें विभिन्न प्रकार के कलाकारों को सम्मिलित किया गया। बंगाल में पहले से 'कल्चरल स्क्वैड' यह काम कर रहा था,

उसकी सक्रियताएँ देशव्यापी थीं। बम्बई में इस दल को प्रमुखता मिलनी ही थी, विशेष रूप से नाटक, रंगमंच के क्षेत्र में जहाँ शम्भु मित्र का अभी पद ग्रहण करना प्रत्याशित था। बम्बई में 'जबानबन्दी' के हिन्दी रूपान्तर 'अन्तिम अभिलाषा' के असरदार प्रदर्शन की बड़ी चर्चा रही। 'नवान्न' की अन्तर्वस्तु, प्रस्तुति-विधान का बड़ा स्वागत हुआ। दरअसल यह जादुई असर निर्देशक शम्भु मित्र का था जिसने स्थानीय रंग उपकरणों का प्रयोग करते हुए सादे पर कलात्मक ढंग से समकालीन यथार्थ का दृश्यांकन किया।

इप्टा में शम्भु मित्र कुछ कम अरसे तक रहे, लगभग दो साल—1943-45-46। क्या उनकी रंगयात्रा पर इप्टा से जुड़े चिन्तन या प्रदर्शन का प्रभाव पड़ा? प्रायः इस मुद्दे को सायास अनदेखा कर या हाशिए पर छोड़ दिया जाता है। कलकत्ता की तुलना में बम्बई में शम्भु मित्र को भिन्न प्रकार का एक खुला वातावरण मिला जिसमें कला-प्रतिभाओं के सान्निध्य के अवसर मिले, कभी आपसी विचार-विमर्श के। इन दुर्लभ बैठकों से कलाकार का नजरिया खुलता है और उसे व्यापक परिप्रेक्ष्य मिलता है। पिछले रंग-अनुभवों का परिसंस्कार भी स्वाभाविक है। बम्बई में शम्भु मित्र की प्रस्तुतियों में निश्चय ही निखार पाया गया। सुरुचि एवं सादगी के निर्वाह में अधिक समर्थ शम्भु मित्र अपने प्रस्तुतीकरण में से एक निश्चित नाटकीय प्रभाव उत्पन्न कर सके। रंगकर्म के क्षेत्र में शम्भु मित्र अब देशव्यापी ख्याति के दायरे में आ गए।

शम्भु मित्र को कम्युनिस्ट पार्टी या उससे जुड़ी राजनीति या किसी प्रकार के विचारधारात्मक आग्रह से सदा परहेज रहा है और इस अनुशासन का उन्होंने आजीवन पालन किया। क्या इसका यह तात्पर्य निकाला जाए कि वे साम्यवादी विचारों से अपरिचित या अछूते थे? सम्भवतः नहीं, कलकत्ता में अकाल से जुड़े राहत-कार्यों में जितने भी संगठन सक्रिय हुए थे, उन सबके पीछे, प्रत्यक्ष या अप्रत्यक्ष स्तर पर कम्युनिस्ट पार्टी या वामपन्थी शक्तियाँ काम कर रही थीं। विजन भट्टाचार्य या शम्भु मित्र जैसे अग्रणी कलाकार को क्या इस तथ्य की जानकारी न थी? इप्टा आन्दोलन ने, बाद में, जो नीति अपनाई, क्या इन संगठनों की कार्य-प्रणाली उसकी पहली कड़ी नहीं कही जा सकती? वह एक उमंग या भावावेग का दौर था, इस मनःस्थिति में कलकत्ता-प्रवास के दौरान शम्भु मित्र की सोच या जीवन-दृष्टि पर प्रगतिवादी विचारों ने अवश्य कुछ अनुप्राणित, कुछ प्रभावित किया होगा। इस परिवर्तन को इस पृष्ठभूमि में देखना बेहतर होगा कि शम्भु मित्र व्यावसायिक थिएटर की दुनिया के अनुभवों से सम्पन्न कलाकार थे। इस चिन्तन से शम्भु मित्र के अनुप्रेरित होने की एक वजह यह भी हो सकती है कि मार्क्सवाद मानवीय-संवेदन के व्यापक परिप्रेक्ष्य देता है। वे मानवीय मूल्यों के पक्षधर हो गए। इप्टा ने शम्भु मित्र की रंगदृष्टि को समृद्ध किया। इप्टा से उन्होंने सामाजिक प्रतिबद्धता की अवधारणा को ग्रहण किया। रंगमंच और समाज के रिश्तों के प्रति अब वे रंगकर्म की जिम्मेदारी मानने लगे। 'मनुष्य' और 'समाज' के प्रति इतने गहरे सरोकार कैसे इतने प्रमुख या उनकी चिन्ता या मान्यता का हिस्सा बने? बहुत मुमकिन है कि यह सिलसिला बंगाल अकाल के दौरान शुरू हुआ हो परन्तु बम्बई-प्रवास ने शम्भु मित्र के वैचारिक क्षितिज को नए आलोक से निर्भ्रान्त किया। शम्भु मित्र के सजग राजनैतिक विवेक ने यहाँ बहुत जल्दी तय कर लिया कि उसने कौन-सा दृष्टिपथ

नहीं अपनाना, पर शम्भु मित्र उस चिन्तन से पहले से कुछ विचार-बिन्दु ग्रहण कर रहे थे, वे बिन्दु अब उनकी दृढ़-संकल्पना एवं स्पष्ट मान्यता का रूप ले चुके हैं। शम्भु मित्र के रंगकर्म में वामपन्थी रुझान नहीं है, परन्तु उनकी रंग-दृष्टि में जीवन-मूल्यों की स्थापना का आग्रह है, उस झुकाव को प्रगतिशील या वामपन्थी सोच का प्रतिफलन अवश्य कहा जा सकता है।

शम्भु मित्र की रंग-यात्रा का तीसरा चरण तब शुरू हुआ जब 1948 में उन्होंने अपने थिएटर ग्रुप 'बहुरूपी' की स्थापना की। यह ग्रुप तीस साल (1948-78) तक चला। इस अवधि में उन्होंने मात्र नए युग का प्रवर्तन ही नहीं किया, उसे नई नाट्य-संस्कृति से समृद्ध भी किया। इस दौर में शम्भु मित्र ने सर्जनात्मक ऊँचाइयों के अनेक प्रतिमान स्थापित किए। सच्चाई तो यह है कि वे असाधारण रूप से जितने सशक्त एवं ओजस्वी अभिनेता थे, उससे कहीं अधिक अद्वितीय निर्देशक थे। 1948 में अपने ग्रुप की शुरुआत उन्होंने 'नवान्न' से की, इस बार की प्रस्तुति कलात्मक रूप से अधिक कल्पनाशील थी तथा यथार्थ के स्तर पर संयत, पर, कारुणिक। रवीन्द्रनाथ ठाकुर के नाटकों के प्रदर्शन-पक्ष पर चल रहे विवाद का सदा के लिए निराकरण करते हुए शम्भु मित्र ने रवीन्द्रनाथ की नाट्य-प्रतिभा को नया जीवन और अपेक्षित प्रतिष्ठा प्रदान की। 1954 में 'रक्तकरबी' के भावप्रवण मंचन से शम्भु मित्र ने व्यक्ति के आन्तरिक यथार्थ के सूक्ष्म बिन्दुओं को रेखांकित करने में विलक्षण क्षमता दिखाई। वे अन्त:करण की गुत्थियों को समझने में जितने अच्छे पारखी थे, प्रस्तुति-परिकल्पना में उतने मौलिक एवं प्रयोगशील। मंचन के लिए कौन से नाटक चुने जाएँ, इस पक्ष को लेकर शम्भु मित्र ने परिपक्व एवं विवेकशील नजरिया अपनाया। शम्भु मित्र अब उन्हीं नाटकों को चुनते रहे जो चरित्र-केन्द्रित हों, चुनौतीपूर्ण हों और जिनका अपेक्षित सामाजिक परिप्रेक्ष्य हो। जाहिर है, इस नीति के पीछे अभिनेता-निर्देशक शम्भु मित्र का दिमाग काम कर रहा था। दरअसल इस तरह की चरित्रांकन-प्रक्रिया से गुजरते हुए शम्भु मित्र मानव-प्रकृति के जटिल तंत्र की खोज करते रहे और उसके अछूते आयाम अनावृत्त करने में जुट गए। इस कोशिश के शम्भु मित्र ने अनेक विश्वसनीय प्रमाण दिए, उल्लेखनीय हैं—गैलिलियो, एनिमी ऑफ द पीपुल्स का डॉक्टर थामस स्कॉटमैन।

1964 में उन्होंने एक साहसी प्रयोग किया—'टु प्ले इन डार्कनेस', सोफोक्लीस का 'राजा इडिपस' और रवीन्द्रनाथ ठाकुर का राजा। इन नाटकों के प्रस्तुतीकरणों में पश्चिम और पूर्व की संस्कृति के आन्तरिक संघर्ष और उसके मानवीय पहलुओं को विश्लेषित किया गया। और, इनके केन्द्र में था अवसाद, अकेलेपन का अँधेरा। भारतीय रंगकर्म की पृष्ठभूमि में देखें तो यह प्रयास शम्भु मित्र की अद्वितीय उपलब्धि है। इन चरित्रों के पीछे शम्भु मित्र के निजी आग्रह भी क्रियाशील थे। इन चरित्रों के अभिनय में अपने को पूरी तरह विलीन कर वे अपनी जिन्दगी के इस सच को खोज रहे थे कि मूल्यवादी जीवन का औदात्य और उसकी त्रासद परिणति उनके जीवन की स्थिति है या नियति! भारतीय रंगमंच की इस दुर्लभ प्रतिभा के जीवन और रंगकर्म का इस अनुपात में पर्याय बनना अपने आप में इतिहास का विलक्षण पन्ना है।

शम्भु मित्र के लिए थिएटर एक 'मिशन' रहा है जिसकी पृष्ठभूमि में 'समाज' और 'मनुष्य' केन्द्र में रहे हैं। अपनी रंग-यात्रा के प्रथम चरण में शम्भु मित्र ने जो वामपन्थी अंकुर ग्रहण किए थे, समय और संवेदन के साथ वे नए आकार-प्रकार में पल्लवित होते रहे, जड़ें नहीं बदलीं।

चुस्त एवं जागरूक हबीब तनवीर अभी एक छात्र का नाम है, जो स्वप्नशील है और जिसकी सम्भावनाओं भरी बहुमुखी प्रतिभा अभिव्यक्ति के उपयुक्त अवसर की प्रतीक्षा कर रही है। किशोरावस्था का उसका पहला जुनून था फिल्मी दुनिया का एक नामी असरदार अभिनेता या निर्देशक बनने का, फिल्में देखना, उनके प्रति एक समीक्षात्मक नजरिया रखते हुए जायजा लेना, और उनके बारे में अच्छी समझ एवं पकड़ के साथ विश्लेषण करने की क्षमता रखना उनका स्वभाव-सा बन चुका था। दूसरा शौक था उर्दू में शायरी का, मौका मिलते ही नज़्म या ग़ज़ल लिखना। इस सिलसिले में यह उनकी खासियत थी कि वे अपनी रचनाओं को तन्मय होकर प्रभावी ढंग से प्रस्तुत करते थे। वाचन कला पर अधिकार होने की वजह से उनका अन्दाजेबयाँ उनको अलग पहचान देता था। अलीगढ़ यूनिवर्सिटी में हबीब तनवीर का परिचय कुछ वामपन्थी साथियों से अवश्य हुआ परन्तु छात्र-जीवन काल में उनके राजनैतिक झुकाव खुलकर सामने नहीं आए; पर यह सच है कि सजग एवं प्रबुद्ध हबीब जीवन और समाज के प्रति एक नया प्रगतिशील दृष्टिकोण रखते थे। इन सब गुणों से विभूषित युवा हबीब 1945 में बम्बई पहुँचे। वहाँ सब तरह के अनुभव प्राप्त किए—फिल्मों में छोटे-मोटे रोल किए, फिल्मों पर समीक्षाएँ लिखीं, उर्दू और उसकी अभिव्यक्ति पर अच्छा अधिकार होने के नाते रेडियो की दुनिया पर अपनी धाक जमाई, इसी तर्क पर, साहित्यिक गोष्ठियों में अपनी नज़्मों/ग़ज़लों और उनके असरदार पाठ से नाम कमाया। इस तरह अदब के दायरे में सज्जाद जहीर, अली सरदार जाफरी आदि प्रतिष्ठित शायरों के बीच अपनी जगह बनाई। पी.डब्ल्यू.ए. की उर्दू-पत्रिका 'नया अदब' का सम्पादन कार्य भी सँभाला। इन्हीं के बीच उठने-बैठने और विचार-विमर्श से उनका ध्यान कम्युनिस्ट पार्टी, उसकी विचारधारा और प्रगतिवादी आन्दोलन और उसकी गतिविधियों की ओर गया। नजरिया तो उनका पहले से ही इसी प्रकार का था, इसलिए इस विचारधारा को अपनाने में उन्हें न देर लगी और न कोई कठिनाई आई। शायरों के बीच रहना और उनके साथ मिलना-जुलना बढ़ रहा था। ऐसी स्थिति में उनका पी.डब्ल्यू.ए. का मेम्बर बनना स्वाभाविक था। मई, 1943 में इप्टा की स्थापना हुई, उन दिनों इप्टा की सरगर्मियाँ बढ़ रही थीं। थिएटर में, अभिनय में उनकी पुरानी दिलचस्पी थी, उनके सामने उनके साथी कलाकार इप्टा में शामिल हो रहे थे, जब बलराज साहनी और कुछ अरसे बाद सलिल चौधरी, कैफी आजमी, ए.के. हंगल भी उसमें शामिल हो गए तो उनसे अनुप्रेरित होकर हबीब कहाँ पीछे रहने वाले थे, वे भी इप्टा में आ गए। इप्टा आन्दोलन का हिस्सा बनने के बाद उन्हें पता चला कि उदयशंकर, रविशंकर, सचिन शंकर, नरेन्द्र शर्मा, शम्भु मित्र, विनय राय, प्रेम धवन भी आन्दोलन में सक्रिय भूमिका निभा रहे हैं। दरअसल देशभर के प्रतिभाशाली कलाकार एक के बाद एक इप्टा में भाग लेने आते गए। कला-जगत का यह नया संसार था, इन सबकी उपस्थिति से हबीब बहुत

अनुप्राणित हुए। इतने बरस बीत जाने के बाद भी हबीब तनवीर की निम्न भावभीनी टिप्पणियों से यह तात्पर्य निकालने में कोई कठिनाई नहीं होनी चाहिए कि इप्टा से उन्होंने किस हद तक ग्रहण किया, हबीब के शब्दों में—

"उस जमाने में कैसे-कैसे लोग इप्टा से जुड़े थे। उदयशंकर, रविशंकर, नरेन्द्र शर्मा, शम्भु मित्र, सचिन शंकर सभी तो तहेदिल से इप्टा के मूवमेंट से जुड़े थे। अपने को पार्टी का बिना तमगे वाला सिपाही मानते थे... कई बार सोचकर हैरत होती है कि क्या काम किया था इप्टा ने और कैसे खत्म हो गया चुटकियों में ? इप्टा के इतिहास में उदयशंकर के अल्मोड़ा के स्कूल का अपना महत्त्व है। देखिए ना, बंगाल में इतना फैमीन हुआ, इसको लेकर आन्दोलन-सा चलाया इप्टा ने। 'स्पिरिट ऑफ इंडिया' नाम का प्रोग्राम तैयार किया गया। उसे लेकर सेंट्रल स्क्वैड मुल्क के कोने-कोने में गया। लाखों रुपए जमा किए और यहाँ बंगाल में मदद की। दूसरा प्रोग्राम तैयार किया गया 'इंडिया इम्पोर्टल'। कितनी जबरदस्त शक्ति थी मंच की, जिसने पूरे मुल्क को जोड़ दिया था। लेकिन उस शक्ति का और इस्तेमाल नहीं किया गया।"

इसी कड़ी में निम्न उद्धरण पर भी ध्यान देना होगा—

"बम्बई के इप्टा की उन दिनों की कुछ बातें, जिनसे मेरा जाती ताल्लुक था...ऑपेरा हाउस के सामने एक हॉल है—शायद दामोदर हॉल। वहाँ अलग-अलग खोलियों में हम बैठते थे। अलग-अलग खोलियों में अलग-अलग विंग। मराठी विंग, हिन्दी विंग, तेलुगू विंग, एक गुजराती विंग भी था। मराठी विंग में अमर शेख थे, सीधे गाँव से आकर इस आन्दोलन से जुड़े। अन्ना भाऊ सारे-मजदूर तबके के आदमी थे। बड़ी उम्दा कहानियाँ लिखते थे। फिल्मों के जाने-माने गीतकार शैलेन्द्र उन दिनों हिन्दी विंग में थे। गाते भी थे। अब आप सोचिए, कैसे-कैसे लोग थे साथ। पढ़े-लिखे नहीं थे पर गाँव से जुड़े थे। कल्पना किसी की बपौती नहीं होती। साठे के पास भाषा टूटी-फूटी होती थी। बम्बई में जो बोली जाती है, उसी जुबान में लिखता भी, पर बड़ी उम्दा चीज लिखता था। उस सबका यकीनन मुझ पर असर पड़ता था। जनरल बॉडी की मीटिंग में अब सब लोग एक साथ बैठते थे, एक साथ मिलकर सोचते थे।..."

(दोनों सम्पादित उद्धरण, भारतरत्न भार्गव, रंग हबीब, पृ. 35 तथा 37)

दोनों उद्धरणों से साफ जाहिर होता है कि हबीब इप्टा की कार्यप्रणाली और उसकी अन्य विशेषताओं एवं उपलब्धियों के प्रति आज भी किस हद तक भावप्रवण थे, प्रभावित तो वे थे ही। इप्टा उनकी रंग-यात्रा का पहला चरण था, और संयोग से उन्हें सौहार्दपूर्ण वह रंग-परिवेश मिला जो उनकी सोच के अनुकूल और प्रेरक सिद्ध हुआ।

दरअसल हबीब तनवीर कम्युनिस्ट पार्टी के सचिव तथा इप्टा के संस्थापक-संयोजक-चिन्तक पी.सी. जोशी के व्यक्तित्व एवं उनकी संगठन-शक्ति के बड़े प्रशंसक थे। पहला असर यह था कि सादा और साधारण-सा दिखने वाला यह विद्वान-राजनेता कैसे देश भर के श्रेष्ठ कलाकर्मियों को अपनी ओर आकर्षित करने में सफल रहा ? इतना बड़ा संगठन और सभी कलाकार 'अपने को पार्टी का बिना तमगे का सिपाही मानते थे ?' यह जादुई परिवर्तन लाने, उनमें उन्माद-सा पैदा करने का श्रेय पी.सी. जोशी को जाता है। जोशी की

उल्लेखनीय विशेषता थी उनका द्रष्टा रूप। जोशी ने कला-संस्कृति-राजनीति की प्रचलित घेरेबन्दी को तोड़ा। उनकी यह धारणा थी कि किसी भी राजनैतिक आन्दोलन को सफल बनाने का सबसे विश्वसनीय और स्फूर्तिवर्धक तरीका है समग्र कलाओं का भरपूर लाभ उठाना—गीत-संगीत, नृथ्य-थिएटर आदि हमारे हृदय-परिवर्तन के वाहक हैं। जीवन, संस्कृति और राजनीति के अन्त:सम्बन्धों पर या सिरे से काम करना चाहिए। जोशी के बारे में हबीब तनवीर की निम्न टिप्पणी भी जज्बाती है—

I joined IPTA in 1945, saw PC Joshi as person who would meet us like an ordinary man with great warmth and affection, encouraging young boys and girls to mix together, express themselves in terms of Art. One did not realise what he was talking about...we did not truly realise how great the man was, what a visionary he was...P.C. Joshi believed what people's culture was of the Politic's worth persuing...

P.C. Joshi was the first man who must have enlisted the entire lot of artists in India. The cream of Indian art and performing arts, and music, dance and drama were picked by P.C. Joshi and harnessed into the services of IPTA which was part of national movement of the country. ...People thronged to him because of his viberant, vrey attractive magnetic personality.

P.C. Joshi thought that culture was all pervasive. It was there in all walks of life, it was our way of living, it was our identity. Cultural Persuing of Politics and their Implications.

16.10.2000, JNU, N.D.

हबीब तनवीर जितना अरसा इप्टा में रहे, उन्हें पी.सी. जोशी के साथ बातचीत करने या सान्निध्य प्राप्त करने के अनेक अवसर मिले। हबीब ने देखा कि जोशी में अपने पद की प्रभुता का कोई आवरण नहीं है, और सादे पहरावे में वे कलाकारों के बीच खुलकर मिलते-जुलते या परामर्श करते रहते हैं। जोशी को आगरा बाजार का नाट्यालेख बहुत पसन्द आया था, उन्होंने हबीब को बड़े आग्रह से यह कहा कि कबीर का वैसा ही—सम्भावनापूर्ण और जनवादी व्यक्तित्व है जैसे नज़ीर का था। कबीर के जीवन और विचारों पर आप नाट्यालेख तैयार करो, इस सन्दर्भ में आपको हजारीप्रसाद द्विवेदी की पुस्तक से मदद मिल सकती है। आपके घर-बाहर की जिम्मेदारी मुझ पर रहेगी। जोशी ने इस विचार पर फिर बल दिया कि राजनैतिक लक्ष्य-प्राप्ति में तभी सफलता हासिल हो सकती है अगर कला-संस्कृति का मार्ग अपनाया जाए। इस विधि से मानसिक दबाव डाला जा सकता है। इप्टा की प्रस्तुतियों या अन्य प्रदर्शनकारी कार्यक्रमों में 'लोक' के स्रोत का लाभ उठाया गया। लावणी, भवाई, कोंकणी के गीत-संगीत में जो स्वाभाविक ओज और ऊर्जा के असर पड़े, उनसे संगीत-प्रेमी हबीब का मुग्ध होना तो प्रत्याशित था, वे अन्यथा, बहुत उपयुक्त एवं सार्थक भी थे। जोशी के नीति-पथ के अनुसार इप्टा में विषयवस्तु के धरातल पर प्रगतिवादी प्रतिबद्धता का पालन हुआ और प्रदर्शन-पद्धति की दृष्टि से 'लोक' का आश्रय लिया गया। हबीब ने इप्टा की विचार-दृष्टि को अपनाया और आजीवन निभा, इप्टा से वे अलग हुए पर उनकी रंगयात्रा के अगले चरणों में सर्जनात्मक उत्कर्ष होता रहा।

हबीब तनवीर ने इप्टा के कार्यक्रमों में पूरी निष्ठा और दायित्व-भाव से काम किया ताकि उनके समझने और सीखने की प्रक्रिया बनी रहे। उन्हें नाटककार-अभिनेता और निर्देशन के अवसर मिले और सेंट्रल ग्रुप में छोटी-मोटी भूमिकाएँ भी निभाते रहे। 1948 में दो अवसर मिले, 'शान्तिदूत कामगर' (नुक्कड़ नाटक) लिखने और निर्देशित करने में वे समर्थ रहे और बलराज साहनी के निर्देशन में प्रस्तुत 'दफन की एक रात' में एक बुड्ढे के रोल को हबीब भूल नहीं सकते। हबीब का अभिनय जीवन्त एवं प्रभावशाली रहा। 'जादू की कुर्सी' नाटक में उन्होंने एक भूमिका अदा की। 1951 में हबीब ने प्रेमचन्द की सुपरिचित कहानी का नाट्यान्तर किया—'शतरंज के मोहरे', इसका लेखन और निर्देशन हबीब ने किया। सेंट्रल स्क्वैड के सामूहिक कार्यक्रमों में भाग लेने के जब-जब मौके आए हबीब ने बलराज साहनी, कैफी आजमी, दीना पाठक, मोहन सहगल, उमर शेख जैसी कला-प्रतिभाओं से निकटता रखने की कोशिश की। इप्टा में हबीब लगभग छह-सात साल रहे। इस आन्दोलन से उन्होंने बहुत कुछ जाना और सीखा। उनके बहुमुखी अनुभव उनके लिए प्रेरक सिद्ध हुए। रंगकर्म की तो वस्तुतः नींव यहीं रखी गई।

जीवट एवं आत्मविश्वास से पूर्ण हबीब तनवीर एक विचारशील रंगकर्मी रहे हैं, इसलिए वे अपनी रंग-यात्रा में उत्तरोत्तर निखरते और बढ़ते गए। 1954 में जामिया मिलिया विश्वविद्यालय की ओर से नज़ीर अकबराबादी की शायरी के आधार पर नाट्यालेख तैयार करने और प्रस्तुत करने का अनुरोध हुआ। हबीब की सर्जनात्मक कल्पना और क्षमता के प्रमाण मिले उनके पहले प्रस्तुतीकरण 'आगरा बाजार' के ताजा और असरदार प्रस्तुतीकरण से! नज़ीर अकबराबादी की गणना उर्दू साहित्य में एक शायर के नाते भी नहीं की जाती, हबीब ने ऐसे उपेक्षित शायर को क्यों उठाया, इसके कारण समझने होंगे। 19वीं सदी के शायर पर हबीब इसलिए एकाग्रभाव से जुटे क्योंकि नज़ीर की शायदी के केन्द्र में है एक असहाय, निरुपाय खड़ा हाशिए का आदमी—ककड़ीवाला, पतंगवाला... और उस तबके का इतिहास जिसमें अपनी मुफलिसी के बावजूद जीने की पूरी उमंग और चाह है, जिसका मानवीय संवेदन आज भी दमकता है। उसकी सरल ईमानदारी ने हबीब को विवश कर दिया। वामपन्थी सोच ने अपना असर दिखाया और हबीब ने इस नाट्यालेख में बाजार की संरचना की। बाजार और आदमी के बीच की टकराहट में बाजार का अनुशासन चलना था। नज़ीर इस अनुशासन को काटता है और वह ककड़ी वाले के लिए नज़्म लिखकर उसमें बाजार का सामना करने की ताकत पैदा करता है। 'आगरा बाजार' के इस कथ्य को ऊर्जा मिलती है नज़ीर की शायरी से। हबीब ने संगीत को ऐसा मधुर और सार्थक स्वरूप दिया जो इसके नाटकीय व्यापार का हिस्सा तो बना ही, बीच-बीच में नया आयाम भी देता रहा। नज़ीर की शायरी के प्रति हबीब के आकर्षण की दूसरी बड़ी वजह थी नज़ीर की शायरी की सरल-सुबोध भाषा जिसमें बोली की मिठास और प्रवाह छिपा हुआ है। प्रस्तुति-परिकल्पना में एक प्रकार की सादगी है, खुलापन है ताकि अन्तर्वस्तु को प्रमुखता मिल सके। गायकों की टोली कार्य-व्यापार की कड़ी का काम करते हैं। संगीत की अपनी ताकत है। इप्टा से अलग होने के बाद किए गए

इस प्रस्तुतीकरण को इप्टा का विस्तार-सा कहा जा सकता है। परन्तु यह भी साफ देखा जा सकता है कि हबीब एक नया रास्ता टटोल रहे हैं। उनकी नई सम्भावनाएँ आश्वस्त करती हैं।

बम्बई के सेंट जेवियर्स कॉलेज के छात्र इब्राहिम अल्काज़ी ने अपने जीवन के प्रथम चरण में सुलतान पद्मसी के 'इंग्लिश लैंग्वेज थिएटर ग्रुप' से एक एक्टर के नाते रिश्ता जोड़ा। यह ग्रुप विदेशी क्लासिक नाट्यकृतियों का अंग्रेजी में मंचन किया करता था। ऐसा प्रतीत होता है कि अल्काज़ी की ललित कलाओं में गहरी दिलचस्पी रही है। 22 वर्षीय अल्काज़ी 1947 में आर्ट में उच्च प्रशिक्षण पाने के लिए इंग्लैंड गए परन्तु वहाँ 1948-50 में उन्होंने 'रॉयल एकेडेमी ऑफ ड्रैमेटिक आर्ट्स' से नाट्य-कला में प्रशिक्षण लिया। इस अवधि में अल्काज़ी ने वहाँ 'हैमलेट' तथा 'रिचर्ड द थर्ड' का निर्देशन किया। इंग्लैंड में उन्होंने अपनी रंग-प्रतिभा का अच्छा असर दिखाया, सम्भवतः इसीलिए 'ब्रिटिश ड्रामा लीग' ने उन्हें 'विशेष योग्यता' का प्रमाण-पत्र दिया और बी.बी.सी. ने 1950 में उन्हें 'ब्राडकास्टिंग अवार्ड' से सम्मानित किया। बम्बई लौटकर वे अपने पुराने 'थिएटर ग्रुप' में सक्रिय हो गए। अब वे ग्रुप के मुखिया थे। अपनी परिपाटी के मुताबिक अल्काज़ी ने इस ग्रुप के साथ इब्सन, चेखव और शेक्सपियर के नाटकों का निर्देशन किया। विभिन्न अनुभवों और प्रयोगों से गुजरते हुए 1954 तक के रंगकर्म का उनका पहला दौर माना जा सकता है। 1954-55 में अल्काज़ी ने सत्यदेव दुबे के साथ मिलकर 'थिएटर यूनिट स्कूल ऑफ ड्रैमेटिक आर्ट्स' की स्थापना की। इस संस्था के अन्तर्गत उन्होंने 24 क्लासिक नाटकों का निर्देशन किया। इस संस्था में उन्होंने निर्देशन के अतिरिक्त अध्यापन का दायित्व भी सँभाला। साहित्य और कला-कर्म की पुस्तकों के एक गम्भीर अध्येता तो अल्काज़ी थे ही, अध्यापन में उनकी प्रबल रुचि का होना चकित नहीं करता। वे एक विख्यात रंग-प्रशिक्षक तथा सशक्त अध्यापक रहे हैं। थिएटर यूनिट में रंगकर्म से जुड़े सभी पहलुओं का प्रशिक्षण दिया जाता था, विशेष रूप से पार्श्व कर्म के उपेक्षित पक्ष का। इस रंगमंडली में भी पुरानी नीति अपनाई गई, विश्व के प्रतिष्ठित नाटककारों की बहुचर्चित नाट्य-कृतियों को उठाया गया— सोफोक्लीस, मोलियर, सैमुअल बैकेट, ज्याँ आनुई, पिरांदेलो, लोर्का आदि। स्वभाव से कार्यनिष्ठ, उद्यमी अल्काज़ी ने रंगकर्म को समग्रता से लिया, अर्थात् किसी भी प्रस्तुतीकरण की शुरुआत करने से पहले दृश्य-अभिकल्पना, प्रकाश-सज्जा, वेशभूषा, संगीत आदि के बारे में बारीकी से काम करने पर बल दिया। पूर्वाभ्यास के साथ-साथ प्रस्तुति के ब्रोशर-पोस्टर जैसी छोटी-छोटी जिम्मेदारियों के प्रति समान रूप से ध्यान रखना चाहिए। 'बाद में देख लेंगे' की आदत के वे विरोधी थे। अपनी इन संकल्पनाओं को साकार करने के लिए उन्होंने 'टैरेस थिएटर' की शुरुआत की। टूटी मंजिल पर स्थित इस खुले मंच के नियमित प्रस्तुतीकरण में उन्हें आशा से कहीं अधिक सफलता मिली। इसका प्रमाण भी मिल गया। 1954 में संगीत नाटक अकादमी की स्थापना के अवसर पर हुए नाट्य-समारोह में सोफोक्लीस के 'इंडियंस रैक्स' के मंचन के लिए आमन्त्रित किया गया। अल्काज़ी बम्बई में स्थित 'नाट्य अकादमी' के प्रिंसिपल भी रहे हैं।

अल्काज़ी की रंगयात्रा में एक महत्त्वपूर्ण मोड़ आया जब उन्होंने 1962 में राष्ट्रीय नाट्य विद्यालय का निदेशक-पद सँभाला। रा.ना.वि. की स्थापना चाहे 1959 में हो चुकी थी, पर वह एक नाम मात्र था। उसे देश की अग्रणी एवं श्रेष्ठ संस्था में बदलने का श्रेय, निश्चय ही अल्काज़ी को जाता है। 37 वर्षीय अल्काज़ी में अभी ऊर्जा एवं उत्साह कम न था, बम्बई में प्रशिक्षण से जुड़े मसलों या कठिनाइयों के अनुभवों से वे गुजर चुके थे, सर्जनात्मक खोज के लिए आवश्यक परिपक्वता आ रही थी, इस संस्थान के रंग-प्रशिक्षण के प्रत्येक पक्ष पर वे सावधानी से कदम उठा रहे थे। पाठ्य-क्रम में सुधार कर, इस प्रशिक्षण की अवधि तीन साल कर दी। अल्काज़ी ने यह परिपाटी चलाई कि रंगकर्म से जुड़े प्रत्येक पक्ष पर पहले खोज और जानकारी लेने के बाद ही प्रस्तुतीकरण की ओर बढ़ना चाहिए। रंगकला एक समावेशी कला है, समग्र प्रभाव तभी लाया जा सकता है यदि निर्देशक-अभिनेता-पार्श्वकर्मी रचनात्मक स्तर पर एक दिशा में क्रियाशील हों और पूरी तैयारी के बाद मंच पर उतरें। अल्काज़ी का इस बात पर विशेष आग्रह रहता था कि पूरी प्रस्तुति-प्रक्रिया में एक विन्यास हो, कसाव हो, और निखार तो होना ही चाहिए। जो छात्र रा.ना.वि. के ऐसे प्रशिक्षण के बाद एक कलाकार का दर्जा पाने और प्रतिष्ठित होने की आकांक्षा रखता है, उसको यहाँ परिश्रम करना होगा और कड़े अनुशासन में रहना होगा। रा.ना.वि. की कार्यप्रणाली ही नहीं, सारे वातावरण में एक खास तरह की तत्परता, एक दबाव-सा बना रहता। इस धरातल पर अल्काज़ी बहुत सख्त और सतर्क प्रकृति के पाए गए, किसी के साथ कोई ढील नहीं बरती गई, यहाँ तक कि प्राध्यापक भी इस दायरे से बाहर न थे। धीरे-धीरे उनमें एकाधिकार की भावना बढ़ती गई और वे इस संस्था के नियामक से हो गए। ऐसा लगता है कि कहीं गहरे उनके अन्तर्मन में असुरक्षा का भाव मौजूद था, वे किसी पर भरोसा नहीं करते थे। इस तस्वीर का दूसरा पहलू ध्यान देने योग्य है। अल्काज़ी स्वयं बहुत मेहनती, विद्वान तथा नीति-निपुण थे। वे इतने चुस्त और तेज थे कि हर प्रकार के काम करने में समर्थ थे और ऐसा करके वे श्रम की कद्र करना सिखाते थे। रा.ना.वि. के प्रति उनका समर्पण-भाव निर्विवाद था। वे रा.ना.वि. संस्था के पर्याय थे, सम्भवतः यही वे चाहते भी थे। इस कार्यशैली के सुखद परिणाम निकले, ऐसा लगा, सारा विद्यालय किसी सर्जनात्मक होड़ में जुटा हुआ है। अल्काज़ी के एक से एक बढ़कर श्रेष्ठ प्रस्तुतीकरण सामने आए जैसे नए दौर का सूत्रपात हुआ हो, उधर रा.ना.वि. से निकले उनके प्रतिभाशाली छात्रों का ताँता-सा लग गया जो अब हिन्दी रंगमंच के गौरव स्तम्भ हो चुके हैं। जीवन और समाज से जुड़ी रा.ना.वि. की इन प्रस्तुतियों का बाहर समाज पर भी असर पड़ा। पुराने पूर्वग्रह कम होते गए और रंगकला के प्रति सम्मानजनक नजरिया बढ़ने लगा।

रा.ना.वि. के अपने पहले साल, 1962 में अल्काज़ी ने अपने पहले प्रस्तुतीकरण में हिन्दी के साहित्यिक से दिखाई देने वाले नाटक—'आषाढ़ का एक दिन' के मंचन का निर्णय लेकर रंगजगत को चकित कर दिया। इस नाट्यालेख के सजीव और सशक्त प्रस्तुतीकरण ने हिन्दी रंगकर्म के प्रति आश्वस्ति का भाव जगाया और रंगकर्म को नई स्तरीयता प्रदान की। 1964 में अल्काज़ी ने दूसरे चुनौतीपूर्ण काव्य-नाटक 'अन्धायुग' के भव्य प्रदर्शन से

एक नया कीर्तिमान स्थापित किया। इन प्रस्तुतियों का देशव्यापी असर पड़ा, इन नाट्य-कृतियों, विशेष रूप से 'अन्धायुग' को भारतीय स्तर पर एक उपलब्धि के रूप में देखा गया। ऐसी सफल और सार्थक प्रस्तुतियों से अल्काज़ी ने साबित कर दिया कि उनकी रंग-क्षमता को समझना या अनुमान लगाना इतना आसान नहीं है। इस सन्दर्भ में हिन्दी नाट्यालोचन का उल्लेख आवश्यक है जहाँ इन नाट्य-कृतियों का एक प्रकार से अवमूल्यन-सा हो रहा था। दुर्भाग्य से हिन्दी नाटक और रंगमंच के बीच एक खाई-सी बनी हुई है जिसका दंड जयशंकर प्रसाद के नाटकों को भुगतना पड़ा। प्रसाद के नाटक साहित्यिक हैं, इसलिए अनभिनेय हैं। हिन्दी रंगमंच शौकिया स्तर पर सदा सक्रिय रहा है, और न प्रसाद के नाटकों के मंचन की कोशिश कभी रुकी पर अध्ययन, अध्यापन और आलोचना के मानदंड के रूप में अभी यह बहस खत्म नहीं हुई (कम अवश्य हो गई है) कि प्रसाद के नाटक क्यों मंच के योग्य नहीं हैं? 'आषाढ़ का एक दिन' और 'अन्धायुग' की इन जीवन्त एवं उत्प्रेरक प्रस्तुतियों ने इस पुरानी बहस या निरर्थक धारणाओं को धराशायी कर दिया है। अल्काज़ी और रा.ना.वि. की अनवरत चल रही प्रस्तुतियों के आलोक में हिन्दी नाटक और रंगमंच के रिश्तों पर पुनर्विचार करना चाहिए।

रंग-चिन्तन और रंगकर्म की व्यावहारिक सोच पर चलने वाले अल्काज़ी थिएटर को एक 'टोटल आर्ट' मानते हैं। इसमें चित्र, मूर्ति, नृत्य एवं संगीत कला की तात्त्विक विशेषताओं के रचनात्मक प्रयोग से ही व्यावसायिक सम्पूर्णता प्राप्त की जा सकती है। इस सन्दर्भ में इस सच्चाई को अनदेखा नहीं करना चाहिए कि आर्ट की दुनिया से अल्काज़ी की दिलचस्पी बहुत गहरी और पुरानी रही है। अल्काज़ी के 15 वर्षों की श्रेष्ठ एवं प्रभावोत्पादक प्रस्तुतियों पर सरसरी नजर डालें तो यह जाहिर हो जाता है कि अल्काज़ी नाटक को दृश्य-काव्य मानकर चले हैं जहाँ प्रदर्शन-तत्त्वों को प्रमुखता मिली है। इसमें कोई सन्देह नहीं कि जहाँ उन्हें अनुभवी, संवेदनशील और सशक्त अभिनेता मिले हैं वहाँ उनके प्रस्तुतीकरण नए मानदंड स्थापित कर गए। अन्दर और बाहर के अँधेरे से जूझ रहे तुगलक-दांतों-ओथैलो जैसे संश्लिष्ट चरित्रों को मानवीय प्राणवत्ता प्रदान करने में समर्थ मनोहर सिंह की असरदार भूमिकाएँ निर्विवाद रूप से ऐतिहासिक उपलब्धियाँ हैं। इतिहास की इस त्रासदी को वे आसपास के जीवन से नहीं, पूरी व्यवस्था में प्रतिबिम्बित कर सके। रा.ना.वि. छोड़ने के 14 साल के अन्तराल के बाद विद्यालय की रजत जयन्ती के अवसर पर अल्काज़ी ने तीन नाटक प्रस्तुत किए—रक्त-कल्याण, जूलियस सीजर, और दिन के अँधेरे (लोर्का का—'द हाउस ऑफ बर्नाडा अल्दा')। पर्दा उठते ही दृश्य-परिकल्पना के चाक्षुष-बिम्ब बाँध लेते हैं, सारी संरचना अन्तर्वस्तु के अनुकूल होने पर भी अपेक्षित मानवीय ऊष्मा के निर्वाह का अभाव प्रस्तुतीकरण को निष्प्रभ कर देता है। लिविंग थिएटर की प्रस्तुतियों ने इस तथ्य की पुष्टि कर दी कि अल्काज़ी की निर्देशन-कला के रुझान क्या हैं? इस सन्दर्भ में यह बात समझ में आने लगती है कि वे क्लासिक या ऐतिहासिक या वैसे नाटकों के मंचन को इतना पसन्द क्यों करते हैं। उनकी निर्देशन-प्रक्रिया एक दृश्यकार की भूमिका अपना लेती है जिसका पहला ध्यान मंच उपकरणों का वैसा रचनात्मक प्रयोग करना है जैसे चित्रकार कैनवस पर रेखाओं का करता है। रंग-परिदृश्य (फिरोजशाह कोटला या पुराने किले की पृष्ठभूमि) रंग परिवेश-

चमकीली वेशभूषा, मशालें, पार्श्व में पशु-पक्षियों—गीदड़, कुत्ते, सियार, झींगुर, मेढक की आवाजों का सुरुचि और कला के साथ नाटकीय व्यापार से तादात्म्य बैठाने में अल्काज़ी में विलक्षण क्षमता है। मंच पर पात्रों के खड़े होने के स्थल, भीड़ के दृश्य, कार्य-व्यापार की गतियाँ या दृश्य-संयोजन में वे दक्ष और नपे-तुले पेश आते हैं। कुल मिलाकर अल्काज़ी की रंगविधि यथार्थवादी कही जाएगी। समग्र मंच-प्रभाव की दृष्टि से उनके आग्रह एक भव्य प्रस्तुतीकरण के रहे हैं—'स्पेक्टेकल प्रधान'।

आभिजात्य-भाव को बढ़ावा मिलने की एक और वजह थी। अल्काज़ी के कार्यभार सँभालने के साथ ही स्थितियाँ बहुत अनुकूल हो रही थीं। नाट्य-प्रशिक्षण की एकमात्र संस्था होने के नाते उसे राष्ट्रव्यापी मान्यता एवं प्रतिष्ठा मिलने लगी। अल्काज़ी का दक्ष-प्रबन्धन, असाधारण रूप से बेहतर अध्यापन-प्रणाली, विद्यालय से निकल रहे नामी कलाकार, विद्यालय के प्रभावोत्पादक प्रस्तुतीकरण—इन सबका असर यह पड़ा कि स्कूल की उज्ज्वल छवि की प्रशंसा देश में ही नहीं, बाहर दूसरे मुल्कों में भी होने लगी। इसकी चर्चा को सत्ता के गलियारों तक पहुँचना ही था। अल्काज़ी के प्रभु-समाज के साथ सदा अच्छे समीकरण रहे हैं। इधर, देश में सांस्कृतिक नवोत्थान का दौर चल रहा था। भारतीय रंगमंच का, आज कहा जा सकता है, यह स्वर्णयुग था। रंगकर्म के सर्जनात्मक उत्कर्ष की एक लहर-सी चल रही थी; यह विरल संयोग था कि देश में श्रेष्ठ नाटककार, प्रतिभाशाली निर्देशक, प्रभावशाली रंग-कलाकार (अभिनेता-अभिनेत्रियाँ) और एक से एक बढ़कर अद्भुत प्रस्तुतियों का मंचन हो रहा था। शिखर संस्था के निदेशक के नाते अल्काज़ी को भरपूर लाभ मिला। रा.ना.वि. में सारे अधिकार उनके हाथ में आ चुके थे, अब वे सत्ता और प्रभुता के स्वामी थे। उनकी आभिजात्य प्रकृति एवं व्यवहार में किसी के हस्तक्षेप की सम्भावना न थी। छात्रों के प्रति उनकी यही ढीली-ढाली नीति रही। जो छात्र रहन-सहन में और अंग्रेजी बोलने में थोड़े असमर्थ थे—ऐसे छात्र कम प्रतिभाशाली न थे—उन्हें हाशिए पर रहना पड़ता। पढ़ाते हुए अल्काज़ी विदेशी नाट्य साहित्य के सन्दर्भ देते, कभी पेंटिंग या अन्य कलाओं के साथ समानान्तर व्याख्या करते—यह सब अंग्रेजी में होता। ये छात्र कुछ अलग पड़ जाते। इनकी तुलना में जो छात्र अंग्रेजी बोलने में चुस्त और स्मार्ट होते उनको प्रमुखता मिलती, उनका नाम लिया जाता और याद भी किया जाता। ये टिप्पणियाँ कई वर्ष बाद सम्बद्ध छात्रों द्वारा दी गईं।

वाचन कला में पर्याप्त दक्ष एवं निपुण अल्काज़ी एक ओजस्वी वक्ता रहे हैं। बी.बी.सी. ने उनकी इस क्षमता को बहुत पहले पहचान लिया था। इसीलिए उन्हें 1950 में 'ब्राड कास्टिंग अवार्ड' से सम्मानित किया। उनके इस प्रकार के अनुभव जारी रहे। उन्होंने रेडियो पर महात्मा गांधी की आत्मकथा 'सत्य के साथ मेरे प्रयोग' का नियमित पाठ किया। इस पाठ का बहुत अच्छा असर पड़ा और उस पर कई उत्साहवर्धक प्रतिक्रियाएँ सुनने को मिलीं। और भी कई उदाहरण हैं। इसी कड़ी में यह तथ्य उल्लेखनीय है कि अल्काज़ी असाधारण रूप से सक्षम और योग्य रंग-प्रशिक्षक तथा सशक्त अध्यापक रहे हैं। उनके साथ एक विचित्र संयोग जुड़ा है कि रंगकर्म के साथ-साथ उनके अध्यापन का सिलसिला लगभग आजीवन चला है। इस क्षेत्र में उन्हें काफी ख्याति मिली।

किसी भी स्थल (स्पेस) को प्रदर्शन-मंच के अनुरूप ढालने और उसे रंगकर्म के काबिल बनाने की कला में अल्काज़ी में अनोखी क्षमता एवं तत्परता पाई गई। सबसे पहला एक साहसी प्रयोग उन्होंने मुम्बई में किया। छठी मंजिल (लिफ्ट के बिना) की छत पर 'टैरस थिएटर' की परिकल्पना की और वहाँ पूरे नियमित रूप से नाटकों का मंचन करते रहे। फिरोजशाह कोटला के खंडरात को एक अर्थपूर्ण रंग-परिवेश का आकार देते हैं और वहाँ 'अन्धायुग' की प्रस्तुति कर वे उसकी अन्तर्वस्तु में नए आयाम की खोज करते हैं। इस दिशा में आगे बढ़ते हुए अल्काज़ी ने पुराने किले के ऐतिहासिक माहौल का मंचीय लाभ उठाया और 'तुगलक', 'अन्धायुग', 'रजिया सुल्तान' की प्रस्तुति को नया जीवन प्रदान कर रंगजगत को चमत्कृत कर दिया। रवीन्द्र भवन में 'मेघदूत' का खुला मंच और फैला पेड़ 'गोदान' के ग्रामीण वातावरण और घटनाओं को मंचित करने के लिए उपयुक्त था। अब तो वहाँ सब प्रकार के नाटक खेले जा रहे हैं। रवीन्द्र भवन की तीसरी मंजिल पर स्थित 'स्टूडियो थिएटर' एक नए प्रकार के रंगकर्म की सम्भावना को जगाता है। यहाँ प्रेक्षक और मंच के बीच अन्त:सम्बन्ध लाने के लिए अन्तरंगता आवश्यक है। उपरिलिखित सभी तरह के थिएटर की बुनावट अलग प्रकार का नाटकीय अनुभव देते हैं। दरअसल यह सब अल्काज़ी की 'स्पेस कला' की उपब्धियाँ हैं जिनके मूल में चित्रकला की उनकी गहरी समझ और पकड़ काम कर रही है। स्पेस एक कैनवस है जिसे मंचानुकूल बनाना और भव्य परिप्रेक्ष्य देना उनके लिए सुखद चुनौती है।

भारतीय रंगमंच के इतिहास में 40 के और 60 के दशक ने रंग-आन्दोलन की दृष्टि से नए युग की दस्तक दी थी। 40 का दशक इलिए महत्त्वपूर्ण था क्योंकि देश के तीन अलग-अलग प्रदेशों में तीन रंगविभूतियों का उदय हुआ। ऐसी परिघटना के पीछे उस युग की ऐतिहासिक परिस्थितियों के दबाव को अनदेखा नहीं किया जा सकता। मुक्ति संग्राम, द्वितीय महायुद्ध और ब्रिटिश साम्राज्य की विनाशकारी नीति जिसका प्रतिफल था बंगाल का विकराल अकाल जिसने देश के वातावरण को अशान्त एवं अस्थिर बना रखा था। इस उथल-पुथल के प्रभावस्वरूप स्थितियाँ ऐसी करवट ले रही थीं कि कलाकर्म जीवन और समाज की उपेक्षा नहीं कर सकता था। इप्टा के जन्म को इसी सन्दर्भ में देखना चाहिए। इप्टा इतिहास की दुर्लभ घटना है जहाँ केवल रंगकर्म नहीं था, केवल राजनीति भी नहीं थी, इसमें दोनों का अद्‌भुत तालमेल पाया गया। यह तथ्य इसलिए भी उल्लेखनीय है कि भारतीय रंगमंच की दो अग्रणी प्रतिभाएँ—शम्भु मित्र और हबीब तनवीर के उत्कर्ष के पहले चरण में इप्टा का योगदान है। एक विभूति का सम्बन्ध बंगाल से था, दूसरी का मध्य प्रदेश से और तीसरी इब्राहिम अल्काज़ी मुम्बई से थीं। इसे विचित्र संयोग ही कहना होगा कि 40 के दशक के उत्तरार्द्ध में ये तीनों हस्तियाँ मुम्बई में रंगकर्म में जुटी हुई थीं। तीनों की रंगकर्म के प्रति एकान्त निष्ठा एवं समर्पण भाव था। तीनों की रंग-दृष्टि चाहे समान न थी परन्तु अपने सबल व्यक्तित्व एवं मौलिक रंग-चिन्तन के कारण तीनों को युग-पुरुष माना जा सकता है।

बात 1943-44 के आसपास की है, तेजस्वी-वृत्ति का युवक इब्राहिम अल्काज़ी एक रंगकर्मी के नाते मुम्बई के जाने-माने निर्देशक सुलतान पदमसी के 'थिएटरग्रुप' के साथ

जुड़ा हुआ था जो अंग्रेजी भाषा में विदेशी नाटकों का मंचन करता था। यह थिएटर ग्रुप प्रदर्शन के लिए जो नाटक चुनता था और जिनके लिए प्रस्तुत करता था, सम्भवत: वह समाज का आत्मनिष्ठ उच्च वर्ग था जिसका बाहर की दुनिया की हलचल से ज्यादा वास्ता न था। उन्हीं दिनों प्रोग्रेसिव राइटर्स एसोसिएशन का मुम्बई में अधिवेशन चल रहा था, उसी शहर में इप्टा की स्थापना हुई, शम्भु मित्र के नाटक हुए। थिएटर की दुनिया से जुड़े-बँधे अल्काज़ी को सम्भवत: इप्टा के बारे में न कोई जानकारी थी, न दिलचस्पी। यह भी मुमकिन है कि जानकारी तो पूरी हो परन्तु वे कोई प्रतिक्रिया या टिप्पणी न करना चाहते हों। ऐसी स्थिति में इस निष्कर्ष से बचा नहीं जा सकता कि स्वतंत्रता आन्दोलन की प्रमुख घटनाओं या सांस्कृतिक गतिविधियों में अल्काज़ी की अरुचि थी। इससे अल्काज़ी की प्रतिबद्धता की दिशा तथा उसके स्वरूप का पता अवश्य लग जाता है। क्लासिक विदेशी नाटकों का अंग्रेजी में थिएटर करते रहना, थिएटर के प्रति निर्व्याज लगाव तो है परन्तु इससे यह भी साबित होता है कि समय और समाज के प्रति सरोकार आपके सीधे नहीं हैं और थिएटर में आपकी अभिजात-वृत्ति काम कर रही है। बचाव की नीति पर चलने के लिए अल्काज़ी विवश हो सकते हैं परन्तु सांस्कृतिक स्तर पर इस तरह का आचरण उचित नहीं ठहराया जा सकता। बंगाल के अकाल का मसला राजनीति से ज्यादा मानवीय था जो सहानुभूति और सौहार्द चाहता था।

बंगाल के भीषण अकाल ने बंग-समाज और शम्भु मित्र को बहुत आन्दोलित किया। विजन भट्टाचार्य के साथ बंगाल में थिएटर करने के बाद शम्भु मित्र आदि इप्टा से जुड़े और मुम्बई आ गए, थिएटर किया, सेंट्रल ट्रुप में भाग लिया परन्तु वे इप्टा में कम समय तक रहे। शम्भु मित्र की प्रतिबद्धता मूलत: उस समय के प्रति है जो समाज की इकाई है। मध्यम वर्ग उनका समाज है जो बौद्धिक स्तर पर व्यक्तिनिष्ठ है परन्तु जब नैतिक मानदंड और सामाजिक मान्यताओं के सवाल उठते हैं तो वह समाज की सत्ता और उसके अनुशासन को आवश्यक मानता है। शम्भु मित्र का रंगकर्म इस अन्तर्विरोध से पैदा होते अनेक पहलुओं या मसलों को उठाता है। अच्छा थिएटर वह है जो कुछ सवाल उठाए कुछ विचार के लिए छोड़ जाए। सच तो यह है कि शम्भु मित्र व्यक्ति और समाज के प्रति अपनी जिम्मेदारी को खूब समझते-मानते रहे हैं परन्तु रचनात्मक स्तर पर किसी प्रकार पार्टी के दखल को नहीं सह सकते।

हबीब तनवीर में मार्क्सवादी चिन्तन को लेकर कभी कोई उलझाव नहीं रहा, पर वे कभी सिद्धान्तवादी नहीं रहे। वे किसी अनुशासन में नहीं बँधे, इसीलिए प्रस्तुति के स्तर पर उनके नाट्यालेख स्वतंत्र से दिखाई देते हैं, नाट्यालेख के गीतों में वामपन्थी स्वर स्पष्ट सुने जा सकते हैं। मुख्य रूप से नगरों में थिएटर करने वाले हबीब के समाज में हाशिए का तबका आता है जो कभी-कभी उनका दर्शक होता है। रंगकर्म के प्रति हबीब की निर्विवाद प्रतिबद्धता कही जाएगी।

रंगकर्म के प्रति तीनों विभूतियों का समर्पण भाव कुछ निजी प्रकृति पर, मुख्य रूप से इनके जीवन मूल्यों पर निर्भर रहा है। शम्भु मित्र के लिए जीवन और थिएटर अविभाज्य हैं, अर्थात् पहले थिएटर फिर जीवन। जिन उदात्त मूल्यों को वे जीवन में अनुकरणीय मानते

रहे हैं, उसी आदर्श पद्धति पर रंगकर्म को चलना होगा। इसी नीति पर वे अपने ग्रुप को चला रहे थे—लाभ-हानि या सुविधावादी या व्यावहारिक नजरिए से दूर। ऐसी कार्य शैली के परिणाम तो जाहिर थे, सफलता कहाँ मिल सकती थी। धीरे-धीरे साथ अलग होते गए और रह गए अकेले शम्भु मित्र अपने जीवन की त्रासद सन्ध्या को बिताने! हबीब तनवीर को अपनी और ग्रुप की पूरी टीम की रोटी-रोजी की फिक्र अवश्य रहती थी। टीम के कलाकार हाशिए के तबके के थे। इसलिए उन्हें व्यावहारिक रहना पड़ा। इतने कम संसाधनों से ग्रुप की इतनी बड़ी टीम को बाँधे रखना और इतने बरस जोड़े रखना कोई साधारण उपलब्धि नहीं है। उन्होंने थिएटर को कभी पीछे नहीं धकेला, अधिकतर साथ रखा कभी-कभी आगे रखा। विवेकशील सन्तुलित दृष्टि रखने में वे दक्ष पाए गए।

एक सम्पन्न परिवार के अल्काज़ी सतर्क वृत्ति के व्यक्ति रहे हैं। जीवन में उन्हें न वैसा संघर्ष करना पड़ा और न वैसे संकट का सामना जैसे शम्भु मित्र और हबीब तनवीर को करना पड़ा। प्रारम्भ से उनकी सर्जनात्मक अभिरुचियाँ जितनी थिएटर के प्रति थीं, उससे कम पेंटिंग या अन्य ललित कलाओं में न थीं। वे प्रोग्रेसिव आर्टिस्ट ग्रुप के मेम्बर थे। एम. हुसैन और तैयब के साथ उनके निजी सम्बन्ध रहे। उनके समर्पण-भाव को विभाजित-सा ही कहना होगा। रा.ना.वि. से अलग होने पर उन्हें किसी प्रकार की निराशा को नहीं झेलना पड़ा और यह कम आश्चर्य का विषय नहीं है कि 14 साल पीछे मुड़कर उन्होंने रंगजगत में कोई दिलचस्पी नहीं दिखाई। पेंटिंग की तुलना में उनकी प्राथमिकता निश्चय ही थिएटर के प्रति रही है।

पहले नाटक के प्रस्तुतीकरण का आधार बनाकर तीनों विभूतियों की निर्देशन-प्रक्रिया की क्षमता और उसकी दिशा का आकलन करना बेहतर होगा। शम्भु मित्र का पहला सम्पूर्ण नाटक 'नवान्न' है। 'नवान्न' नाटक कलकत्ता और थोड़े अरसे बाद मुम्बई में खेला गया। इस नाट्यालेख के कथ्य, चरित्र, नाट्य-स्थितियाँ, यहाँ तक कि अभिव्यक्ति का स्वरूप भी बंगाल के अकाल से सम्बद्ध है। अन्तर्वस्तु यथार्थवादी है और शम्भु मित्र ने प्रस्तुति-संरचना में भी इस विधि का पालन किया है। अभिनय और कार्य व्यापार भावनिष्ठ रहा परन्तु निर्देशक ने यथार्थ की डोर नहीं छोड़ी। भाषा, संवाद और अभिव्यक्ति पद्धति स्थानीय बंगाल में है, शम्भु मित्र ने उसका अपना यथार्थवादी ढाँचे के अनुरूप प्रयोग किया है। दृश्य-संरचना में पहली बार टाट और स्थानीय रंग-उपकरणों का सुरुचिपूर्ण एवं सर्जनात्मक लाभ उठाया गया है। 'नवान्न' के जानदार प्रस्तुतीकरण से यथार्थ की भारतीय रंग-विधि की मिसाल कायम हुई। इसे काव्यात्मक यथार्थ भी कहा गया। कलकत्ता और मुम्बई की प्रस्तुतियों ने शम्भु मित्र की कारुणिक परिणति की नीति का रचनात्मक प्रयोग करते रहे। बहुरूपी की स्थापना के बाद, शम्भु मित्र निर्देशन कला में अधिक प्रौढ़ और विवेकशील हो गए। उन्होंने चुनौतीपूर्ण नाट्यालेखों को उठाया, सर्जनात्मक कल्पनाशीलता से उन्हें नई अर्थवत्ता प्रदान की। रंग-उपकरणों में कलात्मक सुरुचि एवं सादगी के पक्षधर शम्भु मित्र ने अपनी प्रस्तुतियों में यथार्थ के आन्तरिक पक्ष की रक्षा अवश्य की।

नज़ीर अकबराबादी की शायरी में ऐसी क्या खासियत थी जिसने हबीब तनवीर को नाट्यान्तर करने और फिर उसके प्रदर्शन के लिए उत्प्रेरित किया। नज़ीर ने साधारण आदमी

की साधारण दिखने वाले मसलों को सादी और संवेदनशील भाषा में दृश्यांकित किया। हबीब के अनुसार यह समाज, यह व्यवस्था एक बाजार की तरह है जहाँ अपनी रोटी-रोजी के अस्तित्व के लिए जूझना पड़ता है। हबीब ने नाट्यालेख के पूरे परिदृश्य को व्यापक फलक पर रखा है। नज़ीर के अनुसार आदमी का आदमी होते हुए इतना भेदभाव, इतनी असंगतियाँ, इतने अन्तर्विरोध क्यों हैं ? क्या यह बाजार की वजह से है ? हबीब की निर्देशन प्रक्रिया सीधी-सादी और लचीली है जहाँ अभिनेता को आशु-प्रयोग के अवसर मिल सकते हैं। हबीब का दृढ़ विश्वास है कि प्रस्तुतीकरण रोचक हो, नाटकीय तत्त्वों का निर्वाह हो ताकि दर्शक की दिलचस्पी बनी रहे। पूरी प्रस्तुति-परिकल्पना में कोई ताम-झाम न हो, अन्तर्वस्तु की तरह मंच-व्यवहार भी सादा हो। गीत-संगीत कार्य-व्यापार को गति एवं मोड़ देने वाला हो। नज़ीर की शायरी इस प्रस्तुति को नई ऊर्जा प्रदान करती है। हबीब ने 'आगरा बाजार' नाटक पहले 1954 में खेला, फिर 1974 में। दूसरी बार के प्रस्तुतीकरण में दो परिवर्तन हुए, जाहिर है, प्रस्तुति में न पहले वाली शिथिलता है और न कच्चापन, अब हबीब प्रौढ़ हो चुके हैं, दूसरे, सारे कलाकार अब छत्तीसगढ़ के हैं जो इस प्रस्तुति में लोक का स्पर्श देते हैं। अन्तर्वस्तु निखरकर सामने आती है। हबीब की निर्देशन-पद्धति में लोक कला की रंग-युक्तियों का चुस्त प्रयोग मिला है जो देखने में सादा परन्तु जिसके तात्पर्य रोचक होते हैं। 'चरणदास चोर', 'हिरमा की अमर कहानी', 'देख रहे हैं नैन' हबीब की निर्देशन कला की मिसाल हैं।

शम्भु मित्र को निर्देशन कला का व्यावहारिक अनुभव पर्याप्त मात्रा में था परन्तु वे न किसी सुविचारित नीति पर चले न वे इतने दक्ष थे, उन्हें अपनी प्रस्तुति में संवेदन पक्ष की रक्षा की चिन्ता बराबर रही। शम्भु मित्र की दूसरी विशेषता थी मूल पाठ की महत्ता, यह वह ऊर्जा का स्रोत है जो सारे प्रस्तुतीकरण का आधार है। हबीब भी इसी दृष्टि-पथ पर चले परन्तु उनकी प्रस्तुति-परिकल्पना लोकपरक थी जहाँ प्रस्तुति में प्रमुखता कथ्य या चरित्र को दी जाती। अल्काज़ी एक भिन्न प्रकार के निर्देशक रहे हैं। किसी भी नाटक की प्रदर्शन-प्रक्रिया शुरू करने से पहले वे नाट्यालेख और उसकी प्रस्तुति से जुड़े हर पहलू या प्रामाणिक एवं स्तरीय जानकारी प्राप्त कर लेते हैं। इसी आधार पर वे सभी कलाकारों को अपने सुविचारित एवं सुनियोजित दिशा-निर्देश देते हैं। रंगचर्या की पूरी पृष्ठभूमि उनके मानस-पटल पर रहती है और यही स्थिति अभिनेताओं की है। पिछले कई वर्षों से वे अंग्रेजी में क्लासिक नाटक का निर्देशन करते रहे हैं। उन्हें अब यथेष्ट अनुभव था और एक निर्धारित सोच भी। इस कला में वे दक्ष एवं समर्थ हो चुके थे। जहाँ उनको संवेदनशील एवं सक्षम अभिनेता मिले उनके प्रस्तुतीकरण को राष्ट्रीय स्तर पर गौरव कहा जा सकता है। 'आषाढ़ का एक दिन' के प्रस्तुतीकरण में ओम शिवपुरी और सुधा शर्मा की सबल उपस्थिति ने रंगजगत में इस नाटक की महत्ता को एक श्रेष्ठ दर्जा दिलवाया। अल्काज़ी की ऐसी उपलब्धियों की सूची छोटी नहीं है, विशेष रूप से मनोहर सिंह जैसे प्रतिभा-सम्पन्न अभिनेता के होते हुए। इस सन्दर्भ में 'तुगलक' का उल्लेख आवश्यक है, इसके प्रस्तुतीकरण में सभी स्तरों पर अद्भुत तालमेल था और मनोहर सिंह की ओजस्वी भूमिका ने तुगलक के चरित्र को इतिहास के पन्नों से बाहर मंच पर ला खड़ा किया।

अल्काज़ी की बहुसंख्य प्रस्तुतियों में ऐसा नहीं हुआ, उनकी निर्देशन-प्रतिभा के बावजूद। सभी कलाकार समान क्षमता नहीं रखते। धीरे-धीरे अल्काज़ी की सीमाएँ सामने आने लगीं, सर्जनात्मक स्तर पर वे थिएटर एवं ललित कलाओं में सन्तुलन का निर्वाह नहीं कर पाए। प्रदर्शन तत्त्वों को प्रमुखता मिलती गई और अल्काज़ी अपनी प्रस्तुतियों में 'स्पेक्टेकल' के मोह से बच नहीं पाए, 14 वर्ष बाद जब वे 'लिविंग थिएटर' में आए, नए नाटक उठाए पर वे जमे नहीं। रंगजगत को एक प्रकार का मोह-भंग हुआ। समग्र रूप से यह माना जा सकता है कि निर्देशन-कला के सैद्धान्तिक और व्यावहारिक—दोनों स्तरों पर अल्काज़ी सक्षम और सफल रहे, वे अपनी सीमाओं से अपरिचित न थे परन्तु सर्जनात्मक स्तर पर यह पाया गया कि बौद्धिक धरातल पर तो वे समर्थ हैं, परन्तु उनमें मानवीय संवेदन या उसकी ऊष्मा का स्पर्श कम मिला।

शब्द की कितनी अन्दरूनी ताकत है यह सच दोनों पुराने 'थिएटर यूनिट' के सहयोगी अध्यापक-निर्देशक अल्काज़ी और सत्यदेव दुबे बखूबी समझते-जानते हैं, दोनों के अन्तर पर ध्यान देना होगा। प्रस्तुति-परिकल्पना के स्तर पर दुबे (शब्द) नाट्यालेख के पाठ को पहला और महत्त्वपूर्ण स्थान देते हैं। इस दिशा में बारीकी से काम करते हैं, मेहनत और अभ्यास तो होगा ही, इसलिए सफल रहते हैं। उधर, अल्काज़ी प्रस्तुति के हर पहलू में एक स्तर का निर्वाह चाहते हैं ताकि समग्र प्रभाव असाधारण हो, वे अपने मकसद में विफल नहीं रहे परन्तु दोनों प्रतिभाओं में अन्तर है और प्रमाण है दोनों द्वारा निर्देशित 'अन्धायुग'। दुबे ने इस नाटक में अश्वत्थामा की अविस्मरणीय भूमिका द्वारा साबित किया कि उनकी नीति कितनी सही एवं कारगर है।

शम्भु मित्र की प्रस्तुति संरचना में दृश्य-सज्जा तथा अन्य उपकरणों का उतना ही प्रयोग किया गया है जो अन्तर्वस्तु को उपयुक्त रंग-परिदृश्य प्रदान करने के लिए आवश्यक हों। शम्भु मित्र प्रमुखता देंगे चरित्र को, नाटक के कथ्य को। शब्द की अन्तर्ध्वनियों के वे पारखी हैं।

हबीब ने नज़ीर की शायरी का नाट्यान्तर इसलिए किया क्योंकि नज़ीर की शायरी (शब्द) में आदमी को समझने और बदलने की सम्भावना आश्वस्त करती है। हबीब ने शब्द (शायरी) की ताकत कुछ गीत-संगीत के जरिए जाहिर की है, कुछ संवाद के जरिए। हबीब के नाटकों के अधिकांश कथानक लोककथाओं पर आधारित हैं—लोक अर्थात् जनविश्वास की कथा। हबीब के नाटक परिवर्तनकामी हैं, शब्द की शक्ति को हबीब खूब पहचानते हैं।

अल्काज़ी की जीवन-दृष्टि यथार्थवादी रही है। उन पर पश्चिमी नाट्यालेखन और चिन्तन की प्रतिच्छाया मिल जाएगी। कहीं उनकी प्रस्तुति-परिकल्पना अलंकरण के मोह में पड़ गई, वहाँ यथार्थ की धार नहीं रही। पहले प्रस्तुतीकरण 'आषाढ़ का एक दिन' में यथार्थ का काव्यात्मक स्वरूप मिलेगा परन्तु 'तुगलक' में यथार्थ का निर्मम त्रासद पक्ष जो उस नाट्यालेख की शक्ति है। यथार्थ के विविध आयामों को ऐसी कुशलता से दृश्यांकित करना अल्काज़ी की उपलब्धि है।

शम्भु मित्र की प्रस्तुति में यथार्थ के मानवीय पहलुओं को उठाया गया। उनका नजरिया भावनिष्ठ रहा है। 'नवान्न' नाटक में यथार्थ का कारुणिक पक्ष उभरा है। उनके परवर्ती

विभिन्न नाटकों, उनके प्रस्तुतीकरणों के प्रमुख चरित्रों में वे यथार्थ की त्रासद परिणति दिखाते रहे। मूलतः शम्भु मित्र यथार्थ के संवेदन पक्ष का निर्वाह चाहते हैं।

चिन्तन और मंचन दोनों स्तरों पर हबीब की सोच यथार्थवादी रही है, कारण पर्याप्त स्पष्ट हैं। उनकी प्रस्तुति-परिकल्पना, मंच-व्यवहार, गीत-संगीत सभी का मिश्रण होते हुए भी कथ्य के यथार्थ को रेखांकित करने में वे सतर्क रहे हैं। हबीब तनवीर अपनी प्रस्तुतियों में 'रस' की स्थापना करते हैं। रस के ये नए तात्पर्य उल्लेखनीय हैं।

यह एक विचित्र संयोग है कि तीनों रंग विभूतियाँ वाचन-कला में मात्र कुशल एवं प्रवीण ही नहीं, उनकी अभिव्यक्ति-पद्धति में ओजस्विता के गुण हैं। शम्भु मित्र इस कला के सर्वाधिक योग्य एवं सक्षम कलाकार हैं। थिएटर में प्रवेश लेने से पहले वे सार्वजनिक स्तर पर जगह-जगह कविता-पाठ किया करते थे। रंग-कला का यथेष्ट अनुभव पा लेने के बाद शम्भु मित्र नाट्य-पाठ करने लगे। इस काम में वे जितने पारंगत हुए, उससे कहीं अधिक लोकप्रिय होते गए। फिर यह सिलसिला आजीवन चला। यह सच है कि उनकी नाट्य-प्रस्तुतियों के लिए जितनी भीड़ उमड़ आती थी, वैसी ही स्थिति नाट्य-पाठ की होने लगी। शब्द, उसकी अन्तर्ध्वनियाँ-लय-विराम-आरोह-अवरोह और सबके विन्यास पर उनकी अनोखी पकड़ थी। अपने जीवन के अन्तिम वर्षों में उन्होंने 'अयदिपस' का सस्वर नाट्य-पाठ किया था जिसको सुनने के लिए अपार दर्शक जुटे थे। हबीब तनवीर अपनी किशोरावस्था से ही शायरी का शौक रखते थे। उनके कुछ प्रतिष्ठित और कुछ लोकप्रिय होने की एक वजह यह थी कि वे अपनी नज़्म/ग़ज़ल का पाठ बड़े प्रभावी ढंग से करते थे। मुम्बई में, सज्जाद जहीर के घर पर बड़े-बड़े शायर साप्ताहिक बैठक में मिला करते थे, बहुत जल्दी हबीब ने यहाँ अपना नाम कमा लिया था। सज्जाद जहीर के तो वे आत्मीय हो गए थे। वाचन-कला में अल्काज़ी कितने माहिर और काबिल हैं, इसका प्रमाण तो 1950 में बी.बी.सी. द्वारा दिए गए ब्राडकास्टिंग पुरस्कार से जाहिर हो जाता है। अल्काज़ी ने लगभग जीवन-भर अध्यापन-कार्य किया जहाँ उन्हें वक्तृता के अवसर मिले। रंग-प्रशिक्षण के क्षेत्र में उनकी गिनती विश्व के श्रेष्ठ अध्यापकों में की जा सकती है। रेडियो पर उनका गांधी की जीवनी पर किया गया पाठ बड़ा असरदार था। उनकी यह विशेषता थिएटर-जगत के लिए गौरव का विषय है। तीनों विभूतियों में पाया गया यह गुण अगली पीढ़ी के कलाकारों को स्पष्ट निर्देश देता है कि भाषा का साफ और सही उच्चारण कितना महत्त्व रखता है।

शम्भु मित्र, हबीब तनवीर और इब्राहिम अल्काज़ी—रंग-विभूतियों की इस त्रिवेणी ने आधुनिक आलोक में भारतीय रंगमंच को अपनी मौलिक और नई उद्‌भावनाओं से उत्प्रेरक की भूमिका निभाई है। तीनों अब भारतीय रंगमंच के गौरव स्तम्भ एवं नए रंग-मुहावरे की खोज की दृष्टि से युग-निर्माता हैं। तीनों में कई समानताएँ पाई गईं, पर रंगकर्म के धरातल पर इनकी महत्ता भिन्न, स्वतंत्र तथा विशिष्ट होने में है। मुक्ति-संघर्ष से भरा 40 का दशक जब ये विभूतियाँ प्रकाश में सामने आईं, 60 का दशक, इन प्रतिभाओं के प्रौढ़ काल का है, और भारतीय रंगमंच का स्वर्णिम। इस सांस्कृतिक नवोत्थान में पूर्व और पश्चिम की रंगदृष्टि पर अब विवाद के स्थान पर संवाद की नीति अपनाई जाने लगी। तीनों विभूतियों ने अपनी तरह अपने रास्ते की तलाश की; बात चाहे यथार्थवादी पद्धति की हो या त्रासदी

की, शम्भु मित्र, सर्जनात्मक स्तर पर स्वतंत्र रहे पर वे इस बात के लिए सजग रहे कि उनके प्रदर्शनों का नाटकीय अनुभव भारतीय रहे। हबीब तनवीर ज्यादा उलझनों में नहीं पड़े। देश-विदेश बहुत घूमे, सब तरह का थिएटर देखा, बहुत जाना-समझा, किसी का अनुसरण नहीं किया और न किसी से अछूते रहे। परिपक्व विवेक-दृष्टि का पालन किया। नज़ीर का 'आदमी' हमेशा उनके जेहन में रहा है।

अल्काज़ी की प्रकृति और स्थिति इन सबसे भिन्न रही है। रंगकर्म के प्रति उनकी एकान्त निष्ठा अवश्य रही। उन्होंने सांस्कृतिक विरासत अर्जित की है, उनका व्यवहार स्वाभाविक कम और सायास अधिक लगता है। वे पूर्व और पश्चिम में किसी प्रकार का भेद नहीं रख सके। अल्काज़ी की उपलब्धियाँ कम नहीं हैं, और योगदान भी उल्लेखनीय है। उन्होंने एक सामान्य सरकारी संस्था को ख्यातिप्राप्त प्रतिष्ठान में परिवर्तित कर दिखाया। अब यह एक राष्ट्रीय गौरव का संस्थान है जिसका लाभ अगली पीढ़ियाँ उठा रही हैं। परन्तु यह रेखांकित किया जा सकता है कि शम्भु मित्र के व्यक्तित्व में प्राप्त औदात्य-वृत्ति उन्हें ऊँचा उठा देती है। इस त्रिवेणी का समग्र आकलन इस प्रकार करना होगा; रंगकर्म के परिप्रेक्ष्य में इनके जीवन-मूल्य, इनकी आचरण पद्धति और लक्ष्य-प्राप्ति के लिए अपनाए गए इनके तरीके इनके व्यक्तित्व की शक्ति और सीमाओं को स्पष्ट कर देते हैं।

आज हम जिस स्वर्ण-युग (60 के दशक से 80 के दशक तक) पर गर्व करते हैं, उसकी उपलब्धियों का श्रेय इन विभूतियों को जाता है। सच तो यह है कि पूरी 20वीं सदी में इनके रंगकर्म के विविध सर्जनात्मक प्रयोगों ने भारतीय रंगमंच को समृद्ध किया। इनके द्वारा स्थापित कीर्तिमान विश्वस्तरीय हैं। इन्होंने नए रंगयुग का सम्भावनाओं भरा मार्ग प्रशस्त किया।

(आलोचना, अप्रैल-जून, 2010)

4

अभिनय की मोहिनी-शक्ति से साक्षात्कार

यह तो निर्विवाद रूप से मानना पड़ेगा कि पारसी थिएटर देश का सर्वाधिक सफल और लोकप्रिय थिएटर था। 60-70 वर्ष की अवधि में उसने भारतीय रंगमंच को अपनी प्रदर्शन-पद्धति तथा अभिनय शैली प्रदान कर एक ऐतिहासिक महत्ता का कार्य किया। यहाँ यह उल्लेख करना जरूरी है कि पारसी थिएटर प्रमुख प्रादेशिक भाषाओं—गुजराती, मराठी, बंगला, कन्नड़, हिन्दी आदि में समानान्तर रूप से विकसित एवं समृद्ध हुआ। स्थानीय रंगशैलियों और रंगयुक्तियों का नाटकीय लाभ उठाते हुए वह अपने स्वरूप और चरित्र में समान था और भारतीय था। मनोहारी और रंजक तत्त्वों की ताम-झाम के बावजूद उसकी सफलता का श्रेय उन अभिनेताओं को जाता है जिन्होंने अपनी आवाज के जादू से दर्शकों को इतने वर्ष मंत्रमुग्ध किया। वाणी में उच्चारण की स्पष्टता, विशिष्टता तथा ओजस्विता के कारण ये अभिनेता अपनी आवाज की मोहिनी-शक्ति पैदा करने में सफल रहे। कथ्य में अतिनाटकीयता होने के कारण इनकी अभिनय शैली में आवेग और आवेश का ऐसा उफान-सा रहता था कि दर्शक अक्सर उसमें खो जाते थे। इनकी रंगचर्या बहुत सीमित रहती थी, प्रभविष्णु शक्ति थी अभिनेता की वाग्मिता एवं वाग्विदग्धता। राष्ट्रीय आन्दोलन के सन्दर्भ में इस शैली को देखा जाए तो वह भावोत्तेजना का युग था जिसकी अभिव्यक्ति तत्कालीन नेताओं के ओजस्वी भाषणों में देखी जा सकती है। इन अभिनेताओं ने भी वाक्पटुता का आश्रय लिया। उर्दू-फारसी के शब्दों के कारण कई पारसी नाटकों की भाषा बोझिल होती थी परन्तु अपनी वाचन-शक्ति और जीवन्त अभिनय के द्वारा दर्शकों के रसास्वादन में कोई अन्तर नहीं आता था। दर्शकों की दृष्टि से इस थिएटर को असाधारण व्यावसायिक सफलता मिलती रही। आज के यथार्थवादी युग में पारसी-शैली अस्वाभाविक और बनावटी लगेगी, यह भी सही है कि उनका अभिनय अतिअभिनय होता था परन्तु अपनी निपुणता और विलक्षणता के कारण वे नाटकीय अनुभव सम्प्रेषित करने में सफल रहे। उनकी इस शैली का असर भारतीय फिल्मों में दिखाई देता है। पृथ्वी थिएटर्स भी मूलतः पारसी थिएटर का परिसंस्कार है। वस्तुतः पारसी थिएटर अभिनय-प्रधान रंगमंच था, उसने अपनी अभिनय-कला का विकास किया और इसके अभिनेता अपनी अनोखी वाचिक क्षमता के आधार पर ही व्यावसायिक प्रतिष्ठा अर्जित करते थे। कावसजी खटाऊ, मास्टर निसार, मास्टर फिदा हुसैन, कज्जन बाई, कन्हैयालाल पंवार, मुन्नीबाई, मानिकलाल डांगी जैसे नाम अविस्मरणीय रहेंगे।

छठे दशक के हिन्दी रंगमंच में उल्लेखनीय बदलाव आया जिसकी प्रतीति महानगरों से हुई। कलकत्ता के श्यामानन्द जालान, बम्बई के सत्यदेव दुबे, पहले बम्बई और बाद में दिल्ली के इब्राहिम अल्काज़ी तथा हबीब तनवीर ने हिन्दी रंगमंच में अभिनय की प्रौढ़ता प्रदान की। अतिअभिनय होने के कारण पारसी थिएटर का पूरा मंच-व्यवहार अपेक्षाकृत स्थूल तथा मुखर होता था, इसलिए कृत्रिम हो जाता था। इन लोगों ने अतिअभिनय के स्थान पर अभिनय को स्वाभाविक एवं विश्वसनीय बनाया। श्यामानन्द एक अनुभवी एवं सिद्धहस्त अभिनेता रहे हैं। उन्होंने 'आषाढ़ का एक दिन' में कालिदास, 'जनता का शत्रु' में डॉक्टर, 'शुतुरमुर्ग' में राजा तथा 'एवं इन्द्रजित' में लेखक की भूमिकाओं को जिस आत्मीयता और गहराई से मंचित किया, वह एक अविस्मरणीय अनुभव रहेगा। अल्काज़ी, एक संवेदनशील अभिनेता रहे हैं। 'वेटिंग फॉर गोडो' तथा 'तारतूफ' में उनकी अभिनय-क्षमता और पकड़ के प्रमाण मिल जाते हैं। सत्यदेव दुबे निरन्तर अभिनय करते रहे हैं जिसका लाभ उन्होंने संवाद-प्रस्तुति के क्षेत्र में उठाया है। हिन्दी रंगमंच की ऐतिहासिक आवश्यकताओं को पूरा करते हुए इन तीन अभिनय-प्रतिभाओं ने निर्देशन का दायित्व सँभाला और प्रस्तुतीकरण को सुरुचिपूर्ण एवं सार्थक बनाया। इन्होंने अभिनय-कला को नई और सही दिशा दी परन्तु निर्देशक होने के नाते, धीरे-धीरे अभिनय गौण तथा निर्देशन प्रमुख तथा निर्णायक बनने लगा। अभिनय की दृष्टि से इसके परवर्ती प्रभाव हानिकारक सिद्ध हुए।

अब तक सारे प्रयास शौकिया स्तर पर थे परन्तु राष्ट्रीय नाट्य विद्यालय की स्थापना से पूरे रंगकर्म को—सिद्धान्त तथा व्यवहार, दोनों स्तरों पर—वैज्ञानिक आधार दिया गया। हिन्दी और अहिन्दी प्रदेशों से प्रतिभाएँ यहाँ एकत्रित एवं प्रशिक्षित होने लगीं और इस तरह हमारे सामने एक से बढ़कर एक अभिनेता उभरकर आने लगे। इन्होंने हिन्दी रंगमंच में अभिनय के स्वरूप एवं व्यवहार को नई दृष्टि प्रदान की। अभिनय का तात्पर्य केवल वाणी के कौशल तक नहीं रहा, उसका सम्बन्ध अपनी सम्पूर्णता और समग्रता में पूरे शरीर, व्यक्तित्व तथा पूरे जीवन-प्रणाली से हो गया। अपने संवाद या अपनी भूमिका को मात्र प्रभावोत्पादक बना देना अभिनय नहीं है, नाट्यालेख की विशिष्ट व्याख्या, अन्य पात्रों के साथ अन्त:सम्बन्ध, परिस्थितियों के दबाव से उत्पन्न आचरण को ध्यान में रखकर अभिनेता अभिनय नहीं करता, यह पात्र का जीवन जीता है। इस दिशा का प्रवर्तन जालान-अल्काज़ी-दुबे जैसे मूलत: अभिनेता पर प्रतिष्ठित निर्देशकों ने कर दिया था, रा.ना.वि. में उसका एक सम्पूर्ण विधान निर्धारित किया गया। इन प्रशिक्षित एवं प्रतिभासम्पन्न अभिनेताओं ने नई चुनौतियों को स्वीकारा और इस कला को सूक्ष्मता, संश्लिष्टता और विश्वसनीयता प्रदान की। शास्त्रीय शब्दावली में कहा जाए तो वाचिक, आहार्य तथा आंगिक अभिनय को उपयुक्त महत्त्व देते हुए उसमें कलात्मकता और सृजनात्मकता उत्पन्न कर इन्होंने सात्त्विक अभिनय का विकास किया। ओम शिवपुरी एक ऐसा अनोखा और अद्वितीय कलाकार रहा है जिसने अपने प्राणवान अभिनय की मोहिनी-शक्ति से दिल्ली रंगजगत को मुग्ध किया। तुगलक तथा कंजूस के अतिरिक्त, आषाढ़ का एक दिन में विलोम तथा आधे-अधूरे में चार पुरुषों की भूमिकाओं को जिस शिद्दत, गहराई तथा मनोवेग के साथ साकार किया, वह हिन्दी रंगमंच में अभिनय-प्रणाली को नए आयाम देता है। वाक्पटुता के साथ-साथ उनके अभिनय में मानवीय ऊष्मा

के सृजनात्मक समन्वय ने जीवन्त नाटकीय अनुभव प्रदान किया है। हिन्दी थिएटर में उनका महत्त्व और ऊँचा स्थान सदा बना रहेगा। उनके बम्बई चले जाने के बाद अपनी प्रतिभा और योग्यता से जिस व्यक्ति ने अग्रणी स्थान और प्रतिष्ठा अर्जित की, वे हैं मनोहर सिंह। उनके अभिनय में विधिवता और नवीनता है। 'ओथैलो', 'लुकबैक इन ऐंगर', 'तुगलक', 'रसगंधर्व', 'सन्ध्याछाया', 'आधे अधूरे', 'छोटे सैयद, बड़े सैयद', 'महाभोज' में मनोहर सिंह सहज, विश्वसनीय तथा असरदार रहे हैं।

इसे रा.ना.वि. का उत्कर्ष काल ही कहना चाहिए क्योंकि सामान्य से हटकर जरा ऊँचे दर्जे की कई प्रतिभाएँ प्रकाश में आईं। संख्या और स्तर दोनों दृष्टियों से विकास एवं वृद्धि हुई। अभिनेत्रियों में सुधा शिवपुरी—आषाढ़ का एक दिन की मल्लिका, आधे-अधूरे की सावित्री; सुरेखा सीकरी—लुक बैक इन ऐंगर, आधे-अधूरे, सन्ध्याछाया; उतरा बावकर—तुगलक, सूर्य की अन्तिम किरण से पहली किरण तक; अनिल सिंह—सन्ध्याछाया, किंग लीअर; मोना चावला—लहरों के राजहंस; मीडिया; हिमानी भट्टी—बादाम बाड़ी; तथा मीना विलियम्स, नादिरा, ऊषा बैनर्जी, हेमा सहाय, नीना गुप्ता, दीपा साही आदि के नाम उल्लेखनीय हैं। पुरुषों में कई नाम उभरकर आए। दीपक केजरीवाल—अनौनीमस वैनीशियन, वसन्त जोसलकर—मुख्य मंत्री, अनंग देसाई—मुख्य मंत्री, राजेश विवेक—बेगम का तकिया,आठवाँ सर्ग, पंकज कपूर—वाएजेग, शेर अफगन, रुका हुआ फैसला, के.के. रैना—बेगम का तकिया, रुका हुआ फैसला, राजा बुन्देला—मुख्य मंत्री, रघुवीर यादव—सैंया भए कोतवाल, विजय कश्यप—चोपड़ा कमाल नौकर जमाल, महाभोज, आलोक—टीपू सुलतान, अनिल कपूर—जनता का शत्रु, एकाहुण फैसला, अभिताभ श्रीवास्तव—आगमन, प्रेम मटियानी—महाभोज, युवराज शर्मा—तुगलक, महाभोज, महेश वशिष्ट—बहू, कार्तिक अवस्थी—विद्या सुन्दर, वीरेन्द्र सक्सेना—व्यतिक्रम और विधान, जी.पी. नामदेव—ओथेलो, रवि शर्मा—एक घोड़ा छह सवार तथा हेमन्त मिश्र, वागीश कुमार, अखिलेश खन्ना प्रमोद माउथो, रवि झांकल, ज्ञान शिवपुरी, भारत भूषण सूरी, सुरेन्द्र शर्मा, विपिन शर्मा, सुरेश भारद्वाज आदि। कुछ कलाकारों ने मुख्यत: निर्देशन का क्षेत्र चुना परन्तु उनमें अभिनय की विशेष सम्भावनाएँ प्रमाणित हुई हैं—ब.व. कारन्त—खामोश : अदालत जारी है, बृजमोहन शाह—शह ये मात, प्रजा ही रहने दो, रामगोपाल बजाज—मैं ही हूँ काल पुरुष, एम.के. रैना—आगमन, मैं ही हूँ काल-पुरुष, राजेन्द्र गुप्त—सूर्य की अन्तिम किरण से पहली किरण तक, रंजीत कपूर—सन्ध्याछाया। इन्होंने अभिनय कला में ताजगी और नवीनता लाई। इन सबने उपर्युक्त परिपाटी में उत्कर्ष लाते हुए अभिनय-प्रक्रिया को नई ऊर्जा दी। ये लोग अपनी भूमिका को लेकर पर्याप्त अध्ययन एवं मनन करते हैं। आलेख के अतिरिक्त पात्र के व्यवसाय, वर्ग, वर्ण और परिवेश को जानते-समझते हुए चरित्र को नई भंगिमा देने का प्रयास करते हैं। इनकी सारी कोशिश शब्द में छिपे जीवन और व्यापार को तलाशने की रहती है। इनका ध्यान उच्चारण की अपेक्षा संवाद के आरोह-अवरोह, विराम, गति-नियोजन की ओर अधिक गया है। इस सन्दर्भ में रंजीत कपूर द्वारा निर्देशित 'रुका हुआ फैसला' के प्रस्तुतीकरण का उल्लेख आवश्यक है क्योंकि इसमें पहली बार दिल्ली के निम्न बारह प्रतिष्ठित अभिनेता एक

साथ मंच पर उतरे—रा.गो. बजाज, विनोद नागपाल, अज़ीज़ कुरैशी, एम.के. रैना, एस.एम. ज़हीर, शैलेन्द्र गोयल, पंकज कपूर, के.के. रैना, हेमन्त मिश्र, अनिल कपूर, सुभाष उद्‌गाता, अमिताभ श्रीवास्तव। अभिनय-कला की दृष्टि से यह प्रस्तुतीकरण पर्याप्त चुनौतीपूर्ण रहा और दर्शक को इन अभिनेताओं की सीमाओं और सम्भावनाओं से साक्षात्कार करने का अच्छा अवसर देता है। इसलिए कुछ पर्यवेक्षकों के मत में सच्चाई है कि यह प्रस्तुतीकरण निर्देशक का इतना नहीं है जितना अभिनेताओं का मानक प्रदर्शन। इन रंग-प्रतिभाओं ने अपनी चारित्रिक पहचान बनाए रखने के लिए साधना और संवेदना का पूरा परिचय दिया। इनके जीवन्त और सशक्त अभिनय की मोहिनी-शक्ति ने दर्शक को अनोखा तथा भरपूर आस्वाद दिया। इसीलिए यह प्रस्तुतीकरण विशेष महत्ता रखता है। इनमें चरित्र-सृष्टि और प्रभाव सृष्टि उत्पन्न करने में पंकज कपूर, के.के. रैना तथा अनिल कपूर ने अपनी जितनी क्षमता का प्रमाण दिया, उतना अन्य अभिनेताओं ने नहीं।

रा.ना.वि. के बाहर ऐसी कई महत्त्वपूर्ण अभिनय-प्रतिभाएँ मिलती हैं जिन्होंने हिन्दी रंगमंच को समृद्ध किया। अपने अनुभव और समझ से इन्होंने अभिनय को रोचक एवं सार्थक बनाया। केवल अपने नाम से अर्जित ख्याति के आधार पर इन्होंने दिल्ली के दर्शकों का आकर्षण एवं आदर पाया। रमेश मेहता—अंडर सेक्रेटरी, कुलभूषण खरबन्दा—गिनीपिग, श्याम अरोड़ा—पगला घोड़ा, सुषमा सेठ—सखाराम बाइंडर, सुधा चोपड़ा—सखाराम बाइंडर, बी.एम. वडोला—अली बाबा, बनवारी तनेजा—युद्धमन शेर अफगन, रवि वासवानी—वल्लभपुर की रूपकथा, एस.एम. ज़हीर—जात ही पूछो साधु की, सुभाष गुप्त—जात ही पूछो साधु की, गुलशन कुमार—उध्वस्त धर्मशाला, इरपिन्दरपुरी—खामोश : अदालत जारी है, वीणा मेहता—कमला, निरुपमा वर्मा—संस्कार को नमस्कार। इस क्षेत्र में कुछ और नाम भी उल्लेखनीय हैं—विनोद नागपाल, प्राण तलवार, वेदप्रकाश, वीणा गौड़, उषा सुहेल, सुचित्रा गुप्ता, सिन्धु नागिया, अरुण सहगल, विनोद वर्मा, उमेश श्रीवास्तव, राकेश बक्षी, मनोज पाहवा, एस.एन. शर्मा, राजेश खट्टर, सुभाष सहगल, गिरीश बख्शी, वीणा सिद्ध, राकेश दुबे, उमेश माला। अधिकांश कलाकारों में निरन्तरता और निर्वाह नहीं मिलता।

श्रीराम सेंटर ने पिछले कुछ वर्षों से अपने रंगमंडल का गठन किया है। उसमें कुछ कलाकार उभरकर आए हैं—प्रतिभा काजमी—एक सपने की मौत, सीमा भार्गव—आषाढ़ का एक दिन, मनोज शर्मा—आषाढ़ का एक दिन, ललित बहल—एक सपने की मौत, ललित मोहन तिवारी—पंछी, संजीव सहाय—जो राम रचि राखा तथा ज्ञानेश मिश्र। सुपरिचित रंगकर्मी पंचानन पाठक सेंटर में अभिनय-कला का अध्यापन तथा प्रशिक्षण करवा रहे हैं।

दिल्ली रंगमंच पर ऐसे कलाकार उभरते रहे हैं जिन्होंने अपने अभिनय की मनोहारी क्षमता से दर्शकों को मंत्रमुग्ध किया। ब्रिटेन में 'भारत महोत्सव' के लिए विशेष आमंत्रण पर इब्राहिम अल्काज़ी द्वारा निर्देशित 'तुगलक' के नए प्रस्तुतीकरण में मनोहर सिंह ने अपनी ऐसी आकर्षण-शक्ति का आस्वाद दिया। तुगलक के जटिल चरित्र को इस बार मनोहर सिंह ने जिस संवेग तथा मनस्ताप से मंचित किया, वह उनकी पहली प्रस्तुतियों से बेहतर और असरदार तो था ही, वस्तुत: हिन्दी रंगमंच में, उसने अभिनय की नई स्तरीयता, प्रतिष्ठा भी प्रदान की। सामान्य रूप से अभिनय प्रणाली में स्वाभाविकता का आश्रय लिया गया

परन्तु तनावपूर्ण नाट्य स्थितियों में इस व्यक्ति में ज्वार-भाटा-सा उठता है। और वह आवेश और उत्तेजनापूर्ण स्वरों में नजीब को आदेश देता है—दिल्ली वी...रा...न...हो जा...ए...। तुगलक को जब पता लगता है कि सौतेली माँ ने नजीब की हत्या की है तो मनोहर सिंह एक खास अन्दाज में सिर को झटका देते हुए अपने आक्रोश एवं क्षोभ को वहशी मुद्रा में मुखरित करता है—गलत...गलत! भावावेश और भावोत्तेजना का पूरा सहारा लेते हुए भी मनोहर सिंह ने अपनी शैली को पारसी शैली नहीं होने दिया। उनके अंग संचालन तथा मंच-व्यवहार में अनोखा संयम है। इससे वे तुगलक के व्यक्तित्व की अन्तर्निहित परतों को खोलने और संवेदनशीलता से प्रस्तुत करने में सफल रहे हैं। तुगलक के चरित्र में विविधता है, मनोहर सिंह के प्रदर्शन-व्यवहार तथा संवाद-लय में अन्तर मिलेगा। प्रारम्भ में तुगलक स्वप्नदर्शी है, मनोहर में कल्पना की उड़ान है, कहीं चिन्तन की गहराई है। षड्यंत्रों ने उत्तरोत्तर उसे क्रूर बनाया, वहाँ तल्खी, जलन एवं पीड़ा की चुभन है। बरनी के साथ आदान-प्रदान का धरातल होने के कारण संवाद-प्रस्तुति में दूसरा लहजा है। नजीब के साथ तो सियासत का सुर है, इसलिए व्यंजन और संकेत की शैली है। सौतेली माँ उसे अपने साथ बाँधना चाहती है, पर वह निर्लिप्त न होते हुए भी सतर्क है। प्रार्थना करते हुए उसमें ग्लानि और निराशा की मन:स्थिति है। व्यक्तित्व की इन संश्लिष्ट परतों को साकार करने के लिए मनोहर सिंह स्वर और व्यवहार में अपेक्षित परिवर्तन लाते रहे हैं। अल्काज़ी ने तुगलक की त्रासद परिणति को कई दृश्यबिम्बों से मर्मस्पर्शी बनाया है। अवाम के लिए पंखों के बल उड़ने वाला तुगलक अज़ीज़ से टकराने पर वह अन्त में, जमीन पर ऐसा लुढ़कता है कि फिर उठ नहीं पाता। एक जमाना था जब आदर्शों में खोये रहने के कारण उसे देर रात तक नींद नहीं आती थी, असलियत का सामना होने पर नींद इतनी हावी हो गई कि वह जमीन पर ही सो गया। टूटे-हारे निढाल पड़े मनोहर सिंह ने इस त्रासदी को जीवन्त एवं प्रभावोत्पादक बनाया। अल्काज़ी ने इस नाटक को पहली बार रवीन्द्र भवन के मेघदूत थिएटर में तथा दूसरी बार पुराने किले में प्रस्तुत किया। दोनों बार मुक्ताकाशी मंच था जिससे वह विराट परिदृश्य मिला जो ऐतिहासिक नाटक के लिए अपेक्षित होता है। इस बार इसे कमानी जैसे बन्द हॉल में प्रस्तुत किया गया जहाँ शब्द अधिक साकार एवं मुखर लगा। असल में जिस ऊर्जा और ऊष्मा के साथ मनोहर सिंह ने इस चरित्र को इस बार मंच पर रूपांकित किया है वह दिल्ली के दर्शक के लिए अविस्मरणीय अनुभव रहेगा। इसमें कोई सन्देह नहीं कि तुगलक और मनोहर पर्याय हो चुके हैं। (उन्होंने चार बार यही भूमिका की, तीन बार अल्काज़ी के साथ और एक बार प्रसन्ना के साथ)। जो समय के साथ परिपक्व एवं प्रौढ़ हो रहे हैं। इस पृष्ठभूमि में संगीत नाटक अकादमी द्वारा श्रेष्ठ अभिनय के लिए मनोहर सिंह को सम्मानित पुरस्कृत करना कितना सही और सार्थक लगता है।

दिल्ली के एक और महत्त्वपूर्ण अभिनेता हैं पंकज कपूर जिन्होंने इस कला को नया आयाम दिया। लुधियाना के प्री-इंजीनियरिंग के छात्र में प्रारम्भ से ही वक्ता और अभिनेता के गुण विद्यमान थे। थिएटर के प्रति उनकी निष्ठा तथा प्रतिबद्धता असाधारण ही नहीं, अनोखी है। रा.ना.वि. और अल्काज़ी से उन्हें एक ऐसी रंगदृष्टि मिली जिसने उनकी सारी जीवन प्रणाली को बदल दिया। उनके लिए थिएटर मात्र रंगकर्म नहीं है, वह सम्पूर्ण जीवन-

कर्म तथा जीवन-पद्धति का अंश है। उनका विश्वास है कि जिस व्यक्ति में इनसानियत नहीं है, वह इनसान का अच्छा अभिनय कैसे कर सकता है ? जो लोग मन से बीमार हैं, वे स्वस्थ अभिनय कैसे कर सकते हैं ? असल में पंकज संवेदना तथा साधना के प्रतीक हैं।

पंकज दूसरी तरह के कलाकार हैं। वे पात्र के व्यक्तित्व के साथ मानसिक तौर पर बहुत गहराई से जुड़ते हैं। वे चरित्र को इतनी तन्मयता से आत्मसात् करते हैं कि विलय का बोध होने लगता है। 'शेर अफ़गन' में पागल दिखाई देते हुए भी पागल न होने की जटिल भूमिका को उन्होंने आवेगात्मक प्रवाह के साथ दिखाया। इसके लिए वे समाजशास्त्र, मनोविज्ञान, दर्शन आदि की पृष्ठभूमि में रचना और भूमिका का विश्लेषण करते हैं, आलेख से जुड़े व्यक्ति, उसके आचरण, स्वभाव, व्यवसाय, जीवन पद्धति के परिप्रेक्ष्य में चरित्र का साक्षात्कार करते हैं। ऐसी मन:स्थिति में पात्र को जीना बहुत असम्भव नहीं लगता। वाएज़ैग में एक पीड़ित एवं शोषित व्यक्ति की वेदना, ग्लानि और त्रासदी को मार्मिक ढंग से रूपायित किया गया है। पहली पहचान में ही उन्होंने अपनी असाधारण क्षमता और सम्भावना के ऐसे प्रमाण दिए, जो उत्तरोत्तर बेहतर और सही सिद्ध हुए हैं।

साधारण कद-काठी के पंकज कपूर अभिनय की शक्ति और ऊर्जा से इतने ऊँचे उठ जाते हैं कि दर्शक उनकी सृजन-प्रतिभा पर मुग्ध हो जाता है। 'रुका हुआ फैसला' में संयम है, नियंत्रण है ताकि अन्तर्विरोधों और तनावों को साकार किया जा सके। पंकज आलेख के आधार पर पहले चरित्र की अवधारणा बनाते हैं, उसके जीवन, समाज तथा दर्शन को समझते हैं, फिर उसकी संवाद-प्रस्तुति, शब्दों के क्रम, विन्यास, विराम को देखते हुए उपयुक्त लय-विधान निर्धारित करते हैं। 'चोपड़ा कमाल नौकर जमाल' इसका प्रमाण है।

पंकज में निपुणता नहीं, आत्मीयता और सहजता है। अभिनय करते हुए वे बहुत स्वाभाविक एवं विश्वसनीय लगते हैं। पंकज में दोनों विशेषताएँ हैं—वाक्-शक्ति पर अधिकार तथा चरित्र के अनुरूप रंग-व्यवहार! दोनों में अन्विति है। पंकज में खुलापन व ताजगी है। मौलिकता और प्रतिभा के कारण उन्होंने अभिनय को श्रेष्ठता प्रदान की है। वे सफल, लोकप्रिय तो हैं, उनमें महान अभिनेता की पूरी सम्भावनाएँ हैं।

इस प्रकार हिन्दी के नागर-अभिनय के तीन चरण देखे जा सकते हैं। पहले में पारसी थिएटर की विशेष शैली आती है जहाँ अभिनेता अपनी वकृता और वक्तृता के बल पर दर्शक का मन मोह लेता था। उसके सीमित अंग-संचालन में उठक-पठक अधिक होती थी परन्तु उसकी अभिनय-कला का आधार था उसकी लोच भरी जानदार आवाज। पारसी थिएटर ने महान कलाकार दिए। इस शैली का संस्कार और प्रभाव चौथे दशक तक रंगमंच पर छाया रहा। इस थिएटर ने अभिनय को उसकी जमीन पर खड़ा किया अर्थात् वाचनकला को आधार बनाया। आरोपण और अलंकरण पर बल देने के कारण आज वह शैली चाहे हमें पसन्द न आए परन्तु भावाभिनय द्वारा इन कलाकारों ने अपनी प्रतिभा को प्रमाणित किया। दूसरे चरण का उदय छठे दशक, मुख्यत: रा.ना.वि. के प्रशिक्षण एवं प्रयोगों का परिणाम है। अब स्वाभाविकता और विश्वसनीयता का आग्रह बढ़ा। किसी भी भूमिका की अपनी इयत्ता और अस्मिता की रक्षा होने लगी है। इसे चरित्राभिनय कहा जा सकता है। तीसरे चरण में, श्रेष्ठ कलाकार अपनी मौलिकता और सृजनात्मकता के चरित्र की पहचान के

साथ-साथ, उसे नई अर्थवत्ता देने की कोशिश करने लगे। उत्कर्ष के इस दौर में कलाकार उपर्युक्त दोनों शैलियों का लाभ उठाता हुआ चरित्र को नई भंगिमा देने में सफल रहता है।

आज जीवन जटिल होता जा रहा है और स्थितियाँ संश्लिष्ट, अनुभव सीधे-सपाट नहीं रहे। इससे अभिनय की अपेक्षाएँ बदल गई हैं। अब अभिनय शब्द तक न रहकर आत्म-साक्षात्कार की प्रक्रिया बन गया है। इसलिए यह कला उत्तरोत्तर सूक्ष्म एवं संवेदनापूर्ण हो रही है। कौशल के स्तर पर निर्वाह करने वाले कई अच्छे कलाकार मिल जाते हैं परन्तु इस कला के मर्म तक पहुँचने वाले श्रेष्ठ कलाकार गिने-चुने ही हैं।

इस सन्दर्भ में हिन्दी रंगमंच में उल्लेखनीय परिवर्तन आ रहा है। प्रस्तुतीकरण की सफलता और श्रेष्ठता का सारा श्रेय लेने की निर्देशक की मनोवृत्ति अब नहीं चल सकती। रंगमंच मुख्यत: अभिनेता का माध्यम है, इसलिए उसको महत्ता मिलनी चाहिए। मनोहर सिंह, राजेश विवेक, पंकज कपूर, के.के. रैना जैसे उदाहरण बढ़ते जा रहे हैं जिन्होंने केवल अपनी अभिनय-प्रतिभा के आधार पर प्रतिष्ठा अर्जित की। धीरे-धीरे हिन्दी रंगमंच महानगरों से हटकर हिन्दी प्रदेश के विभिन्न नगरों से जुड़-बढ़ रहा है। अपना परिवेश मिलने से उसके स्वरूप और आस्वाद में अन्तर आ रहा है। परम्पराशील रंगशैलियों, स्थानीय बोलियों और हिन्दी के प्रयोग के प्रति नई सजगता आई है। इनके परिणामस्वरूप भाषा की वाचन-शक्ति और अभिनय को आवश्यक स्थान और सम्मान मिलेगा। निर्देशक की अग्रणी स्थिति के कारण कुछ रा.ना.वि. के प्रशिक्षण की सीमा के कारण भाषा के उच्चारण और वाणी पर यथेष्ट सतर्कता नहीं बरती गई। असह्य को असैह, क्षमा को शमा, जैसी अनगिनत भूलों पर ध्यान न देकर हम सचमुच भाषा की वाचन-शक्ति के साथ अनाचार कर रहे हैं। अनुभवी एवं प्रतिष्ठित अभिनेता तक अपनी इस कमी के बारे में सावधान नहीं हैं। सच तो यह है कि आज भी हिन्दी रंगमंच पर सही और साफ बोलने वाले अभिनेता कम हैं। इस लिहाज से पारसी थिएटर एवं पृथ्वी थिएटर्स का हमेशा स्थान एवं महत्त्व बना रहेगा। चरित्र के नए पहलुओं को नए कोण से उजागर करने के लिए मुद्रा और गति के संयोजन और मंच-व्यवहार की निश्चय ही आवश्यकता है परन्तु अभिनेता का भाषा के संस्कार और व्यवहार पर पूरा अधिकार होना चाहिए। समय आ गया है निर्देशक इन सवालों को लेकर सतर्क एवं सचेष्ट हों। श्रेष्ठ अभिनय में दर्शक को प्रभावित करने की अद्‌भुत क्षमता होती है और वह आ सकती है अभिनेता की वाक्-शक्ति और मंच-कर्म के सर्जनात्मक समन्वय से। वह अनुकरण नहीं सृजन करता है। अभिनय-कर्म को इसी गम्भीरता से लेना चाहिए।

(आजकल, 1984)

5

रंगकर्म का व्यावसायिक उत्कर्ष कला-निपुणता या सामाजिक सरोकार

रंगमंच के बहुव्यापी प्रसार और विस्तार के कारण हिन्दी प्रदेश एक ऐतिहासिक करवट ले रहा है। रंगकर्म का सर्जनात्मक आस्वाद इतना प्रेरक और प्रासंगिक लग रहा है कि उसे यहाँ अब जीवन और समाज में प्रतिष्ठा की दृष्टि से देखा जाने लगा है। कुछ वर्ष पूर्व इन नगरों का वातावरण संकीर्ण और दमघोंटू रहा कि पुरुषों को विवश होकर स्त्री-पात्रों की भूमिका करनी पड़ती थी। सांस्कृतिक और कलात्मक जागरण की इस लहर से हिन्दी प्रदेश की थिएटर में शिरकत बढ़ती जा रही है। मनोरंजन का मुख्य और जीवन्त स्रोत तो यह है ही, वह इस माध्यम के द्वारा जीवन-बोध का परिसंस्कार तथा सामाजिक आकांक्षाओं की अभिव्यक्ति पाना चाहता है। यूँ हिन्दी प्रदेश में थिएटर की परम्परा निरन्तर बनी रही है, हिन्दी नाट्य समिति, हिन्दी नाट्य परिषद, नागरी नाटक मंडली, भारतेन्दु नाटक मंडली जैसी रंग संस्थाओं ने सार्थक नाटकों के मंचन से इस परम्परा को आकार प्रदान किया। इन रेखाओं को दृश्यमयता देने में भारतेन्दु हरिश्चन्द्र, माधव शुक्ल जैसे समर्पित रंगकर्मियों का महत्त्वपूर्ण योगदान रहा है पर यह उत्साह कुछ लोगों तक सीमित था, विशेष रूप से प्रस्तुति से जुड़े रंगप्रेमियों तक। इसे जीवन और समाज में खुले मन से अपनाया नहीं गया। आज यह लहर हिन्दी प्रदेश के विशाल भद्र समाज को आन्दोलित कर रही है। परिवर्तन की इस दूरव्यापी प्रक्रिया से हिन्दी रंगमंच विकास की अपनी दिशा और अपना चरित्र निर्धारित कर रहा है। यह एक ऐतिहासिक बदलाव है और उल्लेखनीय है।

इन नगरों में, स्वाभाविक है कि रंगकर्म का स्वरूप शौकिया या एमेच्योर हो। शौकिया थिएटर से तात्पर्य कलात्मक आग्रह या रंग-व्याकरण की चिन्ता न कर अपने नगर और अपनी मंडली की सीमाओं के अन्तर्गत सुरुचिपूर्ण आशु-प्रयोगों से प्रस्तुतीकरण का स्वरूप निर्धारित करना। यहाँ केन्द्र में है रंगकर्म के प्रति विलक्षण लगाव और रचनात्मक सुख की आकांक्षा। इसे मात्र प्रशिक्षणहीन कलाकारों की प्रस्तुति नहीं समझना चाहिए, इसे समर्पित कला प्रेमियों की साधना की उपलब्धि के रूप में देखना चाहिए जिसमें उनके अंचल के रीति-रिवाज, अनुष्ठान, बोलचाल साकार हुई हो। इस प्रकार शौकिया थिएटर में पारस्परिक उत्साह और उत्सव की ऐसी भावना क्रियाशील रहती है जिसके जरिये व्यक्ति और समाज के सम्बन्धों की सार्थक तलाश की जा सके। सामूहिक हिस्सेदारी, समर्पण

भावना, सहयोग, सुख, शौकिया थिएटर के वे प्राण-तत्त्व हैं जो इसके महत्त्व और स्थान को कभी कम नहीं होने देंगे।

हिन्दी रंगमंच का स्वातंत्र्योत्तर विकास हिन्दी प्रदेश में नहीं, मुख्य रूप से तीन महानगरों—कलकत्ता, दिल्ली और बम्बई में हुआ। आसपास बंगला और मराठी थिएटर की गतिविधियों की चर्चा होती रहती थी, उनसे अनुप्रेरित होने के कारण कलकत्ता-बम्बई में कुछ निर्देशकों ने पहल की। दिल्ली में यह उपक्रम अहिन्दी भाषी लोगों ने अपेक्षाकृत अधिक दिखाया। पर मूल कारण यह है कि तीनों महानगरों में रंगकर्म के लिए वातावरण अधिक खुला और अनुकूल था। बहुत जल्दी उसका स्वरूप और स्तर प्रौढ़, अन्तर्वस्तु की दृष्टि से गम्भीर तथा कला की दृष्टि से सुरुचिपूर्ण तथा उन्नत हो गया। महानगर की अपेक्षाओं के अनुरूप विकासशील इस रंगकर्म को किसी पूर्व-निर्धारित कोटि में नहीं रखा जा सकता। महानगर की ये रंग संस्थाएँ पेशेवर या व्यावसायिक नहीं हैं क्योंकि किसी रंगकर्मी ने इसे अपना व्यवसाय या आजीविका का साधन नहीं बनाया। शौकिया थिएटर की तरह कभी-कभार किसी समारोह पर नाटक खेलने वाले ये कलाकार भी नहीं हैं। ये नियमित थिएटर करते हुए पर्याप्त अनुभव-पुष्ट और परिपक्व हो चुके हैं। अनामिका (कलकत्ता), थिएटर यूनिट (बम्बई), इप्टा (बम्बई), दिल्ली आर्ट्स थिएटर (दिल्ली), दिशान्तर (दिल्ली), अभियान (दिल्ली), प्रयोग (दिल्ली), रुचिका (दिल्ली), छायानट (दिल्ली), अनुकृति (दिल्ली) अधिकांश मंडलियों के केन्द्र में एक ही धुरी-व्यक्ति रहा है जो उसका निर्देशक और नियामक बना। इस प्रकार ये मंडलियाँ अपने गठन में शौकिया, कथ्य और प्रस्तुति-परिकल्पना की दृष्टि से नवीन, मौलिक और प्रायोगिक, कलात्मक उत्कर्ष की दृष्टि से व्यावसायिक मानदंड पूरा करने वाली थीं। इनमें—शौकिया-प्रायोगिक-व्यावसायिक—तीनों के अनुकरणीय तत्त्वों का समन्वय मिलता है। इसलिए इस युग में कई ऐसे उल्लेखनीय प्रस्तुतीकरण हुए जिनका ऐतिहासिक महत्त्व स्वीकारा जा सकता है—श्यामानन्द जालान—नए हाथ, एवं इन्द्रजित। इब्राहिम अल्काज़ी—आषाढ़ का एक दिन, अन्धायुग। हबीब तनवीर—आगरा बाजार, चरणदास चोर। शान्ता गांधी—जसमा ओडन। सत्यदेव दुबे—अन्धायुग। ओमशिवपुरी—आधे अधूरे। राजिन्दर नाथ—गिनी पिग। कारन्त—हयवदन, अन्धेर नगरी। एम.एस. सथ्यू—बकरी। एम.के. रैना—मदर, जुलूस। रंजीत कपूर—बेगम का तकिया, मुख्यमंत्री। शीला भाटिया—हीर-रांझा, चन्न बदलां दां। एम.के.रैना—मदर जुलूस। हिन्दी-रंगजगत में छठे दशक के अन्त से लेकर नवें दशक के अन्त तक एक अद्भुत उत्साह और अपनी सार्थक पहचान का वातावरण बना हुआ था। इधर कलकत्ता, दिल्ली और बम्बई में सक्रिय और समर्पित रंगकर्मी अग्रसर हो रहे थे, उधर रा.ना.वि. के प्रशिक्षित छात्र अपनी नवीन क्षमता के प्रमाण दे रहे थे। जैसे दिल्ली में, दिशान्तर (रा.ना.वि. के छात्रों की संस्था) और अभियान (स्वतंत्र कलाकार) के बीच रचनात्मक होड़ के परिणामस्वरूप एक से एक स्तरीय प्रस्तुतियाँ सामने आईं।

इस अवधि की परिस्थितियों का ऐतिहासिक विश्लेषण किया जाए तो पता लगेगा कि देश नेहरू के स्वप्नों से मोहभंग और उसके आघात से गुजर रहा था। विघटनकारी शक्तियों और आर्थिक प्रश्नों—विषमताओं से टूट रही व्यवस्था के प्रति अभी आस्था और अपेक्षा

खंडित नहीं हुई थी। यह स्थिति कलाकार की संवेदना को आन्दोलित कर रही थी, इसलिए इस युग में सर्जनात्मक-कर्म में उमंग और तीव्रता रही। इसका देशव्यापी प्रभाव पड़ा। बंगला, कन्नड़, मराठी, हिन्दी की श्रेष्ठ नाट्य-कृतियों के प्रकाशन ने निर्देशकों के लिए नई चुनौतियाँ प्रस्तुत कीं। अपनी सर्जनात्मक प्रतिभा में साहस, नवीनता और मौलिकता का परिचय देते हुए इन निर्देशकों ने प्रस्तुति-अभिकल्पना के नए आदर्श प्रतिष्ठित किए। नए प्रतिमान निर्धारित करने का श्रेय रा.ना.वि. तथा अन्य रंगमंडलों के निम्न श्रेष्ठ प्रस्तुतीकरणों को है—जसमा ओडन (शान्ता गांधी), तुगलक (इब्राहिम अल्काज़ी), बेगम का तकिया, मुख्य मंत्री (रंजीत कपूर), सन्ध्याछाया (उत्तरा बावकर), चोपड़ा कमाल नौकर जमाल (फ्रिट्ज बैनेविट्ज), महाभोज (अमाल अल्लाना)। शीला भाटिया के दिल्ली आर्ट्स थिएटर रंगमंडल (1951) ने संगीत को केन्द्र में रख, मनोहारी प्रदर्शन-तत्त्वों का सहारा लेकर रंगकर्म के नए ताल-मधुर आस्वाद देने जैसे—हीर-रांझा में ख्याति अर्जित की। प्रखर और प्रबुद्ध हबीब तनवीर ने भारतीय जीवन की सही अभिव्यक्ति के लिए अपनी लोक रंगशैलियों का नया और कुशल प्रयोग किया। वे आगरा बाजार, चरणदास चोर में अपना रंग मुहावरा निश्चित करने में सफल रहे। श्रीराम सेंटर के निर्माण से राष्ट्रीय समारोह के आयोजन में भारतीय रंगमंच के संवर्धन के लिए नए अवसर प्रदान किए। रंगमंडल के गठन से दिल्ली रंगमंच की समृद्धि अवश्य हुई और नियमित थिएटर की सम्भावनाएँ पुष्ट हुईं।

सभी रंगमंडल आर्थिक अनुदान पर चल रहे हैं और इनमें से कोई व्यावसायिक दृष्टि से सफल सिद्ध नहीं हुआ। दिल्ली के लिटिल थिएटर ग्रुप के पास अपनी रंगशाला, रंगमंडल और सभी सुविधाएँ उपलब्ध हैं परन्तु उसका वर्षों पुराना इतिहास हताश करता है। रंगमंडलों का यह एक छोर है और दूसरा है मध्य प्रदेश रंगमंडल (1982) जिसने व्यावसायिक चुनौतियों का सामना किया और इस दिशा में नई अप्रत्याशित सम्भावनाओं को उजागर किया। नाटक के चुनाव, प्रस्तुति-परिकल्पना, प्रदर्शन-संख्या, अर्थात् सभी स्तरों पर साहित्य, कला और व्यवसाय में विवेक और सन्तुलन रखा। मध्य प्रदेश रंगमंडल ने जहाँ घासीराम कोतवाल जैसे गम्भीर नाटकों के सर्वाधिक प्रदर्शन किए वहीं 'स्कन्दगुप्त' जैसे 'साहित्यिक' नाटक के कुशल मंचन से हिन्दी रंगकर्म को नया गौरव प्रदान किया। असल में रंगमंडल ने इतने विविध प्रकार के नाटकों को प्रस्तुत किया कि उसकी व्यावसायिक दक्षता सिद्ध हो जाती है। यही नहीं वह पहला रंगमंडल है जो घूम-घूमकर विशाल दर्शक समुदाय तक पहुँच रहा है। मध्य प्रदेश रंगमंडल से यह विश्वास पैदा होता है कि रंगमंडल सामाजिक सार्थकता का रंगमंच प्रदान कर सकते हैं।

हिन्दी रंगमंच के उत्तरोत्तर उत्थान को देखते हुए थिएटर के व्यावसायिक होने की माँग प्रत्याशित ही नहीं, आवश्यक-सी लगती है। शौकिया थिएटर के सीमित साधनों से रंगकर्म का न विस्तार हो सकता था और न उत्कर्ष। कला-कर्म के प्रति बढ़ती रुचि और संस्कारों के कारण थिएटर का अधिकांश दर्शकों तक पहुँचना आवश्यक हो रहा था। महानगरों में जीवनचर्या का हिस्सा बन जाने के कारण थिएटर के व्यावसायिक स्तर पर उपलब्ध होना जरूरी था। वास्तव में व्यावसायिक थिएटर में ही रंगकर्म की ऐसी गम्भीर चुनौतियाँ आती हैं जो उसके सुधार और निखार के अवसर प्रदान करती हैं। विश्व रंगमंच के इतिहास से

पता लगता है कि रंगमंच पर उत्कृष्ट स्तर की और कालजयी प्रस्तुतीकरण व्यावसायिक थिएटर ने प्रदान किए।

रा.ना.वि. के प्रशिक्षित कलाकारों की संख्या निरन्तर बढ़ने लगी। उनके लिए रंगकर्म व्यवसाय भी है और आजीविका भी। ब्रोशर-विज्ञापन से कुछ-एक प्रस्तुतियाँ हो सकती हैं परन्तु रंगकर्म नहीं चल सकता। उपयुक्त पारिश्रमिक या मानदेय आवश्यक है। अब सातवें दशक की समर्पण भावना का युग नहीं रहा। विघटन और अवमूल्यन का दुष्प्रभाव व्यवस्था के प्रत्येक आधार स्तम्भ पर पड़ा। इनका असर जीवन-मूल्य और कला-आदर्शों पर भी पड़ा। बदली मानसिकता में व्यक्तिवादी दृष्टिकोण और कैरियर-सफलता के आग्रह बढ़ने लगे। व्यावसायिक उत्कृष्टता का मानदंड केवल ईमानदारी, अनुभव और प्रतिभा का श्रेष्ठ रूप न होकर जैसे-तैसे प्राप्त प्रतिष्ठा और आर्थिक उपलब्धियाँ रह गईं।

नवें दशक में, सृजन-प्रक्रिया में एक महीन बचाव की नीति अपनाई जाने लगी। व्यवस्था कितनी शक्तिशाली और निर्णायक होती है, यह मध्यम वर्ग का एक प्राणी जिसे रचनाकार कहते हैं, खूब जानता-समझता है। सुविधा और सुरक्षा की होड़ में शामिल यह रचनाकार साफ-सुथरी कृति में सन्तोष पाता है। वह उसे सवालों से बचाता है, समस्याओं के युक्तियुक्त विश्लेषण और वैचारिक परिप्रेक्ष्य से कतराता है। कला का प्रयोजन पक्षधरता नहीं है परन्तु सामाजिक न्याय के लिए तो पक्ष-विपक्ष का द्वन्द्व निर्धारित करना पड़ेगा। यही नाटकीय संघर्ष है। अगर कोई रचनाकार अन्याय और शोषण की कारक शक्तियों की पहचान नहीं करवाता और न उनका अनावरण करता है तो वह रचना-धर्म का पालन नहीं कर रहा। इब्सन, चेखव, शॉ और आर्थर मिलर किसी मतवाद के घेरे में नहीं बँधे थे पर उन्होंने सामाजिक न्याय के लिए शोषणकारी शक्तियों का अनावरण किया। यही नहीं, विचार-पक्ष का मात्र आभास देना या औदात्य के नाम पर सामाजिक यथार्थ पर पर्दा डालना भी बचाव की नीति के परिणाम हैं। क्रान्ति की बात नहीं, मार्क्सवादी चिन्तन की भी बात नहीं, सामाजिक परिवर्तन और जागरण की भी इसलिए अनदेखी होने लगी कि कहीं वामपन्थी चिन्तन न उभर आए। सुरेन्द्र वर्मा, मणि मधुकर, मृणाल पांडे, कुसुम कुमार जैसे कई ऐसे समर्थ लेखक हैं जो विचार-निरपेक्ष लेखन में विश्वास रखते हैं। इनकी तुलना में कोणार्क, पोस्टर, बकरी और हानूश इसलिए श्रेष्ठ और प्रभावी नाट्य-कृतियाँ हैं क्योंकि इनमें द्वन्द्व की स्थितियाँ स्पष्ट हैं और औदात्य के नाम पर प्रखर निष्कर्षों से मुँह नहीं मोड़ा गया। यह कोई विवाद का विषय नहीं है कि मार्क्सवादी चिन्तन चाहे कितना उपयुक्त और आवश्यक हो, मात्र उसी का समर्थन करना या उससे बच निकलना, दोनों अतिवाद हैं और गलत हैं।

यह इसी व्यावसायिक मानसिकता का परिणाम है कि कुछ रंगकर्मियों की दृष्टि में निर्देशन का तात्पर्य है प्रदर्शन-पद्धति या दृश्य-तत्त्वों का कुशलता से संयोजन। प्रसिद्ध मराठी नाटककार गोविन्द देशपांडे के नाटक 'उध्वस्थ धर्मशाला' में प्रोफेसर सुधीर कुलकर्णी को केन्द्र में रखकर मध्यम वर्ग के सिद्धान्त और व्यवहार के अन्तर्विरोध, पूरी व्यवस्था में व्याप्त वामपन्थी चिन्तन के प्रति पूर्वग्रह तथा इस देश में साम्यवादी आन्दोलन की विफलता का अध्ययन किया गया है। राजिन्दर नाथ के इस नाटक के साफ-सुथरे प्रस्तुतीकरण में रचना के विचार पक्ष से बचा गया और इसे प्रो. कुलकर्णी की निजी त्रासदी के रूप में चित्रित

किया गया है। इससे कथ्य तो कमजोर हुआ ही, नाटक का बुनियादी मकसद गायब हो गया। यही स्थिति महाश्वेता के उपन्यास '1084 की माँ' के रूपान्तरण की हुई। यहाँ भी राजिन्दरनाथ नक्सलवादियों के विचारों से बचते हुए अपने प्रस्तुतीकरण में माँ की पीड़ा-विवशता को दर्शाने में लगे रहे। राजिन्दरनाथ अपनी प्रस्तुतियों में हमेशा एक बेहतर अर्थ देने के स्तर का निर्वाह करने में सफल रहे हैं पर साफ जाहिर है कि वे सामाजिक जागरण और परिवर्तन के विचारों को अपेक्षित महत्त्व नहीं देते। एक जमाने में, लाहौर में इप्टा की सक्रिय और समर्पित रंगकर्मी शीला भाटिया ने पिछले कई दशकों से दिल्ली-रंगमंच को सुरुचिपूर्ण-कलापूर्ण प्रस्तुतियों से मुग्ध किया। उनके प्रस्तुतीकरण में कुछ सामाजिक प्रश्न उठाए गए हैं पर वे निमित्त मात्र हैं। उनकी गहरी दिलचस्पी मधुर संगीत, आकर्षक वेश-भूषा, रंगीन दृश्य-तत्त्वों में रही है। उनकी प्रस्तुतियों का कोमल-मोहक वातावरण यथार्थ नहीं, उसके भ्रम को प्रकट करता है। श्यामानन्द जालान और सत्यदेव दुबे ऐसे प्रतिभाशाली और अग्रणी निर्देशक हैं जिन्होंने स्वातंत्र्योत्तर हिन्दी रंगादोलन को अपने सार्थक और नए प्रयोगों से नई दिशा और शक्ति प्रदान की। उनके कई श्रेष्ठ प्रस्तुतीकरण हिन्दी रंगमंच के इतिहास की दृष्टि से विशिष्ट उल्लेखनीय हैं परन्तु दोनों निर्देशक विचार को केन्द्र में रखने से कतराते रहे हैं। इसलिए इन दोनों की प्रदर्शन शैली में रचनात्मक प्रखरता नहीं उभर पाई क्योंकि कलात्मक निपुणता होने के कारण रूपवाद का आग्रह आ गया है। इस सन्दर्भ में यह द्रष्टव्य है कि जो रंगसंस्थाएँ आठवें दशक तक विवेक और सन्तुलन का निर्वाह कर रही थीं, नवें दशक में बचाव की नीति का सहारा लेने लगीं। व्यावसायिकता पर अब व्यापारिक दबाव हावी होने लगे।

शम्भु मित्र पर ऐसे कौन से दबाव थे जो उन्होंने वर्षों पुरानी प्रदर्शन-प्रणाली और रंग-उपकरणों को छोड़कर एक नई कम खर्च पर सुरुचिपूर्ण रंगशैली की तलाश की? रंगशाला को छोड़कर वे थिएटर को पार्क-प्लेटफार्म सड़क चौराहे के बीच जनसमुदाय में ले गए? यह एक निश्चित सोच और प्रयोजन का परिणाम था। इप्टा के इस दौर में देशभर की कला-प्रतिभाएँ अभिव्यक्ति के नए मार्ग ढूँढ़ रही थीं। वैचारिक प्रतिबद्धता ने ही सम्प्रेषण की नई विधियाँ निकालीं और इस तरह अपने लक्ष्य में वे सफल रहे। कई वर्ष बाद बादल सरकार ने इस स्थापना पर बल दिया। अन्ततः व्यवस्था का मूल चरित्र जीवन और कला पर अपनी गहरी छाप छोड़ जाता है। उससे स्वतंत्र होना आसान नहीं, इसलिए व्यावसायिक थिएटर चाहे उन्नत और श्रेष्ठ हो जाए वह व्यापारिक वृत्ति से मुक्त नहीं हो सकता। जहाँ पैसा है, उसका एक ही रंग और एक ही प्रभाव है। उससे मुक्ति के लिए नए साधन और नई दृष्टि अपनानी होगी। जुलूस, भोमा, स्पार्टकस में उन्होंने मनोशारीरिक रंगमंच का सफल प्रयोग किया और सार्थक नाटकीय अनुभव प्रदान किया।

बंगला और मराठी थिएटर व्यावसायिक धरातल पर अधिक विकसित और सफल है। वहाँ के जीवन और समाज में थिएटर ने अपनी ऐसी जगह बना ली है कि वह निरन्तर जीवित और सम्पन्न रहेगा। मराठी में विजय तेन्दुलकर के किसी नाटक के 300 प्रदर्शन सामान्य घटना है। एक दिन में तीन अलग स्थानों पर नाटक को प्रस्तुत करना तथा समाचार-पत्रों में पूरे पृष्ठ पर नाटक के विज्ञापन निकलना, लम्बी कतारें और दिनचर्या में प्रस्तुतियों

की चर्चा मराठी समाज की परम्परा और व्यवहार को सिद्ध करते हैं। इस पृष्ठभूमि में विजय तेन्दुलकर की नाट्य-कृतियों का अध्ययन पर्याप्त दिलचस्प होगा जहाँ सामाजिक यथार्थ को तो उठाया गया है परन्तु सामाजिक न्याय से बचा गया है। अन्तत: तेन्दुलकर एक कुशल और सफल नाटक शिल्पी रह जाते हैं। बंगला में आधुनिक रंगमंच की लगभग 125 साल से ऊपर स्वस्थ और उत्तम परम्परा रही है। जहाँ 1865 में साम्राज्यवादी शक्तियों के शोषण और अनाचार का पर्दाफाश करने वाले दीनबन्धु मित्र लिखित 'नीलदर्पण' जैसे साहसिक आलेख प्रकाशित और प्रस्तुत हुए, जहाँ गिरीश, शिशिर भादुड़ी, शम्भु मित्रा जैसी समर्पित प्रतिभाओं का असाधारण योगदान रहा। वहाँ आज रंगकर्म में समृद्धि तो है पर प्रगति नहीं। 'नीलदर्पण' से 'वारवधु' की यात्रा का अध्ययन आवश्यक है ताकि बदले दृष्टिकोण को समझा जा सके। आज व्यावसायिक स्तर पर बंगला थिएटर इतना विकसित और अग्रणी है कि निर्देशक, अभिनेता, रंगशिल्पी अपनी प्रतिभा के कारण पर्याप्त प्रतिष्ठित है। यही वह स्थिति है जहाँ कलाकार कलाधर्म से हटकर बाजार धर्म से अनुशासित होने लगते हैं। मराठी में भी जहाँ काका साहिब खांडिलकर के कीचक-वध पर ब्रिटिश सरकार को प्रतिबन्ध लगाना पड़ा, वहाँ आज हिट एंड हॉट प्लेज का प्रचार हो रहा है। ऐसे तंत्र में निर्माता-निर्देशक लाभ-हानि से परिचालित होने लगते हैं पर कलाकार बिकने के लिए विवश है। ऐसे थिएटर का स्तर जितना भी उत्तम हो, वह सुविधा भोगी संस्कृति का प्रसार करता है।

किसी प्रकार का थिएटर हो, दर्शक और मनोरंजन को केन्द्र में रखना स्वाभाविक ही नहीं, जरूरी है। इस सवाल का आमना-सामना किए बिना आगे नहीं बढ़ा जा सकता है। व्यावसायिक थिएटर का एक लक्ष्य यह भी है कि वह अधिकाधिक जनसमुदाय का जनरंजन कर सके। आश्चर्य यह है कि व्यावसायिक थिएटर ही सबसे पहले जनसमुदाय के हित को भुला देता है। बात वह दर्शक और मनोरंजन की ही करता है परन्तु उसका दृष्टिकोण लाभ और लोभ से नियन्त्रित होता है। वह दर्शक को जीवन और समाज की वस्तुस्थिति से भुलावे में रखना चाहता है और मिथ्या जागरण का आभास देता है। वह बहुत कुशलता से यथार्थ और भ्रम को उलझाए रखता है। पिछले 40 वर्षों से अधिकांश व्यावसायिक फिल्में यही कार्य कर रही हैं। नाटक एक जीवन्त और प्रभावी माध्यम है, उसे उपभोक्तावादी मनोवृत्ति का अंश नहीं बनाया जा सकता। नाटकीय अनुभव से दर्शक अपने को और समाज को समझना चाहता है। वह अपने बोध और संस्कार को परिष्कृत करना चाहता है। निर्माता-निर्देशक का लक्ष्य उसे सुलाना नहीं, जगाना है (प्रेमचन्द के शब्द)। दुर्भाग्य से पूँजीवादी देशों में व्यावसायिक थिएटर व्यापारिक दबावों से मुक्त नहीं है। केवल मास्को में 25 रंगमंडल हैं जिनमें 2000 कलाकार तथा 5000 अन्य कर्मचारी कार्य करते हैं। प्रत्येक रंगमंडल के लगभग 20 नाटक तैयार रहते हैं। इस प्रकार मास्को में वर्ष में 500 नाटकों में से दर्शक अपनी पसन्द की प्रस्तुति देख सकते हैं। ब्राडवे में नजर बॉक्स-ऑफिस की उपलब्धियों तक रहती है लेकिन मास्को में सार्थक नाटकीय अनुभव प्रदान करने की कोशिश रहती है। अमेरिका में कला और संस्कृति व्यापार के नियमों से अवश्य चलती है परन्तु प्रचार और प्रतिष्ठा उसी नाटक को मिलती रही है जिसके कथ्य में सामाजिक चेतना के सबल स्वर हैं और प्रदर्शन के स्तर पर उनकी गूँज दबी न रहे।

व्यावसायिक जगत में असाधारण सफलता प्राप्त करने के बावजूद बबन खाँ के 'अदरक के पंजे' थिएटर के लिए सही मिसाल नहीं है। इस क्षेत्र में दिल्ली से बम्बई पहुँचे दिनेश ठाकुर का नाम अग्रणी है जो इस महानगर में पर्याप्त प्रचार और प्रतिष्ठा पा रहे हैं। साहित्य के विद्यार्थी होने के नाते वे नामी लेखकों के आलेख चुनते हैं, अधिकांश तो रूपान्तर है। उनकी प्रस्तुति-परिकल्पना में कला और सुरुचि का निर्वाह रहता है पर असल में वे बचाव की नीति का सहारा लेते रहे हैं। दिनेश ठाकुर बम्बइया मानसिकता की उपज हैं जहाँ व्यावसायिक और वणिक वृत्ति में अधिक अन्तर नहीं है। उनका यह मानना—'बॉम्बे इज द रीयल सीन ऑफ हिन्दी थिएटर'—उनके प्रयोजन को स्पष्ट कर देता है। उनमें व्यावसायिक निपुणता के गुण विद्यमान हैं पर क्या वे हिन्दी रंगमंच के आदर्श हो सकते हैं?

दुनिया भर में और भारतवर्ष में भी, सरकारी अनुदान पर ही रंगकर्म का विकास हो रहा है। इस सहयोग-प्रक्रिया से थिएटर का निश्चय ही संवर्धन हुआ है। संस्कृति के क्षेत्र में 'भारत-भवन' की स्थापना से सरकारी नीति में एक मूलभूत परिवर्तन आया है। सूझबूझ से नियोजित वर्ष भर की गतिविधियों में स्तर, मर्यादा और वस्तुपरकता का इतना पालन हुआ है उसे भारत की संस्कृति-राजधानी कहा जाने लगा। इस उपयोगी अनुभव से सम्पन्न सरकार इस क्षेत्र में अब जिस अनुपात में दखल देने लगी है, उससे स्थिति चिन्ताजनक हो गई है। केन्द्रीय संस्कृति-मंत्रालय, संगीत नाटक अकादमी, प्रादेशिक संगीत नाटक अकादमियों तक तो ठीक था, परन्तु देश के निम्न छह भागों में सम्भागीय केन्द्रों की स्थापना ने नई स्थिति उत्पन्न कर दी है—पटियाला, उदयपुर, इलाहाबाद, नागपुर, शान्तिनिकेतन, दीमापुर, तेंजबूर। प्रत्येक राज्य में कला और संस्कृति के निदेशालय स्थापित किए जा रहे हैं। सरकार प्रशासनिक स्तर पर पर्याप्त सतर्क हो गई है और इधर अनुदान राशि करोड़ों में बढ़ गई है। दिल्ली साहित्य कला परिषद् का उदाहरण ले जो नाट्य-लेखन और रंगमंच के प्रोत्साहन के लिए कई योजनाएँ चला रही है। सच बात तो यह है कि किसी भी योजना के लिए पैसे की कमी नहीं है, केवल नए सुझाव चाहिए। हिन्दी, पंजाबी और उर्दू अकादमियाँ भी इस क्षेत्र में संलग्न पैसा लगा रही हैं। 'अपना उत्सव' पर जिस तरह पैसा बहाया गया, वह सरकार के प्रयोजन को समझने में मदद करता है।

भारतीय रंग-मुहावरे की तलाश में संगीत नाटक अकादमी पिछले तीन वर्षों से एक योजना चला रही है जिसमें देश की युवा-प्रतिभाओं को परम्परागत शैलियों के नए सार्थक प्रयोग तथा जाने-पहचाने ग्रुप द्वारा उसके प्रस्तुतीकरण के लिए 12500 का अनुदान दिया जाता है। देश के चार सम्भागों में इसके समारोह आयोजित किए जाते हैं जिसमें छह निर्देशकों को आमन्त्रित किया जाता है। इन चौबीस प्रस्तुतीकरणों में से आठ को राष्ट्रीय समारोह के लिए चुना जाता है। इस योजना की परिधि में देश के कई रंगकर्मी हिस्सा लेते हैं। उपर्युक्त सरकारी संस्थाओं के तहत कोई-न-कोई उत्सव या समारोह या तो हो चुका होता है या होने वाला होता है। कोई भी निर्देशक या रंगसंस्था इन समारोहों से मिलने वाली अनुदान राशि, जो पाँच से दस हजार तक होती है, की उपेक्षा नहीं कर सकता। सरकार सीधे से तो कोई प्रतिबन्ध नहीं लगाती परन्तु निर्देशक इतना तो समझते हैं कि अनुदान प्राप्त करने के लिए कौन-सी सुरक्षित नीति अपनानी चाहिए। सरकारी अनुदान का फैलता यह तंत्र

किस प्रकार रंगकर्म को अनुशासित ही नहीं कर रहा, उसको व्यवस्था-पोषक और यथास्थितिवाद का समर्थक बना रहा है। यह कोई सुखद स्थिति नहीं। इसी परिप्रेक्ष्य में यह द्रष्टव्य है कि कुछ वर्ष पूर्व कनॉट प्लेस के केन्द्रीय पार्क में प्रत्येक शनिवार एक कला मेला लगा करता था जिसमें और चीजों के साथ नुक्कड़ नाटक भी होते थे। जल्दी ही यह मेला लोकप्रिय और प्रभावी हो गया। पुलिस को इसे बन्द करना पड़ा।

इधर फोर्ड फाउंडेशन भी भारतीय रंगमंच में अनुसन्धान के लिए विपुल राशि दे रहा है। उसकी अनुदान-प्रक्रिया में देश की श्रेष्ठ प्रतिभाएँ सम्मिलित हैं—सर्वश्री नेमिचन्द्र जैन, शान्ता गांधी, सुरेश अवस्थी, विजय तेन्दुलकर, ब.व. कारन्त की एक उच्च स्तरीय समिति बनाई गई। जाँच-पड़ताल के बाद इस समिति ने निम्न कलाकारों को अपने प्रदेश के रंग-स्रोत और परम्परा पर कार्य करने के लिए आर्थिक सहायता की स्वीकृति दी—डॉ. चन्द्रशेखर कम्बार—कर्नाटक, कावालम नारायण पणिक्कर तथा के.सी. मानवेन्द्र नाथ—केरल, एन. मुत्थुस्वामी—तमिलनाडु, साँवली मित्र—बंगाल, कन्हाई लाल तथा अरम्बम लोकेन्द्र—मणिपुर, हबीब तनवीर तथा बंसी कौल—मध्य प्रदेश, रोबिन दास—उड़िसा। प्रत्येक की कार्यप्रणाली चाहे थोड़ी भिन्न हो परन्तु सभी का मुख्य प्रयोजन अभिनेता को केन्द्र में रखकर भारतीय रंगमंच को अभिव्यंजना की नई शैली और नई दिशा देना है। अनुदान-राशि डेढ़ लाख से दो लाख रुपए तक है। इनमें से कुछ एक को अपना कार्य अगले वर्ष तक जारी रखने के लिए और धनराशि दी गई है। इसमें कोई सन्देह नहीं कि उपर्युक्त कलाकार-निर्देशक योग्य और सक्षम हैं परन्तु भारतीय परिस्थितियों को ध्यान में रखते हुए इतनी अधिक आर्थिक सहायता प्रदान करना उपयुक्त नहीं कहा जा सकता। सैद्धान्तिक रूप से सही दिखाई देने वाली योजना के दूरव्यापी परिणाम कई सवाल उठा सकते हैं। रंगकर्म के मौलिक प्रयोग के लिए जो स्वयं इतने समर्थ और अग्रणी सर्जक हैं, उन्हें किस दिशा में व्यस्त रखा जा रहा है?

इस विश्लेषण से यह निष्कर्ष निकालना उचित न होगा कि सभी अनुदान बन्द कर दिए जाएँ। यहाँ केवल उनके खतरों को बताया गया है। अनुदान देते समय सरकार या संस्थान व्यवस्था-विरोधी चर्चा तो स्वीकार कर सकता है परन्तु अन्याय और शोषण की शक्तियों की शिनाख्त और उनके प्रति विद्रोह का भाव जगाने को कभी मंजूर नहीं करेगा। अनुदान-प्रलोभन निर्माता-निर्देशक को मध्यम मार्ग अपनाने के लिए विवश करते हैं ताकि उत्सवों-समारोहों में अवसर मिलते रहें। इससे थिएटर की व्यावसायिक अभिवृद्धि तो होती है परन्तु वह सामाजिक यथार्थ की धार कुन्द होने लगती है।

ऐसे वातावरण में जहाँ व्यावसायिकता ही लक्ष्य रह गया हो, वहाँ इसकी स्वाभाविक और अपेक्षित प्रतिक्रिया होगी नुक्कड़ नाटक। उपेक्षित और प्रताड़ित बहुसंख्य समाज तक पहुँचने का न कोई अन्य उपाय है और न साधन। नुक्कड़ नाटक के आलेख और बुनावट को लेकर विद्वानों में चाहे मतभेद हों परन्तु अपने प्रयोजन में वह सफल और प्रभावी है। भारतीय रंगमंच में 'लोक' को विशेष प्रमुखता दी गई है जिसे आज की भाषा में आम आदमी कह सकते हैं। लोकधर्मी और पारम्परिक शैलियों के केन्द्र में लोक ही तो है जिससे सीधे साक्षात्कार के लिए स्वतंत्र का और लचीला विधा है। यहाँ दर्शक का सहृदय और कला-संस्कारी होना आवश्यक नहीं है। नुक्कड़ नाटक का आधार और स्वरूप शहरी होने के

कारण भिन्न दिखाई देता है परन्तु तत्त्वतः वह लोकधर्मी है। बिना तामझाम, रंग उपकरणों और तैयारी के नुक्कड़ नाटक अपने कथ्य और प्रस्तुति में सीधा-साफ असर डालता है। जनमानस को बाँधने और भागीदार बनाने में उसे इसलिए देर नहीं लगती क्योंकि वह इन्हीं की जिन्दगी, उससे उभरते सवालों से सामना करने के लिए उन्हें प्रबुद्ध और समर्थ करता है। जहाँ व्यवस्था के प्रमुख प्रचार-माध्यम और व्यावसायिक थिएटर आम आदमी को सामाजिक यथार्थ और सामाजिक न्याय के बारे में भरमाते रहते हैं, वहाँ नाट्य-स्थितियों के सपाट और संवादों के बयानबाजी होने से कलाप्रेमी चाहे निराश हो, पर दर्शक को समझ और दृष्टि अवश्य मिलती है। बादल सरकार के जुलूस की व्यापक लोकप्रियता को देखकर उसकी सम्प्रेषणशक्ति की सम्भावनाओं का अनुमान लगाया जा सकता है। आज नुक्कड़ नाटक अपनी स्वतंत्र और महत्त्वपूर्ण जगह बना चुका है। संगीत नाटक अकादमी द्वारा भोपाल में आयोजित नुक्कड़ नाटक समारोह एक विशिष्ट उपलब्धि है। सारे हिन्दी प्रदेश में उसका विस्तार और प्रचार हो चुका है। कई प्रभावी आलेख प्रकाशित हो चुके हैं। असल में नुक्कड़ नाटक आम आदमी के पास जाकर एक मित्र की तरह उसे सँभलने और बदलने की जिस तरह सलाह देता है, वह बहुत कारगर सिद्ध हुई है।

क्या अधिकाधिक दर्शकों तक पहुँचने के लिए व्यावसायिक थिएटर का आश्रय लेना पड़ेगा या नुक्कड़ नाटक का? एक में रूप पर बल हो जाता है तथा दूसरे में वस्तु पर। क्या रंगमंच का ऐसा समग्र विकास नहीं हो पाएगा जिसकी परिधि में जन-समुदाय आए? इस समय दोनों की सीमाएँ स्पष्ट हैं। वस्तु-पक्ष और प्रस्तुति पक्ष में सन्तुलन रखते हुए जनमानस तक पहुँचना आवश्यक है। जाति और वर्ग की सीमाओं से हटकर विशाल जनसमूह को कब तक उपेक्षाजनक प्रतीक्षा करनी होगी?

स्वतंत्रता के बाद रंगांदोलन के इतने प्रसार के बावजूद हिन्दी रंगमंच (वस्तुतः भारतीय रंगमंच) के इस चरित्र में कोई अन्तर नहीं आया कि वह केवल भद्र समाज के संस्कारों-व्यवहारों की अभिव्यक्ति कर रहा है। नगर हो या महानगर थिएटर का आधुनिक रूप बहुत कम तबके को छूता है। जो जीवन में असहाय और निरुपाय है वह इस (या अन्य) कला-माध्यम के सृजनात्मक-सुख से वंचित रहा है और रहेगा भी! आश्चर्य है कि इस दिशा में न विशेष सोचा-विचारा गया है और न कोई योजना बनाई गई। सरकार की सारी योजनाएँ मूलतः भद्र समाज का पोषण करती है। थिएटर एक ऐसी प्रदर्शन-कला है जिसमें परिवर्तन और परिसंस्कार की विलक्षण शक्ति है। ऐसे माध्यम को व्यक्तिवादी 'रूपवादी' घेरे तक छोड़ देना अन्याय होगा। उसे भद्र समाज से निकलकर जनसमुदाय तक पहुँचाना है। यह एक ऐतिहासिक आवश्यकता है। इस लक्ष्य की प्राप्ति के लिए नाटककार-निर्देशक-विचारक बादल सरकार ने गम्भीरता से कार्य किया है। उन्होंने पैसे से जुड़े सभी साधनों—प्रेक्षागृह, दृश्यबन्ध, प्रकाश व्यवस्था, वेशभूषा और टिकट के बन्धनों का बहिष्कार कर मनोशारीरिक शैली का आश्रय लिया ताकि नाट्य-स्थिति के अनुरूप परिवेश को दिखाया जा सके। भोमा उनका एक ऐसा आदर्श प्रस्तुतीकरण है। कलकत्ता में उनकी संस्था 'शताब्दी' इस तरह का थिएटर कर रही है। बादल सरकार की रंगदृष्टि प्रेरक और प्रासंगिक है पर बड़े आश्चर्य की बात है कि उन्हें अपेक्षित सफलता और मान्यता नहीं मिली।

स्थितियाँ अब बहुत साफ होती जा रही हैं। महानगरों में व्यावसायिकता का उत्तरोत्तर दबाव बढ़ रहा है। उसने सर्वोत्तम प्रस्तुतियाँ भी दी हैं परन्तु उसका गतिचक्र लाभ की वृत्ति से मुक्त नहीं। रूपान्तरों की सफलता और लोकप्रियता इसके प्रमाण हैं। प्रस्तुतीकरण का स्तर अब अवश्य उन्नत हो चुका है परन्तु इसकी दिशा प्रदर्शन-शिल्प तक है। कहीं यह भी लग रहा है कि रा.ना.वि. के तीन वर्ष की प्रशिक्षण-प्रणाली, प्रदर्शन-निपुणता तक रह गई है। पूरा माहौल बदल रहा है। प्रत्येक कलाकार अपनी श्रेणी और सम्मान के अनुरूप उपयुक्त पारिश्रमिक चाहता है। धीरे-धीरे सृजन और समर्पण सुख गौण पर पारिश्रमिक महत्त्वपूर्ण होने लगता है। यह प्रक्रिया रा.ना.वि. के स्नातकों के आ जाने से तेज हुई। सुविधावादी संस्कृति की उपज होने के कारण ओम शिवपुरी से लेकर पंकज कपूर तक एक लम्बी सूची के कलाकारों को फिल्म या धारावाहिकों में जाने में देर नहीं लगी। 'फर्स्ट लव' का दावा करने वाली इन प्रतिभाओं के पीछे लौटने की भी सम्भावना नहीं है। कितनी विडम्बना की बात है कि ये उन्हीं इब्राहिम अल्काज़ी के प्रिय शिष्य रहे हैं जिन्होंने जीवन भर ईमानदारी और समर्पण के आदर्श का पालन किया।

व्यावसायिकता कैसे प्रलोभन बनती है, यह आघात हिन्दी रंगमंच में पहली बार नहीं हुआ। पारसी थिएटर का उदाहरण सामने है। लगभग 60 वर्ष में व्यावसायिक सफलता प्राप्त करने वाले इस थिएटर का सारे देश और हिन्दी प्रदेश पर गहरा असर पड़ा था। इस माध्यम के प्रति समर्पित इसने कई श्रेष्ठ नाटककार, निर्माता-निर्देशक और अभिनेता दिए जिनकी प्रतिभा और योगदान का ऐतिहासिक महत्त्व है। उन्नीस सौ पैंतीस के आसपास फिल्मी संसार और उसके आकर्षण में ये कलाकार इतने खो गए कि इन्होंने अपने इतिहास, अनुभव और उपलब्धियों को मुड़कर नहीं देखा। इप्टा का आघात अधिक मर्मान्तिक था। प्रगतिशील विचारधारा से अनुप्राणित और प्रबुद्ध इन कलाकारों में थिएटर के जरिये सामाजिक परिवर्तन और न्याय के प्रति गहरी प्रतिबद्धता थी। इन उद्देश्यों को पूरा करने वाली कुछ सार्थक फिल्में भी इन्होंने बनाईं, पर एक-एक करके ये सितारे थिएटर को अनाथ करते हुए फिल्मी चकाचौंध में विलीन होते गए।

स्थिति उत्साहवर्धक नहीं है परन्तु कुछ व्यक्ति, कुछ संस्थाएँ प्रकाश स्तम्भ की तरह इस कला को पथ आलोकित करते रहे हैं। पृथ्वीराज कपूर ने सोलह वर्ष तक पृथ्वी थिएटर्स को विवेक और ईमानदारी से चलाया। वे इस तत्त्व को कभी नहीं भूले कि उन्होंने फिल्मों में से कमाना है और थिएटर को कभी नहीं छोड़ना है। अजीब जुनून था। ऐसी ही निष्ठा और दक्षता इब्राहिम अल्काज़ी में रही जिन्होंने लगभग पन्द्रह वर्ष एक संस्था को राष्ट्रीय स्तर और सम्मान का दर्जा दिलवाया। इसी सन्दर्भ में दिल्ली रंगजगत के इतिहास पर नजर डाली जाए तो वह अन्य महानगरों से भिन्न और उल्लेखनीय है। भविष्य-सुख के लिए दिल्ली के अभिनेताओं का बम्बई की फिल्मी दुनिया में जाना तो चल रहा है, नाटककार-निर्देशक भी इस दौड़ में शामिल हुए परन्तु एक-आध को छोड़कर न किसी को उतनी सफलता मिली और न सम्मान। उनका रंगजगत से जुड़ा रहना लाभकारी सिद्ध हुआ। दिल्ली में व्यावसायिक थिएटर नहीं पनपा और न उस पर इतने व्यापारिक दबाव आए। सप्रू हाउस में पंजाबी के दो-अर्थी चटखारे वाले नाटकों का दौर कुछ वर्ष अवश्य चला। हिन्दी पर इसके प्रभाव की

आशंका थी परन्तु ऐसा कुछ नहीं हुआ। दिल्ली की रंगसंस्थाओं का इतिहास बताता है कि यहाँ नाटक के चुनाव और प्रस्तुति-अभिकल्पना में सन्तुलन और सार्थकता रही है। श्री-आर्ट्स क्लब (1954) में रमेश मेहता ने रंगकर्म को सामाजिक जागरण का कैसे हिस्सा बनाया, यह भुलाया नहीं जा सकता। अभियान, दिशान्तर, नया थिएटर, दिल्ली आर्ट्स थिएटर ने विवेक का निर्वाह किया। रा.ना.वि. रंगमंडल का उद्देश्य विशेष स्तर और गुणवत्ता रहा है। स्टूडियो थिएटर, रुचिका, प्रयोग, छायानट ने व्यावसायिक आग्रहों को झेलते हुए भी सस्ते समझौते नहीं किए। आज कई नई रंगसंस्थाएँ सामने आ रही हैं जिनमें अपेक्षित ईमानदारी कम नहीं। व्यावसायिक और व्यापारिक सीमा रेखाओं का अतिक्रमण कर रहे मौजूदा रंगजगत में सम्भव (1984) की स्थापना आश्वस्त करती है कि दिल्ली में ऐसी स्थिति का सामना करने की शक्ति और परम्परा है। मार्च 1984 से लेकर सितम्बर 1987 तक 'सम्भव' इकतीस नाटकों के दो सौ से ऊपर प्रदर्शन कर चुका है। इसकी उल्लेखनीय प्रस्तुतियाँ हैं—महाभोज—15 प्रदर्शन, पाप और प्रकाश—12, ये आदमी ये चूहे—25, महानगर : तीन संवाद—8, एक इंस्पेक्टर से मुलाकात—5, जायज हत्यारे—8, सत्य हरिश्चन्द्र—4, आधे-अधूरे—10, खामोश! अदालत जारी है—10, शकुन्तला की अँगूठी—10। 'सम्भव' पर भी अपने समय का प्रभाव पड़ा। कुछ लोग इसे छोड़कर बम्बई चले गए, कहीं प्रस्तुतियों में व्यावसायिक समझौते किए गए। ये उतार-चढ़ाव स्वाभाविक है पर इनसे जूझता हुआ यह ग्रुप निश्चय ही दिल्ली-रंगकर्म के गौरव की रक्षा कर रहा है। इसी सन्दर्भ में भारतीय व्यापार मेला प्राधिकरण द्वारा प्रगति मैदान में पिछले कुछ वर्षों से नाट्योत्सव और सप्ताहान्त थिएटर के प्रदर्शन और प्रभाव ने वस्तुत: एक समानान्तर विकल्प प्रस्तुत किया है। बरसों से थिएटर में सक्रिय और समर्पित बैरी जॉन दिल्ली के आदर्श निर्देशक रहे हैं। रंगकर्म और समाज को आमने-सामने रखकर त्रिपुरारी शर्मा का नाट्य-लेखन और प्रस्तुतीकरण हिन्दी रंगमंच को नया आयाम देते हैं। अन्य महानगरों की तुलना में दिल्ली की स्थिति कुछ बेहतर है।

दिल्ली के 'सम्भव' की तुलना में बम्बई का 'अंक' अधिक सफल और प्रतिष्ठित हो रहा है। प्रदर्शनकारी कलाओं का उत्कर्ष व्यवसायीकरण में माना जाता है, जो स्वाभाविक भी है और जहाँ रंगमंच के सभी तत्त्वों का स्वस्थ और समन्वित विकास होता है। इसके कई उदाहरण भी हैं परन्तु कलाकर्म क्लासिकता का पर्याय नहीं हो सकता। अनुभव और सच्चाई तो यही है कि व्यावसायिकता पर एक ओर रूपवादी मानसिकता हावी हो रही है और दूसरी ओर वणिक-वृत्ति। इसीलिए थिएटर सामाजिक यथार्थ और सामाजिक न्याय के प्रयोजन से दूर जा रहा है। वह भद्र समाज की सीमाओं से आगे बढ़ पंचमवेद का दर्जा नहीं ग्रहण कर रहा। 'कुचाल में फँसे भारत भाई' (भारतेन्दु का शब्द) की मुक्ति के लिए रंगकर्म (अभिनय) कब और कैसे उपयोगी और कल्याणकारी सिद्ध होगा, लगभग सौ साल पहले भारतेन्दु की लिखी निम्न पंक्तियों का संकट आज भी वैसे मौजूद है—''नाटकों के अभिनय करने से देश का कितना उपकार होता है कि हम लिख नहीं सकते...यदि नाटक के अभिनय का आरम्भ हो जाएगा तो यह सब कुचाल आप से आप छूट जाएगी...आप लोग इस चमत्कारपूर्ण कार्य में क्यों उत्साह नहीं बढ़ाते।''

(आलोचना, 1989)

6

हबीब तनवीर : नाटकों के गीत बने उनकी सोच के माध्यम

स्वातंत्र्योत्तर भारतीय रंगमंच के इतिहास में अपनी अलग पहचान और अपनी अलग प्रकार की महत्ता रखने वाले हबीब तनवीर के रंग-व्यक्तित्व में कुछ अपवादपरक विशेषताएँ मिल जाएँगी। अपनी सात दशकों से ऊपर की लम्बी रंग यात्रा में इप्टा से शुरुआत की, हिन्दुस्तानी थिएटर में संस्कृत के क्लासिक नाटकों के रूपान्तर खेले, संस्कृत नाटकों के प्रति नजरिया बदला, विदेशी यात्राओं में विविध अनुभव प्राप्त किए, नया थिएटर की स्थापना और अपने लिए रास्ता चुना, विदेशी, स्वदेशी, मौलिक रूपान्तर—सभी प्रकार के नाटक खेले, प्रत्येक नाट्यालेख की अन्तर्वस्तु के अनुरूप अपनी प्रस्तुति-संरचना की परिकल्पना की। इस प्रक्रिया में किसी रंग-पद्धति या उसकी रंगरूढ़ि को अपनाने में न परहेज किया, न सदा के लिए अनुकरण किया, लोकरंग की अपनी तरह से रक्षा की। मूल प्रयोजन 'नया थिएटर' में नया को नए तात्पर्य देना था। हबीब ने अपनी प्रदर्शन-पद्धति विकसित की। व्यवहार-कुशलता में निपुण, हबीब तनवीर ने अपनी लचीली सोच, गहरी मानवीय संवेदना के बल पर 30-40 कलाकारों के रंगमंडल को 5 दशक तक जोड़े रखा, यही नहीं, उनकी रंगकला में उत्कर्ष लाने के लिए एक समर्थ एवं सफल प्रशिक्षक तथा प्रेरक-स्रोत बने रहना भारतीय रंगमंच के इतिहास की एक अविस्मरणीय उपलब्धि कहनी होगी।

निर्विवाद रूप से हबीब तनवीर वामपन्थी रचनाकार रहे हैं। वे किसी प्रकार की राजनीति में नहीं पड़े, न सिद्धान्तवादी आग्रह में उलझे। सम्भवतः इसीलिए उनकी किसी रचना या प्रस्तुतीकरण में किसी मतवाद या विचारधारात्मक दृष्टि को प्रत्यक्ष अभिव्यक्ति नहीं मिली। यह भी सच है कि मार्क्सवादी विचार को उन्होंने जैसे अपनाया और आजीवन निभाया, वह एक मिसाल से कम नहीं है। सम्भवतः यह व्यावहारिक सीख हबीब ने इप्टा के संस्थापक पी.सी. जोशी से ली।

थिएटर-संगीत की जितनी पुरानी परम्परा है उससे कहीं अधिक उसमें वैविध्य है, विशेष रूप से प्रादेशिक शैलियाँ उसे बहुरंगी एवं समृद्ध बनाती हैं। लोकनाट्य का तो वह अभिन्न अंग है। पारसी थिएटर ने व्यावसायिक धरातल पर इसका लाभ उठाया—कहीं इसके कलात्मक उत्कर्ष को दिशा दी—खासतौर पर मराठी थिएटर में परन्तु सामान्य प्रयोग सस्ते मनोरंजन के लिए हुआ। स्वातंत्र्योत्तर हिन्दी रंगमंच में थिएटर-संगीत की ओर पूरा ध्यान 10वें दशक में दिया गया, ऐसे दौर में ब.व. कारन्त के सर्जनात्मक प्रयोगों ने थिएटर-

संगीत को अद्‌भुत गरिमा और महत्ता प्रदान की। पारसी थिएटर से हबीब का पारिवारिक वास्ता रहा है, छत्तीसगढ़ी गीत-संगीत-नृत्य के तो उन्हें संस्कार मिले हैं और अनुभव भी। वे स्वयं कवि-हृदय होने के नाते कलात्मक रुझान रखते थे। इप्टा में हबीब कई बरस रहे, एक नए प्रकार का कला-जगत था, इप्टा में पारम्परिक संगीत को राष्ट्रीय चेतना के स्वर दिए गए। हिन्दुस्तानी थिएटर में हबीब की संस्कृत नाट्य साहित्य के प्रति अभिरुचियाँ गहरी हुईं और मृच्छकटिकम् के प्रति तो लगातार बँधे रहे। हिन्दुस्तानी थिएटर में वे संस्कृत के क्लासिक नाटकों के रूपान्तर प्रस्तुत करते थे, यहाँ उन्हें पारसी थिएटर-संगीत के परिसंस्कार के अवसर मिले। विदेशी यात्राओं में हबीब ने ब्रेख्त से बहुत कुछ जाना-सीखा और अपनाया, मूल कारण था, चिन्तन की दिशा, थिएटर के प्रति नजरिये की समान मनोभूमि। थिएटर-संगीत में ब्रेख्त को भाव-प्रवाह या लय-विधान की इतनी चिन्ता नहीं रही जितनी विचारोत्तेजक या दृश्यान्त में उद्‌बोधनपरक संगीत की। दोनों प्रतिबद्ध किस्म के रंगकर्मी रहे हैं। किस्म-किस्म के अनुभव प्राप्त करने के बाद 'नया थिएटर' की स्थापना में अपनी जमीनी संस्कृति के अनन्त स्रोत का लाभ उठाया परन्तु आजीवन नए की तलाश की, कहीं बँधे नहीं। इसको दूसरे शब्दों में कहा जाए तो दर्शक के प्रति वे अपनी जिम्मेदारी पूरी तरह समझते थे जिसे वे 'टोटल थिएटर' का आस्वाद प्रदान करना चाहते हैं। उनके इस मकसद को पूरा करने में उनके नाटकों के गीत सबसे अधिक असरदार सिद्ध हुए। वे नाटकों के अन्तर्पाठ की व्यंजनाएँ खोलते हैं। इससे कहीं अधिक वे नाटककार के कुछ सोचे, कुछ अनसोचे मन्तव्य को प्रकट करते हैं।

'आगरा बाजार' के नाट्यालेख का आधार नज़ीर अकबराबादी की शायरी है और इस नाटक के लिए गीत भी उनकी शायरी में से चुने गए हैं। सारी सामग्री को नाटकीय आकार देने और उपयुक्त स्थलों पर चुने गीतों के संयोजन का दायित्व भी हबीब ने सँभाला। नज़ीर की शायरी में 19वीं सदी के जनजीवन के जीवन्त परिदृश्य के अनेक चित्र मौजूद हैं। हबीब तनवीर की चयन-दृष्टि का पहला दृश्य आगरा के बाजार का है। तिजारत में मन्दी और बेरोजगारी का आलम है। कई रोज से बिक्री न होने के कारण ककड़ीवाला, लड्डूवाला, बर्फवाला, तरबूजवाला जैसे सभी खोमचे वाले मायूस और चिड़चिड़े हो गए हैं। यह इसी का नतीजा है कि इनकी जिन्दगी में मुफलिसी छाने लगी है, इनकी हालत इस प्रकार हो गई है—'कपड़े फटे तमाम...बढ़े बाल...बदन पर जमा मैल...सब शक्ल कैदियों की बनाती है मुफलिसी'। दूसरा चित्र—वह आत्मसम्मान का भाव तक भूल जाता है—

मुफलिस की कुछ नजर नहीं रहती आन पर
देता है वह अपनी जान एक-एक नान पर!

और इसका परिणाम होता है—'मुफलिसी को लड़ाती है मुफलिसी...'

खोमचेवालों में ककड़ीवाला कुछ तेज और कुछ मुखर है। कहीं से ककड़ीवाले के मन में यह बात बैठ गई है कि अगर कोई शायर ककड़ी की खूबियों पर शायरी के कुछ बन्द या नज़्म लिख दे और वह उन्हें बाजार में गा-गाकर ककड़ी बेचे तो उसकी बिक्री बढ़ जाएगी। बाजार में कुतुबफरोश की दुकान है, कुछ शायर वहाँ आते-जाते रहते हैं, वे

हरेक से अपनी गुज़ारिश करता है, सभी उसे हँसी में उड़ा देते हैं। ग़ज़ल और नज़्म की अपनी दुनिया है, अपनी परिपाटियाँ हैं, ककड़ी पर कलम चलाना शायरी की अवमानना है। इस तरह एक द्वन्द्वात्मक स्थिति खड़ी हो गई। एक ओर रोटी-रोजी के मसले, आर्थिक तंगी और उदासी, दूसरी ओर हमारा शायर अवाम, उसके यथार्थ या उसके सुख-दुख से दूर शायरी के रंगीन सपनों का ताना-बाना बुनता रहता है। ककड़ीवाला थका-हारा है पर टूटा नहीं है। जो तबका हाशिए पर जिन्दगी बसर कर रहा है, साहित्यिक जगत में भी वह उपेक्षित है। जब संघर्ष सघन एवं तीव्र हो जाए तो एक फकीर की सुबोध गायकी कई प्रयोजन सिद्ध करती है—

पूछा किसी ने यह कामिल फकीर से
ये मेहरो-माह हक ने बचाए हैं काहे के
वह सुनके बोला बाबा, ख़ुदा तुम को खैर दे
हम तो न चाँद समझें, न सूरज हैं जानते
बाबा हमें तो ये नजर आती है रोटियाँ
अल्लाह को भी याद दिलाती हैं रोटियाँ

इसलिए नज़ीर के इस निष्कर्ष में वजन है कि—'यह दुख वह जाने जिसपै आती है मुफलिसी।'

इस पृष्ठभूमि में नज़ीर समाज में सतह पर चलती व्यवहार-कुशलता पर तीखी टिप्पणी करता है। यह जिसे सफलता की नीति कहा जाता है उसे वस्तुतः 'खुशामद' कहना बेहतर होगा—

ऐश करते हैं वही जिसका ख़ुशामद है मिज़ाज,
जो नहीं करते वे रहते हैं हमेशा मोहताज
हाथ आता है ख़ुशामद से मकाँ, मुल्क़ और ताज़
क्या ही तासीर की इस नुस्खे ने पाया है रिवाज़
सच तो यह है कि ख़ुशामद से ख़ुदा राज़ी है।

हमारा बाहरी आचरण अलग-अलग हो सकता है परन्तु किसी व्यक्ति या व्यवस्था या सीधे कहें, बाजार को परिचालित करने वाली वास्तविक ताकत पैसा है। अमीर हो या गरीब, यहाँ तक कि फकीर भी, मन से पैसे के लिए जोड़-तोड़ करते हैं। सभी जानते हैं कि जीवन में या समाज में व्यक्ति के मान-सम्मान या हैसियत का मानदंड केवल पैसा है—

पैसे के ढेर होने से सब सेठ-साठ हैं,
पैसे का ज़ोर शोर है, पैसे की ठाठ है।
पैसा ही जिस्मो जान है, पैसा ही काम है
पैसे का नज़ीर यह आदम गुलाम है।
पैसा ही रंगरूप है, पैसा ही माल है
पैसा न हो तो आदमी चर्खे की माल है।

इस गीत के माध्यम से बाजार के मूल 'सवाल' को एक व्यापक परिप्रेक्ष्य में प्रस्तुत किया है। यह मसला केवल ककड़ीवाले या कबाड़ीवाले से जुड़ा नहीं है, पैसे से बाहर कोई इनसान नहीं है, यह उसकी जिन्दगी या उसके अस्तित्व की बुनियादी शर्त है।

छोटे तबके के लोग जीवन-संघर्ष के लिए चाहे कितना भी जूझें या कभी गुत्थम-गुत्था हो जाएँ, जब कभी कोई तीज-त्योहार, मेले या जुलूस का मौका आता, ये लोग अपना धर्म, जाति या अन्य भेदभाव भूल जाते हैं, सभी मिलकर पूरी उमंग, उत्साह, लगन से मनाते हैं—

कुछ भीगो तानें हाली की, कुछ नाजो अदा के ढंग भरे,
दिल भूले देख बहारों को, और कानों में आहंग भरे,
कुछ तबले खड़के रंग भरे कुछ ऐश के दम मुँह चंग भरे,
कुछ घुँघरू ताल छनकते हो, तब देख बहारें होली की
होली की ऐसी बहारों का आनन्द तो कोई नहीं भूला,

'महादेव का ब्याह', 'बलदेव का मेला', 'गुरु नानक की टोली' जैसे अनेक उत्सव मनाए जाते। कृष्ण का जीवन ऐसे अवसरों से भरा पड़ा है—

ऐसा था बाँसुरी के बजैया का बालपन
क्या-क्या कहूँ मैं किशन कन्हैया का बालपन!

अवाम के शायर होने के नाते नज़ीर को मालूम है कि देशभर में गणेश को कितनी श्रद्धा से याद किया जाता है—

पहले नाँव गनेश का लीजे सीस नवाय
जासे कारज सिद्ध हो, सदा महूरत लाय।

वास्तव में नज़ीर दोस्ती और इनसानियत के शायर थे। यह निष्कर्ष निकालने में कोई अत्युक्ति न होगी कि नज़ीर सांझा संस्कृति के प्रगतिशील शायर थे।

नाटक के उत्तरार्द्ध में पतंग वाले के शेर-शायरी के रुझान सामने आते हैं जो दरअसल नज़ीर का छाया-पात्र है। यहीं ककड़ीवाले को यह जानकारी मिली कि नज़ीर छोटे पेशे के लोगों की मदद पहले करते हैं। पूरा पता लिया और ककड़ीवाला अपने मकसद में सफल होकर लौटा—यानी, एक नज़्म उसके पास थी, वह पूरे विश्वास के साथ एक 'हीरो' की तरह बाजार में दाखिल हुआ—

क्या प्यारी-प्यारी मीठी और पतली पतलियाँ
फरहाद की निगाहें, शीरी की हँसलियाँ हैं
मजनू की सर्द आहें, लैला की उँगलियाँ हैं
टेढ़ी हैं तो चूड़ी वह हीर की हरी हैं
सीधी है तो वह यारो रांझा की बाँसुरी है।
क्या खूब नर्मो-नाजुक आगरे की ककड़ी।

नाचता-गाता-बेचता ककड़ीवाला खुश था, बिक्री बढ़ी, नज़ीर की नज़्म ने उसके लिए संजीवनी का काम किया। ककड़ीवाले की तरह तरबूजवाले और...को भी लाभ हुआ।

ककड़ीवाले की नज़्म का प्रतीकात्मक महत्त्व है, उसने शायरी को घिसे-पिटे सामन्ती परिवेश, चौरवासी शैली और बिम्बों के स्थान पर उसे आसपास की जिन्दगी, उसके उभरते सवालों को शायरी में जगह दी, शायरी को परिवर्तनशील और आधुनिक बनाया। साधारण-से-साधारण इनसान दरअसल इनसानियत के धरातल पर साधारण नहीं रहता। मानवीय संवेदनशीलता से लिखी 'ककड़ी' नज़्म की ताकत उसका बिम्ब विधान है। उसका अप्रस्तुत विधान इस नज़्म को साधारण नहीं रहने देता, ऊँचा उठा देता है।

शायर के नाते नज़ीर की काव्य-क्षमता को उर्दू के काव्य-जगत में प्रतिष्ठित करना और उनकी श्रेष्ठ नज़्मों का साक्षात्कार करवाना 'आगरा बाजार' का एक प्रयोजन था। हबीब स्वयं एक अनुभवी शायर रहे हैं, वे यह अच्छी तरह समझ रहे थे कि नज़ीर अपनी काव्य-प्रतिभा के बल पर शायरी में जगह बनाएँ, उन्हें किसी कन्धे की जरूरत न पड़े। हबीब तनवीर अपने दोनों मकसद पूरे कर सके हैं। 'आगरा बाजार' की कुछ नज़्मों में, कहीं-कहीं कुछ नज़्मों के छन्दों में अच्छी चमक मिली है। इसी नाट्य-कृति की दो लम्बी नज़्में इस रचना की कीर्तिस्तम्भ तो हैं ही, इन्हें स्वतंत्र रूप से परखें तो नज़ीर की तात्त्विक अन्तर्दृष्टि जन-जीवन के जन-संवेदन को जिस व्यावहारिक धरातल पर अर्थपूर्ण अभिव्यक्ति दे पाई है, वह विलक्षण और उल्लेखनीय है। 'बंजारानामा' नज़्म में नाटक के कथ्य और फकीरों की उपस्थिति के अनुरूप नज़ीर सन्त परम्परा का पालन करते हैं—

हर आननफे और टोटे में क्या मरता फिरता है बन बन
टुक गाफिल दिल में सोच ज़रा, है साथ लगा तेरे दुश्मन
सब ठाठ पड़ा रह जावेगा, जब लाद चलेगा बंजारा

इन पंक्तियों में अनुभव और संवेदन का ऐसा स्वाभाविक विलय है कि कोई नई बात न होते हुए भी नई लगती और असर डालती है।

'आदमीनामा' एक कोरस गीत है जिसमें सभी कलाकार मिलकर नाटक के पैगाम को व्यक्त करते हैं। परन्तु मानव प्रकृति की सच्चाई यह है कि कोई एक-दूसरे के समान नहीं है—

दुनिया में बादशाह है सो है वह भी आदमी,
और मुफलिसो-गदा है सो है वह भी आदमी

अपने युग की परिस्थितियाँ, उनमें व्याप्त विसंगतियाँ एवं अन्तर्विरोधों को एक साथ उठकर नज़ीर ने जो मानव-स्वभाव की तस्वीर खींची है, वह अनुभव से पुष्ट विश्वसनीय तो है ही, चौंकाने वाली भी कम नहीं। व्यक्ति के विचार और व्यवहार में कोई संगति नहीं, विडम्बनाओं से घिरे इनसान का यह आदमीनामा यह सोचने के लिए विवश करता है कि हमें अपनी जिन्दगी को एक निर्धारित नीति से जीना चाहिए। 'आगरा बाजार' में विभिन्न प्रकृति के अनेक पात्र हैं, उनके लिए सन्देश-सा है कि अपने आचरण की दिशा के प्रति सजग रहना चाहिए। 'आदमीनामा' एक समापन गीत है, वह इस नाटक की सन्दर्भ परिधि

से बाहर मानव-व्यवहार का सूक्ष्म चित्रांकन करता है, और नाटक के औदात्य पक्ष को समृद्ध करता है। वस्तुत: 'आगरा बाजार' के अन्य गीतों में भी यह विशेषता मिल जाएगी। वे मात्र नाटक के पाठ या सन्दर्भ से जुड़े नहीं हैं, अपने अन्तर्पाठ के स्तर पर स्वतंत्र रूप से, श्रेष्ठ गीत के नाते महत्ता रखते हैं। 'आगरा बाजार' हबीब का पहला पर प्रमुख एवं लोकप्रिय प्रस्तुतीकरण रहा है। हबीब इसे निरन्तर बदलते और प्रासंगिक बनाते रहे; इसकी एक वजह थी, इस प्रस्तुति की ताकत थी बाजार और उसके गीत-संगीत!

'आगरा बाजार' (1954-1970) की आशातीत सफलता ने हबीब तनवीर की प्रशंसा और प्रतिष्ठा के द्वार खोल दिए। 'चरणदास चोर' की लोकप्रियता ने देश-विदेश में जो मान-सम्मान पाया वह हबीब तनवीर के लिए ही नहीं, हिन्दी एवं भारतीय रंगमंच का कीर्तिस्तम्भ बना। बात चाहे इस नाटक के कथ्य की हो, या चरित्रांकन की हो या वस्तु गठन का कौशल हो, या संवाद-संरचना की हो, या प्रस्तुति-परिकल्पना की हो, या 'चरणदास चोर' के प्रभावोत्पादक प्रस्तुतीकरण की, सुबोध दिखाई देने वाला इसका नाट्यालेख असाधारण रूप से सशक्त एवं विचारोत्तेजक है।

चरणदास सतनामी पन्थ से सम्बन्ध रखता है। इस सम्प्रदाय में सत्य की प्रतिष्ठा पर बल दिया गया है, इसकी मूल स्थापना है कि सत्य ही ईश्वर है और सत्य के मार्ग पर चलने से ईश्वर प्राप्त होता है। गुरु के ज्ञान से ही वह लक्ष्य सिद्ध हो सकता है। इस पन्थ में गुरु महिमा का गुणगान किया गया है। 'चरणदास चोर' के पहले गीत में इन्हीं मान्यताओं का उल्लेख है। इस गीत का दोहरा महत्त्व है, एक ओर यह मंगलाचरण की परिपाटी का निर्वाह करता है, दूसरी ओर यह गीत नाटक के उन बिन्दुओं को रेखांकित करता है कि जो नाटक की अन्तर्वस्तु और मुख्य पात्र के चरित्र के आधार हैं।

चरणदास चोरी का धन्धा करता है। दूसरे गीत में चोर और हवलदार की लुका-छिपी पर टिप्पणी की गई है। इनकी तुलना चुहिया-बिल्ली की उछल-कूद से की गई है। कोई भी व्यवस्था, चाहे कितनी शिथिल या भ्रष्ट हो, अगर सत्ता को सीधे चुनौती दी जाए, वह कड़े कदम उठाएगी और सख्त सजा देगी। इसी तरह चुहिया बिल्ली के पंजे से बच नहीं सकती। लोकरंग में लिखे इस गीत में एक दृष्टान्त द्वारा नाटक की रूपरेखा को व्यंजित किया गया है।

हवलदार सिर सवार है, उसकी पकड़ से बचने के लिए चरणदास एक साधु को अपना गुरु धारण कर लेता है। व्यवहारकुशल साधु गुरु दक्षिणा के रूप में अपने प्रत्येक शिष्य से यह वचन लेता है कि वे अपने जीवन की किसी बुराई को छोड़ने का प्रण लें। इस साधु के पहले तीन शिष्य हैं—एक शराबी, एक जुआरी, एक गँजेड़ी। तीनों शिष्य अपनी-अपनी बुराई छोड़ने के वचन दे चुके हैं। इतने में भागा-भागा चरणदास गुरु की ओट में छिप जाता है, हवलदार निराश चला जाता है। चूँकि गुरु ने उसे बचाया था, इसलिए गुरु के आग्रह पर चुस्त चरणदास ने निम्न चार वचन दिए—सोने की थाली में भोजन नहीं करेगा, हाथी की सवारी नहीं करेगा, रानी से विवाह नहीं करेगा, किसी देश का राजा नहीं बनेगा। गुरु को यह समझने में देर लगी कि चरणदास 'दिल्लगी' कर रहा है। गुरु ने यह दबाव डाला कि अब एक प्रण मेरे कहने पर लो : चरणदास ने वचन दिया कि वह सदा सत्य का पालन

करेगा। अपने जीवन में कभी झूठ नहीं बोलेगा। ध्यान रहे, सतनामी पंच में सत्य का पालन करने वाले को भगवान के समान माना गया है।

सेतुवावाला एक छोटा गरीब किसान है, चरणदास उसके घर चोरी करने गया। वह बैठा रो रहा था, मालगुजार (जमींदार) ने उसका इस कदर शोषण कर रखा था कि घर में न पैसे थे, न अनाज, बाल-बच्चों का पेट कैसे भरे? सेतुवावाला की व्यथा सुनकर चरणदास का मन भर आया। उसने मालगुजार को चेतावनी दी कि वह धान से भरे अपने गोदाम में से सेतुवावाला को अनाज दे दे ताकि वह अपने बच्चों के भोजन का इन्तजाम कर सके, अन्यथा वह गोदाम का 'सब उलटा-पुलटा' कर देगा। इसी बीच गाँव में नाचने-गाने वालों की एक टोली के साथ एक संगीत मंडली आई। मालगुजार और सारे साथी नाच-गानों के मनमोहक कार्यक्रम में मस्त हो गए। इस मौके का लाभ उठाकर चरणदास गोदाम पहुँचा, अनाज निकालकर गरीब किसानों में बाँट दिया। इस कल्याणकारी कदम से प्रसन्न एवं प्रभावित गाँववालों ने अपनी भावनाओं को एक गीत के रूप में प्रकट किया :

सुनो-सुनो संगवारी भाई मोर चरणदास चोर नइये
बड़े-बड़े पैसा वाला सेठ-साहुकार घर
जा-जा के वोहा चोरा थे
हमर असन घर में वो नइ करै चोरी
लान के करीब ला खवाये...
सच संसार से भी ऊपर है
सच भगवान से मिला था।

इस सम्बोधनपरक गीत में जन-प्रतिक्रियाएँ व्यक्त हुई हैं।

गोदाम से भागकर चरणदास पास के मन्दिर में छिपने के मकसद से आया था, पुजारी के पीछे कहीं दबकर-कहीं छिपकर वह हवलदार की पकड़ से बच निकला। इतने अरसे में चरणददास ने अगले षड्यंत्र के पहले कदम के बारे में सोच निकला। पुजारी से 'परसाद' लेते समय उसने पूजा की थाली में सोने का हार डाल दिया। पुजारी की एकदम नजरें बदल गईं, पुजारी की राय में अब वह 'दयालु जीव' हो गया। पुजारी ने मन्दिर में आराम करने, रातभर ठहरने आदि का आग्रह भरा निमंत्रण दे डाला। इधर, चरणदास ने अगला कदम क्या होगा, यह तय कर लिया। सच बोलने की अपनी प्रतिज्ञा को चरणदास कभी नहीं भूलता था। उसने पुजारी को इशारों से स्पष्ट कह दिया कि मुझे रातभर रखने से पुजारी को नुकसान हो सकता है। 'दयालु जीव' की ऐसी भावनाओं में डूबे पुजारी का ध्यान इस ओर कहाँ जाना था? उसी रात जिस चुस्ती और चालाकी से चरणदास ने मूर्ति की चोरी की, इतनी बड़ी घटना को सुनकर गाँववासी सकते में आ गए। लेखक ने दूसरी जन-प्रतिक्रियाओं को एक अर्थपूर्ण गीत के माध्यम से इस तरह प्रकट किया—चोर हवा की तरह से कहीं से आ जाए और कहीं से निकल जाए, इसका पता नहीं लगता। दिन-दहाड़े कभी चोरी कभी लूट हो रही है... कुछ छोटे चोर हैं, कुछ बड़े चोर हैं, दगा, धोखा, होशियारी आम बात है...सर्वत्र इनका आतंक छाया रहता है, गाँववाले केवल शोर मचा सकते हैं...असल में बड़ी अन्धेरगर्दी

है...राजा चोर है और चोर राजा बना घूम रहा है...ऐसा लगता है चोर के संग भगवान भी है—जब बैद स्वयं बीमार हो तो कोई क्या इलाज करेगा...

ये बड़ा अन्धेरे होगे विपत का बताओ दीदी परोसिन
वोकर भुजा में हे बड़ा जोर...
दगा धोखा
राजा है चोर भइया चोर हावे राजा
चोर के हावे भगवान संग साजा...

उपरिलिखित गीत इसलिए भी महत्त्वपूर्ण है क्योंकि यह प्रतिपाद्य-विषय को नया आयाम देता है। सीधे संकेत तो चरणदास के आचरण को रेखांकित करते हैं परन्तु एक व्यापक फलक पर यह गीत इस सच्चाई को उजागर करता है कि राजा और उसकी पूरी व्यवस्था इस धोखाधड़ी में शामिल है। जाहिर है, यह तात्पर्य समकालीन शासन-तंत्र पर तीखे प्रहार करता है। इसी सन्दर्भ में यह प्रश्न भी उठता है कि पुजारी ने किस आधार पर चरणदास को 'दयालु जीव' माना ? पुजारी चरणदास के व्यवसाय, या उसके चरित्र, या उसके आचरण या उसकी वास्तविक प्रकृति—सभी बातों के बारे में अनजान है। पुजारी मात्र इस तथ्य का गवाह है कि चरणदास ने पूजा की थाली में सोने की चेन डाली। केवल पैसे की कसौटी पर चरणदास को 'दयालु' होने का निर्णय लिया। धार्मिक अनुष्ठानों में जो जितना अधिक पैसा या दान देता है, वह उतना बड़ा 'दयालु' या श्रेष्ठ होने का हकदार बनेगा।

चरणदास का साहस तेजी से बढ़ रहा है। अब उसने सीधे सरकारी खजाने को लूटने की हिम्मत दिखाई। चरणदास ने एक गहरी सोची चाल से काम लिया जिसमें गुरुजी और हवलदार दोनों को आगे रखा। गुरुजी चरणदास को खूब पहचान चुके थे, कहा—'तोर तो नाम संसार में उजागर है... ।' गुरुजी को पता है कि आसपास पूरी व्यवस्था में भ्रष्टाचार फैला हुआ है—'साहेब हो', 'मुंशी हो' या 'चपरासी हो' सबकी अपनी-अपनी कीमत है, वह रकम अदा करते जाए—'सधत काम हर क्षण' हो जाएगा। इधर, हवलदार चरणदास का 'जिगरी दोस्त' बन चुका है। चरणदास को यह जानकारी मिल चुकी है कि खजाना के नए मंत्री नियुक्त हुए हैं और वे पहली बार खजाने का मुआयना करने आ रहे हैं। योजना के अनुसार हवलदार और गुरुजी किसी संस्था के उद्घाटन के बहाने मंत्रीजी को रास्ते में रोक लेते हैं, मंत्री यह सुनकर प्रसन्न होंगे। हवलदार और गुरुजी मिलकर फूलमालाओं से स्वागत करते हैं, फूलमालाएँ डालने का सिलसिला देर तक चलता रहता है—ये लन्दन की तरफ से, ये दिल्ली की तरफ से, ये मध्य प्रदेश की तरफ से, ये कोलकाता की तरफ से...मंत्री का गला फूल-मालाओं से इतना भर जाता है कि आगे से उसे कुछ साफ दिखाई नहीं देता। इसके बाद कैंची से फीता काटने और उद्घाटन करने का कार्यक्रम शुरू होता है। इस प्रक्रिया से मंत्री को व्यस्त रखा गया। इस अवधि में चरणदास का काम आसान हो गया। चरणदास मंत्री का वेश धारण कर खजाना खोलता है और सोने की 5 मोहरें चुराकर अपनी जेब में छिपा लेता है। जैसे ही वह खजाने के बाहर निकलता है, सामने आ रहे मंत्री को वह नमस्कार करता है और भागा जाता है। यह सरकारी खजाने की चोरी नहीं थी, इसे दिन-दिहाड़े का

डाका कहें। सारा शहर, रानी और मंत्री इस वारदात से हतप्रभ हैं। रानी ने हालात के सभी पहलुओं पर गौर किया, और इन्हीं बातों को सामने रख यह डौंडी पिटवाई—

चोर चरणदास सच्चा हे भाई सच्चा हे भाई
सच्चा हे भाई...
रानी ने रे संगी शहर में डौंडी पिटवाई
सच से बढ़कर इस दुनिया में कोई बात नहीं है
सच कहने वाले की मात भी जीत है मात नहीं है...

यह वस्तुतः गीत नहीं, ब्रेख्त की शैली का पद्य में कोरस है जिसमें नाट्यालेख के सन्दर्भ भी हैं और स्वतंत्र टिप्पणियाँ भी। चरणदास का पकड़ा जाना कठिन न था। सतनामी पन्थ के अनुसार सच से बढ़कर दुनिया में कोई बात नहीं, यहाँ तक कि सच कहने वाले की मात भी जीत के समान है, वह मात नहीं है। इस नाटक के घटनाक्रम के अनुसार मुनीम चोर है, उसने झूठ बोला और उसकी जेब से 5 मोहरें निकलीं। चरणदास तो नामी चोर है परन्तु वह एक सच्चा इनसान है जिसने यह माना कि उसने 5 मोहरें चुराई हैं। ऐसी साफ अन्तरात्मा वाले साहसी व्यक्ति को क्या चोर कहा जा सकता है?

सतनामी पन्थ के अनुसार सच्चाई के आदर्श का पालन करने से चरणदास में एक ऐसी अन्दरूनी ताकत आ गई कि उसमें हर जोखिम को उठाने का मनोबल आ गया। रानी-प्रकरण में चरणदास के जीवन की निर्णायक परीक्षा हुई, चाहे उसके परिणाम त्रासद निकले परन्तु चरणदास के चरित्र का उदात्त पक्ष उभरकर-निखरकर सामने आया। यह भी सच है कि उसने 'खेल-खेल में' अपने गुरु के आगे चार प्रतिज्ञाएँ की थीं परन्तु उनके पालन में चरणदास ने पूरी ईमानदारी दिखाई। इसके विपरीत रानी ने राजसत्ता का दुरुपयोग ही नहीं किया, अपने स्त्री होने का अनुचित लाभ उठाया और चरणदास को मौत की सजा दी। सारे शासन-तंत्र में, समाज में भ्रष्टाचार है—ऊपर से नीचे तक हवलदार-मुनीम, मालगुजार, स्वयं गुरुजी, पुजारी ने अपने तरीके खोज रखे हैं। इस पृष्ठभूमि में चरणदास की मृत्यु उसके बेहतर इनसान होने की सम्भावना को आश्वस्त करती है।

चरणदास का एक रेखीय सपाट जीवन न था—विडम्बनापूर्ण था। उसके पास पैसे की कमी न थी परन्तु था तो वह गरीब ही, वह बहुत भाग्यशाली था परन्तु उसका अन्त उसे अभागा बना गया, कहलाता तो वह चोर था परन्तु किसी गरीब के घर से चोरी नहीं करता था, जरूरतमन्द किसानों में धान बाँट देता था, औरत पर हाथ नहीं उठाता था, सच्चा तो सदा वह रहा ही। वह विचित्र था, उसने खूब रंग जमाया, संसार में बड़ा नाम कमाया। नाटक एक सवालिया निशान पर समाप्त होता है, नैतिक दृष्टि से निर्दोष-सा दिखाई देने वाले व्यक्ति को, एक बेहतर इनसान की प्रतिज्ञा निभाने वाले को क्या चोर माना जा सकता है?

'देख रहे हैं नैन' (1992) हबीब तनवीर की नाट्य-यात्रा के तीसरे चरण की विशिष्ट नाट्य-कृति है। मूल रूप से यह नाटक स्टीफन्स ज्वाइंग की कहानी—'द आइज ऑफ अनडाइंग ब्रदर' पर आधारित है जो 1922 में प्रकाशित हुई। स्टीफन्स की कहानी के केन्द्र में प्रथम महायुद्ध की विनाशलील और आम आदमी के मन पर पड़ी उसकी गहरी चोट

और दर्द की चिन्ताएँ हैं। हबीब ने इस कहानी को नाटकीय आकार देने और अपने परिवेश के अनुरूप ढालने में कई परिवर्तन किए। इस नाट्यालेख की बुनावट-घटना-क्रम, चरित्रांकन, संवाद-संरचना यथार्थवादी धरातल पर हुई है परन्तु वह एकरेखीय न होकर गम्भीर, जटिल और कुछ तात्त्विक है। अपने कथ्य को स्पष्ट करने और दर्शकों को आश्वस्त रखने के लिए हबीब तनवीर ने ब्रेख्त की नाट्य-रूढ़ियों का लाभ उठाया, कोरस का प्रयोग इसी मकसद को पूरा करता रहता है। वे प्रत्येक दृश्य के अन्त में नाट्य-स्थिति से उठते मुद्दों पर टिप्पणी करते रहते हैं और जरूरत पड़े तो सम्बद्ध चरित्र के आचरण पर या किसी जीवन-स्थिति पर भी प्रतिक्रिया व्यक्त करते हैं।

'देख रहे हैं नैन' का प्रारम्भ मंगलाचरण से हुआ है। पहले कोरस में भावी घटनाओं के संकेत हैं, इसमें उल्लेखनीय हैं तो राजहंस। सत्ता हथियाने के प्रलोभन में, चन्दनपुर राज में आन्तरिक युद्ध छिड़ गया है, शत्रु-पक्ष प्रबल है और ये लोग राजहंस भी ले गए हैं। इस कठिन समय में राजा विजयदेव का विश्वासपात्र वीर योद्धा विराट राज की रक्षा करता है और राजहंस भी ले आता है। वस्तुत: राजहंस अन्तरात्मा की शान्ति और शक्ति का प्रतीक है, इस विजयश्री के बाद राजा विजयदेव और विराट के सम्बन्धों में आए निश्छल-निर्मल मैत्री भाव को भी प्रकट करते हैं, इसके तात्पर्य राजा-प्रजा तथा सुशासन एवं सुव्यवस्था से भी जोड़े जा सकते हैं।

सफलता के इस दुर्लभ अवसर पर विराट का अन्तर्जगत अशान्त रहता है। इस लड़ाई में—अनजाने में—वह अपने बड़े भाई प्रतापराय की हत्या कर बैठता है, उसे लगता है—'भाई की आँखें बराबर उसे घूर रही हैं।' विराट की मानसिक अवस्था अब इस प्रकार हो गई है—

देख रहे हैं नैन बावरे, देख रहे हैं नैन
छीन लिया दो नैनों ने, सब जीवन का सुख चैन!

कोरस का यह छोटा-सा टुकड़ा बड़े अर्थ की व्यंजना लिये हुए है। विराट अब सजग, संवेदनशील एवं अन्तर्मुखी हो गया है। अन्दर-ही-अन्दर वह लगातार इस सवाल से टकराता रहता है—'कौन हो तुम देख रहे हो...' भाई के नैन प्रेतात्मा की तरह उसका पीछा करते हैं। युद्ध में किसी भी शत्रु को मारना एक स्वाभाविक स्थिति है परन्तु अब विराट समझ चुका है कि शत्रु को मारना किसी हत्या से कम नहीं है। विराट अपने को अब भाई का हत्यारा मानने लगा है। क्या वह सचमुच हत्यारा है ? अगर हम युद्ध में मारने को एक हत्या समझने लगे तो विश्व में युद्ध कम हो जाएँगे और शान्ति अधिक होगी। इस नाटक का मूल लक्ष्य भी यही है। अन्दरूनी उथल-पुथल से विराट अधिक विचारशील हो रहा है, 'दो नैन' के असर ने उसकी सोच एवं तर्क-पद्धति की दिशा बदल दी है। सामान्य जीवन और उसकी घटनाओं को देखने-परखने के मानदंड नए हो गए। विराट का चरित्र भाववादी और आदर्शनिष्ठ होता जा रहा है, वह प्रत्येक स्थिति या समस्या को अपने दृष्टिकोण से आँकता है और अन्त में स्वयं को दोषी मानने लगा है। उसका निष्कर्ष यह है कि तलवार सत्ता की निशानी है और सत्ता सदा सत्य की दुश्मन रही है।

राजा के साथ बहुत विचार-विमर्श के बाद वह न्यायाधीश का पद सँभालता है। न्याय के आदर्शों का तो उसने पालन करना ही था। हत्या के दंड में वह एक हत्यारे को कड़ी

सजा सुनाता है। बातचीत ऐसा मोड़ लेती है कि वह मुलजिम में 'दो नैनों' की प्रतिच्छाया पाता है। सच्चाई को जानने और महसूस करने के लिए विराट स्वयं कोड़े सहता है और जेल की कालकोठरी में रहता है। धीरे-धीरे वस्तुस्थिति बिगड़ती गई, विराट का मानसिक सन्तुलन नहीं रहा, ऐसा लगता है कि वह एक आन्तरिक संकट से-एक उद्वेग से गुजर रहा है। वह जिस दुनिया में जी रहा है, उसके नियमों या परिपाटियों या तर्क पर वह नहीं चलता, वह अपनी मान्यताओं को सही और अन्तिम मानकर राजा विजयदेव की प्रचलित नीति से टकराता है। राजा उदार, सहनशील और विराट के हर मनमाने कदम का विरोध नहीं कर रहा। वस्तुत: राजा विराट को 'महापुरुष' समझता है जिसकी उसको जरूरत है, विराट के सोचने की दिशा दूसरी है। विराट इस जीवन निष्कर्ष पर पहुँचा है कि विधाता ने हमें केवल जन्म देने का अधिकार दिया और मृत्यु पर हमारा नहीं, मात्र भगवान का हाथ है। हमें किसी दूसरे के बारे में कोई निर्णय लेने का हक नहीं है। विराट के प्रत्येक कदम की परिणति लगभग एक ही बिन्दु पर होती है जहाँ वह अपने को दोषी या अपराधी पाता है। 'दो नैन' के बिम्ब ने उसे तात्त्विक बना दिया है—

देख रहे हैं नैन बावरे, देख रहे हैं नैन,
दो नैना ऐसे रोबीले, सूरज कहूँ कि चाँद
चाँद और सूरज दोनों इन नैनों के अपने माँद
देख रहे हैं नैन!

विराट ने अपने न्याय के अधिकार को अर्जित किया और अपनी न्याय प्रणाली में केवल मानवीय पक्ष पर बल दिया। हबीब की प्रतिक्रिया नई और उल्लेखनीय है—

जो गरीबों के दुख-दर्द को जानकर,
जुल्म के हाथ की नब्ज पहचानकर
और इनसान को इनसान ही मानकर, ...
न्याय निर्णय करे न्यायदाता वही,
एक दर्पण भी हो, न्यायदाता वही,
न्यायदाता वही, न्यायदाता वही।

अदालत के एक मुकदमे के सन्दर्भ में—एक आदमी के पास चार मकान हैं, वह नि:सन्तान भाभी को घर से निकाल देना चाहता है, हबीब उस पर कटु व्यंग्य करने से रुक न सके—

दस का घर गिराके मलबे से अपना एक महल बनाया,
दस को भूखा मारा उसका भोज अकेला खाया,
दस को भी बेचैन किया और, खुद भी रहा बेचैन,
देख रहे हैं नैन!

हबीब ने विराट की जीवन-यात्रा में विविध पड़ाव रखे हैं जिनके द्वारा लेखक व्यवस्था की अन्दरूनी तस्वीर का अनावरण करता है, दूसरे, इनके निमित्त वह विराट के अनुभव

को समृद्ध और दृष्टिकोण को परिपक्व होता दिखा सके। अदालत की वस्तुस्थिति दिखाने के बाद लेखक ने गुलामों के बाजार का मसला उठाया है। ये लोग पिछली कई पीढ़ियों से गुलाम हैं, इनका बाजार लगता है और सौदेबाजी होती है। इन गुलामों के साथ कैसा पाशविक व्यवहार होता है जिसे इन्हें चुपचाप सहना पड़ता है, इस असलियत को लेखक ने बड़ी बेबाकी से प्रस्तुत किया है—

जनम-जनम के हम तो हैं, गुलाम जी, मोर बालम रईया,
ये घूँसे-लात गालियाँ, ये कुछ नहीं, ये कुछ नहीं
ये लाठियाँ, ये गोलियाँ, ये कुछ भी नहीं, ये कुछ नहीं
कभी जबाँ पे उफ भी लायें तो बदल दो नाम
ना जाने कितनी पीढ़ियों से था जो सर झुका हुआ
जो मुद्दतों रहा तुम्हारे पाँव पर झुका हुआ
अगर हम आँख उठाएँ तो वो आँख ही निकाल दो
उबलते तेल के कड़ाह में उठा के डाल दो
हमसे ना कहा ना जाये, हमसे ना कहा ना जायेगा।
मोर बालम रईया!

गुलामों की ऐसी मर्मभेदी दशा के चित्रण में हबीब ने निश्चय ही साहस का परिचय दिया है।

बादल नामी गुलाम को विराट का बेटा-भगवती कोड़े मार रहा था। इतने खुले अत्याचार को देखकर संवेदनशील विराट कैसे संयत रह सकता था? गुलामों के सारे प्रसंग को लेकर विराट और दोनों बेटों के बीच द्वन्द्वात्मक टकराहट हो गई—कुछ सैद्धान्तिक, कुछ व्यक्तिगत। यहाँ दो पीढ़ियों के नजरिये में मतभेद तो है ही, बेटे आदर्शवादिता के नाम पर पिता की निष्क्रियता को आड़े हाथों लेते हैं। जमीनी हकीकत का सामना करने पर विराट को गहरा झटका लगा। विराट अपने दोनों बेटों को आजाद ही नहीं करता, अपने सारे अधिकार उन्हें सौंप देता है। बेटों के व्यवहार ने उसे अन्तर्मुखी बनाया, उनसे उसे उस जीवन-यथार्थ का अनुभव हुआ जिसके अहसास से यह अछूता था—

दुनिया में नइये राजा दुनिया नइये यार
हमर असन कोनो सुखियार!

ऐसी मन:स्थिति में विराट के अन्दर विरक्ति के भाव छा गए, वह जंगल में जाकर तपस्या करने लगा और एक महात्मा के रूप में प्रसिद्धि पाई। उसने सोचा अब वह संसार और कर्म के जंजाल से मुक्त है, पर ऐसा नहीं हुआ—

ऐसे करम का क्या है नाम, बताओ क्या है नाम
ऐसा करम करें जिसका कोई न हो परिणाम
मैंने ये सोचा था नेकी कर दरिया में डाल
पर मैंने ये भी देखा नेकी ही बनी जंजाल

ऐसा बीज नहीं कोई जिसका ना हो कोई फल
दलदल ही के कारण है दलदल के बीच कमल
कोई करम नहीं जिसका निकले न कोई परिणाम!

नाटक के अन्तिम खंड में घटनाक्रम तेजी से चलता है, निराश होकर विराट चांडाल का काम करने लगता है—लाश उठाना और जलाना, इधर राज्य की हालत निरन्तर बिगड़ रही है। महँगाई और प्लेग के आतंक से लोग भड़क उठे हैं, लूटपाट और आग लगाने का काम जारी है। एक विशाल जुलूस निकला, जिसने विराट जिन्दाबाद के नारे लगाए। रथ पर बैठ राजा विजयदेव की सवारी निकल रही थी, उत्तेजित भीड़ ने उसे मार डाला। राजा की लाश उठाने की कोशिश में विराट के प्राण भी निकल जाते हैं, दोनों एक-दूसरे की गोद में मर जाते हैं। इस तरह के अन्त से दो राजहंसों का याद आना स्वाभाविक है। राजा विजयदेव विराट के बिना अधूरा और असमर्थ था, इधर विजयदेव के बिना विराट एक दिशाहीन खोज में अपने जीवन-संग्राम में भटकता हार गया।

हबीब के नाटक एक चरित्र-विशेष पर केन्द्रित रहे हैं। 'देख रहे हैं नैन' के कार्य-व्यापार की धुरी विराट है जो एक जीवन्त एवं सशक्त व्यक्तित्व के रूप में उभरता है। वह आत्मग्लानि और पश्चात्ताप की तड़पन के साथ अपने जीवन में नेकी से जीने का रास्ता ढूँढ़ता रहा जिससे किसी की बुराई या हानि न हो, पर ऐसा न हो सका। विफलता से घिरे विराट और विजयदेव का त्रासद अन्त हुआ। लेखक ने अन्तिम दो-तीन कोरस में इस घटनाक्रम को कर्म-फल सिद्धान्त से जोड़ने की कोशिश की है। निम्न कोरस में परिप्रेक्ष्य विराट का है पर जिन्दगी की व्याख्या तात्त्विक धरातल पर हुई है, इसमें जीवन-अनुभव और संवेदन का अद्‌भुत तालमेल है—

अब रहिए बैठ इक जंगल में सब कुछ तजकर बैराग लिये
वो करम की गठरी सर पर है और बोझ उसका भारी है
कुछ बोझ से पाँव रुका भी है, कुछ चलने की तैयारी है
औरों को सुख पहुँचाने में भी जुल्म का पहलू शामिल है,
दुनिया में नाम कमाने में भी जुल्म का पहलू शामिल है
खूब दानिस्ता भर जाने में भी जुल्म का पहलू शामिल है,
आखिर कब तक ये हाय-हाय इस अभिलाषा की आग लिये।

इस कोरस के सन्दर्भ में नाटक के प्रतिपाद्य-विषय की भी व्याख्या की जा सकती है। अपनी असरदार अभिव्यक्ति संरचना और लय-विन्यास के कारण यह नाटक का थीम-कोरस माना जा सकता है।

'कौन हो तुम क्यों देख रहे हो' का अभिशाप नाटक की अन्तर्वस्तु में अन्तर्व्याप्त है, सभी के 'जीवन का सुख-चैन' इन दो नैनों ने छीन लिया। इस रचना के नाटकीय अनुभव का समग्र-प्रभाव अवसादपूर्ण है। अपने अन्य नाटकों के अन्त की तरह, हबीब तनवीर इस नाटक का अन्त भी सवालिया निशान पर छोड़ते हैं।

अवसर मिलने पर हबीब तनवीर ने अपने रंगमंडल के बाहर दूसरी संस्थाओं के साथ कई प्रकार के नाटकों का मंचन किया है। रा.ना.वि. रंगमंडल के साथ 1989 में उन्होंने मैक्सिम गोर्की के उपन्यास 'द एनिमी' को प्रस्तुत किया। इसके नाटकीय रूपान्तरण में सफदर हाशमी पर्याप्त समर्थ एवं सफल रहे। सफदर का रूपान्तर भारतीय जीवन, समाज एवं आर्थिक तंत्र के धरातल पर हुआ है जिसके फलस्वरूप घटनाओं, चरित्र और उनके परिवेश का संयोजन बहुत विश्वसनीय बन पड़ा। भाषा, अभिव्यक्ति एवं संवाद-संरचना में सहज प्रवाह एवं स्वाभाविकता है। वैचारिक परिप्रेक्ष्य और संघर्ष को द्वन्द्वात्मक स्वरूप देने में सफदर शुरू से सतर्क रहे हैं। नाट्यालेख की बुनावट यथार्थवादी पद्धति पर हुई है परन्तु हबीब ने ब्रेख्त की शैली के अनुरूप परिवर्तन भी किए—मूल कारण-गीत-संगीत एवं कोरस है। उपन्यास का मुख्य प्रश्न है—औद्योगीकरण से उत्पन्न वर्ग-संघर्ष और उससे जुड़े अन्य मसले। पूँजीपति छल-छद्म के अपने सभी हथकंडे इस्तेमाल करता है और सर्वहारा के दमन एवं शोषण की नई-नई विधियाँ अपनाता है। इस दबे-घुटे तबके को अपने शत्रु की चाल को समझने और प्रतिरोध के लिए एकजुट करना, इस नाट्यालेख का प्रतिपाद्य-विषय है। इस नाटक में 5 गीत हैं जिन्हें स्वयं हबीब ने लिखा है और संगीतबद्ध भी किया है। इस प्रस्तुतीकरण में कोरस का विधान है जिसे मुख्य रूप से छत्तीसगढ़ के कलाकारों ने ऊर्जा और विश्वास के साथ निभाया। इन गीतों के लेखन और गायन के अन्तर्निहित प्रयोजन हबीब को स्पष्ट थे, अपने भावों के कथ्य के अनुरूप विद्रोही लय और स्वर देने के लिए उन्होंने कभी रवीन्द्र संगीत, कहीं नजरुल इस्लाम और रूसी क्रान्ति के गीतों और उनकी शैलियों से प्रेरणा ली। यथार्थवादी प्रस्तुति संरचना के कारण नाटकीय अनुभव का दबाव सघन होता रहेगा, कोरस इस दबाव में बाधा डाल सकता है, अन्यत्र सम्प्रेषण के विस्तार में वह उल्लेखनीय भूमिका निभाता है। वस्तुतः हबीब का मूल सरोकार दर्शक है जो भरपूर आस्वाद लेता है और जिनके प्रति उनकी प्रतिबद्धता केन्द्र में है। निम्न उदाहरण इस बात की पुष्टि करते हैं—

(1) *आसमान तक उठ रहा है जुल्म का पहाड़ रे*
जी नहीं सकेंगे अब तो ले के इसकी आड़,
पंजाए सितम को आजमा के जोर
हो सके तो बढ़के इस पहाड़ को उखाड़
आसमान तक उठ रहा है जुल्म का पहाड़।

(2) *दुश्मन को पहचान रे साथी*
तेरा संकट देख के तुझपे तरस जो खाए दुश्मन
तेरी मुसीबत में जो अनजाना बन जाए दुश्मन
तेरे दुख-सुख को जो समझे
दोस्त उसी को मान।

(3) *नाव भी है तैयार मुसाफिर*
बाढ़ भी है, तूफान भी है

और जाना भी है पार।
हिम्मत अभी तक नहीं टूटी, गो टूट गई पतवार।

इन गीतों के लय-विन्यास और भावावेग में अद्भुत तालमेल है। ऐसा भी लगता है कि हबीब एक पर्यवेक्षक के नाते इन गीतों में अपनी प्रतिक्रिया प्रकट करते हैं।

रा.ना.वि. रंगमंडल की तरह हबीब तनवीर ने श्रीराम सेंटर रंगमंडल के कलाकारों के साथ 1990 में 'जिस लाहौर नइ देख्या ओ जम्याइ नइ' को प्रस्तुत किया। असग़र वजाहत द्वारा लिखित हिन्दी के इस उल्लेखनीय नाटक ने पर्याप्त ख्याति अर्जित कर ली थी। इस नाटक में साम्प्रदायिक सौहार्द के ज्वलन्त सवाल को उठाया गया है। यह समस्या जितनी भावोत्तेजक है, उतनी चुनौतीपूर्ण भी। हबीब ने इस समकालीन सवाल को यथेष्ट सुलझी दृष्टि से सँभाला और कुछ परिवर्तन किए। उन्होंने यहाँ भी ब्रेख्त की प्रदर्शन-पद्धति की कुछ परिपाटियों को अपनाया है, कोरस उनमें से एक है, कोरस को अधिक प्रासंगिक एवं प्रभावोत्पादक स्वरूप देने के लिए नासिर काज़मी के अलावा इकबाल, फ़िराक गोरखपुरी, साहिर लुधियानवी, अमृता प्रीतम की नज़्मों-गीतों को उपयुक्त स्थलों पर जोड़ा और नाटकीय अनुभव को असरदार बनाया। नाटक के अन्त को भी बदला गया। समग्र प्रभाव की दृष्टि से प्रस्तुतीकरण सफल रहा और स्मरणीय भी। नाटक की विषयवस्तु और प्रस्तुति परिकल्पना यथार्थवादी है पर कोरस का प्रयोग सार्थक रहा। कोरस की शैली सम्बोधनपरक रही, वह दर्शकों को आश्वस्त रखने में सहायक सिद्ध हुआ है। कोरस को लेकर 'दुश्मन' वाला संगति का सवाल यहाँ भी उठा।

अन्त में, हबीब के नाटकों के सभी गीतों का मोटा-सा आकलन जरूरी है। कवि-हृदय तनवीर ने नाट्य-लेखन में गीतों की अर्थवत्ता और उपयोगिता को पूरी निष्ठा और सर्जनात्मक गम्भीरता से लिया है। गीतों के पहलू को सुधारने और निखारने में वे सदा तत्पर रहे और इस दिशा में पूरी खोज भी की। असल में थिएटर-संगीत की उनकी यथेष्ट पृष्ठभूमि और जानकारी रही है। इसलिए थिएटर-गीत-संगीत के प्रति उनका नजरिया प्रौढ़ एवं सुलझा हुआ था। नाटकीय आस्वाद को रुचिकर बनाए रखने के लिए वे गीत-संगीत की मनोरंजनपरक आवश्यकता को समझते थे परन्तु उसकी सीमा के प्रति वे सदा सतर्क रहे, अन्यत्र, गीत नाटक के कार्य-व्यापार के अभिन्न अंग हैं। ये शब्द-बहुल नहीं हैं और आकार में छोटे हैं, इसलिए कहीं बाधक या उबाऊ होने की स्थिति नहीं आई। हबीब के नाटकों के केन्द्रीय पात्र किसी-न-किसी बाह्य या आन्तरिक संकट से घिरे रहते हैं, ये गीत उनकी गुत्थियों को सामने लाते हैं या उन्हें नया आयाम देते हैं। ब्रेख्त की शैली के अनुरूप लिखे ये गीत संवाद के विस्तार हो गए हैं। इन्हीं स्थलों पर नाटककार को अपनी बात कहने के अवसर भी मिल जाते हैं। यह ध्यान देने योग्य सच्चाई है कि हबीब को लम्बे कथ्य-गीत लिखने और प्रस्तुत करने में अधिक सफलता मिली है—'आगरा बाजार' का 'आदमीनामा', 'बहादुर कलारिन' का अन्तिम मार्मिक गीत, 'देख रहे हैं नैन' के समापन खंड के गीत इस निष्कर्ष की पुष्टि करते हैं। ऐसे गीतों में जीवन और समाज के बारे में हबीब के दृष्टिकोण को समझने में मदद मिलती है। हबीब के लेखन और चिन्तन का अध्ययन करते समय नाटकों के गीतों की प्रमुख भूमिका को अनदेखा न करना होगा!

(नटरंग- 86-87, 2010, हबीब तनवीर विशेषांक)

7

कारन्त की समकालीनता

शालीन प्रकृति के कारन्त ने अपने जीवन का अधिकांश समय दिल्ली, भोपाल, बेंगलूर जैसे महानगरों में बिताया परन्तु अपने रहन-सहन और आचरण में सरल-सहज कारन्त नागर-सभ्यता को न तो अपना सके और न उससे अछूते रह सके। यह असंगति कठिनाई बनी और इसे जीवन भर भुगतना पड़ा।

कारन्त का हिन्दी अनुराग मारवाड़ी स्कूल के हिन्दी अध्यापन या दक्षिण भारत प्रचारिणी समिति के प्रचारक पद तक सीमित न था। महात्मा गांधी की प्रेरणा से उन्होंने इसे राष्ट्र-सेवा के रूप में अपनाया। यह एक बीजारोपण था, जो कई दिशाओं में पल्लवित हुआ। हिन्दी साहित्य के वे आजीवन गम्भीर अध्येता रहे। यह सर्वविदित है कि उनमें न मिटने वाली पुस्तकों की भूख मौजूद थी। हिन्दी रंगकर्म उनकी सृजन-साधना का अभिन्न अंग रहा है। वे हिन्दी रंगमंच के कीर्ति स्तम्भ हैं, जिनके बहुमुखी योगदान का अभी आकलन होना है। उनके हिन्दी प्रेम को देशवत्सलता के परिप्रेक्ष्य में भी देखना चाहिए। संस्कृति के केन्द्र बनारस में उनकी उच्च शिक्षा सम्पन्न हुई और साथ ही नए कला-संस्कारों में अभिवृद्धि के द्वार खुले। इसे उन्होंने निष्ठा और उदारता से माना और अपने उऋण होने का अहसास कभी नहीं भूले। वस्तुत: वे प्रबल भाषा संस्कार लेकर हिन्दी प्रदेश में आए थे। यहाँ वे यह देखकर कुछ निराश और कुछ क्षुब्ध थे कि शिक्षित समाज हो या गैर-शिक्षित, किसी में अपनी भाषा के प्रति न किसी प्रकार का सरोकार है और न लगाव, यहाँ तक कि सांस्कृतिक जागृति की भी कोई चिन्ता नहीं है। दक्षिण या बंगाल में भाषा का सवाल विस्फोटक है और यह उत्तेजना आज भी पैदा हो सकती है। इस पृष्ठभूमि में कारन्त का राष्ट्र या सम्पर्क भाषा के बारे में एक अलग साफ-सुथरा दृष्टिकोण रहा है। हिन्दी प्रदेश के लोगों को यह समझ लेना चाहिए कि हिन्दी को राष्ट्रभाषा का यह गौरव अहिन्दी भाषी समाज-सुधारकों या संस्कृति कमियों या राजनेताओं ने ही दिया था। अब भी अहिन्दीभाषी विद्वान-लेखक ही उसे यह दर्जा दिलवा सकते हैं। यह दायित्व और पहल उन्हीं के जिम्मे रहे तो इसी में सभी की शान्ति और भलाई है। कारन्त का गहरा हिन्दी प्रेम रंगकर्म की हिन्दी प्रस्तुति में फलीभूत हुआ और प्रसाद प्रेम उसकी विरल उपलब्धि है।

कारन्त अपनी इस स्थापना को अक्सर दोहराया करते थे—थिएटर न तो ऐतिहासिक होता है और न यथार्थवादी, वह मूलत: समकालीन होता है। समय और समाज के साथ

दर्शक-समुदाय बदलता रहता है। निदेशक इस तथ्य को न भूले कि कहाँ किन प्रेक्षकों के लिए रंगकर्म कर रहा है। दूसरे शब्दों में, उनकी स्थापना का तात्पर्य है—मूल नाटक में छोटे-मोटे सुधार जैसे कार्य-व्यापार को गति और अन्विति देने के लिए दृश्यों के क्रम को आगे-पीछे करना—संवादों की वाग्स्फीति को तराशना, प्रस्तुति परिकल्पना को युगीन अभिरुचियों के अनुरूप बदलना, जहाँ-तहाँ उपयुक्त स्थल मिले तो सामयिक संकेत जोड़ देना—ऐसी विशेषताओं को आवश्यकतानुसार नया विन्यास देना थिएटर का समकालीन होना है। कारन्त ने किसी नाटक के प्रस्तुति-आलेख में इसलिए आमूल परिवर्तन नहीं किए कि उसे किसी समकालीन मुद्दे या सन्दर्भ से जोड़ा जा सके। कारन्त ने ऐसा साहस कभी नहीं दिखाया। कारन्त की स्थापना का दायरा निर्देशक की कल्पनाओं तक सीमित है। उनके मत में निर्देशन का मतलब है नाटक के लिए नई और सामयिक प्रस्तुति-परिकल्पना की खोज। नाटक पुराना हो सकता है, दूसरी भाषा का हो सकता है, नगर-महानगर का सवाल हो सकता है। निर्देशन में इन तथ्यों पर नजर रखनी होगी और उसे ताजा और समकालीन बनाना होगा। इस सिलसिले में 'अन्धेर नगरी' के अन्तिम दृश्य को याद किया जा सकता है। राजा के फाँसी पर चढ़ने के बाद उसके मुकुट को गुरु फुर्ती से पकड़ता है और स्वयं पहन लेता है। महात्मा गांधी के निष्ठावान भक्त और मुखर दावेदार मोरारजी देसाई ने प्रधानमंत्री का पद पाने में ऐसी ही चुस्ती दिखाई थी। यह परिवर्तन किसी सुविचारित नीति या दृष्टि का परिणाम न था, यह कारन्त की सिक्स्थ सेन्स का कमाल था जो राजनेताओं की राजलिप्सा पर तीखा प्रहार करता है। ऐसे प्रयोग और 'सुधार' प्रस्तुतीकरण को प्रासंगिक और विश्वसनीय बनाते हैं।

राजनैतिक नजरिये से कारन्त पर्याप्त प्रबुद्ध और उस दुनिया के यथेष्ट जानकार थे। उनकी परिचय-परिधि में कुछ राजनेता भी रहे हैं। उनके जीवनकाल में बहुत राजनैतिक सरगर्मियाँ रही हैं और विचारधाराओं का बोलबाला भी कम न था। कारन्त ने अपनी समकालीन सोच और नीति को राजनीति के सन्दर्भ से दूर रखा। वे किसी प्रकार के लेबल में नहीं पड़ना चाहते थे। दरअसल इस मुद्दे पर वे सावधान रहे, उन्हें किसी प्रकार की पक्षधरता से पूरा परहेज था। उनका विश्वास था कि कला, साहित्य और संस्कृति की प्रगति उसके स्वायत्त रहने पर ही सम्भव है।

इसी सन्दर्भ में एक दिलचस्प परन्तु काबिलेगौर सच्चाई यह है कि वे वामपन्थियों के बहुमुखी योगदान की बात खुले मन से स्वीकार करते रहते थे। आजादी के बाद देशव्यापी फलक पर आकलन करें तो सृजन-लेखन-प्रदर्शन के स्तर पर वामपन्थी मनीषा ने सही दिशा में विकास का मार्ग प्रशस्त किया। इस विचारधारा के रचनाकारों, विद्वानों-चिन्तकों आदि ने कला, साहित्य और संस्कृति के क्षेत्र में अपनी महत्त्वपूर्ण उपलब्धियों के कारण समाज में गुणात्मक परिवर्तन और नई सम्भावनाओं के द्वार खोले हैं। यहाँ तक तो ठीक था परन्तु किसी मसले पर बहस चल रही हो तो वे मेरी राय या दबाव को अनदेखा कर देते थे। वे इस विचारधारा को विदेशी या पराया ही समझते रहे। वे रचनाकार की लेखकीय आजादी पर विश्वास रखते थे और वाम या दक्षिण पन्थ से न जुड़ने के बारे में स्पष्ट और दृढ़ थे।

इस तरह का आग्रह लेकर चलने से कुछ अप्रत्याशित कठिनाइयाँ उभर आईं। कारन्त अपनी प्रस्तुतियों के बौद्धिक या वैचारिक पहलुओं पर पूरा ध्यान नहीं दे पाए। यह उनकी प्रस्तुति-परिकल्पना की सामान्य प्रवृत्ति तो है पर इसे उनकी एक बड़ी सीमा मानना होगा। प्रसाद के नाटकों को समकालीन बनाने के लिए कारन्त प्रसाद के पूरे साहित्य को टटोल डालते हैं परन्तु उनकी रुचि और खोज की दिशा केवल गीतों / कविताओं के चयन तक अधिक रही। इसमें कोई सन्देह नहीं कि यह चयन कोई साधारण उपलब्धि नहीं है, इससे निश्चय ही, नाट्य स्थिति या चरित्र को नया आयाम मिला है पर इससे सारा वातावरण कई बार गीतधर्मी हो गया है। 'स्कन्दगुप्त' के प्रस्तुतीकरण का प्रत्यक्ष साक्षी होने के नाते इस अनदेखे पहलू का विश्लेषण आवश्यक है। नाटककार के मन्तव्य को सामने रखना जरूरी था, साथ ही प्रस्तुतीकरण को सही परिप्रेक्ष्य में मंचानुकूल बनाना था, इसलिए कारन्त ने प्रस्तुति का समारम्भ "आह! वेदना मिली विदाई के" पार्श्वगीत से किया। गीत की स्थायी के बाद 'स्कन्दगुप्त' मंच के केन्द्र में खड़े होकर—"अधिकार सुख कितनी मादक और सारहीन है..." संवाद बोलता है, पर पूरा नहीं, इस गीत का एक अन्तरा "लौटा लो यह अपनी थाती..." गाया जाता है, स्कन्दगुप्त संशय और अनिश्चय से उबरता है और मनोबल अर्जित कर एक सेनापति के नाते सैनिकों का आगामी युद्ध के लिए आह्वान करता है—"वीर मगध सैनिको! आज स्कन्दगुप्त तुम्हारा संचालन कर रहा है, यह ध्यान रहे, गरुड़-ध्वज का मान रहे, भले ही प्राण चले जाएँ।" इस ओजस्वी वक्तव्य के साथ 'हिमाद्रि तुंग शृंग' से गीत शुरू होता है, सभी पात्र सैनिक गतियों से प्रवेश और प्रस्थान करते हैं। इस गीत के दो अन्तरे गाए जाते हैं जिनकी समाप्ति पर स्कन्दगुप्त अपनी उदासीनता प्रकट करता है—उँह। जो कुछ हो, हम तो साम्राज्य के सैनिक हैं। इस नाट्य स्थिति की नई बुनावट का विवेचन इस प्रकार होगा। कारन्त ने 'स्कन्दगुप्त' के अन्तर्द्वन्द्व को दृश्यांकित करने के लिए यहाँ गीत और संवाद का कल्पनाशील अन्तर्ग्रन्थन किया है। गीत-संगीत की मधुर स्वरलहरियों से आप्लावित प्रेक्षक को तरल रंगानुभूति तो होगी परन्तु शब्द अर्थात् मूल संवाद की तात्त्विक शक्ति शिथिल या फीकी पड़ गई 'स्कन्दगुप्त' की पहली पहचान भावमयी लगेगी। नाटक की अन्तर्वस्तु और चरित्र-निरूपण के पीछे एक तर्क-पुष्ट बौद्धिक प्रक्रिया रहती है। वह मजबूत आधार निर्बल पड़ जाएगा। इस नाटक के सर्वाधिक प्रभावशाली संवाद एकालाप या स्वगत हैं। इन्हें तराशा गया या गीतों में सँजोया गया है। नाटक की सारी प्रस्तुति-संरचना गीतों के विन्यास पर स्थिर है अर्थात् अगर इन्हें हटा दिया गया तो संवादों पर आधारित प्रस्तुतीकरण का सारा असर बिखर जाएगा। राष्ट्र या व्यक्ति के प्रत्येक मसले की गम्भीर अभिव्यक्ति गीत-संगीत में हुई है। इस नाटक को एक लम्बी कविता मानने वाले कारन्त के सृजन की यही दिशा है, जहाँ उन्हें अद्भुत महारत हासिल हो चुकी है। 'स्कन्दगुप्त' का पूर्वाभ्यास हर रोज संगीत के सामूहिक गायन से होता रहा, कलाकारों की मनोभूमि तैयार करने के लिए यह उपयुक्त साधन माना जा सकता है परन्तु संवादों के निहित तात्पर्य या प्रयोजन या अन्तर्पाठ तक जाने की उतनी ही कोशिश या पोलिशिंग की गई जितनी आवश्यक समझी गई। परिणामस्वरूप वे विचार-बिन्दु जिनकी परिणति विजन को प्रज्वलित करने की होती है, उनकी ज्योति मन्द पड़ जाती है। इससे प्रस्तुतीकरण का बौद्धिक या वैचारिक

पक्ष कुछ उच्छ्वासपूर्ण हो गया। इस प्रस्तुतीकरण की सतह पर उसका राष्ट्रीय पक्ष उभर आया, उसमें भी राज्यारोहण, षड्यंत्र, युद्ध, प्रपंच बुद्धि के चमत्कार जैसे प्रसंग प्रमुखता पा गए। अनन्तदेवी, पुरगुप्त, भटार्क, प्रपंचबुद्धि, विजया, धातुसेन, मुद्गल, शर्वनाग की कौतुकपूर्ण मंच उपस्थिति होती रही और नाटकीय अनुभव का सन्तुलन डगमगा गया। रोमांटिक स्थितियों के अन्तर्पाठ नहीं खुले। 'स्कन्दगुप्त' का राष्ट्रीय पक्ष प्रेक्षक को यथेष्ट अनुप्रेरित और प्रभावित करता है परन्तु स्कन्दगुप्त के चरित्र को देवसेना-विजया के त्रिकोण तक देखना उचित न होगा। स्वभाव से अन्तर्मुखी और संवेदनशील स्कन्दगुप्त का आन्तरिक संघर्ष व्यक्ति और राष्ट्र दोनों धरातलों पर जीवन सच की खोज में जुटा है—'इस धरती को स्वर्ग होना है।' देवसेना और विजया निमित्त मात्र हैं, उसके अकेलेपन की कई परतें हैं जो जीवन के, समाज के, राष्ट्र के तात्त्विक सवालों से जुड़ी हैं। यही स्थिति देवसेना की भी है। प्रेम-प्रसंग मात्र एक कारण है, देवसेना की आन्तरिक शक्ति उसके स्त्रीत्व की गरिमा और आत्म-सम्मान की रक्षा में देखनी होगी। इस प्रस्तुतीकरण में राष्ट्रीयता और रोमांटिकता के प्रत्यक्ष अनुभव तो हो जाते हैं परन्तु कथ्य के कई गम्भीर पहलू फीके पड़ गए। कारन्त की प्रस्तुति-परिकल्पना में शब्द गौण हुआ तो नहीं कहा जाएगा परन्तु वह केन्द्र में भी नहीं रहा। इससे विचार पक्ष की सशक्त अभिव्यक्ति नहीं हुई। अन्तर्वस्तु तथा चरित्र अपनी सम्पूर्ण क्षमता या सम्भावना के साथ उजागर नहीं हुए, ऐसा मुझे लगता है।

रा.ना.वि. की स्नातिका रबिजिता गोगोई ने जब 'ध्रुवस्वामिनी' के मंचन का निर्णय लिया (1998) तो उस दौर में नारीवाद पर खूब बहस चल रही थी। उनका इस आन्दोलन से अनुप्रेरित होना और 'ध्रुवस्वामिनी' जैसे नारी प्रधान नाटक को प्रस्तुत करने का प्रयोजन भी समझा जा सकता है। ध्रुवस्वामिनी और कोमा का स्वभाव भिन्न प्रकार का है परन्तु दोनों प्रेम और विवाह के अन्तर्विरोधों को झेल रही हैं। अपने आत्म-सम्मान की ज्योति को उद्दीप्त रखते हुए ध्रुवस्वामिनी राजशक्ति—रामगुप्त, धर्मशक्ति—पुरोहित की प्रभुता को चुनौती देती है। इस प्रस्तुति में उनकी मुक्ति की आकांक्षा को मन्दाकिनी मुखर अभिव्यक्ति देती है। रबिजिता ने संवाद-प्रस्तुति में यथार्थ का पुट देकर उसे समकालीन स्वरूप दिया है। पारम्परिक मर्यादाओं से उलझती-उबरती इन स्त्रियों के माध्यम से रबिजिता उनकी आधुनिक अस्मिता के लिए अनथक संघर्ष को विश्वसनीयता प्रदान करने में सफल रही है। इन अन्तर्ध्वनियों की वजह से इन प्रस्तुतीकरण के नाटकीय आस्वाद में बदलाव महसूस किया जा सकता है।

कारन्त के व्यक्तित्व, आचरण और रंगकर्म को समग्रता से आँकें तो यह निर्विवाद रूप से माना जा सकता है कि वे पारम्परिक रंग स्रोतों के धरातल पर सृजन एवं चिन्तन करते थे। उनकी उपलब्धियों की दिशा पारम्परिक रंगशैलियों में मौलिक प्रयोगकर्ता के रूप में रेखांकित की जा सकती है। वे विचार और व्यवहार के स्तर पर न रूढ़िवादी थे और न पुरातनपन्थी; उनके उदार, ग्रहणशील दृष्टिकोण की परिणति मानवतावाद में देखी जा सकती है। यहाँ उनकी हबीब तनवीर और रतन थियम से तुलना इसलिए प्रासंगिक है क्योंकि ये दोनों भी इसी प्रकार का थिएटर कर रहे हैं। इससे वस्तुस्थिति को समझने में मदद मिलेगी। हबीब तनवीर के भी रंगस्रोत पारम्परिक हैं, पर उनके रंगकर्म का द्रष्टा रूप प्रबल रहा है।

यह सर्वविदित है कि इस दिशा में उनको प्रेरणा और दृष्टि मार्क्सवादी चिन्तन से मिलती रही। 'आगरा बाजार', 'मिट्टी की गाड़ी', 'चरणदास चोर' जैसी अविस्मरणीय प्रस्तुतियों में आधुनिक नजरिया सिर उठाता दिख जाएगा। रतन थियम मणिपुरी जीवन, समाज, संस्कृति और साहित्य के गहरे संस्कारों के रचनाकार हैं। मणिपुर की रंग परम्पराओं पर उनका नैसर्गिक अधिकार रहा है। उनके रंगकर्म में फॉर्म का कलात्मक उत्कर्ष तो प्रभावित करता ही है परन्तु उसकी सार्थकता और महत्ता इसलिए बढ़ जाती है क्योंकि वे अपनी अन्तर्वस्तु को पूरी शक्ति के साथ स्थापित करते हैं। 'चक्रव्यूह' और 'उत्तरप्रियदर्शी' में पहला आकर्षण प्रस्तुति-परिकल्पना का है परन्तु इन प्रस्तुतीकरणों की वास्तविक सफलता कथ्य की प्रभावी अभिव्यक्ति में मिलेगी। अन्तर्राष्ट्रीय ख्याति प्राप्त निर्देशक रतन थियम आज भारतीय रंगमंच के गौरव हैं। कारन्त के मानदंड को सामने रखें तो उपर्युक्त निर्देशक समकालीन हैं। अपने दर्शकों के प्रति उत्तरदायी इनकी प्रस्तुतियाँ सामयिक और प्रासंगिक हैं परन्तु अपने लक्ष्य के प्रति वे साफ और सजग हैं। जाहिर है हबीब तनवीर अधिक जागरूक और आधुनिक हैं। इस पक्ष को लेकर रतन थियम अपना सन्तुलन नहीं खोते। कारन्त समकालीन तो हैं परन्तु उनकी प्रस्तुतियाँ आधुनिक होने का प्रयास अवश्य करती हैं। रबिजिता गोगोई नई संशयहीन युवा पीढ़ी की ताजी उपज हैं इसलिए उसे स्त्रीवाद के अपने मन्तव्य को स्थापित करने में कठिनाई नहीं हुई।

यह भी किसी से छिपा नहीं है कि वामपन्थी निर्देशक और रंगकर्मी कारन्त को दक्षिणपन्थी खेमे में रखना पसन्द करते हैं। यह अकारण नहीं है कि एम.एस. सथ्यू, हबीब तनवीर, प्रसन्ना, एम.के. रैना आदि किसी-न-किसी बहाने कारन्त के रंगकर्म को न उचित मान्यता देते थे और न ही उनके योगदान की सराहना करते थे। वामपन्थियों ने अपने पक्ष के प्रमाण भी ढूँढ़ रखे थे। भाववादी जीवनदृष्टि के कारन्त के थिएटर में भव्यता और गेयता के प्रत्यक्ष रुझान मिल जाएँगे परन्तु उसमें समकालीन सामाजिक-राजनैतिक सरोकार की चिन्ता नहीं मिलेगी। उनमें राष्ट्रवाद के गहरे आग्रह रहे हैं, यह एक अलग सवाल है। यह सही है कि भारतीयता या उसकी अवधारणाओं को लेकर कारन्त अपना मत या विश्वास नहीं बदलते थे परन्तु यह बड़ा सच है कि वे लेबल से बचते हुए मानवतावादी स्थापनाओं के पक्षधर रहे।

कारन्त की उपलब्धियों का स्वरूप और प्रकार इतना विविध और उल्लेखनीय है कि उपयुक्त परिप्रेक्ष्य में उन्हें समझना, परखना और स्थान निर्धारित करना जरूरी हो गया है। पेशावर में पैदा हुए ख्याति प्राप्त कलाकार-निर्देशक पृथ्वीराज कपूर के बाद मंगलूर, कर्नाटक के प्रकृति-पुत्र कारन्त दूसरे ऐसे रंग-उन्नायक हैं, जिन्होंने देश के विभिन्न नगरों में घूम-घूमकर अपनी प्रभावी उपस्थिति से भारतीय रंगकर्म के प्रति प्रसार और प्रतिष्ठा का दायित्व निभाया। कारन्त भारतीय मानस और उसके रंग-संस्कारों के पारखी थे, इसलिए उनके रंगकर्म में जन-संवेदन को छूने की क्षमता है। एक लम्बी रंग-साधना के बाद कारन्त ने अपनी प्रदर्शन-विधि पर अधिकार प्राप्त कर लिया था। केन्द्र में रहा कम्पनी थिएटर जिसकी रंगरूढ़ियों का परिमार्जन कर, उन्हें नई अर्थवत्ता प्रदान की। थिएटर-संगीत उनकी सर्जना का प्रिय क्षेत्र रहा है, जहाँ उनकी नवीन कल्पनाएँ और सार्थक प्रयोग एक नए भावलोक

का निर्माण करती थीं। प्रस्तुति को अप्रत्याशित अर्थ देने वाले ऐसे प्रयास अद्‌भुत और अद्वितीय हैं। 'सत्तवर नेरालू', 'हयवदन', 'अन्धेर नगरी' और 'स्कन्दगुप्त' उनकी रंगयात्रा के मील के पत्थर हैं। पंजाबी और तेलुगू की प्रस्तुतियों के स्तर और सफलता पर गर्व किया जा सकता है। इनमें वे वस्तुतः रंगमंच की भारतीय संरचना की खोज करते मिल जाएँगे। उनकी कार्यशैली की इस विशेषता को अनदेखा करना उचित न होगा, थिएटर-विस्तार के बारे में उनकी दिलचस्पी और कोशिश जितनी प्रबल रहती थी, उतनी उसके निखार या उत्कर्ष में नहीं।

हिन्दी रंगमंच को सन्तुलित रंगदृष्टि प्रदान करने और उसके बहुमुखी विकास करने में कारन्त की अग्रणी भूमिका रही है। उनकी प्रसाद-निष्ठा अद्वितीय कही जा सकती है। उन्होंने प्रसाद के नाटकों को अपनी अन्विति और आयाम देकर उन्हें रागात्मक दृश्यता से जीवन्त बनाया। अन्ततः इस निष्कर्ष से मुँह नहीं मोड़ सकते कि कारन्त का जीवन और रंगकर्म पारम्परिक धरातल पर चला। उनकी प्रस्तुतियों की मूल विशेषता और सफलता का आधार गीत-संगीत का संवेगात्मक प्रवाह है, जिससे शब्द की महत्ता और विचार की सत्ता कुछ दबी-सी रहती थी। वे समकालीन तो बने रहे पर आधुनिक नहीं हो पाए।

(रंग-प्रसंग, 2003)

8

पचास वर्षों में भी सामाजिकचर्या नहीं बना दिल्ली का रंगकर्म

स्वतंत्रता प्राप्ति पर जीवन में कुछ करने का उमंग भरा अहसास, इसने 50 के दशक में दिल्ली के कला-जगत में स्फूर्ति और गतिशीलता ला दी। इधर, सामाजिक बदलाव और आर्थिक संरचनाओं के नवगठन को लेकर नेहरू-युग की कल्याणकारी योजनाओं और वैचारिक स्वप्नशीलता से पूरे मध्यम वर्ग में एक सम्मोहन-सा छा गया था। ऐसे में व्यवस्था के स्तर पर संस्कृति के स्वस्थ विकास और इस दायित्व को अनदेखा नहीं किया जा सकता। इसी के चलते तीन अकादमियों की स्थापना का निर्णय लिया गया। संगीत नाटक अकादमी का विधिवत् गठन 1953 में हुआ। उस समय चल रही बेतरतीब कोशिशों और गतिविधियों को सही दिशा में संयोजित करने, उनको उपयुक्त संगठनात्मक स्वरूप प्रदान करने में कमलादेवी चट्टोपाध्याय ने अग्रणी भूमिका अदा की। इस लक्ष्य की पूर्ति के लिए उन्होंने 1949 में भारतीय नाट्य संघ को, प्रारम्भ से ही, सक्रिय रखते हुए शौकिया रंगमंडलियों का पथ-प्रदर्शन किया, नाट्य-समारोहों का आयोजन किया और विचार-विनिमय के लिए संघ ने मंच प्रदान किया। यह उनकी दूरगामी सोच और पहल का परिणाम निकला कि एशियन थिएटर इंस्टीच्यूट ने अपना कार्य शुरू किया। यह एक ऐसा महत्त्वपूर्ण बीजारोपण सिद्ध हुआ जो 1959 में राष्ट्रीय नाट्य विद्यालय के रूप में पल्लवित एवं प्रतिष्ठित हुआ। विचारों में प्रतिबद्धता का उनका साग्रह रहा है परन्तु कार्यान्वयन के स्तर पर वे अधिक प्रबुद्ध और व्यवहार कुशल पाई गईं। प्रदर्शन और प्रकार की दृष्टि से कौन-सी ऐसी पद्धति अपनाई जाए जो भारतीय रंगमंच की सम्पूर्ण पहचान दे सके, उसके भविष्य की रूपरेखा और सम्भावना की दिशा क्या होनी चाहिए जैसे अनेक सामयिक सवालों और समस्याओं पर विचार-मन्थन आवश्यक था। इस मुद्दे की महत्ता और गम्भीरता को समझते हुए संगीत नाटक अकादमी ने संवाद का क्रम 50 के दशक से 80 के दशक (1956, 59, 61, 66, 71, 84, 89) में हुई संगोष्ठियों तक जारी रखा। एक प्रकार से चली इस लम्बी बहस से देशभर के मुख्य नाटककारों, निर्देशकों और नाट्यालोचकों की भागीदारी के उपयोगी परिणाम निकले।

विभाजन के बाद दिल्ली में बस रहे पंजाबियों की संख्या निरन्तर बढ़ रही थी। शिक्षा और व्यापार के बाद अब कला के क्षेत्र में अपनी उपस्थिति दर्ज कराने के लिए वे अभिव्यक्ति

के माध्यम खोजने लगे। कहीं लाहौर का अभाव उन्हें गहरे रूप से खटक रहा था। दिल्ली को उसका विकल्प माना जाने लगा। आसपास की प्रतिभाएँ यहाँ एकत्रित होने लगीं। सत्ता की कोरी इमारतों की इस राजधानी में सांस्कृतिक शून्य को भरने की गूँज सुनाई देने लगी। पृथ्वीराज कपूर और उनके थिएटर से अनुप्रेरित नाटककार-निर्देशक-अभिनेता रमेश मेहता ने अपने नाटकों में इस महानगर के नए बहुभाषी उभरते मध्यम वर्ग की जानी-पहचानी जीवन-स्थितियों और अन्तर्विरोधों को ऐसे चुस्त-दुरुस्त नाटकीय ढंग से संयोजित और प्रस्तुत किया कि प्रदर्शनों को देखने के लिए भीड़ उमड़ पड़ी। 'थ्री आर्ट्स क्लब' (1954) के संस्थापक तथा बहुआयामी क्षमता के धनी रमेश मेहता को 'जमाना', 'ढोंग', 'अंडर सेक्रेटरी' जैसे प्रस्तुतीकरणों से प्रसिद्धि मिली। सन्देश पर बल देने वाले उनके सीधे—एकरेखीय नाट्यालेख साहित्यिक गहराई से चाहे इतने गम्भीर न थे परन्तु सामाजिक दृष्टिकोण और प्रासंगिक रंगकर्म के कारण टिकट खरीदकर आए अपने अपार दर्शकों से संवाद स्थापित करने में वे कभी कमजोर नहीं पड़े। लोकप्रियता के दबाव से, यह सच है कि उनके नाटकों का प्रस्तुति-स्तर ऊपर न उठ सका। उन्हीं दिनों 'इन्द्रप्रस्थ थिएटर' के आर.जी. आनन्द के लेखन-निर्देशन में मंचित 'हम हिन्दुस्तानी' चर्चा का विषय रहा। इस रंगमंडली ने अपनी सार्थक प्रस्तुतियों से कई वर्ष तक दिल्ली रंगमंच को समृद्ध किया।

'दिल्ली आर्ट थिएटर' (1951) के संस्थापक-निर्देशक शीला भाटिया ने भव्य, दृश्याकर्षक, सरस परन्तु सुरुचिपूर्ण प्रस्तुति-परिकल्पना से यहाँ के रंगजगत को मुग्ध कर दिया। पंजाब की लोक-संस्कृति की अच्छी समझ रखने वाली इस निर्देशक ने लोक-कथा और लोक-संगीत को समकालीन परिप्रेक्ष्य दिया परन्तु उनकी मौलिकता और प्रतिभा के प्रमाण ऑपेरा शैली में विकसित उनकी नई रंग-परिकल्पना में मिले जहाँ लोक-रंग-तत्त्वों को नया कलात्मक विन्यास दिया गया। नाट्यालेख के अनुरूप गीत-संगीत और नृत्य के नाटकीय संयोजन में वे उत्तरोत्तर निपुण होती गईं और इस तरह 'हीर-रांझा' (1956), 'चन्न बदलां दां' (1966), 'सुलगदे दरिया' (1983) द्वारा उन्होंने पंजाबी थिएटर के प्रति आदर का भाव पैदा किया। उन्होंने हिन्दी-उर्दू में भी नाटक प्रस्तुत किए। 'दर्द आएगा दबे पाँव' में फैज की चुनी ग़ज़लों को नाटकीय संगीत के जरिए ऐसी कड़ी में दृश्यांकित किया गया ताकि एक विशेष सन्दर्भ उभर सके। प्रारम्भ से वे रा.ना.वि. में 'अभिनय' के प्रशिक्षण-अध्यापन कार्य को कई वर्ष तक बखूबी निभाती रहीं। 'दिल्ली आर्ट थिएटर' का अपना रंगमंडल रहा जो उनके नाटकों का मंचन करता रहा। अन्तिम दशक तक चली उनकी लम्बी रंगयात्रा ने दिल्ली रंगकर्म को अपनी बहुभाषी प्रस्तुतियों और उनकी कलात्मक-समृद्धि से प्रभावित किया।

लगन और साहस से भरपूर संस्थापक-निर्देशक इन्दरलाल दास ने अपने 'लिटिल थिएटर ग्रुप' (1949) को लाहौर के बाद दिल्ली में पर्याप्त सक्रिय रखा। इस रंगमंडली को न साधनों की कमी रही और न उत्साह की, और सब तरह के नाटकों के मंचन में निरन्तरता भी दिखाई। प्रारम्भ में अंग्रेजी में नाटक खेलने का सुझाव रहा, एक दौर विदेशी नाटकों के अनुवाद / रूपान्तर का आया, हिन्दी के मौलिक नाटक भी उठाए गए। एल.टी.जी. ने अपने रंगमंडल का पूरा लाभ उठाया, अपने लिए थिएटर-हॉल का निर्माण किया, एक लघु-

पत्रिका निकाली। मोहन उप्रेती के निर्देशन में प्रस्तुत 'इन्दर सभा' और बृजमोहन शाह के निर्देशन में मंचित 'लोअर डैप्थ' इस ग्रुप की कुछ उपलब्धियाँ हैं। सब प्रकार के प्रयत्न करने के बावजूद यह रंगमंडली न तो अपनी कोई पहचान बना सकी और न अपनी खास छाप छोड़ सकी।

इस दशक में 'हिन्दुस्तानी थिएटर' (1954) की कुदसिया बेगम ने भिन्न प्रकार का जोखिम उठाया। उन दिनों गम्भीर, सार्थक और मंचोपयोगी नाटक सुलभ न थे। उन्होंने संस्कृत के क्लासिक नाटकों को आम दर्शक तक पहुँचाने का संकल्प किया ताकि वे अपने गौरव-ग्रन्थों की गुणवत्ता जान सकें। कुछ लोक और कुछ पारसी शैली की विशेषताओं का सहारा लेते हुए नियाज हैदर ने शकुन्तला, मुद्रा राक्षस और मिट्टी की गाड़ी के नाट्यालेख तैयार किए। रूपान्तरण की प्रक्रिया और प्रदर्शन-शैली की शिथिलता से इस प्रयोग की कमजोरियाँ छिपी न रहीं। इस खोज में निर्देशक नरेन्द्र शर्मा ने शकुन्तला को दृश्यांकित किया। सुरुचि और संवेदना के निर्वाह के कारण उन्हें सफलता मिली। नृत्य-नाटिका शैली में इस बीच हबीब तनवीर ने बहुत जाना-सीखा, इसलिए वे 'मिट्टी की गाड़ी' के प्रस्तुतीकरण को सँभाल सके। ऊँचे उद्‌देश्य की प्राप्ति में निर्देशक चाहे सफल नहीं हो सके परन्तु भविष्य के लिए इन्होंने एक नए अछूते मार्ग का प्रवर्तन किया।

वामपन्थी चिन्तन के हबीब तनवीर ने अपनी रंगमंडली 'नया थिएटर' का गठन इसी दशक में किया। कई दशक पार करती हुई उनकी रंगयात्रा में कई मोड़ आए। उनकी रंगचेतना की नींव इप्टा-आन्दोलन के दौरान पड़ी। वे 'हिन्दुस्तानी थिएटर' में भी सक्रिय रहे। वे कुछ वर्ष विदेशों में भी रहे। इन अनुभवों से समर्थ और सुलझे हबीब ने अपने लिए एक स्वतंत्र सुविचारित रंग-दिशा निर्धारित की। हबीब ने रंग-ऊर्जा के स्रोत से जुड़ने के लिए अपनी जमीन छत्तीसगढ़ की लोक-शैली 'नाचा' का आधार लिया। वहीं के सधे-मँजे कलाकारों को शामिल कर अपने रंगमंडल का गठन किया। इनके साथ निरन्तर अभ्यास और प्रयोग करते हुए वे खुली-लचीली पर विशिष्ट रंगशैली विकसित करने में सफल रहे। हबीब की रंगक्षमता की वास्तविक पहचान नाटक, उसकी अन्तर्वस्तु के अनुरूप लोक रंग तत्त्वों के सार्थक लाभ उठाने और नए आयाम खोजने में देखी जा सकती है। 'आगरा बाजार', 'मिट्टी की गाड़ी', 'चरणदास चोर', 'मुद्राराक्षस' अपने कथ्य और शिल्प के स्तर पर कितने भिन्न और अलग प्रकार के हैं परन्तु इन सबको जिस रंगदृष्टि से सँभाला और प्रस्तुत किया गया है, वह उनकी कुशलता है। उनमें निरन्तर मँजाव आता गया। प्रासंगिक तेवर देते हुए उन्होंने भारतीय रंगकर्म की नई सम्भावनाएँ खोली हैं।

इस सच्चाई से बहुत हैरान नहीं होना चाहिए कि इस दौर में अगर कोई नियमित और बेहतर थिएटर चल रहा था तो वह अंग्रेजी रंगमंच। दिल्ली विश्वविद्यालय के प्राध्यापकों और आकाशवाणी के कलाकारों ने मिलकर 'यूनिटी थिएटर' स्थापित किया। इस ग्रुप ने शेक्सपियर, आर्थर मिलर जैसे श्रेष्ठ नाटककारों को उठाकर अपनी निष्ठा और क्षमता के प्रमाण दिए। जिम टाइटलर ने दूतावासों के सम्पर्क-सहयोग से अपनी रंगमंडली 'थिएटर वर्कशॉप' को ऐसा स्वरूप दिया जहाँ अलग-अलग विदेशी नाटक मंचित हो सकें। उनका पहला प्रस्तुतीकरण 'वेटिंग फॉर गोदो' था। इस ग्रुप ने कई प्रयोग किए। इन्हीं दिनों

एल.टी.जी. का रुझान भी 'अंग्रेजी थिएटर' की ओर था जहाँ उन्हें अपेक्षाकृत अधिक सफलता मिली। इधर 'यात्रिक' ने भी इसी दिशा में कदम बढ़ाए। निर्देशक जॉय माइकेल और भास्कर घोष ने अपनी प्रौढ़ अन्तर्दृष्टि से कई कलात्मक परिवर्तन किए और प्रस्तुति-स्तर को ऊँचा उठाया। 70-80 के दशक में पहले वाला क्रम तो नहीं रहा पर बैरी जॉन के प्रवेश से नए दौर का सूत्रपात हुआ। रंगकर्म के प्रति विलक्षण प्रतिबद्धता और समर्पण-भावना का यह कलाकार निर्देशन और अभिनय दोनों क्षेत्रों में अद्वितीय सृजन-क्षमता रखता है। अपने ग्रुप टैग (थिएटर एक्शन ग्रुप) की ओर से निर्देशित 'एक्वस' और 'किंग लियर' के सशक्त मंच-प्रभाव ने जो विरल नाटकीय उत्तेजना पैदा की, वह अपने आप में एक घटना है। आजकल आमीर रज़ा के 'स्टेज डोर' ने दूर-दूर तक फैले दृश्याकर्षक मंच पर ऐसी वास्तविकताएँ दिखानी शुरू की हैं जो चमत्कृत करती हैं। उन्होंने रामायण और कारगिल के भव्य प्रस्तुतीकरण से प्रमाणित किया है कि नई चुनौतियाँ आएँ तो अंग्रेजी थिएटर राष्ट्रीय गौरव के नाटक भी कर सकता है। आजकल अंग्रेजी-थिएटर चाहे हाशिए पर है परन्तु उसकी महत्ता से इनकार नहीं किया जा सकता।

50 के दशक का आकलन किया जाए तो कुछ उल्लेखनीय तथ्य ध्यान आकृष्ट करते हैं। इस शुरुआती चरण में रंगकर्म के प्रति कई रंगमंडलियों की एकान्त निष्ठा, उसका बहुमुखी विस्तार आशक्त करता है। अपने सीमित संसाधनों का आर्थिक दबाव को लेकर इनमें शिकायत कम और समर्पण भाव अधिक मिला। इस दिशा में गीत-नाटक प्रभाग के निर्देशक एच.वी. गुप्ते की अनथक साधना को भुलाना अनुचित होगा। बहुत कुछ मामूली दर्जे का थिएटर था इसलिए उसका इतिहास में विलीन हो जाना स्वाभाविक है परन्तु एक उपयुक्त रंगभूमि तैयार करने, अपनी शैली की खोज करने में उन सबका योगदान बना रहेगा। एक हद तक इप्टा और पृथ्वी थिएटर्स इस युग के प्रदर्शन आदर्श रहे। ऐसी तैयार हो रही पृष्ठभूमि में शीला भाटिया तथा हबीब तनवीर की रंगप्रभा का उदय चकित नहीं करता।

रंगकला के प्रशिक्षण संस्थान की दृष्टि से 'राष्ट्रीय नाट्य विद्यालय' की उपयोगिता या गुणवत्ता का किसी को आभास न था। यह एक विरल संयोग है कि प्रदर्शनकारी कलाओं, विशेष रूप से थिएटर के मेधावी अध्येता एवं पारखी, उसके व्यावहारिक अनुभव से परिपक्व 37 वर्षीय इब्राहिम अल्काज़ी ने जुलाई 1962 में रा.ना. विद्यालय के निदेशक का दायित्व सँभाला। इसमें कोई सन्देह नहीं कि 50 के दशक में वे बम्बई में अंग्रेजी नाटक खेलते रहे और उनका सहज बौद्धिक रुझान पश्चिमी नाटक एवं रंगशिल्प की ओर रहा है परन्तु अपनी सीमाओं और नई अपेक्षाओं के प्रति सतर्क इस ओजस्वी एवं उत्साही निर्देशक में इस संस्थान के जरिए भारतीय रंगकर्म को नवजीवन प्रदान करने, अपनी नई अस्मिता खोजने की दूरगामी दृष्टि थी। उन्होंने सबसे पहले एक कथाकार के पहले नाटक 'आषाढ़ का एक दिन' और कुछ अरसे बाद 'अन्धायुग' जैसे उपेक्षित काव्य-नाटक को जिस संवेदनशील अन्तर्दृष्टि और कलात्मक गरिमा से दृश्याकार दिया वह उनकी प्रतिभा, मौलिकता और असाधारण क्षमता के साथ यह भी प्रकट करता है कि उनमें नई चुनौतियों का सामना करने का साहस है। उनका मनीषी रूप सजग था। संस्थान को व्यापक परिप्रेक्ष्य देने के लिए उन्होंने क्लासिकल और समकालीन, पश्चिमी और भारतीय सभी प्रकार के परखे नाटकों के मंचन

से एक सुलझा मार्ग प्रशस्त किया। परवर्ती निर्देशकों में सर्जनात्मक-प्रकृति के ब.व. कारन्त तथा रतन थिएम का योगदान उल्लेखनीय है। पश्चिमी दृष्टिकोण के प्रति आधुनिक और उदार इन दोनों निर्देशकों ने अपनी रचनात्मक खोज से भारतीय रंगमंच को नई पहचान दी। 70 के दशक में रा.ना.वि. रंगमंडल की स्थापना ने भारतीय नाटक और रंगमंच को नया प्रतिनिधित्व और सम्पूर्णता प्रदान की। इतने वर्षों से दिल्ली में नियमित थिएटर को प्रस्तुत कर इस रंगमंडल ने केवल अपनी अर्थवत्ता सिद्ध नहीं की, बल्कि रंगकर्म के सभी पहलुओं के कीर्तिमान स्थापित किए। चुने हुए नाटकों के असरदार प्रस्तुतीकरणों ने यहाँ की सांस्कृतिक चेतना और सुरुचि का परिसंस्कार किया। शताब्दी के अवसान (1999) पर रा.ना.वि. ने भारतीय रंग महोत्सव (भारंगम) का वृहत् आयोजन कर, निष्प्रभ गति से चल रहे रंगकर्म में एक महत्त्वपूर्ण घटना का असर डाला। एक मास तक चले इस नाट्योत्सव में 15 भाषाओं के 50 से ऊपर नाटकों का मंचन यह आश्वस्त करता है कि भारतीय रंग-सम्पदा कितनी विविध, प्राणवान एवं सम्भावनापूर्ण है। इस भव्य समारोह में महिला निर्देशकों की बढ़ रही प्रमुखता एवं रंगक्षमता, एकल-अभिनय के विभिन्न उत्तेजक प्रयोगों ने ध्यान खींचा। द्वितीय भारतीय रंगोत्सव (2000) अपनी परिपाटी और प्रयोजन में सफल रहा। दिल्ली के रंग-प्रेमियों को विविध प्रकार और आस्वाद के नाटकीय अनुभव मिले। कुछ अनुष्ठानपूर्ति भी हुई, इसलिए रा.ना.वि. के कुछ पुराने निर्देशकों का अधिक सहारा लेना पड़ा। इस समारोह की उपलब्धि रही हबीब तनवीर की प्रस्तुति-यात्रा और रंग-चिन्तन से साक्षात्कार। राजकीय संस्थान होने के नाते रा.ना.वि. कई प्रकार के आरोप-विवाद के घेरे में रहा है परन्तु आज यह प्रतिष्ठान अपने स्वतंत्र और सबल वजूद के कारण रंगकर्म का आधार-स्रोत है।

रंगकर्म के आकलन का वास्तविक मानदंड अव्यावसायिक थिएटर रहा है। 60-70 के दशक में दिल्ली रंग जगत में बुनियादी बदलाव आया। इस सन्दर्भ में महत्त्वपूर्ण रंगमंडलियों का गठन उल्लेखनीय है—'दिशान्तर' (1967) और 'अभियान' (1967)। रा.ना.वि. से प्रशिक्षित इन बेहतर कलाकारों की रंगमंडली 'दिशान्तर' ने नाटक और रंगमंच में अपेक्षित सन्तुलन का निर्वाह किया और इस तरह इनके विशिष्ट झुकाव के प्रस्तुतीकरणों से दर्शकों को पहली बार साहित्यिक आस्वाद के अवसर मिले। स्फूर्ति और समर्पण में डूबे इसके निर्देशकों ने नाट्यालेखों को कहीं नया जीवन और कहीं नई व्याख्या दी, इस पृष्ठभूमि में की गई प्रस्तुति-परिकल्पना संयत और सार्थक होनी थी। रंगकर्म की इस सृजनात्मक प्रतिबद्धता ने नए सिरे से दर्शकों को आकृष्ट किया। इसके निम्न सफल और सशक्त प्रस्तुतीकरण आज हिन्दी रंगकर्म के गौरव बन चुके हैं—'खामोश! अदालत जारी है', 'आधे-अधूरे', 'हयवदन', 'त्रिशंकु', 'एक रुका हुआ फैसला'। लगभग एक दशक तक जिन्दा रही इस रंगमंडली के ओम शिवपुरी, ब.व. कारन्त, सुधा शिवपुरी, कमलाकर सोन टक्के, मीना विलियम्स, प्रेमा, चमन बग्गा, रामगोपाल बजाज आदि कलाकारों ने अपने रंगकर्म की गहरी छाप छोड़ी।

प्रशिक्षण के स्थान पर आन्तरिक प्रेरणा और लगन पर चलने वाली रंगमंडली 'अभियान' की तीन दशकों से चल रही सफल यात्रा ने दिल्ली रंगजगत में अपने नाम को सार्थक करते हुए—अपनी खास पहचान के कारण आदर-भाव अर्जित किया है। इस रंगमंडली ने बंगला,

मराठी तथा कन्नड़ के बहुचर्चित एवं बहुमंचित नाटकों को कलात्मक सादगी साथ प्रदर्शित करने की एक अपनी शैली निर्धारित कर ली ताकि नाट्यालेख की प्राणवत्ता बनी रहे। 'हत्या एक आकार की', 'पगला घोड़ा', 'बाकी इतिहास', 'पंछी ऐसे आते हैं', 'गिनीपिग' और 'जाति ही पूछो साधु की' इस रंगमंडली की और हिन्दी रंगमंच की उपलब्धियाँ हैं। 'जाति ही पूछो साधु की' ने तो दिल्ली में अपना प्रदर्शन रिकॉर्ड स्थापित किया। इस सबका श्रेय निर्देशक राजिन्दर नाथ और मंडली के टीमवर्क को जाता है। इस रंगदृष्टि की अभिव्यक्ति अभिनय के स्तर पर भी प्रकट हुई। अपने मनोभावों को सरल परन्तु अर्थपूर्ण ढंग से दृश्यांकित करने में निपुण निम्न अभिनेताओं-अभिनेत्रियों ने अच्छा नाम कमाया—श्याम अरोड़ा, कुलभूषण खरबन्दा, टी.पी. जैन, विश्वमोहन बडोला, सुधा चोपड़ा, सुषमा सेठ, एस.एम. जहीर।

70 के दशक में रंगकर्म अपने उफान पर था, अपनी गति, विस्तार और विकास के कारण वह अभिव्यक्ति का मुख्य माध्यम बन गया। स्थूल अनुमान के अनुसार उस समय दिल्ली में लगभग 150 रंगमंडलियाँ क्रियाशील थीं। अधिकांश रंगमंडलियाँ या निर्देशक इतिहास की कड़ी बनकर लुप्त हो गए परन्तु निम्न रंगमंडलियाँ/निर्देशक में बेहतर रंगकर्म के लिए सृजनात्मक संघर्ष मिला। इनके कुछ प्रस्तुतीकरणों में अन्तर्वस्तु को सार्थक तात्पर्य देने के लिए प्रस्तुति-परिकल्पना में नई कोशिश और नई चमक के स्पष्ट संकेत मिले हैं। 'रुचिका'—नि. फैजल अल्काज़ी तथा अरुण कुकरेजा, 'संवाद'—नि. लक्ष्मीनारायण लाल, 'नॉन ग्रुप'—नि. रवि बासवानी, 'ब्रेख्तेरियन मिरर'—नि. अमिताभ दासगुप्त, 'अनुकृति'—नि. आर.एस. विकल, 'अभिकल्प'—नि. गुलशन कुमार, 'इप्टा'—नि. अज़ीज कुरैशी, 'एक्ट वन'—नि. एन.के. शर्मा, 'चिंगारी'—नि. माधवन, 'साक्षी'—नि. कृष्णकान्त अग्रदूत, दर्पण... । 'मॉर्डनाइट्स' के दीनानाथ-सुरेन्द्र गुलाटी ने ठीक-ठिकाने के हास्यपरक नाटक मंचित किए। 'पर्वतीय कला केन्द्र' वस्तुतः कुमाऊँ-गढ़वाल के समर्पित कलाकारों—विशेष रूप से मोहन उप्रेती की सांस्कृतिक संस्था है जो नियमित, कलात्मक पर सुरुचिपूर्ण रंगकर्म से अपनी स्थानीय लोक-शैली को नया नागर स्वरूप प्रदान कर रही है। शीला भाटिया की प्रदर्शन-शैली का निखार और श्रेष्ठ प्रस्तुतीकरण इसी दौर में सामने आए। यही स्थिति 'यांत्रिक' की कही जाएगी। इसी अवधि में बैरी जॉन की अविस्मरणीय प्रस्तुतियों को मंच मिला।

इस दशक में 'दिशान्तर' की परम्परा फिर जीवित हो उठी। रा.ना.वि. के स्वतंत्र रूप से क्रियाशील इन प्रतिभाशाली कलाकारों ने रंगकर्म को नए आशय देने की सार्थक खोज की। प्रगतिशील दृष्टि के एम.के. रैना के ग्रुप 'प्रयोग' ने महत्त्वपूर्ण प्रासंगिक नाटकों को उठाया। रैना ने पारम्परिक रंग-स्रोतों का आश्रय तो लिया परन्तु उन्हें आधुनिक परिप्रेक्ष्य देते हुए वे नाटकीय यथार्थ में असरदार धार पैदा करने तथा जन-स्वीकृति प्रदान करने में निपुण होते गए। इसीलिए वे 'माँ', 'कबिरा खड़ा बाजार में' तथा 'जुलूस' में अधिक सफल रहे। अमाल अल्लाना के 'स्टूडियो वन' की प्रस्तुति-परिकल्पना में अन्तर्वस्तु की रक्षा तो रहती है पर बहुरंगी पर भव्य दृश्य-तत्त्वों का मोह हावी रहा है। 'खामोश! अदालत जारी है', 'आषाढ़ का एक दिन' उल्लेख योग्य प्रस्तुतियाँ हैं। 'सम्भव' की समर्पित टीम ने नए सशक्त नाटकों के चयन और सादी पर सार्थक रंगशैली में सृजनात्मक सन्तुलन रखा। इस

विवेकशीलता के कारण इस ग्रुप को यथेष्ट प्रतिष्ठा और प्रचार मिला। गम्भीर एवं सघन नाटकीय अनुभव देने वाले उनके ताजे प्रस्तुतीकरण कुछ वर्ष दिल्ली रंगजगत पर छाए रहे, जैसे, 'जायज हत्यारे', 'एक इंस्पेक्टर की मौत', 'ये आदमी ये चूहे'। देवेन्द्र अंकुर, वीरेन्द्र सक्सेना (वीरू), सुरेश भारद्वाज आदि कलाकारों के कारण 'सम्भव' अग्रणी स्थान पा सका। 'विवादी' के निर्देशक अनुराधा कपूर की कार्यशैली भिन्न, मौलिक और सृजनधर्मी कही जाएगी। अल्प-परिचित चरित्रों को केन्द्र में रखकर वे कथ्य और प्रस्तुति, दोनों के परिसंस्कार में अपनी नूतन रंगदृष्टि के प्रमाण देती हैं। पहले 'उमराव' और बाद में 'सुन्दरी : एन एक्टर प्रिपेयर्ज' को सामयिक सन्दर्भ देने और उसी प्रक्रिया में पारसी प्रदर्शन रूढ़ियों को नया दृश्याकार देने की उनमें अनोखी क्षमता है। 'क्षितिज' की निर्देशक श्रीमती भारती शर्मा के रंगकार्य में सुरुचि और वाचिक-शक्ति पर बल दिया गया। 'रंग वसुन्धरा' के निर्देशक अनामिका हक्सर के ग्रुप 'निराकार' में कल्पनाशील रंग-प्रयोगों से अन्तर्वस्तु को नए अर्थ की खोज की गई है। सत्यव्रत राउत के रंगकर्म में विशेष रूप से 'पासा' की प्रस्तुति-परिकल्पना में साहस की नूतन दिशा मिली ताकि कथ्य को नया तात्पर्य मिल सके। सईं परांजपे, बंसी कौल, भानु भारती समय-समय यहाँ आते-जाते रंगकार्य में व्यस्त रहे।

तीन महानगरों में हिन्दी रंगमंच के नवोन्मेष में निर्देशक की पहल क्रियाशील रही। दिल्ली में उस दौर के निर्देशकों की जीवन और साहित्य के बारे में सोच और समझ इतनी रचनात्मक और गहरी थी कि उनकी प्रस्तुति-प्रक्रिया में उसकी प्रतिच्छाया बनी मिलेगी। उनके प्रस्तुतीकरणों का स्तर और आस्वाद संवेदनात्मक और सांस्कृतिक पहलुओं को छूता था। इस दिशा में रा.ना.वि. के निम्न निर्देशकों की सृजन-क्षमता अधिक सम्भावनापूर्ण मिली—इब्राहिम अल्काज़ी, ओम शिवपुरी, बृजमोहन शाह, ब.व. कारन्त, सईं परांजपे, एम.के. रैना, रंजीत कपूर, प्रसन्ना, अमाल अल्लाना, अनुराधा कपूर, देवेन्द्रराज अंकुर, रोबिनदास, रामगोपाल बजाज। अव्यावसायिक थिएटर से उभरे निर्देशक इस प्रकार हैं—हबीब तनवीर, शीला भाटिया, बैरी जॉन, विजय सोनी, दीनानाथ, रवि बासवानी, फैजल अल्काज़ी, अरुण कुकरेजा, अज़ीज़ कुरैशी, आमीर रज़ा। इन जैसी अनेक प्रतिभाओं ने दिल्ली में बहुरंगी थिएटर से नए इतिहास का निर्माण किया। रा.ना.वि. में आमंत्रित विदेशी पर विख्यात निर्देशक भी अपनी नई विचार-दृष्टि तथा ताजा रंग-प्रणाली से यहाँ के रंग-समाज को प्रेरित एवं उत्तेजित करने में सफल रहे।

रंगमंच मुख्यत: अभिनेता का माध्यम है। यह उसकी अर्थवान संवाद-प्रस्तुति का ही परिणाम है कि दर्शक धीरे-धीरे सामाजिक परिप्रेक्ष्य में बदलने लगता है। अपनी प्रभावोत्पादक भूमिकाओं के कारण ये चुने हुए अभिनेता याद रहेंगे—बैरी जॉन, टी.पी. जैन, श्याम अरोड़ा, कुलभूषण खरबन्दा, सुधा चोपड़ा, सुषमा सेठ, कीमती आनन्द, दीनानाथ, बनवारी तनेजा, विश्वमोहन बडोला, रवि बासवानी आदि। रा.ना.वि. से उभरे उल्लेख योग्य कलाकारों के नाम इस प्रकार हैं—ओम शिवपुरी, सुधा शिवपुरी, मनोहर सिंह, उत्तरा बावकर, सुरेखा सीकरी, पंकज कपूर, राजेन्द्र गुप्त, नसीरुद्दीन शाह, रघुवीर यादव आदि।

अब उन अविस्मरणीय प्रस्तुतीकरणों का उल्लेख आवश्यक है जिनका गहरा नाटकीय अनुभव अमिट छाप छोड़ गया—'अन्धायुग' (नि. इब्राहिम अल्काज़ी), 'तुगलक'

(नि. इब्राहिम अल्काज़ी : पुराने किले में प्रस्तुत), 'आधे-अधूरे' (नि. ओम शिवपुरी), 'सूर्य की अन्तिम किरण से लेकर पहली किरण तक' (नि. रामगोपाल बजाज), 'अन्धेर नगरी' (नि. ब.व. कारन्त), 'मशरिकी हूर' (नि. बी.एम. शाह), 'बेगम का तकिया' (नि. रंजीत कपूर), 'मुख्यमंत्री' (नि. रंजीत कपूर), 'सन्ध्या छाया' (नि. उत्तरा बाक्कर), 'महाभोज' (नि. अमाल अल्लाना), 'जायज हत्यारे, फुजीयामा' (नि. प्रसन्ना), 'कबिरा खड़ा बाजार में' (नि. एम.के. रैना), 'माँ' (नि. एम.के. रैना), 'सुन्दरी : एन एक्टर प्रि प्रेयर्स (नि. अनुराधा कपूर), 'आगरा बाजार' (नि. हबीब तनवीर), 'मिट्टी की गाड़ी' (नि. हबीब तनवीर), 'चरणदास चोर' (नि. हबीब तनवीर), 'हत्या एक आकार की' (नि. राजिन्दर नाथ), 'पगला घोड़ा' (नि. टी.पी. जैन), 'पंछी ऐसे आते हैं' (नि. राजिन्दर नाथ), 'जाति ही पूछो साधु की' (नि. राजिन्दर नाथ), 'चन्न बदलां दां' (नि. शीला भाटिया), 'हीर रांझा' (नि. शीला भाटिया), 'एक्वस' (नि. बैरी जॉन), 'किंग लियर' (नि. बैरी जॉन)।...

प्रत्येक दशक में रंगकर्म के विस्तार, प्रचार, प्रभाव-क्षमता और उससे प्राप्त ख्याति कुछ ऐसे कारण हैं जो रचनाकारों को इस विधा और दिल्ली की ओर निरन्तर आकृष्ट करते रहे। हिन्दी के अग्रणी नाटककार धीरे-धीरे यहाँ एकत्रित होने लगे जैसे—विष्णु प्रभाकर, मोहन राकेश, सुरेन्द्र वर्मा, मुद्राराक्षस, लक्ष्मीनारायण लाल, बृजमोहन शाह, सर्वेश्वरदयाल सक्सेना, भीष्म साहनी, मणि मधुकर, रमेश बक्षी, सुशील कुमार सिंह, कुसुम कुमार, दयाप्रकाश सिन्हा, बलराज पंडित, गोविन्द चातक, रामेश्वर प्रेम, किरनचन्द्र शर्मा, मन्नू भंडारी, मृदुला गर्ग, असग़र वजाहत, विनय, रमेश उपाध्याय, त्रिपुरारी शर्मा, नरेन्द्र मोहन, नरेन्द्र कोहली, प्रताप सहगल आदि। इन नाटककारों की समस्त नाट्य-कृतियों की गणना और मूल्यांकन न सम्भव है और न यहाँ जरूरी है।

बादल सरकार द्वारा लिखित 'मिछिल', हिन्दी रूपान्तर 'जुलूस'—इसका निर्देशन एम.के. रैना ने किया—को हिन्दी जगत में जिस तेजी से जनव्यापी स्वीकृति मिली, वह किसी घटना से कम नहीं। इसी लहर से निकले सफदर हाशमी के जन नाट्य मंच ने नुक्कड़ नाटक की विधा को माँजा और जन-उपयोगी स्वरूप दिया। सफदर हाशमी की हत्या से इस विधा की ताकत खुलकर सामने आ गई। व्यवस्था-विरोधी होने के कारण इस प्रकार के सोद्देश्य रंगकर्म का अपना क्षेत्र और प्रयोजन है। अब वह स्वतंत्र सत्ता बन चुका है और कई रचनाकार इस नाट्य शैली में लिख रहे हैं। युवा पीढ़ी में यह रंगकर्म बहुत लोकप्रिय है।

बाल रंगमंच की महत्ता को 50 के दशक में समझा जाने लगा। 1954 में 'दिल्ली चिल्ड्रन लिटिल थिएटर' की स्थापना इसका प्रमाण है। अन्य गतिविधियों के साथ इस संस्था के तहत 1974 में अखिल भारतीय बाल नाट्योत्सव हुआ जिसमें दिल्ली की रंगमंडलियों ने भाग लिया। 1973 में सुषमा सेठ ने 'सर्जनात्मक बाल रंगमंच' को स्थापित कर बाल-रंगकर्म का स्कूलों में विस्तार किया। रंग-शिविर लगाए गए। एक वातावरण बना जिसमें ब.व. कारन्त और सईं परांजपे भी सक्रिय थे। बरसों से 'बाल भवन' में रंगकर्म से जुड़ी मोहिनी माथुर ने जिस भावना और निष्ठा से अपना दायित्व सँभाला, वह महत्त्वपूर्ण कहा जाएगा। 'अन्तर्राष्ट्रीय बाल वर्ष' (1979) के उपलक्ष्य में कई समारोहों का आयोजन

हुआ। बाल रंगमंच को नई दिशा देने में रेखा जैन की संस्था 'उमंग' के योगदान पर ध्यान देना जरूरी है। फैंटेसी और यथार्थ को लेकर उनके कल्पनाशील प्रस्तुतीकरण चर्चा के विषय रहे। साहित्य कला परिषद की कार्यशालाओं में सरकारी स्कूल के बच्चों की शिविर प्रस्तुतियों ने बदलाव के संकेत दिए। इधर रा.ना.वि. के अधीन टाइ (थिएटर इन एजुकेशन) संस्कार रंग टोली की स्थापना से बाल-रंगकर्म के प्रशिक्षण एवं प्रयोग को स्थायी आधार मिला। उसके नियमित समारोह हो रहे हैं। दिल्ली के पब्लिक स्कूलों में थिएटर की महत्ता के प्रति जागृति बढ़ रही है। वह एक नियमित गतिविधि का रूप धारण कर रहा है। फैजल अल्काज़ी, वी.के., अजय मनचन्दा, लोकेन्द्र त्रिवेदी जैसे कई समर्पित निर्देशक इसके विकास में जुटे हुए हैं।

60, 70, 80 के दशकों की महत्त्वपूर्ण प्रस्तुतियों की इबारत ने इस नगर की कलात्मक अभिरुचियों के परिष्कार से कहीं अधिक वैयक्तिक और सामाजिक स्तर पर सजगता और संवेदना पैदा की। अल्काज़ी, राजिन्दरनाथ, रंजीत कपूर, प्रसन्ना, अमाल अल्लाना जैसे निर्देशकों ने यथार्थवादी रंगभूमि पर प्रयोग किए। उधर हबीब तनवीर, ब.व. कारन्त, शीला भाटिया, एम.के. रैना आदि ने पारम्परिक रंग-वैभव को आधुनिक आलोक में अपनाया। हिन्दी की अपनी प्रदर्शन-पद्धति इन दोनों रंगशैलियों के तालमेल से ही अपना पथ निर्धारित कर रही है। नाट्य-संरचना के स्तर पर 'आधे-अधूरे', 'रस गन्धर्व', 'बकरी', 'पाँचवाँ सवार' और 'पोस्टर' कितने भिन्न प्रकार के हैं पर ये सब मिलकर हिन्दी नाट्य-लेखन के स्तर पर बहुमुखी उत्कर्ष को रेखांकित करते हैं।

पिछले कुछ वर्षों से महिला नाटककारों और निर्देशकों के उभर रहे वजूद और योगदान पर ध्यान जाता है। इस अवधि में विलक्षण प्रतिभा के नाटककार, निर्देशक, अभिनेता, पार्श्वकर्मी—एकजुट होकर सामने आए, इनके समन्वित प्रयास से रंगकला के युगान्तकारी प्रतिमान स्थापित हुए। इसमें कोई सन्देह नहीं कि इन उपलब्धियों के पीछे रा.ना.वि., उसका रंगमंडल, संगीत नाटक अकादमी, श्रीराम सेंटर, साहित्य कला परिषद, संस्कृति विभाग की सहायता-नीति की विशेष भूमिका रही है। पर यह भी सच है कि इस कला-कर्म में बड़े बदलाव लाने का श्रेय इन अद्‌भुत व्यक्तियों की पहल को देना होगा। अल्काज़ी, बैरी जॉन, राजिन्दर नाथ, रंजीत कपूर इस नगर की रंग-विभूतियाँ हैं।

साहित्य, कला और संस्कृति के ऐसे गतिशील उज्ज्वल-काल को नए रंग आन्दोलन का स्वर्ण-युग कहना अत्युक्ति न होगा। इस लहर ने केवल दिल्ली या हिन्दी प्रदेश को ही आप्लावित नहीं किया, इसके देशव्यापी प्रवाह ने भारतीय नाटक और रंगमंच को नए स्तर और सम्मान से विभूषित किया। 'तुगलक', 'एवं इन्द्रजीत', 'घासीराम कोतवाल', 'आधे-अधूरे' हमारे देश की रंग-सम्पदा और सांस्कृतिक गौरव के प्रतीक बने। यह रंग-कार्य मुख्य रूप से दिल्ली में और हिन्दी में हुआ, इस प्रक्रिया ने हिन्दी रंगमंच की स्थिति को विशिष्ट और अग्रणी बनाया। इसमें हिन्दी नाट्य-लेखन और रंगभूमि को भारतीय परिप्रेक्ष्य मिला और नई सम्भावनाएँ खुली हैं।

उदारीकरण, मार्केट व्यवस्था, नए संचार-माध्यम के लुभावने वातावरण से रंगकर्म के प्रति नजरिया ही नहीं प्राथमिकताएँ भी बदल गईं। रंगकर्म को या तो अनुदान की बैसाखी

चाहिए या किसी प्रायोजक की। कलकत्ता, बम्बई, मद्रास की तुलना में दिल्ली में ही महानगर की संस्कृति को अभिव्यक्ति मिली है। नौकरशाही का यह नगर हिन्दीभाषी जरूर है परन्तु हिन्दी प्रेमी नहीं। कोई स्थानीय परम्परा या भाषा पनप नहीं सकी। कमोबेश यह कोई नई स्थिति नहीं है। इन सीमाओं के बावजूद यहाँ किसी–न–किसी रंगमंडली ने हिन्दी रंगकर्म की मशाल को जलाए रखा। आखिरी दशक में 'अस्मिता' रंगमंडली में वह लगाव, वह भावना है जो नई चुनौतियों से जूझ सके। निर्देशक अरविन्द गौड़ में इतनी विवेकशीलता है कि नाटक के चयन और प्रदर्शन–शैली में सन्तुलन और सादगी का निर्वाह निभा सकें। वे हिन्दी के मौलिक नाटक उठाने का आत्मविश्वास दिखा रहे हैं। 'कोर्ट मार्शल' का प्रदर्शन–रिकॉर्ड इसका प्रमाण है।

यह सच है कि दिल्ली में प्रोत्साहनमूलक–रंगकर्म निरन्तर सजीव एवं गतिशील रहा है। अभी तक यहाँ जातीय लगाव या सामुदायिक उपक्रम की प्रवृत्ति नहीं आई और न थिएटर मनोरंजन संस्कृति का अनिवार्य हिस्सा बना है। शताब्दी के अन्तिम वर्ष से शुरू हुए भारतीय रंग महोत्सव में दर्शकों की इतनी भागीदारी आश्वस्त करती है कि नई शताब्दी में भी दिल्ली अपनी अग्रणी भूमिका बनाए रखेगी।

(वागर्थ, 2002)

9

इच्छा-शक्ति का इतिहास और इप्टा की सीमाएँ

जीवन के अन्तर्विरोधों की तरह इतिहास के अन्तर्विरोध विचित्र ही नहीं, कभी-कभी असंगति की सीमा को छूते हुए दिखाई देते हैं परन्तु इन उलझी-सी स्थितियों के अवगाहन से उस समाज की प्रच्छन्न प्रश्नशीलता या सिर उठाती विशिष्ट इच्छा-शक्ति को समझना कठिन नहीं। जैसे, मई 1943 में 'भारतीय जननाट्य संघ' (इप्टा) की बम्बई में स्थापना हुई और इसी वर्ष अज्ञेय द्वारा सम्पादित 'तार-सप्तक' का प्रकाशन हुआ। मार्च 1941 में 'हंस' में शिवदान सिंह चौहान ने 'भारत की जन नाट्यशाला' निबन्ध में परम्पराशील रंग-पद्धतियों के नए तथा प्रयोजन बद्ध प्रयोग पर बल दिया और आग्रह किया कि 'राष्ट्रीय जननाटक समिति' (पीपुल्स नेशनल ड्रैमेटिक सोसायटी) का गठन किया जाए। सेठ गोविन्द दास के एकांकी 'सिद्धान्त स्वातंत्र्य' (1936) के प्रकाशन पर सरकार के प्रतिबन्ध लगाने तथा मई 1938 में 'हंस' के एकांकी विशेषांक निकालने-जैसी घटनाओं ने इस विधा को अपेक्षित प्रमुखता प्रदान की। इस सन्दर्भ में यह द्रष्टव्य है कि प्रत्येक अंक में नाटक और रंगमंच पर सामग्री देकर 'हंस' और प्रेमचन्द ने उल्लेखनीय भूमिका निभाई है। प्रतिज्ञा, सेवासदन, प्रेमाश्रम, रंगभूमि, गबन में प्रेमचन्द किसी-न-किसी निमित्त नाटक और रंगमंच पर टिप्पणी करते रहे हैं परन्तु 'गोदान' में वे वेश्याओं के सुधार के लिए 'नाटक-मंडली' के गठन का सुझाव देते हैं। इसी दौर में 'हंस' ने साहित्य की राष्ट्रीय पत्रिका का रूप ग्रहण कर लिया और भारतीय साहित्य परिषद का निर्माण किया गया, जिसका 1936 में नागपुर में अधिवेशन हुआ। चौथे दशक की यथार्थपरक मानसिकता, प्रेमचन्द और 'हंस' की प्रतिष्ठित स्थिति को देखते हुए प्रगतिशील लेखक संघ के पहले सम्मेलन के लिए प्रेमचन्द का अध्यक्ष चुना जाना प्रत्याशित ही है। अप्रैल 1936 का प्र.ले.सं. का लखनऊ अधिवेशन चूँकि हिन्दी प्रदेश में हुआ और उसके अध्यक्ष हिन्दी के श्रेष्ठ एवं लब्धप्रतिष्ठ साहित्यकार एवं विचारक थे; परिणामस्वरूप इस अवसर ने हिन्दी लेखन-जगत के लिए प्रेरणा का कार्य किया। ऐसे वातावरण और उसके प्रभाव की अभिव्यक्ति पत्र-पत्रिकाओं में देखी जा सकती है। 'हंस' के अतिरिक्त 'रूपाभ' 1938 (सं. नरेन्द्र शर्मा और सुमित्रानन्दन पन्त), 'उच्छृंखल' (सं. नरोत्तम नागर), 'प्रभा' (सं. शिवदानसिंह चौहान), 'जनता' (सं. रामवृक्ष बेनीपुरी), 'विप्लव' (सं. यशपाल)। प्र.ले.सं. का दूसरा सम्मेलन दिसम्बर, 1938 में कलकत्ता में हुआ—अध्यक्ष थे रवीन्द्रनाथ

ठाकुर। तीसरा सम्मेलन मई 1943 में बम्बई में हुआ और उसी समय 'इप्टा' की स्थापना भी हुई।

भारतीय कम्युनिस्ट पार्टी का प्रसार एवं प्रभाव राष्ट्रीय स्तर पर चाहे इतना नहीं बढ़ा परन्तु उसने छात्रों, मजदूरों और किसानों के ऐसे कुशल गठन किए कि इनमें शोषण के विरुद्ध संघर्ष करने की जागृति और शक्ति बढ़ने लगी। 1940 में कलकत्ता में 'यूथ कल्चरल इंस्टीट्यूट' की स्थापना की गई जिसके तीन खंड थे—विचार-गोष्ठी, नाट्यदल, नृत्य-गायन-दल। इनमें कई उत्साही कार्यकर्ता आगे आने लगे, कई कलाकार और नवोदित प्रतिभाएँ एकत्रित होने लगीं। इनमें तृप्ति भादुड़ी (बाद में मित्रा) का नाम उल्लेखनीय है। जापानी बमबारी के बाद ये मंच दिसम्बर 1942 में फासीवाद-विरोधी सांस्कृतिक आन्दोलन में परिवर्तित हो गए। इसी के तत्त्वावधान में दूसरा सम्मेलन 1944 में हुआ जिसमें बंगला के लेखकों एवं कलाकारों को अध्यक्ष ताराशंकर वन्द्योपाध्याय ने सम्बोधित किया।

बंगाल दुर्भिक्ष के भीषण प्रभाव को देखते हुए कम्युनिस्ट पार्टी के जन-संगठनों ने एक 'पीपुल्स रिलीफ कमेटी' की स्थापना की ताकि असहाय और पीड़ित जन-समुदाय की सहायता की जा सके और यह वस्तुस्थिति लोगों को स्पष्ट हो जाए कि यह अकाल मानव-निर्मित था। इसके अन्तर्गत एक 'कल्चरल स्क्वैड' का निर्माण किया गया जिसने देश के प्रमुख नगरों—लखनऊ, आगरा, दिल्ली, लाहौर, अहमदाबाद का दौरा किया। पर्याप्त सहायता एकत्रित हुई, लाहौर में तो यह दल 25 हजार रुपए इकट्ठा कर सका। यह निस्सन्देह स्वीकारा जा सकता है कि जिस उत्तेजनापूर्ण वातावरण में 'भूखा है बंगाल' की स्वर-लहरियों ने दमन और अत्याचार के विरुद्ध न्याय और स्वतंत्रता की भावनाओं को सर्वाधिक जगाया। 'कल्चरल स्क्वैड' की लगाई हुई इस चिंगारी ने प्रदेश और भाषा के बन्धन मिटाकर एक देशव्यापी तीव्र 'इच्छा-शक्ति' उत्पन्न की जिसकी अभिव्यक्ति 'इप्टा' में हुई।

देश का पूरा परिदृश्य भावोत्तेजना से पूर्ण था, ऐसी मानसिकता में जीवन और साहित्य, समाज और कला, मंच और दर्शक की पुरानी रूपवादी मर्यादाएँ नहीं चल सकती थीं। साहित्य और प्रदर्शनकारी कलाओं पर ऐसे ऐतिहासिक दबाव पड़ रहे थे कि उनका जनता के बीच पहुँचना, जन-जागरण के लिए सक्रिय हिस्सेदार होना अनिवार्य हो गया था। बंगाल के कल्चरल स्क्वैड के अतिरिक्त कई महत्त्वपूर्ण प्रयास हो रहे थे। जापानी आक्रमण पर सरदार जाफरी ने 'यह किसका खून है' नाटक लिखा जिसे 1942 में सुश्री अनिल डी'सिल्वा के निर्देशन में प्रस्तुत किया गया। श्रमजीवी टी. सरमालकर ने अपने मजदूर साथियों को केन्द्र में रखकर 'दादा' नामक मराठी नाटक लिखा जिसे प्रभाकर गुप्त ने 1 मई, 1942 को पेश किया। स्पष्ट कथ्य और सादी शैली के कारण इस प्रस्तुतीकरण ने बम्बई शहर में अनोखा तूफान-सा ला दिया। मजदूर द्वारा मजदूर जीवन पर लिखे इस नाटक का अन्त एक मजदूर रैली में होता है। आन्ध्र प्रदेश की बुर्रा-कथा के अनेक प्रदर्शन हो चुके थे। पंजाब में शीला भाटिया के साथ अन्य कई कलाकार बोलियों, टप्पों, गिद्धा और हीर के नए प्रयोग से जनजागरण में सक्रिय थे। मराठी में पवाडा और तमाशा ने जन-संघर्ष के लिए अनोखी प्रेरणा दी। इस पृष्ठभूमि से स्पष्ट है कि 'इप्टा' का उदय ऐतिहासिक स्थितियों के कारण हुआ।

मई 1943 में बम्बई में प्र.ले.सं. का तीसरा अधिवेशन हुआ। देश के विभिन्न प्रतिनिधियों ने नए संगठन के स्वरूप और विधान को लेकर दो दिन तक विचार-विमर्श किया। 25 मई, 1943 को 'इंडियन पीपुल्स थिएटर एसोसिएशन' (भारतीय जननाट्य संघ) की स्थापना हुई। इस अधिवेशन के लिए मनोनीत अध्यक्ष थे—बंगला के विख्यात कलाकार मनोरंजनदास पर उनकी अनुपस्थिति में हीरेन मुखर्जी ने अध्यक्षीय भाषण दिया। उन्होंने व्यावसायिक थिएटर की लोभ-दृष्टि के स्थान पर 'पीपुल्स आर्ट' जन-कला पर बल दिया। स्वतंत्रता और सामाजिक-न्याय के लिए उन्होंने सांस्कृतिक जागरण और परम्परागत रंग-पद्धतियों के सार्थक प्रयोग पर ध्यान दिलवाया। इस सम्मेलन में एन.एम. जोशी को अध्यक्ष, सुश्री अनिल डी'सिल्वा को महामंत्री, ख्वाजा अहमद अब्बास को कोषाध्यक्ष चुना गया। 25 मई, 1943 की रात को एक सांस्कृतिक कार्यक्रम प्रस्तुत किया गया। इसमें बम्बई इकाई ने एक अंग्रेजी एक मराठी और ख्वाजा अहमद अब्बास का हिन्दी नाटक 'यह अमृत है' पेश किए। बंगला स्क्वैड ने 'लेबोरेटरी' लघु-नाटक टैगोर के छाया-गीत तथा अन्य गीत रखे। अन्त में एक प्रभावशाली समवेत गायन हुआ—'हम मजदूर हैं'।

कम्युनिस्ट पार्टी के समाचार-पत्र 'पीपुल्स-वार' के जुलाई, 43 अंक में श्री अब्बास ने इस सम्मेलन की कार्यवाही की समीक्षात्मक रिपोर्ट लिखी। इस आलेख के शीर्षक से ही अब्बास के दृष्टिकोण का अनुमान लगाया जा सकता है—'पीपुल्स थिएटर स्टार्स पीपुल'। विचार-विमर्श के केन्द्र में वह जनसमूह रहा (व्यक्ति नहीं) जिसे स्वतंत्रता और सामाजिक न्याय के लिए जन-संघर्ष करना है। संस्कृति, साहित्य और कला की सभी प्रचलित रूढ़ियाँ मिटाकर जनसमूह के बीच पहुँचना है ताकि ये जन-जागरण को गति और दृष्टि दें। इसके लिए आवश्यक है कि साम्राज्यवादी शक्तियों को समझते हुए संस्कृति और कला के प्रति नया यथार्थवादी दृष्टिकोण अपनाया जाए। इस सन्दर्भ में यह द्रष्टव्य है कि इस मंच पर लोक-संस्कृति और लोक-सम्पदा के प्रति नए उपयोगी दृष्टिकोण पर बल दिया गया ताकि अनुभव-सिद्ध मार्ग से जनता तक पहुँचा जाए और वह साम्राज्यवाद और फासीवाद के विरुद्ध लड़ने के लिए तत्पर हो जाए। नृत्य, संगीत और नाटक के परम्परागत उपकरणों को नए परिप्रेक्ष्य में प्रस्तुत किया गया, इसलिए प्रभाव और आस्वाद में सम्पूर्णता और प्रासंगिकता आई।

1944 में विख्यात नर्तक-कलाकार उदयशंकर ने नगर के कोलाहल से दूर अल्मोड़ा में सांस्कृतिक केन्द्र स्थापित किया। उन्हीं दिनों यह दल, अपने एक दौरे पर बम्बई पहुँचा जब 'इप्टा' की गतिविधियाँ बहुत तेजी से युवा-वर्ग को अनुप्राणित कर रही थीं। बम्बई 'इप्टा' के अधिवेशन पर, बंगाल-इकाई ने 'वायस ऑफ बंगाल' कार्यक्रम रखा था। इस कार्यक्रम ने उदयशंकर और उनके कलाकारों को इतना प्रेरित किया कि उन्होंने बम्बई के मजदूरों के बीच एक छाया नाटक और रामलीला प्रस्तुत की। उनका तटस्थ रहना सम्भव न रहा, शान्तिवर्धन, अवनी दासगुप्त और बाद में रविशंकर इस कोलाहल को सही दिशा और दृष्टि देने के लिए 'इप्टा' में शामिल हो गए। कल्चरल-स्क्वैड का अनुभव तो था ही, उसी रूपरेखा पर 'सेंट्रल कल्चरल ट्रुप' का गठन किया गया। इसमें शान्तिवर्धन—नर्तक, अवनी दासगुप्त—संगीतकार, विनय राय—गायक थे। विनय इस जत्थे के सचिव

भी थे। इस ट्रुप ने देश की उज्ज्वल प्रतिभाओं को आकृष्ट किया—भूपति नन्दी, उमादत्त, रेखा जैन,. शान्ता गांधी, दीना पाठक, रेड्डी, गौरीदत्त, उपेन्द्रनाथ अश्क, रविशंकर और उनकी पत्नी जैसे उत्साही और समर्पित कलाकारों ने इसमें वह चारित्रिक शक्ति ला दी, जो वस्तुतः उस युग की इच्छा-शक्ति को मुखरित करती है। यह एक प्रतिनिधि भारतीय दल था जिसने सिद्ध किया कि कैसे कला को जनजागरण का प्रभावी माध्यम बनाया जा सकता है।

दिसम्बर 1944 में 'सेंट्रल ट्रुप' ने 'भारत की आत्मा' नृत्य-नाटिका को बम्बई छात्र संघ के सामने प्रस्तुत किया। जनवरी 1945 को बम्बई 'इप्टा' के स्थापना-समारोह पर 'सेंट्रल ट्रुप' ने दूसरा सार्वजनिक प्रदर्शन किया। अखिल भारतीय 'इप्टा' का पहला अधिवेशन सितम्बर 1945 में बम्बई में हुआ। कार्यक्रम की शुरुआत हुई इकबाल के 'सारे जहाँ से अच्छा हिन्दोस्ताँ हमारा' से, जिसका संगीत रविशंकर ने तैयार किया। गीत और संगीत ने वातावरण में ऐसा आवेश उत्पन्न किया कि पृथ्वीराज कपूर मंच पर पहुँच गए। केन्द्रीय सांस्कृतिक जत्थे ने 'स्पिरिट ऑफ इंडिया' ('भारत की आत्मा') नृत्य-नाटिका तैयार की। यह देश-भक्ति की शोभा-यात्रा कही जा सकती है। इसके गीत बटुक ने लिखे थे और टिप्पणियाँ प्रेम धवन की थीं। केन्द्रीय जत्थे ने 'इमारटल इंडिया' ('अमर भारत') नाम से दूसरी नृत्य-नाटिका को प्रस्तुत किया। इसका आधार नेहरू की 'डिस्कवरी ऑफ इंडिया' है। 45 मिनट की इस संगीत नाटिका का संगीत-निर्देशन रविशंकर और अवनी दासगुप्त का, नृत्य-निर्देशन शान्तिवर्धन का, गीत प्रेम धवन का, सहयोग नरेन्द्र शर्मा और सचिन शंकर का था। दोनों नृत्य-नाटिकाओं में सुरुचि और सन्देश का उपयुक्त समन्वय था। इसमें पंजाब, गुजरात, बंगाल, आन्ध्र प्रदेश, बिहार और उत्तर प्रदेश के लोकसंगीत और लोक-नृत्य के नए सार्थक प्रयोग किए गए। गीत प्रेम-दशरथ और विनय ने लिखे। नृत्य-संगीत के इन सोद्देश्य कार्यक्रमों का व्यापक प्रभाव पड़ा। इस देशव्यापी लहर की पत्र-पत्रिकाओं ने बहुत प्रशंसा की।

दिसम्बर 1945 में यह जत्था बम्बई से अहमदाबाद, कलकत्ता, आसनसोल, पटना, कानपुर, दिल्ली, लौहार आदि प्रमुख नगरों का दौरा करने निकला। युग की अपेक्षाओं और आकांक्षाओं के अनुरूप होने के कारण इस दल को आशातीत सफलता मिली। स्वतंत्रता और न्याय की भावनाओं को जब मंच पर साकार होते देखा गया तो देशवासियों का सजग होना स्वाभाविक था। 'सेंट्रल ट्रुप' ने बाद में तीन और नृत्य-नाटक : नया भारत (1946, आई.एम. म्युटिनी) (1947), आजाद काश्मीर (1947) तैयार किए। शास्त्र के चौखटे में बँधी संगीत और नृत्य कला को सामाजिक जागरण का प्रभावशाली अंग बनाकर सेंट्रल ट्रुप ने विस्मयविमुग्ध किया। जन-आन्दोलन के लिए कला का यह सार्थक और सामयिक प्रयोग, भारतीय इतिहास का विरल उदाहरण है।

ऐतिहासिक दृष्टि से 'इप्टा' आन्दोलन की शुरुआत बंगाल-अकाल में सहायता कार्य के लिए 1942 में स्थापित 'कल्चरल स्क्वैड' से माननी चाहिए जिसमें कवि-गायक विनय राय, उनकी बहन रेवा राय तथा अपरिचित फिल्म गायक प्रेम धवन के 'सुनो हिन्द के रहने वालो...' तथा 'भूखा है बंगाल' जैसे भाव-सम्प्रेषी गीतों ने जन-चेतना को सचमुच आन्दोलित

कर दिया। 'इप्टा' का 'सेंट्रल कल्चरल ट्रुप' इसी का विकसित और श्रेष्ठ रूप है। इसी प्रकार नाट्य कला के क्षेत्र में सरदार जाफरी ने 1942 में 'यह किसका खून है' नाटक लिखा जिसे उसी वर्ष सुश्री अनिल डी'सिल्वा के निर्देशन में बम्बई में प्रस्तुत किया गया। टी. सरमालकर द्वारा लिखित तथा प्रभाकर गुप्त द्वारा निर्देशित मराठी नाटक 'दादा' के प्रभावशाली प्रस्तुतीकरण ने बम्बई के मजदूरों में जन-जागृति की लहर ला दी।

हिन्दी प्रदेश में इस देशव्यापी आन्दोलन को पहला मंच आगरा में मिला। 'कल्चरल स्क्वैड' के तत्त्वावधान में विनय राय अप्रैल 1942 में आगरा आए। नगर में अनोखा उत्साह था जिसको सार्थक अभिव्यक्ति दी राजेन्द्र रघुवंशी और बिशन खन्ना ने। इन्होंने आगरा 'कल्चरल स्क्वैड' का गठन किया और स्थानीय बेकर पार्क में 1 मई, 1942 को इस संस्था का शुभारम्भ किया राजेन्द्र रघुवंशी कृत 'आज का सवाल' लघु नाटक के प्रदर्शन से। इसी वर्ष अलीगढ़ में हो रहे किसान सम्मेलन पर आगरा 'स्क्वैड' ने राजेन्द्र रघुवंशी की नृत्य-नाटिका—'लोहे की दीवार' का मंचन किया। अकाल-पीड़ितों की सहायता के लिए इस दल ने आगरा के आसपास कई प्रदर्शन किए। 1942-43 की अवधि में बंगाल-स्क्वैड कई बार आगरा आता रहा। यही आगरा स्क्वैड 1944 में भारतीय जन-नाट्य संघ में परिवर्तित हो गया। यही नहीं यहाँ 'विप्टा' (वीमेन्स पीपुल थिएट्रिकल एसोसिएशन) और 'लिप्टा' (लिटिल पीपुल थिएट्रिकल एसोसिएशन) की स्थापना की गई। इससे इस दल को व्यापक सामाजिक स्वीकृति मिली और महिलाओं का सहयोग मिला। इस दिशा में राजेन्द्र रघुवंशी ने अपने परिवार की महिलाओं को मंच पर लाकर अपनी समर्पण भावना का अद्‌भुत परिचय दिया। इससे उनके दल को सक्रियता और सफलता मिली। वे प्रतिबद्ध लेखक, निर्देशक, अभिनेता और रंगकर्मी थे। उन्होंने राजनैतिक और सामाजिक प्रश्नों पर कई प्रकार के नाटक लिखे जिनमें—आज का सवाल, अभागे, मुसीबत है, पंचशील, आगन्तुक, विजय-पर्व-पुकार, कालेशाह—कई बार सफलता के साथ खेले गए। अपने मौलिक नाट्य-लेखन में समस्या, घटना-क्रम और चरित्र-दृष्टि को लेकर विशिष्ट विन्यास और पक्षधरता देने में वे कोई संकोच नहीं करते। राजनीति और कला के सन्तुलन में वे एक सीमा तक सफल रहे। इसीलिए आगरा 'इप्टा' ने प्रेमचन्द, रवीन्द्रनाथ ठाकुर, कृश्नचन्दर, उदयशंकर भट्ट, अमृतलाल नागर, अमृता प्रीतम जैसे श्रेष्ठ साहित्यकारों की रचनाओं के नाट्यान्तर प्रस्तुत किए। राजेन्द्र रघुवंशी के साथ आगरा में डॉ. रामविलास शर्मा, रांगेय राघव भी सक्रिय रहे। रामविलास शर्मा के लघु नाटक हैं—'कानपुर के हत्यारे, हिमालय, राजा कठपुतली सिंह, घायल पंजाब और तुलसीदास'। रांगेय राघव-उदय और आखिरी धब्बा। डॉ. रामविलास शर्मा ने 'जमींदार कुलबोरन सिंह', 'राजा जी दिल बैठा जाए', 'राजा कठपुतली सिंह' द्वारा नौटंकी का नया प्रयोग किया। ये हास्य-एकांकी किसान सभाओं में प्रदर्शित किए गए। अमृतलाल नागर ने इसी शैली में 'नवाबी मसनद' और 'सेठ बाँकेलाल' को लिखा और प्रस्तुत किया। इसी प्रवाह में 'ब्रज कला केन्द्र' आगरा के तत्त्वावधान में स्थानीय भाषा और परम्परा को निम्न गीत-नाटकों में नए तात्पर्य दिए गए—गोवर्धन चरण, कृष्ण-अर्जुन युद्ध, सिद्धार्थ, बचपन और प्रभात। आगरा में समवेत गायन का प्रचार रहा। उत्तर भारत में इप्टा का सर्वाधिक प्रसार आगरा में हुआ, उसकी सभी प्रवृत्तियों और परम्पराओं का यहाँ अनुसरण

किया गया। आलेख-लेखन और प्रदर्शन-शैली के स्तर पर आगरा इप्टा ने बहुत नवीनता का परिचय तो नहीं दिया परन्तु अपने अनुभव से, स्थानीय प्रतिभा और परम्परा से उत्तरोत्तर विकास अवश्य किया।

कानपुर में 1943 में 'पीपुल्स कल्चरल सेंटर' की स्थापना की गई जिसमें अन्य लोगों के अतिरिक्त पहले वेदप्रकाश कपूर और बाद में ललित मोहन अवस्थी प्रमुख कार्यकर्ता रहे। शील इस आन्दोलन से सम्बद्ध रहे हैं, उन्होंने कई लघु नाटक लिखे हैं जिनमें 'किसान' उल्लेखनीय है। कानपुर में जन-नाट्य संघ के दो प्रादेशिक सम्मेलन हुए पहला—1947 में, दूसरा 1958 में। इन अवसरों पर एक दर्जन नाटकों के अतिरिक्त 'नवान्न' के हिन्दी रूपान्तर का प्रस्तुतीकरण एक प्रमुख घटना है। उद्घाटन बलराज साहनी ने किया जो युवा पीढ़ी को आकृष्ट कर सके। सामान्य स्तर पर 'इप्टा' की यह शाखा निष्क्रिय रही है। यही स्थिति वाराणसी 'इप्टा' की रही। लखनऊ में सर्वाधिक सम्मेलन हुए पर जन-नाट्य संघ की स्थापना 1953 में हुई। संस्थापक अमृतलाल नागर हैं। इसकी कोई उल्लेखनीय गतिविधियाँ नहीं हुईं। अवध इप्टा की स्थापना गुटबाजी को प्रकट करती है। मेरठ में 1953 में स्थापना के बाद इस शाखा ने कई नाटक खेले। यही स्थिति झाँसी की है। 'इलाहाबाद' की स्थिति भिन्न है। नेमिचन्द्र जैन और ओंकार शरद के प्रयत्नों से 1943 में इप्टा का गठन किया गया। 1949 तक यह शिथिल रही। इस वर्ष छठा अखिल भारतीय सम्मेलन हुआ जिसमें देश के कई कलाकार एकत्रित हुए और एक साथ कई प्रमुख नाटकों को देखने के अवसर मिले। स्पष्ट है कि विभिन्न सम्मेलनों में आयोजित सांस्कृतिक कार्यक्रमों में इप्टा के विभिन्न नगरों के दल उत्साह के साथ भाग लेते थे परन्तु यह कितनी विडम्बनापूर्ण स्थिति है कि वे यह उत्साह स्थानीय लोगों में उत्पन्न नहीं कर सके।

राजस्थान कला केन्द्र, बीकानेर, 'इप्टा' की शाखा होने का दावा करता है। इसके जत्थे सम्मेलनों में जाते रहे पर स्थानीय स्तर पर कोई गतिविधि नहीं हुई।

बिहार में 1943 में ही 'इप्टा' की शाखाएँ खुल गई थीं। पटना 'इप्टा', पटना सिटी 'इप्टा' के अतिरिक्त मुजफ्फरपुर, भागलपुर, राँची, सोनपुर, नवादा, हाजीपुर, गया, दानापुर, धनबाद अर्थात् पूरे प्रदेश में शाखाएँ खुल गईं। इसका महत्त्वपूर्ण कारण यह है कि बिहार 'इप्टा' की शाखाओं का संचालन भारतीय कम्युनिस्ट पार्टी की स्थानीय शाखाओं का संचालन भारतीय कम्युनिस्ट पार्टी की स्थानीय शाखाओं के हाथ में है। पार्टी सम्मेलन पर इप्टा का सक्रिय होना स्वाभाविक था, इस प्रकार बिहार इप्टा की शाखाएँ शिथिल नहीं हुईं। 1952 में प्रसिद्ध गायक अमरशेख के दौरे से वातावरण बदला। 1953, 54 और 56 के राज्य सम्मेलनों से उत्साह बढ़ा। 1956 के अधिवेशन में राहुल सांकृत्यायन के अध्यक्षीय भाषण ने नया विश्वास उत्पन्न किया। बहुमंचित और बहुप्रतिष्ठित 'पीर अली' यहाँ की उपलब्धि है। पार्टी दबाव के कारण बिहार में इप्टा की स्थिति चाहे भिन्न है पर वह निष्क्रिय नहीं हुई।

जन-नाट्य संघ की स्थापना से अब तक बम्बई की अग्रणी स्थिति में कोई अन्तर नहीं आया। अपनी सभी सीमाओं में आज भी बम्बई, इप्टा सर्वाधिक सक्रिय है। बम्बई नगर का बहुमुखी, उदारस्वरूप राजनीति, कला और संस्कृति के लिए अनुकूल रहा है। प्र.ले.सं. का पहला अधिवेशन चाहे लखनऊ में हुआ परन्तु सक्रियता बम्बई में अधिक थी। प्रगतिशील

राजनीति और चिन्तन का भी वह केन्द्र होने के कारण वह कलाकारों को आकृष्ट करता रहा है। 1942 में अली सरदार जाफरी के नाटक 'यह किसका खून है' से यह धारा शुरू हुई। इप्टा के प्रथम सम्मेलन पर 1943 में ख्वाजा अहमद अब्बास द्वारा लिखित-निर्देशित—'यह अमृत है' प्रस्तुत किया गया। इस अवसर पर दो बंगला लघु-नाटक खेले गए। अब्बास ने साम्प्रदायिक समस्या पर 'जुबैदा' लिखा जिसे 1945 में बलराज के निर्देशन में इप्टा के प्रथम अधिवेशन पर प्रस्तुत किया गया। इसे इसी वर्ष चेतन आनन्द ने 'गाँव' नाटक का लेखन और निर्देशन किया। 1946 में उपेन्द्रनाथ अश्क ने अपने लिखे 'तूफान से पहले' का निर्देशन किया। अब्बास का 'मैं कौन हूँ' (1947) लघु नाटक बहुत लोकप्रिय रहा। 'जादू की कुर्सी' (1948) का लेखन बलराज साहनी और निर्देशन मोहन सहगल ने किया। यह प्रहसन भी बहुत खेला गया। भूत गाड़ी (1948) रूपान्तरण और निर्देशन 'भीष्म साहनी'। बम्बई 'इप्टा' ने 1975 तक 62 नाटकों का मंचन किया जिसमें निम्न कलाकार-निर्देशक उल्लेखनीय हैं—हबीब तनवीर, दीना पाठक, हंगल, रमेश तलवार, सागर सरहदी, आर.एम.सिंह, एम.एस. सथ्यु।

बम्बई 'इप्टा' ने प्रारम्भिक वर्षों में लेखन और प्रदर्शन के स्तर पर कई कीर्तिमान स्थापित किए और दर्शकों तक अपने सन्देश को पहुँचाकर इस विधा को जनोपयोगी सिद्ध किया परन्तु परवर्ती वर्षों में स्थितियाँ बहुत उलझ गईं जिसकी विडम्बनापूर्ण परिणति है कि जन आन्दोलन के लिए जनसाधारण को प्रेरित करने वाला जन-नाट्य संघ 'सम्भोग से संन्यास तक' जैसे नाटक को प्रस्तुत करता है।

अक्टूबर 1943 में 'कल्चरल स्क्वैड' दिल्ली आया और 'भूखे बंगाल को बचाओ'—से जनसाधारण को आन्दोलित कर गया। नवम्बर 1943 दिल्ली इप्टा की स्थापना हुई। अधिवेशन में छह हजार उपस्थित दर्शक अपनी दिलचस्पी को व्यक्त कर रहे थे। दिल्ली के स्वरूप को देखते हुए इसके तीन दल हो गए—पहला हिन्दुस्तानी नाटक प्रदर्शित करने वाला, दूसरा बंगला नाटक तथा तीसरा केन्द्रीय दल। यहाँ का महिला संघ भी सक्रिय रहा और उसने बंगला सहायता कोष के लिए कार्य किया। दिल्ली 'इप्टा' ने 'बाल न्यूज पेपर' तथा मजदूर यूनियनों में कार्य कर अपनी पहचान और प्रतिष्ठा अर्जित की। 'बाल न्यूज पेपर' आकर्षण का केन्द्र रहा। 'दीपशिखा' के मंचन पर प्रतिबन्ध से इप्टा को कुछ नाम और प्रचार मिला। यहाँ की प्रमुख घटना है 1958 की अखिल भारतीय इप्टा कॉन्फ्रेन्स जिसमें खेले गए निम्न श्रेष्ठ नाटक प्रेरणावर्धक सिद्ध हुए—मामा वरेरकर—'और भगवान देखता रहा', इब्सन का—'एक गुड़िया एक औरत', बुल्गेरियन नाटक का हिन्दुस्तानी रूपान्तरण—मिनिस्टर। गोर्की का 'लोअर डैप्थ' और रवीन्द्रनाथ ठाकुर का 'रक्तकरबी', बंगला में खेले गए। नृत्य नाटक भी हुए और गायन दल भी थे। कुल मिलाकर यह एक प्रभावशाली समारोह सिद्ध हुआ। बाद में 'काँटवाला' और 'ग़ालिब के उड़ेंगे पुर्जे' नाटक सफल रहे। प्रथम दौर में निरंजन सेन, विश्वनाथ, इन्द्र घोष सक्रिय थे और बाद में एस.एम. मेहदी और अज़ीज़ कुरैशी। दिल्ली इप्टा भी कोई अपने स्वरूप और चरित्र का निर्वाह नहीं कर सकी। आजकल दिल्ली इप्टा अभिनय, रंग-शिल्प आदि का प्रशिक्षण केन्द्र बना हुआ है ताकि जनजागरण के लिए वह धन एकत्रित कर सके।

बंगाल की स्थिति भिन्न रही क्योंकि स्वाधीनता-संग्राम के साथ-साथ जापान की गोलाबारी और दुर्भिक्ष जैसे भयानक संकटों का सामना करना पड़ा। इसलिए 1940 के बाद इस आन्दोलन को गति और अभिव्यक्ति मिलती रही—गायन, समूह गायन, नृत्य-नाटक और नाटक में। कल्चरल स्क्वैड और सेंट्रल कल्चरल ट्रुप में इसके योगदान को भुलाया नहीं जा सकता। बंगला में और हिन्दुस्तानी में विजन भट्टाचार्यकृत 'नवान्न' इप्टा-आन्दोलन की सर्वश्रेष्ठ नाट्य-कृति और प्रस्तुति है। इतने उज्ज्वल इतिहास के होते हुए बंगाल इप्टा को टूटने में देर न लगी। यही नहीं, वहाँ के कलाकार-निर्देशकों ने प्रगतिशील चिन्तन के प्रभाव को नकार दिया।

'इप्टा' की स्थापना, मई 1943 में बम्बई में हुई थी पर यह आन्दोलन लगभग तीन वर्ष तक चला, मुख्य रूप से बम्बई, कलकत्ता, दिल्ली, आगरा और पटना में। हिन्दी प्रदेश के कुछ नगरों में यह उत्साह स्वाधीनता के बाद प्रस्फुटित हुआ। इसमें कोई सन्देह नहीं कि अपने व्यापक मानवीय दृष्टिकोण के कारण इप्टा ने देश की युवा-प्रतिभा को प्रभावित और प्रवाहित किया। उदयशंकर के अतिरिक्त रविशंकर, शान्तिवर्धन, अवनी दासगुप्त, बलराज साहनी, राजिन्दर सिंह बेदी, उपेन्द्रनाथ अश्क, ख्वाजा अहमद अब्बास, हबीब तनवीर, नेमिचन्द्र जैन, कृशनचन्दर, साहिर, हंगल, बलवन्त गार्गी, शीला भाटिया जैसी कई तरुण विभूतियों को इस धारा ने आप्लावित किया। रचना का अपना धर्म होता है दर्शक या पाठक तक पहुँचने का। इतिहास की उस चुनौती से कोई लेखक मुँह नहीं मोड़ सकता था, उसके दबाव में जनमानस तक पहुँचने की आकांक्षा उस युग की आवश्यकता थी। इसलिए अधिकांश लेखक-कलाकार निर्व्याज भाव से इस आन्दोलन के हिस्सेदार बनने के लिए आगे आए। विभिन्न कला-माध्यमों की एक मंच पर इतनी प्रतिभाओं का एकत्रीकरण इतिहास की विरल घटना ही कहना चाहिए। 'नवान्न' अपने समय की इच्छा-शक्ति की प्रखर अभिव्यक्ति है परन्तु युद्ध की समाप्ति, देश की स्वाधीनता और कम्युनिस्ट पार्टी के संकीर्ण दखल ने ऐसा मोह-भंग उत्पन्न किया कि यह आन्दोलन आन्दोलन का रूप धारण करने से पहले बिखर गया। यह एक कटु सच है कि सब अनुकूल परिस्थितियाँ होते हुए भी इप्टा एक जन-नाट्य-आन्दोलन नहीं बन सका। हिन्दी नगरों में अपने पूरे स्वरूप के साथ इसका उभार आगरा में हुआ। पर यहाँ सारी कोशिश एक व्यक्ति तक केन्द्रित रही। हिन्दी प्रदेश के नगरों में कोई पारस्परिक आदान-प्रदान नहीं हुआ जिसके आधार पर इसके आन्दोलन होने के प्रमाण मिले हों। इप्टा के कार्यकर्ता और कलाकार उच्च मध्यम वर्ग के थे। इस आन्दोलन के प्रति उनकी समर्पण भावना रोमांटिक अधिक थी। वे श्रमिक वर्ग के बीच गए पर इप्टा को उनका हिस्सा न बना सके। इस वर्ग के आचरण की असलियत स्वतंत्रता-प्राप्ति के बाद खुली जब इप्टा अपने ह्रास को रोक न सकी।

स्वतंत्रता-प्राप्ति के बाद की इप्टा का मूल्यांकन दूसरे धरातल पर होगा। अब तो स्थिति यह है कि नगर की अन्य रंगमंडलियों की तरह इप्टा भी एक संस्था है जो अपना इतिहास नहीं बदलना चाहती पर वर्तमान में समझौता करने से पीछे नहीं हटती। बम्बई, कलकत्ता और दिल्ली इप्टा अब जिस तरह का थिएटर कर रहे हैं, उन पर तो विचार

करने की स्थिति नहीं रही। ऐसे निराशाजनक वातावरण में पटना-इप्टा की वैचारिक और रंगमंचीय समर्पण-भावना प्रशंसनीय है।

यह जानकर आश्चर्य होता है कि इप्टा आन्दोलन को लेकर हिन्दी नाटककार इस सीमा तक तटस्थ था जैसे कोई सरोकार न हो। उपेन्द्रनाथ अश्क और विष्णु प्रभाकर इप्टा से सम्बद्ध रहे शेष पूरा नाट्य-जगत अछूता रहा। लक्ष्मीनारायण मिश्र, वृन्दावनलाल वर्मा, सेठ गोविन्ददास, हरिकृष्ण प्रेमी, जगदीशचन्द्र माथुर, रामकुमार वर्मा, पृथ्वीनाथ शर्मा, भुवनेश्वर जैसे कितने नाटककार इस लहर से किनारा किए रहे।

'इप्टा' के ऐतिहासिक योगदान को नकारा नहीं जा सकता। हिन्दी का नाटककार ऐतिहासिक कथानकों से अपने वर्तमान तक पहुँचने में असमर्थ था, या बुद्धिवाद के नाम पर यथार्थवाद पर खोखली बहस कर रहा था या सामाजिक-पारिवारिक प्रश्नों को उठा रहा था। उसे इप्टा ने जन-प्रवाह से जोड़ते हुए सामाजिक-यथार्थ के प्रति आवश्यक परिप्रेक्ष्य प्रदान किया। अन्याय और शोषण के ज्वलन्त प्रश्नों और उनके लिए अपेक्षित वैचारिक दृष्टि प्रदान करने में इप्टा का उल्लेखनीय महत्त्व है।

'इप्टा' ने अपने समय के कलाकारों में बड़ी प्रखरता और तीव्रता से यह विश्वास उत्पन्न किया कि कला और जन तथा जनजागरण में पारस्परिकता रहनी चाहिए। उसने संगीत, नृत्य और नाट्य के प्रचलित व्याकरण और रूपवादी संस्कारों को तोड़ा और सीधी-सादी शैली में अपने प्रयोजन को व्यक्त किया। अपने कला में 'इल्यूजन' के पक्ष को कम और 'रिअलिटी' के पक्ष पर अधिक बल दिया। 'भारत की आत्मा', 'अमर भारत' और 'नवान्न' की प्रदर्शन-पद्धति में सुरुचि और सन्देश का आग्रह है।

भारतीय कम्युनिस्ट पार्टी, प्रगतिशील लेखक संघ और 'इप्टा' के बारे में निर्विवाद रूप से स्पष्ट है कि तीनों एक-दूसरे से जुड़े-बँधे रहे हैं। बम्बई में मई, 1943 में तीनों का सम्मेलन एक साथ हुआ। रविशंकर के अनुसार 'सेंट्रल कल्चरल ट्रुप' का खर्चा कम्युनिस्ट पार्टी उठा रही थी। अधिकांश नगरों में तीनों के कार्यकर्ता या कलाकार अलग-अलग नहीं थे। भारतीय कम्युनिस्ट पार्टी के मजदूर, छात्र और किसान संगठनों में होने वाले सांस्कृतिक कार्यक्रमों ने ही इप्टा की सम्भावना को जगाया। प्रगतिशील लेखक संघ ने इन सांस्कृतिक कार्यक्रमों को एक और मंच प्रदान किया। इस प्रकार इप्टा की अनुभव-यात्रा कम्युनिस्ट पार्टी के संगठनों से हटकर नहीं सोची जा सकती। जैसे, समवेत, गायन, इसकी हमारे यहाँ परम्परा नहीं है। इन्हीं सम्मेलनों में प्रेमधवन के गीतों ने जब सम्मिलित स्वर और शक्ति पकड़ी तब सामूहिक जागृति और चेतना का उदय मिल जाता।

प्रतिबद्धता का बहुचर्चित प्रश्न उठाना आवश्यक है। रचनाकार की प्रतिबद्धता चिन्तन से है, विस्तार से है, पार्टी उसका माध्यम हो भी सकती है और नहीं भी हो सकती। 1941-44 में प्र.ले.सं. और इप्टा ने मार्क्सवाद के जरिए वह चिन्तन और वह मंच प्रदान किया जिसने साम्राज्यवाद के विरुद्ध लड़ने के लिए कलाकर्म को जनजीवन और जनमानस से जोड़ा। कला के प्रचलित औजारों का यह नया सार्थक प्रयोग रोमांचित करने वाला था परन्तु राजनीति और कला के इस जोखिम भरे रिश्ते को निभाने के लिए ब्रेख्त बनना पड़ता है। प्रतिबद्धता में दोष नहीं है, वह तो एक तरह अवधारणागत दृढ़ता (कन्विक्शन) है। इब्सन,

बर्नार्ड शॉ और ब्रेख्त में अपने विचार और प्रयोजन को लेकर स्पष्टता और दृढ़ता रही है। इसलिए प्रतिबद्धता के नाम पर कम्युनिस्ट पार्टी को नकारा जा सकता है, कलाकार के पास इसके उपयुक्त कारण हो सकते हैं परन्तु इसका मार्क्सवादी चिन्तन को नकारना, उसकी सीमा को, पूर्वग्रह को उजागर करता है। पर अपने देश की सांस्कृतिक और साहित्यिक परम्पराओं को देखते हुए यह मानना पड़ेगा कि वामपन्थी पार्टियों और वामपन्थी चिन्तन व्यावहारिक पर कारगर दिशा-निर्देश नहीं कर सका। कई गुत्थियाँ उलझी रहती हैं, इसलिए विचार के स्तर पर इनमें चाहे प्रखरता है, पर व्यवहार के स्तर पर अन्तर्विरोध है। गोविन्द देशपांडे के नाटक 'उध्वस्त धर्मशाला' जैसी स्थिति है लेखन और कला जगत की, जिसमें श्रीधर कुलकर्णी की त्रासदी से मुक्त होना कठिन है।

'इप्टा' की इच्छा-शक्ति भारतेन्दु में मिलती है जिन्होंने अकेले 10-15 वर्षों में हिन्दी-प्रदेश के प्रमुख नगरों में एक आन्दोलन-सा खड़ा कर दिया। नाट्य-लेखन और रंगकर्म को लेकर उनका कितना स्पष्ट और दृढ़ विश्वास था कि इसे सामाजिक परिवर्तन का हिस्सा बनाना है। बलिया में 'सत्य हरिश्चन्द्र' की प्रस्तुति के लिए उन्होंने बजाज की दुकान से थान उठाकर काम निकाला था। अपने प्रयोजन के प्रति स्पष्ट भारतेन्दु ने लेखन और प्रदर्शन-कर्म को अलग-अलग खंडों में नहीं सोचा। इप्टा चाहे असफल रहा परन्तु उसने अन्तर्वस्तु और जनजीवन से जुड़े कला-मूल्यों पर बल दिया। जयशंकर प्रसाद के शब्दों में—'जब वह इच्छा-शक्ति किसी व्यक्ति या जाति में केन्द्रीभूत होकर अपना सफल या विकसित रूप धारण करती है, तभी इतिहास की सृष्टि होती है' (अजातशत्रु)। कहने की आवश्यकता नहीं कि युग की इच्छा-शक्ति 'इप्टा' में केन्द्रित हुई पर वह न सफल रूप धारण कर सकी और न इतिहास की सृष्टि ही।

(आलोचना, 1986)

10

रंगमंच की प्रभुता और मौलिक नाट्य-लेखन

नाटक और रंगमंच के सम्बन्ध परस्पर निर्भर अवश्य हैं परन्तु इतिहास में ऐसे अवसर कम आए हैं जब दोनों का आदान-प्रदान एक-दूसरे के लिए प्रेरक और संवर्धक हो। दोनों कई प्रकार के अन्तर्विरोधों से गुजरते रहे हैं। रंगमंच को लेकर नाटककार की अवधारणा और है तथा निर्देशक की और। सातवाँ दशक ऐसा अपवाद है जब हिन्दी में ही नहीं, अखिल भारतीय स्तर पर नाट्य-लेखन और रंगकर्म में ऐसी प्रतिभाओं का उदय हुआ जिनकी सर्जनात्मक परस्परता ने एक रंगांदोलन का रूप ग्रहण कर लिया। इस आन्दोलन में हिन्दी रंगमंच की अग्रणी भूमिका रही। उसके मंच पर बादल सरकार, उत्पल दत्त, आद्य रंगाचार्य, गिरीश कारनाड, विजय तेन्दुलकर, गोविन्द देशपांडे आदि के रंग-सम्भावनाओं से भरपूर नाटकों के प्रभावी और सफल प्रस्तुतीकरण ने राष्ट्रीय स्तर पर ख्याति अर्जित की। ये हिन्दी रंगमंच की उपलब्धियाँ तो बने ही, इन्होंने एक विशिष्ट परम्परा का रूप धारण कर लिया जिसमें हिन्दीतर नाटक प्रमुखता पाने लगे वास्तव में इस परम्परा के सूत्रपात का श्रेय राष्ट्रीय नाट्य विद्यालय की स्थापना और विख्यात निर्देशक इब्राहिम अल्काज़ी को जाता है जिन्होंने हिन्दी रंगमंच को यह परिप्रेक्ष्य दिया। जुलाई 1962 में अल्काज़ी रा.ना.वि. के निदेशक बने और दिसम्बर 1962 में उन्होंने मोहन राकेश कृत 'आषाढ़ का एक दिन' का मंचन कर अद्भुत साहस और रंग-क्षमता का परिचय दिया। एक परिचित कथाकार की पहली नाट्य-कृति को सुरुचि, कल्पना और संवेदना के साथ प्रस्तुत कर अल्काज़ी ने धर्मवीर भारती, जगदीशचन्द्र माथुर, लक्ष्मीनारायण लाल, सुरेन्द्र वर्मा, मणि मधुकर, मुद्रा राक्षस, सर्वेश्वर दयाल सक्सेना के नाटकों को भी रा.ना.वि. में प्रस्तुत किया।

नाट्य-प्रस्तुति को लेकर अल्काज़ी में दूर-दृष्टि थी। उन्होंने संस्कृत, ग्रीक, अन्य पश्चिमी और समकालीन भारतीय नाटककारों के गौरवपूर्ण नाटकों को हिन्दी में प्रस्तुत कर नए कीर्तिमान स्थापित किए। अल्काज़ी ने पहला मौलिक नाटक उठाकर मौलिक नाट्य-लेखन के प्रति विश्वसनीयता पैदा की परन्तु उनका लक्ष्य हिन्दी रंगकर्म को उदार, ग्रहणशील और व्यापक बनाना था। इसका कारण उनका हिन्दी के प्रति लगाव न था बल्कि रा.ना.वि. और ऐतिहासिक कारणों का दबाव था। परवर्ती सभी निर्देशकों ने कमोबेश इसी परम्परा का अनुसरण किया, चाहे उनका प्रयोजन तथा उनकी प्रदर्शन-पद्धति भिन्न रही हो। हबीब तनवीर, सत्यदेव दुबे, शान्ता गांधी, श्यामानन्द जालान, शीला भाटिया, ब.व. कारन्त, राजिन्दर

नाथ ने अपने-अपने ढंग से यही नीति अपनाई। इस युग में जहाँ अन्तर्वस्तु के स्तर पर नाट्य-लेखन में गम्भीर अन्तर्दृष्टि और दृश्यात्मक चेतना मिली, वहीं निर्देशक में साहित्य और भाषा के पुष्ट संस्कार तथा महत्त्वपूर्ण नाट्यालेख के प्रति निष्ठा का भाव भी देखने को मिला। नाटककार और निर्देशक की संवेदनात्मक पारस्परिकता का यह विरल संयोग था।

इस रंगांदोलन से हिन्दी रंगमंच का राष्ट्रीय स्तर पर सम्मान तो बढ़ा पर मौलिक नाट्य-लेखन की दृष्टि से यह परम्परा अनुकूल सिद्ध नहीं हुई। इस दौर में पर्याप्त मौलिक नाटक मंचित किए गए, पर यह सच है कि उनका मुकाबला या तो विश्व की किसी क्लासिक नाट्य-कृति से होता था या फिर किसी प्रदेश के मंच-प्रतिष्ठ तथा ख्याति-प्राप्त नाटक से। इस रंगांदोलन के विस्तार का दायित्व और श्रेय निर्देशक पर रहा है, उसका मौलिक नाटक के मंचन में कम उत्साहित होना स्वाभाविक माना जाएगा। प्रतिस्पर्धा एक स्थिति बन रही थी, इसलिए मौलिक नाटकों को उपयुक्त स्थान नहीं मिल सका।

हिन्दी रंगमंच का उदय महानगरों—दिल्ली, कलकत्ता, बम्बई—में हुआ जहाँ का सांस्कृतिक वातावरण बहुरंगी और बहुभाषी है। हिन्दी का रंगमंच का माध्यम बनना प्रत्याशित था पर उसे उदार नीति अपनानी पड़ी। यह एक दिलचस्प सच्चाई है कि हिन्दी के अग्रणी निर्देशक अहिन्दी भाषी हैं—अल्काज़ी, शान्ता गांधी, शीला भाटिया, कारन्त, राजिन्दर नाथ आदि। सत्यदेव दुबे और श्यामानन्द अहिन्दी भाषी क्षेत्र में थिएटर कर रहे थे। उन्हें 'स्थानीय अपेक्षाओं और आकांक्षाओं' को ध्यान में रखना पड़ा। इस प्रकार, हिन्दी रंगमंच को सामासिक संस्कृति मिली, जिसने उसके भारतीय स्वरूप की परम्परा का समर्थन और संवर्धन किया।

नवें दशक में हिन्दी प्रदेश में रंगकर्म जैसे-जैसे अपनी जगह और पहचान बनाने लगा, पुराना चला आ रहा यह अहसास अब चुभने लगा कि हिन्दी रंगमंच अनुवादजीवी है या रूपान्तरों पर आधारित है। यहाँ का निर्देशक स्थानीय आलेखों और रंग-परम्पराओं की उपेक्षा तो नहीं करना चाहता, परन्तु नाटक चुनते समय उसकी नजर महानगरों के सफल प्रस्तुतीकरणों पर होती थी ताकि उसके रंगकर्म को भी राष्ट्रीय स्तर पर मान्यता मिले। पिछले वर्षों में संगीत नाटक अकादमी द्वारा हिन्दी प्रदेशों में आयोजित वार्षिक नाटक समारोहों का अध्ययन करें तो यह निष्कर्ष छिपा नहीं रहता कि पर्याप्त अनुदान राशि के बावजूद इन प्रदेशों के निर्देशकों का मौलिक नाटक उठाने में कोई उत्साह नहीं रहा। आश्चर्य होता है कि लगभग यही स्थिति राज्य अकादमियों और जोनल केन्द्रों के समारोहों में पाई गई। कुछ मौलिक नाटक अवश्य उठाए जाते रहे, पर वे या तो किसी विशेष आयोजन में खेले गए या निजी सम्बन्धों के कारण। अपने आप मौलिक नाटक उठाने वाले ग्रुप बहुत कम हैं। सामान्य रूप से यहाँ का निर्देशक उपर्युक्त परम्परा का पालन कर सुरक्षा और सम्मान को लेकर चिन्तित है। इसमें सन्देह नहीं कि केवल मौलिक नाटक रंगमंच की आवश्यकताओं को पूरा नहीं कर सकते; रूपान्तरों या अनूदित नाटकों को लेना पड़ेगा, पर बिना परखे यह मत बना लेना कहाँ तक उचित है कि हिन्दी में मौलिक नाटक नहीं है? मौलिक नाटक उठाने के लिए वह न तो पहल करने को तैयार है, न परिश्रम।

अनुवाद रूपान्तर में निर्देशक आलेख के स्तर पर सुविधाजनक स्थिति में होता है, इसलिए दृश्य-परिकल्पना में छूट रहती है। इसके विपरीत, मौलिक नाट्य-कृति में बँधना

पड़ता है। हाल ही में गिरीश कारनाड के नाटक 'नागमंडल' की गुणवत्ता और सार्थकता पर अपेक्षित विचार-विमर्श किए बिना जिस तत्परता और उत्साह से उसे तीन निर्देशकों : राजिन्दर नाथ, विजय मेहता और नीलममान सिंह (पंजाबी) ने प्रस्तुत किया, वह यह सोचने के लिए विवश करता है कि प्रतिस्पर्धा के कारण मौलिक नाटक का स्थान कितना पीछे है। 14 वर्ष बाद रंगकर्म की ओर लौटे अल्काज़ी ने 'गिरीश कारनाड' के नए नाटक 'रक्त कल्याण' को प्रस्तुत किया। शेष उन्होंने शेक्सपियर के 'जूलियस सीजर' और लोर्का के रूपान्तर 'दिन के अँधेरे' का मंचन कर सातवें दशक की परम्परा को पुष्ट किया। ऐसा लगता है कि हिन्दी रंगमंच को भारतीय छवि की अधिक चिन्ता है।

इधर हिन्दी का नाटककार अपने दायित्व के प्रति अधिक सजग और समर्थ हो चुका है। वह समझ गया है कि रंगजगत से, विशेष रूप से निर्देशक से, सीधे वास्ता रखे बिना अब नाट्य-कर्म अधूरा रहेगा। वह इस दिशा में सक्रिय है। इस प्रकार हिन्दी का मौलिक नाट्य-लेखन विभिन्न सम्भावनाओं और शैलियों से सम्पन्न हो रहा है। इस सन्दर्भ में निम्न नाटककार उल्लेखनीय है—असग़र वजाहत, त्रिपुरारी शर्मा, राजेश जोशी, नाग बोडस, गिरिराज किशोर, बलराज पंडित, रामेश्वर प्रेम, हमीदुल्ला, चरणदास सिद्धू, गोविन्द चातक, किरनचन्द्र शर्मा, ललित थपलियाल, मृणाल पांडे, नन्दकिशोर आचार्य, जितेन्द्र मित्तल, विनय, शिवमूरत सिंह, नरेन्द्र मोहन, सुशील कुमार सिंह, स्वदेश दीपक, प्रताप सहगल... संख्या चाहे बढ़ रही है, जो कि एक प्रीतिकर तथ्य है पर अभी भी यह सच है कि मंच प्रभाव के सशक्त नाटक कम हैं।

अपने प्रदेश की संस्कृति और कलात्मक आकांक्षाओं की पूर्ति की दिशा में मौलिक नाट्य-लेखन और उसके मंचन की चिन्ता के कुछ सुखद परिणाम निकले हैं। इस दिशा में दिल्ली साहित्य परिषद् ने बहुभाषी राष्ट्रीय प्रतियोगिता आयोजित कर पुरस्कृत हिन्दी-उर्दू-पंजाबी नाटकों का मंचन पिछले दिनों किया। इसमें हिन्दी के पाँच नाटक प्रस्तुत किए गए : स्वदेश दीपक कृत 'कोर्ट मार्शल' (निर्देशन रंजीत कपूर), ध्रुव जायसवाल कृत 'शैरमिन्ट बाबू' (निर्देशन प्रकाश भाटिया), ललित थपलियाल कृत 'चिमटे वाले बाबा' (निर्देशन फैजल अल्काज़ी), वाई.वी. रामवत कृत 'चार दिन' (निर्देशन अरुण कुकरेजा), जी.जे. हरजीत कृत 'एक और विक्रमोर्वशी' (निर्देशन शेखर वैष्णवी)। इन नाट्यालेखों को दिल्ली के अनुभवी और अग्रणी निर्देशकों ने प्रस्तुत किया था, परन्तु आलेख और मंचन, दोनों दृष्टियों से रंजीत ने आलेख और उसकी विषयवस्तु का यथार्थवाद स्वरूप प्रदान कर उसकी अन्तर्दशाओं को सघन और उत्तेजक प्रारम्भ दिया। फैजल ने आलेख की निहित भावभंगिमाओं को उभारा और मुक्ताकाशी मंच पर नया अनुभव और वातावरण उत्पन्न किया।

इधर रंगमंडल भारत भवन, भोपाल ने अपनी आवासीय नाटककार योजना को एक दूसरा आयाम दिया। आमन्त्रित नाटककार वहाँ के परिवेश से उभरती हुई विभिन्न समस्याओं या सवालों को लेकर नाट्यालेख तैयार करेंगे जिसका भारत भवन में मंचन होगा। सबसे पहले त्रिपुरारी शर्मा ने भोपाल गैस कांड पर 'बाँझ घाटी' नामक नाटक लिखा जिसका मंचन अलखनन्दन के निर्देशन में हुआ। दूसरा आलेख रामेश्वर प्रेम का था, 'संज्ञा पुत्र' जिसको

कारन्त के निर्देशन में प्रस्तुत किया गया। नाग बोडस ने मध्य प्रदेश के डाकुओं की समस्या को मानवीय परिप्रेक्ष्य देते हुए 'बीहड़' नाटक लिखा पर वह अभी मंचित नहीं हुआ है। अपनी सीमाओं में यह एक महत्त्वपूर्ण योजना है जो मौलिक नाट्य-लेखन को गति और दिशा दे सकती है।

हाल में ही में श्रीराम सेंटर ने नाटक-लेखन की 'पाँचवीं कार्यशाला' का आयोजन किया था जिसका निर्देशन वरिष्ठ आलोचक नेमिचन्द्र जैन ने किया। इससे पहले भी कार्यशालाओं में चुने निम्न नाटकों का मंचन हो चुका है : राजेश जोशी, 'अच्छे लोग'; इरपिन्दर भाटिया, 'मायाजाल'; त्रिपुरारी शर्मा, 'सज़ा'; असग़र वजाहत, 'जिस लाहौर नइ देख्या ओ जम्याइ नइ'।

इस कार्यशाला की रूपरेखा भिन्न रही। इसमें बेहतर आलेख चुनने के साथ-साथ उसे पूरी रंगप्रक्रिया और रंग-अनुभव से गुजरने की व्यवस्था की गई। नाटककार और निर्देशक के आपसी विचार-विमर्श से नाट्यालेख का संशोधन-परिवर्तन, प्रस्तुतीकरण और प्रस्तुति के आधार पर आलेख पर चर्चा, ये दो-तीन चरण इसे समग्रता प्रदान करते हैं। इस कार्यशाला में पाठ के लिए ये आठ नाटक लिये गए थे : राजेश जैन—'वायरस'; नन्दकिशोर आचार्य—'गुलाम बादशाह'; धर्मपाल अकेला—'प्रजा ही विष्णु है'; नरेन्द्र मोहन—'जिन्दाबाद मुर्दाबाद'; अब्दुल बिस्मिल्लाह—'नैनं छिन्दन्ति'; स्वयं प्रकाश—'चौबोली'; अविनाश चन्द्र मिश्र—'उचक्कों का कोरस'। इनमें चार आलेखों में कथ्य और प्रस्तुति की दृष्टि से अधिक सम्भावनाएँ पाई गईं। 'उचक्कों का कोरस' (निर्देशक राजिन्दर नाथ), 'चौबोली' (निर्देशक एन.के. शर्मा), 'जिन्दाबाद मुर्दाबाद' (निर्देशक कृष्णकान्त), 'गुलाम बादशाह' (निर्देशक फैजल अल्काज़ी)। इस कार्यशाला ने मौलिक नाट्य-लेखन की मौजूदा वस्तुस्थिति के सभी पक्षों पर मूल्यांकन के अवसर प्रदान किए। नाटककार-निर्देशक की इस सूची को एक तरह से प्रतिनिधि माना जा सकता है।

चारों नाटकों को स्वतंत्र रूप से आँका जाए तो अविनाश मिश्र के 'उचक्कों का कोरस' लीक से हटकर ऐसा आलेख है जिसकी शक्ति उसके 'प्रन्तर्या' और उसको प्रस्तुत करने के व्यंग्यपूर्ण हल्के कोरस तथा विनोदवृत्ति में है। उसकी भंगिमाओं में प्राणवत्ता है। 'गुलाम बादशाह' एक ऐतिहासिक नाटक है जिसमें बलबन जैसे संवेदनशील चरित्र की परिकल्पना नाटकीय अन्तर्विरोधों से पूर्ण है। प्यार करने वाले दो बेटों के होते हुए भी अकेलेपन की त्रासदी जैसी मर्मस्पर्शी है, वैसी प्रस्तुति में उभरकर आई नहीं। पर इस आलेख में सम्भावनाएँ हैं। 'चौबोली' में लोककथा के लोकतत्त्व तो हैं परन्तु सामन्ती परिवेश और मूल्यों के विरुद्ध प्रगतिशील तत्त्वों और पानी के प्रश्न को, नाट्यकार स्वयं प्रकाश रचनात्मक स्तर पर सँभाल नहीं पाए। 'जिन्दाबाद मुर्दाबाद' का आलेख किसी नए आयाम को नहीं छू पाया।

इन चारों नाटककारों की कुछ नाट्य-कृतियाँ पहले प्रकाशित और मंचित हो चुकी हैं। ये नाटककार रंगजगत से सम्बद्ध रहे हैं पर इनके ये नए आलेख बहुत अधिक गम्भीर, प्रभावोत्पादक और चुनौतीपूर्ण नहीं लगते। अपनी अन्तर्वस्तु को ऐसी असरदार दृश्य-संरचना प्रदान करने में ये सफल नहीं रहे जो किसी समकालीन संकट या अनुभव के कारण हमें आन्दोलित कर सकें।

चारों निर्देशकों में एन.के. शर्मा ने अपने आलेख को सर्जनात्मक चुनौती के स्तर पर लिया। नाटककार और आलेख से अपेक्षित सहयोग के सुझाव में पूरे ग्रुप ने इस प्रस्तुतीकरण को रंजक, रोचक और विभोर करने वाला बनाया। फैजल ने ऐतिहासिक गरिमा तथा बलबन के चरित्रांकन में सूझबूझ का परिचय दिया। राजिन्दर नाथ की नीति आलेख के आसपास रहने की रही। उनके सरलीकरण से आलेख कमजोर हुआ। कृष्णकान्त 'जिन्दाबाद मुर्दाबाद' को अपेक्षित स्तर तक नहीं ला पाए। प्रस्तुति-परिकल्पना की दृष्टि से एन.के. शर्मा अधिक समर्थ और सफल दिखे।

इस कार्यशाला में नाटककार और निर्देशक के समीकरण की स्थितियाँ रही हैं, पर कहीं लगा जैसे नाटककार एक कृतज्ञता-भाव महसूस करता रहा कि मेरा नाटक श्रीराम सेन्टर की ओर से खेला जा रहा है। 'चौबोली' और 'जिन्दाबाद मुर्दाबाद' के रचनाकारों में प्रसन्नता के प्रत्यक्ष संकेत थे। यह एक स्वस्थ मानसिकता नहीं है। रंगकर्म में निर्देशक प्रमुख हो सकता है। पर उसको श्रेष्ठ बनाने में नाटककार का महत्त्वपूर्ण योगदान रहा है। दोनों के सम्बन्ध उदार सदाशयता से चले यह सदा जरूरी नहीं। स्वयं मोहन राकेश को 'लहरों के राजहंस' के कलकत्ता प्रस्तुतीकरण के दौरान भाव भरे अनुभवों से गुजरना पड़ा। उसके निर्देशक और मित्र श्यामानन्द जालान के साथ रहकर उन्हें यह महसूस हुआ कि नाटककार की भूमिका कितनी सीमित या गौण है।

एक नजर विश्व के महान नाटककारों, इब्सन शॉ, ब्रेख्त, बैकट, कामू पर डालें तो इस स्थापना की पुष्टि होती है कि अपने समय और समाज के सवालों को दृश्यमान करने के लिए वे थिएटर को नई रंगदृष्टि देते रहे। इस तरह इन्होंने नाटक को जीवन का सार्थक और प्रभावी माध्यम बनाया था। उसका अपना स्वरूप और चरित्र आकार ग्रहण कर रहा है। इस अवसर पर यह न भूलना चाहिए कि मौलिक नाटककार की उपेक्षा रंगमंच को कला-सम्पन्न भले ही बना दे, उसमें संवेदनशक्ति और सामाजिक सरोकार की तीव्रता भी आ जाएगी, यह जरूरी नहीं।

1958 में 'आषाढ़ का एक दिन' की भूमिका में राकेश ने लिखा था : 'हिन्दी रंगमंच को हिन्दी भाषी प्रदेश की सांस्कृतिक आकांक्षाओं का प्रतिनिधित्व करना होगा... इस रंगमंच का रूपविधान नाटकीय प्रयोगों के अभ्यन्तरा से जन्म लेगा और समर्थ अभिनेताओं तथा दिग्दर्शकों के हाथों उसका विकास होगा।' 38 वर्ष बाद क्या आज का रंगकर्म हमारी सांस्कृतिक-सामाजिक आकांक्षाओं को प्रकट करने में समर्थ हुआ है या नहीं ? इतना 'थिएटर' हो रहा है, इतना पैसा लग रहा है, फिर भी स्थिति में बहुत गुणात्मक अन्तर नहीं आया है।

सातवें दशक में अन्य नाटककारों के साथ-साथ राकेश ने गम्भीर नाट्य-लेखन के प्रति रंगमंच की विश्वसनीयता और नाटककार के प्रति आदर भाव तो पैदा किया ही, यथार्थवादी रंगपद्धति को भारतीय ढाँचा प्रदान करने में नए प्रतिमान स्थापित किए। उन्होंने हिन्दी रंगमंच को दिशा दी और एक चुनौतीपूर्ण स्थान अर्जित किया। आज हिन्दी में कई समर्पित नाटककार हैं जो नाट्य-कर्म और रंगकर्म को जीवन और समाज से जुड़कर और जूझकर देखते हैं। इन्हीं में से जो थिएटर उभरेगा वह हमारे संस्कारों और अनुभवों को समृद्ध करेगा।

हिन्दी रंगमंच का जो भारतव्यापी परिप्रेक्ष्य बन चुका है, उसमें अन्तर आने की सम्भावना कम है। थोड़े-बहुत फर्क के साथ यह स्थिति बंगला, मराठी, कन्नड़ आदि के रंगमंच के बारे में भी कही जा सकती है। परन्तु इनके रंगमंच की परम्पराएँ इतनी सम्पन्न और विकसित हैं कि उन्हें अपनी पहचान का खतरा नहीं है। हिन्दी रंगमंच की छवि और कीर्ति बढ़ रही है पर दृष्टि-केन्द्र में निर्देशक है। हिन्दी रंगमंच निर्देशक का माध्यम बन रहा है। निर्देशक की सीमाएँ हिन्दी रंगमंच की सीमाएँ होती जा रही हैं। ऐसी स्थिति के खतरे भी सामने आने लगे हैं, हिन्दी रंगमंच 'अनुवाद जीवी' हो रहा है। अपनी सार्थक पहचान के लिए सब नाटककारों का दायित्व बढ़ गया है।

(समकालीन भारतीय साहित्य, 2009)

11

क्रान्ति का विचार और संस्कृत नाटक

संस्कृत साहित्य के संवर्धन में राज्याश्रय की परिपाटी ने महत्त्वपूर्ण भूमिका निभाई है और इसी प्रवाह में राजा के गौरवगान की प्रवृत्ति को भी अनदेखा नहीं किया जा सकता, परन्तु इन सबके चलते संस्कृत साहित्य के रचनाकार को अपनी सर्जनात्मक स्वायत्तता और आत्म-सम्मान की रक्षा के लिए कभी कमजोर भी नहीं रहे। राजा नहुष की कथा चाहे एक पौराणिक आख्यान ही हो परन्तु उसके तात्पर्य आँखें खोलने वाले और मुखर हैं। इसी सन्दर्भ में भर्तृहरि की निर्मम टिप्पणियों को कैसे भुलाया जा सकता है।

प्रतिरोध के नजरिए से परखें तो शूद्रक के ख्याति-प्राप्त नाटक 'मृच्छकटिक' एक बेमिसाल नाट्य-कृति है। इसकी अन्तर्वस्तु में शासक की सत्ता की मदान्धता को विप्लवी चुनौती देने, न्यायोचित परिवर्तन करने और नई शासन व्यवस्था कायम करने जैसी साहसी सम्भावनाएँ इस महान नाट्य-कृति को सर्वाधिक प्रासंगिक, प्रगतिशील एवं कालजयी बनाती है। शूद्रक की नाट्य प्रतिभा का प्रमाण उसके व्यापक फलक पर की वस्तु संरचना से मिल जाएगा। इस नाटक के कथानक का अन्तर्ग्रन्थन धर्म, जाति, वर्ण एवं वर्ग व्यवस्था, धार्मिक और सामाजिक रूढ़ियों, बद्धमूल संस्कारों आदि से गुँथा हुआ है। ऐसा प्रतीत होता है कि लेखक अपने नाट्यालेख को समाजशास्त्रीय परिप्रेक्ष्य देना चाहता है।

'मृच्छकटिक' नाटक के प्रथम पाठ से ऐसा अनुभव होता है कि इस नाटक के वातावरण, कार्य व्यापार और उसके केन्द्र में चारुदत्त वसन्तसेना के प्रणय-प्रसंग हैं। वस्तुस्थिति यह है कि इस नाटक के प्रारम्भ से ही चारुदत्त धनाभाव से आक्रान्त है। सदाशय और उपकार वृत्ति का चारुदत्त अपने स्वभाव से इतना संवेदनशील एवं स्वाभिमानी है कि इस प्रवृत्ति का निर्वाह वह पूरी निष्ठा से करता है। इधर, वह निरन्तर यह महसूस कर रहा है कि आर्थिक विपन्नता का सीधा असर मानवीय रिश्तों पर पड़ा है, उसके शब्दों में—

निर्धनता के कारण
हर समय चिन्ताएँ घिरी रहती हैं।
शत्रु प्रयमान करते हैं और नए-नए शत्रु बनने लगते हैं

हृदय में हर समय
एक ऐसी आग सुलगती रहती है
जो जलती नहीं, बस झुलसाती ही है।

(अंक-1, पृ.14)

दारिद्र्य की आग चारुदत्त के अन्तर्मन को अनवरत झुलसाती रहती है। पारस्परिक सम्बन्धों पर चाहे वैयक्तिक स्तर पर हो या सामाजिक स्तर पर, प्रत्यक्ष हों या अप्रत्यक्ष, अवहेलना, अवमानना और अवसाद की छाया बनी रहती है। वस्तुतः मूल कारण यह है कि वह अपनी प्रकृति और आचरण पद्धति के अनुरूप औदात्य वृत्ति को नहीं छोड़ पाया। उसका यह दारिद्र्य-दर्शन नाटक के समग्र कार्य व्यापार को कहीं प्रभावित और कहीं अनुप्राणित करता है।

राजा पालक के कुशासन के कारण व्यवस्था में चारों ओर अराजकता व्याप्त है। उसका दमन तंत्र क्रूर एवं नृशंस है, उसने आत्मरक्षा के बहाने निरपराधी एवं पराक्रमी आर्यक को जेल में कैद कर रखा है। उधर राजा पालक का साला शकार इस कदर स्वेच्छाचारी एवं उच्छृंखल है कि उसे सारे राजतंत्र या उसके नियमों की कोई परवाह नहीं। अब वह जैसे-तैसे गणिका वसन्तसेना को पाना चाहता है। वसन्तसेना चारुदत्त के प्रेमपाश में संकल्पबद्ध है। इस स्थिति का दुष्परिणाम यह निकला कि क्रूर शकार के निशाने पर निर्दोष एवं असहाय चारुदत्त हो गया। उसके बदले अत्याचार एवं अन्याय के सिलसिले ने इतना बर्बर रूप धारण कर लिया कि निरपराधी चारुदत्त को मृत्युदंड की स्थिति में ला खड़ा किया। वस्तुतः पालक की भ्रष्ट न्याय प्रणाली की यह एक ज्वलन्त मिसाल है।

इस नाटक के गौण पात्रों की अलग सूची है जो छोटे-मोटे काम करते हैं, जुआ खेलते हैं, चोरी करते हैं, वर्ग या वर्ण की दृष्टि से लगभग सभी छोटी जाति के ही हैं। परन्तु अपने स्वभाव से सरल तथा उनका संवेदन पक्ष सबल है। इस तबके के सभी साथी किसी-न-किसी प्रकार से पालक के नृशंस शासन व्यवस्था से पीड़ित या शोषित हैं। शकार के मनमाने पाशविक व्यवहार से सभी ने अपने आक्रोश को दबा रखा था, परन्तु थे सभी अशान्त! सभी राजसत्ता में परिवर्तन चाहते थे और अन्दर से, अपने नेता शर्विलक के साथ थे। शर्विलक चाहे उज्जयिनी से बाहर रहता था परन्तु उसकी क्रान्तिमूलक भावनाओं की चिंगारी इन सबमें सुलग रही थी और सभी उसके साथ कटिबद्ध थे। सभी राजसत्ता पलटने और आर्यक को नया शासक बनाने के पक्षधर थे। सभी में एक उल्लेखनीय विशेषता थी, सभी प्रत्यक्ष या अप्रत्यक्ष स्तर पर चारुदत्त की वत्सलता से उपकृत थे, यही नहीं, सभी में चारुदत्त के प्रति कृतज्ञता का भाव विद्यमान था। सबाल्टर्न तबके के इन लोगों को जब यह पता लगा कि वसन्तसेना प्रकरण के कारण चारुदत्त के साथ दुराचारी शकार अन्यायपूर्ण व्यवहार एवं जुल्म कर रहा है तो यह तबका बेचैन और तिलमिला उठा। दरअसल चारुदत्त के दारिद्र्य-दर्शन के मर्म ने इन्हें छू रखा था।

शर्विलक में साहस तथा शौर्य है और वह सबाल्टर्न तबके के नेतृत्व को लक्ष्यबद्ध करने की क्षमता रखता है। सत्ता पलटने के लिए वह क्रान्ति के बिखरे सूत्रों को संयोजित कर नई न्यायोचित राज व्यवस्था स्थापित करने में सफल रहा। राजा पालक की हत्या और उनके स्थान पर जनप्रिय नेता आर्यक को शासन की बागडोर सौंपना इस दिशा का पहला सार्थक कदम था। वस्तुतः चारुदत्त वसन्तसेना अभिसार प्रकरण से नाट्य स्थितियाँ मोड़ लेती हैं, अब केन्द्र में है शकार की स्वेच्छाचारी क्रूर लीला का नृशंस प्रदर्शन। कार्य व्यापार सघन एवं गतिशील है जिसकी परिणति है चांडालों के बीच मृत्यु की प्रतीक्षा के लिए दयनीय स्थिति में खड़ा चारुदत्त! उज्जयिनी के एक प्रतिष्ठित एवं सम्माननीय नागरिक के साथ खुलेआम ऐसा अनर्थ! यह घोर अन्याय था। इसने जनमत को उत्तेजित किया। सारी स्थितियाँ क्रान्ति के मार्ग से भ्रष्ट राज सत्ता पलटने के अनुकूल हो चुकी थीं। शर्विलक ने अवसर का भरपूर लाभ उठाया और अपने उद्देश्य की पूर्ति की। नाटक का सुखद एवं सौहार्दपूर्ण समापन इस प्रयोजन की पुष्टि करते हैं।

कवि शूद्रक तथा राजा शूद्रक की सोच में द्वन्द्व का आभास देखा जा सकता है। परन्तु रचयिता शूद्रक ने दारिद्र्य की संकल्पना को इस नाटक का मूल आधार बनाकर मतभेद मिटा दिए। वस्तुतः यह वह अंकुर है जो पल्लवित होकर क्रान्ति की सम्भावनाओं के द्वार खोलता है। दारिद्र्य का सीधा सम्बन्ध नायक चारुदत्त से है जिसको निर्धनता का कड़ा दंड भुगतना पड़ा। उधर विशाल प्रजा है जो दरिद्र एवं असहाय है। शूद्रक ने इस तबके के लिए नया मार्ग प्रशस्त किया। उसे सत्ता के नृशंस चक्र के विरुद्ध आवाज उठाने, विप्लव का मार्ग अपनाने, भ्रष्ट शासक को बदलने और विद्रोह करने की बात उठाई। श्रमजीवी वर्ग द्वारा तैयार मिट्टी की गाड़ी उन्हीं की उपलब्धियों का वाहन बनेगी। राज वर्ग और प्रजा वर्ग के द्वन्द्व की पृष्ठभूमि में जन नायक के नेतृत्व में राजसत्ता पलटने का यह विचार इस नाटक को सदा नया, आधुनिक एवं प्रासंगिक रखेगा।

सन् 1857 ई. के जन-विद्रोह से बहुत पहले (1835 ई.) देश के संस्कृतज्ञों ने साम्राज्यवाद के विरुद्ध आवाज उठाई थी और इस सच्चाई पर बल दिया था कि भारतीय अस्मिता की पहचान का आधार संस्कृत ही है। एक राजनैतिक चाल के तहत विलियम बेंटिंग ने संस्कृत के स्थान पर 1835 ई. में अंग्रेजी को भारत की राजभाषा घोषित कर दिया। सभी विद्वानों ने मिलकर इस कदम का विरोध किया। संस्कृत कॉलेज तथा हिन्दू कॉलेज आदि के भावोत्तेजित छात्रों के आक्रोश का हिंसा में परिवर्तन होना ही था, विरोध उत्तरोत्तर तीव्र हुआ, छात्रों की सेना के मुखिया 16 वर्षीय कैलाशचन्द्र दत्त को फाँसी दे दी गई। मैकाले ने और भी गहरा प्रहार किया। उन्होंने अपनी दूरदर्शिता का परिचय देते हुए अंग्रेजी को शिक्षा का माध्यम बना दिया। इस नीति के विपक्ष में प्रेमचन्द तर्कालंकार और जयचन्द्र तर्कालंकार अग्रणी थे। राजरानी विक्टोरिया के प्रशस्ति भरे वक्तव्य से देश के कई विद्वान् उसकी बातों के बहकावे में आ गए। कुछ संस्कृतज्ञों को यह लगा कि साम्राज्यवाद के मसले उठाने से पहले अपने समाज की कुरीतियों और कुप्रथाओं को बदला जाए। राजाराम शास्त्री, ईश्वरचन्द्र विद्यासागर, दादोबा पांडुरंग ने आधुनिक सोच के अनुरूप समाज सुधार का मार्ग चुना ताकि लोगों में राजनैतिक

जागृति लाना आसान हो जाए। 19वीं सदी के अन्तिम दशकों में विशेष रूप से तिलक, अरविन्द घोष तथा लाला हरदयाल जैसे संस्कृत विद्वानों के उदय से देश की सरगर्मियों में उग्रवादी लहरें उठने लगी थीं। इधर संस्कृतज्ञों के नजरिए में भी बदलाव आ गया। इस दिशा में पहल की नव-चेतना के अग्रदूत केरल वर्मा, अप्पा शास्त्री, लिंगेश शर्मा, विद्याभूषण तथा एम.के. ताताचार्य ने निर्भय-भाव से स्वतंत्र आत्म-निर्भर राष्ट्र की संकल्पना की। इस दौर में राजनैतिक दृष्टि से सजग एवं विवेकशील अप्पा शास्त्री का लेखन अधिक प्रखर एवं महत्त्वपूर्ण था। उन्होंने 1895 ई. में 'संस्कृत-चन्द्रिका' पत्रिका के सम्पादक का पद सँभाला और अपने लम्बे लेख 'आत्मावलम्बन' द्वारा स्वदेशी भावना और आन्दोलन की शुरुआत की। ध्यान रहे, कांग्रेस ने 1906 ई. में स्वदेशी आन्दोलन का प्रचार-प्रसार किया था। अप्पा शास्त्री ने कई बरस पहले इस विचार को देश के सामने रखा था। अप्पा शास्त्री ने जनवादी मसलों को उठाकर साम्राज्यवादियों की पशु वृत्ति का अनावरण किया और कहा कि हम इन विदेशी साम्राज्यवादी जुलाहों के गुलाम नहीं बने रहेंगे।

स्वदेशी आन्दोलन की देशव्यापी लहर ने चारों ओर राजनैतिक जागृति के प्रति स्फूर्ति भरा वातावरण पैदा कर दिया था। अनुकूल स्थितियाँ पाकर बंगाल, महाराष्ट्र और पंजाब में उग्रपन्थियों की गतिविधियाँ तेज हो रही थीं। इन विप्लवधर्मियों में अरविन्द घोष, तिलक, लाला हरदयाल जैसे संस्कृतज्ञ थे। क्रान्ति के उत्तेजना भरे स्वरों की गूँज से अनुप्राणित होकर अनुभवी और दक्ष सम्पादक अप्पा शास्त्री ने 1906 ई. में 'सूनृतवादिनी' नामक संस्कृत पत्रिका का प्रकाशन शुरू किया। इस पत्रिका में वे उग्रवादी दलों की गुप्त गतिविधियों, खबरों या कारनामों या उनके नेताओं के विचारों को प्रमुखता से प्रस्तुत करते थे। खुदीराम प्रकरण, तिलक निर्वासन, अफ्रीका में गांधी की नई भूमिका, बम्बई में मजदूरों की हड़ताल जैसे ज्वलन्त सवालों पर इस पत्रिका का संयत रहना कठिन हो जाता—राजद्रोह की शैली उभर आती। यह इस पत्रिका का मूल चरित्र था। उनके पाठक सजग हो रहे थे और पत्रिका लोकप्रिय। उस समय इस पत्रिका की ग्राहक संख्या एक हजार थी। अपनी सोच एवं व्यवहार में कूप मंडूक रहने वाले संस्कृत समाज को वस्तुतः अप्पा शास्त्री वामपन्थी विचारों से झकझोरना चाहते थे।

मथुरा प्रसाद दीक्षित द्वारा लिखित (1937 ई.) तथा प्रतिबन्धित नाटक 'भारत विजय नाटक' संस्कृत नाट्य साहित्य में निश्चय ही एक विशिष्ट स्थान रखता है। स्वाधीनता-संग्राम की पृष्ठभूमि में लिखे इस नाटक के घटनाक्रम को व्यापक परिप्रेक्ष्य दिया गया है—अंग्रेजों ने इस देश में कैसे घुसपैठ की, अपना जाल बिछाया, देश को गुलाम बनाया। धीरे-धीरे देशवासियों में स्वतंत्रता की चिंगारी सुलगने लगी। इसमें रानी लक्ष्मीबाई और मंगल पांडे की देशानुराग से भरी आस्थाओं ने लोगों में नवस्फूर्ति पैदा की—कैसे उन्हें यह देश छोड़ना पड़ा। उनकी साम्राज्यवादी कूटनीति कैसे असर करती रही। इस संघर्ष में देश की सेना की भी प्रमुख भूमिका रही। इन सबके समग्र प्रभाव ने इस नाटक के कथ्य को प्रभावोत्पादक बनाया। इस नाटक की एक विचित्र उपलब्धि है—1937 ई. में लिखे इस नाटक में लेखक ने एक अनुमान या कल्पना या भविष्यवाणी-सी की है कि देश गांधी जी

के नेतृत्व में आजाद हो जाएगा। वह सच्चाई आज सामने है। इसी सन्दर्भ में एक विचारोत्तेजक उदाहरण दिया जा रहा है—

लगातार अपमान सहती और शोषणग्रस्त जाति जब हाथों में शस्त्र लेकर शास्त्र रचने लगती है तो स्वाधीनता संग्राम छिड़ जाता है। उसके शस्त्र और शास्त्र में कितनी सच्ची आग, क्रान्ति और तड़प होती है, इसकी जिन्दा मिसाल है 1835 ई. से लेकर 1920 ई. तक लिखा गया संस्कृत साहित्य...। इस बात पर आज हमें गभीरता से सोचना चाहिए कि कौन-से ऐसे कारण तत्त्व हैं कि 1920 ई. तक इस देश में क्रान्ति तिलक, अरविन्द घोष तथा लाला हरदयाल जैसे संस्कृतज्ञों के माध्यम से ही आ रही थी।... 1885 ई. से 1920 ई. तक की अवधि के संस्कृत साहित्य को हम अग्नियुग का साहित्य भी कह सकते हैं—क्रान्ति की ज्वाला से पैदा होने वाला साहित्य...भूमिका, संस्कृत का समाजशास्त्र : स्वतंत्रता संग्राम और संस्कृत साहित्य, हीरालाल शुक्ल, प्र.सं. 1989।

(नाट्यम् (65)-1)

12

हिन्दी रंगमंच का उपेक्षित पक्ष : संवाद-निसृति

हिन्दी रंगमंच व्यावसायिक तो नहीं परन्तु अर्द्ध-व्यावसायिक चरण में प्रवेश कर चुका है। श्रेष्ठ एवं प्रभावशाली प्रस्तुतीकरण केवल तीन बार नहीं, कई बार खेले जाते हैं। ऐसे नाटकों के लिए दर्शक बराबर तत्पर रहे हैं—कम-से-कम दिल्ली के सन्दर्भ में तो यह कहा ही जा सकता है। 'बेगम का तकिया' का उदाहरण सामने है।

नाटक के शिल्प और शैली का आधार साधारण वार्तालाप नहीं, अर्थपूर्ण एवं प्रभावपूर्ण संवाद हैं। इसलिए नाट्यालेख, निर्देशक की प्रतिभा तथा अन्य उपकरणों के महत्त्व को स्वीकारते हुए कोई भी प्रस्तुतीकरण फीका और साधारण रह सकता है अगर उसकी प्राण शक्ति संवाद-निसृति का निर्वाह न हो। दिल्ली के एक उभरते अभिनेता हैं—कृष्णकुमार रैना। अल्काज़ी के निर्देशन में बसन्त कानेटकर के नाटक 'जाग उठा रायगढ़' में इन्होंने शम्भुराजा की भूमिका निभाई। चेहरे पर उपयुक्त प्रतिक्रिया होने के बावजूद संवाद में प्राण-मंत्र फूँकने की शक्ति नहीं थी। इसलिए इनके संवाद अस्पष्ट, अस्फुट तथा उलझकर रह गए। हाल ही में रंजीत कपूर के निर्देशन में 'बेगम का तकिया' नाटक में इन्हीं कृष्ण कुमार रैना ने पीरा की अविस्मरणीय भूमिका अदा की। पीरा एक जटिल चरित्र है जो संसार में है पर संसार का नहीं है। एक निर्लिप्त दृष्टि तथा हँसी के हल्के झटके के साथ, भाषा में हरियाणवी स्पर्श देते हुए रैना को संवाद-प्रस्तुति में अद्वितीय सफलता मिली। स्पष्ट है कि एक ही अभिनेता दो तरह के निर्देशकों के पास क्यों दो तरह से पेश आता है?

संवाद प्रस्तुति के दो अंग हैं, पहला है सही तथा भरपूर उच्चारण और दूसरा है शब्दों-वाक्यों का गति और मुद्रा के साथ ऐसा विन्यास कि पूरा चरित्र उद्घाटित हो जाए। इसमें कोई सन्देह नहीं कि अभिनय का वास्तविक रूप दूसरे पक्ष में उजागर होता है, परन्तु जहाँ उच्चारण अशुद्ध है या बोला ही गलत जा रहा है वहाँ प्रस्तुति की नवीनता अर्थहीन सिद्ध होगी। जैसा कि सर्वविदित है, प्रत्येक शब्द का निर्माण स्वर और व्यंजन के मिलन से होता है। शब्द का यह स्वर पक्ष ही, असल में, एक शब्द को अलग-अलग अर्थ भंगिमाएँ देता है। एक-एक शब्द और इस तरह वाक्य में सम्भावनाएँ निहित होती हैं। प्रबुद्ध अभिनेता पहले सही उच्चारण और बाद में उपयुक्त गति-मुद्रा से पाठ को नई और खास व्याख्या देता है।

दिल्ली रंगमंच के कुछ ऐसे श्रेष्ठ एवं सफल अभिनेता रहे हैं जिन्होंने संवाद-प्रस्तुति के दोनों पक्षों को बराबर ध्यान में रखा और इस प्रकार संवाद को विशिष्ट अर्थच्छवि प्रदान की। ओम शिवपुरी अपने उच्चारण से संवाद को वह भंगिमा प्रदान कर सके जिससे विलोम और महेन्द्रनाथ के चरित्र की जलन, क्षोभ, कुंठा और बेचैनी का मिला-जुला रूप उभरे। स्वप्नदर्शी और हत्यारा के चरित्र को एक साथ निभाने की क्षमता रखने वाले मनोहर सिंह को, आज भी, तुगलक से हटकर सोचना सम्भव नहीं हुआ। पागल दिखाई देते हुए भी पागल न होने की जटिल भूमिका को पंकज कपूर ने शेर अफगन में बखूबी निभाया है, हालाँकि कहीं-कहीं वे इतनी तेजी से बोल जाते हैं कि अस्पष्टता होने लगती है। बनवारी तनेजा वाक्य परिवर्तन के साथ गति-मुद्रा-परिवर्तन का ऐसा कुशल निर्वाह करते हैं कि उनके निवेदन में नवीनता रहती है। राजेश विवेक में चाहे एकरूपता है परन्तु वे भरपूर स्वर के साथ एक-एक शब्द के आरोह-अवरोह पर ध्यान देते हैं। सुरेखा सीकरी ने 'सावित्री' और उत्तरा बावकर ने 'रानी शीलवती' में अपनी क्षमता का परिचय दे चुकी हैं।

स्वाभाविक है कि दर्शक की पहली अपेक्षा यह होगी कि संवाद साफ-खुला दिखाई तो दे। दिल्ली की कुछ विफल या 'ठीक है' प्रस्तुतियों के कमजोर होने का एक महत्त्वपूर्ण कारण अस्पष्ट या प्रभावहीन संवाद-प्रस्तुति रहा। अपनी प्रयोगशीलता और नवीनता के लिए प्रसिद्ध 'नॉनग्रुप' की पिछली प्रस्तुतियाँ सतही रहीं। 'गार्बो' में प्रोफेसर (ब्रोशर में नाम क्या, कुछ भी नहीं दिया गया) के शक्तिशाली संवाद अनसुने या उलझे रहे। युवा पीढ़ी के आक्रोश को ध्वनित करने की बजाय 'एक और द्रोणाचार्य' के चन्दू (सुभाष) का स्वर ठंडा और सपाट था। उसका तो उच्चारण भी सही न था। 'कर्मभूमि' में तो यह दोष और भी उभरकर आया। द्रौपदी का कोई पात्र सही और अच्छी हिन्दी नहीं बोल पाया। स्वयं एम.के. रैना (अश्वत्थामा और निर्देशक भी) के संवाद 'नियत श्राव्य' बनकर रह गए। इसी तरह 10+2+3 में मुख्य पात्र प्रोफेसर (वीरेन्द्र) संवाद को वह भंगिमा न दे सका जो चरित्र में निहित थी। उसका उच्चारण भी कहीं-कहीं अशुद्ध रहा और वाक्य प्रस्तुति उलझकर रह गई। 'राम श्याम जदु' में भवानी (अरुण कपिल) तथा अरू (सीमा) की दबी-घुटी आवाज सारे संवाद को निष्प्राण कर रही थी। साज-सज्जा और दूसरे आकर्षणों से भरपूर 'अनारकली' की प्रस्तुति में अकबर (हरि कपूर), महारानी (दुर्गावती सिंह) तक कहीं-कहीं अनारकली (नीलिमा) भी संवाद में प्राणशक्ति फूँकने में असमर्थ रहे।

व्यावसायिक स्तर पर चल रहे पंजाबी थिएटर पर एक नजर डालें तो मालूम पड़ेगा कि उनकी उल्लेखनीय उपलब्धि संवाद-प्रस्तुति ही है। पंजाबी थिएटर की लोकप्रियता का आधार द्विअर्थी संवाद है, ऐसी सूरत में अगर संवाद सही न बोले जाएँ या जल्दी में खास अर्थ-भंगिमा न उत्पन्न कर सकें तो सारी प्रस्तुति खंडित हो जाएगी। वहाँ तो कुशल अभिनेता ऐसे स्थलों पर कुछ देर के लिए रुक जाते हैं ताकि दर्शक भरपूर आनन्द उठा सकें।

इसी सिलसिले में अंग्रेजी थिएटर की चर्चा करते हुए संजीव अहलूवालिया और मारकस मक का उल्लेख अप्रासंगिक न होगा। स्वर नियंत्रण और स्वर विन्यास से संजीव

में एक अद्वितीय क्षमता आ चुकी है जिसके परिणामस्वरूप उनकी संवाद-प्रस्तुति अनोखी तथा गहरा असर डालने वाली होती है। 'एक्वस' में डॉक्टर की भूमिका में उनका एकालाप तथा 'मारासाद' में मारा के संवादों की अनुगूँज सदा अविस्मरणीय रहेगी। मारकस मक स्वयं एक प्रतिष्ठित निर्देशक तथा प्रभावशाली अभिनेता हैं। 'ओ नॉरमन' में बैन चेम्बर्स के अभिनय में अकेले दस मिनट तक लगातार मंच को सँभालते हैं। 'आर्म्स एंड दि मैन' में कैप्टन ब्लुन्शली की भूमिका में अपने लहजे और अन्दाज से संवाद को नई अर्थच्छवियाँ प्रदान करते हैं।

हिन्दी रंगमंच को अभी काफी रास्ता तय करना है। जब राष्ट्रीय नाट्य विद्यालय के छात्रों में भी यह दोष मिलने लगता है तो स्थिति चिन्ताजनक हो जाती है। सच तो यह है कि भाषा को पूरा और सही संस्कार नहीं दिया जाता। इस पक्ष की ओर सावधान रहना जरूरी है। इस निष्कर्ष से बचा नहीं जा सकता कि अच्छे और ऊँचे प्रस्तुतीकरण की लोकप्रियता का पहला रहस्य संवाद-निसृति रहा है।

(रंगमंच कला मन्दिर, ग्वालियर, 1977-78)

13

पारसी थिएटर और प्रेमचन्द

"माधुरी के लेख के बाद (माधुरी, 1929) श्री प्रेमचन्द से मेरा प्रेम बहुत बढ़ गया था। वे तीन बार बरेली आए हैं। पूरी तीन रातें हम दोनों की बातों-ही-बातों में बीती हैं। वे भी चाहते थे कि 'नाटककार' बनकर 'जनता' के सामने आएँ। पर बड़े ऊँचे विचार के थे वे।" पारसी थिएटर के प्रसिद्ध नाटककार राधेश्याम कथावाचक की उपरिलिखित प्रतिक्रिया हिन्दी के साहित्यिक जगत के लिए नई और कुछ हैरत में डालने वाली हो सकती है। इसके पढ़ने के बाद जिज्ञासा कम और सवाल अधिक खड़े होते हैं। हिन्दी कहानी और उपन्यास के क्षेत्र में अपने प्रगतिशील लेखन के कारण एक नए दौर का सूत्रपात करने वाले इस अग्रणी रचनाकार को अपनी आयु के 50वें वर्ष में (सन् 1930 में उनका बरेली जाना हुआ होगा) पारसी नाटककार राधेश्याम कथावाचक के पास बार-बार जाने की ऐसी क्या विवशता आन पड़ी होगी? सबसे पहले वस्तुस्थिति को कायदे से समझना जरूरी है। इस तथ्य को विशेष ध्यान में रखना होगा कि रंगमंच की व्यापक प्रभाव-सम्भावना ने ही प्रेमचन्द को थिएटर और नाट्य-लेखन की ओर प्रवृत्त किया। प्रेमचन्द पारसी थिएटर के पुराने पारखी रहे हैं। उन्होंने राधेश्याम कथावाचक के प्रस्तुतीकरणों में विशाल प्रेक्षक-समाज का आना देखा है। उनके मन में इस उत्सुकता का जागना स्वाभाविक है। पारसी रंगमंच में रहकर एक नाटककार अपने पारम्परिक आदर्शों एवं मूल्यों की प्रतिष्ठा करते हुए कैसे रंगकला के अनुरूप नाट्य-लेखन में इतना समर्थ एवं सफल हो सकता है? कथावाचक की अभिव्यक्ति में 'ओज', प्रस्तुति में 'चमत्कार' और लक्ष्य में सुधारवादी आग्रह से प्रेमचन्द विस्मयमुग्ध थे। उन्हें इस व्यावसायिक थिएटर में अपने प्रयोजन की दो बातों की पूर्ति मिली—सामाजिक सुधार के संवाहक नाट्यालेख, दूसरे प्रस्तुति-प्रक्रिया में मनोरंजन के साथ प्रेक्षक के परिसंस्कार। प्रेमचन्द और राधेश्याम कथावाचक के बीच सम्बन्ध और संवाद का सिलसिला इसलिए प्रगाढ़ होता गया क्योंकि दोनों इस विधा के जरिए सामाजिक और नैतिक उद्देश्य को पूरा करना चाहते थे। इधर प्रेमचन्द को पहली बार पाठक और प्रेक्षक के अन्तर का जीवन्त अनुभव हुआ। प्रेमचन्द को सिर्फ अपने विचारों और आदर्शों के अनुरूप थिएटर विधान की चिन्ता थी। अपने मकसद को पूरा करने के लिए वे 'नाटककार' बनकर 'जनता' के बीच जगह पाना चाहते थे। नाट्य-लेखन में अपने प्रवेश को प्रेमचन्द ने एक

'दुस्साहसपूर्ण पदपेक्ष' माना है। सच्चाई यह है कि उनका सम्पूर्ण सृजन-कर्म और उसके विचारधारात्मक परिप्रेक्ष्य में 'दुस्साहस' अन्तर्व्याप्त है। 'दुस्साहस' का तात्पर्य है यथार्थ की जमीन पर खड़े होकर एक सार्थक हस्तक्षेप जो रूढ़ि पर चल रहे पुरातन जीवन-तंत्र से मुक्त कर व्यक्ति और समाज के लिए नए क्षितिज की खोज करे। अब उनके हस्तक्षेप का माध्यम नाटक हो रहा था। इस नई वस्तुस्थिति से उठी चिन्ताओं को लेकर ही वे बरेली जाते रहे।

प्रेमचन्द अपने समय के हिन्दी नाटक एवं नाटककार की प्रवृत्ति और पूर्वग्रह से बेखबर न थे। उन्हें इस बात की पूरी जानकारी थी कि भारतेन्दु से लेकर जयशंकर प्रसाद तक प्रमुख नाटककारों ने (नाट्यालोचकों ने भी) पारसी थिएटर को एक स्वर में 'भ्रष्ट' माना और उसे हिन्दी रंगमंच के विकास का सबसे बड़ा अवरोध कहा। इस माहौल की सबसे बड़ी क्षति यह हुई कि रंगमंच का मुद्दा हाशिए पर चला गया। इधर प्रसाद के नाटकों की अभिनेयता की बहस से नाटक और रंगमंच का अपेक्षित सन्तुलन गड़बड़ा गया। नाट्यालोचना ने साहित्यिक और रंगमंचीय नाटकों के वर्गीकरण से रंगमंच के लिए और उलझनें खड़ी कर दीं। इस पृष्ठभूमि में प्रेमचन्द ने रंगमंच की महत्ता और प्रभाव-क्षमता को बलपूर्वक सामने रखा और आग्रह किया कि पारसी थिएटर को हिन्दी रंगमंच से निष्कासित नहीं करना चाहिए। उनकी यह राय थी कि समाज के लिए इतने उपयोगी माध्यम को कम्पनी मालिकों या सेठों के हाथ नहीं छोड़ देना होगा। वे राधेश्याम कथावाचक के स्वस्थ नाट्य-लेखन और रोचक प्रस्तुति-कर्म से सन्तुष्ट और आश्वस्त थे। इससे उन्हें पारसी थिएटर के सार्थक बदलाव की सम्भावना मिली। पहली बार इस स्तर के किसी हिन्दी नाटककार-लेखक ने पारसी थिएटर के प्रति सकारात्मक दृष्टिकोण रखा और उसे अपनाने के लिए सदाशय भाव चाहा। एक प्रकार से यह प्रेमचन्द का अगला 'दुस्साहस' या हस्तक्षेप था।

थिएटर की जनव्यापी सम्भावनाओं से उत्प्रेरित रहने वाले प्रेमचन्द का इस माध्यम के साथ भीतरी लगाव गहरा होता गया। वे अब यह महसूस कर रहे थे कि हिन्दी रंगमंच और पारसी थिएटर के बीच कोई गाँठ नहीं रहनी चाहिए। स्वीकार और प्रोत्साहन की नीति अपनाते हुए क्यों न पारसी थिएटर को हिन्दी रंगमंच का दर्जा दिया जाए। उनके मन में यह खयाल दृढ़ होता गया। इस मत को प्रस्तुत करने के लिए उन्होंने बहुमुखी प्रतिभा का एक प्रखर साहित्यकार खोज निकाला, जो रंगजगत से सम्बद्ध रहा और वह पर्याप्त समर्थ भी था। सूर्यकान्त त्रिपाठी 'निराला' को यह दायित्व सौंपते हुए उनसे यह अनुरोध किया—"हिन्दी ड्रामा पर एक लेख क्यों न विशेषांक के लिए लिखने की कृपा कीजिए। उसमें सूर्य, विजय, व्याकुल आदि मदन, अल्फ्रेड की चर्चा हो और मुख्य एक्टरों का विवेचन किया जाए। लिखिएगा अवश्य।" दो वर्ष पहले लिखे (21.12.1927) इस पत्र में हिन्दी ड्रामा की बात को निमित्त बनाकर प्रेमचन्द ने, थोड़ी नीति से, पारसी कम्पनियों का नामोल्लेख किया और लेख की दिशा निर्धारित कर दी। हिन्दी और बंगला रंगमंच से कई स्तरों पर जुड़े और अनुभवी निराला ने इस विषय पर कुछ गम्भीर लेख लिखे हैं। उपर्युक्त पत्र निराला के लिए प्रेमचन्द के इशारों को समझना कठिन न था। वे प्रेमचन्द

की अभिरुचियों और रुझान से भी अपरिचित न थे। पारसी थिएटर की व्यापारिक-वृत्ति उनसे छिपी न थी। उन्होंने अपनी टिप्पणियों में पारसी थिएटर या उसकी प्रस्तुति कला का कभी समर्थन नहीं किया था। जिस निष्ठा और आग्रह से प्रेमचन्द पारसी थिएटर के पक्षधर बन रहे थे, ऐसी स्थिति में यह जिम्मेदारी उन्हें खुद ही सँभालनी पड़ी।

प्रेमचन्द (सम्पादक) ने 'माधुरी' (दिसम्बर 1929) के अंक में हिन्दी रंगमंच शीर्षक से एक लेख प्रकाशित किया। सोच, मेहनत और तैयारी के साथ प्रस्तुत इस लेख को ऐतिहासिक दस्तावेज मानना अतिशयोक्ति न होगी। अपने जमाने की अग्रणी साहित्यिक पत्रिका और प्रेमचन्द की हैसियत के सम्पादक द्वारा ऐसे लेख का प्रकाशन पारसी थिएटर के लिए कम गौरव की बात न थी। यह लेख 'नाटक-प्रेमी' के नाम से छपा। प्रेमचन्द ने अपना नाम गुप्त क्यों रखा इसका जवाब लेख के शीर्षक और उसमें की गई स्थापनाओं से मिल जाता है। अपने विषय और प्रयोजन को लेकर प्रेमचन्द स्पष्ट और गम्भीर थे। सामग्री और सूचनाएँ प्रामाणिक एवं विश्वसनीय हों, इस सिलसिले में वे कानपुर में राधेश्याम कथावाचक से मिले थे। हिन्दी रंगमंच की मौजूदा स्थिति और व्यावसायिक थिएटर के विकल्प के सवाल की पृष्ठभूमि में उन्होंने पारसी थिएटर की महत्ता और योगदान को स्थापित किया। न्यू अल्फ्रेड कम्पनी तथा राधेश्याम कथावाचक की मिसाल को सामने रखते हुए उन्हें पूरा भरोसा था कि पारसी थिएटर बेहतर और सुरुचिपूर्ण हो सकता है। स्थितियाँ अगर इस दिशा में करवट ले लें तो पारसी थिएटर को हिन्दी रंगमंच का पर्याय मानने में कोई आपत्ति नहीं होनी चाहिए। निम्न उदाहरण में उनके रागात्मक आवेग को अभिव्यक्ति मिली है—"भला हो मुंशी विनायक प्रसाद तालिब का कि उन्होंने हिन्दी ड्रामे सबसे पहले लिखकर दिए और खिलवाए...हाँ, तो 'न्यू अल्फ्रेड कम्पनी' के हमने कितने ही नाटक स्वयं देखे हैं, हमारी राय है कि इस समय हिन्दी नाटकों की दृष्टि ही से नहीं, स्टेज की दृष्टि से भी यह कम्पनी आदर्श है। श्रीयुत राधेश्याम जी, जिनके नाटक इस कम्पनी में लिखे जाते हैं...इन नाटकों में आदर्श है, शिक्षा है, पवित्रता है और है ओज...हमने स्वयं इस विषय का इससे अच्छा नाटक (श्रीकृष्णावतार) कहीं नहीं देखा।" पारसी थिएटर के प्रति इतना रचनात्मक दृष्टिकोण और प्रशस्तिपरक टिप्पणी सम्भवत: पहली बार हुई है।

इस लेख में प्रेमचन्द की आकलन-क्षमता के नए पहलुओं से साक्षात्कार हुआ। पारसी थिएटर की ऐतिहासिक पृष्ठभूमि पर नजर रखते हुए उन्होंने विनायक प्रसाद तालिब से लेकर राधेश्याम कथावाचक तक के पारसी-हिन्दी नाटककारों की उपलब्धियों का विवेचन किया है। राधेश्याम कथावाचक के नाटक 'श्रीकृष्णावतार' की वे जिस गहराई और पकड़ से प्रस्तुति-समीक्षा करते हैं, उससे यही तात्पर्य निकलता है कि वे पारसी थिएटर के सुधी-पर्यवेक्षक रहे हैं। नाट्यालेख, चरित्रांकन की विशिष्टता, दृश्य-संरचना, गतियाँ, वेशभूषा और समग्र-प्रभाव के आशय स्पष्ट करना वे नहीं भूलते। उनके लिए सर्वाधिक महत्त्वपूर्ण है निष्कर्ष अर्थात् एक साफ-सुथरी प्रस्तुति के जरिए प्रेक्षक के मनोरंजन का निर्वाह और नैतिक मूल्यों की स्थापना। राधेश्याम कथावाचक के 'वीर अभिमन्यु', 'रुक्मिणी मंगल', 'ईश्वरभक्ति' जैसे अन्य नाटकों ने थिएटर जगत में धूम मचाई। इस

लेख का एक अन्तर्निहित मकसद भी दिखाई देता है। इस लेख में पारसी-हिन्दी नाट्य जगत की आगा हश्र काश्मीरी, नारायण प्रसाद 'बेताब' जैसी ख्याति-प्राप्त प्रतिभाओं की उपेक्षा करना क्या सायास नहीं लगता? सारा अध्ययन राधेश्याम कथावाचक पर एकाग्र है और उन्हें विशेष स्थान देता है। बहुत सम्भव है, वही प्रेमचन्द की पसन्द के नाटककार हों।

इस लेख से इस तथ्य की पुष्टि होती है कि पारसी थिएटर प्रेमचन्द की मनोरचना के निकट था। उनका नाट्य-चिन्तन भी इसी दिशा में अनुशासित हो रहा था। संग्राम की भूमिका द्रष्टव्य है—"आजकल नाटक लिखने के लिए संगीत का जानना जरूरी है। कुछ कवित्व शक्ति भी होनी चाहिए। मैं इन दोनों गुणों से असाधारणत: वंचित हूँ...यह नाटक रंगभूमि पर खेला जा सकता है। हाँ, रसज्ञ 'स्टेज मैनेजर' को कहीं-कहीं काट-छाँट करनी पड़ेगी।" 'कर्बला' की भूमिका में उनकी राय इस प्रकार है—"नाटक का मुख्य अंग उसकी भाव-प्रधानता है और शेष सब बातें गौण हैं।" अपने जीवन के प्रौढ़काल में प्रेमचन्द ने एक अनूठी किस्म की कहानी लिखी 'डिमान्स्ट्रेशन'। इस कहानी के नायक गुरुप्रसाद ने वाजिद अली शाह पर एक असरदार नाट्यालेख तैयार किया। मित्र मंडल की प्रेरणा पर वे एक थिएटर कम्पनी के सेठ के पास गए और उसके सामने इस जोरदार नाटक का डिमान्स्ट्रेशन हुआ। सुरुचिपूर्ण सीन, फड़कने वाले संवाद, रसों की विविधता, चुस्त घटनाक्रम से सेठ अभिभूत हुए। इससे सबको अच्छे मानदेय की उम्मीद थी। परन्तु खेले-खाए सेठ ने नाट्यालेख के मंचन पर 50 हजार रुपए लगाने की घोषणा कर मित्र मंडली को हतप्रभ कर दिया। उन्हें खाली हाथ लौटना पड़ा। इस कहानी में गुरुप्रसाद के प्रसंग का आश्रय मात्र लिया गया है, वहीं नाटक के लक्षण बताए गए हैं, कुछ विशेषताएँ स्पष्ट की गई हैं पर वास्तविक प्रयोजन पारसी थिएटर की वणिक-वृत्ति का अनावरण करना है। नाटक लिखने के लिए 'दिल की उमंग' और 'आत्मा का सन्तोष' चाहिए, 'धन या नाम के लिए लिखने से साहित्य की अवनति होगी।' अच्छा ड्रामा एक ही लिखा जा सकता है...जब तक भाव, भाषा, हास्य और गान चारों अंग पूरे न हों, उसे ड्रामा कहना ही न चाहिए। अच्छे ड्रामा के ये मानदंड पारसी नाटक की रूपरेखा के अनुरूप हैं। ड्रामटिस्ट की मजबूरियाँ और कम्पनी सेठ की निर्मम नीति इस कहानी की शक्ति है। गुरुप्रसाद प्रेमचन्द की इस फैंटेसी को सन्तुष्ट करता है कि कोई कम्पनी सेठ उनके नाट्यालेख के मंचन पर पैसा लगाएगा। पारसी थिएटर का सम्मोहन कम नहीं हुआ। परन्तु प्रेमचन्द के नाट्य-चिन्तन में कोई तरतीब या चमक नहीं मिली।

कथाकार प्रेमचन्द की विकास-यात्रा के पहले दौर में जीवन के लगभग 35 वर्ष (सन् 1915 तक) उनके व्यक्तित्व, अध्ययन, अभिरुचियों पर उर्दू साहित्य, संस्कृति और अभिव्यक्ति-पद्धति की अमिट छाप पड़ी है। प्रेमचन्द ने अपना लेखन-कर्म उर्दू में शुरू किया। वे उर्दू में कहानियाँ-उपन्यास लिखकर प्रौढ़ हुए। प्रेमचन्द के एक समकालीन समीक्षक और उनके नगर के सहवासी का यह मत है—"मुंशी जी उर्दू साहित्य के परमभक्त और उर्दू साहित्य सेवी थे।" इस नाते यह कहा जा सकता है कि उनके व्यक्तित्व और लेखन की पहचान में नैसर्गिक विशिष्टता लाने में उर्दू साहित्य एवं संस्कृति ने पुख्ता नींव

का काम किया है। इसलिए प्रेमचन्द और उर्दू जगत के सम्बन्ध जो जीवन भर चले, इतने सीधे-सपाट नहीं समझने चाहिए। उर्दू के जाने-माने नाटककार इम्तियाज़ अली 'तेज' के साथ उनका 15-16 साल तक पत्राचार चला। मार्च 1932 में उनके बहुचर्चित नाटक 'अनारकली' पर राय जाहिर करने के बहाने उन्होंने उर्दू नाटक के पुराने अध्येता और पारखी होने की पुष्टि की—" 'अनारकली' उर्दू का पहला ड्रामा है जिसे मैंने अव्वल से आखिर तक एक ही साँस में पढ़ा...मगर जितने पढ़े हैं उनमें मुझे जितनी कशिश 'अनारकली' में हुई वह किसी ड्रामे में नहीं हुई।..." 'अनारकली' मुझे बहुत अरसे तक याद रहेगी। इम्तियाज़ अली के इस नाटक ने उर्दू-जगत से कहीं अधिक पारसी थिएटर में धूम मचा दी थी। पारसी थिएटर में प्रेमचन्द का उत्तरोत्तर गहरा होता रिश्ता इसी मनोभूमि में पनपा। अन्त:साक्ष्य के आधार पर कुछ ऐसे प्रमाण मिल जाते हैं जो इस निष्कर्ष की पुष्टि करते हैं। एक सीमा तक यह दावा किया जा सकता है कि प्रेमचन्द के रुझान जैसे-जैसे थिएटर में बढ़ते गए, उसी परिपार्श्व में नाटक विधा के प्रति उनकी दिलचस्पी प्रतिबद्धता में परिवर्तित होती गई। सर्वधारणा के स्तर पर भी वे स्पष्ट हो गए कि सामाजिक परिवर्तन को दिशा देने में इस माध्यम से सबसे अधिक सम्भावनाएँ हैं। चूँकि नाटकों द्वारा अपने विचारों को जनता के सामने बड़े प्रभावजनक रूप से लाया जा सकता है इसलिए रंगमंच ही लेखकों की सुधार-वृत्ति का असर सबसे अधिक आने लगा (यूरोपियन ड्रामा)। उनके पहले नाटक 'संग्राम' (1923 ई.) की भूमिका एकदम ध्यान खींच लेती है—"यह मेरा पहला और अन्तिम दुस्साहसपूर्ण पदक्षेप है।" अपने इस दुस्साहस को बरकरार रखते हुए प्रेमचन्द ने अगले वर्ष 'कर्बला' लिख डाला। हिन्दू-मुस्लिम वैमनस्य की ज्वलन्त समस्या और इस्लामी आख्यान पर लिखने के आग्रह ने इस ओर प्रेरित किया। उनका तीसरा नाटक 'प्रेम की वेदी' कई वर्ष बाद सन् 1933 में प्रकाशित हुआ। पहला नाटक सामाजिक, दूसरा ऐतिहासिक और तीसरा समस्या प्रधान। अपने समय के नाट्य-परिवेश के अनुरूप प्रेमचन्द भी अपने नाटकों में प्रयोगशील रहे हैं। इस विधा की प्रभविष्णु शक्ति ने प्रेमचन्द को इतना अनुप्राणित कर दिया था कि वे अपने उपन्यासों में नाटकों या रंगमंच से सम्बद्ध किसी-न-किसी प्रसंग की बड़े मनोयोग से ऐसा अन्तर्ग्रन्थन करने लगे ताकि स्थिति या व्यक्ति की नई भंगिमा खुले। 'प्रेमाश्रम' (सन् 1922) में नकल एवं रासलीला की चर्चा की। 'रंगभूमि' (सन् 1924) में सोफिया के बहुचर्चित प्रहसन का उल्लेख आया है। 'गबन' (सन् 1930) में राधेश्याम कथावाचक के खेले जा रहे प्रसिद्ध नाटक में रमानाथ अपनी सीट आरक्षित करवाने घर से निकला। रास्ते में उसकी सन्देहास्पद चाल-ढाल को देखकर सतर्क पुलिस ने उसे गिरफ्तार कर लिया। 'गोदान' (सन् 1936) में वेश्या-सुधार के लिए मिर्जा खुर्शीद एक नाटक-मंडली स्थापित करता है। शहर से आया हुआ गोबर अपने गाँव में होली के हुड़दंग पर वहीं के महाजनों की ऐसी जीवन्त नकल उतारता है कि उसके चुभते व्यंग्य उनकी क्रूरता का पर्दाफाश करते हैं। कुछ कहानियों में भी ऐसे प्रसंग मिल जाएँगे।

'हंस' (सन् 1930) के सम्पादन-दायित्व से उत्पन्न नई चुनौतियों ने प्रेमचन्द में गुणात्मक बदलाव लाया। नए साहित्यिक परिवेश के कारण उन्हें संयत और विवेकशील

होना पड़ा। 'हंस' के प्रकाशन ने प्रेमचन्द और जयशंकर प्रसाद के निकट आने के अवसर प्रदान किए। 'स्कन्दगुप्त' की पूर्वग्रह पूर्ण समीक्षा की वजह से प्रेमचन्द में अपराध-बोध का अहसास था। परन्तु प्रसाद के उदात्त व्यक्तित्व और सौहार्दपूर्ण आचरण ने दोनों साहित्यकारों में निर्मल पारस्परिकता बढ़ा दी। 'हंस' की प्रकाशन नीति के बारे में प्रसाद के साथ विचार-विमर्श प्रेमचन्द के लिए उपयोगी सिद्ध हुआ।

'हंस' में पारसी थिएटर के प्रोत्साहन या प्रतिपादन के सम्बन्ध में कोई लेख नहीं छपा। इसके विपरीत नाटक और रंगमंच पर ऐसे गम्भीर एवं मौलिक निबन्ध सामने आए जिन्होंने नाट्यालेखन को समृद्ध किया। 30 के दशक को एकांकी-दशक कह सकते हैं जो नई उमंग और ऊर्जा के साथ छप रहे थे। 'हंस' ने भी उस प्रारम्भिक दौर में इस विधा को उपयुक्त स्थान दिया। इसी परम्परा का यह परिणाम है कि 'हंस' का सन् 1938 में एकांकी-विशेषांक निकला जिसका आज ऐतिहासिक महत्त्व है। उदीयमान नाटककार के रूप में भुवनेश्वर को प्रतिष्ठित करने में इस पत्रिका का विशेष योगदान है। प्रेमचन्द अपने युग की इस वस्तुस्थिति से क्षुब्ध थे कि हिन्दी नाटक और रंगमंच जैसे उपयोगी माध्यम का पूरा लाभ क्यों नहीं उठाया गया। निम्न प्रतिक्रिया उनके सहज रूप को प्रकट करती है—"नाटक हमारे पास बहुत ही कम हैं। रोमांटिक स्कूल के प्रसाद हैं, बुद्धिवादी स्कूल के पं. लक्ष्मीनारायण मिश्र हैं, हास्य-रस के श्री जी.पी. श्रीवास्तव हैं। सबसे नया आदमी इस लाहन में भुवनेश्वर है... मेरे देखने में भुवनेश्वर सबसे अधिक प्रतिभासम्पन्न है... उसमें अभिव्यक्ति की अद्‌भुत शक्ति है...आस्कर वाइल्ड और शॉ का रंग लिये हुए हैं। मिश्र जी को मैं पसन्द न कर सका। उनके पास विचार हो सकते हैं मगर अभिव्यक्ति की क्षमता और शक्ति नहीं। मिलिन्द और हरिकृष्ण प्रेमी हैं, दोनों में नाटकीय शक्ति है पर नाटक की आधुनिक पकड़ और सूझबूझ नहीं।" नाट्य जगत का सीधा पर खरा आकलन करने में समर्थ प्रेमचन्द केवल भुवनेश्वर में नई प्रतिभा का उन्मेष देखते हैं जिसमें 'आधुनिक पकड़' है अर्थात् यथार्थ के विसंगत रूप को प्रस्तुत करने की क्षमता है। प्रेमचन्द ने अपने सुपरिचित विचारों का इधर-उधर पर्याप्त प्रतिपादन किया है। अपनी अवधारणाओं के अनुरूप नाट्य चिन्तन के स्तर पर वे 'आधुनिक' के तात्पर्य लेते हैं वह रचनाकार जो जिन्दगी के बदलते यथार्थ को रेखांकित कर सके। उन्हें शेक्सपियर के नाटक 'अनुपम' लगते हैं परन्तु आज उन नाटकों का 'जनता के जीवन' से कोई सम्बन्ध नहीं है। 'वर्तमान यूरोपियन ड्रामा' (सन् 1925) और 'समकालीन अंग्रेजी ड्रामा' (सन् 1935) सामग्री से समृद्ध विचार पुष्ट एवं गम्भीर निबन्ध है जिनमें प्रेमचन्द अपने पक्ष के संकेत देना नहीं भूलते। 'नए ड्रामा' की मूलभूत विशेषता पर बल देते हुए उसे 'यथार्थ जीवन की आलोचना' माना है। नए ड्रामा का ध्येय बदल गया है, वह मनोरंजन की वस्तु नहीं रहा। वह 'समाज का परिष्कार' करना चाहता है। ऐसे 'उत्तम साधन' के लिए 'उपदेशक' या 'प्रचारक' तक बनने में कोई गुरेज नहीं होनी चाहिए। इंग्लैंड के बर्नार्ड शॉ तथा गाल्सवर्दी, फ्रांस के ब्रियो और नार्वे के इब्सन जैसी विख्यात विभूतियाँ उनकी नाट्य-दृष्टि के आलोक-स्तम्भ बने। सन् 1930-31 में प्रेमचन्द ने गाल्सवर्दी के तीन नाटकों के अनुवाद किए—'हड़ताल', 'चाँदी की डिबिया' और 'न्याय'। बर्नार्ड शॉ के नाटक 'सृष्टि का आतंक'

सन् 1936 में छपा। प्रेमचन्द का अपना तीसरा नाटक सन् 1933 में निकला। इस दौर में लक्ष्मीनारायण मिश्र के 'बुनियाद' को लेकर चल रही बहस के भी वे जानकार थे। विदेशी नाटक के अनुवाद और नाटककारों के अध्ययन-मनन ने प्रेमचन्द में वैचारिक स्पष्टता और दृढ़ता ला दी। आज के नाटक के सम्बन्ध में उनकी इस व्याख्या में हस्तक्षेप की अन्तर्ध्वनि है—"नया ड्रामा अब जीवन की फिलॉसफी और जिन्दगी के मसले हल करता है और मसले भी वही लेता है जो सार्वजनिक होता है, वह नहीं जिनका केवल मुट्ठी भर दिलजले आदमियों से ताल्लुक हो।" अपने लक्ष्य के प्रति सतर्क, मात्र भीड़ से अब प्रेमचन्द प्रभावित नहीं होते—"जनता की वर्तमान रुचि से किसी नाटक के अच्छे या बुरे होने का निश्चय करना न्यायसंगत नहीं। नौटंकी और धनुष यज्ञ देखने के लिए लाखों की संख्या में जनता टूट पड़ती है पर यह उसकी सुरुचि आदर्श नहीं कही जा सकती है।" ('कर्बला', भूमिका)

ऐसा माना जा सकता है कि प्रेमचन्द सन् 1930 में राधेश्याम कथावाचक से मिलने बरेली गए। बदलाव का यह वह समय था जब देश में और प्रेमचन्द के लेखन में यथार्थवादी आग्रह बढ़ रहे थे। उपरिलिखित अध्ययन और इस नई स्थिति की पृष्ठभूमि में बरेली-यात्रा के मकसद को समझने की कोशिश करनी होगी। पारसी थिएटर के साथ उनके बड़े पुराने अन्दरूनी रिश्ते रहे हैं जिन्हें उन्होंने कई स्तरों पर निभाया है—एक सहज प्रेक्षक-पर्यवेक्षक के नाते, दूसरे, पारसी थिएटर की रचनात्मक सम्भावनाओं के प्रति आश्वस्त समीक्षक। इतने बरस वे इस सच्चाई को जानने के लिए प्रयत्नशील रहे कि जिन्दगी के सवालों और समस्याओं से जुड़े उनके नाटकों के लिए क्या पारसी थिएटर में उनके लिए किसी जगह की गुंजाइश हो सकती है ? उन्हें केवल अपनी किस्म के नाटकों की चिन्ता थी। उन्होंने इस दिशा में कुछ प्रयोग भी किए। क्या यह व्यावसायिक थिएटर अतिरंजना, चमत्कार या पौराणिक-ऐतिहासिक आख्यानों से मुक्त हो सकता है ? क्या यह सच नहीं कि सुधार के नाम पर इस थिएटर में पुनरुत्थानवादी मान्यताओं और पुरातन रूढ़ियों का पोषण हो रहा है ? इन्हीं प्रश्नों और उलझनों से घिरे वे बरेली गए। लम्बी चली बातचीत के बाद प्रेमचन्द के सामने ऐसी तस्वीर खुली होगी जिसकी चर्चा प्रकाश में नहीं होती। ऐसे में उन्हें वहाँ पारसी थिएटर की सीमाओं का अहसास हुआ होगा। इसे मोहभंग की यात्रा कहना बेहतर होगा।

प्रेमचन्द ने नाट्य-विधा के हर पक्ष पर ईमानदारी से सोचा और लिखा। उन्होंने नाटक लिखे, नाट्य-समीक्षाएँ कीं, अनुवाद-कार्य किया, नाट्य-चिन्तन पर बेबाक राय दी। विविध अनुभवों से भरपूर इस सफर में उनके कई अन्तर्विरोध सामने आए। एक ओर पारसी थिएटर को हिन्दी रंगमंच मानने और उसे अपनाने का दिखाया, उस पर विशेष लिखा भी। दूसरी ओर नए ड्रामा का महत्त्व स्थापित करते हुए उसे नाटक का आधुनिक और असली प्रतिनिधि माना। यह दो नावों में सवार होने की बात है। राधेश्याम कथावाचक के नाटक 'श्रीकृष्णावतार' प्रस्तुतीकरण (सन् 1926) से इतने अभिभूत हुए कि उसकी प्रशंसा में एकपक्षीय समीक्षा लिख दी। उधर, इस युग के श्रेष्ठ नाटक 'स्कन्दगुप्त' (सन् 1928) के रचनाकार पर 'गड़े मुर्दे उखाड़ने' का आरोप लगाया। प्रेमचन्द के मतानुसार भारतेन्दु के नाटक 'वैदिकी हिंसा

हिंसा न भवति' और 'अन्धेर नगरी' को राष्ट्रीय और सामाजिक प्रश्नों पर हास्यपूर्ण चुटकुले हैं। 30 के दशक के यथार्थवादी दौर में 'डिमान्स्ट्रेशन' जैसी कहानी लिखी जिसमें पारसी नाट्य-शैली की सराहना है। ऐसे और भी उदाहरण मिल जाएँगे। दरअसल प्रेमचन्द रंगमंच के रास्ते से आए और नाट्य-जगत से जुड़ते गए। पारसी थिएटर से उन्हें यह आशा जगी थी कि उसके सुधरने से एक नए युग का सूत्रपात होगा। पारसी थिएटर के पास एक सफल व्यावसायिक तंत्र था, उसने अपनी एक अभिनय और प्रदर्शन पद्धति विकसित कर ली थी, वह लोकप्रिय एवं प्रतिष्ठित था परन्तु उसने समय और समाज की अपेक्षाओं को अनदेखा किया। वह उत्कर्ष के मार्ग पर आगे नहीं बढ़ा, वह अपनी लीक पर प्रतिगामी भँवर में आवृत्ति करता रहा। प्रेमचन्द इस माध्यम की सामाजिक अर्थवत्ता को समझते थे, इसलिए सक्रिय भी हुए परन्तु उन्हें विवश होकर पीछे हटना पड़ा।

सीधे पूछे गए सवाल के उत्तर में प्रेमचन्द ने सन् 1934 में पंजाब के अध्यापक-समीक्षक इन्द्रनाथ मदान को लिखे निम्न पत्र में अपनी निर्णायक मन:स्थिति को व्यक्त किया—

> *"I never seriously attempted drama. I have conceived of one or two plots. Which I thought might be better utilised in a drama. Drama loses its importance when not staged. India has not got a stage, particularly Hindi and Urdu. What passes for stage is the effect Parsi stage for which I have a horror. Then, I never came in touch with drama technique and stage craft. So my dramas were only meant as reading dramas."*

सन् 1934 में पुनरवलोकन की वह अवस्था आ चुकी थी जहाँ प्रेमचन्द अपने नाट्य-कर्म पर निर्णयात्मक राय दे सकते थे। इस पत्र में दो ऐसे मुद्दे उठाए गए जिनमें असंगति का आभास होता है, प्रेमचन्द इस नतीजे पर कैसे पहुँचे कि उन्होंने अपने नाट्य-लेखन संजीदगी से नहीं लिया। उनका पहला नाटक सन् 1923 में और अन्तिम सन् 1933 में प्रकाशित हुआ। वे समकालीन नाटक के सचेत जानकार थे, उन्होंने नाट्य-समीक्षाओं के साथ अनुवाद-कार्य भी किया है। उनके अनुभवों और प्रयोगों के बाद वे इस क्षेत्र पर अपनी कोई छाप न छोड़ सके ? इस निराशाजनक परिणति के कुछ कारण हैं। उन्होंने अपना नाट्य-लेखन उस आयु (43वें वर्ष) में शुरू किया जब वे अपनी पसन्द की विधा-कहानी-उपन्यास की रचना में सृजनात्मक परिपक्वता पा चुके थे। किस्सागोई उनकी प्रकृति और लेखन का अविभाज्य हिस्सा बन रही थी। अपने नाटकों में वे इस असर से बच न सके। पारसी थिएटर की स्थापना को उन्होंने अपना मिशन-सा बना लिया था। उसकी असलियत का सामना करने की उन्होंने कभी कोई कोशिश नहीं की और उससे ऐसी अपेक्षाएँ करते रहे जिनका पूरा होना कभी मुमकिन न था। इन सबके प्रभावस्वरूप न सृजन एकाग्रता आ पाई और न उपयुक्त परिणाम। ऐसी सूरत में प्रेमचन्द के निष्कर्ष में वजन आ जाता है। दूसरा सवाल पारसी थिएटर का जिसके लिए प्रेमचन्द में सम्मोहन-सा रहा है। बरेली-यात्रा के बाद उन्हें यह महसूस हुआ कि जिस दर्शक के सुधार के लिए वे इस माध्यम से जुड़े थे, उसके लिए वे कोई मार्ग प्रशस्त न कर सके। इसलिए पारसी थिएटर को लेकर उनके वाक्य चाहे तीखे

एवं चौंकाने वाले हैं परन्तु वह निराधार नहीं है। इसमें कोई सन्देह नहीं कि प्रेमचन्द अपनी संकल्पनाओं में उलझे रहे।

प्रेमचन्द की कुछ उपलब्धियों को अनदेखा न करना होगा। उनके जमाने में हिन्दी नाटक और रंगमंच के बीच बहस चल रही थी जिसमें नाटक-नाटककार की प्रमुखता पर बल दिया जा रहा था। पारसी थिएटर को निमित्त बनाकर प्रेमचन्द ने रंगमंच की महत्ता पर ध्यान खींचा। पारसी थिएटर की प्रदर्शन-शैली की ऐसी विशेषताएँ हैं जिन्होंने हिन्दी रंगमंच को समृद्ध किया। आज विद्वानों-रंगकर्मियों के लिए वह प्रेरणा और गर्व का विषय बन रही है परन्तु यह नहीं भूलना चाहिए कि इसकी शुरुआत प्रेमचन्द ने की।

कुछ वर्ष बाद रंगमंच के इतिहास ने करवट ली और प्रेमचन्द की अधूरी आकांक्षाएँ इप्टा में साकार होती दिखाई दीं।

(रंग-प्रसंग, 2004)

14

'भारतभाई' और भारतेन्दु की रंगदृष्टि

आधुनिक साहित्य का अध्ययन करते हुए यह तथ्य चकित-सा कर देता है कि जिस रचनाकार के यथार्थबोध को लेकर अभी तक विवाद की स्थिति बनी हुई है, मेरा संकेत जयशंकर प्रसाद से है, उसी ने अपने निबन्धों में यह स्थापित किया कि भारतेन्दु हरिश्चन्द्र हिन्दी के पहले यथार्थवादी लेखक हैं। 'प्रेमयोगिनी'-जैसे नाटक और 'देखी तुमरी कासी'-जैसे उद्वेलित करने वाले गीत के उदाहरण देकर प्रसाद ने स्पष्ट कर दिया कि उनका यथार्थवाद से क्या तात्पर्य है। अपने समय और समाज के साथ निरन्तर टकराहट की स्थिति होने के कारण भारतेन्दु को केवल कलम का सिपाही बनकर रहना स्वीकार्य न था, वे आजीवन संघर्ष के सिपाही भी रहे। कवि वचन सुधा, हरिश्चन्द्र मैगजीन, बालबोधिनी आदि पत्रिकाओं के अनुशीलन से इस व्यक्ति की कुछ करने की छटपटाहट साफ दिखाई देती है। सामन्तवादी जीवन-प्रणाली के अनुरूप जीने वाला और साम्राज्यवादी शक्तियों से आजीवन निष्ठा के सम्बन्ध निभाने वाला यह व्यक्ति सामान्तवादी और साम्राज्यवादी मूल्यों के विरुद्ध ही लड़ता रहा। अपने वर्ण और अपने वर्ग के संस्कारों तथा व्यवहारों ने जीवन में जो अन्तर्विरोध उत्पन्न किए, भारतेन्दु इसी यथार्थवादी दृष्टि के कारण उनका रचनात्मक उपयोग कर सके। समकालीनता से इतने गहरे जुड़ने के अपने खतरे भी हैं परन्तु भारतेन्दु समकालीन स्थितियों और सवालों को सही परिप्रेक्ष्य में देख-परख सके। निर्विवाद रूप से भारतेन्दु द्रष्टा हैं जो उस युग की संश्लिष्ट और जटिल स्थितियों को समझने और उपयुक्त पथ-प्रदर्शन करने में सफल रहे। अन्याय और अत्याचार की व्यवस्था में जी रहे भारतभाई (इस शब्द का उन्होंने कई बार प्रयोग किया है जो उनके व्यापक राष्ट्रीय दृष्टिकोण को व्यक्त करता है और एक अर्थपूर्ण प्रतीक है) की विवशता और पीड़ा को देखने-समझने में कभी कठिनाई नहीं हुई। इस सन्दर्भ में यह द्रष्टव्य है कि भारतेन्दु साहित्य और समाज के अन्त:सम्बन्ध और नवजागरण को लेकर साहित्य—विशेष रूप से नाटक की उपयोगी भूमिका को लेकर बहुत उत्साही रहते थे। इसलिए उनकी सारी कोशिश भारतभाई के साथ संवाद और सम्बोधन के सम्बन्ध बनाने की रही। इस दृष्टिकोण को अपनाकर भारतेन्दु अपने प्रयोजन में सदा स्पष्ट रहे। निश्चय ही उनकी इस यथार्थ-दृष्टि ने उनकी रचना-शक्ति को नवजागरण के साथ जोड़ा।

ऐसा लगता है कि भारतेन्दु हरिश्चन्द्र एक नैसर्गिक अभिनेता थे। 18 वर्षीय भारतेन्दु को बनारस थिएटर में 3 अप्रैल, 1868 को प्रस्तुत शीतलाप्रसाद त्रिपाठी के नाटक

'जानकीमंगल' में अनुपस्थित अभिनेता के कारण लक्ष्मण की भूमिका अदा करनी पड़ी। यह मात्र ऐतिहासिक संयोग नहीं कि हिन्दी-रंगमंच पर अभिनीत होने वाले पहले नाटक से हिन्दी के पहले नाटककार जुड़े रहे। भारतेन्दु के लिए वह अप्रत्याशित ही नहीं, युगान्तरकारी अनुभव था क्योंकि उन्हें इससे प्रेक्षकों से संवाद और सम्बोधन का नाता स्थापित करने, अभिनय-प्रक्रिया को परिवर्तन-प्रक्रिया में बदलने की अनन्त सम्भावनाएँ दिखाई दीं। असल में उन्हें इस माध्यम की अनोखी निहित शक्ति उजागर हुई। इस प्रकृत अभिनेता का उत्तरोत्तर यह विश्वास दृढ़ होता गया कि रंग-उपकरण नवजागरण के उपकरण हो सकते हैं—"नाटकों के अभिनय करने से देश का कितना उपकार होता है कि हम लिख नहीं सकते...यदि नाटक के अभिनय का आरम्भ हो जाएगा तो यह सब कुचाल आप-से-आप छूट जाएगी।" इसलिए उन्होंने प्रारम्भ से ही भारतभाई के साथ संवाद और सम्बोधन का रिश्ता स्थापित करना शुरू किया। इसी वर्ष, अर्थात् 1868 में 'कविवचन सुधा' का प्रकाशन इसका प्रमाण है। 1873 में 'हरिश्चन्द्र मैगजीन', 1874 में 'बाल बोधिनी' का प्रकाशन यह प्रकट करता है कि वे भारतभाई के साथ अधिकाधिक संवाद स्थापित करना चाहते थे। ये पत्र मात्र समाचार-पत्र नहीं थे, ये जनमानस के साथ सुख-दुःख बाँटने और सोचने के संवाद थे। उनके नाटक इन पत्रिकाओं में छपते रहे हैं। 'दुर्लभ बन्धु' और 'भारत जननी' हरिश्चन्द्र चन्द्रिका में, 'मुद्राराक्षस' और 'सत्य हरिश्चन्द्र' काशी पत्रिका में प्रकाशित हुए। वे 'भारत-मित्र', 'मित्र विलास', 'क्षत्रिय पत्रिका' में भी लिखते रहे। इस सन्दर्भ में 'कविवचन सुधा' में छपे निम्न विज्ञापन द्रष्टव्य हैं—

"सब पर विदित हो कि फ्रांसीसी में जो युद्ध हुआ है और हो रहा है उसका वर्णन जो कोई नाटक की रीति से करेगा तो उसको मेरी ओर से चार सौ रुपए पारितोषिक मिलेगा।"

"नाटक कान्तोपदेश है और ये केवल लोगों की शिक्षा हेतु किए जाते हैं। ...यह नाटक हजारों मनुष्यों के चित्त को एक संग फेर देता है।"...

वस्तुतः जीवन के सभी रंगों के भुक्तभोगी भारतेन्दु का अपना जीवन किसी नाटक की स्थिति से भिन्न नहीं रहा। उतार-चढ़ाव चाहे आपबीती के हों या जगबीती के, उनका समय और समाज से जीवन्त सम्बन्ध बना रहा। 1867 में उन्होंने यंग मैन एसोसिएशन की स्थापना की, अगले वर्ष एक डिबेटिंग क्लब का गठन किया जिसकी कार्यवाही हिन्दी में होती थी। एक होम्योपैथी डिस्पेंसरी की स्थापना की। अपने घर में एक स्कूल खोला जिसने धीरे-धीरे उन्नति की। छात्रों की संख्या बढ़ने लगी तो उसके लिए अलग जगह ली और सारा खर्चा उठाया। उन्होंने कवितावर्द्धिनी सभा तथा पैनी रीडिंग क्लब का गठन किया। यह क्लब बाद में 'तदीय समाज' में परिवर्तित हो गया। कवि-सम्मेलन और मुशायरों में आना-जाना रहता था। इनमें भारतेन्दु अपने समकालीन रचनाकारों से संवाद रखना चाहते थे। बुढ़वा-मंगल मेला जिसमें तीन-चार दिन नावों पर चढ़कर गंगा में घूमना-फिरना रहता, के अतिरिक्त बसन्त और होली के त्योहार धूमधाम से मनाए जाते। 14 वर्ष की आयु में भारतेन्दु ने जगन्नाथ की तीर्थ यात्रा की, उसके बाद तो पर्यटन उनका स्वभाव बन गया। कला, साहित्य और संस्कृति के केन्द्र कलकत्ता तो उनका कई बार आना-जाना हुआ। इस

तरह विभिन्न नगरों की यात्रा से समाज की व्यवस्था और व्यक्ति की स्थिति को स्वयं जाकर देखा और समझा। इस तरह उनका जीवन के प्रति भारतीय दृष्टिकोण बना। 20 वर्ष की आयु में भारतेन्दु काशी के आनरेरी मजिस्ट्रेट और म्युनिसिपल कमिश्नर नियुक्त हुए। कवि, सम्पादक, दानी और राजभक्त की हैसियत से काशी-समाज में वे सक्रिय एवं अग्रणी रहे हैं। प्रसिद्ध बंग कवि हेमचन्द्र बैनर्जी, राजकृष्ण राय, बंकिमचन्द्र चटर्जी और नवीनचन्द्र राय से विशेष स्नेह सम्बन्ध रहे। वे बंगला के साहित्यिक जगत से निकट से परिचित थे। भारतेन्दु ने समाज-सुधारक केशवचन्द्र सेन का यथेष्ट सहयोग किया, इसलिए उन्होंने एक पत्र से आभार व्यक्त किया। इनसे अनुप्राणित होकर 'स्वर्ग में विचार सभा का अधिवेशन' उनके पक्ष में लिखा गया। बंगाल अकाल के सिलसिले में सुरेन्द्रनाथ बैनर्जी जब काशी आए तो भारतेन्दु उनके सहायक थे। 'शकुन्तला' नाटक के सम्पादन कार्य के लिए ईश्वरचन्द्र विद्यासागर काशी आए तो वे भारतेन्दु की प्रतिभा एवं सौहार्द से इतने प्रभावित हुए कि उन्होंने 'शकुन्तला' नाटक भारतेन्दु को समर्पित किया। बंगला के प्रतिभाशाली कवि माइकेल मधुसूदन दत्त के देहावसान पर 'कविवचन सुधा' में काले हाशिए से शोक प्रकट किया। भारतेन्दु संस्कृत के अतिरिक्त अंग्रेजी, बंगला, मराठी के ज्ञाता और अध्येता रहे हैं। मल्लिका एक सुरुचि-सम्पन्न बंगला विधवा थीं जिनके माध्यम से वे 'ज्ञानवृद्धा बड़ी बहन बंगला' के साहित्य से आजीवन प्रेरणा ग्रहण करते रहे।

अंग्रेज भक्त राजा शिवप्रसाद भारतेन्दु के गुरु थे। बाद में इनके साथ भारतेन्दु के अनुकूल सम्बन्ध नहीं रहे पर राज-वत्सलता की कला भारतेन्दु ने इन्हीं से सीखी। यह कार्य भारतेन्दु ने 19 वर्ष की आयु में शुरू किया जिसे वे जीवन और लेखन में अन्त तक निभाते रहे। भारतेन्दु ने राजभक्ति का कोई अवसर नहीं छोड़ा। 1880 में बड़ी कोशिश से प्रमाणित किया कि वे राजभक्त हैं और उन पर किसी प्रकार का प्रतिबन्ध न लगाया जाए। वे चाहते थे कि सरकार उन्हें 'भारतेन्दु' की पदवी दे। 'सारसुधानिधि' में इस आशय का प्रस्ताव छपा। ब्रिटिश सरकार ने उन्हें कोई सम्मान नहीं दिया पर समकालीन साहित्यकारों और प्रेमियों ने इस कार्य को सम्पन्न किया। यह सरकार की नहीं, जनता की पदवी थी। वे अपने सभी नाटकों में जिस समाज की पुनर्रचना करते हैं उनमें वे राजा और प्रजा से हटकर कोई कल्पना नहीं कर सके। सामन्तवाद और साम्राज्यवाद के प्रतीक राजा हैं, स्वयं उसी वर्ग और व्यवस्था के अंग होने के कारण उनकी यथार्थ-दृष्टि भारतभाई के शोषण को जान-समझ गई। इसीलिए वे 'अन्धेर नगरी', 'भारत दुर्दशा' और 'प्रेमजोगिनी' जैसे नाटकों में विश्वसनीयता ला सके।

उपर्युक्त घटनाओं को एक क्रम से देखा जाए तो स्पष्ट है कि भारतेन्दु को जीवन का भारतीय परिप्रेक्ष्य मिला। इस दृष्टि-सम्पूर्णता के कारण भारतभाई शब्द की सार्थकता दिखाई देने लगती है। इलाहाबाद की 'हिन्दीवर्द्धिनी सभा' के वार्षिकोत्सव पर 1877 में भारतेन्दु ने हिन्दी की उन्नति पर व्याख्यान दिया। इसमें सामाजिक जागरण और स्वदेशी पर बल देते हुए ये प्रसिद्ध पंक्तियाँ कहीं—"निज भाषा उन्नति अहै सब उन्नति को मूल"। इसका उत्कर्ष बिन्दु 1884 में बलिया में दिया उनका भाषण है। भारतभाई उनकी चिन्ता के केन्द्र में रहा जिसको सम्बोधित करते हुए उन्होंने कहा—"भाइयो, अब तो नींद से चौंको, अपने

देश की सब प्रकार उन्नति करो। जिससे तुम्हारी भलाई हो, वैसी ही किताब पढ़ो, वैसे ही खेल खेलो, वैसी ही बातचीत करो। परदेशी वस्तु और परदेशी भाषा का भरोसा मत रखो। अपने देश में अपनी उन्नति करो।'' ये व्याख्यान की अन्तिम पंक्तियाँ नहीं हैं, चरम बिन्दु पर अपने प्रेक्षकों को सम्बोधित करते हुए संवाद की अन्तिम पंक्तियाँ हैं।

अभिनय के द्वारा मनोवांछित प्रभाव ग्रहण करने का एक अन्य प्रेरक-सूत्र मिलता है। 'नाटक अथवा दृश्य' नामक निबन्ध से पता लगता है कि भारतेन्दु ने चाहे 'मर्चेन्ट ऑफ वेनिस' का रूपान्तर किया पर शेक्सपियर के नाटक 'हैमलेट' और 'मैकबेथ' उनके आदर्श नाटक थे। अपने पिता राजा हैमलेट की हत्या से उद्विग्न राजकुमार हैमलेट को अपने चाचा क्लाडियस पर पिता की हत्या का सन्देह है। इस रहस्य को जानने के लिए वह लन्दन की एक नाटक मंडली से घटनाक्रम का ऐसा अभिनय करवाता है मानो पिता की हत्या षड्यंत्र हो। क्लाडियस इसे देखकर इतना उत्तेजित हो जाता है जैसे वह स्वयं भागीदार हो। इस प्रकार राजकुमार हैमलेट अभिनय-प्रक्रिया से गुत्थी खोलने में समर्थ रहा। भारतेन्दु को आजीवन विश्वास रहा कि 'कुचाल' को दूर करने के लिए अभिनय में अद्वितीय शक्ति है।

रंगकर्म से उनका 1868 से जो सम्बन्ध शुरू हुआ वह उत्तरोत्तर दृढ़ और विस्तृत होता गया। तकनीकी सुविधाओं के अभाव में अपने निवास स्थान रामकटोरा बाग में 1873 में काशीनाथ खत्री के 'बाल विधवा सन्ताप', अम्बिका दत्त व्यास के 'गौसंकट' के मंचन के मूल में उनका प्रबल उत्साह और निष्ठा कार्य कर रही थी। यहीं पर 'श्रान्त पथिक', 'चूसा पैगम्बर' के स्वाँग से दर्शकों को चौंका दिया। श्रीनिवासदास के रूपान्तर 'रणधीर प्रेम मोहिनी' के मंचन के अवसर पर 1879 में प्रस्तावना लिखकर भारतेन्दु ने इस शुभ कार्य को प्रोत्साहन दिया—''सचमुच नाटक के प्रचार से इस भूमि का बहुत कुछ भला हो सकता है।'' अपने नाटक 'नीलदेवी' में उन्होंने एक बार पागल का अभिनय किया था। बलिया मेले के अवसर पर 'सत्य हरिश्चन्द्र' और 'नीलदेवी' के प्रदर्शन का उल्लेख मिलता है। हरिश्चन्द्र की भूमिका में उनका अपना अभिनय इतना आवेगपूर्ण रहा कि दर्शक अभिभूत हो गए थे। 1881 में बनारस में हिन्दू नेशनल थिएटर की स्थापना की जिसके लिए उन्होंने एक ही रात में 'अन्धेर नगरी' का आलेख तैयार किया। बनारस में तो उनकी एक नाट्य-टोली बन चुकी थी जिसमें राधाकृष्णदास, रविदत्त शुक्ल, दामोदर शास्त्री, पं. चिन्तामणि, पं. माणिकलाल जोशी और अन्य सदस्य शामिल थे। यह निर्विवाद रूप से माना जा सकता है कि हिन्दी प्रदेश में उन्होंने रंगकर्म के प्रति उत्साह और समर्पण की लहर ला दी थी।

भारतेन्दु ने 1868 में नाट्य-लेखन, प्रदर्शन-क्षेत्र और पत्रकारिता में एक साथ पदार्पण करके संवाद और सम्बोधन के माध्यम से अभ्युदय का अपना मार्ग निर्धारित किया। इस वर्ष उन्होंने 'विद्यासुन्दर' का रूपान्तर, 'जानकीवल्लभ' के प्रस्तुतीकरण में लक्ष्मण का अभिनय तथा 'कविवचन सुधा' का प्रकाशन किया। भारतेन्दु ने 18 वर्ष की आयु में नाट्य-लेखन शुरू किया और 33 वर्ष की आयु तक यह कार्य करते रहे। 14 वर्षों की अवधि में उन्होंने 19 मौलिक और अनूदित नाटक लिखे। इसी समय में उन्होंने आठ नाट्याभास या संवादात्मक प्रहसन लिखे—जैसे 'सर्व जाति गोपाल की', 'बसन्तपूजा', 'बन्दर सभा', 'पाँचवें (चूसा) पैगम्बर', 'जाति विवेकिनी सभा', 'संडभंडयो संवाद', 'रामलीला' आदि।

इस सन्दर्भ में लिखे स्तोत्र-विशेष रूप कंकट-स्तोत्र तथा अंग्रेज-स्तोत्र उल्लेखनीय हैं। इनमें भारतेन्दु ने संवाद का मौलिक और प्रभावशाली प्रयोग किया। व्यंग्य विनोद की धार ने भाषा-संवाद को सशक्त और सार्थक बनाया है। 'नाटक अथवा दृश्यकाव्य' निबन्ध उन्होंने सब नाटकों के बाद लिखा। उनके अनूदित नाटक संस्कृत, अंग्रेजी और बंगला से हैं। इनके चयन में उनकी उदार ग्रहणशील नाट्य दृष्टि क्रियाशील रही है ताकि सभी स्तोत्रों से अनुभव और लाभ मिले। 'मुद्राराक्षस', 'दुर्लभबन्धु', 'विद्यासुन्दर', 'भारत जननी' जैसे नाटकों से उन्हें एक भारतीय परिप्रेक्ष्य मिला, परन्तु यह निष्कर्ष निकालना सम्भव नहीं कि इन नाटकों से उन्होंने मौलिक लेखन के सन्दर्भ में कहाँ-क्या सीखा। 'नाटक अथवा दृश्यकाव्य' निबन्ध में उन्होंने कालिदास, भवभूति और शेक्सपियर को महान नाटककार माना है। 'ज्ञान वृद्धा बड़ी बहन बंगला' से भी वे अनुप्राणित रहे परन्तु 'अभिज्ञान शाकुन्तलम्', 'हैमलेट' और 'मैकबेथ' उनकी दृष्टि में कालजयी आदर्श (मॉडल) नाटक हैं। इसीलिए 'रणधीर प्रेम मोहिनी' की प्रस्तावना में वे यह मानते हैं कि दुखान्त नाटक का दर्शकों के चित पर बहुत देर तक असर बना रहता है। 'नीलदेवी' दुखान्त नाटक है। उपर्युक्त नाटकीय आग्रहों के आधार पर भारतेन्दु पर किसी विशिष्ट रुचि या दृष्टि या प्रभाव का निर्णय करना उपयुक्त नहीं लगता।

मौलिक लेखन में नाटककार भारतेन्दु का प्रबुद्ध रूप दिखाई देता है। यहाँ ऐतिहासिक शक्तियों की द्वन्द्वात्मकता से घिरे भारतभाई को उन्होंने उपयुक्त सन्दर्भ में प्रस्तुत किया है। 'चन्द्रावली' और 'सतीप्रताप' में भारतेन्दु परम्पराशील रहे हैं—शेष सभी नाटकों में समकालीनता से गहरे जूझते दिखाई देते हैं। आत्म-गौरव का प्रश्न हो—जैसे 'सत्य हरिश्चन्द्र' में या जातीय-गौरव का—जैसे 'नीलदेवी' या 'भारतदुर्दशा' या 'वैदिकी' या 'विषस्य-विषमौषधम्' या 'अन्धेर नगरी' या 'प्रेम योगिनी', में भारतेन्दु ने समकालीन संघर्ष को प्रखरता से उठाया है। इन नाटकों में भारतेन्दु परिवेश और प्रेक्षक को साथ लेकर चलना चाहते हैं और नए मूल्यों की प्रतिष्ठा करना चाहते हैं। कथ्य को लेकर भारतेन्दु की दृष्टि आवेशपूर्ण रही है। इसलिए वाग्स्फीति मिलती है। 'नीलदेवी', 'अन्धेरी नगरी', 'सत्य हरिश्चन्द्र', 'चन्द्रावली' के गठन में कुछ सन्तुलन और नाटकीय निपुणता है परन्तु 'भारत दुर्दशा' और 'प्रेमयोगिनी' में वे सफल नहीं हो सके। इन दो नाटकों पर नई दृष्टि से विचार करने की जरूरत है। स्वतंत्र रूप से इनके कुछ दृश्यों की अभिकल्पना देखें तो ये एक प्रभावशाली नाटक के गुण लिये हुए हैं। 'भारत दुर्दशा' का पाँचवाँ अंक तथा 'प्रेमयोगिनी' का पहला तथा दूसरा गर्भांक समकालीन यथार्थ के अनावरण में जितने समर्थ सिद्ध हुए हैं, उतनी अन्य रचनाएँ नहीं। नाट्यस्थिति, चरित्र-सृष्टि तथा भाषा-संवाद के आधार पर ये दृश्य गहरा अनुभव प्रदान करते हैं परन्तु सम्पूर्ण नाटक की दृष्टि से इनकी संगति बैठाना कठिन है। इनमें जीवन-स्थितियों की यथार्थ पकड़ तो है परन्तु उन्हें उपयुक्त नाटकीय आकार देने में वे कुशल नहीं। इसीलिए उनके अनूदित नाटक नाटकीय अनुशासन में हैं, 'मुद्राराक्षस', 'दुर्लभबन्धु' और 'विद्यासुन्दर' नाटक हैं परन्तु क्या 'नीलदेवी' को रीति-रूपक माना जा सकता है? 'नीलदेवी' एक दुखान्त नाटक है जिसमें 17 गीत हैं। 'अन्धेर नगरी' मात्र प्रहसन न होकर लोकशैली का खुलापन लिये हुए है। 'विषस्यविषमौषधम्' भाण नहीं है, उसमें

कई प्रयोग किए गए हैं। 'भारत दुर्दशा' नाट्य रासक है या 'प्रेमयोगिनी' नाटिका, यह निर्णय करना कठिन है। रूपक के भेद और लक्षणों में भारतेन्दु के नाटकों को बाँधा या परखा नहीं जा सकता। भारतेन्दु ने सभी नाट्यकृतियों को रूपक या उपरूपक के किसी भेद के अनुरूप ढालना चाहा। भारतेन्दु ने यह प्रयास इसलिए किया कि उन्हें प्रयोग करने की छूट मिल सके और उन्हें नए प्रकार के स्थापत्य मिलें। दूसरे, कहीं-न-कहीं भारतेन्दु के क्लासिकल फॉर्म को आधार बनाकर नाट्य रचना करना चाहते हैं। एक दृष्टि से उन्होंने क्लासिकल नाट्य प्रणाली की कुछ रूढ़ियों का अनुसरण किया। गद्य-पद्य, खड़ीबोली तथा ब्रज भाषा का प्रयोग, नेपथ्य आदि का नाटकीय लाभ उठाने में वे संकोच नहीं करते। संस्कृत, बंगला और अंग्रेजी नाट्य साहित्य से भारतेन्दु अवश्य अनुप्राणित हुए परन्तु अपने लक्ष्य के प्रति स्पष्ट उन्होंने अपने नाट्य-लेखन में भारतभाई की वस्तुस्थिति का चित्रांकन किया। इनमें नाटकीय द्वन्द्व की स्थितियाँ स्पष्ट हैं। पर यह सच है कि वे बहुत श्रेष्ठ नाट्या-लेखन न दे सके, जैसे उन्हीं के अनुसार 'शाकुन्तलम्' या 'हैमलेट'। यूरोप में इस अवधि में इब्सन, चेखव और स्ट्रिंडबर्ग के कुछ ऐसे नाटक प्रकाशित हुए जो अब विश्व नाट्य साहित्य की पूँजी बन चुके हैं। इब्सन के 'डाल्स हाउस' (1879), 'घोस्ट' (1881), 'एनिमी ऑफ द पीपुल' (1883) भारतेन्दु के समकालीन हैं।

नाट्य दृष्टि के अनुरूप भारतेन्दु की रंगदृष्टि भी लचीली और व्यावहारिक रही। उन्होंने कथ्य के अनुरूप सभी उपलब्ध स्रोतों का लाभ उठाया। भारतेन्दु का सर्वाधिक सम्पर्क रहा बंगला नाटक एवं रंगमंच से जो आजीवन प्रेरणा स्रोत रहा। 15 वर्ष की आयु से कलकत्ता आना-जाना रहता था। कला एवं संस्कृति का केन्द्र होने के कारण काशी की रंगशैलियाँ तो उनकी बहुत देखी-पहचानी थीं। रामलीला का तो यह केन्द्र रहा है। रासलीला के प्रति भारतेन्दु आकृष्ट रहे। भांड, भगतिए, लावणीबाज, स्वाँग, नौटंकी के गुण-दोषों से वे परिचित थे। इधर लखनऊ के दरबारी वातावरण में 'इन्दर सभा' का विकास हुआ। कई रंगरूढ़ियों के समन्वय से बनी 'इन्दर सभा' का स्वरूप पर्याप्त मनोहारी था। इन्हीं दिनों पारसी थिएटर का प्रचार बढ़ रहा था। व्यावसायिक थिएटर के गुणों से सजा-सँवरा पारसी थिएटर बहुत जल्दी लोकप्रिय हो गया। असल में 'इन्दर सभा' और पारसी थिएटर में कई समानताएँ थीं इसलिए दोनों एक होकर भारतेन्दु के लिए बड़ी चुनौती बन चुके थे। इस प्रकार भारतेन्दु के सामने निम्न प्रदर्शन-शैलियाँ प्रचलित थीं—(क) बंगला रंगमंच, (ख) इन्दर सभा और पारसी थिएटर, (ग) लोकरंग शैलियाँ। यहाँ यह जान लेना जरूरी है कि भारतेन्दु बंगला रंगमंच से निस्संकोच ग्रहण करते रहे हैं। परन्तु यह स्थिति अन्य रंग-स्रोतों की नहीं है। स्पष्ट है, भारतेन्दु ने यहाँ विवेक से कार्य किया है। इसलिए भारतेन्दु की रंगपद्धति को कोई नाम देना आसान नहीं, वह अपने समय की ऐतिहासिक शक्तियों से उपजी और अपनाई गई। इस सन्दर्भ में यह ध्यान देना होगा कि भारतेन्दु की रंगदृष्टि का सही अध्ययन उनके मौलिक नाटकों के आधार पर ही हो सकता है, अनूदित नाटकों का अनुशीलन उपयोगी है पर उनके आधार पर निर्णय नहीं करना चाहिए।

रंग-परिकल्पना की दृष्टि से 'नीलदेवी' भारतेन्दु का श्रेष्ठ नाटक है। इसके गठन में संघर्ष को प्रमुखता प्रदान की गई है जिसका निर्वाह बाह्यजगत और अन्तर्जगत दोनों

में हुआ है। घटनाक्रम में मुस्लिम कथा को इन्दर सभा और पारसी शैली के अनुरूप ढाला है और हिन्दू कथा को यथार्थवादी पद्धति में प्रस्तुत किया है। दुखान्त नाटक होते हुए भी उसका विकास–क्रम एक दुखान्त नाटक का नहीं है। इसमें सत्रह गीत हैं। नाटक में तीन मृत्यु हुई हैं और अन्त में नीलदेवी सती होने की घोषणा करती हैं। दुखान्त नाटक के प्रति आकृष्ट होते हुए भी भारतेन्दु उसका गठन उस दृष्टि से न कर सके। 'नीलदेवी' से यह अवश्य पता लगता है कि भारतेन्दु ने विभिन्न रंगरूढ़ियों के सर्जनात्मक प्रयोग से एक साहसपूर्ण शिल्प का प्रयास किया। इस धरातल पर भारतेन्दु को चाहे उतनी सफलता न मिली हो परन्तु भारतेन्दु नारी के साहस और कौशल को प्रतिष्ठित करने में निःसन्देह सफल रहे।

'सत्य हरिश्चन्द्र' भारतेन्दु की ऐसी नाट्य–कृति है जो सदा प्रासंगिक लगने के कारण मंच पर अक्सर गहरा नाटकीय अनुभव प्रदान करती है। पौराणिक आख्यान होते हुए भी इसकी लोकप्रियता का कारण स्वयं भारतेन्दु हैं जिन्होंने आपबीती का इस रचना के साथ ऐसा तादात्म्य किया है कि इसकी प्रभविष्णुता बनी हुई है। टकराहट की स्थितियाँ होते हुए भी इस नाटक में करुणा मिश्रित अन्तर्द्वन्द्व अधिक है, इसलिए मार्मिकता आ गई है। यह पश्चिमी प्रभाव है, पर नेपथ्य, प्रवेशक आदि प्राचीन रूढ़ियों का नाटकीय लाभ उठाया है। चमत्कारपूर्ण स्थितियों में पारसी प्रभाव है। भाषा–संवाद इस नाटक की विशेष उपलब्धि है। भावोत्तेजना के कारण अतिनाटकीयता आ गई है। भारतेन्दु विभिन्न रूढ़ियों के प्रयोग में सफल रहे हैं।

'अन्धेरी नगरी' प्रहसन लगता है परन्तु इसके स्थापत्य में लोकशैली का ऐसा खुलापन है जो इसे किसी बँधे साँचे में नहीं रहने देता। यह लोकधर्मी दृष्टि का परिणाम है कि पात्र और स्थितियाँ नीतिकथा के अनुरूप हैं और एक प्रकार से रूढ़ हैं। बाजार का दृश्य उल्लेखनीय है। भाषा, संवाद अर्थपूर्ण हैं और सम्भावनापूर्ण भी।

'विषस्यविषमौषधम्' का कथ्य और शिल्प भाण का है परन्तु भाषा, संवाद और बुनावट की दृष्टि से भारतेन्दु ने लोक शैलियों से कई रूढ़ियाँ अपनाकर रोचकता और सक्रियता लाई है। इससे एकरूपता नहीं रही।

'वैदिकी हिंसा, हिंसा न भवति' का सम्बन्ध उस युग में धर्म के नाम पर चल रहा पाखंड और वितंडावाद दिखाना है। इसलिए स्थितियाँ प्रहसन की हैं, कहीं–कहीं हास–परिहास का स्वरूप अशिष्ट हो गया है। एक ओर संस्कृत के उद्धरण हैं, कहीं शास्त्रार्थ हैं परन्तु दूसरी ओर पैरोडी है, लोक शैली का खुलापन है। संस्कृत, खड़ीबोली, ब्रज और उर्दू का प्रयोग इसके सामूहिक प्रभाव को तीव्र करता है, मिथ्याचार के चित्रांकन में भारतेन्दु कुछ अधिक मुखर हो गए हैं।

'चन्द्रावली' नाटिका है परन्तु उसमें रीतिकालीन शृंगार और प्रेमाभिव्यक्ति ने उसे कहीं–कहीं इन्दर सभा और पारसी शैली के निकट ला दिया है। एक संगीतक की दृष्टि से भावाभिव्यक्ति काव्य में अधिक हो गई है। ब्रज भाषा का प्रयोग उपयुक्त है। इसमें रासलीला का भी आश्रय लिया गया है। 'सतीप्रताप' अपूर्ण रचना है परन्तु भारतेन्दु की रंग–सजगता यहाँ मिलती है। 'भारत दुर्दशा' और 'प्रेमयोगिनी' की चर्चा पहले हो चुकी है।

भारतेन्दु के मौलिक नाटकों का अनुशीलन निर्विवाद रूप से सिद्ध करता है कि भारतेन्दु अपने कथ्य को लेकर ही अधिक सतर्क रहे हैं और विभिन्न रंगपद्धतियों या उनकी रूढ़ियों के इस्तेमाल से स्वच्छन्द-से रहे हैं। उन्होंने कथ्य के अनुरूप विभिन्न शैलियों को मिलाया है, किसी पूर्वनियोजित रंगदृष्टि से नहीं। भारतेन्दु इस सीमा तक अवश्य विवेकपूर्ण रहे हैं कि उन्होंने उदार समन्वित दृष्टि अपनाई है। ये सभी नवीन नाटक हैं क्योंकि भारतेन्दु ने किसी शास्त्र या उसके विधान का कठोरता से पालन नहीं किया। उन्होंने युग के सभी रंग-स्रोतों को समझा और आत्मसात् कर उन्हें नवीन स्वरूप प्रदान किया। इसीलिए 'नाटक अथवा दृश्य काव्य' वाले निबन्ध में उन्होंने भांड, इन्दर सभा, रास, यात्रा, लीला, झाँकी, पारसी-नाटक, महाराष्ट्र के तमाशे को 'भ्रष्ट' मानने में कभी भूल नहीं की। भारतेन्दु ने अपने नाटकों में इनका रचनात्मक लाभ अवश्य उठाया है। इसी सन्दर्भ में यह उल्लेखनीय है कि 1875 और 1878 में बनारस में हुए 'शकुन्तला' और 'गुलबकावली' के प्रदर्शन उन्हें भद्दे और अदर्शनीय लगे। भारतेन्दु में यह समझ तो अवश्य थी कि कहाँ से कितना ग्रहण करना है परन्तु वे उसे एक सुनियोजित प्रकार नहीं दे पाए। वस्तुतः वे प्रेक्षक के लिए अपने कथ्य को सम्प्रेषणीय बनाने के लिए प्रयत्नशील रहे हैं, इसलिए उन्होंने रंगदृष्टि को व्यावहारिकता और उपयोगिता के अनुरूप रखा। इसलिए उनके जो आलेख सामयिक प्रश्नों में से जहाँ व्यक्ति और व्यवस्था की टकराहट को उभार सके, वे आज भी खेले जाते हैं, रंगशिल्प चाहे जैसा हो। 'सत्य हरिश्चन्द्र', 'अन्धेर नगरी' इसके प्रमाण हैं। 'भारत दुर्दशा' और 'प्रेमयोगिनी' में भी सम्भावनाएँ हैं।

भारतेन्दु के नाटकों में एक सीमा तक साहित्यिकता होने के कारण विस्तार और वाग्स्फीति है। नाट्य-स्थिति का अतिक्रमण कर नाटकों के संवाद अनावश्यक विस्तार ले गए हैं। उनमें अतिरंजना और अतिनाटकीयता है। कला और सुरुचि का पालन करते हुए भी इन नाटकों की प्रस्तुति-परिकल्पना पारसी थिएटर के निकट हो जाएगी। नाटक की दृष्टि से भारतेन्दु की नाट्य-कृतियाँ शिथिल हैं पर कमजोर नहीं।

'नाटक अथवा दृश्यकाव्य' में भारतेन्दु की स्थापना है—"यदि किसी को नाटक लिखने की वासना हो तो नाटक किसको कहते हैं, इसका तात्पर्य हृदयंगम करके नाटक रचयिता को सूक्ष्म रूप से ओतप्रोत भाव से मनुष्य प्रकृति की आलोचना करनी चाहिए।" भारतेन्दु ने नाटक का तात्पर्य अवश्य हृदयंगम किया और उसे नवोत्थान से जोड़ा। उन्होंने अपने युग के अन्तर्विरोधों में जूझ रहे मनुष्य की प्रकृति का विश्लेषण किया। अपने सभी नाटकों में वे अन्ततः भारतभाई की स्थिति और विवशता पर विलाप करते हैं। उन्होंने 1868 में लक्ष्मण का और 1884 में हरिश्चन्द्र का अभिनय किया। उनकी जीवन-यात्रा अभिनय के अनुभव से पुष्ट है। इसलिए उन्हें यह विश्वास है कि अभिनय के चमत्कार से हमारे पुनरुत्थान का श्रम सफल होगा—

आवहु मिलि भारतभाई, नाटक देखहु सुख पाई,
याहि देख श्रम करहु सुफल, मम यह बिन बतसिर नाई।

नाटक एक त्रि-आयामी कला है जिसमें नाटककार, रंग और मंच प्रेक्षकों की हिस्सेदारी होती है। पर भारतेन्दु के अपने तीन आयाम थे—संवाद, सम्बोधन और भारतभाई या नाटक, रंगमंच और नवजागरण।

भारतेन्दु ने प्रचलित रंग-उपकरणों के प्रति समन्वित एवं सन्तुलित दृष्टि रखी पर उन्हें माना साधन ही। कला-सौष्ठव के प्रति वे कभी आकृष्ट नहीं हुए पर यह सच है कि उनके ओजस्वी और उद्यमी व्यक्तित्व ने हिन्दी रंगमंच का स्वतंत्र और स्वस्थ पथ प्रशस्त किया। भारतभाई के साथ संवाद की स्थिति को केन्द्र में रखकर जिस व्यापक परिप्रेक्ष्य और समर्पण भावना से भारतेन्दु ने हिन्दी रंगमंच को दृष्टि दी, उसके आधार पर विख्यात कन्नड़ नाटककार आद्य रंगाचार्य का निम्न कथन सही और सार्थक है—"प्रथम आधुनिक भारतीय नाटककार भारतेन्दु हरिश्चन्द्र थे जिन्होंने रंगमंच को एक नया मिशन दिया।"

(आलोचना, 1986)

15

जब्तशुदा साहित्य, पत्रकारिता और पारसी थिएटर

जब्तशुदा साहित्य इसलिए जब्त हुआ क्योंकि उसमें मुक्ति की आग जब्त थी। देश की विभिन्न भाषाओं और इतनी प्रचुर मात्रा में लिखित इस प्रतिबन्धित साहित्य में वस्तुत: क्रान्तिकारियों के कुछ उमड़ते हुए सपने, कुछ संकल्पनाएँ दबी पड़ी हैं। इस अमूल्य धरोहर को राष्ट्रीय संग्राम के परिप्रेक्ष्य में ही देखना-परखना होगा। ऐसे विद्रोहमूलक साहित्य की इस विशिष्टता को ध्यान में रखना निहायत जरूरी है। कभी राजनीतिक सरगर्मियों और कभी जननायकों की विप्लवी गतिविधियों ने जनाक्रोश और जनाकांक्षाओं की लहरों को आन्दोलित रखा। जोश और जुनून के इस उबाल ने अनेक नवोदित रचनाओं को जन्म दिया। ऐसे संवेगात्मक प्रवाह में हुई अभिव्यक्ति के नैसर्गिक विस्फोट को स्थानीय या तात्कालिक तो मानना पड़ेगा परन्तु जनमानस में स्वाधीनता के मंत्र फूँकने की ताकत इन रचनाओं में अवश्य छिपी थी। 'सरफरोशी की तमन्ना' के अदम्य आवेग में बहने वाले ये सर्जक कथ्य और शिल्प के स्तर पर विद्रोही प्रकृति के थे। इनकी उमड़ती भावनाओं की सर्वाधिक प्रस्तुति कविता में हुई। छोटी, बड़ी, लोकप्रिय या गम्भीर सभी आकार-प्रकार की कविताएँ लिखी गईं। क्रान्तिकारी प्रसंगों पर कई कहानियाँ प्रकाशित हुईं। कुछ उपन्यास भी सामने आए परन्तु सबसे कम नाटक उपलब्ध हैं। हमारे समय की यह एक तकलीफदेह त्रासदी है कि ये 'स्वाधीन' लेखक इतिहास के पन्नों में गुमनाम होने के लिए विवश हैं।

राष्ट्रीय आन्दोलन में साहस और सक्रियता से भाग लेने वाले माधव शुक्ल हिन्दी साहित्य के अपवाद-पुरुष कहे जाएँगे। स्वतंत्रता संग्राम उनका रणक्षेत्र था और वही सृजन-भूमि थी। सदा इससे अनुप्राणित रहने वाले माधव शुक्ल के लेखन में राष्ट्रप्रेम की ज्वाला प्रज्वलित रहती थी। फलस्वरूप रामलीला को निमित्त बनाकर कभी वे जलियाँवाला बाग की झाँकियाँ निकालते, या रामलीला के कलाकारों को खद्दर की वेशभूषा पहनाकर नई स्फूर्ति पैदा करते। अपने नाटक 'सीय स्वयंवर' में युवा पीढ़ी को उत्प्रेरित करने वाली निम्न टिप्पणी द्रष्टव्य है—"ब्रिटिश कूट राजनीति के समान कठोर इस धनुष को तोड़ना तो दूर रहा, वीर भारतीय युवक इसे टस-से-मस भी न कर सके यह अत्यन्त दुख का विषय है।" चुभने वाले ऐसे राजनीतिक जोखिम वे उठाते रहते थे। तेजस्वी और भव्य व्यक्तित्व के स्वामी, स्वभाव से निडर, प्रखर एवं प्रभावी वक्ता माधव शुक्ल में वस्तुत: एक समर्थ एवं दक्ष अभिनेता की विशेषताएँ समाहित थीं। इन गुणों का लाभ कभी उन्हें विशाल जनसमुदाय

के बीच ओजस्वी 'गीत-गायक' के रूप में मिला, कभी लम्बे जुलूस का नेतृत्व करते हुए : रंगमंच तो उनका प्रिय क्षेत्र था ही जहाँ अभिनय-कला में वे अपनी विशिष्ट प्रतिभा प्रदर्शित करते रहते थे।

इस सन्दर्भ में उनकी महाराणा प्रताप की बहुप्रशंसित भूमिका का जिक्र आवश्यक है। इधर, पुलिस की उन पर सदा नजर रहती थी जो उन्हें एक क्रान्तिकारी मान रही थी। वे कब जेल में हैं और कब बाहर, इसका किसी को पता नहीं रहता था। सम्भवतः इसीलिए उनके कार्यस्थल बदलते रहे—पहले प्रयाग में स्थापित हुए, फिर कुछ अरसा लखनऊ और जौनपुर में रहे, आखिरी चरण कलकत्ता का था। इस दौरान नाट्य-लेखन, अभिनय, रंगकर्म और जनसंघर्ष में वे निर्बाध जुटे रहे। उनके लिखे नाटकों के प्रदर्शन पर समय-समय पर प्रतिबन्ध तो लगाए गए पर इन नाटकों के शीर्षक बदलकर अधिकारियों को चकमा देने और काम निकालने में वे सफल होते रहे—जैसे 'राणा प्रताप' को 'भामाशाह की राजशक्ति', 'महाभारत (पूर्वार्ध)' को 'कौरव कलंक', 'मेवाड़पतन' को 'विश्वप्रेम' के परिवर्तित नाम से अभिनीत किया गया। उन्हें 'हिन्दी के विद्रोही कवि और नाटककार' मानना उनका सही आकलन करना है। माधव शुक्ल को हिन्दी की अद्वितीय विभूति इसलिए माना जाएगा क्योंकि वे सम्पूर्ण रूप से समर्पित पहले 'राष्ट्रकवि' थे। उनकी बलिदान-वृत्ति अचरज में डालने वाली है—

मेरी जाँ न रहे मेरा सर न रहे, सामाँ न रहे न ये साज़ रहे,
फ़क़त हिन्द मेरा आज़ाद रहे, माता के सर पर ताज रहे।
माधो की है चाह ख़ुदा की क़सम, मेरे वाद वफ़ात ये बाज रहे,
गाढ़े का कफ़न हो मुझ पै पड़ा वन्दे मातरम् अलफ़ाज़ रहे।

हिन्दी में कुछ ऐसे रचनाकार भी हुए हैं जिनकी प्रकृति विप्लवकारी रही है। अपने उपनाम को सार्थक करने वाले, खरे और दबंग पांडेय बेचन शर्मा 'उग्र' के व्यक्तित्व एवं रचनाकर्म में नैसर्गिक दुस्साहस और ध्वंसक-वृत्ति मिली है। युवा 'उग्र' का पहला धमाका था 'स्वदेश' पत्रिका का 'विजयांक विशेषांक' का सम्पादन जिसे राजद्रोही सामग्री के कारण जब्त किया गया। उनकी कुछ कहानियों और अन्य रचनाओं पर भी प्रतिबन्ध लगे। इस लहर में कभी-कभी सिर उठाने वाले ऋषभचरण जैन ने कथा-साहित्य में पहल ही नहीं की, उनकी कुछ कृतियाँ जब्त भी हुईं। साहित्य, पत्रकारिता और राजनीति के अन्तर्सम्बन्धों को निपुणता से निभाने वाले क्रान्तिप्रिय बालकृष्ण शर्मा 'नवीन' की कविताओं में विद्रोह का आवाहन है—"कवि कुछ ऐसी तान सुनाओ, जिससे उथल-पुथल मच जाए।" 'झाँसी वाली रानी थी' की छवि लिये सुभद्राकुमारी चौहान के 'आज़ादी के तरानों' में जनमानस को स्पन्दित करने की अद्भुत ताकत है। निर्भय आवेग से भरी उनकी सरल कविताएँ बहुत सबल सिद्ध हुईं—"वीरों का कैसा हो बसन्त।" साहित्य और पत्रकारिता के क्षेत्र में समर्पण एवं साहस की मूर्ति माखनलाल चतुर्वेदी राष्ट्रीय चेतना के अग्रदूत थे। उदात्त विचारों की इस 'भारतीय आत्मा' के लेखन में निर्व्याज स्पष्टवादिता थी। वंशीधर शुक्ल और गयाप्रसाद शुक्ल 'सनेही' की कविताओं में क्रान्ति की ललकार थी। राजद्रोही

स्वभाव के उपरिलिखित रचनाकारों की अभिव्यंजना-शैली में स्फूर्ति और उल्लास के भाव थे इसलिए उनकी प्रस्तुति सुबोध और प्राणवान थी।

हिन्दी के लगभग सभी अग्रणी साहित्यकारों ने राष्ट्र और राष्ट्रवाद के मुद्दे को साहित्य की परिधि और परिपाटी के अन्तर्गत उठाया। उन्होंने ऐसा क्यों किया, इसके कोई प्रत्यक्ष या ऐतिहासिक कारण दिखाई नहीं देते। 1909 में प्रकाशित 'भारत-भारती' के सजग स्वदेशी स्वरों की अनुगूँज दूर-दूर तक सुनाई दी। जाहिर है देश-प्रेम से जुड़े इन साहित्यकारों के गहरे लगाव में कोई कमी न थी और न उनके लेखन में यह मुद्दा हाशिए पर था। दरअसल अधिकांश साहित्यकारों ने अपनी राष्ट्रीय भावना को आकार देने के लिए त्रिधारा अर्थात् इतिहास, संस्कृति और दर्शन का एक समन्वित परिप्रेक्ष्य विकसित किया। इस धरातल पर सांस्कृतिक गौरव और राष्ट्रीय वैभव का पुनराख्यान हुआ। मैथिलीशरण गुप्त, जयशंकर प्रसाद, रामधारी सिंह 'दिनकर' जैसे शीर्ष रचनाकारों ने इस दिशा में कई मौलिक प्रयोग किए और नए आधुनिक तात्पर्य खोज निकालने में सफलता प्राप्त की। इस तरह का दृष्टिपथ अपनाने के नतीजे सामने आए। ऐसे इंकलाबी दौर में अपने क्षोभ या आक्रोश को प्रकट करने के लिए इस साहित्यिक समाज के पास केवल व्यंग्य और व्यंजना का मार्ग बचा था। इस स्थिति और प्रवृत्ति का प्रतिपक्ष हमें सकते में डाल देता है। स्वाधीनता संग्राम में विद्रोही मुद्रा अपनाते हुए इनमें से कोई साहित्यकार विशाल जनसमुदाय की मुक्ति-आकांक्षाओं के अदम्य प्रवाह से आप्लावित नहीं हुआ और न भावावेग की शैली में उसने वैसी जोखिम वाली रचनाएँ लिखीं। इस सवाल का जवाब मिलना कठिन है कि हिन्दी के किसी भी 'प्रमुख' कवि या रचनाकार की कोई कविता या कृति क्यों नहीं जब्त हुई? यहाँ प्रश्न किसी रचना के जब्त या न जब्त होने का इतना नहीं है जितना रचनाकार की ललकार-निरपेक्ष नीति अपनाने का है।

स्वतंत्रता-संघर्ष की उन तूफानी लहरों ने सारे वातावरण में राष्ट्रीय सम्मान और राष्ट्रीय सौहार्द की चेतना को उद्दीप्त कर रखा था। इधर उर्दू शायरों में गजब का जुनून सवार था। अंग्रेजों के जोर-जुल्म तथा दमन-तंत्र की परवाह न करते हुए उन्होंने साम्प्रदायिक एकता, देश-वत्सलता और आजादी के परचम को बुलन्द रखा। इस अवधि में जब्तशुदा उर्दू साहित्य की मात्रा कम नहीं है। इस असलियत को कैसे अनदेखा किया जा सकता है कि ये शायद जन-विद्रोह को जुबान दे रहे थे। इसीलिए अवाम की जुबान पर चढ़ी जिन लोकप्रिय रचनाओं ने उनमें जंग-ए-आजादी के लिए उद्वेलित किया, उनमें सबसे अधिक उर्दू की यही नज़्में / ग़ज़लें थीं। यह इस साहित्य की बेजोड़ उपलब्धि कही जाएगी। इस अभियान में स्थानीय शायर तो बढ़-चढ़ कर शामिल हुए ही, अचरज तो इस सच्चाई को जानकर हुआ कि उसमें इकबाल, जोश मलीहाबादी, ह.फ़ीज़ जालन्धरी, जांनिसार अख़्तर, अली सरदार जाफ़री, सागर निज़ामी, साहिर लुधियानवी जैसे पुरानी-नई पीढ़ी के प्रथम कोटि के अग्रणी शायरों की स्तरीय रचनाओं पर प्रतिबन्ध लगते रहे। अपने प्रचार-प्रभाव के कारण ये नज़्में / ग़ज़लें जन-जागृति का स्रोत बनीं, इन्होंने क्रान्तिकारियों के इरादों को बुलन्द रखा और अन्ततः ये रचनाएँ श्रेष्ठ साहित्य की अविस्मरणीय निधि बनीं।

दो

प्रेक्षक को अपना संरक्षक मानकर चलने वाले पारसी थिएटर का अपने व्यावसायिक हितों से परिचालित होना प्रत्याशित ही माना जाएगा। थिएटर कम्पनियों के मालिक न तो लाभ-वृत्ति छोड़ सकते थे और न अपने आका अंग्रेजों की स्वामिभक्ति। फिर भी यह एक ऐतिहासिक सच्चाई है कि पारसी थिएटर ने नए दौर की उभरती चुनौतियों का सामना किया और उसमें कई प्रकार के विस्मयकारी बदलाव आए। स्वदेश-प्रेम के बढ़ते जनायामी प्रभाव ने दर्शक-समाज में नई अपेक्षाओं को जगाया। स्वाधीनता की इस उमड़ती लहर को पारसी थिएटर कैसे अनदेखा कर सकता था। इस दिशा के उन्मेष में उसने साहस का परिचय दिया। पारसी नाटककार ने इसकी प्रेरणा और पहल में सराहनीय भूमिका निभाई। भारत के पराधीन होने के अहसास को बार-बार उद्वेलित करते हुए इन नाटककारों ने अंग्रेजों के खिलाफ आजादी के अलख को जगाना अपना लक्ष्य बना लिया था। ये अपने व्यावसायिक दबावों या सीमाओं को खूब समझते थे, इसलिए इन्होंने अपने बचाव की एक कूट-विधि विकसित कर ली। पथ-प्रशस्त करते हुए मराठी नाटककार खाडिलकर ने अपने 'कीचक वध' (1907) में अपेक्षित निपुणता का प्रदर्शन किया। इसका इतना असर पड़ा कि ब्रिटिश सरकार ने उस पर प्रतिबन्ध लगाया। पारसी हिन्दी नाटककार ने भी धीरे-धीरे यह कूट-क्षमता अर्जित कर ली। अपने नाटकों में जागृति-संकेत व्यंजित करने की कला में वह इतना दक्ष और संकल्पबद्ध होता गया कि सेंसर या खुफिया पुलिस तक को चकमा देने लगा।

अपनी विशिष्ट उपलब्धियों के कारण आगा हश्र कश्मीरी पारसी नाट्य-जगत के प्रतिष्ठा पुरुष हैं। स्वाधीनता के मुद्दे को लेकर वे अधिक स्पष्ट और साहसी पाए गए। अपनी देश-वत्सलता को व्यक्त करने का उन्होंने कोई अवसर नहीं छोड़ा। अपने 'वतन की मिट्टी' के गौरव की रक्षा के लिए या 'भारतमाता की पुकार' को सम्मान से मुखरित करने में वे सदा तत्पर रहे।

ओ दुनियावालो हिन्द के आते हैं दीवाने,
हम आए हैं माता के सर पर ताज पहनाने
यह मुल्क हिन्दुस्तान, हमारा है, हमारा!

स्वाधीनता की लहर से आप्लावित आगा हश्र का यह तर्क कितना स्फूर्तिवर्धक और अनुभवपुष्ट है :

जुल्म का हम पर
मगर उल्टा असर होता गया
छाँटने से नस्ले कौमी
बारबरे होता गया।

आगा हश्र के राष्ट्र-भाव ने अपना अलग सुरक्षित पर सार्थक मार्ग खोज निकाला। उन्होंने सामाजिक समस्याओं के नए परिप्रेक्ष्य को सामने रखा। उनकी इस सोच में वजन है कि हमारा गुलामी की वास्तविक वजह, 'अंग्रेजियत की नकल' है। इसलिए 'अंग्रेजपरस्त हिन्दुस्तानियों' में फैल रही सामाजिक बुराइयों पर वे तीखे प्रहार करते रहे। उनके नाट्य-

लेखन का मूल सरोकार देश-जागृति और स्वतंत्रता की आकांक्षा है। इसे यूँ भी कहा जा सकता है कि हिन्दुस्तान को नीच समझने वाले अंग्रेजों या 'तथाकथित अंग्रेजों' के वे बहुत खिलाफ थे। इस सन्दर्भ में उनका नाटक 'आज' द्रष्टव्य है। दरअसल राष्ट्रनिष्ठ आगा हश्र अन्दर-ही-अन्दर बदल रहे थे। असहयोग आन्दोलन ने उन्हें बहुत अनुप्राणित किया। वे कांग्रेसी हो गए, अपनी वेशभूषा तक बदल डाली और खद्दर पहनने लगे। जिस भावभूमि पर उन्होंने खद्दर का गुणगान किया है, वह अनोखा है, और इस परिवर्तन की पुष्टि के साथ उनकी नई संकल्पनाओं को भी जाहिर करता है। 'मिट्टी वतन की' से देशप्रेम की यात्रा शुरू करने वाले आगा हश्र अपने लक्ष्य को शब्द देने में कभी कमजोर नहीं हुए। आगा हश्र एकमात्र ऐसे मुस्लिम नाटककार हैं, जिनका काशी हिन्दू विश्वविद्यालय ने स्वर्णपदक देकर सम्मान किया। यह एक विरल घटना है।

बाल्यावस्था से ही शुभारम्भ करने वाले राधेश्याम ने कथा-वाचन-गायन की दिशा में पूरी निष्ठा और तन्मयता प्रदर्शित कर अपनी अपार क्षमता और प्रसिद्धि अर्जित की। राधेश्याम कथावाचक के व्यक्तित्व और नाट्य-कर्म का आकलन इसी पृष्ठभूमि में करना उपयुक्त होगा। कथावाचक की हैसियत से जो उन्हें ख्याति मिली, नाटककार राधेश्याम ने इस स्थिति का पूरा लाभ उठाया। शुरुआत हुई मोतीलाल नेहरू परिवार से। धीरे-धीरे आनन्द भवन से सम्बन्ध प्रगाढ़ होते गए और साथ ही विशिष्ट व्यक्तियों और राजनेताओं से मेलजोल का दायरा बढ़ता गया। इन हस्तियों की मंच पर प्रेरणावर्धक उपस्थिति से पारसी थिएटर की प्रतिष्ठा और महत्ता को बल मिला। समय-समय पर लोकमान्य तिलक, महात्मा गांधी, मदनमोहन मालवीय, मोतीलाल नेहरू, गणेशशंकर विद्यार्थी, इन्द्र विद्यावाचस्पति, हकीम अजमल खाँ नाटक देखने आने लगे। इनके सम्पर्क और साहचर्य ने इस रंगजगत में राष्ट्र-प्रेम के भाव को जाग्रत रखा। राधेश्याम ने इस प्रभाव को अपनी सीमाओं में आत्मसात् किया। भारत की पराधीनता उन्हें अस्थिर एवं अशान्त करती रही। वे अपने नाटकों में 'भारत'—'सोते भारत'—'डूबते भारत'—'भारत के हित' की बात उठाते हुए कहते हैं—"भारत के वीरों की याद में यह गाना भी रोना है।" 'असहयोग' और 'सत्याग्रह' की संघर्ष शैली को प्रचार और प्रभाव के साथ व्यापक जनाधार मिलने लगा। इनकी प्रतिध्वनियाँ कथावाचक के नाटकों में सुनाई देने लगीं, जिसके लिए उन्होंने भी प्रचलित कूट-शैली अपनाई। पुराण या इतिहास के किसी सुपरिचित नायक या प्रसंग में राष्ट्रीय सन्दर्भ ऐसी कुशलता से गुँथ गए कि दर्शक-वर्ग सामयिक संकेत या तात्पर्य को तत्काल ग्रहण कर सके।

इस दिशा में नए गुर या तरीके ढूँढ़ निकालने में वे सफल रहे। 'वीर अभिमन्यु' और 'भक्त प्रह्लाद' ऐसे असरदार नाट्यालेख साबित हुए जिसने प्रेक्षकों को इस दृष्टि से अनुप्राणित किया—"जिस कुटिल नीति से अभिमन्यु की मृत्यु हुई है, उससे अंग्रेजी 'हुकूमत' का कपटाचार समझ में आने लगता है।" हिरण्यकश्यप को जालिम अंग्रेज शासक और भक्त प्रह्लाद को असहाय एवं पीड़ित भारतीय समाज के रूप में व्यंजित करने में सफल इस नाटककार को कोई कठिनाई नहीं हुई। इस प्रस्तुतीकरण ने गणेश शंकर विद्यार्थी जैसे प्रखर राष्ट्र प्रेमी को कितना अनुप्रेरित किया, यह उन्हीं के शब्दों से स्पष्ट है—"ऐसा नाटक लिख दिया है—जिसमें आने वाले भारत के रूप की एक 'भविष्यवाणी' है।"

क्रमशः पारसी थिएटर और स्वाधीनता संग्राम के रिश्ते बढ़ने लगे। कुछ नाटककारों का जुनून तो देखते ही बनता है। नाटककार मुंशी इशरत हुसैन नय्यर ने अपने नाटक 'वतन' में गुलाम भारतवासियों की वेदना और विवशता को मर्मभेदी, पर व्यंजनापूर्ण अभिव्यक्ति दी है : "जो आए मेहमाँ हमारे होकर / लगे हुकूमत हमीं पै करने / मकाँ से बाहर मकान वाले पड़े हुए हैं।" यह गाना एक बार नहीं, बार-बार सुनने-याद रहने वाला है; यह कमजोर या कायर दशक के देशाभिमान को जगाने की क्षमता रखता है। उन दिनों फिल्मी गाने प्रचलित न थे—ऐसे ही गीत गाए-गुनगुनाए जाते थे। कई जगह खेले जा चुके इस नाटक की यह जनप्रिय कड़ी—"मकाँ से बाहर मकान वाले पड़े हुए हैं" ने अनगिनत देशप्रेमियों को उद्वेलित किया।

इसी प्रवाह में बहने वाले शायर और नाटककार किशन चन्द 'ज़ेबा' की राजनीतिक सजगता उनके इन नाटकों में खुलकर व्यक्त हुई है—'जख्मी पंजाब', 'देश-दीपक', 'इंकलाब जिन्दाबाद', 'चिरागे वतन'। स्वभाव में 'खून की तड़प' के कारण इनका जुनून इस कदर हावी था कि इनकी नज़्मों, नाटकों और प्रस्तुतीकरणों पर बार-बार प्रतिबन्ध लगाए गए पर वे जोखिम उठाने से नहीं रुके। माणिक लाल डांगी भी इसी राजद्रोही प्रकृति के थे। उनके नाटक 'जागो बहुत सोये' और 'हिटलर' को जब्त किया गया। प्रतिबन्ध तो कई अन्य पारसी प्रस्तुतीकरणों / नाटकों पर लगते रहे परन्तु सेंसर या खुफिया पुलिस की व्यूह-रचना से बच निकलने के अब कई उपाय ढूँढ़ लिये गए थे। सभी प्रकार के खतरे उठाते हुए पारसी नाटककारों ने अपने दर्शक में गुलामी की ग्लानि और आजादी की लौ जगाने के अपने राष्ट्रीय दायित्व को ईमानदारी से निभाया। इनके सोचे-समझे प्रयास अक्सर सतही या सामान्य प्रकार के हुआ करते थे परन्तु विशाल प्रेक्षक समाज में उनकी 'मास अपील' से जो तात्कालिक पर सामूहिक आवेग उमड़ता था, वह अनिर्वचनीय था। यह उफान क्षणभंगुर जरूर था परन्तु वह इतिहास में दर्ज होने लायक है।

पारसी थिएटर का राष्ट्रीय धारा से नाता जोड़ने और उसे सामयिक अर्थवत्ता प्रदान करने का श्रेय पारसी नाटककार को जाता है। इससे समाज और राजनीति के क्षेत्र में उसकी छवि के अनुकूल वातावरण बना। हिन्दी साहित्यकार ने भी पारसी थिएटर के प्रति चल रहे पूर्वग्रह छोड़ अब उदारभाव अपनाया। महावीरप्रसाद द्विवेदी, विश्वम्भनाथ शर्मा 'कौशिक', रमाशंकर अवस्थी, पांडेय बेचन शर्मा 'उग्र', बालकृष्ण शर्मा 'नवीन', श्यामसुन्दर दास समय-समय इसकी गतिविधियों में शरीक हुए और इसे प्रोत्साहन देते रहे।

इस सन्दर्भ में प्रेमचन्द का उल्लेख करना होगा। उनकी प्रच्छन्न भूमिका चकित तो करती है परन्तु पहली बार ऐसे प्रतिष्ठित कथाकार ने पारसी थिएटर को सार्थक थिएटर माना और उसके रचनात्मक योगदान की प्रशंसा की। उन्होंने 'माधुरी' (पत्रिका, लखनऊ) में अपना गुप्तनाम 'नाटक-प्रेमी' रखकर इस थिएटर की प्रभविष्णु शक्ति का गम्भीर अध्ययन किया। प्रेमचन्द का यह विश्वास दृढ़ हो रहा था कि इस असरदार माध्यम का भरपूर लाभ नहीं उठाया जा रहा। उनकी इस सोच के मूल में राधेश्याम कथावाचक थे जिनके पास बरेली में वे नाट्य-लेखन की दीक्षा लेने आए थे। साहसी सेनानी गणेशशंकर विद्यार्थी के नजरिए से यह थिएटर राष्ट्रीय-भावना को व्यापक स्तर पर प्रसारित करने में सक्षम है। उनकी यह

टिप्पणी उपर्युक्त मत की पुष्टि करती है—"दृश्य-साहित्य का समाज पर इतना प्रभाव पड़ सकता है, फिर हमारा नाटककार पीछे क्यों है?"

स्वाधीनता-आन्दोलन के सन्दर्भ में पारसी थिएटर का किस प्रकार का योगदान रहा इस सवाल का जवाब बहुत जटिल या उलझा नहीं है। इस तथ्य को निर्विवाद रूप से स्थापित किया जा सकता है कि अपनी नाट्य-कृतियों और प्रस्तुतियों के जरिए उन्होंने गुलामी की यातना और आजादी की अलख जगाने में कोई कसर नहीं छोड़ी। अपना लक्ष्य हासिल करने में वे एक हद तक सफल कहे जा सकते हैं। इधर देश ऐसी करवट ले रहा था जहाँ महात्मा गांधी भारत के पर्याय बन चुके थे। उनके असहयोग और सत्याग्रह आन्दोलन ने इन नाटककारों की अन्तश्चेतना पर अपना वर्चस्व स्थापित कर दिया था। इस प्रकार के माहौल में पनप रही पारसी थिएटर की राष्ट्रीय भावना ने अपने प्रेक्षक में देशभक्ति की भावना को जिन्दा रखा। जीवन भर राजनेताओं के बीच रहने वाले राधेश्याम कथावाचक अपनी सनातनी मानसिकता न छोड़ सके। आगा हश्र का राष्ट्रभाव प्रबल और मुखर था परन्तु उन्होंने अपने लिए एक सुरक्षित मार्ग ढूँढ़ निकाला। निस्सन्देह दो-एक साहसी नाटककारों में कोई खौफ न था और उन्होंने अपनी आवाज को अलग और बुलन्द रखा। इससे पारसी थिएटर ने यह तो जाहिर कर दिया कि इस थिएटर में बड़ी सम्भावनाएँ हैं और वे झकझोरने वाली भी हो सकती हैं परन्तु सारी वस्तुस्थिति को सामने रखें तो उसका हस्तक्षेप कोई महत्त्वपूर्ण नहीं कहा जाएगा।

तीन

नवजागरण की सर्वाधिक कारगर और असरदार देन है जन-संवाद के तंत्र का देशव्यापी विस्तार, जिसका नतीजा यह निकला कि जनमानस से सीधे रिश्ते जुड़ने लगे। पत्रकारिता इसकी एक मूल्यवान उपलब्धि है। इसने ठहरे हुए समाज और रूढ़ियों पर चल रहे जीवन में परिवर्तन की गति को नई ऊर्जा और नई दिशा प्रदान की। इसके दूरगामी प्रभावों को सही समय पर समझा भारतेन्दु हरिश्चन्द्र ने जो हिन्दी जगत में इस माध्यम के अग्रदूत कहे जा सकते हैं। 18 वर्षीय भारतेन्दु ने प्रचार-शक्ति के इस स्रोत के द्वार खोले और इस तरह 'पत्रकार-साहित्यकार' का सिलसिला शुरू हुआ। उनमें एक काबिलेगौर विशेषता पाई गई। अपनी पत्रिकाओं में पराधीन भारत की दीन-हीन दशा और असहाय समाज की यंत्रणाओं पर लिखते समय देशाभिमानी भारतेन्दु प्रखर और साहसी हो जाते हैं। 'कविवचन सुधा' की प्रमाण-पुष्ट और विचारोत्तेजक टिप्पणियों का वास्तविक प्रयोजन जनता में राजनीतिक जागृति पैदा करना है। 'भारतमित्र' के जाने-माने सम्पादक-लेखक बालमुकुन्द गुप्त ने ब्रिटिश शासन के न्याय के ढोंग और सुधार के खोखले वायदों को जिस तीखी-पैनी शैली से बेनकाब किया, वह उनकी लेखनी का कमाल था। उनका भी मुख्य लक्ष्य राजनीति की चाल के प्रति सचेत होना है।

स्वाधीनता को अपना जन्मसिद्ध अधिकार मानने वाले लेखक-सम्पादक लोकमान्य तिलक ने पत्रकारिता की असली ताकत को पहचाना। वह अब उनकी रणनीति का प्रबल अस्त्र बनी। 'केसरी' (1881) द्वारा अंग्रेजों पर अनवरत छोड़े अग्निबाणों से उन्होंने इस जनवादी माध्यम का भरपूर लाभ उठाया। 'केसरी' के मुख पृष्ठ पर ब्रिटेन को दी गई निम्न

चेतावनी द्रष्टव्य है—सावधान! निश्चिन्त होकर न विचरना, जब देश की प्रजा की नींद उठ जाएगी, तब तुम्हारी खैर नहीं। तिलक उस युग के आलोक स्तम्भ थे। 20वीं सदी के पहले दशक में राजनीतिक गतिविधियाँ इतनी प्रचुर और विविध हो चुकी थीं कि पत्रकारिता स्वाधीनता संग्राम के एक सतर्क सैनिक की भूमिका निभाने लगी थी।

इधर, राष्ट्रीय आन्दोलन की सरगर्मियाँ बड़ी तेजी से बदल रही थीं। इनका सीधा असर हिन्दी प्रदेश पर पड़ा। यहाँ के साहसी पत्रकारों में उन्माद-सा जागा। इन सम्पादकों-प्रकाशकों को न तो विज्ञापन या व्यावसायिक हितों की परवाह रही और न शासकीय दमन तंत्र की। प्रतिबद्ध और समर्पित इन जुझारू सम्पादकों ने कलम के सिपाही बनकर मुक्ति-संग्राम में भाग लिया। निम्न पत्रिकाओं की सूची देने का खास मकसद है ताकि यह स्पष्ट हो जाए कि राष्ट्रीय संघर्ष की लहर कितने छोटे-बड़े नगरों तक पहुँच चुकी थी। हिन्दी प्रदेश विशेष रूप से यू.पी. से प्रकाशित ये पत्रिकाएँ वस्तुतः राजनीतिक सक्रियता और जागृति का मंच बन रही थीं :

इलाहाबाद	:	सरस्वती (1908); अभ्युदय (1907); कर्मयोगी (1913); मर्यादा (1915); भविष्य (1919); चाँद, विवेक, सत्याग्रह समाचार, संघर्ष
कानपुर	:	प्रताप (1913); वर्तमान (1920); विक्रम (1922); सुकवि (1930); वालंटियर (1924); आहुति, मातृभूमि, लालझंडा, मजदूर
गोरखपुर	:	स्वदेश (1919); अखड़, ज्ञानशक्ति, युगान्तर
बनारस	:	कालीदास (1906); हिन्दी केसरी (1907); इन्दु (1907); भारत जीवन (1920); जागरण, दैनिक आज
लखनऊ	:	अवध अखबार, आनन्द, क्षत्रिय युवक, वीर भारत, विप्लव
अल्मोड़ा	:	शक्ति, हितैषी, स्वाधीन प्रजा
पौड़ी गढ़वाल	:	विशाल कीर्ति (1913); आवारा सैनिक, तिलक, सुधाकर
बलिया	:	बलिया गजट, देशमित्र
मथुरा	:	ब्रजवासी, मथुरा समाचार
झाँसी	:	भारतवर्ष, हिन्द राजस्थान, साहस
जबलपुर	:	कर्मवीर, प्रभा (1913)
जौनपुर	:	समय
हाथरस	:	भारतबन्धु
उरई	:	देहाती, उत्साह, लोकमत
इटावा	:	समय सुधारक, कर्तव्य, बिजली
उन्नाव	:	किसान
सहारनपुर	:	परिवर्तन
बिजनौर	:	श्रद्धा
देहरादून	:	अभय

फतेहपुर	:	वन्देमातरम्, किसान
मैनपुरी	:	निर्भय
बुलन्दशहर	:	खबरदार
बिहार	:	बिहार बन्धु, सर्च लाइट, किसान मित्र, युवक (1928)

उपरिलिखित पत्रिकाओं की सूची अधूरी है। छोटे-बड़े नगरों से ऐसी अनेक पत्रिकाएँ छपती रहीं जो कठोर शासन तंत्र के प्रहारों को अधिक समय तक झेल न सकीं। अगर कुछ पत्रिकाएँ बन्द भी हुईं तो अगले दशक के उग्र होते राजनीतिक आन्दोलनों ने नई पत्रिकाओं को जन्म देने में प्रेरणा का कार्य किया। दैनिक समाचार-पत्रों में 'आज' (बनारस), 'प्रताप' (कानपुर), 'वर्तमान' (कानपुर) की रूपरेखा और अपेक्षा का धरातल ही दूसरे प्रकार का है। इनके प्रबुद्ध सम्पादकों ने राष्ट्रीय दायित्वों को निभाने में अग्रणी भूमिका निभाई। पंडित सुन्दरलाल, गणेशशंकर विद्यार्थी, कृष्णदत्त पालीवाल, विष्णु पराड़कर इस क्षेत्र के उन्नायक कहे जाएँगे। यह एक दिलचस्प तथ्य है कि अधिकांश राजनीतिक गतिविधि और पत्रिका-प्रकाशन के केन्द्र कानपुर, इलाहाबाद, बनारस रहे। इस तरह ओजस्वी वातावरण में यह प्रत्याशित ही कहा जाएगा कि साहित्यिक पत्रिकाओं ने भी राष्ट्र के ज्वलन्त मसालों पर खुलकर लिखा। इस प्रवृत्ति का श्रेय 'सरस्वती' (1900) इलाहाबाद को जाएगा। 'इन्दु' (बनारस), 'माधुरी' (लखनऊ), 'सुधा' (लखनऊ), 'हंस' (बनारस), 'वीणा' (जबलपुर), 'समालोचक' (जयपुर), 'देवनागर' (मेरठ), 'भारतीय' (लखनऊ), 'विप्लव' (लखनऊ), 'प्रह्लाद' (काशी) आदि ने अपने जीवित और जाग्रत होने के प्रमाण दिए।

सामान्य सर्वेक्षण के आधार पर उपर्युक्त पत्रिकाओं को तीन श्रेणियों में रखा जा सकता है—राष्ट्रवादी, उग्रराष्ट्रवादी, क्रान्तिकारी। राष्ट्रवादी पत्रिकाओं की मूल प्रेरणा महात्मा गांधी और उनकी अहिंसा पर आधारित संघर्ष-विधि थी। धर्म, अध्यात्म और राजनीति के अनूठे संयोजन और उसके लक्ष्यबद्ध प्रयोग से वे जनमानस से सीधा और गहरा रिश्ता स्थापित करने में सफल रहीं। अधिकांश पत्रिकाओं ने उनके दृष्टिकोण एवं कार्य प्रणाली का मुग्ध भाव से अनुसरण किया। उग्र राष्ट्रवादी पत्रिकाओं का नीतिपथ भिन्न था। वे क्रान्तिकारियों की अदम्य शक्ति और विद्रोही-वृत्ति का भावात्मक स्तर पर महिमामंडन करती थीं परन्तु उनकी वैचारिक धारणाओं के प्रति वे सायास उदासीन रहना चाहती थीं। वे बम की जगह बुलेटिन पर बल दे रही थीं। इसका तात्पर्य यह न लिया जाए कि ब्रिटिश शासन की नृशंसताओं को प्रकट करने वाली साम्राज्य-द्रोही रचनाओं के प्रकाशन में ये पत्रिकाएँ पीछे रहीं; निम्न ज़ब्तशुदा विशेषांकों की विस्फोटक सामग्री इसके ज्वलंत प्रमाण हैं। 'स्वदेश' पत्रिका का 'विजया विशेषांक' (1924), 'हिन्दू पंच' का 'बलिदान अंक' (1926), 'चाँद' का 'फाँसी अंक', 'अभ्युदय' का 'भगतसिंह विशेषांक' (1931)। 'चाँद' के 'फाँसी अंक' में ग़दर पार्टी की सशस्त्र क्रान्ति पर—विप्लव यज्ञ की आहुतियाँ—सबसे अधिक सामग्री प्रकाशित की गईं। निम्न पत्रिकाओं को भी इसी कोटि में रखा जा सकता है—वर्तमान, अभ्युदय, शक्ति, साहस, स्वदेश, फक्कड़, आदर्श, कर्तव्य।

हिन्दी पत्रकारिता के स्वरूप, विकास और प्रभाव की प्रेरणाभूमि को राष्ट्रीय परिप्रेक्ष्य में आँकना उचित होगा। तिलक और गांधी वैचारिक दृष्टि से प्रतिबद्ध, नीति-निपुण कृती

सम्पादक-पत्रकार थे। बीसवीं सदी के पहले दौर में तिलक प्रेरणा-स्तम्भ थे जिन्होंने उग्रराष्ट्रवाद का मार्ग प्रशस्त किया। अपने व्यक्तित्व और विचारों की तरह गांधी की लेखनी में भी जादुई ताकत थी। भारतीय चेतना के अनुरूप उनकी सरल लेकिन विश्वसनीय विवेचन-पद्धति ने हिन्दी प्रदेश के हृदय को जीत लिया। कुछ पत्रिकाओं में छटपटाहट के उबाल यहाँ भी आने लगे। अहिंसा का मुखौटा लगाकर हिंसा या आक्रामक बदलाव की आवाज कभी बन्द नहीं हुई।

मार्क्सवादी विचारधारा ने क्रान्तिकारियों के सामने संग्राम के नए वैचारिक विकल्प प्रस्तुत किए। रूस की सफल क्रान्ति (1917) ने क्रान्तिकारी आन्दोलन और पत्रकारिता को नए प्रेरणास्रोत के साथ एक व्यावहारिक दृष्टिपथ प्रदान किया। सशस्त्र विद्रोह को व्यापक स्वीकृति मिलने लगी। रूस की मिसाल ने हौसले बुलन्द किए। इन्हीं से जुड़ी सोच और संकल्पनाओं के इर्द-गिर्द क्रान्तिकारी पत्रिकाओं का विकास हुआ। 'बम या बहिष्कार', 'जेल या फाँसी' के जोखिम भरे मार्ग पर चलने वाले इनके सम्पादक बिलकुल दूसरी मिट्टी के बने थे। बनारस क्रान्तिकारियों का गढ़ रहा है, जहाँ अहिन्दी भाषी ही अधिक सक्रिय थे। 1906 में प्रकाशित 'कालीदास' पत्रिका ने ब्रिटिश साम्राज्य को पहला आघात पहुँचाया। 1920-30 के दशक में इन नगरी की 'रणभेदी', 'रणडंका', 'चिंगारी', 'रणचंडी', 'बहिष्कार', 'चंडिका', 'तूफान', 'शंखनाद' अपने नाम के अनुरूप उथल-पुथल मचा रही थीं। कानपुर से प्रकाशित 'लाल झंडा', 'मजदूर', 'चन्द्रहास', 'भविष्य', 'वालंटियर' राजद्रोहात्मक सामग्री के कारण जल्दी बन्द करनी पड़ी। ब्रिटिश शासन की क्रूर दृष्टि के बावजूद—यहाँ तक कि प्रतिबन्ध लगने पर भी—इन पत्रिकाओं की साइक्लोस्टाइल कॉपियाँ कब-कहाँ-कैसे बाजार में मिल जाएँगी, यह किसी को पता न था। अल्पकालीन इन लघु पत्रिकाओं ने विद्रोह की ज्वाला को प्रज्वलित रखा। अपनी समस्याओं को नए मार्क्सवादी आलोक में समझने और प्रस्तुत करने में इन पत्रिकाओं का उल्लेखनीय योगदान रहा है। निम्नलिखित पत्रिकाओं ने साम्यवादी विचारों का समर्थन तो किया परन्तु इनमें हिंसा का खुलकर प्रचार करने का साहस न था—'मर्यादा', 'देशभक्त', 'बलिया गजट', 'विक्रम', 'विवेक', 'भारतवर्ष', 'अखड़', 'सुदर्शन'। क्रान्तिकारी आन्दोलन की विकास यात्रा में 1919 और 1931 के वर्ष सर्वाधिक महत्त्व के रहे। रौलट ऐक्ट और खूनी बैसाखी (जलियाँवाला बाग, 1919) लाला लाजपतराय पर बर्बर ब्रिटिश सत्ता द्वारा लाठियों से क्रूर प्रहार, रूस की क्रान्ति जैसी घटनाओं ने गहरे घाव पैदा किए। 1931 में शहीदे आजम भगतसिंह के आत्मबलिदान से सारा देश स्तब्ध और क्षुब्ध था। इसकी तीखी प्रतिक्रिया भावात्मक स्तर पर भी हुई पर इसने क्रान्तिकारियों को आक्रामक रुख अपनाने के लिए उत्तेजित किया। इसी आक्रोश की उग्रता में लिखी कई पुस्तकें प्रकाशित हुईं। इस वर्ष जब्त हुई पुस्तकें सबसे अधिक हैं।

यह चर्चा कुछ अधूरी कुछ फीकी रह जाएगी यदि इलाहाबाद से ही प्रकाशित उर्दू साप्ताहिक 'स्वराज्य' (1907) की अहम भूमिका का जायजा न लिया गया। राष्ट्रवादी पत्रिकाओं की इस नगरी में 'स्वराज्य' की स्पष्टवादिता के आक्रामक तेवर किसी-न-किसी निमित्त अग्निवर्षा करते रहते थे। जाने-अनजाने उसके अंक राजद्रोहात्मक सामग्री से भरपूर

होते थे। इसलिए इस पत्रिका का चयन और प्रस्तुति की पूरी रूपरेखा में अनूठी तेजस्विता मिलती रही। अपने नाम के अनुरूप वह असली अर्थों में क्रान्तिकारी विचारों की पत्रिका थी। जाहिर है, इसका श्रेय सम्पादक-प्रकाशक की अदम्य संकल्पनाओं को जाता है। ऐसा प्रतीत होता है कि उस युग के आदर्श सम्पादक लोकमान्य तिलक का यह उद्धरण 'स्वराज्य' का आलोक स्तम्भ था—"स्वराज्य रूपी अमूल्य रत्न की प्राप्ति के लिए नरमेध यज्ञ को छोड़कर अन्य लौकिक साधन व्यर्थ सिद्ध होते हैं।" इस पृष्ठभूमि में अब कोई आश्चर्य नहीं होना चाहिए कि ऐसी पत्रिका पर ब्रिटिश शासन की निरन्तर कोप-दृष्टि पड़ती रही। 'स्वराज्य' ढाई वर्ष तक चला जिसमें उसके 75 अंक निकले। इस अवधि में आठ सम्पादक आए जिन पर राजद्रोह से जुड़ा कोई-न-कोई मुकदमा चला और जिन्हें कुल 125 वर्ष की सजा सुनाई गई। 'न्याय' की यह एक अनोखी मिसाल है। सम्पादक के लिए दिए गए विज्ञापन से पत्रिका की वास्तविक उपलब्धियों की सारी असलियत खुलकर सामने आ जाती है—'स्वराज्य' अखबार के लिए एक सम्पादक चाहिए जिसे दो जून सूखी रोटियाँ, एक गिलास सादा पानी तथा हर सम्पादकीय पर 10 वर्ष की सजा मिलेगी।

इस तथ्य की ओर कैसे ध्यान नहीं जाएगा कि इस पत्रिका के अधिकतर सम्पादक पंजाबी क्षेत्र से आए थे। क्रान्तिकारी आदर्शों के इन वीर सेनानियों की कभी कमी नहीं रही जिन्होंने पत्रकारिता के नए प्रतिमान स्थापित किए। 'स्वराज्य' क्रान्ति के अग्रदूत ने राष्ट्रीय स्वाभिमान को नया गौरव प्रदान किया।

बीसवीं शती के शुरू में यूरोप में हुई आयरिश क्रान्ति की सफलता ने दुनिया को हैरत में डाल दिया। प्रवासी भारतीय के लिए यह परिघटना केवल मुक्ति सन्देश बनकर नहीं आई, इसने उनके सामने सशस्त्र आन्दोलन का मार्ग प्रशस्त किया। इस अग्नि-पुंज ने प्रवासी समाज की ऊर्जा को प्रदीप्त और दृष्टिपथ को निर्भ्रान्त कर दिया था। स्वतंत्रता के क्या मायने हैं और उसकी क्या अहमियत है, अपनी मौजूदा हैसियत में वहाँ रहते हुए ये प्रवासी अच्छी तरह समझ-भुगत रहे थे। इन परिस्थितियों में अपने देश की गुलामी से क्षुब्ध इन प्रबुद्ध प्रवासियों का विद्रोही तेवर अपनाना स्वाभाविक था। इस शताब्दी का पहला दशक—ब्रिटेन, जर्मनी, फ्रांस, कैनेडा, अमेरिका में बसे भारतीयों ने स्वराष्ट्र की स्थापना के लिए आक्रामक गतिविधियाँ शुरू कर दी थीं। इस सन्दर्भ में लाला हरदयाल के चिन्तन और उनकी पुस्तक—'कार्लमार्क्स : अ मॉडर्न ऋषि' ने विचार-स्रोत का कार्य किया। लन्दन के इंडिया हाउस में एक सोची-समझी कूटनीति के तहत विद्रोह की योजनाएँ बनने लगीं। इस शुरुआती मुहिम का श्रेय श्यामजी कृष्ण वर्मा, वीर सावरकर जैसे अनेक क्रान्तिकारियों को जाता है। ऐसे अनेक संगठनों में से उभरी ग़दर पार्टी (1913) की सोच और व्यवहार पद्धति में अद्‌भुत तारतम्य था। इस पार्टी ने सशस्त्र संघर्ष के सुनियोजित सूत्रपात के लिए उपयुक्त वैचारिक परिप्रेक्ष्य और एक व्यवस्थित मंच विकसित किया। साहित्य, पत्रकारिता, सेना प्रशिक्षण, राजनीति के दाँव-पेच और षड्यंत्र नीति तक सक्रिय इस पार्टी ने जल्दी ही विदेशों में अपना विशेष स्थान स्थापित कर लिया था।

इस पार्टी की तीन औपचारिक संकल्पनाएँ ध्यान आकृष्ट करती हैं : एकता अर्थात् जातीय एवं साम्प्रदायिक एकता; 'वन्देमातरम्' से तात्पर्य है मातृभूमि से प्यार और राष्ट्रीय-

गौरव की भावना; 'ग़दर' पार्टी की कार्य-दृष्टि का केन्द्रीय बिन्दु, अर्थात् 1857 में जो ग़दर अधूरा रह गया था उसे अब पूरा करना है। पत्रिका, पर्चे, शाबाश पुस्तिका, गूँज आदि के जरिए पार्टी देश-विदेश में क्रान्तिमूलक सामग्री का गुप्त प्रसारण करती रही। अपनी भाषाओं—उर्दू, पंजाबी, गुजराती, हिन्दी और अपनी सांस्कृतिक पृष्ठभूमि में प्रस्तुत इस साहित्य ने प्रवासी भारतीयों को गहरे उद्वेलित किया। विवेचन और अभिव्यक्ति का स्वरूप इतना भड़काने वाला हुआ करता था कि उस सामग्री का तत्काल जब्त होना प्रत्याशित था। ऐसे प्रतिबन्ध के बावजूद यह लेखन देशभर में उपलब्ध हो रहा था। विदेशों में छपने वाली ये रचनाएँ यहाँ कैसे पहुँचती थीं और फिर सब जगह मिल जाती थीं, यह एक अलग रोमांचकारी प्रसंग है। कैनेडा और अमेरिका में प्रतिष्ठा जमा रहे इस आन्दोलन ने धीरे-धीरे एक व्यापक फलक पर ग़दर लहर का रूप धारण कर लिया था।

1914 के विश्व महायुद्ध से जो उथल-पुथल पैदा हुई उसे गदर पार्टी ने अपनी लक्ष्यसिद्धि अर्थात् गदर के लिए एक उपयुक्त अवसर माना। उसने विदेशों में मोर्चों पर लगे भारतीय सिपाहियों के देशाभिमान को उद्दीप्त किया और उन्हें उत्प्रेरित किया कि वे अंग्रेजों के लिए नहीं, स्वदेश के लिए लड़ें। जरूरत पड़ने पर छापामार लड़ाई से परहेज न करें। कामागारूमाटा नामक जहाज के प्रकरण में हुए अपमान के कारण सेना के, विशेष रूप से पंजाब के सिपाहियों में असन्तोष और प्रतिकार की चिंगारियाँ सुलग रही थीं। स्वदेश में भी पुलिस और सेना के वीरों को देश की आजादी के नाम पर ललकारा गया था। इस अभियान की पूरी तैयारी की गई। भारतवर्ष में आठ हजार गदरिए भेजकर पार्टी ने फरवरी 1915 में सशस्त्र विद्रोह का आह्वान किया। लाहौर षड्यंत्र के नाम से चर्चित यह आन्दोलन अन्दरूनी कमजोरियों के कारण विफल रहा। गदर पार्टी की कार्यनीति के अनुरूप संगठित यह जनक्रान्ति का उठाया गया पहला साहसी कदम था। शासन को पहले सूचना मिल चुकी थी। पंजाब के लोक कवि, दुलीचन्द के शब्दों में—"मेरे गले में फाँसी डालकर, अब डरता क्यों है ?" प्रतिशोध के लिए तत्पर बब्बर अकालियों ने इस प्रहार के पूरे बदले निकाले। करतार सिंह करतार, लाजपत राय और अजीत सिंह के स्फूर्तिवर्धक नेतृत्व ने अपने धुआँधार भाषणों से किसानों में जमींदारशाही और जमीन सम्बन्धी नए सुधारों के विरुद्ध संघर्ष संगठित किया। झंगसयाल के बाँकेदयाल (1907) द्वारा लोकधुन और लय में शब्दबद्ध इस ओजस्वी गीत—"पगड़ी सँभाल, ओए जट्टा, पगड़ी सँभाल ओए" ने किसानों के आत्मसम्मान के मर्म को छू दिया। इस सदाबहार गीत ने जागृति-मंत्र का जादू चलाया।

मोहन सिंह जोश ने 'किरती किसान' पार्टी की स्थापना कर बेबस किसानों पर हो रहे जुल्म को राजनीतिक मंच प्रदान किया। रौलट ऐक्ट और लहूलुहान बैसाखी (जलियाँवाला कांड) की भयावह दुर्घटनाओं से सारा देश सहम गया। राजनीति ने करवट ली। इसमें कोई सन्देह नहीं कि गदर पार्टी अपने किसी अभियान में सफल नहीं हुई परन्तु इससे देश-विदेश में उसकी महत्ता और विशिष्टता कम नहीं होती। अपने चिन्तन और अनुभव से पुष्ट एवं दृढ़ ग़दर पार्टी ने परवर्ती क्रान्तिकारियों के बलिदान के लिए भिन्न प्रकार की जमीन तैयार की, साथ ही, ऐसी वैचारिक विरासत प्रदान की जिसमें कई उपयोगी योजनाएँ, कार्यक्रम और दस्तावेज उपलब्ध थे। परिवर्तन की बुनियाद और मार्ग को नए प्रकार का आलोक

मिला। भगत सिंह और उसके दल ने नई चुनौतियों के अनुरूप इसी दृष्टिपथ पर अपनी गतिविधियों को निर्धारित किया। भगत सिंह की शहादत ने सशस्त्र क्रान्ति के गौरव को राष्ट्रव्यापी महिमा से मंडित किया। नेताजी सुभाषचन्द्र बोस ने इन्हीं रेखाओं को खून से रंगकर आजाद हिन्द का नारा दिया। ग़दर पार्टी का वास्तविक योगदान यह है कि उन्होंने क्रान्ति की अवधारणा को भारतीय समाज के परिप्रेक्ष्य में विश्लेषित और स्थापित किया और इस तरह राष्ट्रीय संग्राम के सामने सशस्त्र संघर्ष के विकल्प की प्रतिष्ठा की।

क्रान्ति का अग्रदूत 'ग़दर' अखबार का पहला अंक नवम्बर 1913 में उर्दू में प्रकाशित हुआ। उसमें क्रान्ति सेनानी करतार सिंह सराबा की निम्न सारगर्भित कविता इस पत्रिका के उद्देश्य को रेखांकित करती है—

जो पूछे कि कौन हो तुम, तो कह दो बागी है नाम अपना।
जुल्म मिटाना हमारा पेशा, ग़दर करना है काम अपना।
नमाज सन्ध्या यही हमारी, श्री पाठ पूजा भी यही है,
धर्म करम सब यही है प्यारो, यही ख़ुदा है और है राम अपना।

इस पत्रिका ने चेतावनी दी—"विद्रोह में लड़ने-मरने के लिए तैयार रहें। आजादी अखबार पढ़ने से नहीं आएगी! उस समय की प्रतीक्षा कीजिए जब विद्रोह होगा और आप शत्रु का सफाया करेंगे।" विचार और तर्क से पुष्ट इसकी सामग्री की बुनियाद का ग़दर के इर्द-गिर्द होना ही था पर इसकी प्रस्तुति में सुलगती शैली प्रबल रही। यह पत्रिका इंकलाबी चेतना और सशस्त्र बदलाव के औचित्य को स्थापित करने में सफल रही। इनके लेखन में अपनी भाषा और संस्कृति के प्रति गहरी आस्था थी। 'ग़दर' पत्रिका सबसे पहले उर्दू, कुछ अरसे के बाद पंजाबी और गुजराती में प्रकाशित हुई। हिन्दी संस्करण 1915 से शुरू हुआ। इस पत्रिका के साप्ताहिक-मासिक अंक तो निकलते ही थे, साथ ही 'ग़दर गूँज' के नाम से विभिन्न राष्ट्रीय विषयों पर पर्चे भी निकलते थे। ग़दर पार्टी और पत्रिका का केन्द्र सान्फ्रांसिस्को था; पर वह किस तरह भारत में अपनी सामग्री वितरित करती थी, यह अलग अचरज भरा प्रसंग है। जिन दिनों 'ग़दर' आन्दोलन तेजी से चल रहा था, उन्हीं के साथ मिलकर काम कर रही 'किरती किसान पार्टी' की पत्रिका 'किरती' के आक्रामक तेवर ध्यान आकृष्ट करते हैं—"जाग हुण हिन्दिआ किसान जाग, ओए..." "असी अग आसमान नु ला दिआँगे, पूँजीदारी महल सब ढाह दिआँगे।" पंजाबी की ये विप्लवी कविताएँ भारत के श्रमजीवी वर्ग को सम्बोधित हैं।

हिन्दी साहित्य, हिन्दी पत्रकारिता और पारसी थिएटर—अभिव्यक्ति के तीन प्रमुख स्तम्भ—के उपर्युक्त विश्लेषण में कहीं हल्का-थोड़ा विस्तार हो गया है और कहीं विवेचन थोड़ा स्वतंत्र-सा लगेगा। इस तरह की स्थिति अकारण नहीं आई। यह इसलिए जरूरी लगा ताकि इन तीनों माध्यमों की वस्तुस्थिति को एक फलक पर रखकर यह स्पष्ट किया जा सके कि इनकी नीतियाँ-प्रवृत्तियाँ क्या हैं। दूसरे शब्दों में, हिन्दी प्रदेश के साहित्यकार-पत्रकार और पारसी हिन्दी नाटककार की इतनी बड़ी जमात के इतने बरसों के संग्राम से गुजरते हुए इनका

मुक्ति की आकांक्षा का स्वरूप या सपना क्या था ? उनकी आजादी की आग 'स्वदेश' अर्थात् स्वतंत्रता एवं राष्ट्रीय गौरव तक क्यों सिमटी रही ? क्या कारण है कि महात्मा गांधी के सत्याग्रही पथ की आन्तरिक शक्ति इतनी भाव-प्रबल सिद्ध हुई कि पूरा हिन्दी प्रदेश उसकी लपेट में घिरा रहा ? इधर क्रान्तिकारी 'स्वराज' के लिए कटिबद्ध थे। वे अंग्रेजों के जुल्म और गुलामी से स्वतंत्र होना पर्याप्त नहीं मानते थे। उनके मत में सरमाएदारी और जमींदारशाही के अन्याय और शोषण तंत्र से छुटकारा पाना भी उतना ही लाजिमी है। रूस की क्रान्ति ने भविष्य के इन समतामूलक सपनों को जगाए रखने में बड़ी हवा दी थी। राजनीतिक सरगर्मियों का जमाना तो समान था, प्रदेश भी वही था, फिर भी 'स्वराज' और 'ग़दर' पत्रिकाएँ सभी प्रकार के जोखिम उठाकर आजादी की अग्निवर्षा कर रही थीं ताकि बलिदान-वृत्ति ताजा और तीव्र रहे। इसी दौर के उर्दू शायरों ने राष्ट्रीय स्वाभिमान का अदम्य साहस दिखाया। वे ऐसी इंकलाबी नज़्में / ग़ज़लें लिख रहे थे जिनमें 'सरफ़रोशी' की चिंगारियाँ थीं और सच्चाई यह है कि इन्हें व्यापक जनाधार मिल रहा था। ऐसी विप्लवी नज़्मों-ग़ज़लों को तत्काल जब्त किया गया। हिन्दी साहित्य और हिन्दी पत्रकारिता में कुछ भड़कीले अंगारे अवश्य मिल जाएँगे, उनकी अपनी एक जगह है परन्तु अनुपात में वे बहुत नगण्य हैं। हिन्दी साहित्यकार-पत्रकार-पारसी हिन्दी नाटककार की यह मंगल-मुद्रा किस प्रकार की मानसिकता का प्रतिफलन है, यह अवश्य एक चिन्ता का विषय है। दोनों भाषाओं के साहित्य की इस तुलना से उर्दू साहित्य और मुस्लिम समाज के प्रति हमारे प्रचलित पूर्वग्रहों को चुनौती मिलती है। 'स्वदेश' और 'स्वराज' ऐसे प्रतीक हैं जिनके सुपरिचित ऐतिहासिक सन्दर्भ हैं। 'स्वदेश' के पथ पर चले हिन्दी साहित्यकार-पत्रकार-पारसी हिन्दी नाटककार के लेखन पर अगर प्रतिबन्ध नहीं लगा तो हमें चकित नहीं होना चाहिए।

इस अन्तर्विरोध को अब एक दूसरे नजरिए से परखना होगा। राष्ट्रीय आन्दोलन के दो जननायक हुए—महात्मा गांधी और शहीद भगत सिंह। राजनेताओं की लम्बी फेहरिस्त में ये प्रतिनिधि युग-पुरुष माने जा सकते हैं। दोनों के विचारों या संग्राम-पद्धति में किसी प्रकार की कोई समान भूमि नहीं है। यह भी सच है कि अपनी-अपनी नीति के दोनों जननायक समाज और राष्ट्र के विप्लवकारी बदलाव के पक्षधर थे। दोनों गम्भीर अध्येता और सुलझे विचारक थे। दोनों के मनोबल में गजब की दृढ़ता और आचरण निष्ठा थी। भारतीय समाज ने महात्मा गांधी की जनसुलभ परिसंस्कार प्रक्रिया को अपने अनुकूल पाया। वे उनके आत्मीय हो गए। राष्ट्रपिता के मूर्धन्य दर्जे से उन्हें जो सम्मानित किया गया, वह इसी मानसिकता का प्रतिफलन है। मनन, चिन्तन और लेखन में मेधावी, अपनी आयु से कहीं अधिक प्रौढ़ और दूरगामी द्रष्टा शहीद भगत सिंह की वैचारिक तेजस्विता अद्वितीय थी। क्रान्ति-चेतना के अग्रदूत और युवा पीढ़ी के प्रेरणास्रोत भगत सिंह ने अपनी शहादत की राजनीति से सारे देश का स्नेह-सम्मान अर्जित कर लिया था। भारतीय समाज ने इन दोनों विभूतियों की असाधारण विशेषताओं के प्रभावस्वरूप उन्हें पुराण-पुरुष के निकट रखा। धीरे-धीरे ये अतिमानवीय प्रतिष्ठा से मंडित होने लगे। इस प्रकार के अवतारीकरण की यह प्रक्रिया कुछ पुरानी और कुछ बद्धमूल हो चुकी है। दूसरे शब्दों में, इन जननायकों के क्रान्तिमूलक सिद्धान्तों या परिवर्तनकामी हिदायतों को हाशिए पर रख दिया गया ताकि

श्रद्धा के सुमन चढ़ाने की चली आ रही परिपाटी निर्बाध रूप से आगे बढ़े। यह प्रवृत्ति भारतीय मनोभूमि के अनुरूप है जो आचरण के स्थान पर अनुकरण का सुगम रास्ता अपनाती है। इतिहास पुष्ट इस सच्चाई में वजन है कि विप्लव के संस्कार भारतीय मानव की प्रकृति के अंश न बन सके। उपरिलिखित विवेचन को ध्यान में रखें तो यह समझना आसान हो जाता है कि हिन्दी साहित्यकार, हिन्दी पत्रकार और पारसी हिन्दी नाटककार 'स्वदेश' की लक्ष्यसिद्धि से क्यों सन्तुष्ट रहा। ऐतिहासिक दृष्टि से परवर्ती दौर पर नजर डालें तो पता लगता है कि उर्दू साहित्य में 'स्वराज्य' की प्रबल अभिव्यक्ति एक उबाल, एक आवेग सिद्ध हुई। धीरे-धीरे उर्दू शायर भी शान्त होकर रह गए। जीवन और समाज में अन्ततः 'स्वदेश' से जुड़ी भावप्रवण भारतीय मानसिकता का वर्चस्व स्थापित होता गया।

जब्तशुदा साहित्य मुक्तिकामी संग्राम की मूल्यवान उपलब्धि है। यह वह अग्नि-पुंज है जो जीवन या समाज में परिवर्तन की ज्वाला को प्रज्वलित रखती है। इस अनमोल विरासत के प्रति मात्र सम्मान या गर्व का भाव प्रसारित करते रहना प्रच्छन्न उपेक्षा ही है। विडम्बना यह है कि 55 वर्षीय स्वतंत्र राष्ट्र अगली शताब्दी में प्रवेश कर चुका है परन्तु वह 'स्वदेश' की सोच से उबर नहीं पाया। इस बीच उसने 'स्वराज्य' के नाम पर गुमराह करने की कला सीख ली है।

(समकालीन भारतीय साहित्य, 2004)

16

दिल्ली का पंजाबी रंगमंच

विभाजन के इतने बड़े हादसे और लाहौर के अविस्मरणीय कला-गौरव को भुलाते हुए पंजाबियों ने व्यापार, शिक्षा और राजनीति के अतिरिक्त कला और संस्कृति के क्षेत्र में भी दिल्ली को अपना प्रमुख केन्द्र बनाया। ऐसे उत्साहवर्धक वातावरण में यह स्वाभाविक लगता है कि स्वातंत्र्योत्तर पंजाबी रंगमंच की नींव दिल्ली में रखी जाए। जाने-माने नाटककार और रंगकर्मी गुरदयाल सिंह खोसला ने 1949 में 'पंजाबी थिएटर' का गठन कर यहाँ सभी रंगप्रेमियों के लिए एक ऐसा मंच प्रदान किया जिसके ऐतिहासिक महत्त्व को आज नकारा नहीं जा सकता। उन दिनों दिल्ली में कोई थिएटर नहीं हो रहा था। हिन्दी रंगमंच भी व्यवस्थित नहीं था। अपने दायित्व के प्रति सजग खोसला ने लेखक-संयोजक-निर्देशक की तिहरी भूमिका को सूझबूझ से निभाया। अपने 28 वर्षों के इतिहास में समकालीन सभी प्रतिष्ठित नाटकों का मंचन कर खोसला ने अपने दल को पंजाबी रंगमंच का प्रतिनिधि बनाया। ईश्वर चन्दर नन्दा, बलवन्त गार्गी, हरचरण सिंह, करतार सिंह दुग्गल, गुरचरण सिंह, गुरदयाल खोसला जैसे नाटककारों की प्रस्तुतियों ने 'पंजाबी थिएटर' को व्यापक परिप्रेक्ष्य प्रदान किया। इसी सन्दर्भ में यह उल्लेखनीय है कि इस संस्था ने आधुनिक पंजाबी रंगमंच की स्वर्ण जयन्ती (1914-1964) मनाकर स्वस्थ रंगमंच के प्रति प्रेरणा और विश्वास उत्पन्न किया। अपने दल 'पंजाबी थिएटर' की रजत-जयन्ती (1949-74) के उपलक्ष्य में आयोजित नाट्य-समारोह में अपनी उपलब्धियों से साक्षात्कार करवाया।

गुरदयाल सिंह खोसला का लाहौर से ही नाट्य-लेखन और थिएटर से लगाव रहा है। उन्होंने कई नाटक लिखे। उन्होंने मध्यम वर्ग की सामाजिक और नैतिक समस्याओं को उठाया। यथार्थवाद दृष्टि होने के नाते उन्होंने व्यंग्य और विडम्बनापूर्ण स्थितियों का सटीक चयन कर अपनी रचनाओं को नाटकीय, सजीव और सामयिक बनाया। शालीनता का उन्होंने सदा निर्वाह किया। उनके नाटकों के प्रस्तुतीकरण रोचक और आकर्षक थे, इसलिए उन्हें कभी दर्शकों की कमी नहीं रही। कथ्य के अनुरूप इन नाटकों को यथार्थवादी रंगपद्धति से प्रस्तुत किया गया। 'मुरदे दा राशन' (1951), 'बेघर' (1951), 'परलो तों पहलां' (1964), 'रत्ता सालू' (1964) इस दल की चर्चित प्रस्तुतियाँ हैं। पर निर्देशक खोसला विशेष प्रभावित नहीं करते।

गुरदयाल सिंह की प्रतिभा के कई पहलू द्रष्टव्य हैं। उन्होंने पंजाबी तथा उर्दू में नाटक लिखे। वे नाटककार, निर्माता तथा निर्देशक रहे। उन्होंने उस प्रारम्भिक दौर में पंजाबी रंगमंच को स्वस्थ धरातल प्रदान किया, साथ ही, अपने समय के प्रमुख नाटकों का मंचन कर उसे विस्तार दिया। उन्होंने रेडियो और दूरदर्शन के लिए नाटक लिखे। वे यूनेस्को की थिएटर पत्रिका के कई वर्ष तक भारतीय-समीक्षक रहे। उन्होंने अपने दल के लिए कभी सरकारी सहायता नहीं ली। रेलवे अधिकारी के नाते उन्होंने दल को अवश्य लाभ पहुँचाया। उनका कार्य-क्षेत्र विविध भी रहा और प्रशंसनीय भी परन्तु उनमें सूक्ष्म अन्तर्दृष्टि नहीं है—न लेखन के स्तर पर और न प्रस्तुतीकरण के स्तर पर। खोसला का योगदान ऐतिहासिक अधिक है। जाने-अनजाने उन्हें अपने व्यक्तित्व की प्रतिष्ठा का ध्यान अधिक रहता था। वे कहीं भी औसत से ज्यादा नहीं उठ सके। चाहे नाट्य-लेखन का प्रश्न हो या मंचन का, खोसला की क्षमता एकांकी तक थी। रजत जयन्ती समारोह के बाद इस दल की गतिशीलता और सार्थकता कम होती गई।

इन्हीं दिनों 'दिल्ली आर्ट थिएटर' (1951) की स्थापना ने पंजाबी रंगकर्म को नई स्तरीयता तथा प्रौढ़ता प्रदान की। इस संस्था के संयोजक, संचालक एवं निर्देशक की हैसियत से पिछले 33 वर्षों में शीला भाटिया ने रंगकला के प्रति जिस साधना एवं समर्पण भावना का परिचय दिया है, वह अद्वितीय है। रंगकर्म की मौलिकता और नवीनता से उन्हें बहुत जल्दी दिल्ली और पंजाब के साथ-साथ राष्ट्रीय स्तर पर प्रतिष्ठा मिलने लगी। 1956 में 'हीर-रांझा' के कलात्मक प्रस्तुतीकरण ने प्रमाणित किया कि शीला भाटिया की प्रतिभा में कितनी शक्ति और सम्भावना है। पंजाबी के श्रेष्ठ कवि वारिस शाह की कालजयी रचना की दृश्य रचना में शीला भाटिया काव्य का आस्वाद तथा उपयुक्त मंच-व्यापार के आकर्षक संयोजन में सफल रहीं। विख्यात उपन्यासकार तथा कला समीक्षक मुल्कराज आनन्द के शब्दों में—"इस संगीत नाटक के लेखन से आपने पंजाबी रंगमंच को नई दिशा दी। इस प्रस्तुति को देखकर, भाषा के स्वाभाविक मिठास को लेकर एक 'वलवला' पैदा होता है।...यह एक ऐसा कमाल है जिसके लिए आने वाली पीढ़ियाँ आपका सम्मान करेंगी।" वारिस शाह की सरस और प्रभावशाली कविता को जिस रचनात्मक दृष्टि से सँजोया, लोकधुनों में संगीतबद्ध किया तथा दृश्यांकन से साकार किया, वह दर्शकों के लिए एक अविस्मरणीय अनुभव था। इस प्रस्तुतीकरण ने सिद्ध किया कि शीला भाटिया पंजाबी जनमानस की धड़कन को खूब पहचानती है और अपनी लोक सम्पदा, लोक गीत-संगीत पर उनका गहरा अधिकार है। 'हीर-रांझा' ने सभी प्रकार के दर्शकों को मुग्ध किया। इसलिए 1957, 1964 और 1968 में इसे फिर सफलता के साथ प्रस्तुत किया गया। अपने अगले प्रस्तुतीकरण 'चन्न बदलां दां' (1966) में शीला भाटिया दर्शक में फिर 'वलवला' पैदा करने में सफल रहीं। इसमें कोई बँधी कथा न होने के कारण शीला भाटिया के पास खुला हाथ था। लोक गीत-संगीत, नृत्य और अभिनय के मनोहारी, समन्वय ने दर्शकों को पंजाब की संस्कृति में महक-माहौल में आप्लावित कर दिया। लोकप्रिय और सार्थक गीतों का चुनाव तथा उनको मधुर आवाज में स्वरबद्ध करने से यह शीला भाटिया का ऐसा श्रेष्ठ प्रस्तुतीकरण है जिसके सौ प्रदर्शन हुए। 'जुगनी' (1978) भी इसी शैली की

लोकप्रिय प्रस्तुति है। काफी खोज के बाद शीला भाटिया ने इसमें पंजाबी बोली पोठोहार के साठ लोकगीतों की मधुरमाला तैयार की। यहाँ केन्द्र में नारी की पीड़ा को मुखरित किया गया।

कथ्य और शिल्प की दृष्टि से 'यासमिन' बिलकुल भिन्न प्रकार का नाटक है। यह स्पेनिश नाटककार लोरका की विश्वविख्यात त्रासदी 'यर्मा' का पंजाबी रूपान्तर है। रूपान्तर शीला भाटिया ने किया। रूपान्तर बहुत उपयुक्त एवं जीवन्त है। इसके प्रभावोत्पादक मंचन ने स्पष्ट कर दिया कि शीला भाटिया को संगीत-नाटक तक जोड़ना अन्याय होगा, वे सीधे समस्या प्रधान नाटक को कुशलता से प्रस्तुत कर सकती हैं। इसी प्रस्तुतीकरण में सुषमा आहूजा ने जिस भावोद्वेग एवं गहराई के साथ मुख्य भूमिका में जीने की कोशिश की, वह आज भी भुलाई नहीं जा सकती।

शीला भाटिया की रंगयात्रा 5वें दशक में इप्टा-आन्दोलन से अनुप्राणित होकर लाहौर से शुरू हुई। परिवर्तन एवं सामाजिक जागरण की उस लहर में वे अपनी सहेलियों के साथ सक्रिय रहीं। नारी की दुर्दशा तथा पीड़ा ने उन्हें सर्वाधिक झकझोरा, इसलिए इस प्रश्न को वे बार-बार मंच पर लाती रही हैं। 'दिल्ली आर्ट थिएटर' का पहला प्रस्तुतीकरण 'वादी दी पुकार' (1951) है और 1984 में उन्होंने 'कागज ते कैनवस' पेश किया। 33 साल 'दिल्ली आर्ट्स थिएटर' जैसे ग्रुप का उन्होंने मात्र संचालन ही नहीं किया, उसके विकास और विस्तार से जो सम्मान अर्जित किया, वह एक साधारण उपलब्धि नहीं है। 'दिल्ली आर्ट्स थिएटर' के तत्त्वावधान में निम्न नाटक खेले गए : बलवन्त गार्गी—'राई दा पहाड़' (1951), 'केसरी' (1952), 'कनक दी बल्ली' (1958)। उदयशंकर भट्ट—'पर्दे के पीछे' (1954)। विष्णु प्रभाकर—'गोदान' (1955), 'दोषी' (1966)। हजरत आवारा—'कंजूस' (1958)। रवीन्द्रनाथ ठाकुर—'पोस्ट ऑफिस' (1961)। शरत्चन्द्र—'षोडशी' (1962)। एम.एम. मेंहदी—'गालिब कौन है' (1969)। शान्ति मल्होत्रा—'ठहरा हुआ पानी' (1978)। कृष्णा सोबती—'मित्रो मरजानी' (1979)। शीला भाटिया के निम्न प्रस्तुतीकरण हैं—'रूखे खेत' (1953), 'हीर-रांझा (1956-57, 64, 68), 'पृथ्वीराज चौहान' (1963, 68), 'चन्न बदलां दां' (1966, 67, 68, 70, 72), 'किस्सा यह औरत का-हव्वा से हिप्पी तक' (1972), 'रिदम ऑफ फील्ड्ज' (1973, 74), 'नादिरशाह' (1977, 78), 'यासमिन' (1977), 'जीवन की है' (1978), 'जुगनी' (1978), 'दर्द आएगा दबे पाँव' (1979, 80, 82), 'मित्रो मरजानी' (1979, 80), 'यह इश्क नहीं आसाँ' (1980), 'मानसरोवर' (1980, 81), 'शहंशाह अकबर' (1981), 'सुलगदे दरिया' (1982, 83), 'द्रौपदी' (1983), 'तेरे मेरे लेख' (1984), 'कागज ते कैनवस' (1984)। अपने नाम को सार्थक करते हुए इस संस्था ने दिल्ली की तीनों भाषाओं—पंजाबी, हिन्दी तथा उर्दू में नाटकों का मंचन किया। इस तरह शीला भाटिया ने इसे मात्र पंजाबी का नहीं, दिल्ली की प्रतिनिधि संस्था का स्वरूप प्रदान कर उदारता निभाई। हर प्रकार के आलेख चुने गए। 'दिल्ली आर्ट्स थिएटर' का यह इतिहास भारतीय रंगमंच की झलक देता है, इसलिए 1970 में शीला भाटिया को पद्मश्री से विभूषित किया गया। पंजाब आर्ट्स कौंसिल, दिल्ली साहित्य कला परिषद, नाट्य संघ ने उन्हें पुरस्कृत एवं सम्मानित किया। कई देशों

की यात्रा से उन्हें विदेशी थिएटर देखने का अनुभव मिला। पंजाबी थिएटर की वह पहली महिला हैं जिन्हें संगीत नाटक अकादमी ने उनके भारतीय रंगमंच को योगदान के लिए 1982 में सम्मानित किया।

अपनी प्रस्तुतियों के अधिकांश नाट्यालेख शीला भाटिया स्वयं तैयार करती हैं। मूल रचना की संवेदना की रक्षा और रंगमंच की अपेक्षा के निर्वाह में सन्तुलन रखना शीला भाटिया के लिए कठिन नहीं रहा। उन्होंने अनुवाद भी किए और रूपान्तरण एवं नाट्यान्तर भी। वे रचना को अपने मंचानुकूल बनाने में सिद्धहस्त हो गई हैं। आलेख-चयन में उनकी केन्द्रीय चिन्ता नारी रही है। संगीत-नाटक हो या समस्या प्रधान नाटक, विदेशी रूपान्तर हो या भारतीय रचना, वैयक्तिक एवं सामाजिक संस्कारों और दबावों से दबी-घुटी नारी की विवशता और वेदना को बार-बार मुखरित किया गया है। इस बिन्दु पर शीला भाटिया भावनिष्ठ हैं और उनका आग्रह स्पष्ट है। 'हीर-रांझा' की कथा को प्रासंगिक बनाने के लिए उन्होंने इस प्रस्तुति के अन्त को बदल दिया। अब हीर की माँ उसे जहर देती है। 'यासमिन' और 'द्रौपदी' में औरत के प्रति शोषण को प्रमुखता दी।

शीला भाटिया की प्रस्तुति-परिकल्पना में भव्यता और रमणीयता पर बल रहा है। मनमोहक दृश्य बन्ध, आकर्षक वेशभूषा, प्रीतिकर प्रकाश व्यवस्था, उत्तेजनापूर्ण ध्वनि-संयोजन, परिचित लोक-धुन एवं हृदयस्पर्शी सुरीली आवाज से अद्भुत इन्द्रजाल-सा उत्पन्न हो जाता है जिसमें दर्शक का आप्लावित होना स्वाभाविक है। मंच-प्रभाव के लिए शीला भाटिया दृश्य-तत्त्वों की चमक-दमक को इतना महत्त्व देने लगती हैं कि कथ्य की गहराई या पैनापन दब जाता है। दर्शक का भरपूर रसास्वादन तो होता है परन्तु नारी की जिस व्यथा-कथा को वे प्रत्येक आलेख में प्रमुखता देना चाहती हैं, वह इस ताम-झाम में बिखर जाती है। शीला भाटिया के प्रस्तुतीकरणों की यह विडम्बना बनी रहती है कि दर्शक दृश्यरचना पर मुग्ध है और निर्देशक विषयवस्तु का तीखा असर चाहता है।

इस सन्दर्भ में यह उल्लेखनीय है कि शीला भाटिया ने 16 वर्ष लगातार राष्ट्रीय नाट्य विद्यालय में अभिनय का अध्ययन एवं प्रशिक्षण कार्य किया। यह कार्यकाल उनके जीवन का महत्त्वपूर्ण समय है। इन्हीं दिनों अल्काज़ी के निर्देशन में विद्यालय और उसकी श्रेष्ठ प्रस्तुतियाँ राष्ट्रीय स्तर पर ध्यान आकृष्ट कर रही थीं और सम्मान अर्जित कर रही थीं। इसमें कोई सन्देह नहीं है कि विद्यालय के खुलने (1959) से पहले शीला भाटिया ने 'हीर-रांझा' के प्रस्तुतीकरण (1956) से पंजाबी थिएटर में आशातीत प्रतिष्ठा बना ली थी परन्तु थिएटर और उसके विभिन्न अंगों के प्रति रचनात्मक दृष्टिकोण का उत्तरोत्तर विकास यहीं हुआ। गुरदयाल सिंह खोसला और शीला भाटिया के रंगकर्म की तुलना से एकदम स्पष्ट हो जाता है कि थिएटर के विधि-विधान का व्याकरण शीला भाटिया कैसे जान-समझ-अपना रही थीं। यह सच है कि शीला भाटिया ने प्रस्तुतीकरण और निर्देशन के प्रतिमान निर्धारित किए। इस दृष्टि से उनकी सबसे अधिक सर्जनात्मक क्षमता संगीत नाटक में मिली है। 'हीर-रांझा' और 'चन्न बदलां दां' पंजाबी रंगमंच की विशिष्ट उपलब्धियाँ हैं। 'यासमिन' जैसे यथार्थ-प्रधान नाटक में आवाज, विराम तथा दृश्य-संयोजन में भी उन्होंने अपनी योग्यता के प्रमाण दिए। पंजाबी में न किसी ने निर्देशन को कला

के स्तर पर गम्भीरता और निष्ठा से लिया और न शीला भाटिया के अतिरिक्त कोई उल्लेखनीय निर्देशक है। इसे मात्र संयोग नहीं कहा जाएगा कि अल्काज़ी और शीला भाटिया की प्रस्तुति-शैली में बहुत समानता है। दोनों साज-सजावट तथा दृश्यीकरण पर बल देते हैं। शीला भाटिया की रंगदृष्टि के विकास में अल्काज़ी का योगदान देखा जा सकता है।

'दिल्ली आर्ट्स थिएटर' की सफलता का इतिहास शीला भाटिया की साधना का इतिहास है। आलेख से लेकर प्रस्तुतीकरण-निर्देशन की सारी जिम्मेदारियों को कुशलता से निभाकर अपनी ऊर्जा का परिचय दिया है। उनका अपना एक रंगमंडल है जो हर वक्त कोई-न-कोई नाटक तैयार कर रहा होता है। उनकी प्रस्तुति-सूची छोटी नहीं है और न उनका स्तर। आज भी शीला भाटिया में उत्साह है, लगन है और वे किसी-न-किसी प्रस्तुतीकरण में गहराई से जुटी होती हैं। रंगकर्म का जितना अधिक अनुभव उन्हें प्राप्त है, वैसा विस्तृत तजुर्बा भारतीय रंगमंच में कुछ एक व्यक्तियों को प्राप्त है, कला और सुरुचि का पालन करते हुए उन्होंने पंजाबी रंगमंच को व्यावसायिक स्तरीयता प्रदान की। इसीलिए दर्शकों की कमी का प्रश्न उनके सामने कभी नहीं आया।

अपनी प्रस्तुतियों में पंजाबी लोक सम्पदा के नाटकीय प्रयोग में शीला भाटिया ने सर्जनात्मक दक्षता के पर्याप्त प्रमाण दिए हैं। उनकी पूँजी है लोकगीत, लोक संगीत और लोक भाषा का खुलापन और ताजगी जिसका रचनात्मक लाभ वे इतने वर्षों से उठा रही हैं। उनका दर्शक शहर का वह रईस वर्ग है जो अपनी जमीन से दूर है पर अपनी कला-संस्कृति के प्रति निष्ठा और जिज्ञासा रखता है। शीला भाटिया उसके लिए तराश-सँवारकर प्रस्तुतीकरण तैयार करती हैं जिसमें वह आत्म-विस्मृत हो जाता है। इनका बौद्धिक धरातल पुष्ट और दृढ़ नहीं है। अतीत की मधुर स्मृतियाँ चाहे कितनी सजीव और प्रभावशाली हों, मौजूदा जिन्दगी के लिए वे हमेशा प्रासंगिक नहीं होतीं। उन्होंने अपने आलेखों में कई प्रश्न उठाए हैं परन्तु प्रस्तुतीकरण के स्तर पर केवल कला और कौशल दिखाई देता है। उनका थिएटर उत्तेजनापूर्ण नहीं है जो प्रबुद्ध दर्शकों को कला-सुरुचि के आगे आसपास की ज़िन्दगी और समाज के बारे में विचार-बिन्दु या अर्थ दे सकें। उनका थिएटर एक रंगीन शाम गुजारने के लिए बहुत आकर्षक और मोहक है, इसलिए शीला भाटिया की सारा साधना सीमित अनुभव होने के कारण 'नॉस्टेल्जिया' बनकर रह गई है। उनका रंगकर्म आमोदकारी प्रभाव डालता है। अमृता प्रीतम की कविताओं 'कागज ते कैनवस' पर आधारित 1984 के प्रस्तुतीकरण में तैयारी ज्यादा है, ताजगी कम। आवृत्ति का अनुभव उनके चुक जाने के स्पष्ट संकेत देता है।

शीला भाटिया के 'हीर-रांझा' (1956) प्रस्तुतीकरण में हीर की भूमिका में शन्नो खुराना ने संगीत, नृत्य और अभिनय के मौलिक एवं सन्तुलित प्रयोग से अपनी प्रतिभा की पहचान बना ली थी। उन्होंने 1968 में अपने ग्रुप गीतिका का गठन किया। उन्होंने उर्दू में 'जहाँआरा' (1970) हिन्दी में 'चित्रलेखा' (1973) और पंजाबी में 'सुन्दरी' (1978) को ऑपेरा शैली में प्रस्तुत किया, पर इन्हें ख्याति मिली 'हीर-रांझा' और 'सोहनी-महिवाल' से। उन्होंने पंजाबी में ऑपेरा के नए प्रतिमान निर्धारित किए। शास्त्रीय संगीत

की प्रसिद्ध गायिका होते हुए भी उन्होंने इस माध्यम में नवीनता और ताजगी रखी। 'इन्द्रप्रस्थ थिएटर' की ओर से आर.जी. आनन्द तथा प्रेम जालन्धरी ने 'सस्सी-पुन्नू' का मंचन किया जो पर्याप्त सफल रहा।

संगीत और काव्य के कोमल एवं भावपूर्ण वातावरण में परितोष गार्गी का नाट्य-लेखन पंजाबी नाटक और रंगमंच में एक मोड़ की सूचना देता है। गार्गी एक प्रबुद्ध तथा जागरूक नाटककार हैं जो व्यक्ति और समाज की जटिल स्थितियों को समझने की पकड़ रखते हैं। गुरदयाल सिंह खोसला का नाट्य-संसार मध्यम वर्ग की असंगतियों से जुड़ा हुआ था परन्तु उनकी दृष्टि स्थूल रही, परितोष गार्गी ने यथार्थ के व्यक्तिगत पक्ष को आधार बनाया और दृष्टि को पैना एवं गहरा। नाट्य-स्थितियाँ बाहरी धरातल से निजी तथा आन्तरिक संघर्ष को उजागर करती हैं। इसलिए उनका यथार्थ अधिक विश्वसनीय है। स्वभाव से गम्भीर तथा अन्तर्मुखी होने के कारण गार्गी ने नाट्य-लेखन को बहुत निष्ठा तथा समर्पण-भावना से लिया। इसलिए उनके आलेखों में परिपक्वता मिलती है जहाँ साहित्यिक स्तर पर व्यक्तिवादी दृष्टिकोण तथा रंगमंच की अपेक्षाओं में सन्तुलन रखा गया है।

परितोष गार्गी ने कई सम्पूर्ण नाटक लिखे जिन्हें उनकी संस्था 'कलाकार संगम' ने मंचित कया। 'परछावें' (1956), 'छलेडा' (1959) का प्रस्तुतीकरण तथा निर्देशन उन्होंने स्वयं किया। 'छलेडा' के मंच-प्रभाव से वे सन्तुष्ट न थे, तभी उन्होंने यह निर्णय लिया कि वे अपने नाटकों का निर्देशन नहीं करेंगे। 'छलेडा' का हिन्दी और अंग्रेजी में भी मंचन हुआ। 'मोहिनी' उनका एक पंजाबी नाटक है पर 'राष्ट्रीय नाट्य विद्यालय' के गुलशन कपूर ने 1962 में तथा ब.व. कारन्त ने 1964 में इसके हिन्दी रूपान्तर प्रस्तुत किए। गुलशन की प्रस्तुति ठीक-ठाक थी पर कारन्त का प्रस्तुतीकरण गहरा नाटकीय अनुभव प्रदान करने में सफल रहा। इससे नाटककार प्रेरित एवं प्रभावित हुआ। 'वगदे पानी' (1965) परितोष की श्रेष्ठ रचना है जिसका कारन्त ने पंजाबी में निर्देशन किया। परितोष के लिए यह इसलिए नया अनुभव था क्योंकि एक गैर-पंजाबी ने पंजाबी मुहावरे और वातावरण को साकार करने में अनोखी पकड़ दिखाई। यह प्रस्तुतीकरण सफल रहा, इसके 30 प्रदर्शन हुए। 'लुकछिप जाना' भिन्न प्रकार का नाटक है जिसमें केवल दो पात्र हैं। सुपरिचित नाटककार एवं रंगकर्मी मुद्राराक्षस इस नाटक से इतने अनुप्रेरित हुए कि उन्होंने इसके हिन्दी रूपान्तर का निर्देशन किया। गार्गी के कुछ एकांकी भी खेले गए परन्तु 'तड़क्सार दा हनेरा' तथा 'कोपल फुट्टी लावे विचों' तैयार हैं परन्तु उनका मंचन नहीं हुआ।

परितोष के नाटकों ने पंजाबी रंगमंच पर गम्भीर नाटकों के प्रदर्शन की शुरुआत की। उन्होंने पंजाबी रंगमंच को नए आयाम दिए। परितोष में अनुभव की गहराई और सूक्ष्म जीवन-दृष्टि है। वे अपने लेखन और रंगकर्म को मिलाकर नहीं चलना चाहते। रंगकर्म की चिन्ता नाटककार को कमजोर बनाती है। दर्शक के प्रश्न को लेकर उनका विश्वास है कि पंजाबी थिएटर की स्थिति हिन्दी से बेहतर रही है।

आज प्रेम जालन्धरी लोकप्रियता के दबाव में आकर चाहे कैसे समझौते करें परन्तु उन्होंने 1952 में सृजनकर्म को साहस और चुनौती से शुरू किया था। वे उर्दू के जाने-माने लेखक हैं परन्तु पहले चरण में उन्होंने उर्दू, पंजाबी और कुछ हिन्दी में रचनाएँ लिखीं। उनका

पहला नाटक 'इनसान' 1952 में लिखा गया, अन्य नाटक हैं—'आरती' (1952), 'आँसू' (1952), 'औरत' (1953), 'धुन्ध' (1955), 'एक पहेली' (1957), 'आँसू और आहें' (1958), 'तेरां साल बाद' (1959), 'परिवर्तन' (1959), 'यार दी यारी' (1959), 'इंज ही हुंदा' (1960), 'निर्मला' (1961), 'बेटीआँ' (1963), 'सीमा' (1963), 'इन्तकाम' (1964), 'युद्ध और शान्ति' (1964), 'अलेक बाबू' (1964), 'इंसाफ' (1965), 'सस्सी-पुन्नू' (ऑपेरा) (1965), 'मुमु' (1966), 'झूठे शाह' (1969), 'सब यहीं रह जाएगा' (1969), 'अजनबी' (1969) और 'चाचा रख्खा' (1969)। उपर्युक्त नाटकों में अधिकतर मौलिक और कुछ रूपान्तर हैं जो उर्दू, हिन्दी तथा पंजाबी में हैं। प्रेम जालन्धरी की प्रतिभा में विविधता है। 'सस्सी-पुन्नू' एक उच्च स्तर का काव्य-नाटक है जहाँ उन्होंने दोनों विधाओं के विवेकपूर्ण प्रयोग के प्रमाण दिए हैं। इसकी संवेदनापूर्ण भाषा और भावपूर्ण नाट्य स्थितियों ने दर्शकों को मुग्ध कर दिया। उन्होंने उर्दू में कुछ गम्भीर नाटक लिखे। इनमें उन्होंने सामाजिक, नैतिक और आर्थिक प्रश्नों की पृष्ठभूमि में मध्यवर्ग की विडम्बनापूर्ण स्थितियों को उठाया। पंजाबी नाटकों में प्रेम जालन्धरी का झुकाव हास्य-व्यंग्य की ओर अधिक रहा परन्तु वे कथ्य की परिधि में रहते हुए मर्यादा का अतिक्रमण नहीं करना चाहते। इन सब रचनाओं में लेखक आसपास की जिन्दगी की परिचित परिस्थितियों को अपने मुहावरे से ताजा और असरदार बनाकर पेश करता है। एक सीमा तक लेखकीय ईमानदारी मिलती है। समकालीन नाटककारों से प्रेम जालन्धरी इसलिए भिन्न और उल्लेखनीय है क्योंकि उनके रचनाधर्म में किसी भी चुनौती का सामना करने की क्षमता है।

कुछ नाटककार राजधानी के रंगमंच में कुछ वर्ष सक्रिय रहकर बाहर चले गए। बलवन्त गार्गी, हरचरन सिंह तथा कपूर सिंह धुम्मन का नाम उल्लेखनीय है। धुम्मन ने अपनी संस्था 'रूपक कला संगम' (1956) का गठन किया जिसके अन्तर्गत निम्न नाटक प्रस्तुत किए गए—'बन्द गली', 'जैलदार', 'अनहोनी', 'भामी जनता', 'रिहर्सल', 'सवेरा दा भुल्ला', 'उधाली होई कुड़ी'। इनमें उन्होंने स्वयं भाग लिया, असल में भाषा विभाग के निदेशक बनने के बाद भी उनकी रंगनिष्ठा में अन्तर नहीं आया। हरपाल टिवाना एक जाना-माना नाम है, कुछ अरसा यहाँ रहकर उन्होंने पंजाबी रंगमंच को स्तरीय प्रस्तुतियाँ पेश कीं। लिटल थिएटर ग्रुप ने शुरू-शुरू में कई पंजाबी नाटकों का मंचन किया। बलवन्त गार्गी का 'लोहाकुट' इस ग्रुप का उल्लेखनीय प्रस्तुतीकरण है। इसके निर्देशक इन्द्रलाल दास का अपना योगदान है। हरभजन सिंह, अमरीक सिंह, पाँघी ननकानवी, तेरासिंह चन्द आदि नाटककारों का भी स्थान है।

गुरचरन सिंह जसूजा के नाटकों का मुहावरा कुछ साहित्यिक अधिक है। वे 1940 से नाट्य-लेखन में जुटे हुए हैं। उन्हें 'गऊमुखा शेरमुखा' एकांकी से प्रसिद्धि मिली। यह कई स्थानों पर कई बार खेला गया। 'मकड़ी दा जाल' तथा 'कन्धा रेत दीआँ' उनके दो सम्पूर्ण नाटक हैं। उनके एक नाटक 'अन्धकार' के मंचावतरण का श्रेय बनारसीदास महाजन को है। उन्होंने एक हल्का-फुल्का नाटक 'भाबो दा सिआपा' लिखा परन्तु 'हीरे की तलाश' नाटक के सफल प्रस्तुतीकरण से पंजाबी जगत में उन्हें गौरवपूर्ण स्थान मिला। इस गम्भीर और सम्पूर्ण नाटक में उन्होंने एक नाटकीय प्रयोग के जरिए समकालीन यथार्थ का अनावरण

किया। निर्देशक सुरेन्द्र माथुर ने इसे एक उपयुक्त साहित्यिक नाम दिया—'नाटककार दा रंगमंच'। दिल्ली में इसके कई प्रदर्शन हो चुके हैं। 'कन्धा रेत दीआँ' के पहले प्रस्तुतीकरण का निर्देशन राजेश दुआ ने किया पर पंजाबी अकादमी के नाट्य समारोह की प्रस्तुति का निर्देशन सुरेन्द्र माथुर ने किया। व्यावसायिक स्तर सधे-मँजे माथुर के प्रस्तुतीकरण में सप्रू हाउस के इन लोकप्रिय कलाकारों ने भाग लिया—देसी कमलेश्वर, कीमती आनन्द, भोली, गुरविन्दर सिंह। लेखक के अपने मतानुसार 'रचना राम बनाई' उनका श्रेष्ठ नाटक है। यह नाटक 1977 से विश्वविद्यालयों की उच्च कक्षाओं में लगा हुआ है। जाहिर है ऐसे साहित्यिक नाटक को उठाना आसान नहीं परन्तु इसके निर्देशन का साहस भी सुरेन्द्र माथुर ने किया। सप्रू हाउस के पंजाबी नाटकों में नाम कमाने वाले इस मशहूर निर्देशक ने जसूजा के तीन साहित्यिक नाटकों का मंचन किया। उन्होंने आलेख के साथ पर्याप्त स्वतंत्रता ली परन्तु अपनी सीमाओं में ये सफल प्रस्तुतीकरण थे। स्थिति बहुत विडम्बनापूर्ण है क्योंकि उनकी चिन्ता जसूजा में नहीं, अपने नाम सुधारने की रही है। जसूजा का अनुभव पंजाबी रंगमंच का दूसरा पक्ष प्रकट करता है।

अपने संस्कारों के कारण जसूजा धार्मिक नाटकों की इसलिए उपयोगिता मानते हैं क्योंकि इनसे दर्शकों की रंगमंच में दिलचस्पी बढ़ती है। 'धरम दे राखे', 'रूप एक दरशन अनेक', 'अमृतसर सिफती दा घर', 'कौन भले कौन मंदे' जैसे नाटक देखने के लिए अपार भीड़ उमड़ पड़ी। जसूजा के नाटक 'रचना राम बनाई' को धार्मिक पृष्ठभूमि दी गई है। इसके प्रारम्भ और समापन खंड में गुरबाणी के संदेश हैं जो नाटक से अलग और स्वतंत्र हैं। धार्मिक नाटक कोई जागरूक मानसिकता की सूचना नहीं देते। यहाँ दर्शक नाटक देखने नहीं आता, वह चमक-दमक वाले इस चौखटे में सन्तोष और शान्ति का अलौकिक वातावरण चाहता है। इस असलियत को कैसे गले उतारा जाए कि ऐसे नाटकों का प्रदर्शन सप्रू हाउस के प्रसिद्ध लेखक-निर्देशक कर रहे हैं। स्पष्ट है, उनकी नजर इन प्रस्तुतीकरणों से प्राप्त विपुल धनराशि पर है, न कि धार्मिक भावना पर।

नाट्य जगत पर डॉ. चरनदास सिद्धू का उदय विकास के अगले चरण की सूचना देता है। उनके नाट्य-लेखन ने नई जमीन तोड़ी है। वे खोसला और जसूजा के एक आयामी दृष्टिकोण से आगे बढ़े। डॉ. सिद्धू वस्तुतः परितोष गार्गी की परम्परा के नाटककार हैं, दोनों की नाट्यभूमि में बहुत अन्तर है परन्तु दोनों ने जिस सर्जनात्मक ईमानदारी से नाट्य-लेखन किया, वह अपवाद-सा है। किसी बाहरी प्रलोभन में आकर न इन्होंने नाटक लिखे और न खेले। डॉ. सिद्धू अपने नाटकों के आलेख जल्दी तैयार नहीं करते। नाट्यस्थितियों को वे अनुभव और समझ की आँच में धीरे-धीरे पकने देते हैं। उनकी जीने की कोशिश करते हैं ताकि यथार्थ की अभिव्यक्ति सही कोण से हो। इस प्रक्रिया से वे अपनी जमीन से जुड़ने में समर्थ एवं सफल रहे हैं। नाटक की विषयवस्तु और मंचशिल्प के आधार पर यथार्थ की ऐसी सार्थक एवं पैनी अभिव्यक्ति और नाटककारों में कम मिलती है। सिद्धू की भाषा इसी नाटकीय वातावरण की उपज है जिसकी शक्ति खुलापन और ताजगी है। ऐसी परिपक्व और प्रौढ़ रचनाओं को बदलना कठिन है। वे नया और गहरा नाटकीय अनुभव प्रदान करती हैं।

होशियारपुर निवासी डॉ. सिद्धू को देश-विदेश के साहित्य, शिक्षा और संस्कृति के गम्भीर अध्ययन ने प्रबुद्ध एवं सजग बनाया है, परिणामस्वरूप वे धर्म, जाति तथा अन्य संकीर्ण संस्कारों से मुक्त होकर उदार मानवीय दृष्टिकोण ला सके। एक प्रतिष्ठित अध्यापक होने के कारण उनमें विश्लेषण शक्ति एवं स्पष्टता है। उनका नाट्य-संसार उनके जीवन और चिन्तन की उपज है। रंगकर्म से उनका पुराना रिश्ता रहा है। देश-विदेश के रंगमंच को देखने-समझने का उन्हें बहुत अनुभव प्राप्त है। मंच-सजगता उनके आलेखों में मिल जाती है। उनकी नाट्ययात्रा इस प्रकार है : 'इन्दुमती सत्यदेव' (1973) (मंच-प्रस्तुति-1981), 'सुआमी जी' (1975) (मंच-प्रस्तुति-1980), 'भजनो' (1977) (मंच-प्रस्तुति-1979), 'लेखू करे कवल्लियाँ' (1981) (मंच-प्रस्तुति-1984), 'बाबा बन्तू' (1981) (मंच-प्रस्तुति-1982), 'अम्बीआ नूँ तरसेंगी' (1981) (मंच-प्रस्तुति-1983), 'कल कॉलेज बन्द रहेगा' (1981) (मंच-प्रस्तुति-1984)।

सिद्धू को विवश होकर अपना एक थिएटर-ग्रुप—'कालजिएट ड्रामा सोसायटी' (सी.डी.एस.) स्थापित करना पड़ा क्योंकि कई कोशिशों के बावजूद, दिल्ली का कोई निर्देशक उनको उठाने के लिए तैयार नहीं था। इन मजबूरियों में उन्हें इतना पैसा और समय लगाकर प्रस्तुतीकरण का सारा दायित्व सँभालना पड़ा जो उनकी सीमा में नहीं है। सिद्धू ने इस संस्था के अधीन अपने पहले अप्रकाशित नाटक—'झुटे सुरंगा दे' का निर्देशन किया। धीरे-धीरे उन्होंने अपने सभी नाटक प्रस्तुत किए। 'भजनो' उनका सशक्त नाटक है—आलेख तथा प्रस्तुति की दृष्टि से। इसके सोलह प्रदर्शन हुए परन्तु नाटककार सिद्धू जिस अनुपात तक अपने नाट्य-लेखन से प्रभावित करता है, निर्देशक सिद्धू उतना निराश करता है। निर्देशन का अपना अनुशासन है जिस पर उनका कभी अधिकार नहीं रहा। लिखित नाटक जिन स्थितियों और विचारों को व्यक्त करते हैं, उनके प्रदर्शन दूसरे प्रकार का असर छोड़ते हैं। यह स्थिति किसी भी नाटककार के लिए अच्छी नहीं है। उनके नाटकों की पर्याप्त सम्भावनाएँ हैं, उन्हें एक कुशल निर्देशक चाहिए।

दिल्ली का पंजाबी रंगमंच जैसे-जैसे अपनी स्वस्थ परम्परा का निर्माण कर रहा था कि आठवें दशक के एक धमाके ने सभी मर्यादाओं को ध्वंस कर दिया। 'चड़ी जवानी बुड्ढे नूँ' तथा 'गरीब दी जोरू सब दी भाबी' (1970) को अप्रत्याशित लोकप्रियता और सफलता ने ऐसा आघात पहुँचाया कि कला और सुरुचि से अब तक अर्जित उत्कर्ष को नष्ट-भ्रष्ट कर दिया। इस बाढ़ को लाने में प्रेम जालन्धरी की अग्रणी भूमिका रही है। पहले चरण के अपने लेखन से वे सन्तुष्ट न थे, उपर्युक्त नाटकों की व्यापारिक कामयाबी ने उन्हें व्यवहार कुशल बना दिया। ये नाटक नए दौर की सूचना देते हैं। अन्य नाटक हैं—'खाली भाँडे' (1971), 'बुड्ढी घोड़ी लाल लगाम' (1973), 'अद्धी घरवाली' (1973), 'हलवा सूजी दा चस्का दूजी दा' (1974), 'हीर-रांझा' (1974), 'मक्खीचूस' (1974), 'चुल्ले विच अग्ग कमला होया जग्ग' (1975), 'पानी झजरी दा रिश्ता घगरी दा' (1975), 'खुसरे दा ब्याह' (1976), 'फूक दे दे मारे' (1976), 'लुकन मीटी' (1977), 'हान नूँ हान प्यारा' (1977), 'बुड्ढा ठरकी ते कंजूस' (1977), 'बोझाराम दलाल' (1977), 'नशा जनानी दा जोश जवानी दा' (1976), 'नहले पर दहला' (1978), 'बलीए पिंड चलीए'

(1978), 'मामा घसीटा' (1978), 'पागलाँ घर परौंने', 'राखे धरम दे' (1979), 'रूप अनेक दरशन अनेक' (1980), 'फिल्मी प्यार इक रात दा बुखार' (1980)। इनमें कुछ नाटक मौलिक हैं और कुछ रूपान्तर।

पिछले 30 वर्षों से प्रेम जालन्धरी का दिल्ली रंगमंच से निकट का वास्ता रहा है। उनका अनुभव और विश्वास है कि दर्शक गम्भीर नाटक पसन्द नहीं करता। पहले चरण में उन्होंने उर्दू में कई ऐसे नाटक लिखे पर लगातार मेहनत, निराशा और घाटे के मिले-जुले असर ने उन्हें दर्शक के साथ समझौता करने के लिए विवश होना पड़ा। दर्शक हल्का-फुल्का मनोरंजन चाहता है, इन्होंने वैसे हास्य-नाटक या कामदियाँ लिखनी शुरू कर दीं। प्रत्येक नाटक में मध्यम वर्ग के जीवन को आधार बनाकर नैतिक सवाल तो उठाए गए हैं परन्तु दर्शक को बाँधे रखने के लिए कई मसाले जोड़ने शुरू किए। दो-अर्थी संवाद इन्हीं परिस्थितियों की उपज हैं। असल में नाटक के शीर्षक से लेकर पूरे रंगव्यवहार में मनोरंजन के नाम पर चटखारे एवं गुदगुदी पैदा करने वाली स्थितियाँ तथा संवाद पर बल दिया जाने लगा। ऐसे आमोदकारी वातावरण में नाटक की मूल समस्या की ओर न दर्शक का ध्यान गया है और न निर्देशक ने अपने प्रस्तुतीकरण में इस पक्ष को प्रमुखता दी है। दर्शक सिर्फ मजा लेने आता है। थिएटर में लाभ-हानि के तंत्र ने अब वणिक-वृत्ति जगा दी। प्रेम जालन्धरी व्यावसायिक थिएटर से हटकर व्यापारिक थिएटर के सरमाएदार बन गए। सेक्स जीवन का महत्त्वपूर्ण अंग है और मनोरंजन भी यहाँ आवश्यक है। पर लुत्फ रंगकला का उद्देश्य नहीं हो सकता। इस माध्यम के सामाजिक सरोकार अपेक्षाकृत अधिक हैं। नाट्यकला को इस तरह संकीर्ण और अर्थहीन बनाकर उन्होंने अपने लेखन-स्तर का ह्रास किया। वैसे भी रंगकला की दृष्टि से सप्रू हाउस ने न कोई श्रेष्ठ निर्देशक दिए और न कोई अभिनेता तथा रंगशिल्पी। यहाँ का कोई भी ऐसा मानक प्रस्तुतीकरण नहीं है जो राष्ट्रीय स्तर पर उल्लेखनीय हो।

प्रेम जालन्धरी को केवल दो-अर्थी संवादों वाला नाटककार मान लेना उनके साथ अन्याय करना होगा। स्वभाव से सौम्य प्रेम जालन्धरी एक सुलझे तथा निपुण नाट्य-शिल्पी (वे अपने आपको एक बढ़ई मानते हैं) हैं जिन्हें थिएटर की बहुत समझ है। नाट्य-स्थितियों की बुनावट में रोचक और उत्तेजक मसाले मिलाने में वे अनोखी सूझबूझ रखते हैं। पर प्रेम जालन्धरी की प्रतिभा के प्रमाण भाषा-संवाद के गठन में मिलते हैं। उनकी यह असाधारण शक्ति पंजाबी और उर्दू के नाटकों में मिलती है। हास्य-व्यंग्य, चुटकी-चटखारे की भाषा का पता तो नाटकों की उपर्युक्त सूची से लग जाता है। व्यापारिक लाभ पर नजर रखते हुए व्यावसायिक स्तर का निर्वाह जैसे प्रेम जालन्धरी ने किया, वैसा कोई अन्य नाटककार नहीं कर सका। वैसे, इस तरह के थिएटर ने कई लेखक-निर्देशक को आकृष्ट किया परन्तु प्रेम जालन्धरी, सुरेन्द्र माथुर, महेश आदि उल्लेखनीय हैं।

क्या प्रेम जालन्धरी के कारण ही पंजाब रंगमंच पर अश्लीलता शुरू हुई ? ऐसा निष्कर्ष निकालना समस्या का सतही अध्ययन होगा। वस्तुत: प्रेम जालन्धरी एक व्यक्ति नहीं, एक स्थिति है जो एक विशेष व्यवस्था तथा जीवन प्रणाली का परिणाम है। लेखन और लेखक के बीच कई बाहरी स्थितियों एवं शक्तियों का दबाव रहता है। उनको ध्यान में रखकर

ही इस प्रश्न पर विचार करना चाहिए। देश-विभाजन के 20-25 वर्ष बाद दिल्ली में एक नव-धनाढ्य वर्ग बना है जिसके कला-संस्कृति के संस्कार नहीं हैं। थिएटर को भी उपभोक्ता-संस्कृति के हिसाब से लेता हुआ यह वर्ग नाटक को एक पदार्थ समझता है जिसे वह अपने मनोरंजन के लिए खरीदना चाहता है। प्रेम जालन्धरी इस व्यापारी-संस्कृति को समझते हुए ऐसा माल प्रस्तुत करते रहे हैं जिससे ग्राहक-दर्शक सन्तुष्ट एवं प्रसन्न हो। उनका कलाकर्म विक्रय धर्म के अनुरूप चलता है। सप्रू हाउस थिएटर एक मनोवृत्ति है जो आएगी ही, उसमें कोई प्रेम जालन्धरी हो सकता था।

विभिन्न देशों के रंगमंच का अध्ययन किया जाए तो व्यावसायिक और व्यापारिक थिएटर का खूब प्रचार मिलेगा। बंगला थिएटर की बहुत पुरानी पर स्वस्थ परम्पराएँ हैं। गिरीश घोष, शिशिर भादुड़ी और शम्भु मित्र उच्च कोटि के निर्देशक एवं रंगकर्मी हैं। उसका इप्टा का इतिहास स्फूर्तिवर्धक एवं प्रेरणादायक है। आठवें दशक में 'चौरंगी' नाटक के प्रस्तुतीकरण में एक उत्तेजक कैबरे जोड़ा गया, वहाँ से व्यावसायिक थिएटर पैसा कमाऊ बनने लगा। 'वारवधू' की प्रस्तुति से तो यह रोग छूत की तरह ऐसा फैला कि आज बंगला रंगमंच व्यापारिक हो रहा है। मराठी थिएटर में साधारण लेखकों की तो बात ही क्या, विजय तेन्दुलकर—'सखाराम बाइंडर' तथा महेश—'वासना कांड' जैसे गम्भीर लेखक इस प्रवाह में बह गए। गुजराती थिएटर देश का सर्वाधिक व्यापारिक थिएटर है जहाँ की प्रस्तुतियों में खुलापन तथा दो-अर्थी संवाद मिलेंगे। ऐसी परम्परा में प्रेम जालन्धरी न निर्दोष हैं और न अपवाद हैं। इस तरह के लेखक एक खास समाज में मौजूद हैं और वे एक खास समाज की उपज हैं। इसलिए प्रेम जालन्धरी जैसे लेखकों को लेकर आवेश में निर्णय नहीं लेना चाहिए। इस तरह के प्रतिक्रियावादी दृष्टिकोण के कारण एक युग में पारसी थिएटर की भर्त्सना की गई। पैसा कमाऊ थिएटर होने के कारण वह सस्ता और भोंडा था पर धीरे-धीरे कला और व्यवसाय में सन्तुलन रखते हुए नाटककार भी इसी थिएटर ने दिए। सार्थक मनोरंजन देते हुए पारसी थिएटर ने सारे उत्तर भारत को बेहतर रंगमंच दिया। सप्रू हाउस की स्थिति तो बनी रहेगी, उसका स्वरूप बदल सकता है।

दिल्ली के रंगमंच का इतिहास दिल्ली के नाटककारों का इतिहास बनकर रह गया है। दिल्ली में पंजाबी रंगमंच का प्रारम्भ कुछ ऐसी परिस्थितियों में हुआ कि लेखन और प्रस्तुतीकरण की सारी जिम्मेदारियाँ एक व्यक्ति-नाटककार पर आन पड़ी। गुरदयाल सिंह खोसला ने जब अपने ग्रुप के साथ सभी दायित्वों को समझदारी से निभाया तो वह इसलिए उचित लगा क्योंकि इससे उस प्रारम्भिक दौर में पंजाबी रंगमंच को व्यापक आधार मिला। परन्तु जब परितोष गार्गी और चरनदास सिद्धू भी अपनी-अपनी संस्थाएँ बनाकर अपने नाटक प्रस्तुत करने लगे तो पंजाबी रंगमंच की सीमाएँ उभरने लगीं। सारी निष्ठा और मेहनत के बावजूद निर्देशन के स्तर पर इनकी असमर्थता दर्शक में असन्तोष उत्पन्न करने लगी। परितोष गार्गी तो सँभल गए परन्तु सिद्धू अपनी कमजोर प्रस्तुतियों से कोई शिक्षा नहीं लेना चाहते। यही भूल बलवन्त गार्गी ने की। नाटक और रंगमंच दोनों क्षेत्रों का उनका पुराना और गहरा रिश्ता तथा अनुभव है परन्तु निर्देशक के स्तर पर वे कभी प्रभावित नहीं कर पाए। हरचरन सिंह भी दोनों काम कर रहे हैं परन्तु कोई आदर्श-स्थिति नहीं है।

रंगमंच के इतिहास में नाटककार-निर्देशक होने के कई उदाहरण मिल जाते हैं। ब्रेख्त तो इस दृष्टि से आदर्श कहे जाएँगे। शम्भु मित्र, हबीब तनवीर जैसी प्रतिभाएँ कम ही होती हैं। यूँ तो शीला भाटिया का उदाहरण दिया जा सकता है परन्तु रंगमंच उनकी पहली चिन्ता रही है, नाट्य-लेखन उसके अनुरूप हुआ है। हिन्दी रंगमंच के विकास और प्रसार में अल्काज़ी (दिल्ली), सत्यदेव दुबे (बम्बई), श्यामानन्द जालान (कलकत्ता) तथा ब.व. कारन्त, राजिन्दर नाथ, रंजीत कपूर जैसे श्रेष्ठ निर्देशकों का महत्त्वपूर्ण योगदान है। रंगमंच की स्वस्थ और सन्तुलित प्रगति के लिए नाट्य-लेखन और रंगकर्म को अलग-अलग रखा जाए। हालाँकि यह कोई नियम नहीं हो सकता परन्तु पंजाबी रंगमंच का अनुभव यही सिद्ध करता है कि दोनों स्वतंत्र रूप से एक-दूसरे के लिए प्रेरक बने।

दिल्ली के पिछले 35 वर्षों का पंजाबी-रंगमंच बहुत आश्वस्त तो नहीं करता परन्तु कुछ व्यक्ति-प्रयास होते रहे जो श्रेष्ठ प्रस्तुतीकरण के कारण अविस्मरणीय हैं और पंजाबी रंगमंच की सम्भावनाओं को व्यंजित करते हैं—बलवन्त गार्गी-'लोहाकुट', शीला भाटिया-'हीर-रांझा', 'चन्न बदलां दां', 'यास्मिन', प्रेम जालन्धरी-'सस्सी-पुन्नू', मीना कपूर-'इक चादर अधोरानी', ब.व. कारन्त-'वगदे पानी', कविता नागपाल-'मिट्टी ना होई मतरैई', चरनदास सिद्धू-'भजनो', गुरचरन सिंह जसूजा-'नाटककार दा रंगमंच', कंवल विद्रोही-'रिश्तिआँ दा की रखिए नाँ'। कुछ और भी व्यक्ति-प्रयास हुए। चमन बग्गा ने 'किकर दे कंडे' (1971) का मंचन किया। वे स्वयं इस प्रस्तुति के लेखक-निर्देशक थे। पंकज कपूर ने 'कनक दी बल्ली' का निर्देशन किया। फ्रिट्ज बेनवेट के 'चोपड़ा कमाल और नौकर जमाल' में पंजाबी प्रयोग एक नया और अनोखा अनुभव देता है। इस प्रयोग से यह विश्वास मजबूत हुआ कि पंजाबी में उस स्तर के नाटक खेले जा सकते हैं। जितेन्द्र कौशल ने काव्य-नाटक 'लूना' को अच्छा सँभाला।

विचित्र होते हुए इस सच्चाई का सामना करना जरूरी है कि पंजाबी रंगमंच की सर्वोत्तम प्रस्तुतियों के निर्देशक गैर पंजाबी थे। कारन्त के 'वगदे पानी' और 'कनक दी बल्ली' पंजाबी के आदर्श प्रस्तुतीकरण कहे जा सकते हैं। लेखक और निर्देशक बलवन्त गार्गी का 'कनक दी बल्ली' का प्रस्तुतीकरण इतना प्रभावशाली नहीं रहा। इसी प्रकार एम.के. रैना—'पराई कुख', बंसी कौल—'धमक नगाड़े दी', अमाल अल्लाना—'बलदे टिब्बे', 'हयवदन', मोहन महर्षि—'रानी जिन्दा', रामगोपाल बजाज—'हाड़ दा इक दिन'।

यह कैसी विडम्बना है कि दिल्ली के हिन्दी रंगमंच को जिन रंगकर्मियों ने अपनी साधना और समर्पण भावना से प्रतिष्ठित एवं सम्पन्न किया वे अधिकतर पंजाबी हैं। रमेश मेहता, राजिन्दर नाथ, जितेन्द्र कौशल, चमन बग्गा, बलराज पंडित, विजय सोनी, पी.एस. वासुदेव, कुसुम कुमार, अरुण कुकरेजा, देवराज अंकुर, गुलशन कुमार, सुभाष सहगल जैसे रंगकर्मियों के अतिरिक्त, अभिनेता-अभिनेत्रियाँ हैं—कुलभूषण खरबन्दा, सुधा चोपड़ा, सुषमा सेठ, शाम अरोड़ा, बनवारी तनेजा, प्राण तलवार, विनोद नागपाल, सुरेखा सीकरी, कविता नागपाल, सतीश सहगल, बंसीलाल चोपड़ा, लेखराज, ओमपुरी, राज बब्बर, पंकज कपूर, अरुण सहगल। ये प्रतिभाशाली कलाकार अपनी भाषा और अपने थिएटर की ओर मुड़ जाएँ तो इनकी योग्यता और क्षमता से पंजाबी रंगमंच की कायापलट नहीं हो सकती?

दिल्ली का सप्रू हाउस थिएटर या कहीं का व्यापारिक थिएटर किसी-न-किसी तरह जिन्दा रहेगा। आवश्यकता है समानान्तर थिएटर की जो पहले के लिए चुनौती बने। सार्थक और प्रासंगिक थिएटर चाहे शौकिया स्तर पर हो या व्यावसायिक धरातल पर, रंगमंच का स्वस्थ और सन्तुलित विकास करेगा। नाटककार-निर्देशक की साझेदारी अब समाप्त होनी चाहिए। इस समय पंजाबी रंगमंच को श्रेष्ठ निर्देशक चाहिए जो अपने मौलिक और कल्पनापूर्ण निर्देशन से प्रस्तुतीकरण को नए आयाम दे सके। पंजाबी रंगमंच में अच्छे कलाकार हैं, कुछ उत्तेजनापूर्ण आलेख हैं, दर्शकों की भी उतनी समस्या नहीं है। इन स्थितियों का संयोजन कठिन नहीं। एक द्रष्टा-निर्देशक ही इस गतिरोध को दूर कर सकता है। भाषा विभाग, पंजाब तथा पंजाबी अकादमी, दिल्ली के पास अनुदान देने की ही क्षमता है, इधर-उधर के दबाव के कारण उनके कार्यक्रम खानापूरी तक रह जाते हैं। इस वर्ष पंजाबी अकादमी द्वारा आयोजित नाट्य समारोह एक प्रशंसनीय प्रयास है परन्तु दृष्टि का अभाव साफ दिखाई देता है। कंवल विद्रोही का 'रिश्तिआँ दा की रखिए नाँ' आगामी सम्भावनाओं को उजागर करता है। कारन्त का 'वगदे पानी' तथा 'कनक दी बल्ली' के जीवन्त एवं महत्त्वपूर्ण प्रस्तुतीकरण सिद्ध करते हैं कि पंजाबी रंगमंच का भविष्य निराशाजनक नहीं।

(समकालीन, जनवरी-मार्च 1985)

17

संस्कृति का स्वराज्य और हिन्दी नाटक एवं रंगमंच

उन्नीसवीं सदी के समाज की जब पश्चिमी सभ्यता और साम्राज्य से टकराहट हुई तो कैसे उसे बाहरी-भीतरी संघर्षों, दबावों और मजबूरियों से गुजरते हुए अपना दृष्टिपथ निर्धारित करना पड़ा, इसका आज जायजा लेना कठिन नहीं रहा। जिस साम्राज्यवादी शक्ति के विरुद्ध स्वाधीनता संग्राम की लम्बी-उलझी जद्दोजहद चल रही थी, उसी के शासन-तंत्र के तहत संचार-सुविधाएँ, नई शिक्षा प्रणाली, विज्ञान, साहित्य आदि संसाधनों के सम्पर्क और प्रभाव से जीवन और समाज में आमूल परिवर्तन आ रहे थे। धीरे-धीरे नवोदित शिक्षित एवं प्रबुद्ध मध्यम वर्ग को आधुनिकीकरण की प्रक्रिया में पश्चिमीकरण को अपनाना उचित लगने लगा। अवधारणा के स्तर पर वह महसूस करने लगा कि अगर उन्नत और प्रगतिशील समाज का गठन करना है तो उदार और ग्रहणशील होना पड़ेगा। नवजागरण की स्वाभाविक पर अदम्य आकांक्षाओं से अनुप्रेरित इस वर्ग के लिए स्वीकार और अस्वीकार की जटिल चुनौतियाँ खड़ी हो गईं। देश की आजादी का अहम सवाल तो था ही, समाज-रचना के धरातल पर अपनी अस्मिता और सम्मान को कैसे अनदेखा किया जा सकता है। साम्राज्यवाद की प्रत्यक्ष और प्रच्छन्न मार ने एक अजीब संकट की स्थिति ला दी। प्रसिद्ध शिक्षाविद् मैकाले ने लगभग 150 वर्ष पूर्व इस वर्ग की औपनिवेशिक जेहनियत को मनीषी एवं भविष्यद्रष्टा के रूप में कितने अर्थपूर्ण शब्दों में रेखांकित किया है—'ए क्लास ऑफ पर्सन्स इंडियन इन ब्लड एंड कलर, बट इंग्लिश इन टेस्ट, इन ओपिनियन, इन मॉडल, इन इंटलैक्ट।' (जनता का एक ऐसा वर्ग जो रक्त व रंग-रूप में तो भारतीय है पर रुचि, मान्यता, आदर्श और बुद्धिमत्ता की दृष्टि से अंग्रेज)।

विकास और महत्त्वाकांक्षाओं से भरा आधुनिक जीवन-मार्ग सपाट और सरल न रहा। अंग्रेजों की कूटनीति और भारतीयों की मजबूरियों को अब अच्छी तरह समझा जा सकता है। असलियत तो यह है कि सांस्कृतिक द्वन्द्व के इन प्रहारों ने मध्यम वर्ग की चेतना पर अन्तर्विरोधों और अन्तर्ग्रंथियों की ऐसी गहरी छाप छोड़ी है जिससे मुक्त होना आज भी कठिन हो रहा है। सुविधा और प्रतिष्ठा के लिए यह वर्ग हमेशा कमजोर रहा है, इसलिए एक व्यावहारिक रास्ता खोज लिया गया। जहाँ तक देश की स्वाधीनता और राष्ट्रीय गौरव के लिए संघर्ष की बात रही, यह वर्ग पूरी ईमानदारी से सक्रिय और आगे रहा परन्तु शिक्षा, रहन-सहन, साहित्य, संस्कृति और भाषा के क्षेत्र में वह पाश्चात्य मूल्यों

और मान्यताओं का अनुसरण करने लगा। आत्मबोध की स्थिति में भारतेन्दु जैसे साहित्यकारों ने इस दोहरे आचरण को सच्चाई के साथ समझा और संवेदना के साथ प्रकट किया है। अलग-अलग दबावों से भरे इस वातावरण में कुछ नीति-निपुण द्रष्टाओं एवं सतर्क भविष्य-निर्माताओं ने राष्ट्रीय आन्दोलन को सही दिशा प्रदान की। उन्होंने नवोत्थान का स्वागत किया और पाश्चात्य प्रभाव का विरोध करने की बजाय आत्मसात् करने की प्रवृत्ति पर बल दिया ताकि भारतीय संस्कृति एवं दर्शन को इस नए आलोक में सामयिक व्याख्या और युगीन प्रासंगिकता के साथ देखा जा सके। राजा राममोहन राय, विवेकानन्द, अरविन्द, रवीन्द्रनाथ ठाकुर, गांधी ऐसे साहसी विचारक और विवेकशील पथ-प्रदर्शक थे, जिन्होंने 'स्वराज्य' को नया तात्पर्य देते हुए उसकी महत्ता पर बल दिया और इस दोहरी-वृत्ति का सामना करने की दृष्टि प्रदान की।

इस पृष्ठभूमि में राष्ट्र और संस्कृति के सम्बन्धों पर विचार करना जरूरी है। धर्म, जाति, सम्प्रदाय, प्रदेश के इतने फैले-बड़े देश के स्थानीय दबाव कम नहीं रहे। अंग्रेजों की भेदनीति अपने रंग दिखा रही थी परन्तु राष्ट्रीय भावना जगाने और स्वराज्य की चेतना लाने में गांधी का अद्भुत नेतृत्व सफल रहा। 1930 के आसपास देश के इतिहास में कई उल्लेखनीय परिवर्तन आए। आजाद और भगत सिंह की अनोखी शहादत ने देशवासियों को चमत्कृत कर दिया। नेहरू-जयप्रकाश-सुभाष के समाजवादी चिन्तन ने एक नया दृष्टिपथ प्रस्तुत किया। शिक्षा का प्रसार बढ़ा, नई विचारधाराओं का असर पड़ने लगा। राष्ट्र और संस्कृति के स्तर पर मध्यवर्ग के अन्तर्विरोध महीन हाते गए। राष्ट्रभक्ति और देशसेवा के ऊँचे आदर्शों और उज्ज्वल अतीत और महान दर्शन का गुणगान करने में चाहे राजनेता हों या विचारक हों या मनीषी समाज हो, कोई पीछे नहीं रहा। असल में उसे पश्चिमी जीवन-पद्धति, चिन्तन और साहित्य में ऐसा खुलापन और ताजगी मिली कि उसके विरोध करने की नैतिक शक्ति कम होती गई। राष्ट्रवाद के बावजूद वह अपनी पढ़ाई-लिखाई, अध्ययन, कला, विचार और भाषा के मामले में पश्चिमी प्रभाव से प्रबुद्ध होकर भद्र समाज में आना चाहता है। इस प्रकार औपनिवेशिक मानसिकता की जड़ें मजबूत होने लगीं। राष्ट्र और संस्कृति की बढ़ती खाई को एक तबके ने प्रबुद्ध-समाज से जोड़कर अपना दर्जा गौरवपूर्ण माना पर दूसरे ने, चाहे संख्या में कम था, संकट की वास्तविकता को पहचाना। लेखक, विचारक, कलाकार या साहसी सर्जक—सभी पश्चिमी सभ्यता से कोई-न-कोई समीकरण स्थापित करने में प्रयत्नशील रहे ताकि संस्कृति के स्वराज्य का मार्ग निर्धारित कर सकें। व्यवहार में इस दिशा में यथेष्ट सफलता नहीं मिली। छद्म आधुनिकता और प्रभुता का अनुसरण बढ़ता गया।

आजादी के बाद क्या यह दावा किया जा सकता है कि हम संस्कृति का स्वराज्य पा चुके हैं ? निश्चय ही हमें आशा और अपेक्षा से कहीं अधिक आघात लगेंगे। इसमें कोई सन्देह नहीं कि स्वाधीनता के प्रारम्भिक वर्षों में समाजवादी मूल्यों और कल्याणकारी योजनाओं का पालन किया गया। ऐसा लगा जैसे नेहरू की प्रसिद्ध पंक्तियाँ 'ट्रिस्ट विद डैस्टिनी' की भविष्यवाणी सही होने जा रही है। इन लक्ष्यों और भावनाओं को ध्यान में रखते हुए संविधान में सुपरिचित तीन आदर्शों की संकल्पना की गई परन्तु हर चुनाव में

इन आदर्शों की बार-बार हत्या हुई। बहुजन हिताय, बहुजन सुखाय के जनवादी लोकतांत्रिक उद्देश्य का प्रचार और प्रपंच तो बढ़ गया पर व्यवहार में (एलीट) अभिजात समाज की शक्ति और वर्चस्व बढ़ा। जीने और रचने में गहरा आदान-प्रदान होना चाहिए। जीवन और संस्कृति के भीतरी सम्बन्ध पुष्ट और दृढ़ होने चाहिए। इस समय अभिजात वर्ग जनवादी आदर्शों को भूल चुका है। वह वैभव और विलास को ही अपना ध्येय बना रहा है। व्यवस्था और संस्कृति के सम्बन्धों पर भी ध्यान देना होगा। राजनीति की कार्य-प्रणालियाँ, सामाजिक परिवर्तन की दिशा और गति, आर्थिक ढाँचे और स्थितियों के सामूहिक प्रभाव से ऐसा वातावरण बनता है जो संस्कृति के विकास के लिए अनुकूल या प्रतिकूल हो सकता है। संस्कृति-कर्म की प्रेरणा अन्दरूनी और स्वान्त: सुखाय होती है परन्तु उसका कार्य-क्षेत्र समाज और व्यवस्था का वातावरण है। इस समय सत्ता चलाने का नेतृत्व और अधिकार जिस प्रभु समाज के पास है वह उसके लोकवादी स्वरूप के स्थान पर भव्य-प्रदर्शन, छद्म आवरण और कुशल प्रबन्धन को ही सब कुछ मान बैठा है। विचारहीन और संस्कारहीन यह वर्ग किसी प्रकार की नैतिकता पर भी विश्वास नहीं रखता। इस अध:पतन में राजनेता तो अग्रणी रहा ही, डॉक्टर, वकील, इंजीनियर, लेखक, अध्यापक जैसे सम्मानजनक व्यवसाय के लोग भी स्वार्थ-सत्ता की दौड़ में पीछे नहीं हैं। गांधी, नेहरू के सपने बहुत जल्दी खंडित हो गए। अस्सी के दशक में सोवियत यूनियन के विघटन और मार्क्सवाद की पराजय ने शून्य की स्थिति पैदा कर दी। न कोई प्रेरक मॉडल है, न विचारधारा और न मूल्य-आदर्श। नब्बे के दशक में वैश्वीकरण के नाम पर नवसाम्राज्यवाद का स्वागत हो रहा है, जिसमें बहुराष्ट्रीय कम्पनियाँ आर्थिक स्तर पर नए पूँजीवाद की स्थापना कर रही हैं। मुक्ति की आकांक्षा और उपभोक्तावादी संस्कृति के तहत अबाध भोगवाद का वातावरण बन रहा है। इसकी दो दिशाएँ उल्लेखनीय हैं—राष्ट्रीय अस्मिता और गौरव के नाम पर प्राचीन रूढ़िवाद के प्रति अन्धभक्ति। दूसरी ओर आधुनिकता के नाम पर पश्चिम का मुक्त अनुसरण। दोनों प्रकार की प्रवृत्तियाँ प्रतिक्रियामूलक और प्रतिगामी हैं, न ये जनसंवेदी हैं और न जनहिताय बल्कि उग्रवाद को बढ़ावा देती हैं। भाषा एक ऐसा अन्त:सूत्र है जो संस्कृति और राष्ट्रीय अस्मिता को जोड़ता है। जनजीवन की भाषा के बिना संस्कृति का आधार कैसे बन सकता है! अंग्रेजी भाषा को समाज और जीवन में जो जगह दी जा रही है उसके लिए मैकाले नहीं, हम जिम्मेदार हैं। मध्यवर्ग उससे अपनी प्रभुता और विशिष्टता स्थापित करना चाहता है।

वैश्वीकरण और उदारीकरण से पुरानी औपनिवेशिक-वृत्ति को नई मान्यता और महत्ता मिली है। सजग, समर्थ और अब समृद्ध यह मध्यम वर्ग जो शोषण और अन्याय के विरुद्ध सदा संघर्षशील रहा है, आज यह वर्ग संवेदनशून्य, आत्मबद्ध और सत्ताकांक्षी होता जा रहा है। अन्तर्विरोध कहीं-न-कहीं नैतिकता को जगाते या प्रतिरोध-भाव लाते हैं, अब यह अपराध-बोध खत्म हो रहा है। अन्तिम दशक में संस्कृति की मर्यादाएँ मिटती जा रही हैं और अपसंस्कृति का प्रसार हो रहा है। इस संकट का संस्कृति के स्वराज्य की चिन्ता का—इस वर्ग का सरोकार नहीं रहा। अपने स्वार्थ के लिए यह वर्ग अपना कुछ भी छोड़ सकता है और पश्चिम का कुछ भी अपना सकता है।

सन् 1989 में प्रतिभाशाली युवा रंगकर्मी सफदर हाशमी की हत्या कर दी गई। इस अमानुषिक कांड की देशव्यापी तीखी प्रतिक्रिया हुई। उत्तेजित सर्जक-समाज ने इसे संस्कृति के स्वराज्य की हत्या के रूप में देखा। सर्वेश्वर दयाल सक्सेना के मत में सफदर की मृत्यु ने जो चेतना और स्फूर्ति जगाई, वह अप्रत्याशित और विद्रोहमूलक थी। इस पर संस्कृतकर्मी सड़कों पर आ गए। सफदर तो मार्क्सवादी थे, युवा नेता थे। लेखक, कलाकार और बुद्धिजीवी सभी प्रकार के दलगल भेदभाव भूलकर अन्तिम यात्रा में जिस निष्ठा से शामिल हुए, रवीन्द्र भवन की शोक सभा में जैसी भावभीनी श्रद्धांजलियाँ दी गईं, वह सब अविस्मरणीय है। सहमत को देशभर के लेखकों-कलाकारों से जो सहयोग-सहानुभूति मिली उसने इप्टा की याद को ताजा कर दिया। दोनों ने सत्ता-विरोधी शक्तियों को मंच दिया। दो वर्ष बाद सफदर की स्मृति में 'सहमत ट्रस्ट' बना। सत्ता का वरदहस्त प्राप्त होते ही ट्रस्ट इतना व्यवस्था-पोषक और लक्ष्यभ्रष्ट हो गया कि जी.पी. देशपांडे जैसे वरिष्ठ मार्क्सवादी नाटककार को इस ट्रस्ट से अलग होना पड़ा। ट्रस्ट तो पैसे से चलेगा और पैसा एकत्र करने के लिए सिद्धान्तों का हवन हो सकता है। चाहे आप प्रगतिशील संस्कृति का प्रसारण क्यों न कर रहे हों, यह अनुभव प्रमाणित करता है कि महत्त्व पैसे का है, संस्कृति का नहीं। संस्कृति-कर्म की इस मिसाल से मौजूदा प्रवृत्तियों को समझा जा सकता है।

जवाहरलाल नेहरू के समाजवादी सिद्धान्तों के उमंग भरे दौर में यह धारणा बनी कि सुनियोजित समाज-रचना का दायित्व शासन पर रहेगा। ऐसे समाज में परवरिश पा रहे व्यक्ति की कला, साहित्य, संस्कृति की अभिरुचियों के परिसंस्कार का दिशा-निर्देशन राज करेगा। इन्हीं भावनाओं और संकल्पनाओं की पूर्ति के लिए 1951 में तीन अकादमियों की स्थापना का निर्णय लिया गया। जनवरी 1953 से संगीत नाटक अकादमी ने अपना कामकाज शुरू कर दिया। इस देश में बहुजातीय, बहुप्रदेशीय, बहुभाषीय विविधता है, इसकी मिली-जुली संस्कृति के विकास को दिशा और दृष्टि देने के लिए एक केन्द्रीय संस्थान की आवश्यकता समझी जा सकती है। इन सब योजनाओं को आकार और दृष्टि देने में कमलादेवी चट्टोपाध्याय ने प्रशंसनीय भूमिका निभाई। इप्टा की स्थापना में वह सक्रिय और चर्चित रहीं। सन् 1946 में उन्होंने बम्बई में प्रथम अन्तर्राष्ट्रीय नाटक सम्मेलन का संचालन किया। आजादी के बाद रंगमंच की बिखरी गतिविधियों को राष्ट्रीय मंच प्रदान करने के उद्देश्य से कमला देवी चट्टोपाध्याय ने 1951 में भारतीय नाट्य संघ का गठन किया। इस संघ की प्रादेशिक शाखाएँ भी खोली गईं ताकि सर्व-भारतीय आधार दिया जा सके। वह रंगमंच को मात्र प्रचार, प्रतिष्ठा या रचनात्मक तुष्टि तक सीमित नहीं रखना चाहती थीं, इप्टा की पृष्ठभूमि और अनुभव से समर्थ एवं प्रतिबद्ध वह उसकी सामाजिक सार्थकता और कलात्मक उत्कर्ष पर पूरा ध्यान देती रहीं। इस प्रयोजन को पूरा करने के लिए उन्होंने एशियन थिएटर इंस्टीट्यूट की स्थापना की जिसमें यूनेस्को द्वारा भेजे गए दो विदेशी निर्देशक देशभर से चुने 26 युवा कलाकारों को थिएटर क्राफ्ट, स्पीच आदि का प्रशिक्षण देते थे। इन कलाकारों को दो भागों—रूरल थिएटर और चिल्ड्रन थिएटर—में बाँटा गया जिन्हें दिन भर भारतीय और पाश्चात्य दोनों पद्धतियों के बारे में

सिखाया जाता था। एक नाटक की रिहर्सल भी चल रही थी। इन अनुभवों से गुजरते हुए कमलादेवी ने कुछ वर्ष बाद राष्ट्रीय नाट्य विद्यालय के गठन में पहल और साहस का परिचय दिया। रंगमंच के साथ बरसों से इतने गहरे सरोकार के कारण वह कई वर्ष तक भारतीय नाट्य संघ की अध्यक्ष रहीं, संगीत नाटक अकादमी की, पहले वाइस चेयरमैन और बाद में चेयरमैन रहीं।

पहले दशक के शून्य को देखते हुए कमला देवी चट्टोपाध्याय के बहुमुखी योगदान का आकलन जरूरी है। असल में उनका मनीषी-द्रष्टा रूप सर्वाधिक प्रभावित करता है। पहले दौर के रंगकर्म में गति तो आ रही थी पर रंगमंच का स्वरूप, परिपाटी और स्रोत को लेकर कोई दृष्टि नहीं थी। थिएटर के भविष्य की रूपरेखा, भारतीय रंगमंच की पहचान और सार्थक थिएटर आदि उभरते सवालों पर विचार-विनिमय करने के लिए 1956 में पहली राष्ट्रीय संगोष्ठी का आयोजन किया, विषय था—'इंडियन ड्रामा एंड थिएटर'। अपने उद्घाटन भाषण में उपराष्ट्रपति डॉ. राधाकृष्णन ने प्राचीन काल की गौरवपूर्ण नाट्य सम्पदा से प्रेरणा लेकर समकालीन रंगमंच को नई ऊर्जा देने का अनुरोध किया। पहला आयोजन था, इसलिए देश के रंगकर्म की वस्तुस्थिति का जायजा लिया गया। विभिन्न प्रदेशों के अनुभवों का आदान-प्रदान उपयोगी सिद्ध हुआ। इस संगोष्ठी की मूल योजना संगीत नाटक अकादमी की थी परन्तु भारतीय नाट्य संघ की ओर से 1959 में दूसरी संगोष्ठी हुई जिसमें 'थिएटर आर्किटेक्चर' जैसे नए विषय पर बातचीत हुई। विचार-विनिमय की इस परिपाटी का लाभ और महत्त्व दिखने लगा। भारतीय नाट्य संघ के पास अनुभव और उत्साह था, इसलिए 1961 की संगोष्ठी की परिकल्पना पहली बार व्यापक राष्ट्रीय स्तर पर हुई। इस बीच देश में शौकिया थिएटर की लहर-सी आ गई। कलकत्ता, दिल्ली, बम्बई के अतिरिक्त इलाहाबाद, कानपुर आदि में तेजी से बढ़ रहे थिएटर को दृश्याकार देने का श्रेय निर्देशक को है। इस बदलाव को ध्यान में रखते हुए सात महत्त्वपूर्ण मुद्दों पर पर्चे पढ़े गए। विषय-प्रतिपादन के लिए अनुभवी निर्देशकों/विद्वानों को आमन्त्रित किया गया। प्रतिभागियों के चयन में विवेकशीलता रखी गई, इसलिए परिचर्चा गम्भीर तथा विचारोत्तेजक रही। सूची द्रष्टव्य है : (1) बलवन्त गार्गी—नाटककार और निर्माता/निर्देशक के आपसी सम्बन्ध, (2) शम्भु मित्र—पश्चिमी प्रदर्शन-पद्धति का समकालीन भारतीय रंगमंच पर प्रभाव और उसे कहाँ तक अपनाया जाए?, (3) डॉ. राघवन—संस्कृत नाटकों का प्रस्तुतीकरण, (4) डॉ. सुरेश अवस्थी—लोक रंगमंच की फॉर्म और तकनीक; टी. जानकीरमन—तमिल लोक नाटक, (5) हबीब तनवीर—समकालीन प्रदर्शन-पद्धति में संगीत और नृत्य का प्रयोग, (6) नेमिचन्द्र जैन—व्यावसायिक थिएटर का उदय और नाटककार तथा निर्देशक की दृष्टि से उसका महत्त्व, (7) सी.सी. मेहता—मंचन पर फीस, कॉपीराइट और रॉयल्टी के सवाल। तीन दिन चली इस संगोष्ठी में 37 अग्रणी रंगकर्मियों-निर्देशकों-आलोचकों ने भाग लिया। इसमें जापान, फिलीपीन्स, थाईलैंड, इंडोनेशिया के प्रतिनिधियों ने भी भाग लिया। लम्बी सूची में हिन्दी के निम्न निर्देशक-नाटककार-आलोचक थे—हबीब तनवीर, शान्ता गांधी, जगदीश चन्द्र माथुर, मोहन राकेश, लक्ष्मीनारायण लाल, नेमिचन्द्र जैन, सुरेश अवस्थी (संयोजक), आई.एल.

दास, आर.जी. आनन्द, नरेन्द्र शर्मा तथा रघुवीर सहाय। समकालीन रंगकर्म से जुड़े सभी पहलुओं पर विचार-विमर्श हुआ, भारतीय रंगमंच का एक खाका-सा बना। प्रतिभागियों के मत-मतान्तर में बहुत साफ राय नहीं बनी पर टीका-टिप्पणियों का अपना महत्त्व तो रहता है। भारतीय नाट्य संघ ने 1966 में एक अन्तर्राष्ट्रीय संगोष्ठी का आयोजन किया—'ईस्ट-वेस्ट थिएटर सेमिनार ऑन टोटल थिएटर' (ईस्ट-वेस्ट डायलॉग) इस संगोष्ठी से इशारा मिलता है कि रंगकर्मियों का एक तबका पश्चिमी प्रभाव को उदारता से ग्रहण कर रहा है और वह पूर्वी-पश्चिमी संवाद की जरूरत महसूस करता है।

कमला देवी चट्टोपाध्याय लम्बे अर्से तक भारतीय रंगकर्म से जुड़ी रही हैं। भारतीय नाट्य संघ और संगीत नाटक अकादमी के ऊँचे पदों पर वह केवल शोभा बढ़ाने के लिए नहीं बैठीं। उनके प्रबल व्यक्तित्व, संगठनात्मक कुशलता और रंगनिष्ठा ने स्वस्थ और रचनात्मक परम्पराओं की नींव रखी। उन्होंने प्रशिक्षण के लिए संस्थान की महत्ता साबित की, रंगमंच पर विचार-विनिमय का सिलसिला राष्ट्रीय स्तर पर शुरू किया और शौकिया रंगमंच को जीवन तथा समाज से जोड़ा। भारतीय रंगमंच को नवजीवन प्रदान करने में उनका उल्लेखनीय योगदान है।

साठ-सत्तर का दशक नए आन्दोलन का स्वर्ण युग कहा जा सकता है जिसमें नाटक और रंगमंच के क्षेत्र में विलक्षण प्रतिभाओं का विस्फोट हुआ। कुछ नाटककारों और निर्देशकों के मत में समकालीन जीवन के अन्तर्विरोधों और अन्तर्द्वन्द्वों के जटिल स्थितियों को प्रस्तुत करने के लिए यथार्थवादी पद्धति ही उपयुक्त है। कुछ रंगकर्मी भारतीय-मानस को पारम्परिक पद्धति में प्रकट करना बेहतर और असरदार मानते हैं। इधर नगरों-महानगरों में उपलब्ध साधनों और तात्कालिक समझौतों के चलते विभिन्न प्रदर्शन रूढ़ियों-शैलियों का घालमेल चल रहा था। यह सवाल तो बराबर उठ रहा था कि भारतीय रंगमंच की पहचान किस पद्धति में पाई जाएगी। इस सन्दर्भ में भारतीय परम्परा और अस्मिता को अनदेखा नहीं किया जा सकता। रंगमंच के विस्तार के साथ इस विषय पर विचार-विमर्श करना जरूरी हो गया।

अपनी विभिन्न योजनाओं और कार्यक्रमों में व्यस्त और सक्रिय, संगीत नाटक अकादमी की महत्ता बढ़ रही थी और अब वह दिशा-निर्देशक संस्थान का रूप धारण कर चुकी थी। थिएटर की इन उभरती उलझनों को ध्यान में रखते हुए अकादमी ने 1971 में पारम्परिक थिएटर की समकालीन प्रासंगिकता पर एक 'राउंड टेबल' संगोष्ठी का आयोजन किया जिसमें देशभर के प्रमुख नाटककारों-निर्देशकों-आलोचकों को आमन्त्रित किया गया। इस अवसर पर चार पर्चे पढ़े गए : (1) उत्पल दत्त—जात्रा और उसकी प्रासंगिकता, (2) शंकर पिल्लै—पारम्परिक थिएटर की आधुनिक प्रासंगिकता, (3) जगदीश चन्द्र माथुर—सह-अस्तित्व के लिए स्थान, (4) शान्ता गांधी—सम्बन्धों की खोज। पर्चों की तुलना में परिचर्चा अधिक तीखी और टिप्पणियाँ स्वतंत्र विचारों से भरी थीं। संगोष्ठी में इस निष्कर्ष पर आम सहमति थी कि पारम्परिक पद्धतियाँ ही भारतीयता का प्रतिनिधित्व कर सकती हैं और इन्हीं में से सार्थक रंगमंच की खोज होनी चाहिए।

दूसरा पक्ष भी कमजोर न था। इस समय थिएटर नगरों-महानगरों में तेजी से अपनी जगह बना रहा है। यहाँ के नाटककार-निर्देशक-रंगकर्मी पारम्परिक थिएटर के प्रति न सहज हो सकते हैं और न समर्थ। शहरी जीवन शैली में पलने-बढ़ने वाले परम्परा से कुछ सीख-अपना तो सकते हैं परन्तु परम्परा उनका हिस्सा नहीं बन सकती। पारम्परिक नाटक में कुछ नया नहीं होता—न आख्यान, न चरित्र, न शैली-संगीत, मिथक भी पुराने होते हैं परन्तु आस्वाद और प्रभाव में कोई कमी नहीं होती। यह सब संवेदना और रुचि के अनुरूप नहीं बैठता। अल्काज़ी, सत्यदेव दुबे, मोहन राकेश, जगदीश चन्द्र माथुर के मत में पारम्परिक शैलियों के प्रति सम्मान का भाव रखना एक बात है, पर हमारी दृष्टि में यहाँ अन्तर्वस्तु और फॉर्म में सदा असंगति रहेगी। वास्तव में विवाद उत्पल दत्त के जात्रा-परम्परा को तोड़ने से हुआ। उन्होंने जात्रा की प्रचलित-शैली में स्तालिन, हो चि मिन्ह, माउ त्से तुंग जैसी हस्तियों को मिथक रूप प्रदान किया। विषयवस्तु और फॉर्म में किए इन परिवर्तनों को नाटककारों-निर्देशकों ने आलोचना की। उत्पल दत्त को चूँकि अपने प्रेक्षक का विश्वास मिल रहा था, इसलिए वह अडिग थे। हबीब तनवीर, शान्ता गांधी, शीला भाटिया, के.एन. पणिक्कर ने परम्परा में प्रयोग की सम्भावनाओं को रेखांकित किया। इनकी दृष्टि में महानगर के निवासी भी भारतीय संस्कारों और प्रवृत्तियों से अलग नहीं हैं। पारम्परिक रूढ़ियों-परिपाटियों को नए सन्दर्भों और स्थितियों में प्रस्तुत करने की रचनात्मक क्षमता चाहिए। अगर ब्रेख्त अपने नाटकों में जीवन और व्यवस्था के जटिल प्रश्नों को पारम्परिक तरीके से प्रस्तुत कर सकता है तो यहाँ भी आधुनिक व्यंजनाएँ लाई जा सकती हैं। बादल सरकार ने मौलिक प्रयोग किए। मोहन राकेश को यह सब जीवन-अनुभव से बाहर की बात लगी। जी.पी. देशपांडे को महसूस हुआ कि पारम्परिक पद्धतियों के प्रति इतना आग्रह पुनरुत्थानवादी वृत्ति के संकेत देता है। कुछ नाटककारों के संस्कार और प्रवृत्ति ऐसी है कि वे दोनों पद्धतियों में प्रयोग कर सकते हैं, जैसे विजय तेन्दुलकर और गिरीश कर्नाड। 'राउंड टेबल' में तीन दिन चला विचार-मन्थन उपयोगी रहा, स्थितियाँ साफ होती गईं और पारम्परिक शैली को राष्ट्रीय स्वीकृति की दिशा मिली।

संगीत नाटक अकादमी ने पारम्परिक थिएटर के विकास और उत्कर्ष को अपना लक्ष्य बना लिया और इस प्रकार अपनी कार्य दिशा को स्थिर और एकपक्षीय कर दिया। सन् 1983 में अकादमी ने युवा-रंगकर्मियों में अपनी पारम्परिक पद्धतियों के प्रति आधुनिक दृष्टि अपनाने के लिए एक प्रोत्साहन योजना शुरू की। पहले पाँच वर्ष तक खूब उत्साह और कुशलता से चली इस देशव्यापी योजना के अन्तर्गत क्षेत्रीय और राष्ट्रीय नाट्योत्सव हुए। इस अवधि में कुछ ऐसे मौलिक सर्जनात्मक प्रयोग हुए जैसे रतनथियम का 'चक्रव्यूह', जिन्हें भारतीय रंगमंच की उपलब्धि कहा जा सकता है। कुछ और असरदार प्रयास हुए जहाँ निर्देशक पारम्परिक रूढ़ियों को समकालीन परिप्रेक्ष्य देने में सफल रहे। अन्य प्रस्तुतियों का आकलन किया जाए तो युवा निर्देशकों में इस पद्धति की ओर सहज रुझान नहीं मिला। अधिकांश सतही प्रयोग हुए। इस आरोप में कुछ सच्चाई तो है कि युवा-प्रतिभा को प्रलोभन देकर उसकी नैसर्गिक प्रदर्शन-खोज को अवरुद्ध किया गया। 1984 के राष्ट्रीय समारोह के अवसर

पर 'समकालीन भारतीय रंगमंच के परिप्रेक्ष्य' विषय पर विचार-मन्थन हुआ। तीन दिन तक चली इस राष्ट्रीय संगोष्ठी में देशभर की रंग-प्रतिभाओं ने भाग लिया। परिचर्चा का प्रवर्तन करते हुए नेमिचन्द्र जैन ने कहा कि 1961 में हुई संगोष्ठी के बाद 1984 में अब एक (रंग) वृत्त पूरा हो जाता है।

पारम्परिक शैलियों की महत्ता और प्रासंगिकता को लेकर पर्याप्त विमर्श हो चुका है। अब उसे समकालीन रंगकर्म की प्रमुख प्रवृत्ति मानना होगा जिसके संकेत शीर्षक से मिल जाते हैं। पारम्परिक पद्धति के वक्ताओं का बहुमत होते हुए भी दोनों पक्ष मुखर रहे। इस संगोष्ठी में निम्न प्रतिभागियों ने अपने विचार रखे—नेमिचन्द्र जैन, शांता गांधी, के.एन. पणिक्कर, शंकर पिल्लै, चन्द्रशेखर कंबार, जी.पी. देशपांडे, राजिन्दर नाथ, विजया मेहता, मनोज मित्र, किरणमय राहा, रुद्रसेन प्रसाद गुप्त, ज्ञानेश्वर नाडकर्णी, एम.के. रैना, बंसी कौल, लोकेन्द्र अरंबम, मथुस्वामी और सुरेश अवस्थी। अनुभवी और समर्थ होने के नाते प्रतिभागियों ने अपने मत को विश्वसनीय ढंग से प्रस्तुत किया पर अपने पूर्वग्रह से ये मुक्त नहीं मिले। नए निर्देशकों के आने से विचारोत्तेजना बढ़ी।

सन् 1989 में संगीत नाटक अकादमी ने नेहरू शताब्दी नाट्य समारोह मनाया। नेहरू स्वतंत्र भारत के निर्माता और संस्कृति के स्वराज्य के संरक्षक रहे हैं। इस अवसर पर अकादमी ने 'समकालीन भारतीय रंगमंच' विषय को केन्द्र में रखा। इस लक्ष्य को पूरा करने के लिए अकादमी ने 15 पुरस्कृत एवं सम्मानित निर्देशकों के अपने श्रेष्ठ प्रस्तुतीकरणों को दोबारा प्रस्तुत किया। पिछली उपलब्धियों का इतिहास ताजा हो गया। इनका साक्षात्कार एक विरल अनुभव था। आज की मौलिक उद्‌भावनाओं और सार्थक रंग अनुभव प्रदान करने में ये अद्वितीय हैं। इस अवसर पर अकादमी ने 'कंटेम्परेरी इंडियन थिएटर' शीर्षक से एक उपयोगी पुस्तक प्रकाशित की जिसमें समकालीन 26 नाटककारों-निर्देशकों के विस्तृत इन्टरव्यू संकलित हैं। दोनों कार्यक्रमों को एक साथ देखें तो समकालीन रंग परिदृश्य का पूरा परिप्रेक्ष्य मिल जाता है। इस समारोह के लिए आयोजित राष्ट्रीय संगोष्ठी में आमन्त्रित रंगकर्मियों ने निम्न विषयों पर बातचीत की—'समकालीन नाट्य-लेखन और भारतीय अनुभव', 'समकालीन रंगमंच में पारम्परिक पद्धति और रंगमंच और प्रचार साधन' (मीडिया)।

इन संगोष्ठियों में हिन्दी नाटककार-निर्देशक-नाट्यालोचक की सक्रिय हिस्सेदारी कई स्तरों पर उपयोगी और प्रेरक सिद्ध हुई। नाटककारों में जगदीश चन्द्र माथुर, मोहन राकेश, लक्ष्मीनारायण लाल ने; निर्देशकों में अल्काज़ी, हबीब तनवीर, राजिन्दर नाथ, ब.व. कारन्त, एम.के. रैना, बंसी कौल आदि ने; नाट्यालोचकों में सुरेश अवस्थी और नेमिचन्द्र जैन ने भाग लिया। किसी अन्य भाषा के महत्त्वपूर्ण नाट्यालोचक के अभाव में सुरेश अवस्थी और नेमिचन्द्र जैन, एक प्रकार से हिन्दी का नहीं, भारतीय नाट्यालोचन का प्रतिनिधित्व कर रहे थे। भारतीय नाट्य संघ के सचिव होने के नाते सुरेश अवस्थी ने 1961 की विशिष्ट संगोष्ठी का संयोजन एवं संचालन किया। इधर भारतीय रंगमंच में अपनी अस्मिता की खोज को लेकर परिवर्तन और प्रयोग हो रहे थे। इस बीच सुरेश अवस्थी संगीत नाटक अकादमी के सचिव नियुक्त हुए। इधर पारम्परिक थिएटर की प्रासंगिकता पर कई प्रकार के प्रश्नचिह्न

लगने लगे। यह सवाल उठा कि किस प्रदर्शन पद्धति को भारतीय माना जाए। इसी मुद्दे पर विचार करने के लिए 1971 में हुई 'राउंड टेबल' की परिकल्पना और सफलता का श्रेय सुरेश अवस्थी को जाता है। नेमिचन्द्र जैन 1961 से सभी संगोष्ठियों में नई सुलझी रंगदृष्टि से अपनी उपस्थिति दर्ज करते रहे हैं। सन् 1984 की संगोष्ठी में उनका योगदान उल्लेखनीय रहा। ये दोनों आलोचक पारम्परिक थिएटर की प्रतिष्ठा को लेकर मुखर और आग्रही रहे हैं परन्तु उनका विश्लेषण प्रमाण पुष्ट और विश्वसनीय रहा। एकपक्षीय दृष्टिकोण का यह दुष्परिणाम निकला कि वे हिन्दी नाटक और रंगमंच के लिए प्रासंगिक न रहे। रंग आन्दोलन के प्रमुख नाटककार यथार्थवादी पद्धति का अनुसरण करते रहे—जगदीश चन्द्र माथुर, मोहन राकेश, सुरेन्द्र वर्मा, मुद्राराक्षस, भीष्म साहनी, बलराज पंडित, शंकर शेष, अल्काज़ी, श्यामानन्द जालान, सत्यदेव दुबे, राजिन्दर नाथ प्रयोगशील रहे परन्तु उनका आधार यथार्थवादी रहा है। मणि मधुकर के पारम्परिक पद्धति के प्रयोग सहज और सफल रहे, 'रस गन्धर्व' विशिष्ट नाट्य-कृति है। पर यह सच है कि हिन्दी नाटक, हिन्दी रंगमंच और हिन्दी नाट्यालोचन में संगति कम रही।

संस्कृति के स्वराज्य को केन्द्र में रखकर 1956 से 1989 तक चली छह संगोष्ठियों का मूल्यांकन करें तो कई विचार-बिन्दु सामने आते हैं। नाटक और रंगमंच से जुड़े विद्वानों और सर्जक कलाकारों के बरसों तक चले वैचारिक आदान-प्रदान तथा सैद्धान्तिक विमर्श से 'रंगकर्म की भारतीय पहचान क्या है'—के बारे में एक परिपक्व और सुचिन्तित दृष्टिकोण विकसित हुआ। इन संगोष्ठियों में किसी-न-किसी प्रसंग या सन्दर्भ से पारम्परिक पद्धतियों की सार्थकता पर बहस चली। मतभेद तीखे रहे। उत्तरोत्तर यह धारणा स्पष्ट और दृढ़ होती गई कि भारतीय रंगमंच अपने पारम्परिक रंग-स्रोतों और उनके सर्जनात्मक प्रयोगों के आधार पर अपनी प्रदर्शन पद्धति को आकार देगा। यह खोज निरन्तर चलती रहेगी। हबीब तनवीर, शान्ता गांधी, शीला भाटिया, के.एन. पणिक्कर, रतन थियम का आधार-स्रोत एक ही है परन्तु अपने प्रयोग में ये प्रतिभाएँ भिन्न, मौलिक और सफल हैं। नाटककारों में विजय तेन्दुलकर ('घासीराम कोतवाल') और गिरीश कारनाड ('हयवदन') ने पारम्परिक शैलियों की प्रासंगिकता सिद्ध की परन्तु बादल सरकार ('एवम् इन्द्रजीत') और मणि मधुकर ('रस गन्धर्व') ने परम्परा में आधुनिक प्रतिध्वनियाँ लाने में विलक्षण निपुणता दिखाई। इसी सन्दर्भ में यह याद रखना जरूरी है कि भारत की सामासिक संस्कृति में ही राष्ट्रीय अस्मिता और सम्मान निहित है। रंगमंच को लेकर सामसिक संस्कृति का तात्पर्य है बहुभाषीय-बहुप्रदेशीय रंग-परम्पराओं का उत्कर्ष और समकालीन सार्थकता की अनवरत खोज। इस विविधता में सांस्कृतिक एकसूत्रता की अन्तर्धारा आप्लावित होती है। यह बहुरंगी समन्वित धारा ही स्वस्थ राष्ट्रीय भावना का आधार है।

संस्कृति के स्वराज्य के लिए जरूरी है चिन्तन की परम्परा, इस नजरिए से देखें तो अकादमी ने अपने दायित्व को निष्ठा और गम्भीरता से निभाया है। यहाँ अकादमी के दृष्टिकोण की सीमा का उल्लेख आवश्यक है। मध्यम वर्ग का संवेदनशील नाटककार-निर्देशक पश्चिमी प्रेरणा और प्रभाव से कभी मुक्त नहीं हुआ। महानगरों के नाटक और

रंगमंच की इतनी उन्नत और प्रशंसनीय कृतियों–प्रस्तुतियों की उपेक्षा अनुचित कही जाएगी। 'आधे-अधूरे' और 'बाकी इतिहास' जैसे नाटक; अल्काज़ी, सत्यदेव दुबे और राजिन्दर नाथ जैसे निर्देशक हमारी विशिष्ट उपलब्धियाँ हैं। अकादमी का वास्ता पूरे रंगकर्म से है। किसी भी पद्धति को अछूत नहीं माना जा सकता। राष्ट्रीय नाट्य विद्यालय से निकले छात्र कलाकारों का रुझान यथार्थवादी पद्धति की ओर है। इस पद्धति में 'बाएजैक' 'मुख्य मंत्री' द्वारा कलात्मक प्रतिमान स्थापित करने वाले प्रतिभाशाली रंजीत कपूर को हम रंगमंच से खारिज करना चाहें तो इसमें किसकी हानि होगी?

(आजकल, अगस्त 1997)

18

विद्रोही-वृत्ति का मंत्र बना 'नीलदर्पण' का प्रकाशन

चाणक्य के देश के एक निवासी को आज इतिहास की यह सच्चाई विश्वसनीय नहीं लगेगी कि भारत में अंग्रेजी राज्य के विस्तार की शुरुआत महज एक कम्पनी की स्थापना से हुई थी। प्लासी की लड़ाई में कामयाबी हासिल करने के बाद कम्पनी राज के इरादे बदल गए। पाँव फैलाने की कूटनीति में सिद्धहस्त अंग्रेज सौदागरों ने पाया कि उनकी छल-छद्म की कार्यशैली पर न कोई अधिकारी कड़ी नजर रखता है और न कोई दखल या बन्दिश है। इन हालात में अंग्रेज सौदागरों ने यहाँ के आत्म-निर्भर पंचायती-विधान, भू-नियमों को या तिजारत की प्रचलित परिपाटियों को जानबूझकर तोड़ा या नष्ट किया। एक प्रकार की बिखरी-अराजक अर्थ-व्यवस्था का बना रहना इन सौदागरों के लिए बहुत फायदेमन्द था। अब उन्हें धोखाधड़ी करने, यहाँ तक कि लूट मचाने के लिए किसी नियम-बन्धन की चिन्ता न रही। उस दौर के अंग्रेज इतिहासकारों का मानना है कि ये सौदागर अन्धाधुन्ध लूटपाट के लिए पागल-से हो गए थे। उधर, ब्रिटेन में औद्योगिक क्रान्ति की शुरुआत हो चुकी थी। उद्योग और विज्ञान की तरक्की के लिए पर्याप्त धनराशि तो चाहिए ही, जाहिर है, तिजारत से भरपूर लाभ उठाने और अधिक-से-अधिक पैसा भिजवाने के मकसद को सामने रखकर इन सौदागरों ने सभी कायदे-कानून को ताक पर रख दिया। इसी लक्ष्य की प्राप्ति के लिए लार्ड क्लाइव ने जो अपनी शासन-नीति विकसित की वह केवल लूट या धोखाधड़ी को व्यापार कहे जाने के लिए। यहाँ इस महत्त्वपूर्ण तथ्य को अनदेखा न करना होगा कि ईस्ट इंडिया कम्पनी को वह सनद 1833 में मिली जिसके तहत अंग्रेजों को देश की जमीन के मालिक बनने और उस पर स्वतंत्र रूप से व्यापार करने के अधिकार थे। स्पष्ट है, सनद मिलने से बहुत पहले से ही, अंग्रेज सौदागरों ने हेरा-फेरी को व्यापार का पर्याय बना लिया था! और इस सनद का तात्पर्य था देश में साम्राज्यवाद की नींव की स्थापना। नए शोषण-तंत्र के सबसे अधिक शिकार हुए खेतिहर किसान और कारीगर।

इसमें कोई सन्देह नहीं कि कम्पनी का निरंकुश दमन चक्र कई दशक तक चला। शान्त और सन्तुष्ट दिखाई देने वाले निष्क्रिय अवाम का इस तरह का यह व्यवहार भ्रम-सा पैदा करता है परन्तु असलियत इतनी सपाट न थी। अवाम में आक्रोश और प्रतिकार की आग-कमोबेश-सुलगती रही। विद्रोह के रूप में इन चिंगारियों का विस्फोट देश के अलग-अलग हिस्सों में थोड़े-थोड़े अन्तराल के बाद अनवरत होता रहा। ये विद्रोह एक-दूसरे से स्वतंत्र

थे, अधिकांश नगण्य भी कहे जा सकते हैं परन्तु इनकी अन्तर्निहित समानता पर ध्यान देना होगा। सर्वत्र पक्ष-विपक्ष वही थे, मुद्दे और लक्ष्य भी एक जैसे। निम्न सूची से यह स्पष्ट हो जाता है कि इन विद्रोहों में न कोई पारस्परिकता थी, न एकजुटता थी, नेतृत्व भी समान न थे फिर भी सभी का मकसद एक था कि साम्राज्यवादी हुकूमत को देश से निष्कासित किया जाए। इन्हें स्वाधीनता के लिए एक राजनीतिक लड़ाई कहा जा सकता है। 19वीं सदी के प्रारम्भिक विद्रोह :

1. 1806 में वेल्लोर दुर्ग का सैनिक विद्रोह मद्रास आर्मी ने अंग्रेज आर्मी के कठोर दमन के बाद बगावत।
2. 1817-25 पायक विद्रोह
3. 1808-1809 त्रावणकोर विद्रोह
4. 1808-1812 बुन्देलखंड-बघेलखंड विद्रोह
5. 1810-1817 बनारस के बुनकरों की हड़ताल
6. 1814-1822 कच्छ का संग्राम
7. 1817 बरेली विद्रोह
8. हाथरस का विद्रोह
9. 1818 तथा 1820-21 आदि बागड़ी नायकों का विद्रोह
10. 1818-20-21 भील तथा हो आदिवासियों का संघर्ष
11. मेव राजपूतों का विद्रोह
12. 1825-27 पागलपन्थी गोरी जाति का विद्रोह

प्रमुख क्रान्तिमूलक विद्रोह

1. 1824-16 पंजाब में गुर्जरों की मोर्चेबन्दी—इसी दौर बुन्देलखंड और मालवा में संघर्ष।
2. वहाबी विद्रोह—इनका संघर्ष धार्मिक परन्तु उनका मकसद अंग्रेजी सत्ता को उखाड़ना।
3. 1829 खसिया जनजाति और आका उपजाति विद्रोह
4. 1850-54 सन्थाल विद्रोह
5. 1857 जनविद्रोह
6. 1859 कोरो विद्रोह
7. 1860 जयन्तिया विद्रोह
8. 1861 फूलगुड़ी विद्रोह
9. 1826-73 पवना किसान विद्रोह
10. 1878 रानी चोरिस का विद्रोह
11. 1875 महाराष्ट्र का किसान विद्रोह
12. 1872 कूका विद्रोह, पंजाब में सिक्खों का नामधारी सम्प्रदाय
13. असम का कूकिया विद्रोह

14. 1893 कामरूप का किसान विद्रोह
15. 1894 पाथरू घाट का किसान विद्रोह
16. 1895 वासुदेव बलवन्त फड़के—महाराष्ट्र के 'रॉबिनहुड'
17. 1882 शम्भूधन में और 1891 रिकेन्द्रजीत में।

इस सूची के कुछ ऐतिहासिक तथ्य उल्लेखनीय हैं। इनमें एक खास बात यह पाई गई कि ये विद्रोह आदिवासी इलाकों में अधिक हुए। रियासतों के कुछ शहर भी छोटे-बड़े ये विद्रोह अन्यथा सामान्य कहे जा सकते हैं परन्तु विद्रोहों की यह लम्बी सूची एक ऐसी कतार की तरह खड़ी है जिसके मजबूत इरादों में बड़ी ताकत का मुकाबला करने का मनोबल है। 1857 के राष्ट्रीय विद्रोह समेत 19वीं सदी के सभी विद्रोह को उनकी सफलता-असफलता की कसौटी पर न परखना होगा। ऐसा कोई आन्दोलन कामयाब नहीं रहा, परन्तु इन सबकी उपलब्धि है स्वाधीन होने का स्वप्न और उसको पाने के लिए साम्राज्यवादी सत्ता से टकराने की दृढ़ संकल्पना। लगभग सारी 19वीं सदी इसी संघर्ष में जुटी रही, दूसरे शब्दों में ब्रिटिश शासन को चुनौती देते रहे। चूँकि यह राजनैतिक अधिकार पाने की लड़ाई थी, इसकी राजनैतिक भूमिका तथा महत्ता को कैसे नकारा जा सकता है?

सन्थालों में संघर्ष के प्रति अनोखी निष्ठा और प्रतिबद्धता मिलती है, सम्भवत: इसीलिए उनकी प्रतिकार-वृत्ति से अंग्रेजी शासन सबसे अधिक परेशान रहा है। सन्थाल का पहला विद्रोह 1784 में हुआ जिसका संचालन तिलका मांझी ने किया। वीर और साहसी तिलका को इस विद्रोह में विजय तो हासिल नहीं हुई परन्तु वह इतिहास-पुरुष के नाते जनमानस में नव जागृति और स्वाभिमान की लहर लाकर उनका मनोबल मजबूत कर गया। 1855 में सन्थाल अपने आरम्भ सम्मान की रक्षा के लिए फिर मैदान में उतरे।

ब्रिटिश साम्राज्य को चुनौती देने में छोटी-से-छोटी रियासत या छावनी ने पूरा साहस दिखाया और मुक्ति के लिए संघर्ष किया। हार और जीत के परिणाम से हटकर देखें तो पूरी 19वीं शताब्दी में लगातार हुए ये विद्रोह नहीं है, अपनी-अपनी सीमाओं में ब्रिटिश सत्ता के निष्कासन के ओजस्वी इरादों की अभिव्यक्ति है। इसी उथल-पुथल से राजनैतिक चेतना का विकास एवं राष्ट्र-भाव के विकास की सम्भावनाएँ खुलती हैं।

नील के अंग्रेज सौदागरों—नील प्लान्टरों को बड़ी जल्दी इस असलियत का पता लग गया कि नील के व्यापार में सामान्य से कई गुना अधिक मुनाफा है। नील प्लान्टर अपनी गिद्ध-दृष्टि से इस व्यापार पर टूट पड़े और बेरोकटोक धोखाधड़ी के हथकंडे अपनाने लगे। इसी अवधि में इन सौदागरों के सामने देश में 28 बार अकाल पड़े, लगभग 285 लाख लोगों के प्राण गए—अवाम की इतनी बदहाली के प्रति—इनसानियत के प्रति यह तबका जड़ और संवेदनहीन था।

नील के काश्त में कड़ी मेहनत करनी पड़ती है। यह काश्त दो प्रकार से होती थी, खुद की काश्त, दूसरे, रैयत की काश्त। अंग्रेज अब यह काम रैयत को सौंपने लगे। अधिकांश किसान नील-प्लान्टरों के चंगुल से बचना चाहते थे। उधर रैयत को अपने काबू में रखने के लिए नील प्लान्टरों ने 'दादनी काश्त' नाम की नई स्कीम चलाई। इसके तहत नील-प्लान्टर नील किसान मजदूर को बतौर कर्जा, पेशगी, इतनी रकम देगा ताकि वह साल भर

अपने परिवार का गुजारा चला सके और नील की खेती भी कर ले। व्यवहार में ये किसान नील-प्लान्टर के दुश्चक्र में फँस जाते थे।

1855-56 के आसपास नील-प्लान्टरों के विरुद्ध प्रतिरोध की चिंगारियाँ भड़कने लगीं। नील-मजदूरों के आन्दोलन को यह नया स्वर और नया विश्वास मिला कि चाहे प्राण भी चले जाएँ नील की खेती नहीं करेंगे। यह आन्दोलन अब स्थानीय नहीं रहा—नदिया, जैसोर, बारासान, पावना, राजशाही, फरीदपुर और इनसे जुड़े इलाकों में बदलाव की उत्तेजनाएँ तेज हुईं। 1857-58 तक इस संघर्ष में आम किसान, छोटे महाजन, छोटे कारीगर आदि भी शामिल हो गए। चूँकि इस आन्दोलन का नेतृत्व मामूली किसान, जैसे—मुराद बिस्वास, लाल चन्द्र साहा, दिगम्बर बिस्वास कर रहे थे, इसलिए ये सभी मजदूरों-किसानों में एकजुटता तथा संगठन-शक्ति लाने और उनमें नैतिक स्फूर्ति पैदा करने में सफल रहे।

जो नील-मजदूर आसपास स्थित फैक्ट्रियों में काम कर रहे थे, उनमें प्रतिशोध की प्रवृत्ति अधिक तीखी और उग्र थी। 1859 में विद्रोह फूट पड़ा। उत्तेजित रैयतों में हिंसा भड़क उठी। नील-मजदूरों ने हथियारबन्द दस्ते बना लिए। तोड़-फोड़ की वारदातें बढ़ने लगीं, कहीं-कहीं गोलियाँ चलीं। विद्रोह ने तेजी पकड़ी। सेना बुलानी पड़ी। कई नील-प्लान्टर कस्बों में ऐयाशी की जिन्दगी बिता रहे थे, उनकी जान और माल के खतरे से अधिकारी घबरा गए। शासन पर दबाव बढ़ रहा था। इस विद्रोह का एक और उल्लेखनीय पक्ष सामने आया। बरसों से नील-प्लान्टर की चल रही लूट और दमन की नादिरशाही अब बर्बर रूप धारण कर चुकी थी। यह मसला नील किसान या मजदूर तक सीमित न रहकर, अब बेबस मजलूम का विद्रोह बन गया था।

इस बीच कलकत्ता की पत्रिकाओं, यहाँ तक कि ब्रिटिश पार्लियामेंट तक वे सब खबरें पहुँच चुकी थीं जिनमें नील-प्लान्टरों के नृशंस आचरण पर लिखा गया था। इस संघर्ष के कलकत्ता पक्ष को बहुत विवेकशीलता से संचालित किया महेश चन्द्र चैटर्जी ने। 'हिन्दू पैट्रियॉट' में हरीशचन्द्र मुखर्जी ने इस विषय पर लगातार तीन वर्ष 1858-61 बड़ी निर्भीकता से लिखा। सरकार ने 1857 के विद्रोह से सबक लेते हुए वस्तुस्थिति को सँभालना जरूरी था, इसलिए अप्रैल 1860 ई. में ईडग्गो कमीशन का गठन किया जिसका प्रयोजन नील के मसले के हर पहलू की जाँच करना है। अगस्त, 1860 में इस कमीशन ने अपनी रिपोर्ट पेश कर दी, सारी बातें खुलकर सामने आ गईं। नील-किसानों/मजदूरों की यह माँग मान ली गई कि उन पर नील-प्लान्टरों की कोई बन्दिश नहीं रहेगी। नील मजदूरों को नील की खेती करने या न करने की उन्हें छूट रहेगी।

प्राकृतिक सौन्दर्य की पृष्ठभूमि वाले पूर्वी बंगाल के नदिया जिले का चौबेड़िया गाँव—एक छोटी नहर जमुना नदी से घिरा एक मनोरम स्थान—विभिन्न विभूतियों की जन्मस्थली। यहीं एक कुलीन कायस्थ परिवार में 1830 को दीनबन्धु मित्र का जन्म हुआ। निश्छल व्यक्तित्व, सरल एवं प्रीतिकर स्वभाव के दीनबन्धु के किसी भी सहयात्री के आत्मीय होने या उसे आत्मीय बनाने में देरी नहीं लगाते थे। सम्पर्क एवं संवाद में तत्पर, वे स्नेहशील थे। दीनबन्धु प्रखर मेधा और सृजनात्मक प्रतिभा के धनी थे। उनकी प्रारम्भिक शिक्षा कलकत्ता के हरे स्कूल में हुई। 1853 में उन्हें एक जूनियर स्कॉलरशिप मिली, जिसकी

वजह से दीनबन्धु को हिन्दू कॉलेज में आगे की पढ़ाई के अवसर मिले। 1855 में कॉलेज की शिक्षा पूरी होने पर वे पटना में एक पोस्टमास्टर के पद के लिए नियुक्त किए गए। अपने ही कॉलेज में, थोड़े दिनों के लिए उन्हें पढ़ाने का अवसर भी मिला। यह दीनबन्धु की विरल उपलब्धि थी कि कलकत्ता की नामी संस्था के वे विशिष्ट छात्र, उल्लेखनीय रचनाकार और योग्य शिक्षक रहे।

प्रकृति के मनोरम परिदृश्य, किशोरावस्था के सहृदय दीनबन्धु का भाव-विह्वल संसार- ऐसे में कविता की ओर उन्मुख हो जाना स्वाभाविक ही कहा जाएगा। दीनबन्धु ने 'मानव चरित्र' नामक कविता के लेखन से साहित्यिक जगत में पदार्पण किया। अपनी सृजन-क्षमता के बल पर दीनबन्धु को उस दौर के अग्रणी एवं प्रतिष्ठित कवि तथा युग-निर्माता ईश्वरचन्द्र गुप्त का वरदहस्त प्राप्त हुआ। दीनबन्धु ने समय-समय पर आख्यान मूलक कविताएँ लिखीं। दरअसल ईश्वरचन्द्र गुप्त अपनी पत्रिका—'संवाद प्रभाकर' में नई प्रतिभाओं को प्रेरणा एवं प्रोत्साहन के अवसर देते रहते थे। अपनी साहित्यिक सक्रियता के आधार पर दीनबन्धु ने यहीं अपनी अलग पहचान और जगह बनाई।

1855 में पटना आए और दीनबन्धु ने वहाँ डेढ़-दो वर्ष डाक विभाग में काम किया, इस बीच उनकी तरक्की हुई और 1858 के आसपास उन्हें इन्स्पेक्टिंग पोस्टमास्टर बनाया गया। इस पद की जिम्मेदारी कुछ इस प्रकार की थी कि दीनबन्धु को लगातार डाकघरों की जाँच-पड़ताल करनी पड़ती थी। अब वे एक स्थान पर टिककर नहीं रह सकते थे, उन्हें एक डाकघर का निरीक्षण कार्य पूरा करने पर अगले डाकघर की पड़ताल के लिए अनवरत घूमना पड़ता था। इस व्यतिक्रम ने उनके जीवन-क्रम को ही नहीं बदला, अब उन्हें दीन और दुनिया की उन सच्चाइयों से गुजरने का मौका दिया जो उनके लिए कल्पनातीत थी। उनके अनुभव का दायरा बदला, समझ और पकड़ बढ़ी, इन सबके असर से दीनबन्धु का जीवन के प्रति नजरिया प्रौढ़ एवं परिपक्व हुआ। अब उनकी सृजन भूमि न कोमल रही, न भावपरक, उसका स्थान हाशिए पर चला गया, व्यवस्था और समाज के कठोर नहीं बल्कि कड़वे यथार्थ हावी हो गए। इन सबका पहला समग्र प्रभाव यह पड़ा कि दीनबन्धु की अभिव्यक्ति का माध्यम बदल गया। वे नाट्य-लेखन की ओर मुड़े।

दीनबन्धु का तबादला पहले उड़ीसा खंड में, फिर नदिया और बाद में ढाका खंड में हुआ। ये वे इलाके हैं जहाँ नील की खेती होती रहती है। नील के जिस नाजुक मसले को वे अपने गाँव में सतह पर देख-समझ रहे थे, अब इस समस्या के हर पहलू से वास्ता पड़ने लगा और पुख्ता एवं विश्वसनीय जानकारी उनके सामने आने लगी। इन दौरों के अनुभव से दीनबन्धु को अनेक बार और कई प्रकार से आक्रोश भरे नील मजदूरों की यंत्रणाओं को देखने-सुनने के मौके मिले। इन मर्मभेदी अनुभवों को बार-बार फिर से उन्हें सुनने की प्रक्रिया ने बहुत गहरे दीनबन्धु को अस्थिर और आन्दोलित किया। दर्पान्ध सत्ता के ऐसे घिनौने चेहरे या न्याय प्रणाली के ऐसे पाखंड ने उनका यह अहसास दृढ़ किया कि पराधीनता की जंजीरें कितनी जटिल और जालिम होती हैं।

यह एक ऐतिहासिक संयोग ही है कि जिस समय दीनबन्धु ने इन्स्पेक्टिंग पोस्टमास्टर का दायित्व सँभाला और अपने दौरे शुरू कर दिए, लगभग उन्हीं दिनों नील-मजदूरों ने

नील-प्लान्टरों के शोषण के विरुद्ध अपने संघर्ष को सक्रिय किया। 1858-59 में यह आन्दोलित एक संगठित विद्रोह का आकार लेने लगा था। विद्रोह ने गति पकड़ी, आसपास के इलाकों में उसका असर पड़ा। जनव्यापी इस उथल-पुथल से यह साफ महसूस हो रहा था कि 1857 की चिंगारियाँ अभी बुझी न थीं।

'नीलदर्पण' के लेखन का इतिहास तरह-तरह की स्थितियों से गुजरा है। 'नीलदर्पण' का रचयिता आजीवन उस अंग्रेजी शासन का मुलाजिम रहा है जिसकी सत्ता पर अपनी नाट्य कृति में वह प्रश्न उठाने जा रहा है। संयोग से वह उन्हीं इलाकों और उन्हीं लोगों के बीच बरसों-बरस तक काम करता रहा है जहाँ नील के खेत, खेतिहर किसान/मजदूर जुड़े बँधे हैं। 1859-60 के नील-विद्रोह का वह साक्षी रहा है। ऐसी अनुभव-समृद्ध रचना के लेखन में जहाँ अपने समय और समाज के यथार्थ को इतने करीब से देखने या समझने के अवसर मिले हों, वस्तुनिष्ठता का निर्वाह बहुत बड़ी चुनौती है। इस नाटक के पाठ से यह जाहिर हो जाता है कि दीनबन्धु ने एक ऐसी सुलझी सृजन-विधि अवश्य विकसित कर ली थी जिसका पालन करने से वे समकालीन यथार्थ से संयत दूरी रख सके। बहुत सम्भव है वह नैसर्गिक हो। यथार्थ के ऐसे तटस्थ पर सशक्त दृश्यांकन ने 'नीलदर्पण' को भारतीय नाट्य-साहित्य की एक महत्त्वपूर्ण नाट्य कृति का दर्जा दिया है।

नाटक का कथ्य सीधे-सीधे नील के मसले को उठाता है परन्तु उसके अन्तर्निहित पाठ सत्ता की साम्राज्यवादी आकांक्षाओं को व्यंजित करते हैं। निरंकुश प्रकृति के अंग्रेज नील-प्लान्टरों ने आर्थिक शोषण एवं सामाजिक दमन की नीति का बेरहमी से पालन करते रहे, जो उत्तरोत्तर बर्बर एवं पाशविक होती गई। नील किसानों की मजदूरों के यंत्रणाओं भरे जीवन ने दीनबन्धु की अन्तश्चेतना को उद्वेलित करते हुए—दीन-हीन का बन्धु, किसानों-मजदूरों की मर्मव्यथा पर नाटक लिखा। इस नाटक को लिखने का यह उद्देश्य है कि पीड़ित जनता को विदेशी शासक से मुक्ति मिले। 'नीलदर्पण' का लेखन दीनबन्धु की दृढ़ संकल्पना का प्रतिफल है।

मेरे सोने के स्वरपुर में किसी बात का दुख नहीं, जिस व्यक्ति का यह जीवन-विश्वास है और जो पिछली सात पीढ़ियों से यहाँ शान्ति और सन्तोष से जीना चाहता है, भरे-पूरे परिवार का स्वामी वह गोलोक चन्द्र बसु एक जागरूक, उदार और इज्जतदार जमींदार है। गोलोक चन्द्र के दो बेटे हैं, बड़ा नवीन माधव, छोटा बिन्दु माधव, दोनों विवाहित हैं। नवीन अपने प्रत्येक सम्बन्ध के अन्तर और मर्यादा को समझते हैं—बूढ़े माता-पिता, पत्नी, छोटे भाई के प्रति समर्पित ही नहीं, प्रत्येक रिश्ते को वे भावनिष्ठा से निभाते हैं। मानवीय धरातल पर प्रबुद्ध, उदार संवेदनशील नवीन गाँव की रैयतों, कमजोर के हितों के पक्षधर और उनमें जागृति फैलाने वाले हितैषी हैं। वह गाँव में स्कूल खोलना चाहते हैं। गरीब किसान की मदद करते रहते हैं। कभी-कभी उन्हें खेती के लिए हल या बैल देते हैं। सम्भवतः यह उसी का असर है कि दस गाँवों के खेतिहर किसानों ने नील-प्लान्टरों से बयाना नहीं लिया। शालीन प्रकृति के नवीन अपनी हैसियत से वाकिफ हैं परन्तु जहाँ अन्याय या जुल्म हो रहा हो या आत्मसम्मान की रक्षा का मामला हो वहाँ वह चुप नहीं

रह सकते। उन्होंने नील-प्लान्टरों की नृशंसवृत्ति काला साँप से तुलना करने में कोई भूल नहीं की। यह जानते हुए कि छोटी अदालतें कितनी पक्षपातपूर्ण हैं, नवीन टकराव से बचते न्यायोचित रास्ता अपनाते हैं।

नवीन 'स्वरपुर का भीम' है। नील-प्लान्टर वुड किसान साधु चरण और राय चरण के साथ हो रहे जुल्म की बात सुने बिना ही उन्हें गन्दी गालियाँ दे रहा है और बार-बार चाबुक मारता है। नवीन ठीक समय पर पहुँचकर बीच-बचाव से उनकी रक्षा करता है। क्षेत्रमरिम-प्रसंग के कई नाजुक पहलू हैं—स्त्री के सतीत्व की रक्षा, परिवार की इज्जत, समाज में मान-अपमान और नैतिकता। नवीन समय पर पहुँचकर नील-प्लान्टर रोज़ को क्षेत्र मारिग के शील-भंग होने से बचा लेता, इस घटना पर नवीन भावोत्तेजित तो है रोज़ पर आगे ईसाई धर्म की दुहाई देता है। बलात्कार जैसे प्रकरण हो तोराप जैसे व्यक्ति का संयत न रहना और रोज़ की पिटाई करना प्रत्याशित था। लेखक सारी स्थिति को बेकाबू नहीं होने देता। धूर्त दीवान गोपीनाथ ने एक कुचक्र रचा, एक झूठे फौजदारी मुकदमे में बुजुर्ग गोलोक चन्द्र को फँसाकर जेल भिजवा दिया है। निर्दोष गोलोक चन्द्र अपमान के इस आघात को सह नहीं पाता और आत्महत्या कर लेता है। इस दुर्घटना ने इस परिवार की शान्ति और मानसिक सन्तुलन को छीन लिया। दोनों भाई इस खबर से अनजान पिता की जमानत के लिए दौड़-धूप कर रहे थे। प्रशान्त और अस्थिर माँ के लिए कोई व्यवस्था के सिलसिले में नवीन नील-प्लान्टर वुड के पास जाता है। घमंडी और बदजुबान वुड नवीन का अपमान ही नहीं करता, उसने नवीन को कुछ ऐसे अपशब्द कहे जिस पर वह अपना संयम खो बैठा। नवीन ने वुड पर गहरा प्रहार किया, उधर पीछे से किसी लठैत ने नवीन के सिर पर वार किया, सिर फट गया और कुछ दिनों की बेहोशी में उसकी मौत हो गई। नवीन की बेरहम मौत से उसकी माँ पगला-सी गई और आवेश में आकर छोटी बहू सरला का गला दबाकर हत्या कर देती है। इस झटके से माँ को होश आया और पता लगा कि उसने मदहोशी में क्या कर डाला, अब वह एक साथ पति, पुत्र और बहू की मौत को झेल न पाई। मानसिक आघात तो लग चुका था, वह चल बसी, मर गई। साथ-साथ चार मौत हो गईं, एक बसा हुआ परिवार मरघट बन गया इस कांड के जिम्मेदार हैं—नील-प्लान्टर वुड और रोज़ या उनका शासन-तंत्र। गोलोक चन्द्र एक शान्तिप्रिय और न्यायप्रिय परिवार था, साँप के दंश से तबाह हो गया। साधुचरण-रामचरण ऐसे किसान हैं जिनके पास थोड़ी-सी जमीन है, उनकी व्यथा-गाथा और भी मार्मिक है। नील-प्लान्टर रोज़, क्षेत्रमणि के साथ बलात्कार की कोशिश करता है। क्षेत्रमणि युवा और आकर्षक अवश्य है परन्तु विवाहित और गर्भवती है। रोज़ की लम्पट-वृत्ति अबाध है, ठीक समय पर पहुँचकर नवीन ने क्षेत्रमणि के स्त्रीत्व की रक्षा तो अवश्य की परन्तु जिस घिनौने-अनुभव से यातना से उसे गुजरना पड़ा, वह क्षेत्रमणि झेल नहीं पाई, उसकी मौत हो गई, एक और मौत!

असली सवाल पर विचार करना जरूरी है-दीनबन्धु ने यह नाटक क्यों लिखा? निश्चय ही लेखक मजदूर की तरह काम कर रहे असहाय एवं कमजोर किसानों-मजदूरों को वह नील-प्लान्टरों के जुल्म से भरे चंगुल से मुक्ति दिलाना चाहता है। वह अपनी सीमाएँ जानता है, उसे सरकारी-नौकरी करते अब कई बरस हो चुके हैं। राजभक्ति का प्रत्यक्ष आवरण

चाहिए ही। दीनबन्धु ने अपने मन्तव्य को अलग-अलग प्रकार से नाटक के नायक नवीन के माध्यम से रेखांकित किया है। नवीन शासन-तंत्र का अनुसरण करते हुए 'सभ्य समाज' का रास्ता अपनाता है। वह अपना मकसद भूला नहीं—वह गरीब रैयत को नील-प्लान्टर के जुल्म से बचाने और उनमें जागृति फैलाने वाला हितैषी है। नवीन के संघर्ष से ही पता लगता है कि नील-प्लान्टर किस किस्म के इनसान हैं—'बात-बात पर गाली देना, जूते मारना, हंटर मारना, बाँधकर मारना, लाठी से सिर फोड़ देना, गर्भवती स्त्री के पेट पर बेरहमी से लात मारना' इनके आचरण की पहचान है। भ्रष्ट, बर्बर, जालिम ये सचमुच साँप है जिनके दंश से एक न्यायप्रिय परिवार तबाह हो गया। नाटक के अन्त में एक साथ पाँच मौतें, ब्रिटिश शासन प्रणाली पर तीखा प्रहार करती हैं। इस सन्दर्भ में यह उल्लेखनीय है कि हत्या और आत्महत्या में ज्यादा अन्तर नहीं है, दोनों के मूल में प्रबल स्थितियाँ या कारण एक से होते हैं! गोलोक चन्द्र की आत्महत्या नहीं, हत्या हुई है जिसके जिम्मेदार मदान्ध अधिकारी रहे हैं। नवीन ने अन्याय को चुपचाप नहीं सहा, वह जुल्म के खिलाफ सदा आवाज उठाता रहा, यहाँ तक कि अपने जीवन की आहुति दे दी पर अपने हमसफर खेतिहर किसानों के लिए कुछ न कर सका। ऐसा लगता है कि नवीन लेखक की प्रतिकृति है, जो अपने प्रयोजन में विफल रहा।

इस नाटक का दूसरा तात्पर्य बहुत छिपा नहीं है। एक विदेशी शक्ति अपने साम्राज्य के विस्तार के मकसद से यहाँ अपने पाँव जमाने में लगी है। नवीन कम साहसी न थे परन्तु मुक्ति की लड़ाई में कामयाब न हो सके, नवीन के साथ तोराप है, वह आजादी की लड़ाई का दूसरा रास्ता अपनाता है—ईंट का जवाब पत्थर से देना। नील-प्लान्टर रोज़ की नाक उसके हाथ में है। इस रास्ते की सम्भावनाएँ आश्वस्ति भाव लाती हैं। इस नाटक में विद्रोही-वृत्ति के दोनों रूप गुँथे हुए हैं।

ब्रिटिश सरकार के एक अदना अधिकारी होने के नाते दीनबन्धु को पहली चिन्ता अपनी राजनिष्ठा की थी। 'नीलदर्पण' का प्रथम पाठ इस मानदंड पर खरा उतरता है। गोलोक चन्द्र, नवीन माधव, बिन्दु माधव तथा कुछ अन्य स्त्री पात्र नाट्यालेख में समय-समय पर क्वीन विक्टोरिया, ब्रिटिश न्याय प्रणाली, ईसाई धर्म आदि पर अपनी आस्था अवश्य प्रकट करते हैं। 1857 के विद्रोह को हुए कुछ ही साल बीते थे। ब्रिटिश शासन उसे न भूला होगा। वातावरण में तनाव की प्रतिच्छाया का मिलना सम्भव है। राजभक्ति के मुद्दे पर विवेकशील दीनबन्धु ने माइकेल मधुसूदन दत्त, बंकिम चन्द्र जैसे साथी साहित्यकारों का दृष्टिपथ अपनाया। उस दौर की कुछ प्रतिक्रियाएँ इसी पक्ष की पुष्टि करती हैं। दरअसल दीनबन्धु इस नाट्य कृति में पर्याप्त नाटकीय सतर्कता का परिचय देते हुए अपनी राजभक्ति की विशेषता की रक्षा की ही है। सम्भवत: इसीलिए कुछ विद्वान 'नीलदर्पण' को 'लायलिस्ट प्ले' की कोटि में रखना चाहते हैं। यहाँ यह प्रश्न तो उठेगा कि क्या यही उद्देश्य सामने रखकर उन्होंने यह नाटक लिखा था? निश्चय ही नहीं, वे अपनी अन्तश्चेतना की उस नैसर्गिक प्रतिबद्धता को कैसे भूल सकते हैं जो उन्हें मासूम खेतिहर किसानों के प्रति इतने वर्षों से कर रखी थी। सभी प्रकार की सीमाओं या बाधाओं का अतिक्रमण करते हुए अपनी अन्दरूनी ताकत के बल पर इस नाटक में वह सब लिखा और दिखाया जो उनका प्रयोजन

था। नाटक के प्रथम पृष्ठ पर विदेशी साम्राज्य की तुलना सदा घातक और विनाशकारी रहने वाले राहु से की है। नील प्लान्टर अंग्रेज व्यापारियों को काले साँप जैसा मानते हैं जो हमेशा विषैला डंक मारता है। नाटक के अन्त में विशेष रूप से 5वें अंक में नील-प्लान्टर के पाशविक आचरण, न्याय प्रणाली के नाम पर चल रही धोखाधड़ी के परिणामस्वरूप दो परिवारों में मौत का मातम छाया मिला। न क्वीन ने न ब्रिटिश शासन के दावों ने, न ईसाई धर्म की दुहाई ने इनकी गुहार सुनी न कोई मदद की। नाटक का यह अन्तर्पाठ अधिक विश्वसनीय और प्रतिरोधमूलक है। दोनों तरह के पाठ में सन्तुलन और निर्वाह, यह दीनबन्धु की विरल क्षमता है।

जेम्स लाँग पिछले 20 वर्षों से भारत में ईसाई धर्म के प्रचार में जुटे हुए थे। इस अवधि में उनके व्यक्तित्व, कार्य-पद्धति और सोच में आमूल परिवर्तन आ गया। जिज्ञासु-वृत्ति के जागरूक एवं उदात्त-मूल्यों का यथासम्भव पालन करने वाले जेम्स धीरे-धीर प्रचारक कम पर मिशनरी अधिक होते गए। वे कई यूरोपियन भाषाओं के ज्ञाता थे, अब वे बंगला भाषा पढ़ने-लिखने के साथ-साथ आसानी से बोल भी लेते थे। हिन्दी और उर्दू भाषाओं की भी उन्हें अच्छी जानकारी थी। जेम्स का मकसद स्थानीय लोगों से उनकी भाषा में सम्पर्क और संवाद के रिश्ते स्थापित करना था ताकि उनके दिल और विश्वास को जीतना कठिन न रहे। यह सच है कि जेम्स यहाँ के लोगों के हमदर्द थे और उनकी भलाई के बारे में सदा सोचते तथा कुछ-न-कुछ करते रहते। वे स्थानीय लोगों में लोकप्रिय हो गए थे जो उन्हें 'पादरी जेम्स' कहकर पुकारते थे। इस तरह के दृष्टिकोण के कारण नई पुस्तकों पर उनकी पैनी नजर रहती। 'नीलदर्पण' के प्रकाशन के छह सप्ताह के अन्दर इस नाटक की बंगला प्रति जेम्स लाँग के पास थी।

यही इलाका जेम्स लाँग का कार्य-क्षेत्र रहा। वे बरसों से नील खेतिहर किसानों के बीच रहे, वे उनके कामकाज के अच्छे जानकार और मददगार रहे हैं। नील-प्लान्टरों के साथ चले संघर्ष के अन्त में सरकार ने एक कमीशन की स्थापना की थी ताकि इस मसले का कोई समाधान निकाला जा सके। जेम्स लाँग ने खेतिहर किसानों की वस्तुस्थिति पर एक सप्रमाण पेपर तैयार किया। वे गवाह के नाते इस कमीशन के पास आए और यह पेपर दिया। इस पृष्ठभूमि को सामने रखें तो पैनी दृष्टि के जेम्स के लिए 'नीलदर्पण' के अन्तर्निहित तात्पर्य को समझना कठिन था। उन्हें यह नाटक इतना सशक्त और असरदार लगा कि उन्होंने इसके अंग्रेजी अनुवाद का फैसला कर लिया। इस सिलसिले में उन्होंने, सचिव, बंगाल सरकार को आश्वस्त कर अनुवाद के लिए राजी कर लिया, लेफ्टिनेंट गवर्नर ग्रांट की भी अनुमति ले ली गई। 'नीलदर्पण' का अंग्रेजी अनुवाद माइकेल मधुसूदन दत्त की मदद से जेम्स लाँग ने पूरा किया। सेटर कार ने अंग्रेजी अनुवाद की 500 प्रतियाँ प्रकाशित कीं, इसमें से लगभग 200 प्रतियाँ ब्रिटश पार्लियामेंट के प्रमुख सदस्य, अग्रणी बुद्धिजीवियों, लन्दन की पत्र-पत्रिकाओं को, इधर भारत में बम्बई, लाहौर और कलकत्ता के प्रतिष्ठित अधिकारियों, विद्वानों, समाचार-पत्रों को भेजी गईं। यह सब सरकारी खर्च पर हुआ। जाहिर है 'नीलदर्पण' अब देश-विदेश में चर्चा और प्रचार का विषय बना। पूरा वातावरण खेतिहर के हक में था।

धीरे-धीरे लांछित और अपमानित नील-प्लान्टर एकत्रित एवं संगठित हुए। इनकी ताकत बहुत अधिक थी और लगभग हर तरफ थी। पैसा अधिक था, सभी साधन-सम्पन्न थे, सत्ता और प्रशासन के चारों ओर इनके हाथ फैले हुए थे। इनके सारे आरोप पादरी जेम्स लाँग पर केन्द्रित थे। इस नाटक के अनुवाद प्रचार आदि में केवल पादरी जेम्स की पहल और कोशिश ने असर दिखाया था। जुलाई 1861 में जेम्स लाँग पर मुकदमा चला, फैसले में उन्हें एक मास की जेल और एक हजार रुपए का जुर्माना लगा। चूँकि यह मुकदमा सुप्रीम कोर्ट में चला देश-विदेश में उसकी कार्यवाही पर पूरा ध्यान गया। मुकदमे के दौरान चली बहसों की रिपोर्टें देशव्यापी स्तर पर प्रकाशित हुईं। 'नीलदर्पण' के प्रकाशन के औचित्य को लेकर बचाव पक्ष ने जो तर्क पद्धति अपनाई वह नई और उपयोगी थी। बहसों के दौरान नाट्यालेख पर जो टीका-टिप्पणी हुई, वह भी अलग प्रकार की और सार्थक थी यह नजरिया नाटक के नए पाठ के संकेत दे सकता है।

'नीलदर्पण' अंग्रेजी अनुवाद और पादरी जेम्स लाँग पर चले मुकदमे के कुछ परिणाम निकले। मुकदमे के दौरान जो विवाद चला उसकी रिपोर्टिंग से उत्पन्न स्थितियाँ राजनैतिक सरगर्मियों की सूरत में बदल गईं। नाटक में राजनिष्ठा का मुद्दा हाशिए पर चला गया और दीनबन्धु के मन्तव्य केन्द्रीय धुरी बन गए। दरअसल मुकदमे ने नाटक के प्रतिरोधपरक पहलुओं को उजागर किया। पूरे वातावरण में—जीवन में, समाज में, राजनीति में, थिएटर में आत्मविश्वास की लहर-सी व्याप्त हो गई। शासक वर्ग को अपनी चिन्ताएँ और आशंकाएँ थीं, एक नाट्य कृति अपनी सीमा के बाहर क्या कर सकती है, उस खतरे को टटोला। इसी बीच 1862 में नीलदर्पण की अन्तर्वस्तु से अनुप्राणित होकर बंगला नाट्य जगत में दर्पण नाटकों का सिलसिला चल पड़ा जिसमें 12 नाटक लिखे गए, उल्लेखनीय हैं—'चॉ-कॉर दर्पण', 'भारत दर्पण', 'बंग दर्पण', 'जेल दर्पण'। इन नाटकों में सामयिक मसलों को बेबाकी से उठाया गया।

विदेशी सत्ता के विरुद्ध राजनैतिक सजगता और देश-प्रेम का आवेगबद्ध रहा था। 70वें दशक में बंगला थिएटर ने करवट ली और पहली बार थिएटर के दरवाजे आम लोगों के लिए खुले। यह अकस्मात् नहीं हुआ कि सार्वजनिक प्रदर्शनों की शुरुआत दिसम्बर 1872 में 'नीलदर्पण' के मंचन से हुई।

1872-73 में 'नीलदर्पण' के कई प्रदर्शन हुए, बाद में यह सिलसिला चलता रहा। कुछ नया करने का जोश बना हुआ था। इसी माहौल की उपज है प्रतिभाशाली, साहसी और समर्थ उपेन्द्रनाथ दास जिन्होंने ग्रेट नेशनल थिएटर की स्थापना की। 1873 में हिन्दू मेला के अवसर पर किरणचन्द्र बंद्योपाध्याय का लिखा 'भारतमाता ऑपेरा' प्रस्तुत किया गया। 1500 दर्शकों के सामने खेले गए इस प्रदर्शन में सत्येन्द्रनाथ टैगोर के भावाकुल गीत 'मलिन मुखचन्द्रमा भारत तोमार' (भारत माता तुम्हारा चन्द्रमा जैसा चेहरा इतना मलिन क्यों है)—को सुनकर सबकी आँखें भर आईं। देश की दुर्दशा के हृदयस्पर्शी चित्रण से भारतमाता की चिन्ता और इस प्रकार देश-प्रेम के भाव उमड़ आए। इस प्रदर्शन से थिएटर में राष्ट्रीय भावना का उदय हुआ।

1875 में ग्रेट नेशनल थिएटर ने उत्तर भारत के कुछ नगरों—दिल्ली, मथुरा, आगरा का दौरा करते हुए लखनऊ में 'नीलदर्पण' को प्रस्तुत करने का निर्णय लिया। दर्शकों में

शहर के गण्यमान्य व्यक्ति और सेना के 'साहब' लोग शामिल थे। प्रस्तुति सहज प्रवाह से चल रही थी जैसे ही रोज़-क्षेत्रमणि बलात्कार के दृश्य में रोज़ ने क्षेत्रमारिग को पकड़ने की कोशिश की—तोराप फुर्ती और तेजी से मंच पर आया, पीछे से रोज़ की गर्दन पकड़ी और उसे पीटना शुरू कर दिया। तोराप की यह हरकत देख कुछ सैनिक बौखला उठे और बेकाबू हो गए। भगदड़ मच गई, प्रदर्शन को तत्काल रोकना पड़ा, सेना की टुकड़ी बुलानी पड़ी। थिएटर ग्रुप को यथाशीघ्र लखनऊ छोड़ने के आदेश दिए गए।

विदेशी शासकों के विरुद्ध उपेन्द्रनाथ दास का अभियान रुका नहीं। 1876 में प्रिंस ऑफ वेल्स एडवर्ड ने कलकत्ता का दौरा किया, विशेष निमंत्रण पर वे कलकत्ता के एक माने हुए रईस प्रतिष्ठित वकील गजदानन्द के घर पर भोज के लिए पहुँचे। जनानाखाना में परिवार की महिलाओं ने उनका विधिवत् आदर-सत्कार किया। गजदानन्द की इस हद तक की राजभक्ति ने देशाभिमानी बंग समाज को ठेस पहुँचाई, चारों ओर इस कांड की तीव्र प्रतिक्रिया हुई। ग्रेट नेशनल थिएटर ने इस घटना को केन्द्र में रखकर एक हास्य-व्यंग्य से भरपूर-कुछ विद्रूप-सा यह नाटक लिख डाला। 'गजदानन्द ओ जुवराज'। इस नाटक में चूँकि सीधे प्रहार किए गए थे, इसके भावोत्तेजित प्रदर्शन पर चारों ओर टीका-टिप्पणी हुई। पुलिस सतर्क रही, उस नाटक के और प्रदर्शन पर रोक लगा दी। इधर व्यवहारकुशल थिएटर कम्पनी ने इस नाटक के नाम शीर्षक बदलकर कई प्रदर्शन कर डाले। अपनी निर्भीक प्रकृति का पालन करते हुए उपेन्द्रनाथ दास एक नया नाट्यालेख—'सुरेन्द्र विनोदिनी' लेकर आए जिसमें सत्ता के विरुद्ध आघात अधिक स्पष्ट और कटु थे। इस नाटक का नायक एक ऐसे ब्रिटिश मजिस्ट्रेट की पिटाई करता है जिसने एक बंग-महिला के शील-भंग की कोशिश की थी। इस नाटक के साथ एक और लघु नाटक भी प्रस्तुत किया गया था—'हनुमान चरित' अर्थात् 'द पुलिस ऑफ पिग एंड शीप'। इस प्रहसन में कलकत्ता के पुलिस अधिकारियों को उपहास का पात्र सिद्ध किया गया था। वस्तुतः 70 के दशक में बंगला थिएटर में ऐसे कई और आक्रामक प्रहार के नाटक खेले गए थे। दर्शकों में राष्ट्र-भाव का आवेग किसी मर्यादा की परवाह न कर रहा था। सम्भवतः ब्रिटिश सरकार ऐसे ही किसी मौके की तलाश में थी। साम्राज्यवादी दर्प और दमन की नीति का पालन होना था। सरकार ने 'ड्रैमेटिक परफॉरमेन्स ऐक्ट 1876' लागू कर दिया जिसके तहत सरकार को किसी नाट्यालेख या प्रदर्शन पर पाबन्दी लगाने के अनेक अधिकार मिल गए। पादरी जेम्स लाँग पर चल रहे मुकदमे के दौरान बहस का जो विचारोत्तेजक स्तर था, देश-विदेश के समाचार-पत्रों में जिस दिलचस्पी और निष्ठा से इसकी रिपोर्टिंग हुई, पढ़े-लिखे तबके पर इसका जो असर पड़ा, इन सबके परिणामस्वरूप इस नाटक की छवि में गुणात्मक परिवर्तन आया। 'नीलदर्पण' का लेखक अपने दीन-हीन हमराही किसानों को सचमुच गुलामी से मुक्ति दिलाना चाहता है। यह सब देखकर सरकार आशंकित हो गई। इसी नाट्यालेख के लखनऊ प्रदर्शन से स्थिति स्पष्ट हो गई कि लिखित पाठ की तुलना में उसका मंचन कितने चिन्ताजनक खतरे पैदा कर सकता है। मंच पर अभिनय कर रहा तोराप असल में मुक्ति का देवदूत बन सकता है। दीनबन्धु के दिखाए विद्रोही-पथ पर चलते हुए 1872 से बंगला थिएटर बेधड़क और साहसी हो गया। 'नीलदर्पण'

अब नाटक नहीं रहा वह एक ऐसा मुक्ति मंत्र बना जिसे नाटककार / रंगकर्मियों ने सृजनात्मक स्तर पर अपने-अपने ढंग से अपनाया।

'नीलदर्पण' का लेखन खेतिहर किसानों के विद्रोह का प्रतिफल था, इसे सत्तावनी विद्रोह के विस्तार के रूप में देखना चाहिए। साम्राज्यवादी, शक्तियों के शोषण एवं बर्बर दमन की नीति में कोई अन्तर नहीं आया। 'नीलदर्पण' का मर्मभेदी त्रासद अन्त हमारी अन्तश्चेतना को झकझोर कर प्रतिकार के लिए एक चुनौती छोड़ जाता है। 'नीलदर्पण' मात्र बंगला नाट्य साहित्य का नहीं, भारतीय नाट्य-जगत का एक गौरव स्तम्भ है।

(रंग प्रसंग, 2012)

19

निपुण दृश्यकार एवं दक्ष अभिनेता : रमेश मेहता

विधा के स्तर पर नाटक एवं रंगमंच से विलक्षणता की विशेष अपेक्षा सदा बनी रहती है। यही विशेषता इनके इतिहास में भी मिले तो आश्चर्य होगा। इनके इतिहास में ऐसे अनेक प्रमाण मिलते हैं, जहाँ प्रतिभा का विस्फोट ऐसे अवसर या स्थल पर हुआ है, जिसका कोई पूर्वानुमान न था—जैसे किसी नाटककार ने अपने मौलिक एवं युगान्तकारी नाट्यालेख से रंगकला और प्रदर्शन-पद्धति की नई दिशा का सूत्रपात किया, किसी निर्देशक ने अपनी कला और कल्पना के अद्‌भुत पर सृजनात्मक प्रयोग से नाटक की अन्तर्वस्तु या किसी प्रमुख चरित्र का नया तात्पर्य या नया आयाम खोज निकाला, अभिनेता का योगदान भी उल्लेखनीय है। दिल को छूने या आन्दोलित करने वाली अविस्मरणीय भूमिका द्वारा कोई कलाकार अभिनय-कला का कीर्तिमान स्थापित कर, प्रस्तुतीकरण की सफलता का श्रेय पा लेता है। इस विधा में विविध सर्जनात्मक प्रतिभाओं का सामंजस्य रहना चाहिए परन्तु सच्चाई यह है कि नाटक और रंगमंच के रिश्तों में विवेकशील सन्तुलन के दौर कम ही आए हैं। नवजागरण और नवचेतना की प्रतिमूर्ति भारतेन्दु हरिश्चन्द्र ने नाट्य-विधा के सामूहिक प्रकार की दूरगामी शक्ति और सम्भावनाओं को समझा और हिन्दी नाटक एवं हिन्दी रंगमंच के विकास के आलोक-स्तम्भ के नाते एक नूतन दृष्टिपथ निर्धारित किया। ऐसी उत्प्रेरक नाट्य-विभूति की इतनी महत्त्वपूर्ण शुरुआत के बावजूद अगले लगभग सत्तर साल नाट्य-लेखन के स्तर पर तो विशिष्ट उपलब्धियाँ गिनाई जा सकती हैं, परन्तु हिन्दी रंगमंच का इतिहास उत्साहहीन एवं निष्प्रभ ही कहा जाएगा। ऐसी सूरत में रंग-परीक्षा से वंचित रही इन नाट्य-कृतियों का आकलन कितना सही या सम्पूर्ण है, कोई मत बनाना सम्भव नहीं। शौकिया धरातल पर हिन्दी रंगमंच अवश्य जीवित रहा, उसकी पुष्ट परम्परा भी रही, परन्तु उसका स्तर और सीमाएँ जाहिर हैं। इस शून्यकाल का भरपूर लाभ उठाया पारसी हिन्दी थिएटर ने, जो अपनी व्यावसायिक कामयाबी के प्रति अधिक सतर्क था। उसने हिन्दी प्रदेश के सामाजिक एवं सांस्कृतिक परिवेश का हिस्सा बनने और लोकप्रिय होने के लिए व्यावहारिक नीति-पथ अपनाया। दूसरे शब्दों में, इस त्रि-आयामी विधा नाटक-रंगमंच-प्रेक्षक के क्रम का नया विन्यास दिया—प्रेक्षक-रंगमंच-नाटक। तीनों में अपनी तरह का सन्तुलन रखकर पारसी थिएटर ने प्रतिष्ठा अर्जित की। 40वें दशक में राजनीतिक सरगर्मियों और बंगाल के भयावह

अकाल से उत्पन्न स्थितियों एवं चुनौतियों का सामना करने के लिए रंगकला ने विलक्षण साहस के साथ एक बुनियादी मोड़ लिया। इप्टा का गठन रंगमंच के इतिहास की एक ऐसी विरल घटना है, जिसने देश भर की रंग-प्रतिभाओं ने रंगकर्म को स्वाधीनता-आन्दोलन का एक ताकतवर माध्यम और राष्ट्रीय सांस्कृतिक चेतना का अभिन्न अंग बनाया। ऐतिहासिक परिप्रेक्ष्य बदल चुका था। तकाज़े नए हो गए। अब केन्द्र में आ गया आजादी की लड़ाई का नागरिक प्रेक्षक। रंगमंच का प्रयोजन है इस संघर्ष के लिए प्रेक्षक-नागरिक को तैयार करना, हिम्मत बढ़ाना। इस लक्ष्य की सिद्धि के लिए नए प्रकार के नाट्यालेख लिखे गए। इस देशव्यापी लहर ने रंगकर्म की जनवादी इयत्ता का पुख्ता आधार बना दिया। ऐसे ओजस्वी वातावरण में पृथ्वी थिएटर्स की स्थापना बहुत हैरान नहीं करती। फिल्मी दुनिया के ख्याति-प्राप्त स्टार अभिनेता पृथ्वीराज कपूर में थिएटर—विशेष रूप से अभिनय के लिए—अपने किस्म का जुनून था। पृथ्वी थिएटर्स के गठन ने हिन्दी रंगमंच में व्यावसायिक रंगकर्म के नए दौर की असरदार शुरुआत की। 16 साल चले इस ग्रुप की प्राणशक्ति थे अभिनेता पृथ्वीराज कपूर, जिनको केन्द्र में रखकर सारा नाट्य-तंत्र परिचालित होता था। इस वस्तुस्थिति पर भी नजर रहनी चाहिए कि 'पृथ्वी थिएटर्स' में कई नामी नाट्य-लेखक, समर्थ कलाकार और योग्य रंगकर्मी थे, जिनकी सक्रिय भूमिका थी; परन्तु यह व्यावसायिक थिएटर एकल अभिनेता पृथ्वीराज कपूर के बलबूते पर चला। नाट्य-लेखन से शुरू होकर, प्रस्तुति-विधान, यहाँ तक कि झोली फैलाने (दान के लिए पैसा इकट्ठा करने) जैसी प्रत्येक गतिविधि को पृथ्वीराज कपूर के अनुरूप सँवारा-निखारा जाता था। इस प्रक्रिया से उनकी जिम्मेदारी बढ़ गई और इस बात का उन्हें पूरा अहसास रहा। पृथ्वी थिएटर्स का आर्थिक बोझ तो उन्हीं के कन्धों पर था ही, पर वास्तविक योगदान उनकी अभिनय कला का था। अभिनेता पृथ्वीराज की जादुई छवि की इतनी ख्याति बढ़ चुकी थी कि उन्हें हिन्दी प्रदेश के किसी शहर में दर्शकों की कमी की चिन्ता कभी नहीं हुई। हिन्दी रंगमंच के इतिहास में पहली बार अभिनेता-प्रधान रंगकर्म ने ऐसी प्रतिष्ठा पाई।

40 के दशक की राष्ट्रीय गतिविधियों और आजादी के मुद्दे ने सारे वातावरण में एक उत्तेजना-सी ला दी थी। इप्टा और पृथ्वी थिएटर्स ने अन्विति-त्रय—प्रेक्षक-रंगकर्म-नाट्य-लेखन—को अपने समय और समाज के प्रति प्रतिबद्धता की कड़ी में बाँधा। नाट्य-लेखन और रंगकर्म में सामाजिक सरोकार की जड़ें मजबूत होती गईं और यह सिर्फ इसलिए मुमकिन हो सका क्योंकि यह अभिनय-प्रधान रंगकर्म था। इसे प्रेक्षक का विश्वास कैसे न मिलता, जहाँ पृथ्वीराज कपूर जैसे ओजस्वी एवं असाधारण कलाकार मंच पर हों? पारसी थिएटर की अभिनय-पद्धति का परिसंस्कार करते हुए इस दौर में भी वाचिक अभिनय ही शक्ति और सम्भावना का स्रोत रहा। इसकी मिसाल अभिनेता पृथ्वीराज कपूर रहे, जिन्होंने अनेक अविस्मरणीय चरित्र भूमिकाओं की प्रभावी प्रस्तुति से दर्शकों को मंत्रमुग्ध किया। इसे मात्र संयोग नहीं कहना होगा कि बहुमुखी क्षमता के जाने-माने कलाकार रमेश मेहता ने पृथ्वीराज कपूर को अपना प्रेरक-स्रोत बनाया। उन्होंने भी अभिनेता-निर्देशक-नाट्य-लेखन का समग्र दायित्व सँभाला, पर वे अभिनेता रमेश मेहता

पर ही एकाग्र रहे। इस प्रकार 50 के दशक में रमेश मेहता ने अभिनय-प्रधान रंगकर्म की परम्परा को जीवित रखा।

आजादी के बाद युग-परिवर्तन का सिलसिला शुरू हुआ। विकास के नए द्वार खुले। स्वाधीनता का आस्वाद रंग लाने लगा, विशेष रूप से महानगरों में खुलेपन का अहसास बढ़ा। नए प्रकार की स्थितियों ने जन्म लिया। महानगरों की आबादी लगातार बढ़ने लगी, जिसमें विस्थापित लोगों का जमावड़ा होना स्वाभाविक था। परिवार-बिरादरी या समाज की बुनावट और रिश्तों में पहले वाला भाईचारा या लिहाज या इनका नैतिक दबाव जैसे मूल्य या परिपाटियाँ शिथिल पड़ने लगीं। इधर उभरते मध्यम वर्ग को तरक्की के अनेक अवसर मिलने लगे। महत्त्वाकांक्षाओं की इस दौड़ में पुरानी जीवन पद्धति या व्यर्थ की मान्यताओं के प्रति अवहेलना का साहस बढ़ता गया। 'नई सभ्यता' का अनुकरण करने और आधुनिक दिखने की होड़ ने छोटे-बड़े अनेक संकट खड़े किए। इस बदलते माहौल में मध्यम वर्ग के सामने एक मूलभूत सवाल खड़ा हुआ—व्यक्ति या परिवार की 'इज्जत' उदार मूल्यों के पालन या निश्छल आचरण से है, या अपने जमीर की परवाह किए बिना पैसे या चकाचौंध या बाह्य-प्रतिष्ठा से है ? अनुभव के धरातल पर यह पाया गया है कि जो व्यक्ति या परिवार सच्चाई और ईमानदारी का रास्ता अपनाता है, वह चाहे तंगी, अपमान एवं निराशा झेलता-सहता रहे, समाज उनके साथ अन्याय या जुल्म करने से नहीं रुकता-हिचकता। और अब अमल में, समाज का तात्पर्य क्या है—पैसा या हैसियत वाले कुछ चुस्त, चालाक तथा रसूख वाले लोगों का दल, जो अपनी स्वार्थ-सिद्धि के लिए कपटाचार करते रहते हैं। शिक्षा-दीक्षा के बावजूद मध्यम वर्ग में जो व्यक्ति या परिवार नैतिक मानदंडों पर चल रहा है, वह मामूली है—विवश एवं असहाय। रमेश मेहता के नाट्य-लेखन का उद्देश्य इस सीधे-सच्चे मामूली आदमी की इनसानियत को रेखांकित करना है। यह मामूली आदमी ही उनका 'अंडरडॉग' है, गांधी की प्रसिद्ध उक्ति के अनुसार—कतार का आखिरी आदमी। रमेश मेहता ने महानगरों में फैल रही 'नई सभ्यता' के दुष्परिणाम दिखाए हैं, जिनका प्रतिफल यह है कि समाज के बड़े लोगों का इख़लाक गिर रहा है और आर्थिक एवं सामाजिक मजबूरियों से दबा-घुटा मामूली आदमी दयनीय और बेसहारा है। रमेश मेहता की विषय-परिधि में यही 'अंडरडॉग' मामूली आदमी है।

प्रेक्षक की जीवन्त उपस्थिति कितनी तरह की ताकत देती है—पारसी थिएटर, इप्टा और पृथ्वी थिएटर्स के इतने वर्षों के इस अनुभव को आत्मसात् करने में रमेश मेहता ने कोई दुविधा नहीं दिखाई। रमेश मेहता ने पूर्ववर्ती क्रम का पालन किया—प्रेक्षक-रंगमंच-नाटक। रमेश अपनी इस संकल्पना को नहीं भूले थे कि उन्हें अपने नाटकों में दीन-हीन मामूली आदमी की आवाज को उठाना है। इधर आजादी के बाद प्रेक्षक की प्रकृति और अपेक्षा में परिवर्तन का आ जाना स्वाभाविक था। किसी पुराने फार्मूले या तरीके से उसे आकृष्ट नहीं किया जा सकता। रमेश मेहता की यह धारणा धीरे-धीरे दृढ़ होती गई कि प्रेक्षक तक पहुँचने या उसका तत्काल विश्वास पाने के लिए सर्वाधिक कारगर उपाय कॉमेडी-लेखन ही हो सकता है। विश्व-रंगमंच का इतिहास इसकी पुष्टि करता है। मोलियर, गोगोल, चार्ली चैपलिन की उपलब्धियाँ उनके जेहन से कभी हटी नहीं। उनके सभी नाटकों

(1949-69) का आधार युग के परिदृश्य और परिवर्तन से उभरे ताजा सवाल या समस्याएँ हैं जो यह 'अंडरडॉग' झेल रहा है। उनके नाट्यालेखों की अन्तर्वस्तु दृश्यात्मक और एकरेखीय है। वे जटिल या संश्लिष्ट मुद्दे न उठाते हैं और न किसी वैचारिक विमर्श में पड़ते हैं, न वे मानव-मन की सूक्ष्म परतों की खोज या विश्लेषण में विश्वास रखते हैं। समस्या के चयन तक रमेश मेहता गम्भीर, प्रतिबद्ध एवं यथार्थवादी रहे हैं परन्तु उसकी सारी रचनात्मक कुशलता नाट्य-स्थितियों के चतुर संयोजन में जुटी रही है। पार्श्व में खड़े प्रतीक्षा कर रहे अभिनेता रमेश मेहता यहाँ से कलम सँभाल लेते हैं; अर्थात् प्रेक्षक-अभिनेता केन्द्र में आ जाते हैं। दूसरे शब्दों में कॉमिक प्रसंग की छूट ली जा सकती है। उस घटनाक्रम या कार्य-व्यापार की गति किसी भी दिशा या सम्भावना की ओर मुड़ सकती है। नए पात्र का प्रवेश आकस्मिक होगा, वह हास्य-व्यंग्य-विडम्बना की अनोखी, अतिनाटकीय स्थितियों या हरकतों से प्रेक्षक को बाँधे रहेगा। अन्तर्वस्तु की युक्तिसंगत परिणति की परवाह नहीं की गई और नाट्यालेख का समापन इसलिए सुखान्त रखा गया ताकि दर्शक भारी मन से न जाए। रमेश मेहता के नाटकीय मुहावरे को अलग पहचाना जा सकता है। नाट्य-संरचना के धरातल पर रमेश मेहता में विलक्षण रचनात्मक सामर्थ्य पाया गया यथार्थवादी कथ्य के अनुरूप उनके नाटकों के त्रि-अंकीय विधान का गठन-कौशल यथेष्ट सुबद्ध एवं सुनियोजित है। नाट्य-स्थितियों और चरित्रों में अद्भुत तालमेल है। संवादों की बुनावट और वाक्यों का विन्यास चुस्त-दुरुस्त है, बोली जाने वाली भाषा का अबाध प्रवाह—यह सब मिलकर मंच-प्रभाव को असरदार बना देते हैं। गौर से परखें तो रमेश मेहता सदा सतह पर रहे हैं और अपने प्रयोजन में दृढ़ एवं निर्भ्रान्त रहना उनकी प्रकृति है। नाटक की वास्तविक परीक्षा तो मंच पर होती है जहाँ सारा दायित्व अभिनेता के कन्धों पर पड़ जाता है। अपने अनुकूल रंगभूमि पाकर रमेश मेहता सदा आश्वस्त, सक्षम और सफल रहे हैं। प्रेक्षक-प्रिय होने के नाते उन्हें दर्शकों की तालियाँ मिलती रहीं तो इस पर चकित नहीं होना चाहिए।

इस सन्दर्भ में रमेश मेहता के व्यक्तित्व की रेखाओं के रूपरंग पहचान लेना बेहतर होगा। किसी प्रकार के भ्रम या आवरण से बचते हुए, स्वभाव से सरल, उदार, बर्ताव से आत्मीयता की ऊष्मा बिखेरने वाले रमेश मेहता की निर्व्याज प्रकृति मंच पर और मंच परे समान है। मध्यम वर्ग की प्रबुद्ध चेतना, इख़लाक और संस्कारों से निर्मित रमेश मेहता की मनोभूमि में ऊँची सोच और संयत मानवीय आकांक्षाएँ हैं। इन सबकी वजह से उनमें पर्याप्त अन्दरूनी ताकत आ गई है, इसलिए उनके बयान सीधे और खरे होते हैं, यहाँ तक कि वह 'तालियों की भूख' की अपनी कमजोरी को बेहिचक दोहराते रहते हैं। वे जीवन, समाज या व्यवस्था से जुड़े पेचीदा मुद्दों में नहीं पड़े और न किसी मकसद, सिद्धान्त या तात्त्विक विमर्श में उलझे। लाहौर में कॉलेज जीवन में वामपन्थी नजरिए की पड़ी बुनियाद ने उन्हें सदा प्रगतिशील रोशनी से जागरूक रखा। आजादी के बाद नेहरू के समाजवादी चिन्तन से भी वे अनुप्रेरित रहे। गांधी पर तो उनकी गहरी आस्था रही है। प्रेमचन्द, शरत्, फ़ैज़, साहिर, गोर्की (मदर), तालस्ताय की रचनाएँ उनकी अन्तर्यात्रा के प्रकाश-स्तम्भ साबित हुए, जिनके आलोक में उन्हें जीवन और समाज की गुत्थियों को गम्भीरता से समझने की

दृष्टि मिली। उनके नाटकों में वर्ग या जगत के चुभने वाले सवाल उठाए गए हैं, परन्तु द्वन्द्वात्मक संघर्ष या किसी प्रकार की मुठभेड़ में उनका विश्वास नहीं रहा। मध्यम वर्ग के मामूली आदमी के (दर्द के इर्द-गिर्द) सरोकारों के प्रवक्ता रमेश मेहता अपने थिएटर का लक्ष्य साधु-सन्तों की सीधी-सपाट वाणी जैसा है जो अपने श्रोता को जागृति मंत्र देकर ही सन्तुष्ट होती है।

रमेश मेहता के अन्तर्मन में कहीं गहरे यह विश्वास बैठा हुआ था कि वे 'ऐक्टर बाइ इन्स्टिंक्ट' हैं, अर्थात् उनमें अभिनय कला का प्रस्फुटन नैसर्गिक है। किशोर मानस पर पहली छाप पड़ी पारसी थिएटर की; मंत्रमुग्ध प्रेक्षकों का विशाल समुदाय, अभिनय कला के उत्कर्ष और आस्वाद का दृश्यात्मक अनुभव के कमाल पर तालियों की गूँज—इन सबकी अमिट छवि ने उभरते कलाकार में अभिनय की कभी न खत्म होने वाली 'भूख' को अंकुरित किया। उन दिनों आगा हश्र का बड़ा नाम था। उनके प्रसिद्ध नाटक 'आँख का नशा'—'दिल की प्यास' की खूब धूम थी। अभिनय-कला के क्षेत्र में निसार और कज्जन सुपरिचित नाम थे। अभिनय की ओर बढ़ते रुझान ने फिल्मों में दिलचस्पी पैदा की। उस युग के स्टार कॉमेडी-कलाकार नूर मुहम्मद चार्ली ने अलग और मोहक अभिनय शैली के आधार पर अपनी स्वतंत्र पहचान बना ली थी। उनकी पर्याप्त चर्चा और प्रसिद्धि थी। उभरते कलाकार के अन्दर थिएटर और अभिनय की शक्ति और सम्भावना के द्वार खुलने लगे, नैसर्गिक प्रतिभा दस्तक देने लगी—प्रेरणा और प्रभाव पारसी थिएटर का था। इस पृष्ठभूमि में यह तात्पर्य तो निकाला ही जा सकता है कि असरदार संवाद-प्रस्तुति के लिए रमेश मेहता ने वाचिक अभिनय का आश्रय लिया। इस बीच उन्होंने कुछ बंगला और कुछ मराठी अभिनय-पद्धति के लोकप्रिय नुक्ते सीखे और अपनाए। बहुमुखी योग्यता के रचनाकार ने इस दिशा में पहला काम नाट्य-कर्म से किया। बाद में रंगकर्म की ओर मुड़े। नाट्य-लेखन के क्षेत्र में वे प्रत्याशा से कहीं अधिक समर्थ निकले। अपना लक्ष्य—प्रेक्षक—वे कभी नहीं भूले, इसलिए नाट्य-लेखन में हास्य-व्यंग्य-विडम्बना के अन्तर्सूत्रों का समानान्तर विधान करने में वे सिद्धहस्त होते गए। नाट्य-स्थितियों में कॉमेडी की सम्भावना को कुशलता से संयोजित किया जाता ताकि अभिनेता को खुले व्यवहार के अधिक अवसर मिलें। एकरेखीय व्यक्ति और वैसे ही कलाकार रमेश मेहता की अभिनय-कला का पहला असर उनकी साफ, खरी, कुछ मुखर आवाज थी। पंजाबी भंगिमा को छूता हुआ खुला उच्चारण। कॉमेडी की नजर से देखें तो यह एक स्टाइल-शैली बन गया। लय-लोच के साथ की गई संवाद-प्रस्तुति में अच्छी कशिश थी। उनकी भूमिकाओं को सामने रखें तो 'पंच' (लगाकर बोलना) और 'पॉज' (विराम) के प्रचलित नीति-पथ को उन्होंने नहीं छोड़ा। मुख्य रूप से उन्हें तात्कालिक प्रहसनमूलक भंगिमाएँ, कौतुकवर्धक हावभाव, चुटकियाँ और विलक्षण व्यवहार को सृजनशील दृश्याकार देना होता था। कला-कौशल में दक्ष रमेश मेहता का अभिनय सहज प्रत्यक्षता के कारण प्रेक्षक के साथ जल्दी रिश्ता जोड़ लेता था परन्तु लटके-झटके कब, कहाँ होंगे, उनका जादुई असर हाल की तालियों में प्रतिफलित हो जाता था। तालियों की गूँज उनमें नूतन विश्वास और नया आत्मबल पैदा करती रही। इस तरह हर प्रदर्शन ताजा और स्फूर्तिपरक सिद्ध हुआ। समय के साथ प्रौढ़ होते हुए रमेश मेहता की अभिनय-शैली

बेहतर और असरदार होती गई, इधर उनकी प्रतिष्ठा और लोकप्रियता का दायरा बढ़ता गया। यह कहने में कोई हिचक नहीं है कि उनके प्रस्तुतीकरणों की कामयाबी का मुख्य श्रेय रमेश मेहता को देना होगा। अपनी 20-25 वर्ष की नाट्य-रंगयात्रा में रमेश मेहता ने कुछ दिलचस्प अन्तर्विरोधों का सामना किया। अभिनय, नाट्य-लेखन, प्रस्तुति-परिकल्पना को अगर समग्र रूप से परखें तो क्या यह जाहिर नहीं होता कि रमेश मेहता एक 'टाइप' होते गए? तालियों की गूँज प्रस्तुतीकरण की सफलता के लिए जरूरी और प्रोत्साहनमूलक कही जा सकती है। इससे अभिनेता का भी मनोबल बढ़ेगा परन्तु इसके अपने खतरे हैं। क्या इस तरह की आत्ममुग्ध स्थिति और लोकप्रियता अध:स्खलन का कारण नहीं बन जाती? क्या यह सच नहीं कि तालियों की गूँज में बहके रमेश मेहता 'अंडरडॉग' को हाशिए पर डालते रहे? ये बातें काफी हद तक सही और प्रमाणपुष्ट हैं। उनके लिखे-खेले अधिकांश नाटक-प्रस्तुतीकरण प्रहसन और मनोरंजन तक सिमटकर रह गए। यहाँ एक विलक्षण, पर गौरतलब तथ्य की ओर ध्यान देना होगा। रमेश मेहता के अन्दर एक कलानिष्ठ, संवेदनशील और प्रतिबद्ध कलाकार विद्यमान है। अभिनेता रमेश मेहता कभी-कभी तालियों से प्राप्त सस्ती तारीफ़ की असलियत समझने लगता है और उसके अन्दर सार्थक तत्त्व और आत्मतुष्टि की आकांक्षा तीव्र होती है। वह नाट्य-लेखक के नाते बड़े मनोयोग से ऐसे नाट्यालेख प्रस्तुत करता है, जहाँ उसके लिए अपने कथ्य तथा विषयवस्तु के प्रति गम्भीर एवं एकाग्र रहना आवश्यक हो जाता है। 'फैसला' (1951), 'उलझन' (1955), 'ढोंग' (1956), 'अंडर सेक्रेटरी' (1958), 'रोटी और बेटी' (1960), 'बड़े आदमी' (1966) इसकी मिसाल हैं। इनमें भी 'फैसला', 'अंडर सेक्रेटरी' और 'रोटी और बेटी' उनकी श्रेष्ठ नाट्य-कृतियाँ हैं।

'फैसला' रमेश मेहता के पहले दौर की नाट्य-कृति है पर लेखक की रचनात्मक निष्ठा ने उसे प्रमुख और उल्लेखनीय बनाया। इस नाटक में चोखेलाल परिवार की बाह्य-प्रतिष्ठा को बेनकाब किया गया है। पैसा किस हद तक व्यक्ति की इनसानियत को अन्धा कर देता है, यह इस नाटक का प्रतिपाद्य विषय है। अगर पैसे वाला परिवार साहूकार हो, जैसे चोखेलाल का है, घरेलू मामलों में एकमात्र नियंत्रण छल-छद्म करने वाली पत्नी तथा क्रूर सास चमेली के हाथ हो तो स्थितियाँ भयावह हो जाती हैं। चोखेलाल को बड़े बेटे मुरारीलाल की बीमारी का पता था, पैसे के लालच में उसका विवाह कर दिया गया पर उसकी प्रत्याशित मौत का, अपशकुन के नाम पर, सारा दोष मनहूस और कुलच्छनी राधा पर मढ़ना आसान हो गया। अब वह इस घर में नौकरानी की तरह काम करती है, निर्दयी सास के अत्याचार और हर किसी के कटु वचन सुनने-सहने के लिए विवश है। चमेली का लघुसंस्करण है उसकी बेटी शोभा—उद्दंड और चरित्रहीन। सारी लाज-शर्म को ताक पर रखकर वह अपने मौसेरे भाई सुरेश के साथ इश्क लड़ा रही है और अब घर के सारे गहने चुराकर दोनों भाग जाने का कुचक्र रच रहे हैं। कहने को छोटा बेटा बाँके विवाहित है परन्तु कम दहेज मिला है, इस आरोप में बहू को जबरदस्ती मायके भेज दिया गया है। इधर चोरी-छिपे हकीम भैरो प्रसाद के जरिए दूसरी शादी की साँठ-गाँठ चल रही है, कुछ पैसा तो आएगा ही। सारे घटना-तंत्र की धुरी धूर्त चमेली है जो सदा पूजा-पाठ

में व्यस्त दिखाई देती है। हकीम उसका दायाँ हाथ है जिसके सहारे वह कई षड्यंत्र रच रही है। किसी-न-किसी की दवाई के बहाने हकीम का आना बना रहता है। आश्चर्य है चमेली और हकीम के बीच भी अपनी खिचड़ी पक रही है। यह घर है कि अनाचार का अड्डा बन चुका है परन्तु बिहारी की सशक्त उपस्थिति में संजीवनी शक्ति है। चोखेलाल का भतीजा और कारोबार का हिस्सेदार बिहारी पैसे से कहीं अधिक नैतिक मूल्यों और स्वस्थ आचरण पर बल देता है। अन्याय और छल-कपट के विरुद्ध खुलकर आवाज उठाना उसकी प्रकृति में है। चमेली-परिवार के जुल्म और अपमान की शिकार है निरीह राधा। बिहारी हर कदम पर चमेली के नीच आचरण की निन्दा एवं भर्त्सना करता रहा है। उसकी सच्ची, तीखी और चुभने वाली बातों से तिलमिलाई चमेली अब राधा और बिहारी के विरुद्ध उनकी हत्या का षड्यंत्र रचती है। हकीम की घातक दवाइयों के असर ने बिहारी को नीम-पागल कर दिया। इधर पूरी तैयारी और मिलीभगत के बाद चोखेलाल ने पंचों की बैठक अपने घर बुलाई जहाँ राधा पर दुराचार का आरोप लगाया गया और बिरादरी से निष्कासित करने का उसे फैसला सुनाया गया। राधा आत्म-हत्या करने जा रही है, इसका आभास मिल चुका था। 'फैसला' नाटक के प्लाट का फलक व्यापक है, यहाँ हर पात्र के साथ अलग प्रसंग जुड़ा है। इसका ताना-बाना कुशलता से गूँथा गया है।

राधा और बिहारी के सम्बन्धों को जिस संवेदनशील धरातल पर उकेरा गया है, वह इस नाटक की उपलब्धि है। चोखेलाल परिवार के यहाँ ये दोनों सदस्य पीड़ित एवं प्रताड़ित हैं। परिस्थितियों का दबाव दोनों को नजदीक लाता है। अच्छा इनसान होने के नाते बिहारी न्यायप्रिय, साहसी एवं प्रबुद्ध है। असहाय राधा के प्रति सहानुभूति का प्रवाह एक रागात्मक भावभूमि में बदलने लगता है। दोनों के बीच भावात्मक ऊष्मा का उदय, आकर्षण एवं प्रेम में परिणति जिस तरह स्वाभाविक एवं मानवीय धरातल पर हुई है, वह स्वस्थ, स्वाभाविक एवं विलक्षण है। समाज की नैतिक मर्यादाओं और इज्जत के संरक्षक बने बैठे हैं चोखेलाल और उसके संगी-साथी; अर्थात् पैसे वालों का इतना दबदबा है कि चमेली-हकीम, सुरेश-शोभा के बीच चल रही पाप-लीला पर न उनकी नजर जाती है और न किसी अन्य को कहने का साहस है। निर्दोष राधा की आवाज पर न किसी को परवाह है, न चिन्ता; वह सदा के लिए शून्य में खो गई।

इस नाटक की अन्तर्वस्तु, चरित्रांकन और घटना-तंत्र में अद्भुत तालमेल है। किसी भी कोण से आँकें, पैसे का सवाल सारे कार्य-व्यापार का केन्द्र बिन्दु रहा है। पूर्वार्द्ध में बिहारी और उत्तरार्द्ध में राधा के संवादों में प्रखर प्रहार के स्वर नाटक के तात्त्विक विमर्श को प्रभावोत्पादक बनाते हैं। लेखक का फैसला यह है कि जहाँ इख़लाक और इनसानियत है, वहाँ श्रेष्ठ जीवन है। चोखेलाल परिवार की त्रासदी इसका प्रमाण है कि पैसा और इख़लाक साथ-साथ नहीं चलते। इस दुखान्त नाटक में दोनों पराजित हुए। कहना न होगा, यह फैसला जीवन और यथार्थ के निकट है।

'अंडर सेक्रेटरी' रमेश मेहता की एक प्रौढ़ नाट्य-कृति है, जिसने उन्हें विशेष प्रसिद्धि दिलाई। स्वभाव से सीधा ईमानदार और मेहनती चाँद नारायण भटनागर एम.ए. पास तो जरूर है परन्तु केन्द्रीय मंत्रालय के असिस्टेंट की सरकारी क्लर्की ने उसके सारे

सपनों को सोख लिया है। दबा, घुटा, यथास्थिति में सन्तोष करने वाला चाँद नारायण पुराने आदर्शों के गुणगान में ही गर्व महसूस करता रहता है। किशोर चाँद नारायण का पुराना सहपाठी और अन्तरंग मित्र है। बिजनेसमैन और व्यावहारिक होने के नाते उसकी जीवन-दृष्टि अवसरवादी है। चुस्त-चालाक और अच्छी पर्सनैलिटी वाला किशोर चाहे बी.ए. फेल है परन्तु देखने में एक प्रोफेसर से कम नहीं। नाटक की परिस्थितियाँ ऐसी करवट लेती हैं कि चाँद नारायण को नौकर और किशोर को 'अंडर सेक्रेटरी' बनना पड़ा—ऐसा लगता है, यह कदम गलत नहीं उठाया गया। दोनों की विलोम प्रकृति नाटक की शक्ति है। चाँद नारायण की पत्नी सरोज नए जमाने की फैशनपरस्त स्त्री है, जिसको जीवन से प्यार है और वह समाज में अपनी अलग पहचान बनाना चाहती है। वह अपना मतलब पूरा करने के लिए कुछ मर्यादाएँ भंग कर सकती है, उसे छल-छद्म से भी परहेज नहीं। अन्त में सरोज का विवेक जागा और वह सँभल गई। अब उसे यह समझ आ गई कि पुरानी सखी पुष्पा से होड़ कितनी खोखली और निरर्थक थी। कान्ता आधुनिक युवती है, रोमांटिक आकांक्षाएँ हैं। उसने किशोर से रिश्ता जोड़ा परन्तु कोई बनावटी खेल नहीं खेला। नौकर बुराराम ईमानदार तो है ही, अक्सर बड़े पते की बात भी करता है। पुरानी पीढ़ी के दादा मिलिट्री से रिटायर हुए हैं, वे उसी प्रकार का आचरण करते हैं। इस नाटक में मध्यवर्गीय मानसिकता और उसके विविध रंग और चित्र खींचने में रमेश मेहता इसलिए भी सफल रहे हैं; क्योंकि एक पात्र की आचरणगत टिप्पणियाँ दूसरे पर भी प्रकाश डालती हैं।

त्रि-अंकीय 'अंडर सेक्रेटरी' के कथ्य और शिल्प को यथार्थवादी परिप्रेक्ष्य दिया गया है परन्तु वस्तु-विधान और चरित्र-सृष्टि कॉमेडी या प्रहसनमूलक है। इस नाटक की संरचना में दोनों रंगविधियों का कलात्मक लाभ उठाया गया है। 'अंडर सेक्रेटरी' के समस्या-कार्य-व्यापार का बीज सरोज का वह निर्णय है, जहाँ वह अपनी पुरानी सहेली पुष्पा के पति (वर्मा) की ऊँची हैसियत—डिप्टी डायरेक्टर—से ईर्ष्या करते हुए अपने असिस्टेंट पति चाँद नारायण को अंडर सेक्रेटरी के ओहदे से विभूषित कर देती है। लेखक ने घटना-तंत्र के इस केन्द्रीय सूत्र की गति और दिशा में अवान्तर प्रसंगों का बिखराव नहीं आने दिया। नाट्यस्थिति और पात्रों के चरित्र-गठन में पारस्परिकता का निर्वाह हुआ है। तीन-अंकीय कार्य-व्यापार के तीन चरण हैं जो पात्र के प्रवेश से संघर्ष को सघन करते हैं। पहले अंक में सरोज, बुराराम, चाँद नारायण, कान्ता, किशोर के क्रमानुसार प्रवेश से सरोज की योजना का पूरा खाका तैयार हो जाता है। दूसरे अंक में पुष्पा और वर्मा का श्रीनगर से आगमन हो चुका है, अब 'इज्जत' के नाम पर दोनों पक्षों के घात-प्रतिघात के रोचक और उत्तेजक मोड़ दृश्यांकित हुए हैं। कान्ता और दादा जी का प्रवेश कार्य-व्यापार के नए आयाम को खोलता है और असली इज्जत की सच्चाई और रक्षा की भूमिका बनाता है। तीसरे अंक में एक विस्फोटक प्रसंग की कल्पना की गई है। वर्मा की घड़ी और चेन कहीं नहीं मिल रही, जाहिर है, नौकर ने चोरी की होगी। शंका चाँद नारायण पर होने लगती है जो नौकर की भूमिका अदा कर रहा था। इस सीमा तक अपमान को बर्दाश्त करना चाँद नारायण के लिए कैसे सम्भव हो सकता था? कुचक्र

की गाँठ खोल दी जाती है, दरअसल उसकी भूमिका दादा जी ने और बाद में चाँद नारायण-सरोज ने पहले तैयार कर ली थी। 'अंडर सेक्रेटरी' में रमेश मेहता कथ्य की महत्ता और कॉमेडीपरक संरचना के बीच सन्तुलन निभाने में दक्ष साबित हुए। इस नाटक के सर्वाधिक प्रदर्शन हुए। इसकी प्रसिद्धि इस हद तक फैल गई कि 'अंडर सेक्रेटरी' और रमेश मेहता एक-दूसरे के पर्याय बन गए।

निस्सन्देह 'अंडर सेक्रेटरी' में मध्यम वर्ग की बद्धमूल कमजोरी—'इज्जत'-रुतबा—के नाम पर दिखावे अर्थात् झूठ-दर-झूठ का दृश्यांकन हुआ है। इसी परिवेश से जुड़ी परिस्थितियाँ और पात्र असलियत के निकट आसपास पहचाने जा सकते हैं। ठोकर खाकर अन्तश्चेतना का जागना भी स्वाभाविक है। समाज की सतह पर गतिशील इस नाटक की वास्तविक उपलब्धि गठन-कौशल में निहित है।

'रोटी और बेटी' रमेश मेहता की श्रेष्ठ नाट्य-कृति मानी जा सकती है, जहाँ अभिनेता रमेश मेहता नहीं, नाटककार रमेश मेहता प्रत्येक स्तर पर परिपक्व और सुलझे दृष्टिकोण का प्रमाण देते हैं। नई सभ्यता की लहर ने गाँव और शहर के जीवन-संघर्ष को पेचीदा बना दिया और इससे दलित समाज को नई प्रकार की मुसीबतें झेलनी पड़ रही हैं। आर्थिक धरातल पर इस समाज के होनहार युवकों को अपनी मेहनत और काबिलियत का प्रतिफल मिलने लगा है अर्थात् रोटी की दिशा में प्रगति हो रही है, परन्तु 'बेटी' अर्थात् निजी भावात्मक सम्बन्धों में अगर वे कुछ साहस भी दिखाएँ तो सबसे पहले दलित समाज ही उनका प्रतिरोध करता है। चमार रविदास-गंगो का बेटा राजू शहर में कानूनी शिक्षा पाने गया। अपनी असाधारण योग्यता के बल पर वह परीक्षा में फर्स्ट आया और उसे अब मजिस्ट्रेट नियुक्त किया जा रहा है। पढ़ाई के दौरान वह नलिनी के व्यक्तित्व के आधुनिक व्यवहार के प्रति आकृष्ट हुआ, जिसके प्रेम और विवाह में परिणत होने में देर नहीं लगी। 'जज्बात' के प्रवाह में राजू ने अपनी छोटी जाति को ही नहीं छिपाया, नलिनी—जो कि एक ब्राह्मण युवती है—को यहाँ तक कह डाला कि मेरे माँ-बाप मर चुके हैं। इधर गाँव में इतनी बड़ी कामयाबी पर रविदास-गंगो का सिर गर्व से ऊँचा होना ही था, वे खुशियाँ मनाने में जुट गए। पढ़ाई के लिए उन्हें कर्ज लेना पड़ा था, दलित-सूदखोर सुखलाल के यहाँ रविदास का घर और सामान गिरवी पर पड़ा था, अब वह कुड़की का नोटिस ले आया। ईर्ष्या, द्वेष तो था ही, वास्तव में वह अपनी बेटी का विवाह राजू के साथ करना चाहता है। उस जैसी हैसियत वाले धूर्त व्यक्ति के लिए पंचों से यह फैसला कराना मुश्किल न था कि राजू बिरादरी के बाहर विवाह करने जा रहा है, इसलिए रविदास परिवार को बिरादरी और गाँव से निष्कासित किया जाए। इस बीच उसने नलिनी को यह असलियत बता दी कि राजू चमार है। राजू के सारे सपने बिखर गए परन्तु वह न टूटा, न हताश हुआ। निर्व्याज आत्म-स्वीकृति की नीति ने उसकी अन्दरूनी शक्ति को प्रबुद्ध किया। राजू ने नलिनी से अगर अपनी जाति छिपाई तो वह युवा मानस का स्वाभाविक आवेग था। कोई सोची हुई चाल न थी। यह उसका नैतिक साहस ही है कि वह अपने पिता रविदास के आगे अपने 'नीच' आचरण की पूरी बात खोलकर बताता है। पश्चात्ताप और ग्लानि की अन्तर्वेदना से गुजरते हुए उसने अपने मन की गाँठ खोली और उबरकर नई

स्थितियों का सामना करने का मनोबल अर्जित किया। इस अनुभव ने राजू के आत्मसम्मान को जगाया। वह ऊँच-नीच और जातिगत भेदभाव को लेकर समाज के दोहरे मानदंड पर तीखे प्रहार करता है; जैसे 'छोटा आदमी जूता बनाए तो उसे मोची कहते हैं, बड़ा आदमी जूता बनाए तो बाटा—क्या दोनों का काम एक-जैसा नहीं?' की अभिव्यक्ति का बौद्धिक विवेचन इस रचना की उपलब्धि है। नलिनी उसकी संवेदनशील दृष्टि से सँभल-बदल जाती है।

सोनिया इस नाटक की दूसरी विशिष्ट चरित्र-सृष्टि है। रविदास की गोद ली हुई मुँहबोली बेटी सोनिया को शहर की नई सभ्यता की हवा तो नहीं लगी परन्तु वह व्यवहारकुशल और समर्थ है। साथ-साथ रहने-जीने की वजह से उसके मन में राजू के प्रति समर्पण भाव का आ जाना स्वाभाविक कहा जाएगा। सोनिया के सपने तो जरूर जगे परन्तु उनको प्रोत्साहन मिला गंगो से, जिसने मन में उसे अपनी बहू मान लिया था। मस्तराम उसी की जाति का है, शराब की लत उसे पड़ चुकी है परन्तु स्वभाव से सीधा और खरा वह सोनिया की अपना दिल दे चुका है। प्रेम के त्रिकोण बन जाते हैं—सोनिया-राजू-मस्तराम, उधर सोनिया-राजू-नलिनी। सोनिया और मानसिक संघर्ष और भावनाओं के अन्तर्विरोधों से सन्तुलन नहीं खोती। वह मस्तराम के प्यार की सच्चाई पर भरोसा कर सकती है, जबकि राजू नलिनी की शहरी चकाचौंध और जीवन-शैली पर मुग्ध है। सोनिया अपने प्रेम को कमजोरी में नहीं बदलने देती, उसे अपनी अन्दरूनी ताकत बनाते हुए वह इस परिवार पर छाए घोर संकट से मुक्ति दिलाती है, जैसे वह उऋण होना चाहती हो। सोनिया में भारतीय नारी की उत्सर्ग भावना और एकनिष्ठता का निर्वाह हुआ है। सोनिया का उदात्त आचरण उसके चरित्रानुरूप है, जो नाटक के अन्त को विश्वसनीय आयाम देता है।

'रोटी और बेटी' नाटक में दलित जाति के साथ हो रहे सामाजिक अन्याय और अत्याचार तथा रविदास परिवार की व्यथा, विवशता, अपमान का सशक्त दृश्यांकन किया गया है। लेखक के इस तर्क में बल है कि जाति-प्रथा का यह मसला केवल 'रोटी' से हल होने वाला नहीं है। जाति-भेद को भुलाकर जब तक स्त्री-पुरुष के सम्बन्धों को मानवीय धरातल पर नहीं अपनाया जाता, बेटी के आदान-प्रदान में ऊँच-नीच दूर नहीं की जाती, यह सवाल बना रहेगा। इस नाटक में नई-पुरानी पीढ़ी के नजरिए में अन्तर के मुद्दे को उठाया है। नई पीढ़ी के राजू, सोनिया, मस्तराम, नलिनी में भविष्य की सम्भावनाएँ व्यंजित हुई हैं। पुरानी पीढ़ी के सभी पात्र बँधे ढर्रे पर आचरण करते हैं। इनके चरित्रांकन में शहर और गाँव के परिवेश का भी असर पड़ा है।

यह चरित्र-प्रधान नाटक है और कार्य-व्यापार की धुरी राजू है, जिसके इर्द-गिर्द घटनाओं का संयोजन हुआ है। प्लाट के गठन में रमेश मेहता नूतन प्रयोग करते रहते हैं। नलिनी-मस्त राम-प्रेमस्वरूप शास्त्री प्रसंग की परिकल्पना संयोग पर निर्भर करती है। सुखान्त परिणति के लिए यह 'ट्रिक'-सा लगता है। चरित्रों की महत्ता के कारण इस नाटक का बौद्धिक पक्ष प्रबल है और प्रभावित करता है। यह इस नाटक की विशेषता है और नाटककार की क्षमता की पहचान।

रमेश मेहता के नाट्य-लेखन, अभिनय-वैभव और रंगकर्म का वस्तुपरक मूल्यांकन नहीं हुआ। लगभग 25 वर्ष की अवधि में रमेश मेहता ने 20 पूर्णकालिक और 25 एकांकी लिखे। 15 नाटकों का निर्देशन किया और 1000 प्रस्तुतीकरणों में एक प्रभावी अभिनेता की भूमिका अदा की। ये आँकड़े इस तथ्य का प्रमाण हैं कि उनका रंगकर्म चाहे शौकिया थिएटर थ्री आर्ट्स क्लब से जुड़ा-बँधा था परन्तु वे किसी व्यावसायिक कलाकर्मी से कम न थे। हिन्दी रंगमंच के इतिहास की वस्तुस्थिति को अनदेखा न करें तो रमेश मेहता का यह योगदान साधारण उपलब्धि नहीं है। वे हिन्दी रंगमंच के इतिहास की एक गौरवपूर्ण और उल्लेखनीय कड़ी हैं। अपनी सीमाओं में उन्होंने अपने दौर के रंग-परिदृश्य को पहचाना और अभिनेता-निर्देशक-नाट्य-लेखक के नाते रचनात्मक दायित्व को निभाया। निर्विवाद रूप से वे प्रेक्षक-प्रिय कलाकार थे—'प्लेइंग टु गैलरी', जो दर्शकों की तालियाँ बटोरने की कला में निपुण होते गए। इस लक्ष्य को पाने के लिए उन्होंने कई समझौते किए। उनका यह विश्वास था कि 'स्टेज इज द गेम ऑफ द ऐक्टर'—दर्शक का भरोसा पा लेने के बाद अभिनेता अपने कला-कर्म में छूट लेता रहता है। उन्होंने भोंड़ा-प्रदर्शन या सस्ते मनोरंजन का रास्ता नहीं अपनाया। तालियाँ अभिनेता रमेश मेहता की जीवन-शक्ति रहीं और कमजोरी भी। धीरे-धीरे रमेश मेहता ने अपने रंगकर्म को पसन्द करने वालों का अच्छा-खासा एक दर्शक-समाज बना लिया था, जिनको लगातार लाते रहने की मनमोहक प्रस्तुति-शैली उन्होंने सँवार ली थी। तालियों के प्रति आत्ममुग्ध रहने वाले रमेश मेहता प्रेक्षक के प्रति अपने लेखकीय दायित्व के निर्वाह में प्रयत्नशील रहे। अपने जीवन-परिवेश और अनुभव-संसार से गुजरते हुए रमेश मेहता ने मध्यवर्ग के अन्तर्विरोधों और उससे जुड़े सवालों को अपना प्रतिपाद्य विषय बनाया। इस वर्ग में झूठी शान या खोखली इज्जत की जो कमजोरी रही है, उसे बेनकाब करने, हास्य-व्यंग्य की नई-नई स्थितियों की कल्पना करने में लेखक की अनोखी पकड़ रही है। इस सारी उठापटक में उन्हें कहीं-कहीं उस 'अंडर डांग'—मामूली आदमी—की चिन्ता रही है, जो नैतिक-मूल्यों के पालन में संघर्षशील है। 'फैसला' के बिहारी और राधा, 'रोटी और बेटी' के राजू और सोनिया और 'अंडर सेक्रेटरी' के चाँद नारायण के चरित्रांकन ऐसे प्रमाण हैं, जहाँ रमेश मेहता की प्रतिबद्धता में तेजस्विता आई है। 'रोटी और बेटी' का राजू मामूली आदमी का सही प्रतिनिधित्व करता है। राजू में एक ऐसे प्रबुद्ध और प्रगतिशील युवक की आवाज है, जो अपने जातिगत संस्कारों के कारण एक बार फिसल तो अवश्य गया परन्तु इस झटके से वह सँभला, उसने समाज की सत्ता को चुनौती दी पर अपने विचारों में वह एक सुलझी और सार्थक जीवन-दृष्टि का प्रतिपादन करता है। इसी प्रकार तालियों की गूँज से परे अभिनय-कला का आन्तरिक सुख और सन्तोष उन्हें शम्भु मित्रा द्वारा लिखित 'कंचनरंगा' तथा रमेश मेहता द्वारा रूपान्तरित 'पैसा बोलता है' के प्रस्तुतीकरण में पाँचू की भूमिका में, मामा वरेरकर द्वारा लिखित 'जीव शिव चे भेंट' के हिन्दी रूपान्तरण और 'भगवान देखता रहा' में एक विशेष भूमिका में, एन.आर. नन्दी द्वारा लिखित 'मारो मोहेन जोदाड़ो' के हिन्दी रूपान्तरण 'वाह रे इनसान' में धनसेवक लाल की भूमिका में मिला। इसमें कोई सन्देह नहीं कि रमेश मेहता की छवि और प्रतिष्ठा एक लोकप्रिय अभिनेता के रूप में स्थापित हो चुकी है। इसलिए अभिनेता-निर्देशक, नाट्य-लेखक के बीच चली टकराहट पर ध्यान

नहीं दिया गया। अभिनेता का पक्ष सबल रहा, नाट्य-लेखन में वे अपनी सोच और संकल्पना पर चले परन्तु मंच-व्यापार में वे संयत न रह सके। मूलतः उनकी सृजन-भूमि 50 के दशक की रही। उन्होंने दाएँ-बाएँ न कुछ देखा और न वे बदले। वे कई वर्ष तक सक्रिय रहे, पर बुनियादी तौर पर वे 50 के दशक के कलाकार-लेखक रहे। वे अपने दौर के अग्रणी अभिनेता, नाट्य-लेखक हैं—एक ऐसे परफारमर, जिनकी सार्थक प्रस्तुतियों ने पहली बार इतने दर्शकों को थिएटर की ओर आकृष्ट किया।

(छायानट, जनवरी-मार्च 2006)

20

बुल्ला...की जाने...मैं कौन!

एक अरसे के बाद यह याद रखने की जरूरत नहीं रही कि सिद्धू से पहली मुलाकात कब हुई, इतना पुराना वास्ता रहा है। उम्र में वह चाहे मुझसे छोटे हों परन्तु मुझे सदा लगा कि यह व्यक्ति विलक्षणता से घिरा हुआ है, उसे समझने के लिए थोड़ा 'स्पेस' देना होगा। फिर यह अवश्य लगेगा कि इस व्यक्ति, नहीं, इस विद्वान लेखक से बहुत कुछ सीखना बाकी है। असल में सामान्य स्तर पर उसका आचरण इसलिए भिन्न रहता है क्योंकि वे अपनी व्यवहार पद्धति में 'भाम की गठरी' को छोड़ना नहीं चाहते बल्कि उन्हें उस पर गर्व है। ये बात लेखक के स्तर पर निश्चय ही महत्त्व रखती है पर हर वक्त...। इस 'गठरी' ने कुछ अच्छे संस्कार-व्यवहार भी दिए हैं, घर में किसी भी साथी या मेहमान के आने पर जिस अपने मन से उसका सत्कार किया जाता है, उसे भुलाना आसान नहीं।

चरणदास सिद्धू एक जागरूक, रोशन दिमाग, सदा मदद के लिए तैयार, खरे और बेहतर इनसान है। उनकी इस बात में वजन है—'तगड़ी मेहनत और ईमानदारी और दिलेरी मैंने अपने पिता से विरासत में पाई है।' उनमें गजब की स्मरण शक्ति है। वामपन्थी सोच के सिद्धू, मार्क्स के प्रशंसक और भगत सिंह के मुरीद हैं। उन्होंने एक अन्दरूनी ताकत अर्जित कर रखी है, वह दृढ़ नास्तिक है। इन सबका एक रचनात्मक लाभ यह हुआ है कि अपने जन्म और जाति के संस्कारों और रूढ़ियों से सदा ऊपर उठे रहे। वे मध्यम वर्ग की दोहरी मानसिकता से भी परे रहे व मानवधर्म पर चलने वाले सांझा संस्कृति के इनसान हैं। यहाँ उनके साहस की बात सामने आती है। दिल्ली में सन् 1984 में दंगे चल रहे थे, हिंसा की भयावह वारदातें सुन-सुनकर सभी अशान्त थे। उन्हीं दिनों हमारे कॉलेज के सामने रहने वाले कुछ घबराए सिख जल्दी से भागकर कॉलेज कैन्टीन में छुप गए। सन्देह भरा वातावरण तो था ही, हम कुछ लोग पहुँचे तो उन्होंने अपनी-अपनी कृपाणें निकाल लीं। हिम्मती सिद्धू उनके पास गए, भरोसा दिलाया, हमने भी उनका हौसला बढ़ाया, इतना तो उन्हें पता था कि कॉलेज एक सुरक्षित जगह है। दो-एक घंटे के बाद अपने आप वापस लौट गए। इससे उनके व्यक्तित्व में आत्मविश्वास का निखार आ गया। सिद्धू एक सुविचारित ढंग से अपनी जिन्दगी और कैरियर में आगे बढ़ते रहे। साहित्य और संस्कृति के गम्भीर अध्येता रहे। इसीलिए 32 वर्ष की आयु तक उन्होंने—विशेष रूप से नाटक और रंगमंच के क्षेत्र में—अच्छी विद्वत्ता और काबिलियत हासिल कर ली थी। साधारण बातचीत या छोटी-मोटी बहस

चल रही हो तो सिद्धू एक मीठे गुमान से व्यवहार करते हैं। थोड़ी-सी भी उत्तेजना मिले, विशेष रूप से उनके लेखन पर टिप्पणी हो जाए, ऐसी सूरत में उनका संयत रहना नामुमकिन है।

सिद्धू ने माना है कि "मुझे सबसे ज्यादा मजा छात्रों को नाटक पढ़ाने में आता है।" उस दौर में कई प्राध्यापक ऐसे थे जिन्होंने इस व्यवसाय को मात्र नौकरी नहीं, अपना मिशन माना और समर्पण भाव से पढ़ाया। सिद्धू उस वर्ग में अग्रणी कहे जाएँगे। हड़ताल हो या छुट्टी। अगर छात्र पढ़ने को तैयार है तो अपना सब कुछ भूलकर वे पढ़ाने आ जाएँगे। यहाँ एक घटना का उल्लेख करना जरूरी लगता है, जो लगभग 30-40 साल पुरानी है। हमारे एक रिश्ते के मामा जी ने हंसराज कॉलेज में एम.ए. (अंग्रेजी) दाखिला लिया, उन दिनों वे रेलवे के मुलाजिम थे, हाजिरी का कड़ा अनुशासन नहीं था, अपनी मजबूरी से चुनी क्लासों में जाते थे। सिद्धू अमेरिका से नए-नए पीएच.डी. करके आए थे, मेहनत से पढ़ाते थे, एम.ए. के इन विद्यार्थियों को 'ओल्ड इंग्लिश' पढ़ा रहे थे। इस बीच डॉ. सिद्धू हंसराज कॉलेज छोड़कर डी.ए.वी. कॉलेज में काम करने लगे। एम.ए. के ये विद्यार्थी बड़े परेशान हुए, कोई और अध्यापक तैयार न था। ये छात्र प्रिंसिपल शान्ति नारायण के पास गए। उन्होंने डॉ. सिद्धू से सम्पर्क किया, अब सिद्धू कहाँ इनकार करने वाले थे। सारा कोर्स करवाया। मामा जी इस घटना को कैसे भूल सकते थे। ऐसे ही एक दिन बातचीत के दौरान सिद्धू का प्रसंग आया, सारा प्रसंग सुनाया। डॉ. सिद्धू बहुत तन्मय होकर पढ़ाते थे। वे अपने पाठक को—उनके विषयों को—जीवन और समाज के परिप्रेक्ष्य में पढ़ाने की नीति पर चले। अन्ततः वे अपने छात्रों को यह समझाते थे : 'खुद सोचना सीखो—खुद जीवन की जाँच-तलाश करो।'

आजादी के बाद 50 का दशक, तीन अकादमियों—साहित्य अकादमी, संगीत नाटक अकादमी, ललित कला अकादमी—की स्थापना ने नए-पुराने रचनाकारों-कलाकारों को एक ऐसा सम्भावनापूर्ण मंच दिया, जहाँ वे अपने अतीत की विरासत, वर्तमान की चुनौतियों के परिप्रेक्ष्य में अपने भविष्य को दिशा दे सके। इन अकादमियों के अन्दर सेमिनार हुए, उत्सव हुए, हलचल बढ़ी, धीरे-धीरे इन सबमें सांस्कृतिक स्वराज्य के अहसास ने गति पकड़ी। नई और पुरानी पीढ़ी की प्रतिभाएँ, अपनी कमियों और कमजोरियों के प्रति सहज और संवेदनशील थीं। पर इन सबके मन में अपने-अपने सपने थे—जीवन और समाज को बेहतर बनाने के।

नाट्य जगत में राष्ट्रीय नाट्य विद्यालय की स्थापना से एक युगान्तकारी मोड़ आया। पहली बार भारत की प्रमुख भाषाओं में नाट्य-लेखन के साथ-साथ रंगजगत में कई विभूतियों का उदय हुआ। पहले दौर के अग्रणी नाटककार थे—मोहन राकेश, बादल सरकार, विजय तेन्दुलकर, गिरीश कारनाड। ये नाट्य प्रतिभाएँ अपनी श्रेष्ठ नाट्य कृतियों की वजह से पहले अपनी-अपनी भाषा में प्रतिष्ठित हुई, फिर उन्हें राष्ट्रीय स्तर पर मान्यता और सम्मान मिला। इन नाटकों की अन्तर्विहित अर्थवत्ता और महत्तता तब सामने उजागर हुई जब प्रतिभाशाली निर्देशकों ने इन नाट्यालेखों को जीवन्त रूप से साकार किया। अलग भाषा और अलग रंग विधियों के उन अविस्मरणीय प्रस्तुतीकरणों ने रंग कला के नए प्रतिमान स्थापित किए।

इन निर्देशकों में प्रमुख रहे—शम्भू मित्र, हबीब तनवीर, इब्राहिम अल्काज़ी, श्यामानन्द जालान, ब.व. कारन्त, रतन थियम, राजेन्द्रनाथ, रंजीत कपूर। उपरिलिखित नाटककारों में एक और समान विशेषता पाई गई, ये रंगकर्म से सीधे जुड़े हुए थे। बादल सरकार ने तो एक नई विधि का प्रवर्तन किया, गिरीश कारनाड एक दक्ष अभिनेता और एक सफल निर्देशक भी रहे। विजय तेन्दुलकर और राकेश अपने नाटकों के प्रदर्शन के वक्त निर्देशक के साथ काम करते थे। ये लहर धीरे-धीरे पुष्ट और गतिशील होती गई। इस सूची में विभिन्न भाषाओं की नाट्य प्रतिभाएँ, अपनी गुणवत्ता और अर्जित महत्ता के बल पर भारतीय परम्परा में जगह पाती गई, जैसे—जी.बी. देशपांडे (मराठी), चन्द्रशेखर कम्बार (कन्नड़) आदि। इसी प्रकार की क्षमता और काबिलियत के एक नाटककार डॉ. चरणदास सिद्धू को अब राष्ट्रीय स्तर पर मान्यता मिलनी चाहिए। उनके योगदान को अनदेखा नहीं करना चाहिए। नाट्य-कला और प्रस्तुति-पद्धति के हर पक्ष की सैद्धान्तिक और व्यावहारिक जानकारी और अनुभव रखने वाला यह दुर्लभ विद्वान एक प्रभावी और प्रतिष्ठित नाटककार ही नहीं, निर्देशक और रंगकर्मी भी है, जिसका मातृ-भाषा पंजाबी के अतिरिक्त उर्दू और हिन्दी पर समान अधिकार है। और इसी वजह से उसे राज्य और राष्ट्रीय स्तर के सभी पुरस्कार मिल चुके हैं। इस पृष्ठभूमि में उनके लेखन का आकलन करना उचित होगा।

साहित्य के इतिहास में प्रतिबद्ध लेखन आमतौर पर प्रगतिवाद के सन्दर्भ में प्रयुक्त होता है, सिद्धू ने अपने लेखन में जातिवाद के निर्मम शिकंजे में फँसे पीड़ित दलित परिवारों की व्यथा-कथा को केन्द्र में रखा। इस तरह दलित चेतना के नाटक लिखकर प्रतिबद्धता को नया आयाम मिला। 38 नाटकों की उनकी लम्बी लेखन-यात्रा में उल्लेखनीय नाटक हैं—भजनो, बाबा बंतू, किरपा बुनकर, मस्त फत्तू झीवर, चन्नों, पूनम, भगत सिंह त्रेयी...। निम्न गीत उनके अधिकांश नाटकों के तात्पर्य को मुखरित कर देता है—

उठो गरीबो, हो इकट्ठे
भिड़ जाओ साथ अमीरों के।
माँगे हक्क न कोई देता,
हक्क है सब शमशीरों के।
किस्मत अपनी आप बनाओ,
मालिक बन तदबीरों के। (अम्बियों को तरसेगी)

सिद्धू ने अपने नाट्य-लेखन के बारे में कुछ दावे किए हैं—'दूसरे नाटककारों ने मेरी जितनी मशक्कत नहीं झेली...कई-कई सालों की सोच-खोज और सब्र हर आलेख पर खर्च करता हूँ...' एक लम्बी नाट्य-साधना का इतिहास है।

अंग्रेजी नाटककार जार्ज बर्नार्ड शॉ के नाटकों पर अमेरिका की विसकान्सन यूनिवर्सिटी से पीएच.डी. करने के बाद (1960) सिद्धू ने नाट्य-लेखन का निर्णय लिया, उनके अनुसार—'मुझे नाटक लिखने की प्रेरणा पश्चिमी नाटक से मिली।' सिद्धू की अन्तश्चेतना पर अपनी जन्मभूमि भाम गाँव (जिला होशियारपुर, पंजाब) में जीवन के बिताए पहले 20 वर्षों के अनुभवों की गहरी छाप पड़ी है। उनके प्रमुख नाटकों के अग्रणी पात्र भाम के

रहने वाले जाने-पहचाने चेहरे हैं। समाज के दीन-हीन, दबे-सहमे मासूम पात्रों के दर्दों या उन पर हो रहे संस्थागत जुल्म को बरस-दर-बरस देखते रहना एक संवेदनशील और प्रबुद्ध व्यक्ति के लिए यातना से कम नहीं है। उनकी विवशता की अमिट स्मृतियाँ ताजा रहीं, और सिद्धू की नाट्य-सृजन का स्रोत बनती रहीं। सिद्धू के प्रमुख नाटकों के केन्द्र में यही सबल चरित्र सारे कार्य-व्यापार की धुरी हुए और नाटक की ताकत बने। सिद्धू को नाट्य-कला और रंगशिल्प के विभिन्न पहलुओं की पर्याप्त जानकारी, अच्छी समझ और यथेष्ट अनुभव है, इसीलिए सिद्धू के नाट्यालेख-विद्वान सिद्धू की पारखी नजर से सधे, मँजे, सुबद्ध तथा प्रभावोत्पादक हैं। सिद्धू के लगभग सभी नाटकों के कथ्य की परिधि, अलग-अलग समस्याओं के कारण विविध और विभिन्न लगती है। परन्तु नाट्य स्थितियों का संयोजन, चरित्रांकन पद्धति एक-सी होने के कारण वैविध्य धुँधला पड़ने लगता है और नाट्य, संवेदना टाइप-सी हो जाती है, नाटकीय उत्कर्ष की सम्भावनाएँ निखर नहीं पाईं। सिद्धू अपेक्षाकृत सतर्क या सुनियोजित अधिक रहे हैं, सहज, निरीह, स्वतःस्फूर्त का भाव दबा रहा। कहीं-कहीं सिद्धू ने भाम के मोह को छोड़ा भी है। अपने कुछ नाटकों में नए मसलों को उठाया है। 'भगत सिंह' त्रयी में (एक प्रौढ़ नाट्य-कृति) वे जीवन्त-स्वाभाविक-समर्थ साबित हुए हैं। उसकी सफलता से उन्हें पर्याप्त ख्याति और सम्मान मिला। परन्तु हमें यह नहीं भूलना होगा कि सिद्धू की नाट्य-जगत में मूल पहचान और योगदान 'भाम' की वजह से हुई है।

सिद्धू का यह विश्वास है कि किसी भी रचनाकार में अहं का या प्रबल अहं का होना स्वाभाविक है। इसी सन्दर्भ में उनके अपने को लेकर कुछ दावे हैं—'मैं शेक्सपियर कहलवाना चाहता हूँ...मैं सफोक्लीस, शेक्सपियर, मौलियर, तख्ट सरीखे निर्देशक-नाटककार की पंक्ति में खड़ा हूँ... मैं निजी कसौटी के मुताबिक नाटक के इतिहास में अपनी जगह जीत चुका हूँ... ।' ऐसी और भी गर्वोक्तियाँ मिल जाएँगी। सिद्धू की गर्वोक्तियाँ खोखली नहीं हो सकतीं, रचनाकार का अपना प्रबल अहं हो सकता है, उसका आदर करना होगा। परन्तु यह सब शालीन और मर्यादा से होना चाहिए। सर्जक सिद्धू के लिए यह शोभा नहीं देता कि विद्वान सिद्धू तर्क से इसे चाहे सही भी सिद्ध कर दें। यह एक प्रकार की अहं तुष्टि है। इसकी मिसाल भी मिल गई, एक ओर, आप प्रस्तुति-समीक्षा की निन्दा करते हैं, दूसरी ओर उन्हीं समीक्षकों की चुनी पंक्तियाँ अपनी पुस्तक में या रैपर पर उद्धृत करते हैं। शर्त सिर्फ इतनी है कि वह आपके पक्ष में लिखी हुई हो। कभी-कभी लगता है कि यह बड़बोलापन सिद्धू पर भारी पड़ा।

कितनी बड़ी विडम्बना और खेद की भी बात है कि इतने जाने-माने रचनाकारों को अपने पहले नाटक नहीं बल्कि अपने सभी 38 नाटकों के प्रकाशन और प्रदर्शन के लिए पैसे अपनी जेब से लगाने पड़े क्योंकि डॉ. सिद्धू के शब्दों में—'कोई तैयार ही नहीं हुआ' और यह रकम उन्होंने अपने प्रॉविडेंट फंड से निकालकर लगाई। प्रकाशन-जगत के लिए चाहे यह कोई नई बात नहीं है, विशेष रूप से पंजाबी, उर्दू, हिन्दी जगत हो। सिद्धू ने अपने जीवन में उपेक्षा के हर प्रहार का हिम्मत और साहस से सामना किया है। यहाँ यह याद दिलाना बहुत आवश्यक है कि पिछले 30-40 साल से दिल्ली रंगमंच पर हुए किसी भी

प्रमुख नाटक या अग्रणी निर्देशक के प्रस्तुतीकरण ऐसा नहीं हो सकता कि सिद्धू ने ना देखा हो। वे दिल्ली रंगजगत—उनमें एन.एस.डी. भी शामिल है—के सभी नाटककारों, निर्देशकों, रंगकर्मियों से व्यक्तिगत स्तर पर अच्छे परिचित या जानकार है। यह भी सच है कि सिद्धू के नाटकों के मंचन की वस्तुस्थिति से वाकिफ थे—फिर भी—'कोई तैयार नहीं हुआ'। इन सारी विपरीत स्थितियों से सिद्धू विचलित नहीं हुए। नई चुनौतियों का सामना करते हुए सिद्धू ने अपने ग्रुप—'कालजिएट ड्रामा सोसायटी' का गठन किया और अपने परिवार तथा निकट के साथियों के साथ मिलकर पूरे आत्मविश्वास से अपना अभियान चलाया। सिद्धू ने इस बात का पूरा ध्यान रखा कि नाटक प्रकाशन से पहले मंचित हो, नाट्यालेख को मंच पर परखने के बाद नाटक को छापा। अब यह दिल्ली का जाना-पहचाना ग्रुप है—अनुभवी और सम्मानित। इसके अधिकांश नाटक और उनके प्रस्तुतीकरण सफल और बेहतर हो रहे हैं—कुछ पुरस्कृत-सम्मानित हुए। इस ग्रुप का सफ़र अपनी सीमाओं में सन्तोषजनक कहा जाएगा। इस सन्दर्भ में इस तथ्य को अनदेखा न करना होगा कि सिद्धू के प्रमुख नाटक को किसी अग्रणी निर्देशक ने नहीं उठाया, न उसकी अन्तर्निहित क्षमता या सम्भावना उजागर हुई है, यह खोज आवश्यक है।

व्यवस्था में व्यापक संस्थागत शोषण और अन्याय का सामना करने का मनोबल पैदा करने वाले सिद्धू के नाटक जीवन और समाज को बेहतर बनाने के सपने जगाते हैं। सिद्धू अपने धर्म के पालन में सफल रहे।

(छायानट, जनवरी-मार्च 2013)

21

नवें दशक का बुनियादी सवाल हिन्दी के नाटक या हिन्दी में नाटक

'हिन्दी का कोई अपना रंगमंच नहीं है...रंगमंच की तो अकाल मृत्यु हिन्दी में दिखाई पड़ रही है'—लगभग आधी शताब्दी पूर्व ये विचार ऐसे निष्ठावन नाट्यकर्मी ने व्यक्त किए थे जो अपने युग में कला और सुरुचिसम्पन्न थिएटर की माँग करता रहा। इतिहास-चक्र के दूसरे दौर में आकर जयशंकर प्रसाद की ये पंक्तियाँ अपना अर्थ खो चुकी हैं। इस अवधि में हिन्दी रंगमंच की विकास-यात्रा कई चरण तय कर नवें दशक में इस बिन्दु पर पहुँच चुकी है जिसे स्वतंत्र, सम्पन्न तथा प्रभावशाली कहा जा सकता है। देश की स्वाधीनता, शिक्षा के प्रचार, संचार-साधन आदि से इस यात्रा की गति तीव्र होनी थी परन्तु अप्रत्याशित और कुछ-कुछ विस्फोटक परिवर्तन दिखाई दिया। आठवें दशक में इसे देश की सम्पूर्ण सांस्कृतिक एवं कलात्मक चेतना का पुनर्जागरण कहना चाहिए कि इस माध्यम के प्रति आकर्षण नहीं, ललक उत्तरोत्तर महानगर से नगर और कस्बाई जिन्दगी में जल्दी बढ़ने लगी। सिनेमा मनोरंजन का सुलभ एवं लोकप्रिय साधन अवश्य है परन्तु फार्मूलाबद्ध होने के कारण उसमें ठहराव तथा ऊब-सी आने लगती है। इधर सारे हिन्दी प्रदेश में एक उल्लेखनीय बदलाव आ रहा है। पहले यहाँ के पढ़े-लिखे व्यक्ति को अपने कामकाज या व्यवसाय से हटकर किसी कला का कोई खास शौक नहीं था। अब उसकी सृजनात्मक सुख की प्यास बढ़ रही है। अपने खालीपन को भरने के लिए वह तेजी से बदल रहा है। सबसे अधिक पसन्द और झुकाव थिएटर की ओर है। असल में, रंगमंच की समस्त प्रक्रिया में रचनात्मक और सृजनात्मक मनोरंजन है, वह ताजा, जीवन्त तथा आन्तरिक सुख प्रदान करने वाला है। छोटे-बड़े सभी नगरों में थिएटर का शौक बढ़ रहा है। उसकी एक अलग दुनिया बनती जा रही है, उसकी अपनी हलचल है, पुराने ग्रुप पिछड़ रहे हैं, नए ग्रुप बन रहे हैं। स्कूल, कॉलेज तथा विश्वविद्यालय में केवल एक-आध नाटक के प्रस्तुतीकरण तक सीमित न रहकर इस गतिविधि का असर नई पीढ़ी में एक ऐसे वर्ग को जन्म दे रहा है, जिसके लिए थिएटर 'साँस लेने की तरह जरूरी है'। अभिजात वर्ग से जुड़ी बड़ी-बड़ी कम्पनियाँ और क्लब भी अपने आयोजनों में नाटक को जगह दे रहे हैं। कुल मिलाकर हिन्दी थिएटर का दायरा बढ़ रहा है, वह इतने व्यापक क्षेत्र की आकांक्षाओं का माध्यम बन रहा है।

इस दशक में हिन्दी रंगमंच का विस्तार और प्रचार इतना विविध, इतना बहुमुखी रहा है कि उसे प्रयोगशील या व्यावसायिकता के वर्गीकरण में अभिहित नहीं किया जा सकता। प्रयोगशील अगर उसे कहा जाए तो केवल इन्हीं अर्थों में कि अपनी पहचान बनाने के लिए प्रस्तुतियों में नए-नए प्रयोग किए। ये प्रयोग नाटक के चुनाव और प्रदर्शन-शैली के रूप में हुए परन्तु दो-तीन वर्षों की कामयाबियों के बाद सम्पूर्ण व्यवहार और पद्धति में एक प्रकार की व्यावसायिक-वृत्ति बढ़ने लगी। सफल नाटकों का चुनाव, प्रस्तुति में रोचक एवं रंजक तत्त्वों का सम्मिश्रण आदि व्यावसायिक आग्रह यह प्रमाणित करते हैं परन्तु व्यवसाय की अपेक्षाओं के अनुरूप अभिनेताओं या पार्श्वकर्मियों को पारिश्रमिक नहीं दिए जाते। इस अन्तर्विरोध के कारण इसे पूरी तरह व्यावसायिक भी नहीं कहा जा सकता। ऐसे भी उदाहरण देखने में आए हैं कि एक नाटक के कई शो किए गए और उनसे बाकायदा आमदनी हुई पर प्रस्तुतीकरण से जुड़े सभी लोगों में वह नहीं बाँटी गई। आयोजित प्रस्तुतियों में भी जितनी रकम मिलती है उसको लेकर भी कम बातें नहीं सुनने को मिलतीं कि रंगकर्मियों को उचित हिस्सा न देकर अन्याय किया गया। ये कोई इक्का-दुक्का घटनाएँ नहीं हैं, और न किसी एक नगर से जुड़ी हैं। असल में आठवें दशक के रंगमंच को न प्रयोगशील कहा जा सकता है और न व्यावसायिक। यह विचित्र मिश्रण या अन्तर्विरोध उस स्थिति की सूचना है जहाँ रंगमंच व्यावसायिक तंत्र में पदार्पण कर रहा है। इसे यूँ भी स्वीकारा जा सकता है कि पहला चरण प्रयोगशीलता का होता है जिसमें परीक्षा और तलाश की मनोवृत्ति रहती है। दूसरे चरण में सफलता का आग्रह इस सीमा तक आ जाता है कि सारी कोशिश कला और कौशल में सन्तुलन की रह जाती है।

अन्धायुग की प्रस्तुति को अपवाद मान लिया जाए तो सत्यदेव दुबे अपने परवर्ती प्रस्तुतीकरणों में रंजक तत्त्वों का इस सूझबूझ से मिश्रण करते रहे हैं कि इससे उनके स्तर या प्रभविष्णुता में अन्तर। सच तो यह है कि कुछ बुद्धिजीवियों को छोड़ दिया जाए तो दुबे की प्रस्तुतियों में समझौतावादी तत्त्व खोजते हैं, अन्यथा वे एक स्तर का पूरी ईमानदारी से निर्वाह करते हैं जो एक कम उपलब्धि नहीं है। यही स्थिति राजिन्दर नाथ की है। 'हत्या एक आकार की', 'गिनीपिग' जैसे नाटकों में प्रयोगशीलता से अपनी क्षमता प्रमाणित करके 'घासीराम कोतवाल', 'अलीबाबा' और 'जात ही पूछो साधु की' (जिनके 60 से अधिक शो कर चुके हैं) में वे व्यावहारिक धरातल पर उतरकर प्रस्तुति को लोकप्रिय बनाने की कोशिश करते हैं। प्रयोगशाला और व्यावसायिकता अनिवार्य रूप से एक दूसरे के विरोधी नहीं हैं। सत्यदेव दुबे, राजिन्दर नाथ जैसे निर्देशकों की प्रस्तुतियों में जिस तरह कला और व्यवसाय का समन्वय किया गया है, वह मौजूदा परिस्थितियों में अनुकरणीय ही कहा जाएगा।

व्यावसायिकता में लाभ-हानि का तंत्र है, सफलता और ख्याति के लिए सब कुछ करने का आग्रह आ जाता है परन्तु जहाँ सारी व्यवस्था व्यावसायिकता से आक्रान्त हो, वहाँ कोई कलाकार इससे अछूता रह सकेगा, यह आशा करना असम्भव है। किसी भी व्यवस्था में, चाहे कोई क्षेत्र हो—शिक्षा, चिकित्सा, यहाँ तक कि कला—अन्ततः वे ही मूल्य और मान्यताएँ प्रतिष्ठित होती हैं जो इसके अर्थतंत्र का परिचालन कर रही हैं। क्या यह सोचना

रोमांटिक कल्पना नहीं है कि कला और कलाकार का एक निजी और स्वतंत्र जगत होता है जो वास्तविक जगत के दबाव और तनाव से भिन्न होता है। इस तरह की परिकल्पना में जीने वाले कलाकारों की परिणति के ट्रेजिक परिणाम आज के बड़े कलाकारों में देखे जा सकते हैं। स्वाभाविक ही नहीं, जरूरी है कि कलाकार आसपास की दुनिया से जुड़े और जूझे। जैसे ही वह इस तंत्र में घुसता है उसकी शुरुआत प्रयोगशीलता से और समाप्ति व्यावसायिकता से होती है। असलियत तो यह है कि जो कलाकार मौजूदा प्रणाली की निहित शक्तियों को जितनी जल्दी पहचानकर सँभल जाता है उतना उसका लेखन स्पष्ट, प्रखर तथा प्रभावशाली होता है।

इसी स्थिति को एक और कोण से भी देखा-परखा जा सकता है। वर्षों प्रयोगशीलता के नाम पर कला में सदा परिष्कार और नवीनता की अर्थवान तलाश रहती है यह मात्र बौद्धिक व्यायाम होता रहता है? क्या व्यावसायिकता का अनिवार्य परिणाम कला का पतन ही है? निश्चय ही ये सरलीकृत स्थितियाँ हैं। प्रतिबद्ध कलाकार दोनों में सन्तुलन रखता है। मौजूदा व्यवस्था में कला के प्रति प्रतिबद्धता जरूरी है और प्रतिबद्धता से तात्पर्य है प्रयोजनशीलता। व्यावसायिकता की सर्वव्यापी बाढ़ में निजता और इयत्ता की रक्षा ज्यादा देर तक नहीं रहती। ऐसी सूरत में प्रतिबद्ध कलाकार इस बाढ़ का सामना करते हुए अपनी पहचान बनाए रख सकता है। प्रतिबद्धता से तात्पर्य पक्षधरता नहीं है बल्कि ऐसे सार्थक थिएटर की तलाश जिसकी सामाजिक अर्थवत्ता हो, जो विशाल हिन्दी प्रदेश की आकांक्षाओं को व्यक्त कर सके। इसमें कोई सन्देह नहीं कि पिछले दशक में हिन्दी प्रदेश में थिएटर लोकप्रिय हुआ है परन्तु वह सार्थक और प्रासंगिक है, यह स्वीकारना कठिन होगा। सफलता और लोकप्रियता का सीधा असर नाटक के चुनाव और प्रदर्शनपद्धति में देखा जा सकता है। प्रस्तुतीकरण की दृष्टि से हिन्दी रंगमंच का स्वरूप और स्तर सन्तोषजनक ही नहीं, नई-नई सम्भावनाओं को प्रकट कर रहा है। कल्पनाशील निर्देशक महाकाव्य (कामायनी, उर्वशी) लम्बी कविताओं (मुक्तिबोध, धूमिल, सर्वेश्वर दयाल, रघुवीर सहाय), उपन्यासों (गोदान, बेगम का तकिया, रागदरबारी, मित्रो मरजानी), कहानियों (गणना, सम्भव नहीं) के नाट्यान्तर में पर्याप्त सफल ही नहीं हुआ, इस चुनौती को साहस के साथ स्वीकार कर रहा है। यहाँ उसकी प्रयोगशीलता को पूरे अवसर मिलते हैं।

राष्ट्रीय नाट्य विद्यालय का रंग-मंडल (रैपर्टरी) व्यावसायिक स्तर पर नहीं चलाया जाता परन्तु सारे थिएटर-जगत को आँका जाए तो व्यावसायिक सफलता की सबसे अधिक सम्भावनाएँ रंगमंडल में हैं। दिल्ली ही नहीं, दिल्ली से बाहर जहाँ कहीं उनके नाटक खेले गए हैं, उन्हें आशातीत सफलता मिली है। सन्ध्या छाया, बेगम का तकिया, मुख्य मंत्री, सइयाँ भये कोतवाल, चोपड़ा कमाल, नौकर जमाल, जैसे नाटक किसी भी दृष्टि से उपलब्धि कहे जा सकते हैं। सच तो यह है कि वे हिन्दी जगत के लिए प्रतिमान प्रतिष्ठित कर रहे हैं कि कला और व्यवसाय में कैसे सन्तुलन रखा जा सकता है। इस दिशा में अनामिका ने कलकत्ता में सप्ताहान्त नियमित प्रदर्शन शुरू किया है। बम्बई में सत्यदेव दुबे प्रयत्नशील हैं, दिल्ली में राजिन्दर नाथ आगे आ रहे हैं परन्तु निर्विवाद रूप से रा.ना.वि. का रंगमंडल अपनी प्रतिभा और क्षमता से अग्रणी ही नहीं, अनुकरणीय भी है। इतनी

क्षमता और ऊर्जा से सम्पन्न रंगमंच के लिए प्रश्न यह उठाना स्वाभाविक है कि हिन्दी में उपयुक्त नाटक क्यों नहीं हैं।

हिन्दी नाट्य-लेखन का सर्वेक्षण किया जाए तो इस समय दो तरह के नाटककार दिखाई देंगे। पहले वर्ग के नाटककार अपने माध्यम की शर्तों और जरूरतों के अभ्यस्त हैं, इसलिए उनकी कृतियों के प्रस्तुतीकरण विभिन्न नगरों में होते रहते हैं। ऐसे नाटककार अधिक नहीं हैं, लक्ष्मीनारायण लाल, सुरेन्द्र वर्मा, मुद्राराक्षस, रमेश बक्षी, ब्रजमोहन शाह, मणिमधुकर, भीष्म साहनी, सर्वेश्वर दयाल सक्सेना, शंकरशेष, शान्ति मेहरोत्रा, सत्यव्रत सिन्हा, लक्ष्मीकान्त वर्मा, विपिन कुमार अग्रवाल, बलराज पंडित, रामेश्वर प्रेम, रमेश उपाध्याय, सुशील कुमार सिंह आदि। इस वर्ग के नाटककारों की कुछ विशेषताएँ देखी गई हैं। कुछ नाटककार रंगमंच से बहुत अर्से से जुड़े हुए हैं। वे केवल उसकी फॉर्म से ही नहीं विभिन्न रंगशैलियों और रंगयुक्तियों से बखूबी परिचित हैं। यह समझ और पकड़ उनके नाट्य-लेखन की इस तरह सीमा बन गया है कि वे कथ्य की गहराई में जाने से पूर्व विभिन्न रंगयुक्तियों में उलझ गए हैं। इस तरह पूरी क्षमता के बावजूद उनके नाटक गम्भीर मानवीय अनुभव प्रदान करने में असमर्थ रहे हैं। लक्ष्मीनारायण लाल के अधिकांश नाटक इसी कमजोरी के शिकार हैं। इधर मणिमधुकर में भी यह वृत्ति उभरती दिखाई देती है। इन प्रतिष्ठित नाटककारों की एक और सीमा मिली है, कई नाटक लिखने के बाद इनका एकाध ही नाटक प्रत्येक दृष्टि से सन्तुलित एवं लोकप्रिय हुआ है, शेष नाटक एक बार अवश्य खेले गए हैं, सवाल यह है कि एकाध बार के बाद विभिन्न नगरों में उनकी प्रस्तुतियाँ क्यों नहीं हुईं? उदाहरण के लिए लक्ष्मीनारायण लाल का एक सत्य हरिश्चन्द्र, व्यक्तिगत (एक दर्जन नाटकों में से), सुरेन्द्र वर्मा—सूर्य की अन्तिम किरण से सूर्य की पहली किरण तक (द्रौपदी, आठवाँ सर्ग), मुद्राराक्षस—मरजीवा (तिलचट्टा, यूअर्स फेथफुल्ली, तेंदुआ, गुफाएँ), मणिमधुकर—रसगन्धर्व (बुलबुल सराय, खेला पोलमपुर, दुलारीबाई, इकतारे की आँख), रमेश बक्षी—देवयानी का कहना है (तीसरा हाथी, वामाचार), ब्रजमोहन शाह—त्रिशंकु (शह ये मात, युद्धमन), शंकरशेष—एक और द्रोणाचार्य, बलराज पंडित—पाँचवाँ सवार, सुशील कुमार सिंह—सिंहासन खाली है। शेष नाटककार कभी-कभार खेले गए हैं। जाहिर है कि इतने व्यापक हिन्दी प्रदेश के लिए यह संख्या नगण्य है। फिर समय के साथ कुछ नाटक प्रासंगिक नहीं रहते, इस तरह सूची में उल्लेखनीय वृद्धि नहीं होती।

पिछले दशक में कई साहित्यकार इस विधा की ओर आकृष्ट हुए हैं, यह एक उत्साहवर्धक मोड़ है। इनमें से कुछ एक इस माध्यम की चुनौती को स्वीकारते हुए रचनात्मक स्तर पर नाट्य-लेखन में प्रवृत्त हुए हैं। भीष्म साहनी ने कथा जगत में विशेष सम्मान अर्जित किया है, नाट्य-लेखन के प्रति उनका झुकाव आन्तरिक अपेक्षाओं और सृजन की आवश्यकताओं के दबाव से हुआ, इसलिए उनका पहला नाटक आलेख की दृष्टि से थोड़ा शिथिल है परन्तु नाटक की दृष्टि से सशक्त एवं प्रभावशाली है। रंगजगत की मर्यादा और परम्परा के अनुरूप भीष्म साहनी थिएटर से बराबर जुड़े हुए हैं, दूसरे, उन्होंने अपने नाटक के प्रदर्शन के बाद उसका प्रकाशन किया। मंचन से उन्हें अपनी रचना की सीमाओं और सम्भावनाओं को आँकने का मौका मिला। इस अनुभव के बाद प्रकाशन उनकी थिएटर

के प्रति प्रतिबद्धता को प्रमाणित करता है। समकालीन कई साहित्यकार जैसे गंगाप्रसाद विमल, प्रणव कुमार बंद्योपाध्याय, गोविन्द चातक, सुदर्शन चोपड़ा, इन्द्रजीत भाटिया, कुसुम कुमार, कमलिनी मेहता, कृष्ण भावुक और विनय में वह प्रतिबद्धता नहीं है जिसका ऊपर उल्लेख किया गया है। थिएटर इनकी रुचि, पसन्द या संस्कार के दायरे में शायद नहीं आता। इसलिए थिएटर के तंत्र को समझने की भी इनकी कोई कोशिश नहीं दिखाई दी। प्रदर्शन से पूर्व नाटक का प्रकाशन सिद्ध करता है कि इनकी रुचि नाटक तक है, रंगमंच से इनका कोई सरोकार नहीं। वे ऐसे निर्देशक की प्रतीक्षा में हैं जो उनकी नाटकीय सम्भावनाओं को उजागर करेगा, पर इस इन्तजार में सूची बढ़ रही है। ऐतिहासिक सन्दर्भ में आँका जाए तो यहाँ भी वही साहित्यिक नाटक लिखने की मनोवृत्ति कार्य कर रही है। जयशंकर प्रसाद ने भी यही भूल की थी; अपने को अलग रख समकालीन रंगमंच पर टीका-टिप्पणी करने के दुष्परिणाम प्रसाद भुगत चुके हैं। उनके नाटकों को उनके सामने किसी ने नहीं उठाया, बाद में तो और कठिनाइयाँ आ गईं। इस अनुभव का लाभ उठाते हुए नवोदित नाटककार को थिएटर से इस सीमा तक जुड़ना होगा कि वह उसकी रुचि और संस्कार का अंग बने, फॉर्म को नजदीकी से समझने में मदद मिले और इस पृष्ठभूमि में किए गए नाट्य-लेखन में नाटक और रंगमंच का स्वस्थ स्वरूप दृढ़ बना रहे।

आज का हिन्दी रंगमंच निर्देशन प्रधान है अर्थात् नाटक के चुनाव और प्रस्तुतीकरण में निर्देशक निर्णायक स्थिति में है। निर्देशक का पहला लगाव थिएटर है—अर्थात् हिन्दी में थिएटर न कि हिन्दी थिएटर, वह व्यावसायिक उपलब्धियों को ध्यान में रखकर ही नाटक खेलेगा। मराठी, बंगला, कन्नड़ या अंग्रेजी के ख्याति-प्राप्त नाटकों के रूपान्तर खेलने में कम खतरा ही नहीं, कई प्रकार से सुविधा भी है। ऐसी सुरक्षित स्थिति में अगर लाभ और प्रसिद्धि दोनों मिल रहे हों तो निर्देशक नए नाटक या नाटककार को उठाने का जोखिम क्यों करे ? कुल मिलाकर हिन्दी के लिए यह सुखद स्थिति नहीं है परन्तु यह नई भी नहीं है। परमुखापेक्षी यह वृत्ति भारतेन्दु काल से रही है। प्रसाद के जमाने में डॉ.एल.राय के नाटकों के अच्छे-बुरे रूपान्तर खेले गए परन्तु प्रसाद के नाटकों की अभिनेयता का प्रश्नचिह्न कभी दूर नहीं हुआ। आज दिल्ली में खेले जाने वाले नाटकों में दो-तिहाई हिन्दीतर भाषा के हैं। इस स्थिति का सामना करना चाहिए न कि शान्त भाव से दार्शनिक मुखौटा ओढ़कर नियति के भरोसे बैठा रहना चाहिए। नवोदित नाटककार स्वयं नए ग्रुप का निर्माण करें या मदद लेकर अपने नाटकों की प्रस्तुति की व्यवस्था करें। इसमें संकोच या लज्जा या हीनभावना की कोई बात नहीं। आखिर आप कला का प्रचार और प्रसार कर रहे हैं। डॉ. लक्ष्मीनारायण लाल से लेकर नरेन्द्र कोहली तक सभी नाटककार संयोजन-क्रिया में प्रयत्नशील रहे। आज वे प्रतिष्ठित हो चुके हैं। इसे संघर्ष की पहली कड़ी मानना चाहिए।

जरा नेपथ्य से झाँककर देखें तो क्या किसी से यह छिपा है कि कविता या कथा-संग्रह के प्रकाशन पर रचनाकार किस तरह गोष्ठियों का आयोजन करता है, वक्ता से लेकर श्रोता तक सभी की व्यवस्था का दायित्व उठाता है अन्यथा उसकी रचना की न वैसी चर्चा हो, न समीक्षाएँ प्रकाशित हों। सही और गलत की बात नहीं है, यह सब करना पड़ता है और बराबर हो रहा है। इसी तरह अपने साधनों को जुटाकर नाटक के प्रस्तुतीकरण की व्यवस्था

करने में कोई अनौचित्य नहीं। नवोदित नाटककार दो-एक नाटक के बाद अपनी जगह बना लेंगे और फिर उनके सामने यह सवाल इतना पेचीदा नहीं रहेगा। पंजाबी के एक उदीयमान नाटककार को इसी तरह के कटु अनुभव से गुजरना पड़ा। पूरी कोशिश और एक सीमा तक आर्थिक सहायता की पेशकश के बावजूद कोई निर्देशक उनका नाटक खेलने के लिए तैयार नहीं हुआ। विवश होकर उन्हें अपना ग्रुप बनाना पड़ा। पंजाबी के व्यावसायिक ही नहीं, सस्ते, उत्तेजनापूर्ण और लाभप्रद थिएटर का मुकाबला करना आसान न था, परन्तु दो वर्षों में यह ग्रुप कई नाटक प्रस्तुत कर चुका है, पुरस्कार और सम्मान भी मिला है। आज उनकी चर्चा होती है और नाटक खेलने के लिए कई निर्देशक तत्पर हैं। प्रत्येक क्षेत्र में स्थान बनाने के लिए संघर्ष और साधना तो करनी पड़ती है। हमारे नाटककारों को इसके लिए स्वयं तैयार रहना चाहिए न कि निर्देशक से उदारता और सहायता की आशा करनी चाहिए।

प्रतियोगिता-प्रधान इस व्यवस्था में नाट्य-लेखन से तात्पर्य है ऐसा आलेख जो साहित्यिक दृष्टि से प्रभावशाली तो हो ही, व्यावहारिक दृष्टि से उठाने लायक हो और उसकी व्यावसायिक सम्भावनाएँ भी प्रत्यक्ष हों। ये सीमाएँ नाटक से नहीं, आज के सम्पूर्ण लेखन से जुड़ी हुई हैं, अर्थात् ऐसा लेखन जो पत्र-पत्रिकाओं या पुस्तकों में प्रकाशन के लिए रचनाबद्ध है। दूसरे शब्दों में जो लाभ-हानि, प्रचार-प्रतियोगिता के आग्रह से मुक्त नहीं। इस परिधि के परिप्रेक्ष्य में आज के कथा-साहित्य में सूक्ष्म रूप से संयोजित व्यावसायिक तत्त्वों को ढूँढ़ना बड़ा कठिन नहीं। इसलिए नाटकों को लेकर अधिक चौंकाने की जरूरत नहीं है। यह समय की सीमाएँ हैं। मराठी और बंगला के नाटककार गम्भीर विचारोत्तेजक प्रश्नों को ईमानदारी से उठाते हैं परन्तु व्यावसायिक पक्ष से बिलकुल आँख नहीं मूँदते। पिछले वर्षों का श्रेष्ठ सशक्त मराठी नाटक है अनिल बर्वे का 'थैंक यू मिस्टर ग्लॉड'। इसमें नक्सलवादी डॉ. पटनायक और नौकरशाही के प्रतीक मिस्टर ग्लॉड के बीच तीव्र वैचारिक द्वन्द्व की वजह से उस नाट्य-कृति को महत्त्वपूर्ण कहा जा सकता है। यही स्थिति गोविन्द देशपांडे के 'उध्वस्त धर्मशाला' की है। इसके समापन खंड में लेखक बेटे को अपनी प्रेमिका से मिलाकर आलेख में रंजक तत्त्व लाता है। इस क्षमता या कौशल से हिन्दी का नाटककार अल्पपरिचित है। उसका आलेख समस्त गम्भीरता और ईमानदारी के साथ-साथ व्यावहारिक पक्ष से जुड़ा होना चाहिए।

व्यावसायिकता के आग्रह और उसकी स्वीकृति का सीधा अर्थ है दर्शक को केन्द्र में रखकर थिएटर करना। हमारे 'दर्शक' की पहचान केवल रोचक और उत्तेजक मनोरंजन से की गई है। सिनेमा का अनुभव सामने है परन्तु विशाल जनसमुदाय की विभिन्न आकांक्षाओं और सपनों को टाइप पर उत्तेजक 'दर्शक' से जोड़ देना अन्याय होगा। एक ओर हम साहित्य में आम आदमी की बात करते हैं, उस तक पहुँचने का साहस करते हैं, उसे केन्द्र में रखना चाहते हैं और इस तरह साहित्य की प्रासंगिकता और उपयोगिता सिद्ध करना चाहते हैं दूसरी ओर आम आदमी अर्थात् दर्शक का जिक्र आते ही उनके लिए सस्ते मनोरंजन तथा चमत्कारपूर्ण शैलियों के खतरों से सावधान करना चाहते हैं। कहीं ऐसा तो नहीं कि दर्शक के रंजक तत्त्वों की चर्चा हमारी अपनी व्यावसायिक मनोवृत्ति का परिणाम हो। अगर नाटककार की प्रतिबद्धता स्पष्ट है तो वह दर्शक के प्रति सजग रहेगा—मनोरंजन के माध्यम

से वह दर्शक का आसपास की परिस्थितियों से परिचय करवाएगा और फिर उन शक्तियों की जानकारी देगा जिसके कारण उसका आर्थिक और सामाजिक शोषण हो रहा है। इस प्रक्रिया के प्रति दर्शक को अधिक-से-अधिक सावधान करने के लिए दर्शक से ज्यादा-से-ज्यादा जुड़ना चाहिए। वह मनोरंजन अवश्य चाहता है परन्तु पलायन नहीं। दर्शक को केन्द्र में रखने में कोई खतरा नहीं है, खतरा केवल नाटककार की अपनी दृष्टि और भ्रम का है।

हिन्दी रंगमंच के लिए यह गौरव और सम्मान का विषय है कि वह राष्ट्रीय रंगमंच की भूमिका निभा रहा है। बंगला, मराठी, कन्नड़ आदि भाषाओं के श्रेष्ठ नाटक हिन्दी में प्रस्तुति के माध्यम से सार्वप्रादेशिक प्रचार और प्रसिद्धि पाते हैं और इस प्रकार राष्ट्रीय स्तर पर ख्याति अर्जित कर रहे हैं। तुगलक एवं इन्द्रजित, खामोश अदालत जारी है, घासीराम कोतवाल, जात ही पूछो साधु की जैसे नाटक इतनी लोकप्रियता प्राप्त कर चुके हैं कि उन्हें एक तरह से हिन्दी का माना जाता है। हिन्दी की यह भूमिका निश्चय ही उल्लेखनीय और प्रशंसनीय है परन्तु इसका मूल कारण राष्ट्रीय भाषा और उसके रंगमंच से कोई अतिरिक्त लगाव नहीं है। यहाँ मात्र व्यावसायिक वृत्ति कार्य कर रही है, वहाँ का नाटककार हिन्दी के जरिए विशाल जनसमुदाय तक पहुँचने का लाभ उठाना चाहता है। ऐसा सिनेमा में भी हो रहा है परन्तु इससे हिन्दी का रंगमंच सम्पन्न नहीं हो रहा। गिने-चुने नाटक और गिनी-चुनी प्रस्तुतियों की पूँजी पर राष्ट्रीय रंगमंच का सम्मान गर्व नहीं, उपहास का विषय लगता है। इस सन्दर्भ में महानगरों के योगदान को नकारा नहीं जा सकता। राष्ट्रीय स्तर पर प्रसिद्धि पाने वाले नाटक दिल्ली या महानगरों में प्रतिष्ठा पाकर नगरों और कस्बों में खेले जाते हैं। एक सीमा तक नगर और कस्बों को रंगमंच महानगरों के नाटकों, प्रदर्शन शैलियों से अनुप्रेरित एवं अनुप्रमाणित होता है। यह स्वाभाविक भी है, समकालीन संवेदना और रंगशिल्प की दृष्टि से महानगर कई कदम आगे हैं। यह भी सच है कि महानगर के रंगमंच की अपनी परम्परा और शैली होनी चाहिए जो अन्ततः हिन्दी प्रदेश की जीवनयापन पद्धति, आचार-व्यवहार, अनुष्ठान-उत्सव से जुड़ी होनी चाहिए। कलकत्ता, बम्बई और दिल्ली में हिन्दी की अपनी कोई रंग परम्परा नहीं है, यहाँ तो विभिन्न संस्कृतियों और आचार-व्यवहारों का समन्वय है जिस पर पश्चिम का असर अधिक है। कला की जड़ें स्थानीय परम्पराओं से बँधी होती हैं, क्षेत्रीयता उसकी शक्ति है—ऊर्जा का स्रोत। क्षेत्रीय विकास और समृद्धि के बाद राष्ट्रीय सम्मान और उपलब्धि उपयुक्त तथा उत्साहवर्धक हो सकते हैं परन्तु इस आयातित राष्ट्रीयता का प्रचार तो बराबर बढ़ता रहेगा क्योंकि इससे अहिन्दी भाषी लेखन को व्यापक स्तर पर लाभ और ख्याति मिल रही है। इस प्रकार की राष्ट्रीयता तो अब हिन्दी के लिए भारी पड़ रही है। इनके विकसित नाटक और रंगमंच या मुकाबला करने के लिए हिन्दी नाटक और रंगमंच न समर्थ है और न सशक्त बल्कि उनके विकास की गति और दिशा पर प्रतिकूल प्रभाव पड़ रहा है। जब तक हिन्दी प्रदेश की स्थानीय रंग परम्पराएँ पर्याप्त सम्पन्न एवं स्वतंत्र हो जाएँ तब तक महानगरों का नगरों-कस्बों के रंगमंच पर असर पड़ता रहेगा। इस स्थिति में बदलाव आ रहा है परन्तु इस दशक में महानगर ही राष्ट्रीय रंगमंच की भूमिका निभाएँगे।

हिन्दी रंगमंच धीरे-धीरे अब समृद्ध और स्वतंत्र हो रहा है। इस दशक में उसके सामने प्रमुख प्रश्न व्यावसायिक प्रतिष्ठा का है। व्यावसायिकता की अपनी अपेक्षाएँ हैं, वह उन्हीं को सुलझाने में प्रयत्नशील है और इस प्रकार उत्तरोत्तर प्रगति कर रहा है। इस दौड़धूप में हिन्दी के नाटक को खेलने, उसको उचित स्थान देने की न किसी की फुर्सत है और न शायद चिन्ता। हिन्दी नाटक से हटकर या कटकर हिन्दी रंगमंच की यह समृद्धि किसी सुखद स्थिति की सूचना नहीं देती। प्रसाद के नाटकों की ट्रेजिडी को भुलाना कठिन है। निर्देशक प्रधान होने के कारण यह दूरी बढ़ती जाएगी। राष्ट्रीय रंगमंच की भूमिका और उससे प्राप्त मान-सम्मान हिन्दी के लिए भारी पड़ रहा है क्योंकि उस प्रलोभन में पड़कर हिन्दी में नाटक पनप सकता है, हिन्दी के नाटक की विपन्न स्थिति में सुधार नहीं आ सकता। व्यावसायिकता का स्वागत होना चाहिए, वह हिन्दी रंगमंच के भविष्य के लिए आवश्यक है परन्तु दूसरे शब्दों में इसका अर्थ है निर्देशक की सत्ता को स्वीकार करना। इस स्थिति में हिन्दी में सबसे ज्यादा खेले जाने वाले नाटककार हैं विजय तेन्दुलकर। यह स्थिति हिन्दी नाटक के अनुकूल नहीं है। यह अगले दशक का अन्तर्विरोध है जिसके प्रति सावधान रहना है। अक्सर कहा जाता है कि हिन्दी में नाटक नहीं है परन्तु नाटक तो हैं, प्रकाशित भी और अप्रकाशित भी; परन्तु इशारा जाहिर है कि ऐसे सफल नाटक नहीं है जो व्यावसायिक दृष्टि से लाभप्रद हों।

भारतेन्दु-युग को अपवाद मानकर थोड़ा छोड़ दिया जाए—जब नाटककार नाटक और रंगधर्म में स्वस्थ ही नहीं, एक अनुकरणीय सन्तुलन था, अन्यथा, हिन्दी नाटक और रंगमंच का सारा इतिहास व्यतिक्रम के कारण विचित्र एवं उलझा हुआ है। पारसी थिएटर से प्रेरणा ही नहीं, एक सीमा तक अनुसरण करते हुए भी सभी नाटककारों ने न उसको अपनाया, न सँभाला, न सँवारा, केवल निन्दा की। पारस्परिकता होते हुए भी पारस्परिकता नहीं रही। चौथे दशक में साहित्यिक और रंगमंचीय नाटकों के वर्गीकरण ने विचित्र अन्तर्विरोध उत्पन्न किया। सातवें दशक की शुरुआत तो बहुत अच्छी हुई थी परन्तु व्यावसायिक थिएटर विकसित होने से पहले ऐसा थिएटर पनपा जिसके मूल में व्यावसायिक आकांक्षाएँ थीं पर जिसका स्वरूप प्रयोगशील था। एक और विडम्बना! आठवें दशक में रंगमंच तो प्रगति के कई चरण तय कर चुका है और उसकी व्यावसायिक सम्भावनाएँ प्रकट और प्रतिष्ठित हो रही हैं। इससे हिन्दी में नाटक और रंगमंच सम्पन्न हो रहा है पर हिन्दी का नाटक एवं रंगमंच विपन्न। यह नवें दशक का व्यतिक्रम है। सम्भवतः इस शताब्दी के अन्त में व्यतिक्रम से अनुक्रम की प्रक्रिया शुरू होने पर ही हिन्दी नाटक और रंगमंच की सही और सन्तुलित पारस्परिकता उभरेगी।

(समकालीन हिन्दी नाटक, रंगमंच-1981, सं. डॉ. विनय)

22

प्रेक्षक का वर्चस्व और समकालीन रंगमंच

नाटक के लेखन और प्रस्तुतीकरण में प्रेक्षक की उपस्थिति ऐसा केन्द्रीय बिन्दु है जो नाटककार की सारी रचना-प्रक्रिया तथा परिकल्पना का दिशा-निर्धारण करती है। प्रेक्षक की विद्यमानता का नाटककार की सम्पूर्ण चेतना पर प्रभाव पड़ता है जिसके परिप्रेक्ष्य में ही वह रचना के कथ्य और शिल्प को सँवारता है। यहीं से इस विधा के स्वरूप और व्यवहार में आमूल परिवर्तन आता है। पाठक और दर्शक के अहसास में बहुत बड़ा अन्तर है (हालाँकि नाटक का पठन भी होता है और मंचन भी)। पाठक मूक एवं शान्त है, प्रेक्षक जीवन्त, मुखर तथा सक्रिय। नाटककार के मानस-मंच पर किसी-न-किसी क्रिया-प्रतिक्रिया द्वारा प्रेक्षक अपनी हाजिरी बताता है, और इस तरह उसे सजीव एवं गतिशील रखता है। सच तो यह है कि जो नाटककार दर्शक की अवहेलना करता है, और दूसरे शब्दों में पाठक और प्रेक्षक में अन्तर नहीं रखता, उसका रचना पर प्रतिकूल प्रभाव पड़ता है। इसका तात्पर्य यह नहीं है कि नाटक दर्शक को ध्यान में रखकर ही लिखा जाए। मात्र उसको लेकर और उसके लिए लिखना खतरों से खेलना है। खतरा है व्यवसायीकरण का, उसके लाभ-हानि के तंत्र से जुड़ने का। दोनों सीमान्त से बचना जरूरी है—प्रेक्षक की उपेक्षा करना या मात्र उसी तक सीमाबद्ध हो जाना उपयुक्त नहीं है, हालाँकि यह एक आसान तथा लाभप्रद स्थिति है। असल में प्रत्येक रचनाकार अपने प्रेक्षक वर्ग की स्वरूप और पहचान को निर्धारित करता—आइडेंटिफाइ करता है, और उसके साथ सूक्ष्म अन्तःसम्बन्ध स्थापित करता है। जिस महानाटककार और प्रेक्षक के अन्तःसम्बन्ध सृजनात्मक धरातल पर सही और साफ होते हैं, वहाँ नाट्य-कृति कथ्य और सम्प्रेषण की दृष्टि से प्रभावशाली होती है। दोनों की रचनात्मक साझेदारी सृजन-प्रक्रिया का वह शक्ति-स्रोत है जो इस विधा की जरूरी शर्त है।

नाटककार और प्रेक्षक की पारस्परिकता

वस्तुतः नाटककार और प्रेक्षक की पारस्परिकता की स्वीकृति का तात्पर्य है अपने समय और समाज से जुड़ने का सरोकार! प्रेक्षक एक नागरिक है जो खास समय में ख़ास व्यवस्था का अंग है। व्यक्ति होते हुए भी वह समाज की इकाई है और उसका प्रतिनिधित्व करता है। व्यक्ति के जरिए समाज से जुड़ने की यह स्थिति समकालीन ऐतिहासिक शक्तियों से जुड़ने की प्रक्रिया है। इस पृष्ठभूमि में प्रेक्षक के साथ आमना-सामना किया जा सकता

है। अक्सर प्रेक्षक की बात उठाने या उसे महत्त्व देने का अभिप्राय सतही लेखन या अर्थकारी लेखन से लिया जाता है। इतिहास इस बात का प्रमाण है कि अर्थसिद्धि को ध्यान में रखकर लिखा गया लोकप्रिय लेखन बाढ़ की तरह फैला रहता है और आज भी किसी अनुपात में कम नहीं है। मूल सवाल प्रेक्षक को नकारने का नहीं है, जरूरत ऐतिहासिक स्थिति के सन्दर्भ में उस दृष्टि की है जिसके आधार पर आसपास के सवालों से जूझा जा सके। इस दृष्टि के साथ किसी भी नैतिक या अनैतिक, सामाजिक या स्थायी प्रश्नों को उठाया जा सकता है, यहाँ तक कि सेक्स और हिंसा से जुड़े सवालों को भी! इन्हें व्यवस्था में क्रियाशील शक्तियों तथा नाटकीय तत्त्वों के सन्दर्भ में उठाया जाए तो इससे प्रेक्षक का अनुभव पुष्ट तथा समझ परिपक्व होती है। जाहिर है, प्रयोजन स्पष्ट होना चाहिए। प्रेक्षक को केन्द्र में रखकर 17वीं शती में मोलियर ने तथा 19वीं सदी में भारतेन्दु ने प्रहसन लिखे जो आज भी अर्थवान एवं सामयिक हैं।

सार्थक मनोरंजन

नाट्य-कला के सन्दर्भ से मनोरंजन की चर्चा जरूरी है। मनोरंजन का जिक्र आते ही मन बहलाव के रास्ते तथा घटिया प्रसंगों का बिम्ब उभरता है जो मुख्यत: सेक्स पर आधारित हो। पारसी थिएटर की कॉमिक कथा और हाल ही के सप्रू-हाउस के पंजाबी नाटकों ने इस स्थिति को जिन्दा रखा है। मनोरंजन हल्का-फुल्का हो सकता है, सेक्स पर भी आधारित हो सकता है, यहाँ तक नाक-भौंह सिकुड़ने की कोई जरूरत नहीं, पर उसकी सार्थकता तथा प्रयोजन स्पष्ट होना चाहिए। कला और रंजन-तत्त्वों में कोई विलोम भाव नहीं है। नाट्यकला की अपेक्षाएँ दूसरी प्रकार की हैं जहाँ दर्शक की दिलचस्पी को बनाए रखना जरूरी है। इसी सिलसिले में कुछ आलोचकों का यह मत विचारणीय है कि प्रेक्षक की सत्ता को स्वीकारने का अभिप्राय ऐसा समझौतावादी दृष्टिकोण अपनाना है जहाँ मनोरंजन के निमित्त सस्ते और फार्मूलाबद्ध हथकंडों से रचना को लोकप्रिय तथा बिकाऊ बनाया जाए। नाटक त्रि-आयामी कला है और उसके ये तीन आयाम हुए, प्रेक्षक-मनोरंजन-अर्थसिद्धि। यह एक ऐसी स्थिति है जिसका सर्वव्यापी प्रभाव सभी कलाओं में देखा जा सकता है, फिल्म का उदाहरण सामने है। सारी बात को दूसरे कोण से यूँ भी उठाया जा सकता है कि यह व्यावसायिकता का दबाव है। व्यवसायीकरण का खतरा वहाँ होता है जहाँ नाटककार प्रेक्षक के स्तर पर उतरकर उसके लिए बिकाऊ माल तैयार करने का यंत्र बन जाता है। कला और व्यवसाय का टकराव अनिवार्य है। इस जोखिम से कोई मुक्ति नहीं है। कला को इसके लिए अधिकाधिक समर्थ और सशक्त होना पड़ेगा। कला और व्यवसाय के नए रिश्तों के प्रति रचनाकार को सतर्क एवं सावधान होना पड़ेगा। विख्यात नाटककार ब्रेख्त ने इन स्थितियों का सूझबूझ के साथ सामना किया। व्यावसायिक कौशल और योग्यता का परिचय देते हुए उनके नाटक दर्शक-केन्द्रित हैं और अपने युग की ऐतिहासिक स्थितियों और अन्तर्विरोधों को उठाते हैं। व्यावसायिक प्रलोभनों और लोकप्रियता के प्रचलित प्रवाह में स्खलन होना कोई चौंकाने वाली बात नहीं है, परन्तु कलाकार कला के प्रति निष्ठावान होता है और प्रत्येक कला प्रासंगिक एवं ऊर्ध्वमुखी होती है। असल

में, प्रेक्षक की सत्ता के साथ आमना-सामना करने की निरन्तर जरूरत है। व्यवस्था और व्यवसाय के सभी प्रकार के आकर्षण एवं दबाव के बावजूद आज के नाटककार को नई चुनौतियों के लिए तत्पर और तैयार रहना चाहिए। दर्शक का ऊर्ध्वमुखी विकास या अधोमुखी पतन वह प्रतिमान है जिसके आधार पर उसकी कला का मूल्यांकन किया जा सकता है। ऐसी सूरत में मनोरंजन से क्या आपत्ति हो सकती है?

अभिनेता-प्रेक्षक सम्बन्ध

मौजूदा रंगमंच के विकास में निर्देशक की पहल तथा अग्रणी भूमिका का अवश्य उल्लेखनीय योगदान है पर नाटक मुख्यत: अभिनेता का माध्यम है। नाटककार के आलेख तथा निर्देशक की प्रस्तुति-परिकल्पना को वही मंच पर सजीव एवं साकार करता है। रंगमंच के केन्द्र में अभिनेता होता है जिसकी प्रेरणा और शक्ति प्रेक्षक है। दोनों के बीच के अन्त:सम्बन्ध (इंटर-एक्शन) दोनों में एक खास तरह की साझेदारी स्थापित करते हैं और इस तरह दोनों को एक अनोखा तथा जीवन्त अनुभव प्रदान करते हैं। प्रेक्षक की सक्रिय उपस्थिति अभिनेता के लिए निरन्तर प्रेरणा और चुनौती का स्रोत होती है। कला की नई सम्भावनाओं से ऐसा अनुप्रेरित एवं अनुप्राणित अभिनेता अपनी प्रभविष्णु शक्ति से प्रेक्षक का कायापलट करता है, वह अपनी संज्ञा छोड़कर सर्वनाम बन जाता है और विशेष से सामान्य। यह अनुभव-प्रक्रिया प्रत्यक्ष, जीवन्त तथा गहरी होती है। इस प्रकार दोनों के अन्त:सम्बन्ध एक-दूसरे के लिए प्रेरणा और उत्तेजना के स्रोत हैं, दोनों एक रचना के सहभागी एवं सहभोक्ता हैं। यह स्थिति अन्य विधाओं से बिलकुल भिन्न है तथा रंगमंच की व्यापक प्रभावशक्ति को प्रमाणित करती है। 'आधे-अधूरे', 'तुगलक', 'खामोश! अदालत जारी है', 'एवम् इन्द्रजित्', 'बेगम का तकिया', 'हूज़ लाइफ इट इज़', 'एनी वे', 'स्वप्नभंग' जैसी महत्त्वपूर्ण तथा श्रेष्ठ प्रस्तुतियों का आज भी उद्वेग उत्पन्न करने वाला अनुभव इस माध्यम की सम्भावनाओं का इतिहास है।

स्थान एवं संस्कार के कारण जहाँ दर्शक की रुचि भिन्न हो या वह प्रस्तुति के प्रति शिथिल हो, वहाँ प्रस्तुतीकरण सफल और असरदार नहीं हो पाता। छोटे नगर और बड़े नगर के व्यवहार और पसन्द में अन्तर आएगा। इसलिए ऐसे कई नाटक हैं जो एक शहर में खूब चले परन्तु दूसरे शहर में नहीं जम पाए। परन्तु इस स्थिति का एक सीमा तक ही महत्त्व है।

मानवीय संवेदना अनिवार्य

इधर साहित्य की सभी विधाओं में आम आदमी से जुड़ने के मुद्दे को लेकर बहस चल रही है। बहुत से विद्वान तो आम आदमी के स्वरूप को लेकर ही मतभेद व्यक्त करते हैं। महानगर-नगर-गाँव, वर्ण-वर्ग के धरातल पर बँटे इस आम आदमी को किसी परिभाषा में बाँधना क्या सचमुच असम्भव कार्य है? शायद नहीं, भौतिक और स्थूल लक्षण एक सीमा तक भेद करते हैं। व्यापक मानवीय संवेदना का प्रवाह जब व्याप्त होता है तो ये रेखाएँ मन्द पड़ने लगती हैं। अनुभव और परिणाम के धरातल पर इतनी अधिक ऊँच-नीच नहीं रहती। जुलूस के प्रदर्शन भिन्न स्थानों और लोगों के बीच हुए। इससे यह तात्पर्य नहीं कि वर्ण

और वर्ग के आधार पर अन्तर नहीं होता। विचारणीय बिन्दु यह है कि क्या रचनाकार अपने समय और समाज से उभरते प्रश्नों को उठाते हुए उन्हें मानवीय धरातल पर समाप्त करता है? क्या उसके पास वह जीवन-दृष्टि है जो अपने परिवेश और उसके यथार्थ से जुड़ी हो? क्या वह अपने प्रयोजन और लक्ष्य में स्पष्ट है?

प्रेक्षक को केन्द्र में रखकर हिन्दी नाटक पर नजर डाली जाए तो स्पष्ट होगा कि भारतेन्दु को अपने प्रेक्षक की पूरी और सही पहचान थी। वे इस माध्यम से उसे 'दिल्लगी' और 'शिक्षा' देना चाहते थे। उनके सर्वाधिक प्रदर्शित नाटक हैं 'अन्धेर नगरी', 'वैदिकी हिंसा हिंसा न भवति', 'भारत दुर्दशा' तथा 'सत्य हरिश्चन्द्र'। इस सन्दर्भ में जयशंकर प्रसाद का दृष्टिकोण ठीक उलटा रहा। साहित्यिकता के बोझ के कारण उनका प्रेक्षक-समुदाय आज तक तैयार न हो सका और शायद इसीलिए उनके नाटक खेले भी नहीं गए। असल में साहित्यिक और रंगमंचीय नाटकों के विवाद के मूल में प्रेक्षक और पाठक की महत्ता है। साहित्य के लिए पाठक और रंगमंच के लिए दर्शक चाहिए। प्रसाद परवर्ती नाटककारों—सेठ गोविन्ददास, हरिकृष्ण प्रेमी, वृन्दावनलाल वर्मा के नाटक तो पाठक-सापेक्ष अधिक हैं, प्रेक्षक-सापेक्ष कम!

पारसी थिएटर की शक्ति और सीमा प्रेक्षक रहा है। प्रेक्षक के लिए जहाँ उसने सस्ते समझौते किए और अपनी प्रस्तुति-शैली को चमत्कार-प्रधान बनाया वहाँ इन्हीं प्रेक्षकों के लिए सामाजिक जागरण और राष्ट्रीय चेतना का प्रसार भी किया। 50 वर्ष लगातार उसने हिन्दी प्रदेश के प्रेक्षक को 'दिल्लगी' और 'शिक्षा' वाला थिएटर दिया है, यह ऐतिहासिक योगदान साधारण उपलब्धि नहीं है।

5वें दशक में 'पृथ्वी थिएटर' तथा 'इप्टा' का उदय लगभग साथ-साथ रहा। दोनों की प्रदर्शन-प्रणाली में बहुत अन्तर है जिसका मूल कारण दोनों का अपना-अपना दर्शक-समाज है। पृथ्वीराज कपूर पारसी थिएटर की तुलना में बेहतर थिएटर देना चाहते थे जिसमें सुरुचि एवं कला हो। उनकी परिधि में मध्यम वर्ग था जिसकी सीमाएँ इस दल की सीमाएँ बन गईं परन्तु 'इप्टा' का दायरा दूसरी किस्म का था। अपने प्रेक्षक-वर्ग की अपेक्षा के प्रति वे इतने सतर्क थे कि आलेख से लेकर प्रस्तुतीकरण तक सभी स्तरों पर उन्हें कोई असुविधा नहीं हुई। ऐतिहासिक दृष्टि से उनका महत्त्व उल्लेखनीय है। वे अपने लक्ष्य में सफल रहे। आजादी के बाद शिक्षा, संस्कृति और कला के क्षेत्र में आभिजात्य संस्कारों-व्यवहारों से सम्पन्न वर्ग की अग्रणी भूमिका रही है जिनकी शिक्षा-दीक्षा पब्लिक स्कूलों में हुई। कम-से-कम दिल्ली के सन्दर्भ में इस सच्चाई को स्वीकारा जा सकता है। यहाँ प्रारम्भ से ही पाठ्य-क्रम के साथ छात्रों को कला-संगीत की प्रेरणा और प्रशिक्षण दिया जाता है। अंग्रेजी और अंग्रेजियत के मोह के बावजूद इनमें थिएटर के प्रति निष्ठा थी। इसलिए ये अंग्रेजी से हिन्दी की ओर आए। दूसरा वर्ग मध्यम वर्ग से आया जिसका अपनी कला-संस्कृति के प्रति सहज लगाव था। इसका विस्तार हो रहा है जिसका प्रमाण है दिल्ली विश्वविद्यालय के विभिन्न कॉलेज। इनमें एक उल्लेखनीय बदलाव आया है। फिल्मों के सर्वव्यापी प्रभाव के बावजूद थिएटर की दिलचस्पी बढ़ती जा रही है। अल्पसंख्या में होते हुए भी इसमें निरन्तर वृद्धि हो रही है।

दिल्ली का रंगजगत

दिल्ली को रंगजगत में प्रतिष्ठा दिलाने में सर्वाधिक योगदान रा.ना.वि. की छात्र-प्रस्तुतियों तथा रंगमंडल का है। हबीब तनवीर के नया थिएटर का अपना रंगमंडल है जो छत्तीसगढ़ी रंगशैली में नाटक प्रस्तुत करता है। 'आगरा बाजार', 'चरनदास चोर', 'मिट्टी की गाड़ी' ने कई प्रेक्षकों को आकृष्ट किया। एल.टी.जी. रंगमंडल पर्याप्त साधन-सम्पन्न है, उनका अपना हाल भी है पर वह 'उद्धस्त धर्मशाला' के स्तर से उबर न सका और न कोई दर्शक-समाज बना सका। श्रीराम सेन्टर ने बहुत सूझबूझ से अपनी गतिविधियों का नियोजन किया है। उनके रंगमंडल ने अपनी जगह बनाई है। अन्य दलों में 'अभियान' का उल्लेख आवश्यक है जिसने प्रेक्षक का दायरा उत्तरोत्तर बढ़ाया; 'जात ही पूछो साधु की' में नया कीर्तिमान स्थापित किया गया। इस दिशा में संगीत नाटक अकादमी तथा साहित्य कला परिषद् ने कई योजनाओं के द्वारा थिएटर का विस्तार किया।

छठे-सातवें दशक के निर्देशक जहाँ हिन्दी रंगमंच को कलात्मक गरिमा प्रदान करने के लिए प्रयत्नशील थे वहाँ ये प्रेक्षक के वर्चस्व के बारे में बहुत सावधान थे। इस सन्दर्भ में इब्राहिम अल्काज़ी ने रा.ना.वि. के साथ-साथ हिन्दी रंगमंच को समन्वय और सन्तुलन का ऐसा रंगमंच दिया ताकि अधिकाधिक दर्शक जुड़ें। इस दृष्टि से उन्हें कभी कठिनाई महसूस नहीं हुई। उन्होंने कई साहसपूर्ण प्रयोग भी किए परन्तु सर्वत्र केन्द्र में प्रेक्षक को रखा। बम्बई में सत्यदेव दुबे ने लोकप्रिय साधनों का प्रयोग करते हुए कला का निर्वाह किया। श्यामानन्द जालान तो वैसे भी बंगालियों की कला और परिष्कार से जुड़े-बँधे थे। राजिन्दर नाथ ने समन्वित दृष्टि अपनाकर प्रेक्षक को आकृष्ट किया।

आज रंगमंच को मनोरंजन के जरिए के तौर पर स्वीकारा जाने लगा है। हिन्दी रंगमंच महानगरों से कस्बों तक फैल रहा है। इससे प्रेक्षक-समाज में वृद्धि अवश्य हुई है परन्तु आशा के अनुरूप नहीं। इधर हिन्दी रंगमंच का स्वरूप न व्यावसायिक है, न प्रयोगशील। ये दोनों शब्द भ्रामक हैं। नाटककार और निर्देशक के स्तर, स्थिति बहुत उत्साहवर्धक नहीं है। असल प्रश्न अपने प्रेक्षक की पहचान का है। इस सन्दर्भ में बंगला और मराठी रंगमंच का उल्लेख जरूरी है। इस धरातल पर वे अधिक व्यावहारिक हैं। विजय तेन्दुलकर अद्भुत क्षमता के नाटककार हैं जो महानगरों में व्याप्त नैतिक और सामाजिक पतन को बहुत क्रूरता के साथ पेश करते हैं। परिचित प्रसंगों और प्रश्नों के आमने-सामने से प्रेक्षक को धक्का लगता है और वह उद्विग्न हो जाता है। प्रेक्षक को झकझोरने की उनकी अपनी नीति है जो उनके सभी नाटकों में मिलती है।

हिन्दी में कुछ निर्देशक हैं जो प्रेक्षक के वर्चस्व को स्वीकार कर चलते हैं। उन्होंने कला और व्यवसाय के समन्वय में नए प्रतिमान स्थापित किए हैं। प्रतिभाशाली युवा निर्देशक रंजीत कपूर के 'बेगम का तकिया', 'मुख्य मंत्री' तथा 'एक रुका हुआ फैसला' जैसी प्रस्तुतियाँ नई प्रकार की सम्भावनाओं को उजागर करती हैं जहाँ कथ्य की गम्भीरता तथा प्रस्तुतीकरण की कलात्मकता के लिए कोई समझौता नहीं किया जाता। यह वह बिन्दु है जहाँ पर निर्देशक प्रेक्षक का विस्तार करता है और परिसंस्कार भी। असल में यह अतिरिक्त

दायित्व सभी रचनाकारों पर है। हिन्दी रंगमंच मोड़ ले रहा है, धीरे-धीरे प्रेक्षक की संख्या में वृद्धि हो रही है और उसकी रुचियों में भी। नवें दशक में नई चुनौतियों का सामना करने के लिए नए नाटककार, अभिनेता तथा दल आगे आ रहे हैं। अब यह महसूस होने लगा है कि पुरानी स्थिति नहीं चलेगी। नाटककार और प्रेक्षक तथा अभिनेता और प्रेक्षक के अन्त:सम्बन्ध कुल मिलाकर प्रेक्षक की सत्ता को स्पष्ट करते हैं। यह एक सम्बोधन का माध्यम है। नाटककार प्रेक्षक को सम्बोधित करता है, जिसमें व्यक्ति, समाज और व्यवस्था समाहित होते हैं। अभिनेता प्रेक्षक को सम्बोधित करता है जिसके द्वारा वह प्रेक्षक तथा समूह को सम्बोधित करता है। यह समाज और सामाजिकता का माध्यम है। प्रेक्षक के वर्चस्व की स्वीकृति का यही प्रयोजन है।

(आजकल, जुलाई 1982)

23

राष्ट्रीय नाट्य विद्यालय : अपने छात्रों की नजर में

किसी भी राष्ट्र के सम्पूर्ण विकास में अन्ततः राजनैतिक और आर्थिक लक्ष्य ही सामाजिक और सांस्कृतिक मूल्यों तथा मान्यताओं का निर्धारण करते हैं। कुल मिलाकर हमारी व्यवस्था एक ऐसी अवधारणा पर आधारित है जिसमें पूँजीवाद और समाजवाद की अच्छाइयों के मिश्रण की परिकल्पना की गई है। इस तरह मिश्रित अर्थ-प्रणाली के सिद्धान्त का पालन सारी व्यवस्था में देखा जा सकता है। पिछले 33 साल का इतिहास यह प्रमाणित करता है कि मौजूदा व्यवस्था एक ऐसी खिचड़ी है जिससे अब तक अर्थ-क्षेत्र में व्यक्तिगत स्वतंत्रता के नाम पर बड़ी-बड़ी ताकतों और इजारेदारी को लाभ और प्रतिष्ठा मिली है। संस्कृति के क्षेत्र में भी हमारी नीति स्पष्ट और लक्ष्यबद्ध नहीं है। यहाँ भी कला और संस्कृति की स्वतंत्रता और विकास के लिए बड़े-बड़े प्रतिष्ठान क्रियाशील हैं। उनके योगदान को निस्सन्देह नकारा नहीं जा सकता परन्तु यह किसी से छिपा नहीं कि उनके विकास की दिशा और दृष्टि एकपक्षीय रही है। इन परिस्थितियों में उपर्युक्त प्रतिष्ठानों की प्रतिस्पर्धा का सामना करते हुए राष्ट्रीय संस्थानों का महत्त्व इसलिए बढ़ जाता है क्योंकि इन्होंने सामाजिक उपयोगिता के सिद्धान्त का पालन करते हुए नए प्रतिमान स्थापित करने हैं। इसी पृष्ठभूमि में रा.ना. विद्यालय के महत्त्व और योगदान का मूल्यांकन करना चाहिए। कला और संस्कृति के क्षेत्र में सरकार की कई संस्थाएँ हैं, जैसे—साहित्य अकादमी, संगीत नाटक अकादमी आदि जिनका मुख्य कार्य पुरस्कार या अनुदान देना है। आकाशवाणी, दूरदर्शन, संगीत नाटक प्रभाग आदि के बारे में तो स्पष्ट अहसास करवाया जाता है कि इनका आयोजन सरकारी नीतियों का प्रचार है। इनकी तुलना में रा.ना.वि. एक ऐसी स्वतंत्र रजिस्टर्ड सोसायटी है जो सांस्कृतिक गतिविधियों में सीधे क्रियाशील होते हुए भी कलात्मकता और स्वतंत्रता का निर्वाह कर रही हैं। यूँ तो साहित्य और कला की सभी विधाएँ सांस्कृतिक लक्ष्यों और मूल्यों को मुखरित करती हैं परन्तु नाटक का अलग तथा महत्त्वपूर्ण स्थान है। नाटक संस्कृति का ऐसा प्रभावशाली माध्यम है जिसमें समाज और सामाजिकता है। कई कलाओं का संगम होने के नाते संस्कृति के स्वरूप को सबसे अधिक साकार और व्यक्त करने का श्रेय इस माध्यम को है। व्यवस्था में परिवर्तन और बदलाव की पुकार इससे मुखरित की जा सकती है। ऐसे कला केन्द्र की गतिविधियों का समय-समय पर पुनरवलोकन होना चाहिए।

आज स्कूल को बने 21 साल हो चुके हैं। इस अवधि में लगभग 250 छात्र शिक्षा-दीक्षा लेकर देश के विभिन्न भागों में थिएटर कर रहे हैं। अधिकांश स्वतंत्र हैं परन्तु कई दूरदर्शन, आकाशवाणी, फिल्म, शिक्षण और अध्यापन में आकर अपनी योग्यता और क्षमता प्रमाणित कर रहे हैं। कुछेक छात्र राष्ट्रीय स्तर पर विख्यात हैं। स्कूल के पाठ्यक्रम, अध्यापन-प्रणाली, सामान्य वातावरण और इनके कुल प्रभाव की पहचान वे छात्र दे सकते हैं जो यहाँ से शिक्षा-दीक्षा पाकर आज स्वतंत्र रूप से प्रतिष्ठित हो चुके हैं। उन्होंने कुछ स्कूल से ग्रहण किया, कुछ स्वयं अर्जित किया परन्तु क्या उन्हें वह दिशा और दृष्टि स्कूल से मिली जिसकी नींव पर उनकी उपलब्धियाँ द्रष्टव्य रही हैं। वे स्कूल की असलियत को जानते और महसूस करते हैं, वे उसके गुण-दोष पर सही टिप्पणी दे सकते हैं। वे स्कूल से एक तरह से जुड़े भी हैं और मुक्त भी, उनकी प्रतिक्रियाएँ वस्तुस्थिति को समझने में सबसे अधिक मदद दे सकती हैं। इस प्रयोग में सब तरह के छात्रों को लेने की कोशिश की गई है, पुराने (1965) और नए (1979) छात्र, स्कूल से या रंगमंडल से सम्बद्ध छात्र तथा स्वतंत्र छात्र।

श्री रामगोपाल बजाज (1965—विशेषीकरण अभिनय) पंजाबी विश्वविद्यालय, पटियाला में नाटक और थिएटर विभाग के प्रोफेसर तथा अध्यक्ष रहे हैं। आजकल वे रा.ना.वि. के अध्यापक हैं। उन्हें दोनों संस्थाओं का अनुभव प्राप्त है। बजाज बहुमुखी योग्यता के स्वामी हैं उनमें साहित्य को समझने-समझाने की क्षमता सबसे अधिक है। एक जमाने में दिशान्तर ने दिल्ली के रंगजगत पर जो अपना गहरा असर छोड़ा है, उसमें बजाज के योगदान को भुलाया नहीं जा सकता। अभिनय के क्षेत्र में उनकी उपलब्धियाँ उल्लेखनीय हैं। बजाज का विश्वास है कि स्कूल के छात्रों को तकनीक के बारे में ज्यादा ट्रेनिंग देना जरूरी है जिसका सम्बन्ध रंगमंच के सभी पक्षों से हैं। भरतनाट्यम नृत्य सीखने के लिए कितने वर्षों की साधना करनी पड़ती है परन्तु सिखलाई में आप शिल्पगत नियम-विधियाँ ही जान पाते हैं। पहले दक्षता (ट्रेनिंग) चाहिए फिर दृष्टि (विजन) हम विद्यार्थी को तकनीक का अभ्यास और मुहरात दे सकते हैं, संस्कार तो वह बाद में स्वयं ही अर्जित करेगा। प्रत्येक टैलेंट को ट्रेनिंग चाहिए, चिन्तन और मौलिकता की चीजें हैं। वस्तु से सत्य की ओर जाया जा सकता है, इसलिए वस्तुगत ज्ञान जरूरी है।

विद्यालय में भाषा की समस्या एक सीमा तक है क्योंकि व्यवहार में न पूरी तरह अंग्रेजी अपनाई जा सकती है और न पूरी तरह हिन्दी। अहिन्दी भाषी छात्रों के कारण यह स्थिति रहेगी परन्तु समग्रता में यह बड़ा बाधक तत्त्व नहीं है। कविता के माध्यम से शब्द और भाषा के प्रति संवेदना शक्ति जाग्रत की जा सकती है।

अल्काज़ी के जमाने में, स्कूल में कसा-बँधा वातावरण था। कभी-कभी बोझिल हो जाता था। कारन्त के आने से सहज स्थिति आ गई है। भारतीयता की ओर स्पष्ट झुकाव आया है जो कि एक स्वस्थ लक्षण है।

पाठ्यक्रम में परिवर्तन जरूरी था। पहले पाठ्यक्रम में स्पेशलाइजेशन है परन्तु न तो कम अरसे में विशेष ज्ञान और अनुभव किया जा सकता है और न व्यावहारिक स्तर, यह योजना उपयोगी सिद्ध हुई। मैंने विशेषता अभिनय में प्राप्त की परन्तु कार्य क्षेत्र निर्देशन

चुना। ओम शिवपुरी ने अभिनय में, बंसी कौल ने स्टेज क्राफ्ट में, सुशील चौधरी ने निर्देशन में विशेषता ग्रहण की परन्तु सभी निर्देशक के रूप में प्रतिष्ठित हुए। मौजूदा हिन्दी रंगमंच निर्देशक-प्रधान है, प्रस्तुति का अधिकांश श्रेय अभिनेता की बजाय निर्देशक को मिलता है, इसलिए हम लोग निर्देशन के क्षेत्र में आ गए। विशेषीकरण उपयोगी सिद्ध नहीं हुआ। इसमें और कई कठिनाइयाँ आने लगीं। संगठित पाठ्यक्रम में (Integrated Course) में इन सब कमियों को दूर कर सिद्धान्तों के व्यवहार के पक्ष पर बल दिया गया है। नया छात्र अपेक्षाकृत अधिक प्रबुद्ध और जागरूक है, वह बहुत कुछ जानना-सीखना चाहता है। उसके आगे कई मार्ग खुल गए हैं, टी.वी., रेडियो, अध्यापन आदि। नए पाठ्यक्रम में बौद्धिक और उपयोगी पक्ष पर बल है, पहले इधर अपेक्षित ध्यान नहीं दिया गया। वैसे भी पाठ्यक्रम में प्रयोगशीलता की परम्परा रहती है। आज स्कूल एक स्वतंत्र संस्थान बन चुका है, इसलिए उसकी अपेक्षाएँ बदल रही हैं।

विख्यात अभिनेता मनोहर सिंह (1971—विशेषीकरण अभिनय) ने 'ओथेलो', 'तुगलक', 'आधे-अधूरे', 'सन्ध्या छाया' और हाल ही में प्रस्तुत 'बड़े सय्यद-छोटे सय्यद' से वह प्रतिष्ठा अर्जित की है जो उन्हें एक कुशल तथा संवेदनशील अभिनेता सिद्ध करती है। आजकल वे रंगमंडल के इंचार्ज हैं। अपने समय के वे एक प्रबुद्ध संवेदनशील और अग्रणी छात्र रहे हैं।

मनोहर सिंह का खयाल है कि पुराने पाठ्यक्रम में बौद्धिक और व्यावहारिक पक्ष पर बराबर ध्यान दिया गया था। अल्काज़ी असन्तुलन के इस खतरे के प्रति पर्याप्त सावधान थे और हमें काफी मात्रा में नाट्य साहित्य पढ़ने के लिए विवश करते रहते थे। पाठ्यक्रम के अलावा भारतीय और पश्चिमी नाटक पढ़ने पड़ते थे—तीनों साल। अपने अनुभव के आधार पर बताते हुए मनोहर ने स्पष्ट किया कि उनकी शिक्षा केवल मैट्रिक तक थी। यहाँ आकर उन्होंने नाटक पढ़े और उनका विश्लेषण करना सीखा। इन पर उन्होंने कई पेपर तैयार किए थे। उन्हीं दिनों उन्होंने मेहनत से नौटंकी पर एक निबन्ध लिखा जो आज भी उनके पास सुरक्षित है।

अल्काज़ी के बाद परिस्थितियों में काफी परिवर्तन आया है, फिर समय के साथ सुधार करते रहना चाहिए। इसलिए संगठित पाठ्यक्रम में क्या खराबी है ? पाठ्यक्रम के साथ-साथ अध्यापक-टीम भी नई है। इन्हें प्रतिष्ठित होने के लिए अवसर देना चाहिए, कुछ एक सालों की बात के आधार पर टीका-टिप्पणी करना या निर्णय देना उचित न होगा।

मनोहर का आग्रह है कि चाहे कितनी प्रतिभा हो, सही पथ-प्रदर्शन के लिए स्कूल की ट्रेनिंग जरूरी है। टेक्निकल चीजों की जानकारी आवश्यक है। यहाँ प्रतिमा तराशी जाती है। उन्हें स्वयं लाभ हुआ। आज उन्हें चरित्र के बारे में समझ आ गई है, अपनी भूमिका और दृश्य-पक्ष को सीख लिया है। स्कूल ने कई असाधारण प्रतिभाओं को प्रस्तुत किया है जैसे रंजीत कपूर और अमाल अल्लाना। विजया मेहता द्वारा मराठी में पेश 'सन्ध्या छाया' की तुलना में रंगमंडल द्वारा प्रस्तुत 'सन्ध्या छाया' एक बेहतर प्रस्तुति है। स्कूल की यह कलात्मक विशिष्टता प्रत्येक प्रदेश में देखी जा सकती है। कारन्त, विनायक, प्रसन्ना, भरत दुबे आदि अपने-अपने क्षेत्र में रंगमंच को नए आयाम दे रहे हैं। असल में स्कूल वाले जहाँ

थिएटर करते हैं, वहाँ उनकी ट्रेनिंग दिखाई देती है। यही उनकी नवीनता और सफलता का रहस्य है।

मनोहर सिंह चाहते हैं कि हिन्दी भाषा को उपयुक्त स्थान मिले परन्तु वह समझ में आने वाली हो। वैसे उन्हें स्कूल में भाषा की इतनी कठिनाइयाँ महसूस नहीं हुईं।

1973 में भरत पुरस्कार विजेता, राजस्थान विश्वविद्यालय जयपुर में नाटक तथा थिएटर विभाग के अध्यापक, जापान में वहाँ की नाट्य शैलियों की अध्ययन-यात्रा से लौटे भानु भारती (विशेषीकरण—निर्देशन) रा.ना.वि. के उदीयमान छात्र रहे हैं। कई नाटकों के कुशल निर्देशक भानु आजकल दिल्ली में निर्देशन कार्य में जुटे हुए हैं।

स्कूल में दाखिला लेने से पूर्व भानु बामुहावरा कई पापड़ बेल चुके थे—कृषि, पॉलिटेक्निक, बी.ए. के पाठ्यक्रम का सफर तय करते हुए यहाँ का पड़ाव भी उखड़ते-उखड़ते बचा। 24 घंटे साथ-साथ रहने के कारण स्कूल के वातावरण में एक अपनापन और अन्तरंगता थी। असाधारण व्यक्तित्व और प्रतिभा के धनी अल्काज़ी के संसर्ग ने ऐसा बाँधा और अनुप्रेरित किया कि सारी बिखरने वाली आदतें और स्थितियाँ रंगमंच में केन्द्रीभूत हो गईं। अध्यापक अल्काज़ी की क्षमता और शक्ति का प्रमाण तो यह है कि 'ईडिपस रेक्स' को पढ़ते हुए वे इतने तन्मय और उत्तेजित हो जाते थे कि उन्हें रोंगटे खड़े होने वाला अनुभव होता था।

स्कूल के वातावरण में एक अजीब तरह का अनुशासन था, सख्ती थी तथा अंग्रेजी का आग्रह था। इसे पश्चिमी संस्कारों का पोषण कह सकते हैं। 'थ्री सिस्टर' नाटक तथा सार्त्र के प्रोजेक्ट से भानु के रंग-संस्कार पश्चिमी होने लगे और उनमें उत्तरोत्तर इतनी वृद्धि होती गई कि अपनी भाषा और उनके नाटकों की संवेदना मन्द पड़ने लगी। यह वातावरण रंगमंडल में भी है। प्रस्तुति की भाषा चाहे हिन्दी होती है परन्तु नाटक का चुनाव और प्रस्तुतीकरण की शैली पश्चिमी होगी, यहाँ तक कि मणि मधुकर के 'रस गन्धर्व' की प्रस्तुति को लेकर अल्काज़ी पक्ष में नहीं थे। उन्हें यह नाटक यथेष्ट प्रभावशाली नहीं लगा था।

जयपुर लौटने पर भानु को नया विश्वास और दृष्टि मिली जिसका आधार था अपनी भाषा, अपने नाटक और अपनी परम्परा से जुड़ने की तलाश। वहाँ पाठ्यक्रम लगभग समान रखा गया परन्तु आद्यरंगाचार्य, बादल सरकार, विजय तेन्दुलकर जैसे नाटककार और उन्हीं के माध्यम से रंगशिल्प पढ़ाने-सिखाने की चेष्टा ने सारी स्थिति और विषय को स्पष्ट और आसान कर दिया। जापान की यात्रा ने इस धारणा को दृढ़ किया कि थिएटर और भाषा का अटूट रिश्ता है। हमें अपनी भाषा में पढ़ना-पढ़ाना चाहिए। स्कूल में कई लड़कों के सामने भाषा की कठिनाई रही है।

भानु के विचार से स्कूल का अध्यापन स्तर अच्छा नहीं है। अल्काज़ी का नाटक का अध्ययन-विश्लेषण लाजवाब होता था। वे सिद्धान्त और व्यवहार की समन्वित दृष्टि का पालन करते थे। आधुनिक भारतीय नाटक का स्वरूप कभी स्पष्ट नहीं हुआ, इस क्षेत्र के अध्याय ही कुछ ऐसे थे और कुछ अंग्रेजी माध्यम का असर था। भारतीय रंग पद्धतियों और परम्पराओं की पूरी जानकारी नहीं मिली। धीरे-धीरे एक ग्रन्थि विकसित होने लगी जिसके प्रभावस्वरूप पश्चिमी प्रवृत्तियाँ आकृष्ट करने लगीं। जिन्दगी और थिएटर दोनों

में बाहरी असर बढ़ने लगा। शायद इसीलिए स्कूल में भाषा पर सबसे कम काम हुआ। स्तानिस्लावस्की की पद्धति को छोड़कर शेष किसी विधि की जानकारी नहीं मिली। असल में जो कुछ सीखा गया वह क्लास में कम परन्तु प्रस्तुतीकरण के दौरान अधिक होता था।

भानु का विचार है कि विशेषीकरण को रखना चाहिए, व्यावसायिक दृष्टि से इसके महत्त्व एवं जरूरत को नकारा नहीं जा सकता। उनका खयाल है कि संगठित पाठ्यक्रम सरलीकरण की प्रक्रिया है। इस तरह स्कूल का स्तर नहीं रह पाएगा।

भुवनेश्वर को पढ़ने के बाद भानु को हिन्दी नाटक की शक्ति पर विश्वास हुआ। भुवनेश्वर की भाषा में कई सम्भावनाएँ हैं जिसकी ओर स्कूल या रंगमंडल में कभी ध्यान नहीं दिया गया। इसलिए भानु का आग्रह है कि हिन्दी की महत्ता स्थापित होनी चाहिए। अहिन्दी भाषी सही हिन्दी बोलने में पीछे नहीं हैं। ओम शिवपुरी, रेखा सीकरी, उत्तरा बावकर, ओमपुरी, राजबब्बर, सुधीर कुलकर्णी अहिन्दी भाषी हैं। उन्होंने 'हानुस' की प्रस्तुति में यह प्रयोग किया था।

प्रतिभा के बावजूद स्कूल की ट्रेनिंग जरूरी है। अपने उपकरणों की जानकारी होगी तभी उनका प्रयोग किया जा सकता है। पहले ढाँचा एवं आधार मिलता है और फिर उससे मुक्ति की दृष्टि। स्कूल की सबसे बड़ी उपलब्धि है आत्मविश्वास। उन दिनों सारे भारत का दौरा किया था। कई तरह के लोगों, ग्रुपों और परिस्थितियों में काम करने के बाद लगा कि बौद्धिकता, सृजनात्मकता और तकनीकी क्षमता की दृष्टि से हम स्वतंत्र काम कर सकते हैं। स्कूल की बहुत उपयोगिता है। उनका सुझाव है कि क्षेत्रीय स्कूल भी स्थापित करने चाहिए और रा.ना.वि. को केन्द्रीय संस्था बना दिया जाए।

दिनमान को दी गई एक टिप्पणी में राजेश विवेक (1974—विशेषीकरण : अभिनय) ने अपने अनुभव के आधार पर स्कूल की व्यवस्था पर प्रतिक्रिया व्यक्त की। राजेश विवेक एक प्रखर और प्रबुद्ध अभिनेता हैं जो 'बेगम का तकिया', 'बड़े सैयद और छोटे सैयद' जैसे नाटकों से अपनी अलग पहचान बनाने में पर्याप्त सफल रहे हैं। राजेश के विचार से विद्यालय की सम्पूर्ण कार्य प्रणाली को पुनर्गठित करना अति आवश्यक है। असल में अपनी मिट्टी से जुड़ने की कलाकारों की चिन्ता की परवाह न तो रा.ना.वि. जैसी सांस्कृतिक संस्थाओं को है और न व्यवस्था को। स्कूल का सारा परिवेश अंग्रेजी माध्यम से आग्रस्त है, यहाँ तक कि संस्कृत नाटक भी अंग्रेजी में पढ़ाए जाते हैं। इसलिए यहाँ आकर स्कूल के प्रति सारा आकर्षण विकर्षण में बदल जाता है। सच तो यह है कि राष्ट्रीय चरित्र का दर्शन रा.ना.वि. में नहीं होता...होता है केवल मन्थन जिसमें टीम-टाम और शान है। विद्यालय में हम वह सीखते हैं जो नहीं सीखना चाहिए, इसलिए कितने प्रतिभावान विद्यार्थी प्रशिक्षण के दौरान निराश होकर प्रथम वर्ष की परीक्षा से पहले अपने प्रदेश लौट जाते हैं। यह सब देखकर राजेश को बराबर महसूस हुआ कि मैं गुलामी कर रहा हूँ, अनवरत काल से।

पिछले साल के युवा संवेदनशील अभिनेता आलोक (1979—विशेषीकरण : अभिनय) से स्कूल की वस्तुस्थिति की ताजा तस्वीर मिलती है। वे पहले छात्र हैं जो अल्काज़ी के विद्यार्थी नहीं रहे। नए निर्देशक ब.व. कारन्त ने 1977 के अन्त में कार्यभार

सँभाला, इससे स्कूल के वातावरण में जो परिवर्तन और सुधार हुए, आलोक उसके साक्षी हैं। बदलाव को लेकर आलोक की अपनी प्रतिक्रियाएँ हैं जिनमें तीखापन और सच्चाई है। आलोक इस वर्ष के सर्वाधिक मेधावी और प्रतिभाशाली छात्र हैं जिन्होंने अभिनय के क्षेत्र में स्कूल में दाखिला लेने से पूर्व रुचिका की प्रस्तुतियों के माध्यम से रंगजगत को मुग्ध कर दिया था। स्कूल में और बाहर, वे अपनी क्षमता प्रभावित कर चुके हैं, हाल ही में राजेश के 'लहरों के राजहंस' में नन्द की जटिल भूमिका को सफलता से निभाकर नया गौरव प्राप्त किया।

बहुत-सी अपेक्षाएँ लेकर दाखिला लेने वाले आलोक को स्कूल की सम्पूर्ण व्यवस्था में असन्तोष है। संगठित पाठ्य-क्रम का लाभ है परन्तु साधारण और औसत विद्यार्थी के लिए, अच्छे मेधावी छात्र के लिए तो स्पेशलाइजेशन में व्यावहारिक फायदा है। किसी एक दिशा में विशेषज्ञता जरूरी है। अब तो जैक ऑफ ऑल ट्रेड टु ए बैड जैक की स्थिति है। नए पाठ्यक्रम में बौद्धिक पक्ष पर बल है। पढ़ाने और समझाने के लिए बहुत सामग्री है परन्तु उस परिमाण या स्थिति में मौजूदा अध्यापक समर्थ नहीं है। स्कूल का पढ़ाने का स्तर बहुत सतही है, अध्यापक भारी-भरकम शैली में समझाते हैं जिसका खोखलापन स्पष्ट महसूस होता है। श्री कारन्त और रोशन सेठ से पढ़कर अनुभव हुआ कि शेष अध्यापकों का स्तर कितना साधारण है। इसलिए इनको छोड़कर प्रेरणा और विचारोत्तेजना का प्रश्न ही नहीं उठता, छात्र स्वयं ही अपने अनुभव से जानता-सीखता है। लाइब्रेरी अच्छी है, बहुत-सी पुस्तकें बता दी जाती हैं। परन्तु गाइड कोई नहीं है। सच बात तो यह है कि इन्हें टीचर्स ने भी नहीं पढ़ा हुआ। इसलिए चाहते हुए सारे अध्यापन में बौद्धिक गहराई नहीं है। आलोक को मूल्यांकन प्रणाली में यथेष्ट तटस्थता नहीं मिली।

अतिथि निर्देशकों के साथ काम करके उन्होंने बहुत समझा-सीखा। बादल सरकार की वर्कशॉप बहुत उपयोगी सिद्ध हुई। फ्रिट्स बेनेवेट बहुत प्रतिभाशाली निर्देशक हैं, उनसे नई-नई प्रेरणाएँ मिलीं। बेरी जॉन के साथ दूसरी तरह का सम्प्रेषण होता है, बातचीत कम तथा काम में तल्लीनता अधिक उनकी कार्यनिष्ठा और छात्रों से लगाव अद्भुत है। रोशन सेठ की योग्यता और अध्यापन प्रणाली से वे बहुत प्रभावित थे। उज्जैन का माघ मेला बहुत उपयोगी सिद्ध हुआ। परम्पराशील शैलियों को अच्छी तरह समझा और सीखा। इन सबके सुखद अनुभव लेकर जब हम स्कूल के रूटीन में लौटते हैं तो बहुत निराशा होती, अजीब उकताहट और निराशा आ जाती है।

आलोक के मत में भाषा की कठिनाई थोड़ी-सी आती है पर वह एक समस्या नहीं है। पश्चिमी नाटकों के चुनाव से आलोक सहमत नहीं हैं,ये नाटक भारतीय समाज के कहाँ और कितने नजदीक हैं ? उनकी उपयोगिता संदिग्ध है। प्रशिक्षण को लेकर प्रस्तुतीकरण पर अधिक जोर देने के कारण कुछ अधपकी प्रस्तुतियाँ की गई हैं। स्कूल में पर्फेक्शन पर विशेष ध्यान देना चाहिए। यहाँ का छात्र ट्रेनिंग में इतना व्यस्त रहता है कि उसे समकालीन रंगमंच की गतिविधियों का पता नहीं होता। वह स्कूल के दायरे में बँधा रहता है। आखिर उसने जहाँ रंगमंच करना है, वहाँ की परिस्थितियों और उसके स्वरूप के बारे में तो पता होना चाहिए।

आलोक के अनुसार स्कूल में अल्काज़ी की चर्चा होती रहती है। उन्हें भुलाना आसान नहीं। व्यक्तिगत रूप से उन्होंने स्कूल में रंगकला की ट्रेनिंग ली जो कि व्यावहारिक दृष्टि से उपयोगी है पर अन्ततः शिल्पगत चतुराई बढ़ती जा रही है, ईमानदारी, निष्ठा और तन्मयता गौण होते जा रहे हैं।

दिल्ली रंगजगत की विरल विभूति अमिताभ दासगुप्ता स्कूल के साथ एक साल सम्बद्ध रहे हैं, स्कूल और यहाँ के रंगजगत के साथ उनका एक बौद्धिक रिश्ता रहा है हालाँकि वे ब्रेख्तेरियन मिरर के संयोजक निर्देशक हैं। गैलीलियो और दरियन उनकी परिचित प्रस्तुतियाँ हैं।

दासगुप्ता का आग्रह है कि जब स्कूल में अल्काज़ी थे, सब कुछ उन्हीं के अनुरूप था, उन्हीं के मुताबिक पाठ्यक्रम, उन्हीं के मुताबिक ट्रेनिंग। सभी के केन्द्र में वे स्वयं होते थे। निस्सन्देह अपनी अद्वितीय व असाधारण प्रतिभा और क्षमता के कारण उन्होंने स्कूल के स्तर और विशिष्टता को बनाए रखा परन्तु उनके व्यक्तित्व की सीमाएँ स्कूल की सीमाएँ बन गईं।

अल्काज़ी को छोड़कर स्कूल के बौद्धिक विकास में शेष का योगदान नगण्य है। छात्रों का न पूरा कल्टीवेशन हुआ और न कल्मीनेशन। साहित्य और कला को समझने की अन्तर्दृष्टि के बिना बौद्धिक विकास कैसे सम्भव है और ऐसी स्थिति में किए गए प्रैक्टिकल कार्य का क्या लाभ? विश्वविख्यात निर्देशकों के मौलिक चिन्तन और नवीन प्रयोग की तुलना में यहाँ की बौद्धिक और व्यावहारिक स्थिति का स्तर एकदम स्पष्ट हो जाता है। शेक्सपियर को कितने आयाम दिए गए। ज्ञान की गहरी पकड़ के बाद ट्रेनिंग की अर्थवत्ता है। इस दिशा में कोई आसान रास्ता नहीं हो सकता। मौजूदा व्यवस्था में भी निर्देशक के अतिरिक्त शेष अध्यापकों की शिक्षा-दीक्षा दयनीय है। मात्र व्यावहारिक अनुभव से सूक्ष्मता और प्रखरता नहीं आती। विद्यार्थियों की तो बात ही क्या, स्वयं अध्यापक भी निर्देशित पुस्तकों को नहीं पढ़ते। स्कूल के श्रेष्ठ विद्यार्थी बौद्धिक दृष्टि से प्रखर थे, जैसे—कारन्त, प्रसन्ना, नसीबरुद्दीन, राजेश विवेक। स्कूल से निकले छात्र ही स्कूल के इस पक्ष पर प्रकाश डालते हैं। उत्पल दत्त, रुद्रप्रसाद सेन गुप्त, सत्यदेव दुबे, श्रीराम लागू जैसी पैनी पकड़ वाले कितने निर्देशक स्कूल से निकले हैं? इसलिए न बौद्धिक दृष्टि से निखार आ सका और न व्यावहारिक स्तर।

दासगुप्ता का दूसरा आग्रह था कि स्कूल का वातावरण इंडियन है, भारतीय नहीं। सारा वातावरण विदेशी संस्कारों से अन्तर्व्याप्त है। नाटकों का चुनाव, प्रस्तुतीकरण की शैली तथा सम्पूर्ण व्यवहार में विदेशी प्रवृत्तियों की नकल मिलती है। अधिकांश अध्यापक मध्यम वर्ग में से आते हैं, महत्त्वाकांक्षा उनमें होती है, इसलिए वे पेटी-बुर्जुआ का व्यवहार करने लगते हैं। अपनी झूठी गरिमा बनाए रखने के लिए अंग्रेजी का व्यवहार जरूरी है। कारन्त के आने से भारतीय वातावरण आया है जो कि एक सुखद लक्षण है।

अपनी भाषाओं के प्रति संवेदनशील होने के नाते दासगुप्ता के विचार से तो हिन्दी ही नहीं, भोजपुरी, ब्रज, राजस्थानी की भाषा शक्ति का भरपूर लाभ उठाना चाहिए। हिन्दी के साथ-साथ अन्य प्रादेशिक भाषाओं को भी अवसर देना चाहिए।

पाठ्यक्रम की तैयारी में उतनी मेहनत नहीं की जाती, न ही विशेषज्ञों की सहायता ली जाती है जितना कि जरूरी है। नए पाठ्यक्रम में दिल्ली में रहकर भी कितने कम लोगों का सहयोग लिया गया, स्पेशलाइजेशन के पक्ष में दासगुप्ता का मत है कि वह ट्रेनिंग का चरम बिन्दु है, संगठित पाठ्यक्रम के सामान्य होने का डर है कि कहीं वह खिचड़ी बनकर रह न जाए। यह ट्रेनिंग समाज और साहित्यिक की पृष्ठभूमि में होनी चाहिए। तीन साल के बाद विद्यार्थी को हर नाटक की 'मीड़' समझने की शक्ति आ जानी चाहिए तभी वह सही प्रस्तुतीकरण कर सकेगा परन्तु ऐसा अभी पूरी तरह हुआ नहीं है।

रा.ना.वि. सोसायटी के अध्यक्ष डॉ. लक्ष्मीमल सिंघवी ने इन पंक्तियों के लेखक के साथ एक साक्षात्कार में यह स्वीकारा कि विद्यालय को प्रत्येक स्तर पर मान्यता दिलवाने में प्रयत्न जारी हैं। भारत सरकार ने डिप्लोमा के स्तर की मान्यता दी है परन्तु जब तक विश्वविद्यालय अनुदान आयोग इसे 'डीम्ड यूनिवर्सिटी' का दर्जा प्रदान नहीं करेगा, तब तक उनका इसे विश्वविद्यालय के रूप में विकास का सपना साकार नहीं होगा। ऐसे विश्वविद्यालय के क्षेत्रीय केन्द्र भी होने चाहिए ताकि आदान-प्रदान की प्रक्रिया जारी रहे और इस तरह विद्यालय राष्ट्र की रंग सम्पदा का प्रतिनिधित्व कर सके।

अनुकूल और प्रतिकूल टिप्पणियों तथा प्रतिक्रियाओं से स्पष्ट है कि वस्तु-स्थिति में धीरे-धीरे ह्रास आया है परन्तु विद्यालय के सभी छात्र और सोसायटी के अध्यक्ष इसकी महत्ता और प्रतिष्ठा के प्रति निष्ठावान एवं क्रियाशील हैं। इतना निर्विवाद स्वीकारना पड़ेगा कि देश के सांस्कृतिक जीवन को नाटक के माध्यम से स्वस्थ और कलात्मक मनोरंजन प्रदान करने में विद्यालय का अद्वितीय योगदान रहा है। देशव्यापी रंगशिविरों के आयोजन ने विद्यालय की शक्ति को नई दिशा प्रदान की है। व्यावसायिकता के नाम पर जहाँ सारे देश में पारसी थिएटर वाली मनोवृत्ति फिर सिर उठा रही है, वहाँ रा.ना.वि. अपने दायित्व और गरिमा का निर्वाह कर रहा है, यह एक उपलब्धि है।

(कलामन्दिर रंगमंच, ग्वालियर, 1980-81)

24

स्वातंत्र्योत्तर हिन्दी नाटक एवं रंगमंच

चौथे दशक में लक्ष्मीनारायण मिश्र ने 'बुद्धिवाद' के नाम पर समस्या-प्रधान नाट्य-लेखन का जो नारा बुलन्द किया उसका प्रभाव यह पड़ा कि भुवनेश्वर, रामकुमार वर्मा, उपेन्द्रनाथ 'अश्क', उदयशंकर भट्ट, जगदीशचन्द्र माथुर, विष्णु प्रभाकर जैसे अग्रणी नाटककारों ने आसपास के सामाजिक सवालों को केन्द्र में रखकर एकांकी लिखे। इन एकांकीकारों पर रेडियो की बंदिश भी थी जिसके माध्यम से यह विशाल जनसमुदाय तक पहुँचना चाहते थे। शौकिया थिएटर की अपेक्षाओं और आवश्यकताओं पर इनका ध्यान तो था ही जो इन्हें यथार्थवादी-पद्धति से मंचन कर रहे थे। इस प्रकार नाटक और रंगमंच की लुप्त पारस्परिकता को फिर स्थापित करने में इन एकांकीकारों का योगदान है। इसी जमाने में पर्याप्त मात्रा में ऐतिहासिक नाटक लिखे जा रहे थे पर अपने साहित्यिक-गौरव पर आत्ममुग्ध वे विश्वविद्यालय-परिधि तक सीमित थे।

पाँचवें दशक में देश की उत्तेजनापूर्ण परिस्थितियों में इप्टा (1943) और पृथ्वी थिएटर्स (1944) की स्थापना ने हिन्दी रंगमंच को नई क्षमता और आस्था प्रदान की। सामाजिक परिवर्तन और संघर्ष के लक्ष्य के प्रति प्रतिबद्ध इप्टा ने सीधे और सार्थक आलेख, सादी पर अर्थपूर्ण प्रदर्शन-शैली से हिन्दी नाटक और रंगमंच की नई सम्भावनाएँ आलोकित कीं। पृथ्वी थिएटर्स (1944-60) में चाहे वैचारिक आग्रह नहीं थे परन्तु सामाजिक सजगता को लेकर पृथ्वीराज कपूर कम दृष्टिबद्ध न थे। अपनी अद्‌भुत समर्पण भावना के कारण इस युग-पुरुष ने 16 वर्षों में 2500 प्रदर्शनों (उल्लेखनीय हैं : पठान-558, दीवार-450) द्वारा हिन्दी रंगमंच के नए कीर्तिमान स्थापित किए। उन्होंने यथार्थवादी रंग उपकरणों का प्रयोग करते हुए अभिनय में पारसी शैली का परिसंस्कार किया।

यह तथ्य उल्लेखनीय है कि बम्बई में सिनेमा के विकास और प्रचार से पारसी थिएटर समाप्त नहीं हुआ। उसका केन्द्र अब कलकत्ता बन गया और हिन्दी प्रदेश में कानपुर। सातवें दशक तक उसकी लोकप्रियता बनी रही। इस थिएटर के मूल व्यापारिक-चरित्र में अन्तर तो नहीं आया पर प्रदर्शन-पद्धति और अभिनय-शैली में कलात्मक सुधार आए। बहुत अर्से तक शौकिया थिएटर पारसी थिएटर की प्रस्तुति-परिकल्पना और अभिनय से मुक्त न हो सका।

आजादी के बाद हिन्दी थिएटर का नवोन्मेष हिन्दी प्रदेश में न होकर तीन महानगरों—दिल्ली, कलकत्ता और बम्बई में हुआ। राजधानी के अतिरिक्त दिल्ली में कला, साहित्य

और संस्कृति की प्रतिमाएँ एकत्रित होती रही हैं। थिएटर के प्रति रुचि और उत्साह में यहाँ कभी कमी नहीं रही। कोई-न-कोई मंडली सदा सक्रिय रही है चाहे थ्री आर्ट्स क्लब, एल.टी.जी., यान्त्रिक, इन्द्रप्रस्थ, नया थिएटर हो या हिन्दुस्तानी थिएटर हो।

इन्हीं दिनों संगीत-नाटक अकादमी (1954) की स्थापना ने विभिन्न गतिविधियों को सुविचारित आधार और दिशा प्रदान की। प्रारम्भ में नाट्योत्सवों द्वारा प्रोत्साहन दिया गया। 1956 में अकादमी ने परम्पराशील नाट्य-शैलियों की सामयिक उपयोगिता और सार्थकता पर एक विशाल संगोष्ठी का आयोजन किया जिसमें रंगकर्मी कलाकारों और रंग-चिन्तकों ने विचार-विमर्श किया। इसी आशय की अकादमी की नई योजना का देशव्यापी प्रभाव पड़ा। इसी प्रकार की संगोष्ठियाँ 1961 तथा 1966 में भी हुईं। यह अकादमी की योजना का परिणाम है कि राष्ट्रीय नाट्य विद्यालय की स्थापना की गई जिसने स्वातन्त्र्योत्तर रंगकर्म को विशिष्ट चरित्र प्रदान किया।

रा.ना.वि. (1959) नाट्य-प्रशिक्षण की संस्था तो थी ही, वह हिन्दी रंगकर्म के लिए प्रेरणाभूमि भी बनी। रा.ना.वि. में चूँकि प्रस्तुतीकरण की भाषा हिन्दी अपनाई गई, इस निर्णय ने हिन्दी रंगमंच के सन्दर्भ में रा.ना.वि. को एक महत्त्वपूर्ण स्थिति पर रख दिया। 1959 में रा.ना.वि. में 16 एकांकी खेले गए जिनमें निम्नलिखित उल्लेखनीय हैं—'रीढ़ की हड्डी', 'औरंगजेब की आखिरी रात', 'लक्ष्मी का स्वागत', 'नदी प्यासी थी', 'तौलिए', 'संगमरमर पर एक रात'। यह सिलसिला चलता रहा। रा.ना.वि. की कार्यकारिणी समिति से हिन्दी के अग्रणी नाटककार जगदीश चन्द्र माथुर 20 वर्ष तक, मोहन राकेश और विष्णु प्रभाकर 5-5 वर्ष तक सम्बद्ध रहे।

जुलाई 1962 में इब्राहिम अल्काज़ी ने रा.ना.वि. के निदेशक का कार्यभार सँभाला और दिसम्बर 1962 में उन्होंने एक नए नाटककार की प्रथम नाट्य-कृति 'आषाढ़ का एक दिन' को मंचित कर अपनी रंग-क्षमता से चमत्कृत किया। पहली बार हिन्दी रंगमंच के प्रौढ़ और सम्पन्न होने का अहसास हुआ। अपने कार्यकाल में अल्काज़ी ने निम्न भारतीय नाटककारों को प्रस्तुत किया—कालिदास, शूद्रक, जयशंकर प्रसाद, प्रेमचन्द, मोहन राकेश, धर्मवीर भारती, जगदीशचन्द्र माथुर, लक्ष्मीनारायण लाल, सर्वेश्वर दयाल सक्सेना, सुरेन्द्र वर्मा, मुद्राराक्षस, मणिमधुकर, अमृतराय, बलराज पंडित, आद्य रंगाचार्य, गिरीश कारनाड, बादल सरकार, बलवन्त गार्गी, विजय तेन्दुलकर। विश्वविख्यात नाटककार ये हैं—यूरिपिडीस, सोफोक्लीस, शेक्सपियर, मोलियर, जॉर्ज बुखनर, इब्सन, स्ट्रिंडबर्ग, चेखव, पिरदेलो, ज्यां एनुई, बैकट, ब्रेख्त। इसमें कोई सन्देह नहीं कि अल्काज़ी की शिक्षा-दीक्षा, संस्कार, अभिरुचियाँ, पश्चिमी नाट्य-लेखन और यथार्थवादी शैली की ओर उन्मुख थीं परन्तु उपर्युक्त सूची प्रमाणित करती है कि वे अपनी इस सीमा के प्रति सतर्क थे। इसलिए कथ्य और प्रस्तुति-परिकल्पना की दृष्टि से वे उदार, ग्रहणशील और प्रयोगशील रहे। उनके सम्भवतः सर्वाधिक प्रिय नाटक 'अन्धायुग' और 'तुगलक' थे जिन्हें उन्होंने तीन बार अलग-अलग स्थानों पर खेला।

रा.ना.वि. की अध्यापिका और सुपरिचित निर्देशक शान्ता गांधी ने क्लासिकल और परम्पराशील प्रदर्शन-पद्धति में निम्न नाटक प्रस्तुत कर भारतीय रंगसम्पदा का नया अन्वेषण

किया—मध्यम व्यायोग, उरुभंग, भगवद् उज्जकम, जसमा ओड़न, स्कन्दगुप्त। विद्यालय की अन्य अध्यापिका शीला भाटिया ने दिल्ली आर्ट्स थिएटर (1951) का गठन कर संगीत प्रधान प्रस्तुतीकरण से एक नए आयाम की तलाश की।

इस प्रकार सातवें दशक के अन्त तक दिल्ली में शौकिया थिएटर के अतिरिक्त अल्काज़ी, हबीब तनवीर, शान्ता गांधी, शीला भाटिया जैसे प्रबुद्ध और प्रतिभाशाली निर्देशक अपनी-अपनी प्रदर्शन-प्रणाली के जरिए हिन्दी रंगमंच को बहुरंगी दृश्य-पीठिका प्रदान कर रहे थे।

सातवें दशक में स्थापित दिशान्तर (1967) तथा अभियान (1967) ने जिस उल्लास और सक्रियता के साथ थिएटर को गति दी, उससे यह निष्कर्ष निकालना कठिन नहीं कि यह लहर रंगांदोलन का रूप धारण कर रही थी। 'दिशान्तर' में ओम शिवपुरी, ब.व. कारन्त, बृजमोहन शाह, रामगोपाल बजाज अर्थात् रा.ना.वि. के प्रमुख कलाकार थे। रा.ना.वि. के बाहर अभियान बराबर की होड़ के साथ आगे बढ़ रहा था। राजिन्दर नाथ, टी.पी. जैन, श्याम अरोड़ा, विश्वमोहन बडोला, सुधा चोपड़ा जैसे कलाकारों ने प्रभावी प्रस्तुतियों के आधार पर प्रतिष्ठा अर्जित की। कुछ नए ग्रुप सामने आए—प्रयोग (एम.के. रैना), रुचिका (फैजल अल्काज़ी), अनुकृति (आर.एस. विकल) के उत्साहपूर्ण योगदान से यह आन्दोलन आठवें दशक तक चलता रहा। रा.ना.वि., उसके प्रशिक्षित कलाकारों, शौकिया थिएटर की रंगप्रतिभाओं के कारण दिल्ली को ऐसा विशिष्ट और अग्रणी दर्जा मिला जिसमें आज भी अन्तर नहीं आया।

दिल्ली के समान उन्हीं दिनों स्थापित अनामिका (1955) कलकत्ता ने शौकिया थिएटर के स्तर और सम्मान के नए कीर्तिमान निर्धारित किए। नाटक के चयन और प्रस्तुतीकरण में सुरुचि और सार्थकता का निर्वाह हुआ। अनामिका ने सप्ताहान्त थिएटर भी चलाया। छपते-छपते, आषाढ़ का एक दिन, शुतुरमुर्ग, एवम् इन्द्रजित, पगला घोड़ा, आधे-अधूरे ऐसी उल्लेखनीय प्रस्तुतियाँ हैं जिन्होंने हिन्दी रंगमंच के गौरव को बढ़ाया। श्यामानन्द जालान जैसे समर्पित एवं बहुमुखी प्रतिभा के निर्देशक, कृष्ण कुमार जैसे अभिनेता यहाँ की उपलब्धियाँ हैं। अनामिका और कलकत्ता थिएटर ने नाट्योत्सव और गोष्ठियों (1964, 68, 70, 80) के कुशल आयोजन की सुखद परम्परा चलाई, जिसमें हिन्दी रंगजगत के प्रमुख रंगकर्मी-कलाकार-समीक्षकों ने थिएटर को लेकर विचार-विनिमय किया।

बम्बई में थिएटर की पुरानी परम्परा है। एम.एस. सथ्यु ने इप्टा को सक्रिय रखा। थिएटर यूनिट की ओर से सत्यदेव दुबे ने 'अन्धायुग' (1962) से अपनी यात्रा शुरू की। आज वे देश के प्रमुख निर्देशक हैं। बम्बई में थिएटर और फिल्म का आदान-प्रदान चलता रहता है। इधर 'अंक' के अन्तर्गत निर्देशक दिनेश ठाकुर ने व्यावसायिक सफलताएँ प्राप्त की हैं।

हिन्दी प्रदेश के प्रमुख नगरों में इन्हीं दिनों रंगजगत ने करवट ली। इलाहाबाद में आर्टिस्ट एसोसिएशन (1955), नाट्य-केन्द्र (1956), प्रयाग रंगमंच (1961), बनारस में श्रीनाट्यम (1957), कानपुर में एम्बेसेडर (1961), बाद में, दर्पण (1967), दर्पण-लखनऊ (1971), गोरखपुर में रूपान्तर पटना में कला संगम (1965), इप्टा, चंडीगढ़ में अभिनेता तथा अन्य संस्थानों ने परिवर्तन की सूचना दी।

स्वातंत्र्योत्तर रंगमंच की कुछ विशेषताएँ ध्यान देने योग्य हैं। नए रंगांदोलन के प्रवर्तन का श्रेय निर्देशकों को जाता है जिन्होंने निर्देशक के अतिरिक्त अपने ग्रुप के व्यवस्थापक-संचालक का दायित्व सँभालकर इस लहर को आगे बढ़ाया। श्यामानन्द जालान, अल्काज़ी, हबीब तनवीर, सत्यदेव दुबे, ब.व. कारन्त, राजिन्दर नाथ जैसे अग्रणी निर्देशकों की सतत साधना से इस आन्दोलन का उत्कर्ष हुआ। महानगरों से अब थिएटर हिन्दी प्रदेश में अपनी जमीन पकड़ रहा है। दूसरे रंगशिल्प और प्रदर्शन-शैली की दृष्टि से यथार्थवादी उपकरणों और युक्तियों का अधिक प्रयोग हुआ है।

इन परिपार्श्व में हिन्दी नाट्य-लेखन का अध्ययन अधिक उपयुक्त एवं विश्वसनीय होगा। तीन प्रकार के नाटककार हुए। प्रथम, जिन्होंने अवधारणा के स्तर पर रंगमंच की चिन्ता किए बिना साहित्यिकता को प्रमुखता देते हुए लेखन किया। लक्ष्मीनारायण मिश्र, सेठ गोविन्द दास, वृन्दावन लाल वर्मा, हरिकृष्ण प्रेमी ने आजादी के बाद बहुत नाटक लिखे जिनमें से अधिकांश मंचित नहीं हुए। ये नाटककार न मूल्यांकन की अपेक्षा रखते हैं और न महत्ता की। दूसरे प्रकार के नाटककारों का मत और विश्वास है कि रंगमंच की समझ और हिस्सेदारी के बिना नाट्य-लेखन कमजोर नींव की इमारत होगी। तीसरे प्रकार के वे नाटककार हैं जिन्होंने नाट्य-कर्म और रंग-कर्म के अन्तर को नकारा / समुदाय / स्थान-विशेष में रहकर रंगशिविर के जरिए नाट्यालेख तैयार किए जिसमें समुदाय की समस्याएँ और आकांक्षाएँ व्यक्त की गईं और जिसे वहाँ के लोग अपने उपकरणों से प्रस्तुत करते रहे। दूसरे प्रकार के नाटककार प्रमुख और विचाराधीन हैं।

चौथे दशक के नाटककारों में जगदीशचन्द्र माथुर इस माध्यम के प्रति पूरी तरह समर्पित रहे। एकांकीकार के रूप में उन्होंने अलग पहचान बनाई पर शोध और प्रचार के साथ-साथ उन्होंने नाट्य-लेखन और रंगचिन्तन को गम्भीरता से लिया। कोणार्क (1951) से स्वातंत्र्योत्तर हिन्दी नाटक को नई दिशा मिली। इतिहास की पार्श्वभूमि में कलाकार के साथ अन्याय और शोषण से उत्पन्न द्वन्द्व को इसमें गहराई से रेखांकित किया गया है। कथ्य और शिल्प में आन्तरिक संगति के कारण यह एक महत्त्वपूर्ण नाट्य-कृति है। शमरदीया (1960) में इतिहास का दूसरा अनुभव है। यह एक समर्थ नाटक है। 'एक था राजा' (1969) में नाटकीयता का निर्वाह प्रबलता के साथ नहीं हुआ। माथुर ने इतिहास को अवश्य आधार बनाया पर कथ्य, भाषा, संवाद और शिल्प के स्तर पर यथार्थवादी परिपार्श्व दिया है। उनकी संवेदना अधिक आधुनिक हो गई है।

मोहन राकेश के 'आषाढ़ का एक दिन' (1958) का प्रकाशन एक युगान्तकारी घटना कहा जाएगा। इस नाटक को राकेश ने व्यक्ति, परिवेश और व्यवस्था के स्तर पर तीव्र और समकालीन बनाया। 'कोणार्क' से आगे बढ़ते हुए जीवन स्थितियों को द्वन्द्व और अन्तर्द्वन्द्व—दोनों धरातलों पर संयोजित करके नाटकीय तनाव से युक्त भाषा-संवाद तथा कुशल रंगशिल्प के प्रयोग से ही इस रचना को विशिष्ट दर्जा मिला है। अध्ययन और मंचन में स्तर और सन्तुलन के निर्वाह ने एक नया विश्वास उत्पन्न किया है। 'लहरों के राजहंस' पठनीय और प्रभावोत्पादक है पर मंच की दृष्टि से उसकी अपनी सीमाएँ हैं। 'आधे-अधूरे' (1969) हिन्दी नाटक का मील पत्थर है। इतिहास का आवरण हटाकर

लेखक जीवन-प्रश्नों से सीधा आमना-सामना करता है। चुभते सवाल, जानने की नहीं, जीने की भाषा, चुस्त-पैने संवाद तथा सुबद्ध रंगशिल्प इस नाट्य-कृति को श्रेष्ठ बनाते हैं। आज यह रंगजगत का प्रतिमान बन चुकी है। कथ्य के स्तर राकेश में आवृत्ति है। वे तीनों नाटकों में मध्यम वर्ग के स्त्री-पुरुष सम्बन्धों में समीकरण और सुखद घर की तलाश से जूझते रहे।

राकेश ने सबसे अधिक प्रसाद की सीमाओं को समझा और सीखा। प्रसाद रंगजगत में प्रतिष्ठित न हो सके। राकेश ने रंगजगत से निरन्तर सरोकार रखा। प्रसाद के कारण ही उनका सर्वाधिक ध्यान एक ऐसे दृश्यबन्ध के गठन की ओर गया जहाँ कार्यव्यापार निर्बाध सम्पन्न हो सके। उन्होंने यथार्थवादी और अयथार्थवादी युक्तियों का निपुणता से समन्वय किया। राकेश ने एक ओर नाटककार और नाटक की गरिमा को बढ़ाया दूसरी ओर रंगमंच पर वे सफल रहे। सभी प्रमुख निर्देशकों ने उनके नाटकों को खेला। अब राकेश को खेलना एक चुनौती और उपलब्धि है।

लक्ष्मीनारायण लाल एक अच्छे अभिनेता, कुशल निर्देशक और सक्रिय रंगकर्मी रहे। उन्होंने नाट्य-लेखन और थिएटर के अतिरिक्त नाट्य-प्रशिक्षण, नाट्याध्यापन और नाट्यालोचन किया। अपने नाटकों की भूमिकाओं में वे रंगकर्म के भारतीय रूप को लेकर विभिन्न सवालों से टकराते हुए अधिक गम्भीर और विश्वसनीय लगते हैं। उनके व्यक्तित्व एवं लेखन में विस्तार एवं विविधता है। नाटक और रंगमंच को समर्पित इस रचनाकार की यात्रा 'अन्धा कुआँ' (1955) से शुरू होती है। अपने प्रत्येक नाटक में वे किसी सामाजिक या वैयक्तिक समस्या को नाटकीय आयाम देने में समर्थ सिद्ध हुए परन्तु विभिन्न स्थितियों को संयोजित कर सघनता, तीव्रता और अपेक्षित परिमिति तक लाने में वे सफल नहीं रहे। गाँव या शहर, स्त्री-पुरुष सम्बन्ध या सामाजिक सवाल, ऐतिहासिक-पौराणिक कथानक अर्थात् उनकी चयन-परिधि व्यापक है। उनके नाटकों में संघर्ष के धरातल एवं बिन्दु स्पष्ट है परन्तु भारतीय जनमानस की समन्वयवादी प्रवृत्ति का पालन करते हुए वे अस्पष्ट या उलझ जाते हैं। रंगयुक्तियों के प्रयोग में वे इतने सहज एवं कुशल थे कि कौतुक या खेल के नाम से समापन को कमजोर बनाते हैं। मादा कैक्टस (1959), दर्पण (1964), मिस्टर अभिमन्यु (1971), कर्फ्यू (1972), व्यक्तिगत (1975), एक सत्य हरिश्चन्द्र (1976) उनकी उल्लेखनीय रचनाएँ हैं। वर्षों की साधना के कारण उनका ऐतिहासिक महत्त्व है। वे बहुत अच्छे नाटक नहीं लिख सके पर हिन्दी प्रदेश की आकांक्षाओं को अपने नाटकों में व्यक्त करने में वे अवश्य सफल रहे।

कथ्य के गम्भीर और संश्लिष्ट रूप के साथ शिल्प का अनुशासित सन्तुलन जितना सुरेन्द्र वर्मा के नाटकों में मिलता है उतना अन्यत्र नहीं। उनके नाटक सामाजिक दबाव से उभरे हों या ऐतिहासिक वृत्त से, उनका आग्रह है कि स्त्री-पुरुष के बीच समीकरण और सौहार्द के लिए सेक्स एक निर्णायक तत्त्व है। उन्होंने व्यक्ति और परिवेश की विसंगतियों में नैतिकता और सेक्स से जुड़े प्रश्नों को उठाया है। इस दृष्टि से अपने नाटक 'सूर्य की अन्तिम किरण से सूर्य की पहली किरण तक' (1975) में वे अधिक समर्थ दिखते हैं। 'आठवाँ सर्ग' (1976) इतनी सशक्त रचना नहीं है। 'छोटे सैयद बड़े सैयद' में (1982)

वे सत्ता से जुड़ी क्रूरता का अनावरण करते हैं। सुरेन्द्र वर्मा में युग-अनुभव और युग-संवेदना का इतना आग्रह रहा है कि उनका इतिहास का परिप्रेक्ष्य सीमित हो गया।

सुरेन्द्र वर्मा की उपलब्धि का क्षेत्र है अपनी कृतियों का अद्‌भुत नाट्य-शिल्प। उन्होंने यथार्थवादी प्रदर्शन-प्रणाली और एक दृश्यबन्ध को आधार बनाया है ताकि कार्य-व्यापार में प्रवाह आ सके। तत्सम और प्रचलित शब्दावली को नाटकीय मुहावरा देने में वे समर्थ रहे हैं। संवाद-कला में वे पर्याप्त सिद्ध हैं, विशेष रूप से 'छोटे सैयद' में। तीन अंक, सुगठित आलेख, अपेक्षित चरम बिन्दु, सूझबूझ से आयोजित प्रवेश-प्रस्थान तथा नाट्य स्थितियाँ, ये सब सुरेन्द्र वर्मा की रंगक्षमता के प्रमाण हैं। उनके नाटक रूपात्मक मानसिकता की उपज हैं जहाँ वस्तु के स्तर पर बचाव का मार्ग अपनाया गया है।

मुद्राराक्षस के नाटकों का रचना-संसार व्यवस्था के दबाव में पिस रहे मध्यम वर्ग के व्यक्ति और स्थितियाँ हैं। तिलचट्टा (1973), तेंदुआ (1973), परजीवा (1974), युओर्स फेथफुल्ली (1974) उनके प्रमुख नाटक हैं। आर्थिक प्रश्नों के साथ दमित यौन-प्रश्नों से उलझने के कारण उनके नाटकों की धार मर गई है।

मणिमधुकर के नाटक भिन्न आस्वाद के हैं। उनका पहला नाटक रस गन्धर्व (1972) अपनी विलक्षण बुनावट के कारण आकृष्ट करता है। समकालीन व्यवस्था की विसंगतियों को चित्रित करने के लिए एक ओर लोकशैली का खुलापन रखा है, दूसरी ओर विसंगत नाट्य-शैली से व्यंग्य की धार को लिया है। लोक रंग युक्तियों के सहज नियोजन में निपुण होने के कारण मणिमधुकर के सारे नाटक मंचोपयोगी हैं। सादगी के कारण उनके नाटक मंचित होते रहे हैं। एक अरसे से वे नाटक नहीं लिख रहे हैं।

आठवें दशक के नाटककारों में शंकर शेष का इसलिए विशेष स्थान है क्योंकि उन्हें माध्यम की बुनियादी पकड़ थी। रंगमंच की माँग को पूरा करने के लिए उन्होंने मौलिक आलेख दिए जो कई बार खेले गए। अन्तर्वस्तु के अनुरूप उन्होंने नए सार्थक प्रयोग किए। 'एक और द्रोणाचार्य', 'पोस्टर', 'कोमल गांधार' की प्रस्तुति-परिकल्पना इसलिए भिन्न है क्योंकि तीनों की संवेदन-शक्ति का स्वरूप और दिशा समान नहीं है। ये नाटक हिन्दी नाटक और रंगमंच की उपलब्धि हैं।

कवि के रूप में सर्वेश्वर दयाल सक्सेना को चाहे यथेष्ट सम्मान मिला पर थिएटर के प्रति उनका पुराना और गहरा लगाव रहा है। वे इस माध्यम की अन्त:शक्ति से बखूबी परिचित थे जिसके जरिए सामाजिक न्याय के लक्ष्य को पाया जा सकता है। इन्हीं विचारों के परिपार्श्व में 'बकरी' (1974) का सृजन हुआ। जनमानस तक पहुँचने के लिए उन्होंने परम्पराशील और पारसी प्रदर्शन रूढ़ियों का सहारा लिया। सर्वेश्वर ने इस नाटक में गांधीवाद के नाम पर व्यवस्था में चल रहे शोषण का पर्दाफाश किया। 'बकरी' के कुछ प्रभावशाली मंच-प्रयोग हुए हैं। उन्होंने अच्छे बाल-नाटक भी लिखे हैं।

कथाजगत में जिस मूल विशेषता के कारण भीष्म साहनी विख्यात हैं, उसी का विस्तार नाट्य-जगत में मिला है। अपने तीनों नाटकों हानूश (1977), कबिरा खड़ा बाजार में (1981), माधवी (1984) में वे प्रगतिशील विचारों और रचना में कलात्मक सन्तुलन रख सके हैं। तीनों में उनकी दृष्टि व्यवस्था में व्याप्त शोषण-प्रक्रिया को अनावरण करने की

रही है। इस दृष्टि से 'हानूश' सर्वाधिक सफल नाटक है जिसमें दरबारी, व्यापारी और पुजारी द्वारा परिचालित तंत्र में कलाकार और कलाकृति की कोई इयत्ता नहीं। 'माधवी' में मिथक को आधुनिक तात्पर्य देते हुए नारी के प्रति हो रहे अन्याय को प्रकट किया है।

नाटकीय अनुशासन के पालन में भीष्म साहनी निपुण नहीं रहे। कथात्मकता उनकी कमजोरी है। रूपबन्ध की भी कुछ सीमाएँ हैं पर कथ्य की प्रबलता के कारण उनका सामूहिक प्रभाव गहरा पड़ता है।

कुछेक नाटककार ऐसे हैं कि उनकी एक ही कृति विचार-योग्य है। ज्ञानदेव अग्निहोत्री का शुतुरमुर्ग (1968) कथ्य और शिल्प की दृष्टि से बहुचर्चित एवं बहुमंचित नाटक है जिसमें व्यवस्था में चल रही राजनीति को सीधे पर प्रभावी ढंग से उठाया गया है। 'हत्या एक आकार की' (1969) भी लीक से हटकर लिखा गया। रमेश बक्षी ने अपने पहले नाटक 'देवयानी का कहना है' (1972) में विवाह, प्रेम, स्त्री-पुरुष सम्बन्ध को नए साहसपूर्ण तेवर से उठाया है। यथार्थवादी प्रस्तुति-परिकल्पना में लिखे इस नाटक में अन्त तक पैनापन बना रहता है। बृजमोहन शाह के 'त्रिशंकु' (1973) में युवा पीढ़ी की दिशाहीनता को जिस नए ढंग से रूपायित किया है, वह विलक्षण पर सार्थक है। बलराज पंडित 'पाँचवाँ सवार' (1979) में युवा मानस की आकांक्षाओं और अन्तर्विरोधों को जिस उपयुक्त शैली में प्रस्तुत करते हैं, वह इस रचना को श्रेष्ठ बनाती है।

हिन्दी में लोकप्रिय नाटककारों का पर्याप्त योगदान रहा है। संगीत नाटक प्रभाग, रेडियो और कहीं-कहीं शौकिया थिएटर के आग्रह पर लिखने वाले ये नाटककार अपने एक आयामी विधान के कारण रंगमंच की जरूरतों को पूरा करने में सफल रहे हैं। सन्दूकिया दृश्यबन्ध, चुस्त संवाद, आम भाषा यथार्थवादी पद्धति के ये नाटक सार्थक मनोरंजन प्रदान करते हैं। विनोद रस्तोगी, रमेश मेहता, रेवती सरन शर्मा, सन्तोष कुमार नौटियाल, कल्मद ऋषि भटनागर, वीरेन्द्र नारायण, चिरंजीत, दया प्रकाश सिन्हा की बढ़ती सूची इस वर्ग की लोकप्रियता कौ सिद्ध करती है।

नवें दशक के नाट्य-लेखन में विस्तार हुआ है। प्रकाशित नाटकों की सूची चाहे बढ़ रही है पर पहले जैसे प्रबल और स्वतंत्र नाटककार नहीं हैं, कुछेक नाट्य-कृतियाँ ही उल्लेख योग्य हैं। असल में पूरे लेखन में, देशव्यापी स्तर पर एक ठहराव-सा आया है। मध्यम वर्ग के बचाव की नीति के कारण चुनौतीपूर्ण लेखन कम हो गया है। इसका एक कारण यह भी है कि रंगमंच के उत्तरोत्तर उत्कर्ष और निर्देशक की बढ़ती प्रभुता के कारण प्रस्तुतीकरण में अब नाटक और नाटककार का पहले वाला स्थान नहीं रहा।

नवें दशक में जो परिवर्तन आ रहे हैं उनमें अन्तर्विरोध हैं। रंगमंच अब हिन्दी प्रदेश के छोटे-बड़े अनगिनत नगरों में वहाँ के लोगों की आशाओं की कलात्मक अभिव्यक्ति बन रहा है। महानगरों में व्यावसायिक थिएटर की माँग बढ़ रही है। कुछ वर्षों से, विशेषतः रा.ना.वि. के कलाकारों का ऐसा वर्ग बढ़ रहा है, जिसने थिएटर को अपना व्यवसाय चुना है। आजीविका के लिए इन्हें दूरदर्शन के धारावाहिक में काम करना पड़ता है। इधर प्रस्तुतीकरण के खर्चे बढ़ रहे हैं। विवश होकर, थिएटर सरकारी अनुदान पर जीवित हैं। आर्थिक दबावों के कारण पहले वाला उपक्रम और उत्साह नहीं रहा। इन विपरीत

परिस्थितियों का सामना तीसरे प्रकार के नाटककार जैसे त्रिपुरारी शर्मा कर रहे हैं जिन्होंने 'काठ की गाड़ी', 'बाँझ घाटी', 'रेशमी रूमाल' लिखकर थिएटर की नई उपयोगिता सिद्ध की है। ऐसे हालात में नुक्कड़ नाटक ने अपनी जगह बना ली है जो आम लोगों के बीच उन्हें सलाह देता है।

स्वातंत्र्योत्तर नाटक और रंगमंच का परिदृश्य बहुत निराशाजनक नहीं है। इनका जितना उत्कर्ष हुआ है उतना पिछले 80 वर्षों में नहीं हुआ। व्यावसायिकता के नाम पर आज रंगमंच की प्रभुता बढ़ रही है जो उसे यथास्थितिवाद का पोषक बनाती है। इस समय का हिन्दी नाटक और रंगमंच भद्र समाज तक सीमित है। उसे विशाल जन समुदाय तक अभी पहुँचना है। कोमल गांधार और माधवी जैसे जीवन यथार्थ के नाटक आश्वस्त करते हैं कि व्यक्ति के साहसपूर्ण प्रयास इतिहास की नई दिशा को अवश्य आलोकित करेंगे।

(भारतीय नाटक एवं रंगमंच, केन्द्रीय हिन्दी निदेशालय, 1990)

25

बहुरंग से सबरंग की ओर

लगभग पच्चीस वर्षों की साधना की यह एक महत्त्वपूर्ण परन्तु सुखद परिणति ही कहना चाहिए कि पिछले वर्ष संगीत नाटक अकादमी ने विख्यात नाटककार लक्ष्मीनारायण लाल को रंगमंच तथा नाट्य-लेखन में उल्लेखनीय योगदान पर पुरस्कृत एवं सम्मानित किया। लाल वह व्यक्ति-बिन्दु हैं जहाँ कई रेखाएँ सम्मिलित होती हैं। नाटक और रंगमंच का शायद ही कोई ऐसा पहलू हो जिसके सैद्धान्तिक विवेचन, सर्जनात्मक लेखन तथा व्यावहारिक अनुभव से डॉ. लाल वंचित हों। गाँव और शहर, लोकधर्मी और नाट्यधर्मी के स्थूल वर्गीकरण से हटकर उन्होंने जीवन और जगत के नए और चुटीले अनुभवों को कहीं प्रचलित रंग-विधियों मे, और कहीं नई प्रदर्शन-पद्धतियों में, प्रस्तुत किया। कस्बा-नगर-महानगर में परिवेशगत बदलाव के साथ-साथ डॉ. लाल की नाट्य-चेतना में भी उत्तरोत्तर मोड़ दिखाई देते रहे। उनके नाटकों के मध्य में जहाँ नई नाटकीय स्थितियाँ तलाशने का कौशल दिखाई देता है, वहाँ कथ्य के अनुरूप दृश्य-संरचना की खोज में प्रयोगधर्मिता का मोह मिला है। उनके हर नाटक का फार्म नया है, जो उनकी अद्वितीय रंगक्षमता को उजागर करता है। यह भी निर्विवाद रूप से स्वीकारना होगा कि डॉ. लाल एक ऐसे लोकप्रिय नाटककार हैं जिनके नाटकों में एक खास आकर्षण है जिसकी वजह से वे बराबर खेले जाते हैं। डॉ. लाल को नाट्य-यात्रा का पूरा इतिहास है—आकाशवाणी लखनऊ के ड्रामा प्रोड्यूसर, स्कूल ऑफ ड्रैमेटिक आर्ट्स के निर्देशक, इलाहाबाद के नामी रंगकर्मी, दिल्ली में संवाद और यवनिका के संस्थापक, अभिनेता, निर्देशक, नाटककार, नाट्य-समीक्षक और अध्यापक के रूप में प्रतिष्ठित यह व्यक्ति इस विधा से इतना जुड़ा हुआ है कि ऐतिहासिक धरातल पर एक अपवाद ही कहना चाहिए।

सबरंग मोहभंग (1977) की भूमिका में डॉ. लाल ने दावा किया है कि हमारा दर्शक लीला-दर्शन, अर्थात् संगीत, नृत्य, कथा-श्रवण और दर्शन-वृत्ति का भूखा है। वह राग, लालित्य-भावना और विश्वास चाहता है। वह लीला देखना चाहता है और लीला का अंग होना चाहता है। उनकी दृष्टि में नाट्य-कृति का बुनियादी लक्ष्य है, दर्शक को अपनी रंगलीला का सहभागी बनाना। आधुनिकता आरोपण है, हम अपनी मिट्टी और अपनी परम्परा से जुड़कर अपने वर्तमान को खोजें तो अपना नाट्यकर्म होगा रसलीला। आत्म-साक्षात्कार की इस विकट यात्रा में इस 'प्रोफेशनल नाटककार' (सार्थक में जयदेव तनेजा

से बातचीत, पृ. 17) ने पाया कि यहाँ का दर्शक 'रिलैक्स्ड' महसूस करना चाहता है, वह 'रिलीफ' चाहता है। इसलिए वे अपने नाटकों को 'लीला-नाटक' कहना पसन्द करते हैं।

प्रत्यक्षत: तो यही लगेगा कि डॉ. लाल की लीला-नाटक की अवधारणा मूलत: भारतीय परिवेश के अनुकूल भारतीय नाट्यदृष्टि या कहें रससृष्टि की प्रतिष्ठा करती है। एक सीमा तक इस नाटकीय अपेक्षा से नकारा नहीं जा सकता कि नाटक का प्रयोजन रसानुभूति है, रंगलीला के माध्यम से डॉ. लाल नाटक को देखने-दिखाने या दृश्यता के प्रति इस सीमा तक प्रयत्नशील हो जाते हैं कि उनकी अवधारणा का निहित परन्तु वास्तविक प्रयोजन साफ उभर आता है। कथानक का आधार इतिहास हो, पुराण हो, या समसामयिक समस्याएँ, लाल युगीन परिप्रेक्ष्य में जटिल एवं संश्लिष्ट स्थितियों और उनसे उत्पन्न संघर्ष को उठाना तो चाहते हैं परन्तु उसके विकास एवं प्रभाव के लिए अपेक्षित टकराव या तनाव से मुँह मोड़ते हैं। ऐसे बिन्दुओं पर वे अतिनाटकीयता का आश्रय लेते हैं और उसके लिए कहीं चमत्कारपूर्ण रंगयुक्तियों की तलाश करते हैं, कहीं पात्र के चरित्र के विपरीत अप्रत्याशित व्यवहार दिखाते हैं, कहीं लिजलिजी भावुकता और अर्थहीन आदर्शवादिता में पड़कर सरलीकृत समाधान प्रस्तुत करते हैं। लीलानाटक के निमित्त दर्शक को 'रिलीफ' देने या 'रिलैक्स' करने का अभिप्राय हो जाता है यथार्थ अर्थात् युक्तियुक्त और वैज्ञानिक दृष्टि एवं परिणति से पलायन। इस मानसिकता को यूँ भी कहा जा सकता है कि यथार्थ नहीं, यथार्थ के भ्रम की रक्षा के लिए वे अपने समस्त रंगकौशल का प्रयोग करते हैं। उनके नाटक की विकास-यात्रा में वैचित्र्य और आकस्मिक मोड़ हैं इसलिए प्रारम्भ और समापन स्थल में अन्विति नहीं मिलती। यह अनुभव प्रस्तुतीकरण के स्तर पर भी हुआ है। परिणामस्वरूप उनके नाटकों की मूल संवेदना, वैचारिक परिणति और प्रस्तुतीकरण से उत्पन्न प्रभाव में पारस्परिकता नहीं है।

आजादी के बाद देश में चारों ओर फैली अराजकता और अनैतिकता को लक्ष्मीनारायण लाल ने एक नए नाट्य-रूप में अपने प्रसिद्ध नाटक 'अब्दुल्ला दीवाना' में उठाया। अब्दुल्ला हमारी चारित्रिक निष्ठा और अन्तश्चेतना का प्रतीक है। उसकी हत्या कर दी गई है। विडम्बनापूर्ण स्थिति यह है कि जिन लोगों ने साँठ-गाँठ कर उसकी हत्या का षड्यंत्र किया, वही अब उसकी पैरवी कर रहे हैं। इसीलिए पात्रों के नाम नहीं हैं। हास्यास्पद दिखाई देने वाली इस स्थिति में नाटककार हमें एक कारुणिक बिन्दु की ओर ले जाना चाहता है ताकि हम अपनी अन्तरात्मा के छल को पहचानें। कथ्य के अनुरूप डॉ. लाल ने ऐब्सर्ड रूप का आश्रय लिया है। परन्तु समाज में अर्थहीन एवं असंगत वातावरण से आत्मग्लानि और निराशा के स्थान पर वे परिहासजनक स्थितियाँ उत्पन्न करते हैं। अधिकांश पात्र अपने चरित्र की सीमा से हटकर भूमिका अदा करते हैं। इस प्रकार कथ्य और पात्रों की विश्वसनीयता खंडित हुई है।

इस सन्दर्भ में नाटक के एक पात्र जज की निम्न टिप्पणियाँ द्रष्टव्य हैं : 'व्हाट इज दिस धुत्त' (पृ. 42); "यह तो कुछ इश्क का मामला लग रहा है। आप लम्बी-लम्बी साँस लीजिए, मैं सूँघता हूँ। चलिए शुरू कीजिए।" (पृ. 58); "कभी-कभी ऐसी जगह

खुजली मच जाती है...नीचे-नीचे ऊपर... जो हो (सिर्फ स्त्री को बुलाकर खुजलवाने लगता है, परेशान स्त्री की पीठ से पीठ रगड़ने लगता है)। खुजली भी क्या चीज है, वाह, मजा आ गया... (स्त्री को चिकोटी काटता है)'' (पृ. 55-56); युवक के बाल कटवाने पर—''वाह प्यारे! बदली से निकला है चाँद, ओ मेरे सजना, बदली से निकला है चाँद'' (पृ. 100)। जज की ये सारी प्रतिक्रियाएँ और कई अन्य संवाद प्रहसनमूलक हैं। जज जज न लगकर 'भाँड' (यह शब्द चपरासी इस्तेमाल करता है) लगता है, परिस्थिति और पात्र से उत्पन्न न होने के कारण यह हास्य बनावटी और फूहड़ है।

यह तो केवल एक पात्र का अनुभव है। इस नाटक की संरचना में ऐसी अनेक नाट्य-स्थितियों की परिकल्पना की गई जिनका प्रयोजन चमत्कार उत्पन्न करना ही है। 'पुरुष का अरबी चोगा बाँधे, आँखों पर काला चश्मा लगाकर अरबी भाषा का प्रयोग—(पृ. 49-51); पुलिस द्वारा स्त्री-पुरुष की ड्रिल—एक, दो, तीन, चार (पृ. 53-54); 'देहाती वस्त्रों में युवक भीतर से निकलकर भागता है, पुरुष और स्त्री पीछा कर रहे हैं। सब युवक को घेर पकड़ लेते हैं।' (पृ. 67); पुरुष युवक को पकड़कर मुँह दबोच लेता है' (पृ. 71); 'युवक गधे की बोली बोलता हुआ भागता है...युवती पीछा करती है' (पृ. 75); पुरुष और युवती में जैसे कोई खेल शुरू होता है। पुरुष उसे बाँध लेने के लिए झपटता है। वह बच निकलती है। वह फिर आकर्षण देती है। पुरुष उसे बाँहों में दबोच लेता है। युवती हँसती हुई अन्दर भागती है, पुरुष उसका पीछा करता है : 'नृत्य-नाटक जैसा दृश्य' (पृ. 77); 'पागलों की तरह बड़बड़ाता हुआ पुरुष आता है' (पृ. 71); 'पुरुष कमर में बँधी रस्सी तुड़ाए भागा आता है। डायरेक्टर उसे सँभाल रहा है। पुरुष खड़ा होकर निःशब्द जैसे गीता प्रवचन देने लगता है' (पृ. 91); 'पुरुष जैसे माइक पर निःशब्द धाराप्रवाह बोल रहा है... डायरेक्टर, स्त्री, युवती और युवक थामकर उसे भीतर खींच रहे हैं...सब उसे अन्दर खींच ले जाते हैं। बाहर से दौड़ा हुआ पुलिस अफसर आता है...' (पृ. 92)।

इन रंग-संकेतों में निर्दिष्ट रंगचर्या कथ्य की अपेक्षा से या पात्र के आचरण या नाट्यस्थिति से उत्पन्न न होने के कारण कृत्रिम एवं अतिनाटकीय प्रभाव छोड़ जाती है। इन रंगसंकेतों के आधार पर कहीं यह महसूस नहीं होता कि जो जीवन-मूल्यों की हत्या कर चुके हैं, ये ही उन्हें प्रतिष्ठापित करना चाहते हैं—जहाँ से नाटक शुरू हुआ। इस हास्यास्पद स्थिति की कारुणिक परिणति में नाटककार सफल नहीं रहा। ये व्यवहार प्रहसनमूलक हैं जो नाटक की विसंगति या उसकी चुभन पैदा नहीं कर पाए। इन चमत्कारपूर्ण रंग-युक्तियों से सारे रूपबन्ध में अतिनाटकीयता और एक तरह का बिखराव आ जाने के कारण प्रखरता नहीं रही। इस सच से इंकार नहीं किया जा सकता कि लीला या दृश्यत्व के अज्ञात आकर्षण ने विसंगति के स्थान पर असंगत या अर्थहीन परिणति ला दी है।

परम्परागत रूढ़ियों को नकारकर एक नए नाट्य-रूप में लिखे गए नाटक 'व्यक्तिगत' का कथ्य समसामयिक परिवेश से जुड़ा हुआ है। विज्ञान, यान्त्रिकता, महानगर आदि के कारण आज के जीवन में गति एवं आकर्षण है। 'मैं' (पुरुष) अपने समय की उपज है

और वह समय का लाभ उठाता है। इसलिए वह अवसरवादी और महत्त्वाकांक्षी है। परिस्थितियों से जूझते-बढ़ते 'मैं' का व्यक्ति एवं व्यक्तिगत होना स्वाभाविक है। 'वह' (स्त्री) अपने समय से जुड़ी नहीं है। उसमें निष्ठा और ईमानदारी है। वह बँध और बाँधकर रहना चाहती है। यह गति नाटक के रूपबन्ध में भी है : नाट्य-स्थितियाँ जल्दी बदलती हैं और पात्रों का प्रवेश-प्रस्थान बार-बार होता है। पात्र उद्घोषक भी हैं और अभिनेता भी। पर, क्या कारण है कि किसी भी नाट्यस्थिति को उस बिन्दु तक नहीं पहुँचने दिया गया जहाँ विरोध की द्वन्द्व और तनाव में परिणति हो? 'वह' निरन्तर अस्थिर एवं अशान्त है परन्तु इसे मात्र बेचैनी या बौखलाहट दिखाया गया है? वैचारिक स्पष्टता के अभाव तथा रसलीला के मताग्रह के कारण नाटककार गति से 'देखने-दिखाने' का आकर्षण पैदा करना चाहता है। व्यक्तिगत के बाद के प्रस्तुतीकरण में (जिसका प्रदर्शन जनवरी, 1977 में गांधी मेमोरियल हॉल में हुआ, इसमें वे स्वयं अभिनेता-निर्देशक थे) डॉ. लाल ने एक अंक और जोड़ा। पर गीत आदि ने इस समसामयिक नाटक को लीलाधर्मी बना दिया। तत्त्वत: नाटककार 'मैं' के अहं का विलय चाहता है, यह समाधान आध्यात्मिक है। 'मैं' की समस्या परिवेश की है, 'मैं' का अस्तित्व परिवेश के कारण गतिशील है और परिवेश बदल नहीं सकता। इसलिए यह समाधान नाटक से न निकलकर नाटककार के चिन्तन का परिणाम है। कुल मिलाकर यह महसूस होता है कि नाटक में अनावश्यक 'टेम्पो' से दृश्यता लाने का प्रयास किया गया है क्योंकि नाटककार यथार्थ नहीं, उसके 'भ्रम' का आभास देना चाहता है। सभी सम्भावनाएँ होते हुए भी 'भ्रम' की रक्षा के कारण नाटक का सीधा और तीखा असर जाता रहा।

क्या रसलीला सम्बन्धी अपनी अवधारणा के अनुसार डॉ. लाल अपने नाटकों में रसानुभूति उत्पन्न करने में सफल रहे? क्या यथार्थ की उपेक्षा का अभिप्राय रसानुभूति का उदय लिया जाए? इस दृष्टि से उनके कुछेक नाटकों को छोड़कर निराशा ही हाथ लगेगी। असल में प्रश्न रस और द्वन्द्व, औदात्य और संघर्ष का इतना नहीं है जितना वैचारिक स्पष्टता तथा सर्जनात्मक ईमानदारी का है। आनन्द कुमार के उपन्यास 'बेगम का तकिया' के नाट्यान्तर में (इसे राष्ट्रीय नाट्य विद्यालय ने रंजीत कपूर के निर्देशन में प्रस्तुत किया) अन्तत: रस और औदात्य में परिणति है परन्तु इनका भी जिस निश्छलता और सच्चाई से निर्वाह किया गया है उनके आधार पर निर्विवाद रूप से उसे दिल्ली की श्रेष्ठ प्रस्तुतियों में गिना जा सकता है। डॉ. लाल के किसी भी नाटक, गंगा माटी से भी, उस तरह का रसभीना अनुभव नहीं होता।

डॉ. लाल ने किसी भी नाट्य-रचना की लक्ष्यसिद्धि में दर्शकों के सहभागी और सहभोक्ता होने को एक महत्त्वपूर्ण प्रतिमान माना है। किसी भी नाटककार के लिए दर्शक-सजगता उसके रचना-धर्म के स्वस्थ एवं सन्तुलित विकास का आवश्यक निकष है। एक दूसरे कोण से परखा जाए तो दर्शक-सजगता के आधार पर रचनाकार की सामाजिक प्रासंगिकता का अध्ययन किया जा सकता है। पर इसमें एक खतरा बराबर रहता है : दर्शक के प्रति यह चेतना अगर उसको लेकर और उसी तक बँधी रहने लगे तो इस आचरण का रचना-धर्म पर प्रतिकूल प्रभाव पड़ेगा। दर्शक के होने का अहसास काफी है, दबाव

नहीं। डॉ. लाल ने दर्शक के महत्त्व को प्रत्यक्ष रूप से इस सीमा तक स्वीकारा है कि उनके नाटकों में इसके सीधे असर को ढूँढ़ना मुश्किल नहीं। दर्शक को 'रिलीफ' देने और 'रिलैक्स्ड' करने के लिए रंगलीला पर बल वस्तुत: इस आशंका को प्रभावित करता है कि इस नाटककार ने अपनी रंगसम्पदा का प्रयोग इसी प्रयोजन को सिद्ध करने के लिए किया है। दर्शक सजगता के कारण डॉ. लाल को कथ्य और शिल्प के स्वाभाविक विकास और युक्तियुक्त परिणति पर विश्वास नहीं। उनके अधिकांश नाटकों के रूपबन्ध में अतिनाटकीयता और वैचित्र्य का आग्रह है जिसके लिए नए-नए अनुष्ठानों तथा रचना-व्यवहारों की तलाश रहती है। उनकी समस्त प्रयोगधर्मिता के मूल में दृश्यता का मोह है, जो दर्शक-चेतना का परिणाम है।

अब समय आ गया है कि इस बहुरंगी नाटककार की उपलब्धियों और सीमाओं का मूल्यांकन किया जाए। विभिन्न शैलियों और रंग-प्रकारों में लिखे एक दर्जन से ऊपर नाटकों के रचयिता, और पच्चीस वर्ष से हिन्दी रंगमंच की विपन्नता को दूर करने तथा उसे अपनी पहचान देने के लिए एकनिष्ठा से प्रयत्नशील, इस नाटककार के ऐतिहासिक योगदान को स्वीकारना आवश्यक है। डॉ. लाल में वे सब गुण हैं जो किसी समर्थ नाटककार में होने चाहिए; परन्तु उनके नाटकों के पाठ और प्रस्तुतीकरण से अक्सर यह महसूस हुआ है कि वे सर्जनात्मक सार्थकता प्रदान करने में अक्षम रहे हैं। इसलिए उनकी रचनाधर्मिता का उस तरह उत्तरोत्तर विकास नहीं मिलता जैसे जयशंकर प्रसाद या मोहन राकेश का। 'ध्रुवस्वामिनी' के आधार पर प्रसाद के चिन्तन और रंगचेतना में प्रारम्भिक बिन्दु से हुए परिवर्तन एवं परिपक्वता का इतिहास समझना मुश्किल नहीं। आधे-अधूरे या छतरियाँ से प्रमाणित करना कठिन नहीं कि किस प्रकार राकेश की जीवन एवं रंगमंच की समझ में अपनी पहचान बढ़ी। डॉ. लाल के नाटकों से ऐसा अनुभव नहीं होता। उनका कोई भी नाटक वैसा सशक्त और प्रभावशाली नहीं है। अपने नए नाटकों—'गंगामाटी' और 'व्यक्तिगत' से (इस बीच उनके दो-तीन और नाटक प्रकाशित हो चुके हैं) कहीं यह महसूस नहीं होता कि वे ऐसी परिपक्वता पर पहुँच चुके हैं जहाँ इन्हें विशिष्ट उपलब्धि स्वीकारा जाए। इनमें पूर्ववर्ती नाटकों के समान गुण या दोष हैं। ये दोहरा रहे हैं, इसलिए उनका विकास-क्रम वृत्ताकार लगता है।

'सगुनपंछी', 'सबरंग', 'मोहभंग' आदि नाटकों की भूमिका को देखते हुए नाटककार तो निश्चित रूप से यही मानकर चल रहा है कि वह भारतीय जीवन-मूल्य और अपनी माटी की रंगदृष्टि प्रतिष्ठित कर रहा है, परन्तु विडम्बना तो यह है कि आलेख और प्रस्तुतीकरण भी अन्ततः एक ही स्थापना नहीं करते। नाटकीय स्थितियों के चुनाव में अवश्य नवीनता है परन्तु अनुभव और चिन्तन से पुष्ट स्पष्ट जीवनदृष्टि के अभाव के कारण ये सर्जनात्मक अनुभव को तीव्र नाट्यानुभूति (रसानुभूति भी) में परिवर्तित करने में सफल नहीं हो पाए हैं। अनुष्ठानधर्मी नाटककार होने के नाते उन्हें कथ्य के निर्वाह की कभी चिन्ता नहीं रही। दर्शक को सहभागी और उपभोक्ता बनाने की रंगलीला में उन्हें प्रतिपादन का नहीं, प्रदर्शन का ध्यान रहता है। कथ्य एक ऐसा निमित्त बन जाता है जिसके माध्यम से नई युक्तियाँ और कौशल प्रस्तुत किए जाएँ। इस अनुष्ठान-प्रेम के

परिणामस्वरूप डॉ. लाल कथ्य और शिल्प के सन्तुलन को निभा नहीं पाते इसलिए उनके नाटकों में अन्तर्विरोध तथा अतिनाटकीयता है। डॉ. लाल ने हिन्दी रंगमंच को कई लोकप्रिय और कुछ सफल नाटक दिए हैं परन्तु वहाँ के चकाचौंध को सही मानकर चलने वाला यह नाटककार 'अन्धायुग' या 'आधे-अधूरे' जैसी कोई सशक्त नाट्य-कृति लिखने में क्यों समर्थ नहीं रहा, इसे अब समझना कठिन नहीं।

(नटरंग, अंक-33, वर्ष-1979)

26

नाटककार गोपालराम गहमरी

उन्नीसवीं शती के अन्त में जिन तीन कलाकारों को असाधारण ख्याति एवं प्रसिद्धि मिली, उनमें गोपालराम गहमरी का स्थान अधिक महत्त्वपूर्ण और स्थायी है। शेष दो कलाकार, देवकीनन्दन खत्री और किशोरीलाल गोस्वामी तिलिस्मी, एय्यारी एवं रोमानी लोक के अतिप्राकृतिक एवं अतिमानुषिक व्यापारों में खोए रहे। गहमरी का आधार अपेक्षाकृत संगत एवं युक्तियुक्त था। हिन्दी में वे जासूसी उपन्यासकार के रूप में प्रसिद्ध हैं। उन्होंने सन् 1892-93 ई. के आसपास लिखना शुरू किया। साहित्य-सर्जन के उदयकाल में वे बंगला-साहित्य से अनुप्राणित थे। उनके अपने शब्दों में—

> "विद्वान पुरुषों से यह भी कहना नहीं पड़ेगा कि एक भाषा की उन्नति के लिए अन्य भाषाओं के साहित्य से अच्छे-अच्छे पौधे लाकर उसमें आरोपित करना कितना आवश्यक है, यही विचार और हिन्दी भाषा का मेरा शुद्ध प्रेम बंगभाषा के अच्छे-अच्छे उपयोगी नाटक और उपन्यासों को अपनी मातृभाषा में अनुवाद करने का प्रबल आकर्षण हुआ।"[1]

उनका पहला उपन्यास 'चतुर चंचला' सन् 1892 ई. में निकला; यह बंगला से अनूदित है। उन्हीं दिनों उन्होंने कई और अनुवाद किए।[2] सामान्य रूप से उन्होंने लगभग 175 उपन्यास लिखे, जिनमें कई सामाजिक उपन्यास भी हैं। इनमें 67 जासूसी उपन्यासों का उन्होंने अनुवाद या छायानुवाद किया।[3] उन्हें जासूसी उपन्यास लिखने की प्रेरणा बंगला-साहित्य विशेषतः 'पाँचकौड़ी दे' से मिली। उन्होंने इनके कई उपन्यासों का अनुवाद किया।[4]

उनके निबन्धों में बंकिम की शैली की प्रतिच्छाया मिलती है।[5] इस प्रकार आजीवन वे किसी-न-किसी प्रकार से बंगला-साहित्य से प्रेरणा ग्रहण करते रहे। इसी पृष्ठभूमि में उनके नाट्य-साहित्य का पर्यवेक्षण करना चाहिए।

1. गोपालराम गहमरी : 'दादा और मैं' (1893 ई.) भूमिका
2. रामचन्द्र शुक्ल : 'हिन्दी साहित्य का इतिहास', पृ. 497
3. श्यामसुन्दर दास : 'हिन्दी के निर्माता' (भाग-2), पृ. 18-21
4. गोपालराम गहमरी : 'विकट बदलौवल' (1910 ई.), कृतज्ञता-स्वीकार
5. रामचन्द्र शुक्ल : 'हिन्दी-साहित्य का इतिहास', पृ. 515

गोपालराम गहमरी के लिखे ये नाटक कहे जाते हैं—'विद्याविनोद', 'देशदशा', 'यौवन-योगिनी', 'दादा और मैं', 'जैसे को तैसा', 'जन्मभूमि', 'चित्रांगदा', 'बभ्रुवाहन' और 'बनवीर'। व्रजरत्न दास के अनुसार इन्होंने 'बभ्रुवाहन', 'विद्याविनोद' और 'देशदशा' नामक नाटक लिखे। 'बनवीर' राजकृष्ण राय के बंगला-नाटक के आधार पर लिखा स्वीकार किया गया है।[1] आचार्य रामचन्द्र शुक्ल के विचार में 'बभ्रुवा', 'देशदशा', 'विद्याविनोद' और 'चित्रांगदा' अनूदित नाटक हैं।[2] प्रो. प्रेमनारायण शुक्ल भी उनसे सहमत हैं।[3] श्यामसुन्दर दास के मत में 'यौवन-योगिनी' और 'बनवीर' गहमरी के ऐतिहासिक अनूदित नाटक हैं तथा 'बभ्रुवाहन' एवं 'जन्मभूमि' मौलिक नाटक। 'वर्तमान बंचक चपेट', 'देशदशा', 'विद्याविनोद', 'जीवनसुधार' (अप्रकाशित) उनके मौलिक सामाजिक नाटक हैं।[4] दिनेश नारायण उपाध्याय गहमरी के नाटकों को मौलिक समझते हैं।[5] डॉ. सोमनाथ गुप्त, डॉ. वीरेन्द्र कुमार शुक्ल तथा डॉ. गोपीनाथ तिवारी भी यही विश्वास रखते हैं।

उपर्युक्त विवेचन से एक बात स्पष्ट है। अधिकांश विद्वान मानते हैं कि 'बनवीर' राजकृष्ण राय के इसी नाम के नाटक का अनुवाद है। गहमरी ने अपने नाटक के 'निवेदन' में यह स्वीकार भी किया है—

> "इस नाटक के लिखने में हम बंग-साहित्य के सुप्रसिद्ध ऐतिहासिक नाट्यकार स्वर्गवासी बाबू राजकृष्ण राय के बहुत ऋणी हैं। उन्हीं की लिखी पुस्तक पढ़ने पर हमको इसके लिखने की इच्छा हुई और उसी पुस्तक के आधार पर यह तैयार भी किया गया है।"[6]

अन्तिम वाक्य से सन्देह होता है कि सम्भवतः गहमरी का 'बनवीर' मूल बंगला-नाटक का स्वतंत्र रूपान्तर है। दोनों नाटकों के सूक्ष्म अध्ययन से इस बात की कोई भ्रान्ति नहीं रहती कि गहमरी का नाटक मूलतः अनुवाद है। दोनों नाटककारों ने पन्नाबाई की प्रसिद्ध ऐतिहासिक कथा को आधार बताया है। दोनों नाटकों के घटना-क्रम, चरित्र-निरूपण, अंक-विभाजन आदि में पर्याप्त समानता मिलती है। मुखपृष्ठ पर विस्तृत शीर्षक, अंग्रेजी-उद्धरण आदि तक को वैसे अपना लिया गया है। उत्सर्ग-पत्र में कोई अन्तर नहीं मिलता—

> "राजधात्रि पान्ना। निःस्वार्थ पर तार प्रतिमूर्ति पान्ना। (कोथाय तुमि) एक दिन छिले एइ महाभूमि भारतभूमिर अंकशोभिचित्तोरे एखन तुमि कतदूरे ? स्वर्गे ? ना, ना, स्वर्गेरओ जदि स्वर्ग थाके, तबे तुमि सेइ पवित्रादपि पवित्र भुवने...पान्ना। एक

1. व्रजरत्न दास : 'हिन्दी-नाट्य-साहित्य', पृ. 239
2. रामचन्द्र शुक्ल : 'हिन्दी-साहित्य का इतिहास', पृ. 493
3. प्रो. प्रेमनारायण शुक्ल : 'भारतेन्दु की नाट्यकला', पृ. 19
4. श्यामसुन्दर दास : 'हिन्दी के निर्माता' (भाग-2), पृ. 2
5. दिनेश नारायण उपाध्याय : 'हमारी नाट्य-परम्परा', पृ. 90-91
6. गोपालराम गहमरी : 'बनवीर' (1913 ई.), निवेदन

दिन तुमि मानवी आकारे राजधानी छिले...तबे तोमारइ अलौकिकस्वार्थ-शून्यता ओ परार्थपरतार अपूर्व चित्रांकित तोमार एइ जत सामान्य 'बनवीर नाटक' रूप सौरभहीन, क्षुद्र-फुलटि दिया, तोतर परम पवित्र आत्मार पूजा करिलाम।"[1]

गहमरी इसी स्वर में बोलते हैं—

"राजधात्री। नि:स्वार्थपरता की प्रतिमूर्ति पन्ना। तुम कहाँ हो ? एक दिन था जब तुम इसी महाभूमि भारत के मुकुटमणि चित्तौड़ में थी। अब तुम यहाँ से कितनी दूर हो ? नहीं, नहीं। यदि स्वर्ग का भी कोई स्वर्ग है, तो तुम उसी पवित्र से भी पवित्र भुवन में हो...पन्ना। एक दिन तुम मानवी रूप में राजधात्री थी, आज देवी रूप में जगद्धारी हो...तब तुम्हारे ही अलौकिक स्वार्थ शून्यता और परार्थपरता का अपूर्व चित्र बनाकर यह यत् सामान्य बनवीर नाटक रूप सौरभहीन, मधुविहीन, छोटा-सा फूल तुम्हारे आत्मा की भेंट कर पूजा करते हैं।"[2]

दोनों उद्धरणों के भाव, भाषा और वाक्य-विन्यास में कोई उल्लेखनीय परिवर्तन नहीं मिलता। कहने की आवश्यकता नहीं कि यह अनुवाद-मात्र है। नाटक के अन्दर भी ऐसे कई उदाहरण मिल जाते हैं, जिनसे इस बात की पुष्टि होती है कि गहमरी का 'बनवीर' एक अनूदित रचना है। निम्नांकित उद्धरण देखने योग्य है—

"चित्तौर-दुर्गस्थ कारागार

(कारागार मध्ये खट्टार उपर बिक्रमजित् निद्रित ओ बहिर्भागे प्रहरिगण दंडायमान। कियत् परे छोरा हस्ते बनवीरेर प्रवेश

बनवीर—(स्वगत) विश्वास-विश्वास-बड़इ गम्भीर
विश्वासी-विश्वासी-ततोऽधिक गम्भीर बचन।
एइ विशाल पृथवीतले असंख्य मानव
किन्तु विश्वासी तो एक जनो नय।
सकलेइ अविश्वासी
कि नारी-कि नर सकलेइ अविश्वासी
मानुषेर देह वाक्य मन इन्द्रिय निचय
कखनइ विश्वासेर नय।
अविश्वास पाप मृत्तिकाय मानवेर पापकाय,
अविश्वासी-बस्तु दिया गड़िल बिधाता
अविश्वासी दिया गड़िल बिधाता
अविश्वासी मानव मण्डली।"[3]

---

1. राजकृष्ण राय : 'बनवीर' (1312 बंगाब्द), उत्सर्ग-पत्र
2. गोपालराम गहमरी : 'बनवीर', उत्सर्ग-पत्र
3. राजकृष्ण राय : 'बनवीर', तृतीय अंक, प्रथम दृश्य, पृ. 64-65

गहमरी के 'बनवीर' में—

चित्तौड़ का कारागार

(खाट पर बिक्रमजीत सोया पड़ा है। बाहर हाथ में खंजर लिये बनवीर का प्रवेश।)
बनवीर—(स्वगत) ओफ! इस दुनिया में किसका विश्वास किया जाए।

"नर नारी से भरा है भूतल,
पर विश्वासी एक नहीं।
मानवदेह वाक्य मन इन्द्रिय,
मैं विसवासूँ नेक नहीं।
पाप मृत्तिका है तन मानव,
पाप काय है मानव का
अविश्वास से रचा है विधि ने
महि मण्डल जग दानव का।"[1]

गहमरी की प्रस्तुति-शैली में साधारण अन्तर अवश्य है परन्तु इसका कारण छन्द की सीमाएँ हैं; अन्यथा कोई नया भाव नहीं जोड़ा गया और न कोई ऐसा नया रूप दिया गया है। सामान्य अध्ययन से साफ मालूम हो जाता है कि गहमरी ने केवल भाषान्तर ही प्रस्तुत किया। अतएव, यह निष्कर्ष निकलता है कि गोपालराम ने राजकृष्ण राय के 'बनवीर' का अनुवाद किया। उन्होंने अनुवाद को सुन्दर बनाने के लिए यत्र-तत्र साधारण परिवर्तन अवश्य किए हैं परन्तु इनसे उक्त परिणाम में कोई अन्तर नहीं आता।

डॉ. सोमनाथ गुप्त तथा डॉ. वीरेन्द्र कुमार शुक्ल की तरह डॉ. गोपीनाथ तिवारी[2] ने भी 'यौवन-योगिनी' को एक मौलिक नाटक माना है परन्तु वास्तव में वह गोपालचन्द्र मुखोपाध्याय के इसी नाम के नाटक का भाषान्तर है। दोनों नाटकों की कथावस्तु, पात्र तथा उद्देश्य में तो समानता है ही, पात्रों के नाम, संख्या, आदि साधारण बातें भी मिलती हैं। दोनों ऐतिहासिक पृष्ठभूमि में रोमांटिक नाटक हैं जिनमें पृथ्वीराज और मायावती की प्रेम-कहानी का वर्णन किया गया है। मायावती गुजरात-नरेश की पुत्री है, जो प्रथम दर्शन में पृथ्वीराज पर आसक्त हो जाती है। शंकराचार्य नाम का पाखंडी बौद्धभिक्षु इस स्थिति का लाभ उठाता है। उसे पृथ्वीराज के मामा ने पदच्युत किया था। प्रतिकार की भावना से वह मायावती को कई कुचक्रों में उलझाए रखता है, जिनके फलस्वरूप वह सचमुच 'यौवन-योगिनी' बन जाती है। अन्त में, पृथ्वीराज मुहम्मद गोरी को मार देता है और स्वयं भी मारा जाता है। मायावती भी आत्मघात कर लेती है। यह नायिका-प्रधान नाटक और एक दु:खान्त रचना है।

गहमरी ने बंगला-गीत को विस्तार के साथ हिन्दी में व्यक्त किया है। कुछ पद्य एवं छन्द की सीमाएँ हैं। परिणामस्वरूप उसका घेरा बढ़ गया है परन्तु उससे मूल भाव में कोई अन्तर नहीं आया। इस प्रकार, उपर्युक्त विश्लेषण को ध्यान में रखते हुए यह सिद्ध हो जाता

1. गोपालराम गहमरी : 'बनवीर', तीसरा अंक, पहला दृश्य, पृ. 69
2. डॉ. गोपीनाथ तिवारी : 'भारतेन्दुकालीन नाटक-साहित्य', पृ. 228-29

है कि गहमरी का 'यौवन-योगिनी' गोपालचन्द्र मुखोपाध्याय के इसी नाम के नाटक का अनुवाद है। गोपालराम ने अनुवाद को सरस और प्रभावशाली बनाने के लिए साधारण परिवर्तन अवश्य किए हैं, जैसे मूल नाटक में केवल दृश्य शब्द का प्रयोग है परन्तु गहमरी ने अंक-गर्भांक में विभाजन किया। ऐसी कुछ और भी बातें हैं परन्तु इससे नाटक को मौलिक स्वीकार नहीं किया जा सकता।

गोपालराम गहमरी के 'दादा और मैं' प्रहसन को कुछ विद्वान मौलिक रचना मानते हैं। डॉ. सोमनाथ गुप्त[1] और डॉ. वीरेन्द्र कुमार शुक्ल[2] इसी कोटि में आते हैं। यह वास्तव में उपेन्द्रनाथ दास के 'दादा ओ आमि' का स्वतंत्र अनुवाद है। गहमरी ने भूमिका में स्वयं स्वीकार भी किया है—

> "यह बंगला 'दादा ओ आमि' नामक प्रहसन-स्वरूप एक नाटिका के आशय से लिखा गया है।"[3]

उन दिनों उपेन्द्रनाथ दास बड़े प्रसिद्ध एवं लोकप्रिय नाटककार बन चुके थे। उनके 'शरत् सरोजिनी' और 'सुरेन्द्रविनोदिनी' ने बड़ा आन्दोलन खड़ा किया था। इनकी राष्ट्रीय भावना से अनुप्रेरित होकर केशवराय भट्ट इन्हें हिन्दी-जगत में प्रस्तुत कर चुके थे। ऐसे प्रभावशाली नाटककार की रचना का हिन्दी-अनुवाद प्रस्तुत करना गहमरी के लिए पर्याप्त स्वाभाविक था।

दोनों नाटकों के पर्यवेक्षण से विदित हो जाता है कि गहमरी ने 'दादा ओ आमि' का अविकल अनुवाद नहीं किया। उन्होंने इच्छानुसार संवादों को घटाया-बढ़ाया है परन्तु वे मूल कथा की परिधि से बाहर नहीं गए। इससे सामान्य घटनाओं की प्रस्तुति में चाहे अन्तर आ गया है परन्तु चरित्र-चित्रण तथा उद्देश्य में कोई नवीनता नहीं मिलती। पात्रों की संख्या उतनी ही है, पर नाम बदल दिए गए हैं। मूल नाटक से केवल कल्याणी और अनन्त कुमार के नाम अपनाए हैं, शेष सब बदल दिए गए हैं। निम्न उद्धरणों के अध्ययन से स्पष्ट हो जाएगा कि गहमरी के परिवर्तन के बावजूद उनका नाटक मूल रचना के बहुत समीप है।

दोनों नाटकों के पात्र एक ही बात एक ही ढंग से करते हैं। उनकी भावना एवं अभिव्यक्ति में अन्तर नहीं है। स्पष्ट है, यह उद्धरण अनुवाद है। इतना साम्य होते हुए भी गहमरी ने कई स्थानों पर संवाद बदले हैं। यह परिवर्तन आकार-प्रकार तक सीमित रहा। मूल नाटक की कथावस्तु, पात्र और उद्देश्य में कोई असाधारण अदला-बदली नहीं की गई। इस प्रकार, यह निष्कर्ष निकलता है कि 'दादा और मैं' बंगला के 'दादा ओ आमि' का स्वतंत्र अनुवाद है। डॉ. गोपीनाथ तिवारी भी इस परिणाम से सहमत हैं।[4]

'चित्रांगदा' रवीन्द्रनाथ ठाकुर के इसी नाम के नाटक का अनुवाद है। गहमरी ने सम्भवत: सबसे पहले रवीन्द्र को हिन्दी-जगत से परिचित करवाया। इस दृष्टि से इस अनुवाद का महत्त्व बढ़ जाता है।

1. डॉ. सोमनाथ गुप्त : 'हिन्दी-नाटक-साहित्य का इतिहास', पृ. 83
2. डॉ. वीरेन्द्र कुमार शुक्ल : 'भारतेन्दु का नाट्य-साहित्य', पृ. 61
3. गोपालराम गहमरी : 'दादा और मैं', भूमिका
4. डॉ. गोपीनाथ तिवारी : 'भारतेन्दुकालीन नाटक-साहित्य', पृ. 243

'विद्याविनोदिनी', 'देशदशा', 'जैसे को तैसा', 'जन्मभूमि', 'बभ्रुवाहन' के बारे में एक राय नहीं मिलती। गहमरी ने 'विद्याविनोदिनी' की भूमिका में स्पष्ट लिखा है—"यह नाटक किसी भाषा का अनुवाद नहीं है, केवल कल्पना-मात्र है।"[1] डॉ. सोमनाथ गुप्त, डॉ. वीरेन्द्र कुमार शुक्ल तथा डॉ. गोपीनाथ तिवारी भी यही विश्वास रखते हैं परन्तु आचार्य रामचन्द्र शुक्ल इसे अनूदित रचना समझते हैं। यही स्थिति 'देशदशा', 'जैसे को तैसा' तथा 'बभ्रुवाहन'[2] की है। नाटककार के उक्त कथन पर सन्देह न करते हुए यह निस्संकोच रूप से मान लेना चाहिए कि गहमरी में अनूदित रचनाओं को मौलिक रूप से कहने की प्रवृत्ति मिलती है। 'यौवन-योगिनी' इसका प्रमाण है। उनके कई जासूसी उपन्यास 'पाँचकौड़ी दे' के रूपान्तर हैं; परन्तु मूल लेखक की चर्चा बहुत कम स्थानों में मिलती है। ऐसी स्थिति में उपर्युक्त नाटक अनुसन्धान की अपेक्षा रखते हैं। तभी उनकी मौलिकता निर्धारित की जा सकती है। और, इस बात को कैसे ध्यान से हटाया जा सकता है कि उनके अधिकांश नाटक अनुवाद हैं।

(परिषद पत्रिका, बिहार राष्ट्रभाषा परिषद, 1967)

1. गोपालराम गहमरी : 'विद्याविनोदिनी नाटक' (सन् 1892 ई.), भूमिका
2. डॉ. देवर्षि सनाढ्य ने अपने शोध-प्रबन्ध 'हिन्दी के पौराणिक नाटक' में स्वीकार किया है कि गहमरी का 'बभ्रुवाहन' एक अनूदित रचना है।

27

हिन्दी नाटक में गतिरोध : कारण और प्रतिक्रियाएँ

भारतेन्दु हरिश्चन्द्र की अकाल मृत्यु से हिन्दी नाटक की सामूहिक प्रगति को अप्रत्याशित धक्का लगा। भारतेन्दु के सशक्त नेतृत्व में नाटक साहित्य को निश्चित दिशा और गरिमा मिल रही थी। उनके अवसान के साथ ही उस केन्द्रीय शक्ति का ह्रास हो गया जिससे अनुप्रेरित होकर उस युग का नाटककार स्वस्थ एवं सन्तुलित परम्पराओं का पालन कर रहा था। उनके बाद हिन्दी जगत में विचित्र प्रकार के अभाव एवं दिशाहीनता की स्थिति उत्पन्न हो गई जो प्राय: मुखिया के चले जाने पर होती है। उनका अभाव साधारण न था। उस समय के प्रमुख कलाकारों ने इसे महसूस किया जैसे उनका प्रेरणास्रोत तथा पथ-प्रदर्शक समाप्त हो चुका है। अपने युग के लोकप्रिय कलाकार किशोरी लाल गोस्वामी ने 1891 ई. में शोक प्रकट किया—

> ''जबसे भारतेन्दु हरिश्चन्द्र जी परलोक सिधारे हैं, तब से साहित्य की बड़ी दुर्दशा हो रही है...नाटक विद्या तो कदाचित् बाबू साहब अपने संग ही ले गए हों। उनके पीछे दो-एक रूपक कि जिनसे घंटा भर जी लगे, छोड़ के और आज तक कोई नाटक नहीं बने जिससे हिन्दी भाषा की पुष्टि होय, यह अभाग्य नहीं तो क्या है ?''[1]

इस काल के दूसरे लोकप्रिय कलाकार गोपालराम गहमरी ने 1893 ई. में अनुभव किया कि हिन्दी का भंडार इस समय खाली है और बंगला-नाटक साहित्य का आश्रय आवश्यक है—

> ''हमारी मातृ भाषा की सहोदरी बंग विहारिणी बंग भाषा इस समय जैसी उन्नति के शिखर पर पहुँची है, सहृदय हिन्दी रसिक मात्र और बंग भाषा की निर्मल ज्योति में काल यापन करने वाले भलीभाँति जानते हैं...हिन्दी भाषा का मेरा शुद्ध प्रेम बंग भाषा के अच्छे और उपयोगी नाटक और उपन्यासों को अपनी मातृभाषा में अनुवाद करने का प्रबल आकर्षण हुआ।''[2]

1. किशोरीलाल गोस्वामी, 'चौपट-चपेट', भूमिका
2. गोपालराम गहमरी, 'दादा और मैं', भूमिका

यहाँ यह ध्यान दिलवाना आवश्यक न होगा कि इसी प्रकार भारतेन्दु ने भी 'सम्पत्तिशालिनी ज्ञानवृद्धा बड़ी बहन' के रूप में बंगला साहित्य का सहारा चाहा था परन्तु वह एक स्वस्थ प्रयास था जिसके मूल में साहित्य की गत्यात्मकता एवं सर्वांगीण विकास की भावना कार्य कर रही थी, परन्तु गहमरी के स्वर में विवशता है जो गतिरोध की परिचायक है।

रामकृष्ण वर्मा को इस दयनीय स्थिति से बहुत दुःख था। सम्भवतः इसीलिए माइकेल मधुसूदन दत्त के 'कृष्ण कुमारी' (1899 ई.) के अनुवाद में वे अपने मन की व्यग्रता प्रकट किए बिना न रह सके—

> "श्रीयुत भारत भूषण भारतेन्दु बाबू हरिश्चन्द्र ने विशेषतः विद्वद् शिरोमणि लाला श्रीनिवास दास जी ने इस भारतवर्ष को छोड़ स्वर्गलोक को भूषित किया है, तब से अभागिन हिन्दी में कोई नाटक-उपन्यास अथवा कोई अपूर्व मनोहर ग्रन्थ देखने में न आया। नाटकों की जैसी कुछ दुर्दशा इन दिनों है वह केवल वे ही लोग जान सकते हैं जो नाटक के गुण-दोष और लक्षणों से अभिज्ञ हैं।"[1]

वस्तुतः रामकृष्ण वर्मा ने दोनों युग देखे थे, एक जिसमें साहित्य के बहुमुखी विकास के लिए सामूहिक सहयोग, उत्साह एवं लगन थी, दूसरे तत्कालीन परिस्थितियाँ जहाँ सामान्य स्तर पर निजी प्रयास हो रहे थे। निश्चय ही भारतेन्दु के नेतृत्व के समाप्त हो जाने पर विकास-क्रम विशृंखलित हो गया।

परिणामस्वरूप ह्रासकारी प्रवृत्तियाँ बड़ी तेजी से पनपने-फैलने लगीं। भारतेन्दु के जीवन काल में ही पारसी कम्पनियों की लोकप्रियता फैल चुकी थी। उन्होंने अपने 'नाटक' नामक निबन्ध में इसकी चर्चा की है। असल में उन्हीं से प्रेरित होकर वे हिन्दी नाटक एवं रंगमंच को साहित्यिक धरातल पर प्रतिष्ठित करना चाहते थे और इसी प्रयोजन से वे अपने मंडल के नाटककारों को प्रोत्साहित करते रहते थे। इस दिशा में उन्हें कुछ सफलता मिली परन्तु उनकी आकस्मिक मृत्यु के बाद ही पारसी कम्पनियों का बहुव्यापी प्रभाव हिन्दी नाट्य जगत को आच्छादित करने लगा। साहित्यिक नाटक लुप्तप्राय हो गए। श्रीनिवास दास इस स्थिति के बारे में बहुत पहले सजग थे। 'तप्तासंवरण' (1883 ई.) की प्रस्तावना में उन्होंने अपनी चिन्ता प्रकट की। किशोरीलाल गोस्वामी ने 'मयंक मंजरी' (1891 ई.) में अपने युग की वास्तविक दशा का चित्रांकन किया है—

> "आज वहीं के निवासी नाटक नाम तक नहीं जानते। यदि है तो इन्द्र सभा पारसियों के शतरंजी मशाल वाले भ्रष्ट खेल ही पर नाटकों की इतिश्री है। खेलना तो दूर रहे, जो नाटक रचे या अभिनय करे, वह हास्यास्पद गिना जाता है।"

रामकृष्ण वर्मा ने 'कृष्णकुमारी' के अनुवाद में इसी आशय की चिन्ता व्यक्त की। देवकीनन्दन त्रिपाठी ने भी 'सैकड़े में दश-दश' प्रहसन में नाटकों की उपेक्षा का उल्लेख

1. माइकेल मधुसूदन दत्त, अनु. रामकृष्ण वर्मा, 'कृष्ण कुमारी'

किया। इस तरह इस युग के प्रमुख नाटककार नाटकों की अधोगति के बारे में सचेत थे। इसके दो कारण थे, पहला, भारतेन्दु सरीखे बहुमुखी एवं प्रतिभाशाली नेता का अभाव। दूसरा, पारसी रंगमंच की प्रसिद्धि एवं ख्याति जिसकी लपेट में लगभग सभी नाटककार आ गए थे। उत्तर-भारतेन्दु युग की अधिकांश रचनाएँ इसी कोटि की हैं।

इस शताब्दी के अन्तिम दशाब्द में स्थिति गम्भीर हो गई। हिन्दी प्रदेश को धनोपार्जन एवं व्यवसाय के लिए अनुकूल पाकर पारसी कम्पनियों ने इस क्षेत्र में अपनी गतिविधियाँ बढ़ा दीं। स्पष्ट है, उनका लक्ष्य नाट्य कला का विकास करना न था। वे तो केवल जनता को अपनी ओर आकृष्ट करना चाहते थे जिसके लिए उनकी रचनाओं का वातावरण उत्तेजक, कथावस्तु में चमत्कार तथा संगीत एवं नृत्य की रंगीनी होती थी। इधर साहित्यिक जगत में किसी सशक्त रचनाकार तथा सफल एवं प्रभावशाली रचना के अभाव में इन कम्पनियों का प्रचार निर्बाध रूप से तो हुआ ही, जनता की रुचि को बिगाड़ने तथा वातावरण दूषित करने में इनका महत्त्वपूर्ण प्रभाव है। बदरीनाथ भट्ट ने 1903 ई. में 'पारसी थिएटर' नामक लेख में तत्कालीन वस्तुस्थिति का मार्मिक विश्लेषण किया—

> ''हिन्दू जाति तथा हिन्दुस्तान को जल्द गिरा देने का सुगम-से-सुगम लटका यह पारसी थिएटर है जो दर्शकों को आशिकी-माशूकी का लुत्फ हासिल करने का उम्दा जरिया है। क्या मजाल जो तमाशबीनों को कहीं से किसी बात में पुरानी हिन्दुआनी की झलक मन में आने पावे...पीछे दिल्ली, लखनऊ, आगरा आदि कई शहरों के बिगड़े नौजवानों के गिरोह जमा हो, अभिनय की जो सभ्यता का प्रधान अंग था और भलाई के प्रचार तथा सदुपदेश प्राप्त करने का उत्तम द्वार था, इस दुर्गति को पहुँचाय हमारी पुरानी हिन्दुआनी का सत्यानाश कर डाला और नई उभार के तरुण जनों को उनकी नई उमंग के लिए बड़ा सहारा मिल गया।''

उपर्युक्त उद्धरण में पारसी थिएटर के समय और समाज पर पड़ने वाले दुष्प्रभावों तथा दूषित वृत्तियों को रेखांकित किया गया। गोपालराम गहमरी ने 1913 ई. में ऐसा ही निराशाजनक चित्र प्रस्तुत किया—

> ''जिस साहित्य में प्रेमी-प्रेमिकाओं ही की बात है, जहाँ शृंगार रस की पचपचाहट के मारे औरों की पूछ नहीं, जिसमें आशिक-माशूक के नखरे और आँख-मिचौअल ही के चढ़ाव-उतार पर पाठकों की रुचि ठहरती है वहाँ इस नाटक को कौन पूछेगा?''[1]

यह आवश्यक नहीं कि गहमरी स्वयं इन दोषों से बचे हों। यहाँ तो युगदशा का चित्र पाना ही लक्ष्य है।

इधर साहित्यिक गतिविधियाँ कुछ इस तरह करवट ले रही थीं कि नाटकों के लिए उपयुक्त वातावरण ही नहीं रहा था। इस शताब्दी के लोकप्रिय-त्रयी, देवकीनन्दन खत्री,

1. गोपालराम गहमरी, 'बनवीर नाटक', पृ. 2

किशोरीलाल गोस्वामी तथा गोपालराम गहमरी, जनता को ऐसा उत्तेजक एवं मादक साहित्य दे रहे थे कि गम्भीर रचनाओं के लिए वातावरण समाप्त हो रहा था। देवकीनन्दन के चमत्कारपूर्ण ऐयाशी-उपन्यासों, गहमरी के औत्सुक्यपूर्ण जासूसी उपन्यासों तथा गोस्वामी के सस्ते मनोरंजन प्रधान रोमांटिक उपन्यासों के लिए किसी प्रचार एवं प्रसार की आवश्यकता न थी। सम्भवतः इसीलिए 'सरस्वती', 'इन्दु' तथा 'सुदर्शन' जैसी साहित्यिक पत्रिकाओं का क्षेत्र तो सीमित था परन्तु 'उपन्यास' (1901), 'हिन्दी नॉवेल' (1901), 'उपन्यास लहरी' (1902), 'उपन्यास सागर' (1903), 'उपन्यास कुसुमांजलि' (1904), 'उपन्यास बहार' (1907), 'उपन्यास प्रचार' (1912), आदि के लोकप्रिय संसार की कोई सीमा नहीं थी। इन पत्रिकाओं में जन-रुचि की रचनाएँ प्रकाशित होती थीं—मौलिक और अनुवादित भी। इन्होंने तत्कालीन पाठक को यथार्थ से दूर कल्पना एवं रोमांस के संसार में पहुँचा दिया जहाँ का उत्तेजनापूर्ण वातावरण उसे विचित्र प्रकार की तृप्ति देता था। नाटक के लिए न कोई पत्रिका थी न इन पत्रिकाओं में चर्चा या प्रकाशन। यह अवस्था नाटक साहित्य के सृजन या प्रसार के लिए अनुकूल नहीं थी। असल में इस युग का समस्त साहित्यिक वातावरण सस्ते प्रेम एवं रोमांस से आक्रान्त था। जीवन और जगत के प्रति स्वस्थ दृष्टिकोण समाप्तप्राय था। मात्र मनोरंजन ही युगधर्म बन गया था। प्रतिभा और आदर्श निष्ठा के अभाव के कारण वस्तुस्थिति बिगड़ती जा रही थी।

20वीं शताब्दी के प्रारम्भ में (1903) इस युग के निर्माता तथा दिशा-निर्देशक महावीर प्रसाद द्विवेदी ने नाटकों के निम्न स्तर तथा निरन्तर अभाव की चर्चा शुरू की—

> "यदि कोई नाटक लिखता भी है तो वह प्रायः बेसिर-पैर की लिखता है कि उसके अभिनय की बात तो दूर रही, उसे पुस्तक ही में देखकर दुःख होता है।"[1]

1911 ई. में भी इन्हें कहीं परिवर्तन तथा सुधार के लक्षण दिखाई नहीं दिए—

> "कुछ नाटकों को छोड़कर हिन्दी में अच्छे नाटक भी नहीं। इन कुछ में से अर्द्धाधिक तो संस्कृत तथा कई भाषाओं के नाटकों के अनुवाद मात्र हैं।"[2]

इसी मत की पुष्टि बदरीनाथ भट्ट ने 1913 ई.[3] तथा 1915 ई.[4] में की। स्वच्छन्दतावादी प्रवृत्तियों के प्रवर्तक श्रीधर पाठक ने पंचम हिन्दी साहित्य सम्मेलन के सभापति के नाते 1914 ई. में युग-अभाव को मुखरित किया—

> "हिन्दी में गिनती के कै नाटक हैं जिन पर वह अपने स्वत्व का अभिमान कर सकती है? ऐसा बोध होता है कि साहित्य के इस अंग की उपयोगिता को हिन्दी

1. महावीर प्रसाद द्विवेदी, 'नाट्यशास्त्र' (तृतीय बार), पृ. 3
2. हिन्दी की वर्तमान अवस्था, सरस्वती, अक्टूबर, 1911, पृ. 47
3. सरस्वती, अगस्त, 1913, पृ. 446-47
4. सरस्वती, जून 1915,पृ. 326

भाषी समझते ही नहीं...सार्वजनिक उन्नति के ऐसे अमोघ साधन पर इतनी उपेक्षा हमारी निर्बलता का साक्ष्य दे रही है। यह उपांग हमारे साहित्य का शीघ्र ही परिपूर्ण होना चाहिए।"[1]

शिवपूजन सहाय ने अपने 'नाटक' (1916) नामक निबन्ध में नाटकों के अभाव पर शोक प्रकट किया है।[2] इसी प्रकार 1917 ई. में तत्कालीन समीक्षकों सुरेन्द्रनाथ सिंह[3] तथा श्याम सुन्दर जोशी[4] ने इस धारणा का समर्थन किया कि नाटक लुप्त हो रहे हैं। वास्तव में रूपनारायण पांडेय ने 'अनुवाद ग्रन्थों की आवश्यकता' द्वारा स्पष्ट कर दिया कि हिन्दी में मौलिक साहित्य, विशेषत: नाटकों का अभाव है। उसकी वृद्धि तथा समृद्धि के लिए अनुवाद-कार्य का स्वागत करना चाहिए। इससे भाषा और साहित्य दोनों की उन्नति होगी।[5]

द्विवेदी युग के बाद गतिरोध समाप्त हुआ और साहित्य की विभिन्न विधाओं में अप्रत्याशित प्रगति हुई। प्रसाद के आगमन से हिन्दी नाटक को नई गति एवं गरिमा मिली। उनसे प्रभावित होकर कई साहित्यकार इस विधा की ओर प्रवृत्त हुए और नाटक-साहित्य को सम्पन्न किया; परन्तु प्रसाद के नाटकों का यथेष्ट स्वागत या सम्मान नहीं हुआ। यही दशा उनके समकालीन नाटककारों की है। उनके समकालीन, समान नगरवासी, लब्धप्रतिष्ठित साहित्यकार प्रेमचन्द ने नाटकों का अभाव अनुभव किया—

"हिन्दी में अच्छे ड्रामों की कमी है। डी.एल. राय के नाटकों को निकाल दीजिए तो हमारे पास कुछ भी नहीं रह जाता।"[6]

अपने नाटक के सृजन-काल में भी उनका यही विश्वास बना रहा।[7] सुदर्शन ने इन्हीं रेखाओं पर युग-गतिरोध का चित्रांकन किया—

"इस समय तक हिन्दी में जो उत्तम नाटक छपे हैं, वे प्राय: बंगला या अंग्रेजी नाटकों का अनुवाद है। हिन्दी में मौलिक नाटक का अतिशय अभाव है। मुझे कम-से-कम इतना सन्तोष है कि मैंने मौलिक नाटक में एक वृद्धि की है।"[8]

अन्तिम वाक्य से कलाकार की मनोग्रन्थि तथा युग की हीन अवस्था का परिचय मिलता है। प्रस्तावना-लेखक सन्तराम ने तो इस तथ्य को और भी स्पष्ट कर दिया।[9] सुदर्शन

1. शिवपूजन रचनावली (तीसरा खंड) से उद्धृत, पृ. 163
2. वही, पृ. 160-66
3. सरस्वती, जनवरी 1917, पृ. 32
4. सरस्वती, सितम्बर 1917, पृ. 127
5. सरस्वती, मई 1913, पृ. 275-76
6. पांडेय बेचन शर्मा उग्र, 'महात्मा ईसा' (चतुर्थ संस्करण) भूमिका लेखक प्रेमचन्द
7. प्रेमचन्द, 'कर्बला', (1924) भूमिका, पृ. 3
8. सुदर्शन, 'अंजना', भूमिका
9. वही, प्रस्तावना लेखक सन्तराम

के अनुभव में तो वस्तुस्थिति इतनी निराशाजनक हो चुकी थी कि प्रकाशक किसी भी बंगला अनुवाद को बिकाऊ एवं लोकप्रिय समझकर छाप देते थे परन्तु मौलिक रचना प्रकाशित करने में संकोच करते थे।[1] जगन्नाथ प्रसाद मिलिन्द[2] तथा रामनरेश त्रिपाठी नाटक साहित्य की ओर इसीलिए प्रवृत्त हुए—''मुझे यही शिकायत सुनने को मिली कि हिन्दी में मौलिक नाटकों का बड़ा अभाव है।''[3] उच्च साहित्य के विकास के लिए यह दृष्टिकोण न अनुकूल है और न प्रशंसनीय।

इस शताब्दी के चौथे दशक में हिन्दी नाटक संख्या और स्तर की दृष्टि से सम्पन्न हो रहा था। इसमें कोई सन्देह नहीं कि नाटक हिन्दी साहित्य की पिछड़ी विधा है परन्तु नाटकों के अभाव की चेतना धीरे-धीरे ग्रन्थि का रूप धारण कर रही थी और साहित्यकार अपने आसपास की प्रवृत्ति एवं प्रगति को देखे-जाने के बिना पुराने स्वर में नाटकों के अभाव की चर्चा कर रहे थे। आधुनिक नाटक को नई रिद्‌म और दृष्टि प्रदान करने वाले नाटककार लक्ष्मीनारायण मिश्र ने इसी स्वर को मुखरित किया—

> ''हमारे जो कुछ इने-गिने नाटक इधर प्रकाशित हुए हैं, सब दुर्भाग्यवश द्विजेन्द्र लाल राय को आदर्श मानकर लेखकों ने कागज रंगा है।''[4]

1933 ई. में प्रकाशित चतुरसेन शास्त्री के नाटक 'अमरसिंह' की भूमिका में प्रसिद्ध उपन्यासकार ऋषभचरण जैन ने इस अवस्था के सम्बन्ध में सहमति प्रकट की—

> ''हिन्दी भाषा में मौलिक ऐतिहासिक नाटकों का प्राय: अभाव है। हिन्दी के वर्तमान साहित्य का जितना हमें ज्ञान है हम उसके आधार पर कह सकते हैं—प्रस्तुत नाटक अपनी कोटि की प्रथम रचना है।''[5]

पांडेय बेचन शर्मा उग्र ने जीवन और साहित्य में कई प्रयोग तथा अनुभव प्राप्त किए। 1937 ई. में उनका मन्तव्य भी भिन्न नहीं है—

> ''...मगर फिर भी हिन्दी नाट्य साहित्य में कोई रौनक नहीं ला सका। रौनक से मेरा अभिप्राय रंग जमाने की है। जिस तरह आदरणीय प्रेमचन्द जी का रंग कहानीकारों में जमा हुआ है या सुकवि शिरोमणि मैथिलीशरण का रंग जैसे एक प्रकार के शतशत कविता पाठकों पर जमा हुआ है, उसी तरह नाटक निर्माण के बल पर कोई रंग न बाँध सका...''[6]

---

1. सुदर्शन, 'तीर्थयात्रा' (प्र. सं. 1919) भूमिका, पृ. 3-4
2. 'हिन्दी के नाटककार और उनके नाटक : उनकी अपनी कलम से', साहित्य-सन्देश, अन्त:प्रान्तीय नाटकांक, 1955 ई., पृ. 13
3. वही, पृ. 100
4. लक्ष्मीनारायण मिश्र, 'मुक्ति का रहस्य' (चतुर्थ आवृत्ति) भूमिका, पृ. 21
5. चतुरसेन शास्त्री, 'अमर सिंह' (द्वितीय बार) प्रकाशक के शब्द, ऋषभचरण जैन, पृ. 12
6. पांडेय बेचन शर्मा 'उग्र', 'चुम्बन' (1937), भूमिका

इन उद्धरणों से यह सत्य बार-बार उजागर हुआ है कि हिन्दी में नाटकों का अभाव है और इस अभाव की दुर्भाग्यपूर्ण कहानी भारतेन्दु के अवसान से शुरू हुई। इस अभाव के सम्बन्ध में हर युग का कलाकार सजग था। प्रसाद के बाद हिन्दी नाटक ने नया मोड़ लिया। नाटक और नाटककार की प्रवृत्ति और प्रगति बढ़ने लगी; परन्तु नाटक के अभाव की चेतना ने कुछ-कुछ पूर्वग्रह का रूप धारण कर लिया। और, सच तो यह है कि यह ग्रन्थि आज भी उसी तरह विद्यमान है।

(परिशोध, 1971)

28

साहित्य में प्रभाव का मनोवैज्ञानिक अध्ययन

इस विस्मय एवं संघर्ष से युक्त संसार में जन्म लेकर व्यक्ति प्रारम्भ में उत्सुक एवं ग्रहणशील होता है। उसका सरल किशोर हृदय प्रत्येक वस्तु में नवीनता तथा प्रत्येक परिचय में अपनत्व की भावना पाता है। वस्तुतः वह व्यक्ति, परिवार एवं समाज के महत् एवं भव्य स्वरूप से अभिभूत होकर उसकी स्तुति एवं प्रशंसा किए बिना नहीं रह सकता। मनोवैज्ञानिक दृष्टि से विश्लेषण किया जाए तो स्पष्ट दिखाई देगा कि इस प्रवृत्ति के मूल में दो भाव कार्य कर रहे हैं—विस्मय एवं आश्चर्य तथा अपने को छोटा समझने की भावना। विस्मय एवं आश्चर्य के अन्तर्गत तो वह अपने अभीष्ट के प्रति जागरूक एवं उन्मुख रहता है तथा अपने को छोटा समझने की भावना के प्रभावस्वरूप वह अपने अभीष्ट के आगे नतमस्तक होने, उससे ग्रहण करने तथा अनुप्राणित होने के लिए उद्यत रहता है। इस तरह सूक्ष्म एवं अज्ञात रूप से व्यक्ति अपने जीवन में प्रभाव (Impression) तथा अनुकरण (Imitation) करता रहता है। पहले उसके हृदय-पटल पर किसी श्रेष्ठ व्यक्ति या आदर्श की प्रतिच्छाया पड़ती है। रुचि एवं स्वभाव के अनुकूल होने पर कई बार यह प्रभाव इतना गहरा होता है कि अनुकरण का रूप धारण कर जाता है। इसीलिए व्यक्ति ऊँचे सिद्धान्तों एवं आदर्शों से इतना नहीं सीखता जितना अपेक्षाकृत साधारण महापुरुष से। स्पष्ट है, अनुकरण में उसे नए मार्ग निर्धारित करने या परखने का परिश्रम नहीं करना पड़ता, उसे केवल निर्द्वन्द्व-भाव से ग्रहण करना होता है।

इस प्रकार व्यक्ति अपने अभीष्ट के गुण-कीर्तन एवं स्तवन से नए भावों एवं विचारों के लिए अनुकूल वातावरण तैयार करता है। धीरे-धीरे वे मनन एवं चिन्तन की विभिन्न प्रतिक्रियाओं के द्वारा विश्वास एवं धारणा का रूप ग्रहण करने लगते हैं। सामान्य रूप से जब व्यक्ति के हृदय में अपने अभीष्ट से प्रभावित होकर वैसे ही विचार उत्पन्न हों तो उसे उत्प्रेरित भाव कहते हैं। यहाँ व्यक्ति अपने अभीष्ट को प्रेरणास्रोत समझकर उसके विचारों एवं भावों को बिना किसी संकोच या बाधा के स्वीकार करता है।

इस प्रवृत्ति का परिचय सामाजिक रूप से भी ढूँढ़ना कठिन नहीं। इसे किसी भी देश की सभ्यता एवं संस्कृति में देखा जा सकता है, जिनका निर्माण प्राचीन काल से चली आ रही परम्पराओं एवं रूढ़ियों पर आधारित है। कहने की आवश्यकता नहीं कि ये परम्पराएँ वैयक्तिक एवं सामूहिक अनुकरण की भावना से निश्चित एवं विशिष्ट रूप धारण करती

हैं। इनमें देश की राजनैतिक, सामाजिक, धार्मिक एवं आर्थिक परिस्थितियों तथा देश के ऐतिहासिक जीवन से सम्बद्ध विभिन्न देशों, जातियों एवं सम्प्रदायों का प्रभाव देखा जा सकता है। अतएव जिस तरह व्यक्ति प्रभाव एवं अनुकरण से अपना परम्परानिष्ठ दृष्टिकोण बनाता है, उसी प्रकार समाज भी कई धाराओं एवं उपधाराओं के समाहित होने पर सामाजिक स्वरूप ग्रहण करता है।

फ्रायड तथा परवर्ती लगभग सभी मनोवैज्ञानिक इस धारणा की पुष्टि करते हैं कि साहित्य-सृजन का स्रोत अचेतन मन की दमित भावनाएँ हैं। किशोरावस्था में मन की जिन इच्छाओं एवं कामनाओं की सहज पूर्ति नहीं होती या प्रवाह नहीं मिलता, वे ग्रन्थि का रूप धारण कर हमारे जीवन-चक्र को घुमाती हैं। इन्हीं की क्रियाएँ-प्रतिक्रियाएँ कल्पना एवं अन्तर्लोक के द्वारा साहित्य में अभिव्यक्ति पाती हैं। अत: किशोरावस्था में कलाकार के सामाजिक परिवेश, रुचि, अध्ययन आदि का साहित्य-निर्माण की दिशा पर गहरा प्रभाव पड़ता है। (देखिए, 15 वर्ष की आयु में भारतेन्दु ने जगन्नाथ-यात्रा की। उन्होंने बंगला के समृद्ध साहित्य—विशेषत: नाटक एवं उपन्यास—से परिचय और प्रेरणा ग्रहण की। बंगला साहित्य को आजीवन 'बड़ी बहन' के रूप में स्वीकार किया और अपने मंडल के साहित्यकारों को इस ओर प्रेरित किया)।

एडमंड बर्गलर ने इस क्षेत्र में और खोज की है। साहित्यकार का मनोविश्लेषण करते हुए उन्होंने यह निष्कर्ष निकाला है कि कलाकार अपने अचेतन मन के भावों एवं विचारों को प्रत्यक्ष रूप से व्यक्त नहीं करता। वह उन्हें एक नया जामा पहनाकर प्रस्तुत करता है ताकि मूल स्रोत के बारे में विवाद या हीनता ग्रन्थि का प्रश्न न उठे। इस प्रकार लेखक के मत में साहित्य अचेतन मन की अप्रत्यक्ष अभिव्यक्ति कही जा सकती है।

साहित्य-उत्पत्ति की दो अवस्थाएँ हैं—(क) भाव या विचार की कल्पना, जिसका स्रोत अचेतन मन है, (ख) उस भाव या विचार को रूप एवं आकार देना अर्थात् किसी काव्यविधा द्वारा व्यक्त करना। दूसरी अवस्था की मौलिकता निर्धारित करना विशेष कठिन नहीं है परन्तु भाव या विचार की मौलिकता ढूँढ़ निकालना बड़ा दुष्कर कार्य है। अचेतन-मन का आधार और उसकी अप्रत्यक्ष अभिव्यक्ति होने के कारण प्रश्न और भी पेचीदा हो जाता है। बहुत सम्भव है कि एक-से भाव दो कलाकारों के हृदय में एक साथ उत्पन्न हों या एक विचार की समान रूप से व्याख्या की जाए। इस तरह मौलिकता एक सापेक्ष समस्या है। सम्भवत: इसीलिए फ्रायड की यह धारणा बड़ी युक्तियुक्त लगती है कि कलाकार को स्वयं मालूम नहीं होता कि उसमें कहाँ तक मौलिकता है।

इस उलझन का समाधान मनोविज्ञान के पास है। कलाकार केवल उन्हीं भावों की कल्पना करेगा, जिनकी उसके अचेतन मन में पूर्व सम्बन्धों या अनुभवों के कारण अमिट रेखाएँ हैं। इसी भावलोक से अनुप्रेरित होकर वह साहित्य-सृजन करता है। कहने की आवश्यकता नहीं कि उसके अचेतन मन में स्थायी रूप से स्थान पाने वाले भाव या विचार किशोरावस्था से सम्बन्ध रखते हैं। ऐसी स्थिति में उस समय कलाकार का निजी-जीवन, सामाजिक पृष्ठभूमि, दृष्टिकोण-विश्वास एवं स्वीकारोक्तियों का बड़ा महत्त्व है। उनसे कलाकार की मन:स्थिति, रुझान आदि का अनुमान लगाया जा सकता है। सूत्र रूप में कहें

तो साहित्य अचेतन मन की चेतन प्रक्रिया है। सृजन-कार्य में पर्याप्त सजग होते हुए भी कलाकार की कृतियों में उन साहित्यकारों के विचार स्थान पा जाते हैं, जिन्हें उसने किशोरावस्था में अपने मन के अनुकूल पाया था। चेतना का उत्तरोत्तर विकास होते हुए भी ये भाव या विचार समाप्त नहीं होते। वास्तव में पुराने प्रिय कलाकारों के विचार किसी-न-किसी प्रकार या मात्रा में आजीवन प्रस्फुटित होते रहते हैं।

निराला की प्रतिभा का उन्मेष उस समय बंगाल में हुआ, जब रवीन्द्र एवं शरत् की ख्याति चरम सीमा पर थी। निराला के पुष्ट व्यक्तित्व एवं स्वतंत्र अस्तित्व के होते हुए भी उनकी अधिकांश रचनाओं में उपर्युक्त कलाकारों के प्रभाव-संकेत ढूँढ़ना कठिन नहीं है।

प्रभाव के इतने सूक्ष्म एवं उलझे स्वरूप को देखकर मौलिकता निश्चित करना कठिन है। इसीलिए विश्व के महान कलाकारों ने इसकी सीमाओं को स्वीकार किया है। वालतायर ने मौलिकता को 'Judicious imitation' कहा है। गोयटे, जॉनसन, अनातोल फ्रांस ने भी मौलिकता को वस्तुपरक माना है। कलाकार तो कुछ अधिक संवेदनशील प्राणी है, जिस पर किसी के भाव सहज ही प्रभाव डाल सकते हैं। इसलिए एक-दूसरे के भाव ग्रहण करने की प्रवृत्ति के मूल में अज्ञात आकर्षण कार्य करता है। कहीं-कहीं अपने अभीष्ट कलाकार का प्रभाव इतना गहरा होता है कि रचनाएँ अनजाने उसी का प्रतिरूप बनकर निकलती हैं। इस तरह यह प्रक्रिया अज्ञात रूप से होती है परन्तु इतना स्पष्ट है कि इसके मूल में पुराने प्रिय कलाकारों की प्रतिच्छाया देखी जा सकती है।

साहित्य में प्रभाव की कई अवस्थाएँ निर्धारित की जा सकती हैं। पहली, सामान्य प्रेरणा (Inspiration) ग्रहण करना। कलाकार सृजन-कार्य से पूर्व समस्त पूर्ववर्ती साहित्य पढ़ता है और स्वभाव एवं रुचि के अनुकूल किसी विशेष प्रवृत्ति या कलाकार से अनुप्रेरित होकर उसी के अनुरूप अपने मार्ग को स्वतंत्र रूप से अपनाता है। जयशंकर प्रसाद ने प्रतीक प्रधान नाटक लिखने की प्रेरणा रवीन्द्रनाथ ठाकुर से प्राप्त की परन्तु उनकी 'कामना' का स्वतंत्र अस्तित्व है। इससे अगली स्थिति प्रभाव (Influence) की है। यहाँ साहित्यकार किसी विख्यात एवं असाधारण प्रतिभाशाली कलाकार से इतना अनुप्राणित होता है कि अज्ञात रूप से उसी की रूप-रेखाओं का अनुसरण करता है। द्विजेन्द्रलाल राय पर शेक्सपियर की रोमांटिक भावना का प्रत्यक्ष असर पड़ा है। यह प्रवृत्ति उनके सभी नाटकों में मिलती है; परन्तु दुर्गादास, शाहजहाँ, चाणक्य जैसे सशक्त एवं महान पात्रों तथा रजिया, नूरजहाँ, मानसी, हेलेन जैसे नारी के मृदुल एवं भाव प्रबल रूप पर प्रकाश डालने वाली पात्राओं के चरित्रांकन से राय अमर हो गए। तीसरी अवस्था रूपान्तरण (Adaptation) की है। यहाँ कलाकार मूल लेखक की प्रतिभा को बनाए रखने में समर्थ रहता है। भारतेन्दु हरिश्चन्द्र कृत 'दुर्लभबन्धु' शेक्सपियर के 'मर्चेंट ऑफ वेनिस' का रूपान्तर है। चौथी कोटि में अनुवृत्ति मूलक रचनाएँ (Imitation) आती हैं। इनमें बड़े साधारण एवं असफल ढंग से किसी प्रतिष्ठित साहित्यकार का अनुकरण किया जाता है। द्विवेदी युग में केवल रंगमंच की माँग को पूरा करने के लिए लिखे गए नाटक इस श्रेणी में आते हैं।

इन अवस्थाओं का विश्लेषण करने से स्पष्ट हो जाएगा कि इनका विभाजन प्रतिभा एवं क्षमता के आधार पर किया गया है। पहली दो श्रेणियों में उच्चकोटि के कलाकार आते

हैं जो अपनी प्रतिभा एवं शक्ति से मूल साहित्यकार की भावना को और भी सुन्दर एवं सरस बना देते हैं। उनकी मौलिकता असंदिग्ध होती है। तीसरी श्रेणी में मध्यम कोटि के कलाकार आते हैं जो सफलता के साथ प्रभाव ग्रहण कर पाते हैं। चौथी श्रेणी के कलाकार, अपेक्षित प्रतिभा के अभाव के कारण मूल भाव को पचा नहीं पाते और न उपयुक्त अभिव्यक्ति दे पाते हैं। साहित्य के स्वरूप एवं बहुमुखी विकास के लिए प्रथम तीन अवस्थाओं का विकास आवश्यक है।

प्राय: प्रभाव की स्वीकृति में संकोच और कुछ-कुछ हीनता का स्पर्श दिया जाता है। साहित्य में भी किसी श्रेष्ठ साहित्यकार से प्रभावित होने पर कलाकार की प्रतिभा को उच्च कोटि का नहीं समझा जाता (देखिए, लक्ष्मीनारायण मिश्र कृत, 'मुक्ति का रहस्य' की भूमिका)। मनोवैज्ञानिक दृष्टि से यह एक अस्वाभाविक एवं प्रतिगामी दृष्टिकोण है। प्रभाव व्यक्ति एवं समाज की जागृति एवं प्राणशक्ति का प्रतीक है। वह जीवन एवं जगत के बहुमुखी विकास के लिए आवश्यक है। कहना अप्रासंगिक न होगा कि केवल जीवन्त एवं सामर्थ्यवान कलाकार ही प्रभाव ग्रहण कर सकता है। समुद्र की तरह गहरे और विशाल हृदय में ही कई भावधाराएँ समा सकती हैं। ऐसे ही साहित्यकारों की जीवन-दृष्टि बड़ी सूक्ष्म तथा नीर-क्षीर अलग करने वाली होती है। ये जल में कमल के समान होते हैं जो जल से स्निग्धता एवं कोमलता तो लेते हैं परन्तु सौन्दर्य अपना ही होता है। शेक्सपियर, टाल्सटॉय, रवीन्द्र, शरत्, द्विजेन्द्रलाल राय, जयशंकर प्रसाद ऐसी ही प्रतिभा एवं क्षमता के स्वामी हैं। इन पर समाज, इतिहास तथा पूर्ववर्ती साहित्य के स्पष्ट एवं पुष्ट प्रभाव-संकेत मिलते हैं परन्तु उनका निजी, प्रबल एवं स्वतंत्र व्यक्तित्व साहित्य के इतिहास में गौरव-स्तम्भ की तरह ऊँचा रहेगा।[1]

(परिशोध, 1967)

1. आज कविता और कहानी के 'नए' बनने का कारण साहित्यकार अपनी पहचान तथा उसके जीवन की विषमता एवं सन्दर्भहीनता है।

मूल्यांकन

1

सामाजिक बदलाव और बदलाव का रंगमंच

लगभग सौ वर्ष पूर्व भारतेंदु हरिश्चन्द्र ने नाटक को नवजागरण का सक्रिय और सशक्त माध्यम स्वीकारते हुए उसके 'चतुर्गुणित' प्रभाव पर बल दिया। नाटक के सामूहिक स्वरूप और अनुभव में असर डालने की एक ऐसी ताकत है जिसे भद्रलोक तक सीमित नहीं रखा जा सकता। सच तो यह है कि नाटक की प्रेरणा और शक्ति वह आम आदमी है जिसकी उपस्थिति को इस कला-मंच में अनदेखा किया गया। मौजूदा प्रोसीनियम मंच का इतिहास इसका प्रमाण है। इस प्रयोगशील रगमंच का तंत्र इतना सीमित तथा रूढ़ होता जा रहा है कि इसमें प्रयोग प्रमुख तथा नाटक की प्राण-शक्ति, जन-संघर्ष गौण हो रहा है। दिल्ली में लगभग 150 रंग-संस्थाएँ हैं परन्तु निर्देशक, अभिनेता, दर्शक और नाटक के स्तर पर भद्रलोक का भद्रमंच ही मिलता है। इसने निश्चय ही हिन्दी रंगमंच की रंग-क्षमता को बढ़ाया और 'अन्धायुग', 'तुगलक', 'खामोश! अदालत जारी है', 'आधे-अधूरे' और 'एवम् इन्द्रजित' जैसी महत्त्वपूर्ण प्रस्तुतियाँ दी किन्तु इस अनुभव से कैसे इनकार किया जा सकता है कि प्रोसीनियम मंच व्यवस्था और व्यावसायिक तंत्र से मुक्त नहीं हो सका है। हॉल, रिहर्सल, दृश्यसज्जा, टिकट, मनोरंजन आदि का स्वाभाविक परिणाम वह वणिक-वृत्ति है जो कला और जागरण की प्रक्रिया में बाधक ही सिद्ध होती है। सामान्य मध्यवर्गीय और श्रमिक वर्गों की वास्तविक सच्चाइयों से कटा मौजूदा रंगमंच अर्थ-केन्द्रित हो रहा है इसलिए समय आ गया है कि व्यवस्थापोषक प्रोसीनियम मंच का मोह छोड़ा जाए और रंगमंच तथा आम आदमी से सीधा एवं सही रिश्ता स्थापित किया जाए।

यह कुछ ऐतिहासिक शक्तियों का ही असर समझना चाहिए कि 'नील दर्पण' और 'नवान्न' की तरह इस दिशा में परिवर्तन की शुरुआत मार्क्सवादी चिन्तन से प्रतिबद्ध अभिनेता-निर्देशक उत्पल दत्त ने बांग्ला रंगजगत में की। रंगमंच और दर्शकों में अधिकाधिक पारस्परिकता लाने के लिए उन्होंने अपने थिएटर 'कल्लोल' के मंच के मध्य से एक ऐसी पट्टी बनाई जो हॉल में दर्शकों के बीच पहुँच जाती है। अभिनय के दौरान कुशल अभिनेता अर्थपूर्ण स्थलों पर दर्शकों के बीच पहुँचकर अपने मंतव्य को इस अन्दाज में प्रस्तुत करते हैं, जैसे यह सांझी बात है। यह एक नए प्रकार का अनुभव था और इसका गहरा असर पड़ा। इस तरह के कई प्रयोग बांग्ला रंगजगत में हो ही रहे थे।

बादल सरकार पहले नाटककार हैं जिन्होंने नाटक को प्रोसीनियम स्टेज के चक्रव्यूह से निकालकर नुक्कड़, चौक, पार्क, सड़क, स्कूल-कॉलेज के बीच लाकर प्रस्तुत किया। वे स्वयं प्रसिद्ध अमेरिकी निर्देशक रिचर्ड शेखनर के साथ कार्य कर चुके हैं और इस तरह उन्हें नाटक में स्थान (स्पेस) का महत्त्व मालूम है। 'एवम् इन्द्रजित' और 'बाकी इतिहास' के विख्यात नाटककार का यह प्रस्थानबिन्दु वस्तुतः उस सृजनशील कलाकार के परिवर्तन की आकांक्षा है जो कला के प्रतिष्ठित-तंत्र से छुटकारा पाने और उसे जनसमूह के बीच ले जाने के लिए व्यग्र है। यह एक युगान्तकारी मोड़ है । उनका पहला नाटक 'स्पार्टकस' इस बदलाव की सूचना देता है।

'स्पार्टकस' और बाद में 'मिछिल' (हिन्दी अनुवाद : जुलूस) में बादल सरकार ने रूढ़ नाट्य-तंत्र को छिन्न-भिन्न कर दिया। न वस्तु-विन्यास, न चरित्र-विकास, न संवाद, न हॉल, न टिकट न दृश्य-सज्जा, न शृंगार प्रसाधन, न प्रकाश-व्यवस्था, कुछ भी तो वह नहीं रहा जो पहले था। नई अपेक्षाओं के अनुरूप दर्शक और अभिनेता के नए रिश्तों को स्थापित करने के लिए दोनों का आमना-सामना जरूरी था। अब भाषा का वह परिष्कृत रूप नहीं चल सकता। तीखा और सीधा असर डालने के लिए कहीं अनगढ़ और कहीं अपूर्ण संवाद, न कोई लिहाज, न कोई शिष्टाचार। कहीं गीत, कहीं गद्य, कहीं शोर, कहीं ध्वनियाँ, कहीं उछलकूद, कहीं 'फ्रीज़', इस तरह आंगिक गतियों, मुद्राओं और ध्वनियों के द्वारा देह-भाषा को भरपूर उभारा जाता है। इस प्रदर्शन-पद्धति में सामूहिक हाव-भाव और क्रिया पर बल है, सामूहिक नृत्यमय या गोलाकार गतियाँ, भगिमाएँ, मुद्राएँ, ध्वनियाँ एक नए प्रकार के माहौल को पैदा करते हैं जो सामूहिक प्रभाव उत्पन्न करने में सफल होता है। असल में वहाँ दर्शक नहीं भीड़ उपस्थित होती है और भीड़ को प्रभावित करने के लिए सामूहिक अनुभव और सामूहिक प्रभाव आवश्यक है। इस प्रदर्शन-पद्धति की सबसे बड़ी शक्ति वह दर्शक है जो सचमुच आम आदमी है, जो महानगर की भीड़ में अपनी पहचान खो रहा है, जो कभी सोचता है, कभी कुछ करना चाहता है परन्तु उसे कोई दृष्टि नहीं मिलती। उसने टिकट खरीदकर एक खास तरह की अपेक्षाएँ उत्पन्न नहीं की, वह सहज और सीधा है, बिना पूर्वग्रह के उसकी तात्कालिक प्रतिक्रिया प्रदर्शन को गति और प्रेरणा देती है।

'जुलूस' दो धरातलों पर क्रियाशील है। पहला, हमारे जीवनयापन की चली आ रही रूढ़ पद्धति है, खुशी, गमी, धर्म, कर्म, इस अवसर पर हम भीड़-जुलूस पर विश्वास रखते हैं। जन्म से मृत्युपर्यंत यह कर्मकांड चलता रहता है, हम कर्म में कम पर कांड में अधिक दिलचस्पी रखते हैं। यह दिखावा पारिवारिक स्तर पर जात-बिरादरी का होता है, धार्मिक स्तर पर मठाधीशों के चेलों-भक्तों का होता है। सबको जुलूस अर्थात् भीड़, प्रचार, नाम की चिन्ता है। यह पुराना तरीका अब नए ढंग से अपनाया जा रहा है।

जुलूस का एक अभिप्राय है जो पिछले 30 साला तंत्र से उपजा है । महानगर की पृष्ठभूमि में एक आदमी-मुन्ना की नियति क्या हो सकती है जो सामाजिक सम्बन्धों में व्याप्त अराजकता की भीड़-जुलूस में खो गया है। पूँजीवादी-व्यवस्था में व्यक्ति स्वायत्ता के नाम पर धनशक्ति के बल पर शोषण का नया मार्ग निकला है—अन्ध-समूहवाद। महानगर में पूँजी की देखरेख में परिचालित अनेक गिरोह है, दल हैं, पार्टियाँ हैं जो अलग-अलग नामों

से तथा अलग-अलग रूपों में होते हुए भी पूँजीवादी शोषण के मूल हित से सम्बद्ध हैं। ऐसी असहाय अवस्था में खड़ा सामान्य श्रमिक-वर्ग और मध्यवर्गीय समुदाय का आम आदमी इस दमन-चक्र में पिस रहा है और धीरे-धीरे अपनी पहचान खोता हुआ अकेला और दिशाहीन हो रहा है। उसे सतर्क और सावधान होकर शोषण की इन शक्तियों का मुकाबला करना ही पड़ेगा अन्यथा वह इस चक्रव्यूह से बच नहीं पाएगा ।

दिल्ली में जुलूस के कई प्रदर्शन हो चुके हैं, स्थानीय सन्दर्भों (जैसे तुर्कमान गेट-कांड) को उठाने से उसकी प्रभविष्णु शक्ति का अनुमान लगाना आसान नहीं। इसकी सफलता का श्रेय निर्देशक एम.के. रैना को मिलना चाहिए जिन्होंने हिन्दी रंगमंच को नया आयाम दिया है । हबीब, विवेक, वेद, आदिल, वीरेन्द्र की भूमिका सराहनीय है। आश्चर्य है कि अभी तक किसी भी हिन्दी नाटककार या निर्देशक को आम आदमी के लिए इसी तरह के नाटक लिखने या लेखन की कोई प्रेरणा नहीं मिली।

पिछले दिनों महाराष्ट्र नाट्य समारोह में विख्यात मराठी नाटककार गोविंद देशपांडे के नाटक 'उध्वस्त धर्मशाला' का हिन्दी रूपान्तर (बसंतदेव) बम्बई की 'आविष्कार' ने अनिल चौधरी के निर्देशन में प्रस्तुत किया। बहस-प्रधान होने के कारण इसका नाटकीय आधार इतना पुष्ट नहीं है परन्तु समसामयिक ज्वलंत राजनैतिक सवालों को उठाने के कारण इसकी पर्याप्त प्रासंगिकता। प्रो. श्रीधर कुलकर्णी रसायन विभाग के वरिष्ठ तथा जाने-माने अध्यापक हैं परन्तु उनकी प्रसिद्धि और प्रतिष्ठा का एक और दायरा है जिससे विश्वविद्यालय के संचालकों को चिन्ता है। प्रोफेसर कुलकर्णी पर यह आरोप लगाया जाता है कि उनके मार्क्सवादी विचारों के प्रचार और प्रभाव से विश्वविद्यालय की शान्ति को खतरा पड़ रहा है। इसलिए एक अनौपचारिक जाँच समिति-जिसमें उपकुलपति, प्रो. वाई.पी. तथा प्रो. क्षीरसागर शामिल हैं, उनके विचारों और गतिविधियों की पड़ताल कर रही है। वस्तुतः अवमानना की यह एक घातक प्रक्रिया है जिसके द्वारा क्षोभ और ग्लानि से पीड़ित प्रो. कुलकर्णी के विश्वास को खंडित करना है। लोकतांत्रिक आजाद भारत में धर्म-कर्म के मिथ्याडम्बरों की स्वतंत्रता है, मौजूदा समाज में पूँजीवादी ताकतों के निरन्तर बढ़ते अन्याय और शोषण पर कोई रुकावट नहीं है परन्तु तरक्की और जागरण का दिशा-निर्देशन करने वाला मार्क्सवादी चिन्तक किसी भी तरह सह्य नहीं, उससे सबको खतरा है। अहिंसा एक श्रेष्ठ मानवीय मूल्य है और अन्धी हिंसा निंदनीय है परन्तु किसी भी सूरत में हिंसा को न अपनाना कम दकियानूसी नहीं है। प्रो. वाई.पी. का यह तर्क अर्थपूर्ण है कि लोगों में सेवा, त्याग, अहिंसा का प्रचार करो, धर्म और ईश्वर में विश्वास जगाओ पर उन्हें कभी अपना शत्रु न बताओ। भाग्य और माया के मिथ्याचार के कारण इस देश की जनता की बरदाश्त करने की आदत इस सीमा तक बढ़ चुकी है कि मात्र अहिंसा का उपदेश देना उन्हें नींद में ही रखना है।

मध्यवर्गीय संस्कारों में पके व्यक्ति की उग्रपंथी वैचारिकता और हिंसा के पक्ष में प्रबल समर्थन वस्तुतः क्या असर रख सकता है ? जिसके हाथ में बन्दूक नहीं, जो न खून कर सकता है और न देख सकता है, क्या वह माओ-त्से-तुंग की तरह बीस साल तक साठ करोड़ लोगों को जन-संघर्ष के लिए प्रेरित कर सकता है ? इसलिए प्रोफेसर कुलकर्णी

की यह आत्मस्वीकृति महत्त्वपूर्ण है कि इतने बड़े देश में प्रगतिशील विचारधारा का प्रभाव सीमित ही है। सच तो यह है कि इस वर्ग का व्यक्ति कितना ही उग्रपंथी हो, वह सुविधावादी आचरण से मुक्त नहीं होता। प्रो. कुलकर्णी को यह अनुभव अपने पिता की बरसी पर अपने दोनों चाचा के व्यवहार से हुआ। पार्टी की सक्रिय कार्यकर्ता और पत्नी सरस्वती के साथ भी तिलंगाना और स्तालिन को लेकर मतभेद तो रहता है परन्तु अब उसकी व्यक्तिगत आकांक्षाएँ प्रयाग के कारण बदल गई हैं और उसे पार्टी में ऊँचा दर्जा मिलने वाला है। श्रीधर ने निष्ठा और प्रतिबद्धता के साथ एक नाट्य-दल का निर्माण किया जहाँ वह अपने प्रगतिशील नाटकों का मंचन कर सके। माधवी उसकी और दल की प्रेरणा-शक्ति थी। जैसा अक्सर होता है; व्यक्तिगत राग-द्वेष और व्यावसायिक लाभ के कारण दल को टूटना था। संघर्ष के बाद सत्ता (स्वतंत्रता-उत्तर) के युग में अर्थात् सुविधा और व्यवस्था के फले-फूले तंत्र में वामपंथी विचारधारा की सीमाओं का पर्दाफाश करने में निश्चय ही नाटककार सफल रहा है।

इस नाटक की धुरी है प्रो. कुलकर्णी जो ईमानदार मार्क्सवादी है परन्तु वह व्यवस्था के तनाव (जाँच) तथा वर्ग के संस्कारों से जूझ रहा है। वह इसकी आवृत्ति अपने बेटे में नहीं देखना चाहता। यामिनी को लेकर वह बेटे में अधिकार-चेतना उत्पन्न करना चाहता है। इस चरित्र की गरिमा की रक्षा ओमपुरी ने अपने सहज पर जीवंत अभिनय से की, उन्होंने अपनी आयु और दर्जे के अनुरूप एक स्तर का निर्वाह करते हुए नाटककार की कल्पना को साकार किया। प्रो. वाई.पी. व्यवस्था का प्रतीक है उसमें सत्ता की रक्षा के लिए काँइयाँपन है, जिसे नरेश सूरी ने बखूबी निभाया है। नसीरुद्दीन (उपकुलपति) उभर नहीं पाए। मंच-सज्जा सादी पर मंच का कई दृश्य-खंडों में कुशल प्रयोग किया गया; जेल वाले दृश्य के प्रस्तुतीकरण में विशेष सफलता मिली है। कुल मिलाकर यह एक प्रभावशाली प्रस्तुति रही।

(मधुमती, उदयपुर, 1978)

2

आश्वस्त ही करता है भारतीय रंगमंच का पुनरवलोकन

उत्सवों और समारोहों के बहाने सरकार जिस अनुपात में संस्कृति के क्षेत्र में दखल दे रही है, उससे कई आशंकाएँ उत्पन्न होती हैं, ऐसे में नेहरू शताब्दी नाट्य-समारोह की पूरी परिकल्पना रंगप्रेमियों के लिए ऐतिहासिक घटना के रूप में अविस्मरणीय छाप छोड़ जाती है। 3 से 17 सितम्बर के पखवाड़े में विभिन्न प्रादेशिक भाषाओं के 15 प्रतिष्ठित नाटकों ने भारतीय रंगमंच के पिछले 40 वर्षों की उपलब्धियों से साक्षात्कार का विरल अनुभव प्रदान किया। इस विकास यात्रा का एक छोर 'नवान्न' (1944) है और दूसरा 'चक्रव्यूह' (1984) है जो इस समारोह को उपयोगी और प्रासंगिक तो बनाता है, साथ ही ऐसा अवसर प्रदान करता है ताकि 40 वर्षों के रंगकर्म का जायजा लिया जा सके। इस समारोह में हिन्दी के 'अन्धायुग', 'आधे-अधूरे', 'गिनीपिग', 'सुनो जनमेजय'; मराठी के 'घासीराम कोतवाल', 'उध्वस्त धर्मशाला'; कन्नड़ के 'हयवदन', 'जोकुमार स्वामी'; मणिपुरी के 'चक्रव्यूह'; संस्कृत के 'उरुभंग'; गुजराती के 'कुमारनी अगाशी' और उर्दू के 'आगरा बाजार' नाटकों का चयन किया गया। इस समारोह में तमिल, तेलुगु, मलयालम, उड़िया, असमिया और पंजाबी का कोई नाटक सम्मिलित नहीं हुआ। इसी प्रकार इब्राहिम अल्काज़ी, बादल सरकार, शीला भाटिया और शान्ता गांधी जैसी रंग-प्रतिभाओं का प्रभाव क्या इस समारोह को प्रतिनिधि रहने देगा? अध्यक्ष गिरीश कारनाड ने प्रेस कॉन्फ्रेंस में ठीक ही स्वीकारा कि कोई भी चयन न तो पूरा होता है और न निर्विवाद!

अकादमी की यह नीति रही कि ऐतिहासिक महत्त्व के निर्देशक और उनके श्रेष्ठ प्रस्तुतीकरण को चुना जाए। समय और स्थितियाँ बदलने के कारण प्रस्तुतीकरण की व्याख्या और प्रभाव को लेकर दावा नहीं किया जा सकता। यह थिएटर की शक्ति है और सीमा भी, जिसका यहाँ निरन्तर अनुभव होता रहा। बिजन भट्टाचार्य द्वारा लिखित और कुमार राय द्वारा निर्देशित 'नवान्न' जिस उल्लेखनीय योगदान के लिए चुना गया, वैसा जनवादी तेवर यह प्रस्तुतीकरण प्रदान न कर सका। इप्टा ने 1944 में देशव्यापी प्रगतिशील रंगांदोलन का सूत्रपात किया था। उसकी शुरुआत शम्भु मित्रा ने 'नवान्न' से की थी। सादगी और सरलता से भरी अपनी मौलिक प्रस्तुति-परिकल्पना के कारण वे जन-जागरण के प्रयोजन में सफल रहे। वैचारिक आस्था के प्रभाव और नया बनाने की

प्रक्रिया ने इस प्रस्तुति से सन्देश-पक्ष की प्रखरता कम कर दी। प्रधान की मुख्य भूमिका में कुमार राय जितने समर्थ सिद्ध हुए हैं, उतना प्रस्तुति को उपयुक्त तात्पर्य देने में नहीं।

विख्यात नाटककार, निर्देशक और अभिनेता उत्पल दत्त के बारे में सबको बखूबी मालूम है कि वे थिएटर के जरिए मार्क्सवादी विचारधारा और राजनैतिक जागरण पर बल देते हैं। स्पष्ट और प्रखर होने के कारण उनके नाटकों में द्वन्द्व की स्थितियाँ तीव्र होती हैं परन्तु उनकी प्रदर्शन-पद्धति में अति नाटकीय दृश्य तत्त्वों का आग्रह रहता है ताकि विश्वसनीयता और प्रभविष्णुता लाई जा सके। हालाँकि यह तरीका उनकी विचार-दृष्टि के अनुकूल नहीं बैठता पर यह उत्पल दत्त की विशिष्टता है। 'कल्लोल' इसका अपवाद नहीं है। नाटक का आधार स्वाधीनता संग्राम की वह ज्वलन्त घटना है, जब नौसेना ने साम्राज्यवादी अंग्रेजों के विरुद्ध विद्रोह किया था। इतिहास के इस प्रसंग की कम्युनिस्ट पार्टी के पक्ष में व्याख्या करते हुए उत्पल दत्त क्रान्ति और रक्त की आहुति का सन्देश देने में सफल रहे। 'कल्लोल' का पहला प्रदर्शन मार्च 1965 में हुआ। नाटककार और निर्देशक होने के नाते प्रस्तुतीकरण में परिवर्तन तो नहीं हुआ परन्तु आज वह वैसे आकृष्ट नहीं करता। समारोह का सम्भवतः यह एकमात्र प्रस्तुतीकरण है जिसके अब तक 850 प्रदर्शन हो चुके हैं।

एक काव्य-कृति के रूप में मान्य रचना—'अन्धायुग' की नाटकीय सम्भावनाओं को पहली बार (बम्बई : 1962) प्रस्तुत करने का श्रेय सत्यदेव दुबे को जाता है जिन्होंने हिन्दी रंगमंच को नई दिशा और प्रतिष्ठा प्रदान की, इस प्रस्तुतीकरण के लिए आए, थिएटर और फिल्म जगत की प्रतिभाओं—नसीरुद्दीन शाह और अमरीश पुरी के स्वाभाविक आकर्षण ने अपार भीड़ एकत्रित की। प्रस्तुति-परिकल्पना के सूत्र स्पष्ट करते हुए प्रसंग में सत्यदेव दुबे ने दृश्य तत्त्वों के स्थान पर शब्द की शक्ति और प्रमुखता का दावा किया। उनकी स्थापना का पालन सबसे अधिक अमरीश पुरी कर सके। अपनी तीनों छोटी भूमिकाओं में उन्होंने इन चरित्रों को नया जीवन दिया। निर्देशक के सूत्र का पालन करते हुए सुनीला प्रधान ने संवाद-प्रस्तुति की। गांधारी की वेदना और विवशता को साकार किया। एक संवेदनशील कलाकार होने के नाते नसीर ने अश्वत्थामा के प्रतिशोध और पश्चात्ताप को नई गतियों-व्यवहारों से गहराई प्रदान करनी चाही परन्तु उनकी आवाज ने उनका साथ नहीं दिया। मोहन भंडारी (विक्षुब्ध युयुत्सु) और आकाश खुराना (आस्थाहीन संजय) ने प्राणवत्ता से अपनी भूमिका को निभाया। धर्म-अधर्म, मर्यादा, अर्धसत्य जैसे जटिल सवालों से जूझने वाले इन लोगों के बीच में सामान्य व्यक्तियों की अर्थहीनता को बिम्बित करने में दो प्रहरियों के संवादों का संयोजन बहुत नाटकीय और असरदार सिद्ध हुआ। दुबे ने वातावरण निर्माण के लिए ध्वनि और प्रकाश का निपुणता से प्रयोग किया। आलेख को तराशा गया और बहुत से संवाद नेपथ्य से प्रस्तुत करवाए गए। एक सीमा तक प्रस्तुति को उपयुक्त तात्पर्य देने और स्तर के निर्वाह में सफल रहने पर भी इसका सामूहिक प्रभाव न गहरा रहा न उल्लेखनीय। असल में दुबे अपने पहले प्रस्तुतीकरण (1962) से 'भाषा के संवेदनात्मक सम्प्रेषण' पर जोर देते रहे हैं।

श्यामानन्द जालान जीवन और रचना के स्तर पर मोहन राकेश के निकट रहे हैं। उन्होंने राकेश के सभी नाटकों का मंचन किया है। 'आधे-अधूरे' के सशक्त आलेख के कारण

उसे वे 1970 से कई बार प्रस्तुत कर चुके हैं। स्त्री-पुरुष के सम्बन्धों की गुत्थी, सावित्री, महेन्द्रनाथ या बिन्नी में किसे केन्द्रीय धुरी माना जाए, जैसे प्रश्नों को लेकर वे प्रस्तुति को नया आयाम देते रहे हैं। दो-एक वर्ष पूर्व वे 'आधे-अधूरे' को दिल्ली में प्रस्तुत कर चुके हैं। इस प्रस्तुति-परिकल्पना को नया और प्रभावी बनाने में श्यामानन्द यथेष्ट सफल नहीं रहे। काले सूटवाला, सिंघानिया और जगमोहन के चरित्र के साथ वे न्याय नहीं कर पाए। महेन्द्रनाथ कितना बेबस, बेचैन पर बर्बर, जुनेजा युक्तियुक्त पर सावित्री की दुखती रग को पहचानने वाला काँइयाँ पुरुष : इन जटिल परतों के अनावरण में श्यामानन्द ने अपनी प्रतिभा का परिचय दिया है। सावित्री का तीखा-कटु व्यक्तित्व तो असल में उभरा ही नहीं। चेतना तो थकी-दबी-सी लगीं। बड़ी लड़की (नन्दिनी रे) में जिस सीमा तक भावप्रणता दिखाई गई है, वह प्रस्तुति से अलग और भिन्न लगती है। अशोक की विक्षुब्ध मानसिकता को प्रदीप राय ने सहज-विश्वसनीय ढंग से प्रस्तुत किया पर सिंघानिया के जाने के बाद उसकी उछल-कूद उसके प्रभाव को खंडित करती है। किन्नी (शम्पा घोष) ने निराश किया। मौन के नाटकीय लाभ, त्रिकोण के कुशल दृश्य-संयोजन, नई वेशभूषा के होते हुए भी उनका प्रस्तुतीकरण न गहरा नाटकीय प्रभाव उत्पन्न कर सका और न नई व्याख्या। बहुत सम्भव है कि नया खोजने की तलाश से यह परिणति हुई हो क्योंकि उनके पिछले प्रस्तुतीकरण सन्तोषप्रद ही नहीं, पर्याप्त आश्वस्त भी करते हैं।

इप्टा की प्रगतिशील विचार-दृष्टि और प्रतिबद्धता का निर्वाह करने वाले हबीब तनवीर ने अपने पहले नाटक—'आगरा बाजार' के प्रथम प्रस्तुतीकरण (मार्च 1954) से अपनी अलग पहचान बनाई। बहुसंख्य शोषित वर्ग की पीड़ा और अन्याय को प्रमुखता देने के लिए ही उन्होंने जनपक्षीय संस्कृति के अनुरूप लोक चेतना और लोक शैलियों का रचनात्मक लाभ उठाया। नज़ीर अकबराबादी की शायरी और शख्सीयत के आधार पर उन्होंने ऐसा आलेख तैयार किया जिसमें 18वीं सदी के बाजार, उससे जुड़े व्यक्तियों, स्थितियों और सवालों को उठाया है। इस बाजार में एक ओर किताबों की दुकान है जहाँ घिसे-पिटे मानदंडों के आधार पर समकालीन शायर और शायरी का मूल्यांकन हो रहा है। मध्यवर्गीय मानसिकता के इन लोगों का सामान्य वर्ग से कोई सरोकार नहीं है। पीछे बड़ी दुकानें और उनके ऊपर वेश्या का कोठा है। दाईं ओर एक पतंग वाले की दुकान है जहाँ आम आदमी उठते-बैठते हैं और जनमानस की आकांक्षाओं को अभिव्यक्ति देते हैं। इस चौक में ककड़ीवाला, तरबूजवाला और लड्डूवाला हैं जो असल में आलेख के केन्द्रीय पात्र हैं। नज़ीर ने इनके लिए अपनी कविता लिखकर यह सिद्ध किया कि कला और साहित्य का सम्बन्ध केवल अभिताज-वर्ग से नहीं है। बाजार के स्वतंत्र दिखाई देने वाले दृश्यों के जरिए जीवन और समाज की विषमताओं का नाटकीय संयोजन किया गया है। निर्देशक ने मूल रूप से पहले प्रदर्शन की प्रस्तुति-परिकल्पना और संगीत को अपनाया है। 1970 से इसे नियमित रूप से प्रस्तुत किया गया। पुरानी टीम के लोग धीरे-धीरे कम हो रहे हैं, उसका असर इस प्रस्तुति में दिखाई पड़ा। बाजार के दृश्यों—मेला, मदारी, जुलूस, भीड़, पुलिसवाले आदि के संयोजन में हबीब तनवीर कुशल हो गए हैं। नज़ीर की शायरी की शक्ति और प्रस्तुति का सामूहिक प्रभाव गहरा नाटकीय अनुभव प्रदान करता है।

वर्ष 1972, राजिन्दर नाथ के निर्देशन की विशिष्ट उपलब्धि : मोहित चैटर्जी द्वारा लिखित तथा सांत्वना निगम द्वारा अनूदित 'गिनीपिग'। इस प्रस्तुतीकरण से उन्हें राष्ट्रीय स्तर की ख्याति और मान्यता मिली। इसीलिए इसे समारोह में शामिल किया गया। पहले प्रदर्शन के अशोक भट्टाचार्य (पोलीथिन की पारदर्शी कल्पनाशील दृश्य-सज्जा), सितांशु मुकर्जी (प्रकाश-व्यवस्था) तथा प्रमुख पात्र कुलभूषण खरबन्दा के रहने से प्रस्तुति-परिकल्पना में विशेष अन्तर नहीं लाया गया। इस नाटक का आधार सातवें दशक की युवा-पीढ़ी के विद्रोही-स्वर पर कुछ न कर पाने की निरुपाय स्थिति और नंपुसक आक्रोश को प्रकट किया गया है। अन्त में नक्सलवादियों की क्रान्ति के संकेत हैं। सामान्यत: व्यवस्था यथास्थितिवाद का पोषण करती है ताकि पिता, अध्यापक, व्यवस्थापक या रुस्तम—जो तत्त्वत: एक हैं, अपनी शोषण-शक्ति से व्यक्ति को गिनीपिग बनाए रखें। अन्त में अकेले के स्थान पर समूह की जनशक्ति एकत्रित होती है और राजा का विनाश और परिवर्तन लाती है। विसंगत नाटक का शिल्प होते हुए भी प्रस्तुति को जीवन्त और प्रभावी बनाए रखने में निर्देशक सफल रहे। इसे समारोह की उल्लेखनीय प्रस्तुति कहा जा सकता है। इस बार कुलभूषण अधिक सधे-मँजे और कुशल थे। शैलेन्द्र भी अच्छा निभा गए पर 1972 की टीम के कीमती आनन्द, अनिल सहगल और चेतना तिवारी ने मिल-जुलकर जो असर पैदा किया, वह वर्तमान टीम उतना न कर सकी।

प्रयोगशीलता और व्यावसायिकता, कला और कथ्य के सन्तुलित निर्वाह में मराठी थिएटर अन्य भाषाओं की तुलना में कितना उन्नत और सम्पन्न है, इसके प्रमाण इस समारोह में मिले, विजय तेन्दुलकर द्वारा लिखित और जब्बार पटेल द्वारा निर्देशित 'घासीराम कोतवाल' (प्रथम प्रदर्शन : 1972) देश-विदेश में कीर्ति अर्जित कर चुका है। इस नाटक में एक ओर सामन्तवादी शोषण में व्यक्ति की त्रासदी है, दूसरी ओर नैतिक मूल्यों और सामाजिक मान्यताओं के पतन पर तीखा प्रहार है। निर्देशक और मुख्य पात्र समान रहने के कारण प्रस्तुति का स्वरूप और शैली वही रही बल्कि उत्तरोत्तर निखार के कारण असरदार हो गई। सीधे-भोले प्रदर्शन के पीछे धूर्त नाना की भूमिका में मोहन अगाशे, निपुण सूत्रधार, मधुर लावनी गायक, इनसानी पर्दे का नाटकीय प्रयोग भास्कर चन्दावरकर के संगीत का कुशल संयोजन ऐसी विशेषताएँ हैं जो इस प्रस्तुतीकरण को भारतीय रंगमंच की उपलब्धि बनाती हैं। गोविन्द देशपांडे की 'उध्वस्त धर्मशाला' अपने आकार-प्रकार में बिलकुल भिन्न प्रकार की नाट्य-कृति है। बुद्धिजीवी समाज में मार्क्सवादी विचार को लेकर संस्कार और व्यवहार के स्तर पर कितनी जटिल बाधाएँ-आशंकाएँ व्याप्त हैं, यह श्रीधर कुलकर्णी की ट्रेजिडी से सिद्ध होता है। पहले (1974) और वर्तमान (1989) प्रस्तुतीकरण में मुख्य भूमिका और निर्देशन का कार्य श्रीराम लागू ने जिस सजीव और स्वाभाविक ढंग से निभाया है, वह इस बहस-प्रधान आलेख में दिलचस्पी बनाए रखता है। वैचारिक प्रतिबद्धता के अभाव में बौद्धिक-पक्ष कमजोर रहा है।

महेश एलकुंचवार द्वारा लिखित और विजया मेहता द्वारा निर्देशित 'वाडा चिरेबन्दी' नाटक में घर के मुखिया के मृत्यु को निमित्त बनाकर चार पुश्तों के संयुक्त परिवार के विघटन का संश्लिष्ट चित्रांकन किया गया है। पुश्तैनी हवेली की गिरती दशा का असर सभी चरित्रों

में बिम्बित हुआ है। इधर महानगर के आकर्षण एवं प्रलोभन बाहरी और आन्तरिक स्तर पर घुटन, कुंठा और अशान्ति ला रहे हैं। इन सारी स्थितियों और मन:स्थितियों को विजया मेहता ने कलात्मक सरलता से प्रस्तुत किया है। मराठी की तीनों प्रस्तुतियाँ आस्वाद के धरातल पर चाहे भिन्न रहीं परन्तु नाटकीय प्रभाव की दृष्टि से निश्चय ही उल्लेखनीय एवं असरदार हैं।

गिरीश कारनाड 'हयवदन' और चन्द्रशेखर कम्बार कृत 'जोकुमार स्वामी' कन्नड़ के ही मात्र उत्कृष्ट नाटककार नहीं हैं, उनकी ख्याति अन्य भाषाओं में स्थान बना चुकी है। कारन्त ने 'हयवदन' का कई बार निर्देशन किया है। उन्होंने यह प्रस्तुतीकरण अपने नए रंगमंडल के कलाकारों के साथ किया। नाट्य स्थितियों के अनुरूप संगीत के सूक्ष्म संयोजन में कारन्त अद्भुत क्षमता रखते हैं, वे यहाँ तो समर्थ रहे पर इस प्रस्तुतीकरण से वह प्राणवत्ता और प्रभविष्णुता नहीं ला सके जो उनकी पूर्ववर्ती प्रस्तुतियाँ लाती हैं, विशेषकर दिशान्तर का प्रदर्शन (1977) जो स्मृति-पटल से नहीं उतरता। अपने आलेख के साथ न्याय करते हुए निर्देशक कम्बार ने पारम्परिक रंग उपकरणों का रचनात्मक लाभ उठाया। नृत्य, संगीत और अभिनय के कल्पनाशील संयोजन ने उनकी प्रस्तुति को विशिष्टता प्रदान की।

केवलम नारायण पणिक्कर ने केरल की कुडियाट्टम तथा दूसरी रंग परम्पराओं को क्लासिकल स्वरूप प्रदान कर एक ऐसी प्रदर्शन-शैली विकसित की है जिसमें शब्द गौण था और दृश्य-तत्त्व प्रमुख हैं। भास कृत 'उरुभंग' एक दुखान्त नाटक है जिसका आधार भीम और दुर्योधन का द्वन्द्व युद्ध है। कृष्ण के संकेत पर भीम दुर्योधन की जाँघ तोड़कर हत्या करता है। अनुशासित रंगचर्या और परिपाटीबद्ध अभिनय में दुर्योधन की अन्तरात्मा सुयोधन की परिकल्पना त्रासदी को हृदयस्पर्शी बनाते हैं।

मणिपुरी में रतन थियम द्वारा लिखित और निर्देशित 'चक्रव्यूह' संगीत नाटक अकादमी के 1984 के वार्षिक समारोह से देश-विदेश में कई सम्मान और पुरस्कार अर्जित कर चुका है। इसका कथानक महाभारत से लिया गया है। चक्रव्यूह रचकर कौरव अकेले अभिमन्यु की छल से हत्या करते हैं। रतन ने अभिमन्यु को केन्द्र में रखकर कुछ प्रश्न उठाए हैं, युद्ध में बर्बरता और नृशंसता रहेगी, फिर युधिष्ठिर ने उसे युद्ध के लिए क्यों भेजा? क्या उसकी मृत्यु अनिवार्य थी या वह चल रहे सत्ता के खेल में बलि का बकरा बना? अभिमन्यु की यह आशंका और पीड़ा आधुनिक है कि उसकी आहुति से कौन-सा प्रयोजन या आदर्श सिद्ध हुआ। शैलीबद्ध अभिनय पार्श्व-संगीत के साथ नवीन दृश्य परिकल्पना ने इस प्रस्तुतीकरण को ताजा, अधिक मँजा और प्रभावी बनाया है।

समारोह के अधिकांश निर्देशक, नाटक और प्रस्तुतीकरण भारतीय स्तर पर अपने कीर्तिमान स्थापित कर चुके हैं परन्तु कहीं-कहीं अकादमी की पूर्वग्रहपूर्ण नीति और मानदंड के दुष्परिणाम दिखाई दिए। अकादमी ने उन्हीं निर्देशकों-नाटककारों का चयन किया है जो अकादमी द्वारा सम्मानित थे। यह सही और उदार दृष्टिकोण नहीं है। इस योजना के तहत बृजमोहन शाह को निर्देशन-कार्य सौंपा गया। उधर आद्यरंगाचार्य के नाटक 'सुनो जनमेजय' (1964) को प्रस्तुत करने का निर्णय लिया गया। इस समीकरण का यह नतीजा निकला कि यह दायित्व शाह को सँभालना पड़ा। यह उनका कोई पुराना श्रेष्ठ प्रस्तुतीकरण न था बल्कि इसे उन्होंने पहली बार निर्देशित और प्रस्तुत किया। अपनी कोशिश के बावजूद

'सुनो जनमेजय' एक सार्थक और सन्तोषप्रद प्रस्तुतीकरण न हो सका। इसी प्रकार मधु राय द्वारा लिखित और सरिता जोशी द्वारा निर्देशित 'कुमारनी अगाशी' जैसे प्रस्तुतीकरण को इस समारोह में सम्मिलित करने का औचित्य दिखाई नहीं देता। प्रस्तुति-परिकल्पना में ग्लैमर तथा मोहक-रंजक तत्त्व और प्रणाली को अपनाया गया है। व्यावसायिक कुशलता के अतिरिक्त ऐसे थिएटर की अर्थवत्ता और उपयोगिता क्या है?

नाट्य-स्थितियों के दृश्यांकन में कुछ निर्देशक इतनी नवीन, मौलिक और नाटकीय दृश्य-योजना का विधान करते हैं कि उनकी सर्जनात्मक कल्पना से अभिभूत हुए बिना नहीं रहा जा सकता।

(1) 'चक्रव्यूह' में पीछे स्पॉटलाइट के नीचे एक धरातल पर खड़े अर्जुन सुभद्रा को चक्रव्यूह के रहस्य बता रहे हैं। आगे स्पॉटीलाइट के लाल घेरे में अभिमन्यु उसे ग्रहण कर रहा है। सारी स्थिति को संवेदना और सुरुचि से प्रस्तुत किया गया है। अपने-अपने रथ लेकर तेजी से निकलने और युद्ध के दृश्य बहुत सजीव और प्रभावी बने हैं।

(2) 'घासीराम कोतवाल' में प्रस्तुति के स्तर पर सर्वाधिक नवीन और नाटकीय हैं—इनसानी पर्दा जो अनगिनत दृश्यों में प्रकट विलीन होकर सामाजिक परिप्रेक्ष्य को विश्वसनीय बनाता है। कहीं कोरस, कहीं पर्दा, छोटी-मोटी टुकड़ियों में बिरादरी, कहीं चरित्र, कहीं भीड़ तथा और भी कितने। इनको प्राणवत्ता मिलती है सूत्रधार और गायक मंडली के निपुण हस्तक्षेप से।

(3) 'उरुभंग' में मृत्यु के निकट दुर्योधन की अन्तरात्मा जागती है जिसे 'थियम'—छाया-पात्र : सुयोधन के जरिए दोनों के द्वन्द्व को भावप्रवणता के साथ प्रस्तुत किया गया। माता-पिता, पत्नियाँ, अश्वत्थामा विशेष रूप से पुत्र दुर्जय से विवश दुर्योधन और दयालु सुयोधन की विदाई त्रासदी को मार्मिक बनाती है।

(4) 'जोकुमार स्वामी' में गौड़ती (विद्या) अपने पति गौड़ा के लिए भोजन लेकर खेत में जाती है। पूरे अनुष्ठान के साथ जोकुमार स्वामी पूजा के बाद घर के कम्बल लिपटा व्यक्ति उसे गौड़ा लगता है जिसे वह भोजन खिलाती है। वास्तव में वह उसके पति का शत्रु बसन्या था। उत्तेजित गौड़ती की पहली प्रतिक्रिया घृणा में होती है, जो पति की असलियत पता लगने पर वह प्रेम-समर्पण कर देती है। गौड़ती की बदलती मन:स्थितियों और उमड़ती भावनाओं को नृत्य, संगीत-अभिनय के अद्भुत संयोजन से साकार किया गया।

(5) नाटककार-निर्देशक हबीब तनवीर ने 18वीं सदी के बाजार की संरचना और संस्कृति का ऐसा बहुरंगी दृश्यांकन किया कि उसमें आम आदमी की पीड़ा और विवशता उजागर हो जाती है। इस सन्दर्भ में यह द्रष्टव्य है कि भारतेन्दु की 'अन्धेर' नगरी में 19वीं सदी के बाजार के चित्र 'आगरा बाजार' से मिलते-जुलते हैं।

(6) मूलभाव और स्थिति के अनुरूप गिनीपिग की पोलीथिन की दृश्य-परिकल्पना बहुत सादी और सार्थक सिद्ध हुई।

पिछले कुछ वर्षों से नाट्य-मनीषियों में चल रही यह बहस बकिसी सार्थक बिन्दु तक नहीं पहुँची कि भारतीय जीवन और समाज की सही तस्वीर पारम्परिक शैलियों के नए प्रयोग से की जा सकती है या उसके लिए यथार्थवादी पद्धति की विश्वसनीयता का सहारा लेना चाहिए। इस सिलसिले में यह समारोह एक ऐतिहासिक परिप्रेक्ष्य प्रदान करता है जहाँ दोनों प्रदर्शन-पद्धतियाँ अपनाई गईं। 'घासीराम कोतवाल', 'चक्रव्यूह', 'जोकुमार स्वामी', 'आगरा बाजार', 'हयवदन' में पारम्परिक रूढ़ियों के नए रचनात्मक संयोजन मिले, इनमें निर्देशक अधिक समर्थ रहे। 'उध्वस्त धर्मशाला', 'वाडा चिरेबन्दी', 'आधे-अधूरे', 'कुमारनी अगाशी' में महानगरों के मध्यम वर्ग का जीवन-यथार्थ है। इस सच्चाई से कैसे इनकार किया जा सकता है कि महानगरीय संवेदना की तीखी-पैनी अभिव्यक्ति के लिए यही पद्धति उपयुक्त है। दोनों पद्धतियों की अपनी परिधि है। जनजीवन की जन आकांक्षाओं की प्रस्तुति के लिए अपनी ही परम्पराओं में से गुजरना पड़ेगा। स्त्री-पुरुष के सम्बन्धों को लेकर लिखे गए नाटक 'आधे-अधूरे' और 'हयवदन' में कौन-सा अधिक प्रासंगिक और प्रभावी है, निर्णय लेना असम्भव नहीं!

अभिनय की दृष्टि से थिएटर के पुराने अनुभवी कलाकार और अधिक मँजे-सँभले सामने आए। जीवन-मर्म की गहरी पहचान और नैसर्गिक भाव-भंगिमाओं द्वारा इन्होंने अभिनय के नए कीर्तिमान स्थापित किए। मोहन अगाशे, श्रीराम लागू, उत्पल दत्त, कुलभूषण खरबन्दा, अमरीश पुरी, नसीरुद्दीन शाह ने अपनी-अपनी भूमिका को नई ऊष्मा और प्रतीति प्रदान की।

क्या इस समारोह को 'समकालीन या प्रतिनिधि' माना जा सकता है? 'चक्रव्यूह' को अपवाद समझें तो अधिकांश नाटक आठवें दशक के प्रारम्भ के हैं। भारतीय रंगमंच के उत्कर्ष में जिन प्रतिभाओं का निर्णायक योगदान है, उनके बिना इस समारोह को कैसे प्रतिनिधि कहा जा सकता है? कारण कुछ भी हो, अल्काज़ी, बादल सरकार, शान्ता गांधी, शीला भाटिया का अभाव समारोह की बहुत बड़ी सीमा है? नई पीढ़ी के निर्देशकों रंजीत कपूर, एम.के. रैना, प्रसन्ना को अनदेखा करना अन्याय कहा जाएगा! 'बेगम का तकिया', 'मुख्य मंत्री' (रंजीत), 'महाभोज' (अमाल), 'बकरी' (सथ्यु) जैसी प्रस्तुतियों को कोई भुला सकता है? प्रश्न समाप्त नहीं हो सकते, न विवाद। इतिहास में से गुजरते हुए सोचने के लिए उत्तेजित होना क्या समारोह के प्रयोजन को सिद्ध नहीं करता?

(हंस, 1990)

3

सवाल उठाते हैं रंग-महोत्सव

शताब्दी का अन्तिम वर्ष, व्यापक फलक पर चल रही बहुव्यापी 'अवसान' की परिचर्चा, स्फूर्तिहीन वातावरण, ऐसे समय (1999) में भारतीय रंग-महोत्सव के भव्य आयोजन को इतिहास की दिशा देने वाली घटना कहना अत्युक्ति न होगी। 32 दिन, 60 नाटक, 89 प्रदर्शन से सम्पन्न इस पहले समारोह का प्रबन्धन जिस दक्षता से किया गया, प्रेक्षकों और रंगप्रेमियों ने जिस उत्साह से इसमें शिरकत की, इस अनोखे सुखद अनुभव ने रंगजगत में नवजीवन का संचार किया। अगले वर्ष (2000) उसी कुशल नीति और व्यवस्था के साथ हुआ दूसरा भारंगम (भारतीय रंग-महोत्सव) यथेष्ट सफल रहा। 40 दिन चले इस भव्य कार्यक्रम में 83 नाटकों के 103 प्रदर्शन हुए। तामझाम तो वैसा रहा पर तीसरे रंग-महोत्सव (2001) की परिधि रही—24 दिन, 75 नाटक और 85 प्रदर्शन! इस तरह इन समारोहों ने रंग-प्रेमियों और कलाकारों को देश भर की थिएटर सम्बन्धी गतिविधियों से सीधे साक्षात्कार के दुर्लभ अवसर प्रदान किए और आश्वस्ति भरे वातावरण से समाहार किया। एक-दूसरे नजरिए से देखें तो ये रंग महोत्सव ऐसी आधार सामग्री के स्रोत हो जाते हैं जिसके जरिए भारतीय रंगमंच की विविध विशेषताओं का अनुशीलन किया जा सकता है।

सबसे पहले तीसरे भारंगम के दौरान इन समारोहों की मंद पड़ती आभा का अहसास हुआ। क्या भारंगम उपलब्ध प्रस्तुतीकरण का महज एक मेला है जिसका प्रयोजन स्थानीय रंगकर्म के प्रोत्साहन और प्रतिनिधित्व तक घिरा है? कुछ मजबूरियों से बचा नहीं जा सकता, भारंगम का दृश्यफलक व्यापक हो सकेगा। आँकड़ों का आतंक भी आएगा। तीन वर्षों के इन समारोहों में 217 नाटकों के 277 प्रदर्शन हुए। सरकारी रिपोर्ट का आभास देने वाले ये ब्योरे कुछ ऐसा गुमराह करते हैं जैसे भारतीय रंगमंच में कोई क्रान्तिनुमा परिवर्तन आ रहा है। भारंगम के अनुष्ठान मात्र रह जाने का भी खतरा है। समारोहों से जुड़ी ऐसी कमजोरियों का सामना तभी सम्भव है जब इन्हें प्रौढ़ और समृद्ध हो रहे भारतीय रंगमंच के बहुरंगी उत्कर्ष की कड़ी के रूप में रखा जाए। इस संकल्प के प्रति जितना निर्भ्रान्त और प्रतिबद्ध रहा जाएगा, चयन प्रक्रिया उतनी ही स्तरीय होगी। इस सन्दर्भ में यह याद रखना प्रासंगिक है कि संगीत नाटक अकादमी ने 50 के दशक से लेकर 80 के दशक तक, समय-समय पर कई संगोष्ठियों का आयोजन किया। इन अवसरों पर रंगमंच से सम्बद्ध सैद्धान्तिक और व्यावहारिक पक्ष की प्रतिभाओं ने पारम्परिक थिएटर और भारतीय रंगमंच की अस्मिता

के प्रश्न का सभी पहलुओं से मंथन किया। अपनी प्रकृति और प्रयोजन में ये महोत्सव उनसे स्वतंत्र नहीं हैं।

भारतीय रंगकला की अभूतपूर्व उपलब्धियों और उच्च प्रतिमान स्थापित करने और नूतन युग का सूत्रपात करने वाले नए रंग आन्दोलन में आज तीन पीढ़ियाँ सक्रिय हैं। पहली पीढ़ी की रंग विभूतियों के सामने कोई स्पष्ट दृष्टिपथ नहीं था परन्तु उनके स्वतः प्रेरित प्रश्नाकुल अन्तर्मन में प्रस्तुति-अन्वेषण की अनवरत व्यग्रता थी। वे कला, साहित्य, संस्कृति के गम्भीर अध्येता थे, उन्होंने कुछ क्लासिकल और कुछ कालजयी नाटकों के मंचन को एक चुनौती के धरातल पर उठाया। इन्होंने कहीं अन्तर्वस्तु और कहीं चरित्र के मानवीय आयाम खोज निकाले, भारतीय रंग-स्रोतों का आश्रय लिया और जिस मँजी कला और कल्पनाशीलता से उन्हें दृश्यात्मक अभिव्यक्ति दी, उसी का परिणाम है कि इनके प्राणवान प्रस्तुतीकरणों की रंगप्रभा आज भी फीकी नहीं पड़ी। असहमति होते हुए भी समान रंगभूमि पर खड़े कावलम पणिक्कर, उत्पल दत्त, हबीब तनवीर,ब.व. कारन्त, रतन थियम जैसे अद्वितीय निर्देशकों ने अपने मौलिक और अर्थवान रंगकर्म से यह सिद्ध कर दिया कि भारतीय रंग परम्परा में कितनी समृद्धि एवं सम्भावना है।

अपने तेजस्वी दृष्टिकोण के कारण दूसरी पीढ़ी की कार्यप्रणाली में विद्रोहपरक आत्मविश्वास आने लगा था। रंगकर्म के प्रति इनकी चिन्ता और सरोकार दूसरे प्रकार के थे। वे उसे सामाजिक प्रासंगिकता या सामाजिक हस्तक्षेप से अलग हटकर रखना ही नहीं चाहते थे। उन्हें विदित था और वे सावधान थे कि इस दिशा में बढ़ने से रंगकला सतही या एकरेखीय हो सकती है। इन निर्देशकों में सुरुचि और संवेदना का नैसर्गिक अनुपात था। उन्होंने गहन नाटकीय अनुभव प्रदान करने वाली नानाविध प्रस्तुतियों से रंगजगत को अभिभूत कर दिया। इस चरण में कई साहसी प्रयोग हुए, साथ ही सार्थक और सफल प्रस्तुतीकरणों की संख्या में बहुत वृद्धि हुई। इन्होंने थिएटर के लिए जीवन में, समाज में—विशेष रूप से मध्यम वर्ग में, रुचि और स्वीकृति तो पैदा की ही, साथ ही उसकी अपनी भूख जगाई। बहुमुखी विकास की दिशा में इस पीढ़ी का उल्लेखनीय योगदान है। इसलिए पहली पीढ़ी में अगर 5-7 अग्रणी निर्देशक थे तो अब इनकी संख्या 25-30 से कम न होगी। इधर नए अवसर खुलने लगे, इन प्रतिभाओं में आत्मतुष्टि की मनोवृत्ति पनपने लगी, और इसके फलस्वरूप निरन्तरता और निर्वाह की अन्दरूनी बेचैनी नहीं रही। संघर्ष और सोच की आन्तरिक लड़ाई भी कम होती गई। शायद इसीलिए इन जाने-माने प्रतिष्ठित निर्देशकों की जमा पूँजी में कुछ एक अविस्मरणीय प्रस्तुतीकरण ही आते हैं।

उपभोक्तावादी संस्कृति की निर्बाध लहर ने सभी स्थापित मूल्यों और पद्धतियों से जुड़ी अर्थवत्ता एवं मर्यादा पर सवालिया निशान लगा दिए। तीसरी पीढ़ी इसी परिवेश की उपज है जिसके अधिकांश कलाकार रंगकर्म का एक सीढ़ी के रूप में इस्तेमाल कर रहे हैं। संचार माध्यम के प्रचार-प्रसार के कारण, आश्चर्य है शिक्षण संस्थाओं में और बाहर, थिएटर की जरूरत और उपयोगिता बढ़ी है। इसीलिए थिएटर में सक्रियता आई है। बाजारवाद के दबाव से शौकिया थिएटर को विवश होकर प्रायोजित थिएटर का मार्ग अपनाना पड़ रहा है जहाँ सार्थकता गौण और सफलता धुरी बन गई है। ऐसे प्रतिकूल वातावरण ने कुछ ईमानदार

निर्देशकों को और भी दृढ़ तथा क्रियाशील किया है। इनके सामने दूसरी कठिनाई आई। जीवन में व्याप्त नई विस्थापित मानसिकता से उभरे संश्लिष्ट यथार्थ की अभिव्यक्ति किसी तयशुदा प्रदर्शन शैली में नहीं हो सकती। पारम्परिक परिपाटियों का आश्रय तो रहेगा परन्तु विभिन्न रंग रूढ़ियों के सुविधानुसार मिश्रण को रोका नहीं जा सकता। न पहले वाला चिन्तन-मनन सम्भव रहा और न शुचितावादी आग्रह। सुविधा और समझौतों के साथ अब रंगधर्म निभाने में कोई कठिनाई नहीं रही।

उपर्युक्त पृष्ठभूमि को सामने रखें तो चयन प्रक्रिया की गुत्थियों को समझना आसान होगा। इसे भारतीय रंगमंच का सौभाग्य ही कहना होगा कि अपनी गुणवत्ता के कारण पहली पीढ़ी रंगकर्म में आज भी इतनी समर्थ एवं सबल है कि उसके सम्मिलित हुए बिना किसी रंगोत्सव की परिकल्पना असम्भव है। तीसरी पीढ़ी के रंगकर्म में विस्तार तो आ गया है परन्तु चुनाव-योग्य प्रस्तुतियों की पहचान में कठिनाई नहीं आती। दूसरी पीढ़ी के लिए चाहे जैसे मानदंड निर्धारित कर लिए जाएँ, उसका चयन-क्रम आरोप-विवाद से मुक्त नहीं हो सकता। इसके बहुत स्पष्ट कारण हैं। भारंगम का आयोजन रा.ना.वि. कर रहा है। इस पीढ़ी के ख्यातिप्राप्त बहुसंख्य निर्देशक इस संस्था के वरिष्ठ स्नातक ही नहीं हैं बल्कि इन्होंने अपनी उपलब्धियों के बल पर सम्मान अर्जित किया है। इन्होंने इस माध्यम की शक्ति को पहचाना और उसे विशिष्ट गरिमा प्रदान की और समाज में उसके प्रति आदर-भाव पैदा किया। भारंगम में भाग लेने का गौरव कौन छोड़ेगा जबकि उसके साथ पर्याप्त अनुदान भी मिल रहा हो। एक उदाहरण काफी है। तीसरे महोत्सव में 10 से ऊपर ऐसे नाटक थे जिनके दो प्रदर्शन हुए। इसका औचित्य भी बनता है। विडम्बना यह है कि यहाँ चुनाव तो निर्देशक की प्रतिष्ठा को ध्यान में रखकर किया गया, प्रस्तुतीकरण को नहीं। अपेक्षित विवेकशीलता का पालन नहीं हुआ इसलिए कुछ प्रस्तुतियाँ कमजोर गईं। यहाँ तीनों पीढ़ियों के योगदान का मूल्यांकन अप्रासंगिक न होगा। पहली पीढ़ी के ऊँचे लक्ष्य थे और वैसी संकल्पनाएँ थीं। वे गौरव स्तम्भ साबित हुए। दूसरी पीढ़ी में मेधा और ऊर्जा थी, वह अपने आदर्शों को भूली नहीं, बदलना स्वाभाविक था। उसने रंगकर्म को नई चमक दी परन्तु वह अपनी आकांक्षाओं से उबर नहीं पाई। तीसरी पीढ़ी की उलझनें कम और रंगनिष्ठा नपी-तुली थी, थिएटर के प्रयोजन भी वही नहीं रहे।

इन रंग-महोत्सवों से वाजिब अपेक्षाएँ ही रखनी चाहिए। निर्देशन, अभिनय और प्रस्तुतीकरण के स्तर पर सफलताएँ कम नहीं हैं। नए प्रयोग, नई सम्भावनाएँ रंग परम्परा के विकास के मार्ग को प्रशस्त कर रही हैं। कुछ निर्देशकों ने विभिन्न पद्धतियों के मौलिक प्रयोग से अद्भुत दृश्य-संयोजन किए ताकि अन्तर्वस्तु के नए तात्पर्य खोजे जा सकें। एक प्रत्याशित परिवर्तन उल्लेखनीय है : वस्तुपरक यथार्थ के सघन तनाव को सम्प्रेषित करने की प्रदर्शन-क्षमता अब भारतीय दृश्य-कला का हिस्सा बन रही है। इसमें कोई सन्देह नहीं कि इन महोत्सवों में रा.ना.वि. का वर्चस्व रहा है, उसे शक्ति का स्रोत भी माना जा सकता है, परन्तु वह कमजोरी की रंगस्थली न बन जाए, इस खतरे से बचना इतना आसान नहीं है।

तीन वर्षों के रंग परिदृश्य में रा.ना.वि. के निर्माता-निर्देशक की अनुपस्थिति जरूर महसूस की गई।

(समकालीन, सितम्बर-अक्टूबर 2001)

4

निर्देशक पहले या नाटककार ?

नाट्य-लेखन और निर्देशन की सर्जनात्मक प्रक्रिया और प्रकृति समान नहीं हैं, एक में अन्तर्वस्तु प्रमुख है तो दूसरे में प्रस्तुति-कला। यह सही है कि दोनों का उद्देश्य एक सार्थक असरदार प्रस्तुतीकरण से सम्पन्न होता है। इस सिलसिले में ब्रेख्त की याद आना स्वाभाविक है जो इस शताब्दी के सिद्धान्तकारों में अपवाद कहे जाएँगे, जिनमें नाटक और रंगमंच के सभी पक्षों को नई अर्थवत्ता देने की अद्वितीय सोच और मूल्यवान दृष्टि थी। हमारे यहाँ इप्टा का आन्दोलन कुछ इस प्रकार प्रेरक और उत्तेजक सिद्ध हुआ, जिसने शम्भु मित्रा, उत्पल दत्त, बादल सरकार जैसी अनोखी प्रतिभाओं को उद्वेलित किया, जो दोनों धरातलों पर अपनी क्षमता के नए प्रतिमान स्थापित कर सके। हिन्दी में यह विशेषता हबीब तनवीर, लक्ष्मीनारायण लाल, सत्यव्रत सिन्हा, ब्रजमोहन शाह, सत्यदेव दुबे, बलराज पंडित में मिली परन्तु दो को छोड़कर इनकी पहचान निर्देशक-नाटककार के रूप में स्थापित हुई, न कि नाटककार-निर्देशक के रूप में।

'आइंस्टाइन' नाटक के रचयिता मोहन महर्षि इस सजगता के लिए साधुवाद के पात्र हैं कि वे जीवनीपरक नाटक के संरचनात्मक खतरों के प्रति सतर्क रहे हैं। आइंस्टाइन की विश्वख्याति और पहचान चूँकि सापेक्षता सिद्धान्त के कारण हुई, इसलिए लेखक ने अपने नाटक का आधार और सीमा इस अद्वितीय उपलब्धि तक रखा, जो उन्होंने 26 वर्ष की आयु में प्राप्त कर ली थी। औपचारिक शिक्षा और अनुशासन से हटकर सृष्टि के रहस्यों के प्रति जिज्ञासु और विज्ञान की खोज के प्रति अन्तर्निष्ठा और प्रतिबद्धता ने इस व्यक्ति को महान वैज्ञानिक बनाया। जीवनीपरक नाटक की एकरूपता, विस्तार, सूचनाओं की विवशताओं को नाटकीय आयाम देने के लिए लेखक ने तीन आइंस्टाइन—वृद्ध, नौजवान, बच्चा के साथ-साथ मौजूद रहने की नई उद्भावना की। नाटक का प्रारम्भ 68 वर्षीय प्रौढ़ आइंस्टाइन की पुनरवलोकन शैली से होता है जो एक कुशल सूत्रधार की तरह सारी स्थितियों का उपयुक्त परिप्रेक्ष्य देता है। वृद्ध के बच्चा और वृद्ध के नौजवान आइंस्टाइन के साथ संवाद से जीवन-प्रसंग नाटकीय अनुभव का आकार लेने लगते हैं। बालक निरीह भाव से सीधे-सच्चे सवाल पूछता है, नौजवान गम्भीर और अर्थपूर्ण है। वयभेद के ये तीन पात्र विज्ञान को समझने के तीन स्तर एवं प्रयोग हैं। इसे यूँ भी कह सकते हैं कि जिज्ञासा और बौद्धिक विमर्श की तीन अवस्थाएँ हैं। तीनों स्वतंत्र हैं और

तीनों की उपस्थिति का दृश्य-संयोजन अन्त तक बना रहता है। इस प्रकार की दृश्य-संरचना ने कार्य-व्यापार को नई भंगिमा और विश्वसनीयता प्रदान की है। इस प्रक्रिया से अन्तर्वस्तु नाटकीय मुहावरे में अपेक्षित प्रभाव उत्पन्न कर सकी है। इस सन्दर्भ में यह उल्लेखनीय है कि विज्ञान की ऐतिहासिक पृष्ठभूमि देते हुए वृद्ध आइंस्टाइन नाटक में अग्रणी भूमिका तो निभाते ही हैं, निरपेक्ष सिद्धान्त का पालन करते हुए वह अपने चरित्र से बाहर निकलकर एक समर्थ टिप्पणीकार के नाते सारे कार्य-व्यापार को एक विन्यास, गति और प्रयोजन देते हैं। इस प्रकार अपनी निरन्तर उपस्थिति से वह नाटकीय प्रभाव को सम्पूर्णता प्रदान करते हैं। अब यह महसूस नहीं होता कि यह आलेख 26 वर्षीय आइंस्टाइन की जीवन सफलता तक सीमित है।

वैज्ञानिक की हैसियत से आइंस्टाइन के सपनों और संघर्षों पर पूरा ध्यान दिया गया है। नाटक में स्वप्नदृश्य की परिकल्पना प्रासंगिक और उपयोगी है। विश्व के दस श्रेष्ठ वैज्ञानिकों के साथ संवाद स्वाभाविक भी है और लाभकारी भी। अपने पूर्ववर्ती वैज्ञानिकों के प्रयोग, शोध, सफलता-विफलता से गुजरना आइंस्टाइन को दृष्टि-सम्पन्न बनाता है। अपने अध्ययन-अन्वेषण के बारे में अपने नजदीकी दोस्तों—मार्शल, मैक्स, माइकल बैसो के साथ बौद्धिक-विमर्श तो होना ही था, दो-एक जगह इन जोशीली बहसों की चमक नए प्रकार का नाटकीय अनुभव ला देती है। इसी आशय से 'ओलंपिया एकेडेमी' को एक ऐसा मंच बनाया गया, जिसमें आइंस्टाइन अपने साथियों के बीच विज्ञान की नहीं, साहित्य, दर्शन, संस्कृति आदि के बारे में विचार-विमर्श कर सके। निजी जीवन के शून्य को भरने, प्रेरणा और विश्वास का पारिवारिक वातावरण बनाने की दिशा में जीवन-संगिनी मिलिवा ने सहयोग और समर्पण भावना का पूरा दायित्व निभाया।

एक पुराने अभिनेता और दक्ष निर्देशक होने के नाते मोहन महर्षि सधे-मँजे संवाद-लेखन में अपनी क्षमता का परिचय देते हैं। शिशु के सीधे-सहज सवाल, नौजवान का विश्वास और उमंग, दोस्तों के बीच नोक-झोंक, प्रौढ़ के तत्त्वपूर्ण कथन, मिलिवा की निर्व्याज अभिव्यक्ति, आन्तरिक उथल-पुथल और आकांक्षाओं को प्रकट करने वाले एकालाप ने नाटकीय अनुभव को असरदार बनाया है।

लेखक की भाषा-दृष्टि में कई तरह के अन्तर्विरोध हैं। उर्दू शब्दावली के लय-विधान को अपनाने में क्या आपत्ति हो सकती है परन्तु नाटक की विषयवस्तु संश्लिष्ट और जटिल है, इसलिए ज्यादातर फारसी के दुरूह शब्दों का सहारा लिया गया है या अंग्रेजी का या कहीं तत्सम शब्दों का। विज्ञान की स्थापनाओं, पुस्तकों, प्रयोगों, फार्मूलों के नाम अंग्रेजी में होंगे ही, और दुर्बोध भी होंगे परन्तु इसका दूसरा पक्ष यह है कि प्रेक्षक इतना तो जान-समझ जाए कि सापेक्षतावाद सिद्धान्त है क्या? ऐसी कोई कोशिश नहीं की गई। सामान्य प्रेक्षक को बस इतना पता लगता है कि वह किसी विलक्षण प्रतिभा की विरल उपलब्धि को देख-सुन रहा है। आत्मीय क्षणों में, अपने प्रिय को गिलहरी, मेढकी, बिल्ली जैसे सम्बोधन चौंकाने वाले हैं। गाली के रूप में फिलिस्तीनी के प्रयोग को उचित ठहराना मुश्किल है। अंग्रेजी के असंयत प्रयोग ने विचित्र असन्तुलन ला दिया है। भाषा का सम्बन्ध मात्र सम्प्रेषण तक नहीं है, उसके संकेत-सन्दर्भ जीवन के कई

पहलुओं को छूते हैं। असल में भाषा-नीति को लेकर अपेक्षित सोच और सन्तुलन का अभाव है।

ब्रेख्त ने अपने नाटक 'गैलीलियो' में अपने समय और समाज के ऐतिहासिक दबावों के परिप्रेक्ष्य में गैलीलियो के जीवन-संकट प्रस्तुत किए हैं, जबकि मोहन महर्षि की पूरी क्षमता की दिशा कलात्मक-मँजाव और मंच-प्रभाव के इर्द-गिर्द रही। अपनी इन सीमाओं के बावजूद चूँकि एक अछूते विषय को उठाया गया है, और जिसके प्रस्तुतीकरण को पर्याप्त कामयाबी मिली है, ऐसे नाटक का स्वागत करना होगा।

लोक कलाकार महेंदर मिसिर के जीवन पर आधारित रवीन्द्र भारती के नाटक 'कम्पनी उस्ताद' में व्यक्ति और समाज के सम्बन्धों और अन्तर्विरोधों को साफगोई से प्रस्तुत किया गया है। सर्जक-प्रकृति के महेंदर मिसिर संगीत में ही अपने जीवन की सार्थकता देखते रहे। जन्म से ब्राह्मण होते हुए भी वे समाज के रीति-रिवाजों और अच्छाई-बुराई की मर्यादाओं से अछूते हैं। बहुत हिम्मत कर गाँव में संगीत विद्यालय खोला और उसके मास्टर जी बन बैठे। न उनके परिवार ने इस कदम को स्वीकारा और न 'इज्जत-आबरू' में पड़े गाँव के सामन्ती समाज ने। उन्हें गाँव छोड़ना पड़ा, कलकत्ता में एक सेठ के यहाँ दरबान का काम मिला। शहर की मशहूर वेश्या सोनाबाई उनकी स्वर-साधना पर मुग्ध हो गई और उन्हें अपना उस्ताद बना लिया। ऐसे 'भ्रष्ट' दरबान को नौकरी पर कैसे रखा जा सकता है—इसी बीच कम्पनी उस्ताद क्रान्तिकारियों के सम्पर्क में आए और सब भूलकर जन-जागृति के गीत-संगीत में जुट गए। इसी उमंग में जाली नोट की मशीन लगा ली, ताकि क्रान्तिकारियों की मदद हो सके। यही नहीं, दबे-घुटे जरूरतमन्द गरीब-गुरबा का भी फायदा हो जाए। इन अनुभवों से कम्पनी उस्ताद को सत्ता और समाज की शोषण-प्रक्रिया समझ में आने लगी। जाली नोट बनाने के अपराध में जेल जाना पड़ा। वहाँ के एकान्तवास में आत्मालोचन का दौर आया और वे 'स्वार्थसत्ता' से हटकर 'लोकसत्ता' की ओर बढ़ते गए।

किसी भी विकसनशील समाज की सांस्कृतिक उन्नति में कलाओं का कितना महत्त्वपूर्ण स्थान होता है, पर कितनी बड़ी विडम्बना है कि इन कलात्मक रुचियों के प्रति वह जड़ ही नहीं, क्रूर रहा है। कम्पनी उस्ताद बार-बार अपमानित और निष्कासित हुए। उन्हें 'रंडीबाज', 'आवारा' और 'फ्रॉड' कहा गया। पर आश्चर्य है, कम्पनी उस्ताद को किसी से कोई शिकायत या द्वेष नहीं रहा। वे जिस निर्मल भाव से कलाकर्म के प्रति समर्पित हैं, उसी निश्छल भाव से आपसी सम्बन्धों को मानवीय धरातल पर निभाते हैं। वे सहृदय, संवेदनशील और उदार हैं, जबकि धर्म, समाज और सत्ता के सामने वे अपराधी हैं। कम्पनी उस्ताद इस नियति के लिए अभिशप्त हैं। उनकी त्रासदी को रोका नहीं जा सकता। यही इस आलेख की शक्ति है।

वस्तु विन्यास और चरित्र-विकास की दृष्टि से महेंदर मिसिर की जीवन-यात्रा में पूरे समाज को समेटा गया है—पुजारी, महन्त, जमींदार, लठैत, मेला, छोटे तबके के लोग, वेश्याएँ, शहर में सेठ, मुनीम, दरबान, फिरंगी, क्रान्तिकारी, पुलिस, जाली नोट

की मशीन, खुफिया इंस्पेक्टर आदि। तीन अध्यायों और 19 दृश्यों में विभाजित इस नाटक में छोटी-बड़ी सभी स्थितियों को उठाया गया है जो पूरी व्यवस्था की कार्य-प्रणाली को व्यंजित कर सकें। इसीलिए पात्र संख्या भी कम नहीं है। अपने प्रयोजन को पूरा कर रहे ये इकहरे पात्र साधारण होते हुए भी अर्थवान और जरूरी हैं। नाटक की धुरी होने के नाते कम्पनी उस्ताद कार्य-व्यापार को गति और दिशा देता है। समाज की प्रतिगामी शक्तियाँ और कम्पनी उस्ताद का प्रगतिशील साहस नाटकीय संघर्ष को पुष्ट आधार प्रदान करते हैं।

इस आलेख की बुनावट लोकशैली के अनुरूप हुई है। सूत्रधार, कोरस, जोकर आदि लोकजीवन की धड़कन को सजीव बनाते हैं। इनके प्रयोग में एक सधा-मँजा हाथ नजर आता है। इससे कहीं-कहीं खुलापन नहीं रहा। समापन दृश्य में कम्पनी उस्ताद के सपनों को लेकर अजहराबाई, सोनाबाई के एकालाप का प्रयोग नया तो है ही, चाँद के बिम्ब को नूतन आयाम मिला है।

इस नाटक की वास्तविक शक्ति 'पुरबिया' बोली के प्रयोग में है, जिसकी सहज व्यंजनापूर्ण शैली ने लोकभूमि और लोकभाव का तेवर ला दिया है। स्थानीय बोलियों की व्यंजनाएँ और प्रवाह नाटकीय आस्वाद को गहरा बनाते हैं। वही लहजा, वही लय, वही उच्चारण, वही मिजाज, वही धार और वैसे ही संवाद। पात्र भेद और स्थान भेद का ध्यान रखा गया है। लोकगीतों के प्रयोग और कुछ बीज शब्दों के नए नाटकीय संकेत दिए हैं। लगता है शहरी दर्शक को सामने रखकर शिल्पगत मँजाव किया गया है। अपनी सीमाओं में इस आलेख की ताकत और ताजगी लोकशैली और भाषा में है।

संगीत नाटक अकादमी के राष्ट्रीय समारोह—1985 में 'रामलीला' की स्पष्ट पर प्रबल अन्तर्वस्तु और सादे पर असरदार प्रस्तुतीकरण की चर्चा रही। साम्प्रदायिक वैमनस्य को भड़काकर दोनों धर्मों के सम्पन्न व्यापारी और पुजारी अपनी स्वार्थसिद्धि और प्रभुता के लिए साँठ-गाँठ कर रहे हैं, चाहे दंगों में साधारण तबके की बस्तियाँ जला दी जाएँ या उनकी जानें झोंक दी जाएँ, दूसरी ओर इस समाज के सच्चे-सीधे लोग 'रामलीला' के मंचन के जरिए मिलजुलकर जीने और आपसी भाईचारे का सुख पाने के लिए अभ्यस्त हो रहे हैं। इनके लिए 'रामलीला' मात्र धार्मिक त्योहार नहीं रहा, वह एक ऐसा उत्सव है, जिसमें कला-संगीत के संसार में रहकर मानवीय सौहार्द और विश्वास बढ़ता है। इकहरे पात्र, तीखी स्थितियाँ, सपाटबयानी को विशिष्ट अर्थवत्ता दी गई, इसलिए आलेख में दृश्य-प्रभाव की क्षमता आ गई है परन्तु समाधानपरक दृष्टिकोण इस आलेख की बहुत बड़ी सीमा है। एक हत्या और उसके बाद हृदय-परिवर्तन की नीति आज फार्मूला लगते हैं। कुशल दृश्य-संयोजन से नाटकीय-दबाव बना रहता है परन्तु इप्टा के कलाकार होने के नाते राकेश सोद्देश्यता की सीमाओं से उबर नहीं सके।

ओड़िया नाट्य-जगत के सुपरिचित नाटककार अक्षय कुमार मोहन्ती ने अपने नाटक 'विक्रमादित्य का सिंहासन' में मौजूदा पतनशील व्यवस्था में राजनेता की बेहतर छवि

प्रस्तुत करने की कमजोर कोशिश की है। सत्ता पर प्रतिष्ठित होते ही मंत्री के अधिकार और व्यवहार एकदम बदलने लगते हैं, जैसे पूरा तंत्र किसी कायदे-कानून पर नहीं, केवल उनकी सुविधा या आकांक्षा-पूर्ति के लिए चल रहा है। मंत्री के बेटे के गुम होने पर सारे प्रशासन को उसे ढूँढ़ने में लगाकर, घरवालों ने बहुत असंयत आचरण का परिचय दिया। और, जिन असामाजिक तत्त्वों की मदद से आप जीतकर मंत्री बने हैं, वे अपनी स्वार्थसिद्धि के लिए आपको तो घेरे रखेंगे ही। अपने राजनैतिक भविष्य के लिए पूर्व-प्रतिद्वन्द्वी के विरुद्ध एक झूठी जाँच-पड़ताल तो करनी पड़ेगी। नौकरशाही को आपके इशारों पर चलना होगा। इस सामयिक अन्तर्वस्तु को दिलचस्प नाटकीय स्थितियों और गतिशील पात्रों से गूँथा गया है। कमरे में लगी एक खास पेंटिंग को एक मंच युक्ति के रूप में इस्तेमाल किया गया है,जिसको सम्बोधित कर, एकालाप विधि में, मंत्री अपनी अन्तश्चेतना का अनावरण करता है। अन्त में, मंत्री अपने आचरण से यह महसूस करता है कि वह विक्रमादित्य के सिंहासन के योग्य नहीं है, इसलिए वह उससे अलग हो जाता है। नाटक की संगतिहीन परिणति में न तो अपेक्षित विश्वसनीयता है और न कोई अन्तर्दृष्टि। दरअसल मोहन्ती की दिलचस्पी नाटकीय अनुभव को सधा, मँजा तथा प्रभावी बनाने में लगी रही है। मौलिकता का आस्वाद देने वाला हिन्दी अनुवाद अवश्य एक उपलब्धि है।

'आठ असमिया एकांकी और पियली फुकन' में सम्पादक प्रफुल्ल दत्त गोस्वामी ने असमिया एकांकी साहित्य से नए-पुराने उन आठ एकांकियों को चुना जो अपनी रचनात्मक क्षमता और कलात्मक नवीनता के कारण आज भी जीवन्त और असरदार हैं। व्यक्ति, समाज, राजनीति, इतिहास के विविध प्रसंगों और विभिन्न चरित्रों में गुँथे ये एकांकी स्थानीय व्यवहार और मिजाज को प्रकट करते हैं और इस तरह अपनी पहचान बनाते हैं। 1857 के स्वाधीनता संग्राम से भी पहले 1830 में क्रान्तिकारी युवक पियली फुकन और उनके साहसी साथियों ने देश से अंग्रेजों को निष्कासित करने के मकसद को पूरा करने के लिए उनके बारूद-घर को आग लगाते हुए अपने जीवन की आहुति दी। ऐसे भावोत्तेजक विषय पर लिखे इस पूरे नाटक को इस संकलन की उपलब्धि कहना उचित होगा। ये एकांकी समय-समय पर आयोजित नाटक समारोहों में मंच-प्रभाव छोड़ चुके हैं, कुछ आकाशवाणी से प्रसारित हुए। असमिया समाज जिन बाहरी-भीतरी संघर्षों से गुजरा है, ये नाट्य-कृतियाँ उनका प्रतिनिधित्व करती हैं, दूसरे स्तर पर, भारतीय जीवन में आ रहे बदलाव और प्रगतिशील आकांक्षाओं को पुष्ट करती हैं। प्रारम्भ में विवेचनात्मक भूमिका और अन्त में परिशिष्ट जोड़कर सम्पादक ने इस संकलन की उपयोगिता को बढ़ाया है। अपने सहज प्रवाह और प्रभाव के कारण हिन्दी अनुवाद आश्वस्त करता है। नेशनल बुक ट्रस्ट साधुवाद का पात्र है।

हिन्दी रंगमंच की बढ़ती माँग को ध्यान में रखें तो इन बहुमुखी और बहुरंगी नाट्य-कृतियों की उपयोगिता देखी जा सकती है।

चर्चित पुस्तकें

आइंस्टाइन : मोहन महर्षि, वाणी प्रकाशन, नई दिल्ली-110002; संस्करण 1996

कम्पनी उस्ताद : रवीन्द्र भारती, राधाकृष्ण प्रकाशन, नई दिल्ली-110002; संस्करण 1996

रामलीला : राकेश, राधाकृष्ण प्रकाशन; संस्करण 1997

विक्रमादित्य का सिंहासन : अक्षय कुमार मोहन्ती, हिन्दी अनुवाद : शंकरलाल पुरोहित; प्रवीण प्रकाशन, नई दिल्ली-110030

आठ असमिया एकांकी और पियली फुकन : सम्पादक : प्रफुल्ल दत्त गोस्वामी अनुवाद : नवारुण वर्मा; नेशनल बुक ट्रस्ट, नई दिल्ली-110061

(समकालीन भारतीय साहित्य, 1997)

5

'रंगमंच हमेशा उनके मन के कोने में बना रहा'

विभिन्न साहित्यकारों के सम्पूर्ण साहित्य के प्रकाशन की परिपाटी अब नई नहीं रही। अनवरत चल रहा इन ग्रन्थावलियों का प्रकाशन सराहनीय तो है ही, वस्तुतः इनकी महत्ता केवल दस्तावेजी नहीं रही, ये सन्दर्भ ग्रन्थ का भी काम करती हैं। इधर बाजार की हालत यह है कि 1960-70 तक प्रकाशित कई महत्त्वपूर्ण पुस्तकें दुर्लभ होती जा रही हैं। ये रचनावलियाँ इस कमी को दूर करती हैं। किसी भी लेखक की रचना के प्रकाशन समय और उस रचनाकार की रचनावली के प्रकाशन-समय में कई बरसों का अन्तराल रहता है। यह अन्तर मात्र कुछ बरसों का नहीं रहता, दरअसल समय की गति के साथ सोच और नजरिए में बदलाव आने लगता है। उत्तर-आधुनिकता के इस दौर में रचना के पाठ पर बल दिया जा रहा है और उसी को आधार बनाकर रचना/रचनाकार का आकलन होने लगा है। कुछ बरस बीत जाने के बाद वस्तुस्थिति बदली हुई होती है और दृष्टिकोण भी। इस सूरत में नए पाठ या पुनर्पाठ की सम्भावनाएँ खुलने लगती हैं। पहले मात्र एक कृति की समीक्षा हुआ करती थी, अब सम्पूर्ण साहित्य के व्यापक फलक पर रचना / रचनाकार को परखा जाएगा, जाहिर है, यह बेहतर होगा। रचनावलियाँ रचना और रचनाकार के नव मूल्यांकन की सम्भावनाओं के द्वार खोलती है। रचनावलियों के प्रकाशन से शोध के लिए नए विषय मिलते हैं, कुछ नए मुद्दे या सवाल भी उठते रहते हैं।

कल्पना साहनी ने भीष्म साहनी के समस्त नाट्य-लेखन-रूपान्तरों को दो खंडों में विभाजित किया है। 'सम्पूर्ण नाटक-1' में भीष्म साहनी के मौलिक नाटक संकलित हैं— 'हानूश', 'कबिरा खड़ा बाजार में', 'माधवी', 'मुआवजे', 'रंग दे बसन्ती चोला', 'आलमगीर'। ये छह नाटक 1977-1999 की अवधि में लिखे गए। इस खंड के प्रारम्भ में एक उपयोगी भूमिका—'रंगमंच और मैं' शामिल की गई है। इन नाटकों के कथानक इतिहास से अवश्य लिये गए हैं परन्तु रूढ़ अर्थों में इन्हें ऐतिहासिक नाटक मानना ठीक न होगा। 'सम्पूर्ण नाटक-2' में भीष्म साहनी की चौदह चुनी कहानियों के रेडियो/टीवी नाट्य रूपान्तरण संकलित हैं—'दावत', 'साग-सीट', 'अहंब्रह्मास्मि', 'निमित्त', 'खिलौने', 'आवाजें', 'झूमर', 'झुटपुट', 'मकबरा शाहशेर अली', 'गंगो का जाया', 'खून का रिश्ता', 'समाधि भाई रामसिंह', 'तद्गति' और 'कंठहार'। रूपान्तरण-प्रक्रिया में भीष्म साहनी के नाट्य-तत्त्वों और उनके विन्यास के प्रति जागरूक रहे हैं, इसलिए कहानियों के नाट्यान्तर

नाटकीय दृष्टि से कमजोर नहीं रहे। नाटकीय प्रभाव को तीव्र करने के लिए इधर-उधर परिवर्तन भी किए गए।

भीष्म साहनी एक सुलझे प्रतिबद्ध किस्म के विशिष्ट नाटककार हैं। उनकी विशिष्टताएँ दिलचस्प पर उल्लेखनीय हैं। कथा जगत में अपनी अच्छी पहचान बना चुके हैं और उसमें प्रतिष्ठा पा रहे एक कथाकार का जीवन की प्रौढ़ अवस्था-52 वर्ष की आयु में नाट्य-लेखन जैसी चुनौतीपूर्ण विधा की ओर मुड़ना एक ऐसा सवाल है, जिसे अनदेखा नहीं किया जा सकता। भीष्म साहनी पर कुछ युग की परिस्थितियों का दबाव था, कुछ वैयक्तिक कारण भी जिम्मेदार थे। यह वह दौर था, जब देश में इमरजेंसी का जमाना था, किताबें सेंसर हो रही थीं। निरंकुश दमन के कारण चारों ओर वातावरण में उत्तेजना और आक्रोश छाया रहता था। साहित्यिक समाज में प्रतिरोध की आवाज मुखर हो रही थी। अपने नैतिक और सामाजिक दायित्व के प्रति सजग और संवेदनशील होने के नाते भीष्म साहनी ने 'हानूश' (1977) जैसी प्रासंगिक नाट्य-कृति के लेखन से नाट्य-जगत में प्रवेश किया। भीष्म साहनी को 'हानूश' की कथा इतनी सामयिक और उत्प्रेरक लगी, जैसे वे इसी अवसर की तलाश में हों। घड़ीसाज हानूश कई बरसों की मेहनत के बाद एक मीनारी घड़ी बना पाता है, जो चेकोस्लावाकिया की राजधानी प्राग में लगने जा रही है। सब लोग खुश हैं और हानूश को बधाई दे रहे हैं। बादशाह को इस घड़ी पर और घड़ीसाज पर गर्व है। वह अपना एकाधिकार चाहता है, इस तरह की घड़ी शत्रु देश के पास तो बिलकुल नहीं होनी चाहिए। हानूश एक मामूली कारीगर है, जिसे अपनी कामयाबी के दिन कैसा पुरस्कार मिला—बादशाह उसकी दोनों आँखें फोड़ देने के आदेश देते हैं ताकि नई घड़ी बनाने की सूरत न रहे। एक सरल-निरीह कारीगर की ऐसी क्रूर नियति। सत्ता को उसकी कला और योग्यता से अब खतरे दिखाई देने लगे। सत्ता के ऐसे निर्मम आदेश इमरजेंसी के दौरान अक्सर सुनाई देते थे। सत्ता के बनावटी सभ्य मुखौटे को उघाड़ने और एक अदना आदमी की त्रासदी को भीष्म साहनी ने बहुत संवेदनशीलता से दृश्यांकित किया है। 'कबिरा खड़ा बजार में' (1981) कथ्य और शिल्प के स्तर पर एक भिन्न आकार-प्रकार का विद्रोह-मूलक नाटक है। मध्यकाल के कबीर को आधुनिक प्रगतिशील प्रकाश में प्रस्तुत किया गया है। जीवन और समाज की स्थितियाँ यथार्थमूलक और विश्वसनीय हैं। कबीर के पदों की अन्तर्निहित शक्ति मुखरित हुई है। लेखन और मंचन पर गहरी छाप छोड़ देने वाला 'कबिरा' के रिकॉर्ड प्रदर्शन हुए। 'माधवी' (1989) को जीवन की विडम्बनापूर्ण स्थितियों से हर बार गुजरना पड़ता है। माधवी सजग है, आधुनिक है, उसके प्रेम में विश्वास और विवेक है, परन्तु पुरुष की अवसरवादी मनोवृत्ति के आगे उसे बार-बार हार सहनी पड़ती है। व्यक्ति-सत्ता की खोज से पीड़ित माधवी पुरुष के विधान में लगातार प्रताड़ित होती रही, वह इस समाज में असहाय और अकेली है, उसकी त्रासदी भिन्न प्रकार की है। 'मुआवजे' (1993) साम्प्रदायिक दंगों को निमित्त बनाकर मुआवजे देने की प्रचलित परिपाटी कैसी विसंगत स्थिति खड़ी कर देती है। 'मुआवजे' हल्का-फुल्का नाटक है। 'रंग दे बसन्ती' (1996), 'आलमगीर' (1999) भी भीष्म साहनी की अन्य नाट्य कृतियाँ हैं। भीष्म साहनी ने अपने कथानक के चयन में इतिहास और पुराण का आश्रय अवश्य लिया परन्तु पाठ के स्तर पर भी उनके नाट्यालेख

समकालीन परिप्रेक्ष्य और आधुनिक तात्पर्य देने की अद्वितीय क्षमता रखते हैं। नाट्य-लेखन की प्रक्रिया के दौरान कथाकार साहनी सहायक रहे हैं। इसका नतीजा यह निकला कि भीष्म साहनी ने नाटक व कथानक के स्तर पर सुबद्ध और प्रभावशाली हैं।

भीष्म साहनी के परिवार और रंगकर्म के बीच गजब का समीकरण था। भीष्म साहनी और रंगकर्म के रिश्तों की बुनियाद इन्हीं दिनों पड़ी। किशोरावस्था में भीष्म साहनी पर पहला असर आर्य समाज का पड़ा। जिसने उनके मन में थिएटर द्वारा सामाजिक जागृति की प्रेरणा दी। सारा परिवार इस प्रोग्राम में डूबा रहता था। अभिनय भीष्म साहनी खूब मन से करते थे। कॉलेज में भी थिएटर चला, उत्तरोत्तर रुझान बढ़ा और परिपक्वता आई। बड़े भाई बलराज साहनी की यहाँ अग्रणी भूमिका की चर्चा करने की आवश्यकता नहीं है। इप्टा का प्रचार और प्रभाव एक देशव्यापी आन्दोलन की सूरत ले चुका था। इस लहर में बलराज साहनी सक्रिय थे। पढ़ाई खत्म होने पर भीष्म साहनी बड़े भाई के पास बम्बई आ गए, वे 1946-50 तक इस आन्दोलन की गतिविधियों में भाग लेते रहे। इस रंगकर्म से उन्होंने बहुत सीखा और समझा। सामाजिक बदलाव के सन्दर्भ में थिएटर की अर्थवत्ता की बात भीष्म साहनी के लिए कोई नई नहीं रही। रंग-संस्कार इसी मनोभूमि पर पल्लवित हुए। रंगकर्म अब भीष्म साहनी की अभिरुचियों तक सीमित नहीं रहा, उसकी जड़ें सर्जनात्मक स्तर तक जम चुकी थीं—'रंगमंच हमेशा उनके मन के कोने में बना रहा।' ध्यान रहे, 1953 में उनका पहला नाटक नहीं, कहानी संग्रह प्रकाशित हुआ, यह सिलसिला 1998 तक चला और उपन्यास लेखन 2002 तक। 1957-63 तक रूस में रहकर उन्होंने अनुवाद कार्य किया। 1963-64 में दिल्ली के एक कॉलेज में प्राध्यापक नियुक्त हुए और अन्त तक यहीं रहे। दिल्ली में उनके रंगजगत से रिश्ते ताजा होने लगे। 1970 के आसपास भारतीय नाट्य-लेखन और भारतीय रंगकर्म दोनों में उत्कर्ष की विलक्षण लहर आई। भीष्म साहनी इसके साक्षी थे, रंग-संस्कार थे, परिपक्व थे, परिस्थितियाँ थीं, उनका इस लहर से अनुप्रेरित होकर नाट्य-लेखन में प्रवेश ऐतिहासिक महत्त्व रखता है। कथ्य और शिल्प की दृष्टि से भीष्म साहनी के नाटक स्तरीय और सार्थक हैं।

सुपरिचित कथाकार भीष्म साहनी के सारे नाटकों/नाट्य रूपान्तरों का दो खंडों में प्रकाशन कर कल्पना साहनी ने एक प्रशंसनीय कदम उठाया।

(समीक्षा, 2012)

6

दृश्य-रचना : प्रेक्षक का प्रतिपक्ष

नटरंग का रंगशिल्प विशेषांक सदा की तरह देर-सवेर से प्रकाशित होने की सब नाराजगियाँ दूर करता हुआ उपयोगी तथा महत्त्वपूर्ण सामग्री द्वारा कई विचारोत्तेजक बिन्दु दे जाता है। यूँ अंग्रेजी में रंगशिल्प पर बहुत-सी किताबें उपलब्ध हैं परन्तु वे उतनी ही कम प्रासंगिक हैं। हिन्दी में इस विषय पर जो थोड़ा-बहुत लिखा गया है, उसकी विवेचन-प्रणाली सामान्य अधिक है। नटरंग के इस अंक में हिन्दी रंगमंच और उसकी महत्त्वपूर्ण प्रस्तुतियों को ध्यान में रखते हुए पहली बार रंगशिल्प की स्थिति और सीमा का व्यावहारिक धरातल पर अध्ययन किया गया है। इस अंक के लेखक प्रतिष्ठित निर्देशक एवं कुशल दृश्य-रचनाकार हैं, जो स्वतंत्र रूप से सोचने-समझने और प्रयोग करने के लिए सुपरिचित हैं। परन्तु इनकी निरूपण-दृष्टि इतनी स्पष्ट एवं युक्ति-युक्त है कि इनका विवेचन प्रस्तुतीकरण के बाद की सूझ-बूझ एवं तर्क का परिणाम लगता है। इनके वक्तव्य व्यक्ति-केन्द्रित हो जाने के कारण रंगशिल्प से जुड़े सवालों का वस्तुगत या सैद्धान्तिक अध्ययन नहीं करते। निर्धारित सीमारेखाओं में विश्लेषण हुआ है, इसलिए इनके मंतव्य एकपक्षीय हो गए हैं। ऐसी सूरत में प्रेक्षक के प्रतिपक्ष को जानना जरूरी है।

आज निर्देशक के सामने एक महत्त्वपूर्ण प्रश्न यह है कि आलेख की अपेक्षाओं को देखते हुए सारे प्रस्तुतीकरण में यथार्थ और यथार्थ के भ्रम में कितना और कैसा अनुपात रखा जाए। इसका न तो कोई शास्त्र है और न कोई व्याकरण। यह मात्र निर्देशक की कल्पना और सर्जनात्मक क्षमता से मूर्त होता है। होता यह है कि दृश्यबन्ध, दृश्य-सामग्री, वेशभूषा, प्रकाश-व्यवसथा में निर्देशक कभी तो बहुत तथ्यपरक एवं वास्तविक होने लगते हैं, और कभी 'भ्रम' का निर्वाह भी नहीं रखते। यथार्थ और उसके 'भ्रम' के बीच सन्तुलन न रहने से न उसका स्वरूप या पैटर्न बनता है, और न आवश्यक अन्विति एवं लय। तब सुरक्षित स्थिति है, शैली और शिल्प का आश्रय लेना।

जाने-अनजाने निर्देशक कथ्य के स्थान पर फार्म को महत्त्व देने लगते हैं, संवाद और अभिनय गौण होने लगते हैं। बरनम वन के लिए बहुत मेहनत और तैयारी की गई परन्तु यक्षगान पद्धति कथ्य के अनुरूप न होने के कारण सारी मेहनत और तैयारी शिल्पगत रह गई। लोमड़ खाँ में निर्देशकीय सतर्कता है, पर वह कथ्य की अपेक्षाओं का अतिक्रमण करती है। फार्म के बोझ से कॉमेडी का हास्य-व्यंग्य दबकर रह गया है। यही स्थिति स्कन्दगुप्त

और जुलाहे की हुई। चेखव का चेरी आर्चड एक पुरानी इमारत की प्रतीक रूप में रखकर उन परम्पराओं और मूल्यों के विखंडन पर जोर देता है। बादामबाड़ी के दृश्यबन्ध और साज-सज्जा की चमक-दमक नाटक के केन्द्रीय अनुभव से स्खलित कर देती है। निर्देशक की अतिरिक्त सतर्कता प्राय: कथ्य की सीमाओं का अतिक्रमण करती है और शैली एवं शिल्प की प्रभुता को प्रतिष्ठित करती है। इस रंगदृष्टि की चरम परिणति है निसार अल्लाना की दृश्य-रचना, जो सारे प्रस्तुतीकरण में स्वतंत्र इयत्ता बनाए रखती है।

इस सन्दर्भ में निसार और रोबिन दास के 'खामोश! अदालत जारी है' के दृश्यबन्धों की तुलना उल्लेखनीय है। टूटी-बिखरी चीजों को जिस सूझ-बूझ और कल्पना से जोड़-सँजोकर रोबिन ने कस्बाई वातावरण तैयार किया, उससे प्रेक्षक के मन में नाटक के रंग-व्यापार के प्रति अतिरिक्त विश्वसनीयता उत्पन्न हुई। निसार के भारी और फैले दृश्यबन्ध से प्रेक्षक में अलगाव की भावना पैदा होती है। यही अनुभव 'वायजेक' में हुआ। स्टूडियो थिएटर में कई अभिनय-क्षेत्रों की व्यवस्था करते हए भी रंजीत कपूर की मंच-परिकल्पना ने यथार्थ और कल्पना का ऐसा सर्जनात्मक प्रयोग किया कि प्रस्तुति में गति एवं अन्विति का प्रभावशाली निर्वाह था। रोबिन दास का दृश्यबन्ध, कुछ तामझाम के कारण और कुछ विभिन्न अभिनय-क्षेत्र के कारण, कार्य-व्यापार का गहरा नाटकीय अनुभव प्रदान करने में सफल नहीं रहा। हाल ही में प्रस्तुत 'कमला' के मराठी प्रस्तुतीकरण का दृश्यबन्ध, विशेषत: खिड़की के माध्यम से, कथ्य को अर्थपूर्ण गहराई देने में समर्थ है, जो नाटककार विजय तेन्दुलकर का लक्ष्य है। 'कमला' के हिन्दी रूपान्तर का दृश्यबन्ध न प्रभावपूर्ण है और न उपयुक्त परिदृश्य प्रदान करता है।

हमारी रंग-पद्धतियों के निम्न स्रोत हैं : (1) क्लासिकल संस्कृत रंगमंच; (2) नौटंकी, तमाशा आदि परम्पराशील शैलियाँ; (3) पारसी थिएटर; (4) विभिन्न पश्चिमी पद्धतियाँ; (क) यथार्थवादी, (ख) प्रतीकवादी, (ग) आकारवादी, (घ) अभिव्यंजनावादी, (च) ब्रेख्त शैली। अपने प्रस्तुतीकरण को दिलचस्प और मनोहारी बनाने के लिए प्राय: निर्देशक विभिन्न शैलियों की रंग-रूढ़ियों का ऐसा मिश्रण करते हैं, जिससे न नाटकीय अनुभव में गहराई आती है और न प्रस्तुतीकरण का कोई स्वरूप जगता है। 'ध्रुवस्वामिनी' की प्रस्तुति में देवेन्द्र अंकुर की दृश्य-रचना और प्रदर्शन-शैली में क्लासिकल, परम्पराशील और यथार्थवादी पद्धतियों के असन्तुलित मिश्रण ने उसके रंग-चरित्र को नहीं उभरने दिया। अरुण कुकरेजा के इसी नाटक के प्रस्तुतीकरण में दृश्यबन्ध के स्तर पर यथार्थवाद की नकल तथा संवाद-प्रस्तुति में पारसी-शैली के असंयत अनुसरण ने सारे मंच-कर्म को बिखरा दिया।

असल में हमारे निर्देशक न अवधारणा के स्तर पर और न व्यवहार के धरातल पर, अपने प्रस्तुतीकरण की रंगदृष्टि तथा प्रदर्शन-शैली को लेकर सोचते-विचारते हैं। व्यावहारिकता के नाम पर वे ऐसा गड्डमड्ड कर देते हैं कि प्रस्तुतीकरण में आन्तरिक लय तथा विशिष्टता स्थापित नहीं हो पाती। पश्चिम से प्राप्त रंगशिल्प के तकनीकी साधनों-सुविधाओं ने हमारे रंगकर्म में आमूल परिवर्तन ला दिए हैं। दृश्य-रचना की विविध विधियों ने प्रस्तुतीकरण के विन्यास को बदल दिया है। यह प्रवृत्ति शुरू तो पारसी थिएटर में हैरतअंगेज, अर्थात् रंजक और चमत्कारपूर्ण, प्रदर्शन शैली से हुई थी, परन्तु इनमें संवाद,

अभिनय को पूरा स्थान एवं महत्त्व दिया गया था। आजादी के बाद, विशेष रूप से राष्ट्रीय नाट्य विद्यालय की स्थापना से, रंगशिल्प को लेकर ही प्रस्तुतीकरण का स्वरूप निर्धारित होने लगा। चाक्षुष तत्त्वों को प्रमुखता देने से अभिनय और संवाद गौण होने लगे। रोचक और रंजक तत्त्वों के प्रति बढ़ते झुकाव को देखकर यह महसूस होता है कि इन लोगों के लिए थिएटर मात्र मनोहारी प्रदर्शन-शैली का पर्याय है।

इस सन्दर्भ में यह द्रष्टव्य है नाटक के स्थापत्य को देखकर निर्देशक एक विशिष्ट रंगशाला के अनुरूप प्रस्तुति का स्वरूप निर्धारित करता है जो दूसरे हॉल में प्रस्तुत करने पर पहले-जैसा गहरा असर नहीं छोड़ता। 'मुख्य मंत्री' जैसा सुबद्ध प्रस्तुतीकरण स्टूडियो थिएटर में जितना सघन प्रभाव डालता है, आईफैक्स के प्रदर्शन में वह बिखर जाता है। 'बेगम का तकिया' मेघदूत थिएटर में सीधा और गहरा असर डालता है, पर कमानी हॉल में कमजोर और फीका रहा। 'अन्धायुग' और 'तुगलक' के पुराने किलेवाले प्रस्तुतीकरणों ने इन नाटकों को विराट ऐतिहासिक परिदृश्य प्रदान किया, जो एक अनोखा अनुभव था। 'जनशत्रु' के प्रस्तुतीकरण में रैना ने श्रीराम सेंटर के तलकक्ष का सर्जनात्मक प्रयोग किया और नाटक को नई अर्थवत्ता प्रदान की। 'ध्रुवस्वामिनी' के प्रस्तुतीकरण में अरुण कुकरेजा उसका रचनात्मक लाभ उठाने में असफल रहे।

श्रेष्ठ प्रस्तुतियाँ समन्वित एवं समग्र प्रभाव के कारण अविस्मरणीय हैं। दूसरे शब्दों में, आलेख, निर्देशन और रंगशिल्प में ऐसी समरसता होनी चाहिए कि सभी तत्त्व एक-दूसरे में मिलकर सामूहिक प्रभविष्णुता उत्पन्न करें। 'लुक बैक इन एंगर', 'मुख्य मंत्री', 'सन्ध्या-छाया', 'लोअर डेप्थ', 'चारपाई' यथार्थवादी पद्धति की उपलब्धियाँ हैं। मुक्ताकांक्षी मंच पर 'आगरा बाजार', 'बेगम का तकिया', 'चमकू' उल्लेखनीय हैं। क्लासिकल शैली में 'सूर्य की अन्तिम किरण से सूर्य की पहली किरण तक' एक महत्त्वपूर्ण प्रस्तुति है। विदेशी नाटकों में 'हूज लाइफ इज इट एनी वे' का गहरा असर पड़ा। यहाँ गुजराती प्रस्तुतीकरण 'स्वप्नभंग' का जिक्र जरूरी है। रेलवे क्रॉसिंग के पास कम रोशनी वाले, धूल-कचरे से भरे दमघुटे पुराने घर में बीत रही जिन्दगी के अन्धकार-प्रकाश के रहस्य को खिड़की के पास से गुजरती रेलगाड़ी के पड़ते छाया-प्रकाश से ऐसा रहस्य-प्रकाश उत्पन्न किया गया कि सारा दृश्य-परिवेश विश्वसनीय, जीवन्त तथा गहरा नाटकीय अनुभव दे सका।

प्रेक्षागृह में दर्शक का पहला साक्षात्कार उस स्थान से होता है जहाँ कुछ व्यक्ति अपने जीवन के विशिष्ट अनुभव साकार करते हैं। स्थान और व्यक्ति की पास्परिकता और विलय अच्छे प्रस्तुतीकरण की अनिवार्य शर्त है। पिछले कुछ वर्षों से हिन्दी रंगमंच यथार्थवाद के सर्वव्यापी प्रभाव से मुक्त हो रहा है, पर उसकी एकदम उपेक्षा या अस्वीकृति सम्भव नहीं। इसलिए कल्पना और यथार्थ के नए विन्यास की ओर ध्यान देना चाहिए। हमारी अपनी रंग-सम्पदा विविध और विस्तृत है। रंगशिल्प का प्रशिक्षण जरूरी है परन्तु हमें अधिकाधिक अपनी रंग-राशियों का आश्रय लेना चाहिए, ताकि नाटक रंगशिल्प के सीमित दायरे में न बँधा रहकर व्यापक जन-समुदाय के बीच मनोरंजन का सार्थक माध्यम बन सके।

(नटरंग, 1983)

7

माध्यम की अपेक्षाएँ

'स्कन्दगुप्त के रूपान्तर का प्रश्न' के माध्यम से डॉ. सिद्धनाथ कुमार ने यह मान्यता प्रस्तुत की कि नाटक की मूल चेतना की रक्षा 'अपनी सम्पूर्णता' में है। क्योंकि संशोधन या सम्पादन का अभिप्राय है नाटक की 'सौन्दर्य-सृष्टि को खंडित करना' (नटरंग-27, पृ. 46)। चूँकि प्रसाद के नाटकों को अपने मौजूदा सम्पूर्ण रूप में खेलना असम्भवप्राय है और संशोधन-सम्पादन से नाटक की मूल चेतना का हनन होगा, इसलिए यह सिद्ध होता है कि प्रसाद के नाटक रंगमंचीय नहीं। इस सन्दर्भ में इस शताब्दी के यूरोप के श्रेष्ठ निर्देशक गार्डन क्रेग (जिन्होंने मास्को आर्ट थिएटर में 1912 में हैमलेट का नई रंग-दृष्टि से निर्देशन किया) का यह अनुभव उल्लेखनीय है कि किसी भी निर्देशक को आलेख में काट-छाँट करने का अधिकार नहीं होना चाहिए। शेक्सपियर के नाटकों के संशोधन-सम्पादन रचना की आधारभूत संवेदना का हनन करते हैं। शेक्सपियर के नाटकों के कथ्य की कलात्मक रक्षा सम्पूर्णता में है, पर उनके नाटकों को सम्पूर्ण रूप में प्रस्तुत करना एक दु:साध्य कार्य है, इसलिए गार्डन क्रेग का यह निष्कर्ष है कि शेक्सपियर के नाटक पाठ्य हैं, रंगमंचीय नहीं।

बर्नार्ड शॉ का जिक्र तो डॉ. कुमार अपने निबन्ध में कर ही चुके हैं, उन्होंने भी 'सम्पूर्णता में मूल चेतना की रक्षा' के सिद्धान्त पर बल दिया। उन्होंने शेक्सपियर की प्रस्तुतियों को लेकर की गई स्वेच्छाचारिता की निन्दा करते हुए संशोधन-परिवर्तन का अधिकार केवल नाटककार को दिया। इस दिशा में वे निर्देशक को कोई अधिकार नहीं देना चाहते। वैसे, जीवन के उत्तरार्द्ध में, वे स्वयं अपने आलेख में परिवर्तन करने लगे थे। सम्पूर्णता और समग्रता का मोह क्या इस सीमा तक स्वीकार्य हो सकता है कि नाटक चाहे पाठ्य-कोटि में सुशोभित हो जाए परन्तु प्रस्तुतीकरण में किसी प्रकार के परिवर्तन-संशोधन को उचित न ठहराया जाए? यह अवधारणा न तो नाटक के माध्यम के अनुरूप सही है और न अनुभवपुष्ट है। सच तो यह है कि इसके मूल में पूर्वग्रहपूर्ण दृष्टि और अहंतुष्टि की प्रवृत्ति कार्य कर रही है।

इस प्रश्न का एक विचारणीय पहलू है और वह है नाटक के माध्यम की अपेक्षाएँ। नाटक कविता और कहानी जैसा कला-माध्यम नहीं है जहाँ रचना और पाठक के सीधे रिश्ते को स्वीकारा जाता है। नाटककार अपनी नाट्य-कृति एक ऐसे निर्देशक (पहले

मैनेजर-ऐक्टर) को सौंपता है जो अन्य कई कला-माध्यमों के समन्वित प्रभाव से उस रचना में प्राणशक्ति फूँकता है। नाटककार और निर्देशक के सम्बन्धों में सह-अस्तित्व की अपेक्षा की जाती है परन्तु व्यवहार में, निर्देशक का अस्तित्व इतना महत्त्वपूर्ण एवं प्रभावशाली रहा है कि दोनों की मर्यादा-रेखाएँ अन्तिम रूप से निर्धारित करना असम्भवप्राय है। अन्ततः यह निर्देशक की नैतिकता और ईमानदारी पर ही छोड़ना पड़ेगा कि वह नाट्य-कृति की मूल चेतना की रक्षा करे। नाटककार निर्देशक को इस अधिकार से वंचित नहीं कर सकता कि वह अपने प्रस्तुतीकरण को सामयिक एवं प्रभावशाली बनाने के लिए नाटक की नवीन एवं मौलिक व्याख्या करे।

ऐसी स्थिति में स्वाभाविक है कि पाठ में इधर-उधर काट-छाँट करनी पड़े परन्तु इसका अभिप्राय कदापि यह नहीं है कि निर्देशक को रचना के साथ स्वेच्छाचारिता करने का अधिकार है। अगर इस माध्यम की इन अपेक्षाओं को दृष्टिगत रखा जाए तो पाठ में परिवर्तन को लेकर अनावश्यक उत्तेजना की आवश्यकता नहीं है। इस सन्दर्भ में विख्यात निर्देशक रिचर्ड शेखनर का मत है : 'मुझे नाटक के लिखित पाठ के लिए कोई विशेष आदर-भावना नहीं रहती क्योंकि पाठ कोई जीवित चीज नहीं है। वह तो अवशेष हैं जो नाटक को जीवित करने की प्रक्रिया से बच रहा।' सच तो यह है कि व्यवहार में प्रत्येक निर्देशक नाटक के आलेख को एक ऐसी कच्ची मिट्टी समझता है जिसमें उसे अपनी सर्जनात्मक क्षमता और कल्पनाशील रंगचेतना से प्राणशक्ति भरनी है। इस अलिखित परम्परा का इतिहास किसी से छिपा नहीं है। इन परिस्थितियों में नाटक के संक्षिप्तीकरण-संशोधन-सम्पादन या रंगमंचीय रूपान्तर में क्या असल में इतना फर्क रह जाता है कि उनको दो वर्गों में बाँटा जाए और एक को उचित तथा दूसरे को अनुचित ठहराया जाए?

गार्डन क्रेग और बर्नार्ड शॉ की स्थापना का आधार रहा है शेक्सपियर की प्रस्तुतियों का लगभग 250 वर्ष का इतिहास। व्यावसायिक कम्पनियों में मैनेजर-ऐक्टर के परिचालन में प्रस्तुत शेक्सपियर के नाटक नाटक न रहकर चमत्कार और मनोरंजन के दुष्चक्र में फँस गए। सारा बल 'स्पैक्टेकल' पर, न कि कथ्य या चरित्र पर। मूल पाठ के साथ छूट की शुरुआत तो डेवनेंट से हुई परन्तु कौली सिबर ने रिचर्ड थर्ड में सुधार-संशोधन ही नहीं किए, बहुत-कुछ अपनी ओर से भी जोड़कर उसका रूप-रंग बदल दिया। इस प्रवृत्ति का चरम बिन्दु मिला नाइम टेट में। उन्होंने किंग लियर के पाठ के साथ इस सीमा तक स्वेच्छाचारिता का व्यवहार किया कि नाटक को दुःखान्त से सुखान्त बना दिया। यह कम आश्चर्य का विषय नहीं है कि यह रूपान्तरण इतना लोकप्रिय हुआ कि बाद में अधिकांश प्रस्तुतीकरण इसी पाठ के आधार पर हुए। गैरिक ने 'हैमलेट' और 'रोमियो जूलियट' में कई परिवर्तन किए। इस प्रक्रिया में एडमंड कीन और इर्विंग जैसे विख्यात अभिनेताओं ने भी पाठ के साथ कम मनमर्जी नहीं की। उनका प्रयोजन यह रहा कि पात्र का चरित्र नहीं, उसकी भूमिका निभाते हुए अपने व्यक्तित्व की गरिमा और महिमा बढ़े। इस माध्यम की अपेक्षाओं और शेक्सपियर की प्रस्तुतियों के 250 वर्ष के बहुरंगी अनुभव के परिप्रेक्ष्य में गार्डन क्रेग तथा बर्नार्ड शॉ की मान्यताएँ अव्यावहारिक

ही नहीं, विचित्र तथा एकपक्षीय भी लगती हैं। शेक्सपियर के नाटकों के साथ हुई स्वेच्छाचारिता जहाँ न सही और न अनुकरणीय है वहाँ ऐतिहासिक अनुभव के आधार पर यह भी सिद्ध होता है कि किसी भी युग में मूल पाठ का महत्त्व एक सीमा तक ही रहा है।

शेक्सपियर की नाट्य-चेतना से अनुप्रेरित तथा विक्टोरियन रंगशिल्प से अनुप्राणित उन्नीसवीं सदी के अन्त और बीसवीं सदी के तीसरे दशक तक के बंगला रंगमंच का अध्ययन प्रासंगिक ही नहीं, आवश्यक भी है। यह गिरीश चन्द्र और शिशिर कुमार भादुड़ी का युग रहा। एडमंड कीन और इर्विंग की तरह इन दोनों की अभिनय पद्धति में वक्तृता, अलंकरण तथा विचित्र आंगिक तथा वाचिक भंगिमाओं द्वारा दर्शक को मंत्रमुग्ध करने की अद्वितीय क्षमता थी। इस दिशा में दोनों का प्रयास चरित्र से हटकर अपने व्यक्तित्व को प्रतिष्ठापित करने में रहा है। इस प्रयोजन की सिद्धि के लिए गिरीश मूल पाठ में संशोधन कर दिया करते थे। शिशिर कुमार भादुड़ी भी आलेख के साथ छूट लेते हुए कई परिवर्तन किया करते थे। द्विजेन्द्रलाल राय के 'चन्द्रगुप्त' में चाणक्य की अविस्मरणीय भूमिका निभाते हुए उन्होंने पाठ में संशोधन किए। (मणि बागची, शिशिर कुमार ओ बाङ्‌ला थिएटर, 1960, पृ. 336 : बंगला रंगमंच के व्यवसायीकरण और 'स्टारडम' के इस युग में निर्माता-अभिनेता से मूल पाठ के प्रति निष्ठा की अपेक्षा करना असम्भव है।) शेक्सपियर के अनुरूप ही बंगला प्रस्तुतियों में उसी निष्कर्ष की पुनरावृत्ति हुई कि मूल पाठ का महत्त्व एक सीमा तक ही रहा।

प्रसाद के नाटकों की अभिनेयता का प्रश्न इस प्रस्थान बिन्दु पर पहुँच चुका है कि समकालीन रंगमंच के परिप्रेक्ष्य में उनके नाटकों का पुनर्गठन किया जाए। इस सन्दर्भ में ग्रेनविल वार्कर द्वारा पाँच खंडों में तैयार 'प्रिफेस टु शेक्सपियर' (1927-47) एक ऐसा महत्त्वपूर्ण प्रयोग है जो प्रसाद के नाटकों के रंगमंचीय रूपान्तर तैयार करने में उपयोगी दृष्टि प्रदान कर सकता है। ग्रेनविल वार्कर अपने जीवन के प्रारम्भिक दौर में रंगमंच की व्यावसायिक कम्पनियों में काम करते रहे, पर बाद में बर्नार्ड शॉ के सम्पर्क से उनके जीवन की दिशा बदल गई। उन्हें शॉ के नाटकों में प्रमुख भूमिकाएँ निभाने और निर्देशन का गौरव मिला। वार्कर स्वयं भी एक अच्छे नाटककार तथा समर्थ नाट्य-समीक्षक रहे। उन्होंने शेक्सपियर के कई नाटकों को प्रस्तुत भी किया। जीवन के उत्तरार्द्ध में उन्होंने शेक्सपियर के नाटकों के सम्पादन और रूपान्तरण जैसे महान कार्य को सम्पन्न किया। शेक्सपियर के प्रस्तुतीकरण में चली आ रही व्यावसायिक वृत्ति को समाप्त कर उन्होंने रंगमंच के अपने बहुमुखी अनुभव का लाभ उठाते हुए प्रस्तुतीकरण को कलात्मक धरातल प्रदान किया। इस तरह वार्कर ने समकालीन रंगमंच के परिप्रेक्ष्य में शेक्सपियर को नया जन्म देते हुए उनके नाटकों को सामयिक अर्थवत्ता प्रदान की।

वार्कर पर एक ऐतिहासिक दायित्व था। पिछले 250 वर्ष में शेक्सपियर के पाठ के साथ जिन स्वेच्छाचारिता की परम्परा पड़ चुकी थी, उसे समाप्त कर आलेख के प्रति एक सीमा तक आदर और मर्यादा का निर्वाह जरूरी था। अपने बहुविध अनुभव और उससे प्राप्त एक स्वस्थ तथा सन्तुलित दृष्टि के आधार पर वे पुनर्गठन की प्रक्रिया में मूल

आलेख के प्रति एक सीमा तक निष्ठा बराबर रखते रहे। इसका उदाहरण 'किंग लियर' नाटक है जिसे चार्ल्स लेंब, ब्रैडले तथा हैजलिट जैसे समीक्षकों ने मंच के लिए अनुपयुक्त ठहराया। वार्कर ने इसका खंडन किया और प्रस्तुतीकरण के धरातल पर सभी प्रश्नों का निराकरण किया। इसका यह अभिप्राय नहीं है कि वार्कर ने पुनर्गठन की प्रक्रिया में परिवर्तन-संशोधन नहीं किए। 'हैमलेट' को ही लें। पाँच अंकों और बीस दृश्यों वाले इस नाटक को 'ऐक्ट' अर्थात् क्रिया-व्यापार को केन्द्र में रखकर तीन चरणों (मूवमेंट्स) में बाँधा। स्वाभाविक है कि अपने युग के दर्शक की अभिरुचि तथा नवीन रंगशिल्प के आधार पर वार्कर ने शेक्सपियर के नाटकों को जीवन्त और प्रभावशाली बनाया। आज जयशंकर प्रसाद को वार्कर-जैसे कुशल रंगचेता की आवश्यकता है जो प्रस्तुतीकरण की विभिन्न कठिनाइयों को समझते हुए उनके नाटकों का पुनर्गठन कर सके।

शेक्सपियर और द्विजेन्द्रलाल राय की रंग-परम्परा में नाटककार होते हुए भी प्रसाद की स्थिति इसलिए भिन्न है क्योंकि उनके नाटकों की प्रस्तुतियाँ नगण्य हैं। 'ध्रुवस्वामिनी' तो अब अक्सर खेला जाता है। 'चन्द्रगुप्त' और 'स्कन्दगुप्त' के अभिनय के भी प्रयास हुए हैं। ब.व. कारन्त (वाराणसी, 1972) के बाद अनामिका (कलकत्ता) के अधीन विमल लाठ (1976) के निर्देशन में 'चन्द्रगुप्त' फिर मंचस्थ किया गया। इतना होते हुए भी इस सब से इनकार नहीं किया जा सकता कि अपनी साहित्यिकता से प्रतिष्ठित प्रसाद के नाटक विश्वविद्यालय के पाठ्यक्रमों में सुशोभित हैं और थिएटर की दुनिया में उनकी कहीं-कोई गिनती नहीं। सबसे पहला और महत्त्वपूर्ण दायित्व यह है कि रंगजगत में एक विश्वास का वातावरण पैदा किया जाए कि प्रसाद के नाटक क्लासिक हैं और संशोधन-सम्पादन के बाद प्रदर्शन-योग्य हैं। इसके लिए जरूरी है कि सभी प्रकार की टीका-टिप्पणियाँ तथा समीक्षाएँ इस लक्ष्य सिद्धि में सहायक होनी चाहिए। सम्पूर्णता में ही कला है—इस मान्यता पर अनावश्यक बल देकर कहीं हम प्रसाद के नाटकों को विश्वविद्यालय के चौखटे में ही तो बाँधकर नहीं रखना चाहते?

जिस नाटक का मानवीय धरातल जितना व्यापक होगा, उसमें उतनी अलग-अलग व्याख्याओं और प्रस्तुतियों की गुंजाइश होगी। प्रसाद का नाटकीय आधार विशद और समृद्ध है, इसलिए विभिन्न रंगमंचीय रूपान्तर तैयार हो सकते हैं। सारी कोशिश इस बात की होनी चाहिए कि यथाशीघ्र रंगमंचीय संस्करण निकलें। केवल एक अनुभव (श्रीमती शान्ता गांधी का) के आधार पर अन्तिम निर्णय न लिया जाए। प्रारम्भ में ऐसे रूपान्तर निकलेंगे ही, प्रस्तुतीकरण की कठिनाइयाँ भी सामने आएँगी। इस तरह पुनर्गठन की प्रक्रिया अनुभव और सुधार की प्रक्रिया बन जाएगी। इसमें प्रयोगधर्मिता रहेगी। ऐतिहासिकता या सम्पूर्णता की रक्षा के मोह को छोड़ना पड़ेगा। इस दिशा में ग्रेनविल वार्कर का अनुभव एक उपयुक्त दृष्टि प्रदान करेगा।

निश्चय ही रूपान्तर का कार्य वही कुशल निर्देशक या समर्थ रंगकर्मी कर सकते हैं जो प्रसाद की नाट्य चेतना और रंगदृष्टि की पर्याप्त समझ रखते हों। यह कम आश्चर्य का विषय नहीं है कि सर्व-साधन-सम्पन्न होते हुए भी यह कार्य राष्ट्रीय नाट्य विद्यालय ने अब तक क्यों नहीं उठाया। दिल्ली रंगजगत का नवीनता के प्रति इतना आकर्षण रहा

है कि यहाँ प्रसाद को लेकर इतने श्रमसाध्य कार्य के लिए न वातावरण है और न सम्भावना है। इतना निश्चित है कि हिन्दीभाषी प्रदेश के लिए यह एक सुखद और प्रेरणावर्द्धक शुरुआत होगी—क्यों न ऐसे शोधार्थी, जो रंगमंच की समझ और अनुभव रखते हों, आगे आएँ और विश्वविद्यालय से पी-एच.डी. उपाधि के लिए ही सही, रंगमंचीय रूपान्तर तैयार करें। शुरुआत तो हो, चाहे कहीं से हो!

(नटरंग, वर्ष-8, अंक-30, अक्टूबर-दिसम्बर 1977)

8
विद्रोह के लुभावने स्वर

'सबसे उदास कविता' के बीज-सूत्र स्वदेश दीपक के ही प्रथम लिखित नाटक 'कोर्ट मार्शल' को देखने-परखने पर पृष्ठभूमि पूरी तरह स्पष्ट होती है। दोनों नाटकों में व्यवस्था के किसी बुनियादी संकट को उठाया गया है और उसका सामना करने के लिए केन्द्रीय सबल पात्र की संकल्पना की गई है। दोनों नाटकों के ये अग्रणी पात्र नक्सलवादी सोच और सिद्धान्त का पालन करने वाले, समान मनोभूमि वाले हैं। दोनों 'न्याय युद्ध' के सेनानी हैं। 'कोर्ट मार्शल' का बिकाश राय बचाव पक्ष का वकील होने के नाते बौद्धिक धरातल पर अपनी इंसाफ की लड़ाई का मुखिया है। वह अपने को 'आत्मा का अहेरी' मानता है जिसकी दुर्गा पर अपार आस्था है। सशस्त्र क्रान्ति का नेतृत्व कर रही 'सबसे उदास कविता' की अपूर्वा उसी दुर्गा का साकार रूप है। इस शासन-तंत्र में 'पीपुल्स जस्टिस' के मिलने की सम्भावना खत्म हो चुकी है, इसलिए वह उसे 'पीपुल्स कोर्ट' में दिलवाने का दायित्व निभा रही है।

महज आधा किलो चावल बढ़ाने की माँग पर विरोध प्रकट कर रहे 60 बँधुआ मजदूरों का बेरहमी से वध कर दिया गया। चूँकि जमींदार के बेटे का खूनी पकड़ा नहीं जा सका, इसलिए 20 औरतों को भरे बाजार में नंगा घुमाया गया। पर्यावरण की सुरक्षा के नाम पर एक रिटायर्ड जज ने मिल मालिकों से बड़ी रिश्वत ली, कारखाने बन्द करवाए गए, इससे अस्सी हजार मजदूरों को बेरोजगार होना पड़ा। मिल मालिकों और बिल्डरों ने मिलकर खूब कमाया। समाज के ऐसे 'नॉन पर्सन' तबके के ऊपर कहर ढाने वाली वारदातें कभी खत्म हुई हैं ? क्रूर हो रहे ऐसे ढाँचे और बर्ताव के लिए अपूर्वा 'कोल्ड और क्रुएल' है। जमींदार के हाथ बिके डी.एस.पी. आहूजा को क्रान्तिकारियों ने उसी की जीप के साथ बाँधा और सरे बाजार सबके सामने उसे जिन्दा जला दिया गया। इतने प्रबुद्ध, पर बेईमान जज की निर्मम हत्या खुद अपूर्वा ने की। दरअसल बेजुबान पर 'उदास' मजलूम के प्रति उसके मन में अथाह हमदर्दी और मानवीय संवेदना है। इसी मनोभाव की एक और दिशा मितभाषी, सुशील और सौम्य डॉ. सुकान्त के प्रति कोमल आवेगमय व्यवहार की अभिव्यक्ति है जो उसके स्त्री व्यक्तित्व को सार्थकता प्रदान करती है। अपने व्यक्तित्व के अन्तर्विरोध को सही लक्ष्य से जोड़ने में दक्ष और सक्रिय अपूर्वा चारित्रिक स्तर पर प्रबल और कार्य-व्यवहार की धुरी हो गई है। नाटक ही नहीं, नाटककार के उद्देश्य को वह जिन ओजस्वी और बहुआयामी संवादों में रेखांकित करती है, वह इस कृति की उल्लेखनीय विशेषता है।

तीन अंकों के इस सुबद्ध एवं यथार्थवादी नाट्यालेख की दूसरी विशेषता अर्थवान कविता का दखल है जो उसकी अन्तर्वस्तु को नया तेवर और नाटकीय अनुभव को नई भंगिमा प्रदान करता है। राजेश जोशी के गीत संघर्ष में जन-समूह की शिरकत और बुलन्द आवाज के मौके लेकर आते हैं। अपूर्वा को निमित्त बनाकर 'उदास कविता' की जो भावमय व्यंजनाएँ निकाली गई हैं, वे इस नाटक की सम्प्रेषण क्षमता को सम्पन्न करती हैं।

पर यह भी गौरतलब है कि नक्सलवादी आन्दोलन के जरिए सरकार बदलने की अपेक्षा—बल्कि महत्त्वाकांक्षा—को लेकर नाटककार के इस कदर 'सपने' देखना, तत्त्वतः एक बचाव की मनोवृत्ति को प्रकट करता है। सदी के इस दशक तक पहुँचकर समय और इतिहास कुछ नतीजे जाहिर कर चुका है। हिंसा के बढ़ते दुश्चक्र में औचित्य का सिरा हाथ से छूट जाता है। ऐसी गहराती छाया में नाटक के ऊँचे बखान, चरित्रों की मजबूत तीखी पहचान निष्प्रभ होने लगती है और सारा नाटक एक सधा-मँजा नुस्खा बनकर रह जाता है।

धर्मपाल अकेला के नाटक 'प्रजा ही विष्णु है' की मूल संकल्पना कुछ अचरज में डालने वाली, पर प्रासंगिक है और विशेष ध्यान आकृष्ट करती है। 'महाभारत' के सभापर्व की सुपरिचित घटना-द्रौपदी के चीरहरण में प्रजा की भागीदारी को आधार बनाया गया है और इस प्रसंग के क्रान्तिपरक आयाम खोजे गए हैं।

तीन अंकों के इस नाटक का चाहे एक ही घटना के इर्द-गिर्द ताना-बाना बुना गया परन्तु कार्य-व्यापार को गति और दिशा प्रजा ही देती है। पहले अंक में समाज की वस्तुस्थिति को सीधे-सपाट ढंग से बताया गया है। अच्छाई-बुराई के स्थूल मानदंडों के आधार पर जुआ, शराब, पांडव, कौरव आदि पर दी गई टिप्पणियों से एक उपयुक्त भूमिका तैयार की गई है। दूसरे अंक को तेजी मिली दरबार में चल रहे कुटिल दाँव-पेच से। युधिष्ठिर की निरन्तर पराजय, दुर्योधन, शकुनि, दुःशासन और कर्ण की बढ़ती मनमानी और द्रौपदी के साथ निर्लज्ज व्यवहार, यह सब देखकर नागरिकों में कुछ करने की छटपटाहट बढ़ी। तीसरे अंक में केश पकड़कर द्रौपदी को निर्वस्त्र करने की कुचेष्टा से सारे वातावरण में उत्तेजना छा गई। इस अनाचार को देखकर प्रजा का नियंत्रण में रहना सम्भव न था, प्रहरियों को धक्का देकर वे दरबार में जा पहुँचे और द्रौपदी के सम्मान और मर्यादा की रक्षा की। पहले दो अंकों में बस 'आँखों देखा हाल' के बयान और प्रतिक्रियाएँ हैं जो प्रभावी नाट्य स्थिति का आकार नहीं ले पाईं। तीसरे अंक में दुःशासन आदि के उद्दंड व्यवहार के चलते विदुर, विकीर्ण, धात्रेयिका और द्रौपदी के लम्बे संवाद हैं जिनमें कहीं बौद्धिक विवेचन है और कहीं भावात्मक आवेग। इससे कार्य संगति नहीं बन पाई। प्रजा का सामूहिक विरोध इस नाटक का असरदार चरम बिन्दु है जो नाटकीय अनुभव को परिपूर्णता प्रदान कर, बिखराव से बचा लेता है।

'प्रजा ही विष्णु है' की अन्तर्वस्तु शिथिल और एकरेखीय है। समकालीन सवालों, विशेष रूप से स्त्री की इयत्ता और अस्मिता, छोटी जातियों के उपयुक्त स्थान की गूँज साफ सुनाई देती है। विदुर, विकीर्ण और धात्रेयिका को चारित्रिक पहचान दी गई है। इस नाटक की एक खास उपलब्धि है—प्रजा के संघर्ष की जनसंघर्ष में परिणति। यह परिकल्पना

मूल्यवान और सम्भावनापूर्ण है परन्तु संरचना के स्तर पर नाटककार अपेक्षित क्षमता नहीं दिखा सके।

महावीर अग्रवाल ने अपने नाटक 'काशी का जुलाहा' में काशीवासी कबीर के जुलाहे होने का सहारा भर लिया है; वस्तुतः वे कबीर के मूर्तिभंजक रूप को उजागर कर उसे समकालीन अपेक्षाओं के अनुरूप एक विद्रोही की पहचान देना चाहते हैं। नाटककार ने 'सच की आँख' से मध्यकाल की कड़वी सच्चाइयों वाले खुरदरे यथार्थ और वर्तमान काल की तर्कहीन एवं संवेदनहीन हो रही स्थितियों में अन्तर्निहित साम्य बिठाने और इस पृष्ठभूमि में कबीर की महत्ता और आवश्यकता को समय से परे सिद्ध किया है। इसमें कोई सन्देह नहीं कि कुछ मूलभूत विशेषताएँ दोनों युगों में समान रूप से मिल जाएँगी, जैसे—धर्म का अर्थ है कुछ पुरातन रूढ़ियों-अनुष्ठानों का आधुनिकीकरण, जाति के अन्दर ऊँच-नीच के आधार पर भेदभाव और अव्यावहारिक मूल्यों का पालन, साम्प्रदायिक वैमनस्य, सत्ता का क्रूर दमन आदि। गहराई से परखें तो प्रत्येक युग के अपने कारण और सन्दर्भ हैं। समानान्तरता स्थापित करने का आग्रह रहा, इसलिए परिस्थितियों के सूक्ष्म अन्तर पर ध्यान नहीं दिया गया। सच की रक्षा करते हुए प्रत्येक मुठभेड़ का सामना करना, सही पथ-प्रदर्शन करना कबीर की फितरत है। इस नाटक में कबीर व्यक्ति नहीं, 'टाइप' और प्रतीक हैं। वे हालात को समझे बिना एक उपदेशक की तरह तर्क और व्यवहार करते हैं। दृश्य-संरचनाओं में नाटकीय टकराहट तो आ गई है परन्तु तब और अब की सीमा रेखा में न फर्क रखा जा सका और न एकरूपता से बचा गया। भाषा-संवाद में मँजे हाथ मिलते हैं। नट-नटी और सूत्रधार की रंगयुक्ति के संयोजन से राहत मिली। लेखक की यह स्थापना तो इतिहास-सम्मत है कि प्रत्येक युग में सत्यवादी विद्रोही व्यक्ति को अपने जीवन की आहुति देनी पड़ती है, कबीर को भी देनी पड़ी।

तुलसीदास के युग, जीवन और साहित्य से सम्बद्ध सामग्री को सुनियोजित आधार बनाकर लिखे नए नाटक 'धीरज का रथ' अपनी रूपरेखा में एक जीवनीपरक नाट्यालेख का आभास देता है परन्तु उसकी संश्लिष्ट और बहुस्तरीय विषयवस्तु नई सम्भावनाएँ खोलती हैं। काशी की रंगशाला है जहाँ सर्वाधिक मुखर और सक्रिय शैव और शाक्त हैं, जिनके अघोरी, अवधूत एवं कापालिक पंथों की साधना-पद्धति जघन्य तो थी ही, उनका मार्ग भी बहुत आक्रामक एवं सामाजिक विकृतियों से भरा पड़ा था। इधर काशी हमेशा पंडे-पुजारियों का गढ़ रहा है जिन्होंने धर्माचरण के नाम पर जड़-तंत्र चला रखा है ताकि उनका वर्चस्व बना रहे। ऐसी पिछड़ी परिस्थितियों और दबावों में वैष्णव धर्म के अन्तर्गत रामभक्ति के उदय ने जनचेतना का नया प्रीतिकर वातावरण पैदा किया। राम लोकमंगल और लोक धर्म के जननायक बने, जिनकी भक्ति से विशाल जनसमुदाय को नई स्फूर्ति, उमंग, शान्ति मिली। युगचेता राम की ऐसी संकल्पना तुलसीदास की अनूठी देन है। अपने समय और समाज के विभिन्न आन्दोलनों, प्रवृत्तियों, अभिव्यंजना शैलियों को विवेकशीलता से समेटते हुए तुलसीदास के लिए राम को प्रकाश स्तम्भ के रूप में स्थापित करने में कोई मुश्किल नहीं आई। दूसरे

शब्दों में, युग के मानस, जीवन के मानस और साहित्य के मानस के सुलझे समन्वित परिप्रेक्ष्य से 'धीरज का रथ' का मार्ग प्रशस्त किया गया।

विष्णु चन्द्र शर्मा ने अपने गहन अध्ययन और परिपक्व चयन-दृष्टि से तुलसी के सम्पूर्ण काव्य ग्रन्थों में से उन बहुसंवेदी उद्धरणों को ढूँढ़ निकाला है जो नाटकीय व्यापार को नई अर्थवत्ता देते हैं। ब्रज, अवधी और खड़ी बोली, तीनों भाषाओं के प्रौढ़ प्रयोग ने अन्तर्वस्तु को ऊर्जा और सम्प्रेषण को विविध व्यंजना से समृद्ध किया है। इसमें कोई सन्देह कि नाटक की विषयवस्तु को प्रगतिवाद की और प्रतिगामिता की शक्तियों के बीच द्वन्द्वात्मक धरातल प्रदान करने और संघर्ष को निरन्तर तीखा बनाए रखने में नाटककार पर्याप्त समर्थ रहे परन्तु दृश्य-संरचना और प्रस्तुति-विधान की बुनावट करते हुए कार्य-गति और एक सूत्रता का निर्वाह नहीं हुआ। रंगमंच की साधारण अपेक्षाओं का ध्यान नहीं रखा गया। इस दृष्टि से केवल रंग-संकेतों को परखा जाए तो नाटककार की सीमाएँ उभर आती हैं। राम भक्त इस रचना का आस्वाद उठा सकते हैं।

बम्बई के रेडियो, दूरदर्शन, फिल्म और रंगमंच के सुपरिचित लेखक ब्रजभूषण ने 'सोद्देश्य लेखन' के क्षेत्र में अपनी जगह बनाई है। उनका नाटक 'नायक' इस सच्चाई की पुष्टि करता है, इसलिए इसे इन्हीं सीमाओं में रखना और परखना चाहिए।

ब्रजभूषण ने किसी चरित्र या नाट्यस्थिति की न तो आवश्यक पृष्ठभूमि दी और न आन्तरिक संघर्ष को उठाया। सतह पर सभी मसलों का कुछ-न-कुछ हल है पर उनमें संगति नहीं। इनको निमित्त बनाकर सबक और शिक्षा दी गई। इसलिए यह नैतिकता आरोपित हो गई। 'नायक' में संरचनात्मक दक्षता है। सभी तत्त्वों के संयोजन में यह विशेषता मिलेगी। वस्तुतः नाट्यालेख के प्रत्येक स्तर पर फिल्मी पद्धति की छाया मिल जाएगी पर 'नायक' के मंच प्रभाव से इनकार नहीं किया जा सकता।

चर्चित नाटक

'सबसे उदास कविता' : स्वदेश दीपक; राजकमल प्रकाशन, नई दिल्ली-110002; संस्करण 1998

'प्रजा ही विष्णु है' : धर्मपाल अकेला; मुहिम प्रकाशन, 60 ब्रह्मनान स्ट्रीट, हापुड़-245101; संस्करण 1998

'काशी का जुलाहा' : महावीर अग्रवाल; श्री प्रकाशन ए-14, आदर्श नगर, दुर्ग, म.प्र.-491003; संस्करण 1998

'धीरज का रथ' : विष्णु चन्द्र शर्मा; यात्री प्रकाशन, बी-131, सादतपुर, दिल्ली-110094; संस्करण 1998

'नायक' : ब्रजभूषण; नेशनल पब्लिशिंग हाउस, दिल्ली-110002; संस्करण 1997

(समकालीन भारतीय साहित्य, 2000)

9

नाटक : सोच और संकल्पना में रचनात्मक संगति

नब्बे के दशक में भी विशेष अन्तर नहीं आया—नाट्य-लेखन आज भी कठिन और चुनौतीपूर्ण विधा है। हिन्दी नाटककार को यह सच्चाई सुननी पड़ती है कि नाट्य-लेखन और रंगकला का जैसा रचनात्मक सन्तुलन मराठी, बाङ्ला और कन्नड़ नाटककार ने हासिल किया है, उसमें अभी उतनी पकड़ नहीं आई। आश्वस्त करने वाले हिन्दी रंगमंच के बहुमुखी विकास, दूरदराज कस्बों, नगरों में बढ़ रहा विस्तार और प्रतिष्ठा, और इन सबके बीच निर्देशक की पहल और नियामक उपस्थिति को कैसे अनदेखा किया जा सकता ? कुछेक नाटककारों को छोड़ अधिकांश नाटककार निर्देशक के मतानुसार आलेख में परिवर्तन का विरोध नहीं कर पाते। इन सबके तात्पर्य वह समझने लगा है। इधर संचार माध्यमों के वर्चस्व, बाजारवाद आदि ने उपभोक्ता संस्कृति का ऐसा तंत्र फैलाया है जिसके प्रच्छन्न दबाव से सर्जनात्मक स्वाधीनता का निर्वाह आसान नहीं रहा। परिणामस्वरूप मंच-शिल्प और मंच-अपेक्षा के आग्रह नाट्य-लेखन की बुनावट पर असर डालने लगे हैं। यूँ तो मौलिक नाटकों की प्रकाशन-संख्या कभी कम नहीं रही, पर पाठ और मंच के स्तर पर मान्यता अर्जित करने वाले नाटक सदा गिने-चुने रहे हैं। स्वदेश दीपक के नाटक 'कोर्ट मार्शल' और असग़र वजाहत के नाटक 'जिस लाहौर नइ देख्या ओ जम्याइ नइ' को यह विरल गौरव प्राप्त है।

अछूत समस्या में आ चुकी नई विकृतियों को स्वदेश दीपक ने उस पढ़े-लिखे जागरूक वर्ग में दिखाया है जिसे विशेष प्रशिक्षण से अनुशासित किया जाता है। कैप्टन बी.डी. कपूर भारतीय सेना का ऐसा अधिकारी है जो अपने ओहदे और 'खानदानी हैसियत' के आधार पर 'रूलिंग रिच क्लास' का दम्भ भरता है। उसे यह भी गुमान है कि वह अपनी रेजिमेंट की पाँच हजार मीटर की दौड़ का चैम्पियन है। अगले वर्ष इस मुकाबले में सवार रामचन्द्र अव्वल ही नहीं आया, उसने पिछले वर्षों के रिकॉर्ड को भी तोड़ दिया। छोटी जाति के इस जवान से हुई इस पराजय ने कैप्टन कपूर के घमंड को गहरी चोट पहुँचाई। तिकड़मी कैप्टन कपूर ने रामचन्द्र को यह कहकर अपना अर्दली रखवा लिया कि अपने अनुभव और योग्यता से वह खेल के मैदान में, अभ्यास में, खाने-पीने में रामचन्द्र को अधिक दक्ष बनाएगा। घर में, दिन-रात, अब उसको प्रताड़ित करने का सिलसिला चलने लगा। एक दिन कैप्टन कपूर ने मेहमानों के सामने अपने बच्चे की टट्टी साफ करने का

दबाव डाला पर रामचन्द्र ने साफ मना कर दिया। उसे बुरी तरह अपमानित किया गया—"चिट्टे चूहड़े, हराम की सट्ट—तेरी माँ जरूर किसी कपूर या वर्मा के साथ सोई होगी," इस तरह के क्रूर प्रहार से मजबूर रामचन्द्र अपना संयम खो बैठा। गार्ड चौकी पर रुके कैप्टन कपूर और उसके मित्र कैप्टन वर्मा पर उसने गोलियाँ दाग दीं। कैप्टन वर्मा की तत्काल मृत्यु हो गई पर घायल कैप्टन कपूर बच गया। हत्या के आरोप में रामचन्द्र का कोर्ट मार्शल हुआ।

संरचना के स्तर पर न्यायालय-प्रक्रिया को अपनाकर नाटककार ने एक प्रयोजनबद्ध दिशा अपनाई। बचाव के वकील की भूमिका में प्रबुद्ध, प्रखर, प्रगतिशील बिकाश राय ने इस दुर्घटना को हत्या के सीमित दायरे से बाहर निकालकर कोर्ट मार्शल का ध्यान उन नृशंस स्थितियों पर केन्द्रित किया जिन्होंने संयत रहने वाले रामचन्द्र को ऐसा कदम उठाने के लिए विवश किया। उसने सेवा में चल रही उन 'शानदार परम्पराओं' का पर्दाफाश किया जिनके तहत जवानों 'जानीज' के साथ मनमाना व्यवहार किया जाता है। अपनी तर्कनिष्ठ और प्रमाणपुष्ट व्याख्या से बिकाश राय यह साबित करने में सफल रहा कि सामाजिक न्याय के धरातल पर कैप्टन कपूर कुसूरवार है और वह हत्यारे से कम नहीं है। 'आत्मा के अहेरी' की तरह उसने कैप्टन कपूर को उसी की बिरादरी के सामने लांछित और दोषी सिद्ध किया। अपराधबोध से ग्रस्त कैप्टन कपूर ने आत्महत्या की। नाटककार ने वर्णगत घृणाभाव और वर्गगत शोषण-वृत्ति को समन्वित कर इसे 'रूलिंग रिच क्लास' की नई प्रवृत्ति के रूप में रेखांकित किया।

पर नाटककार के विचाराधात्मक आग्रह और प्रमुख पात्रों की चरित्रांकन-नीति से अपेक्षित संगति का पालन नहीं हुआ। अपने अन्य साथियों की तरह रामचन्द्र एक आम जवान नहीं है जिसके उत्पीड़न को वह उठाना चाहता था। उसमें कई असाधारण गुण हैं—देखने में गोरा, गठीला, आकर्षक रामचन्द्र एक 'आइडियल सोल्जर' है जो 'चुस्त, ईमानदार और ड्यूटी का पक्का' है। वह किसी झमेले में नहीं पड़ता और 'न कभी झूठ बोलता' है। खेल के मैदान में भी वह कितना आगे है! वह सेना के अनुशासन और अपनी हैसियत का पूरा ध्यान रखने वाला सवार है, इसलिए छोटे-बड़े सभी अधिकारी उसकी विशेषताओं की प्रशंसा करते हैं। व्यक्तित्व की यह रूपरेखा उसे विशिष्ट बनाती है जो लेखक की मूल अवधारणा के अनुरूप नहीं लगता।

'रूलिंग क्लास' की प्रभुता में जीने वाला कैप्टन भिखारी दास कपूर अपनी वर्ग-छवि बनाए रखने के लिए कोई भी छल-कपट कर सकता है। रामचन्द्र को नीचा दिखाने के लिए वह उसके साथ कितना अमानुषिक व्यवहार करता है! पत्नी के प्रति उसका आचरण जघन्य एवं हिंसक रहा। पत्नी के अनुभव में वह 'क्रुएल एनिमल' है जिससे अब वह तलाक लेने जा रही है। शराब ने कैप्टन कपूर की विवेकशीलता को कुन्द कर दिया है। वह वास्तव में 'सैडिस्ट' हो चुका है। यहाँ भी एकपक्षीय वृत्ति मिली है।

बचाव के वकील की भूमिका से कहीं अधिक मुखर कैप्टन बिकाश राय को नाटककार के प्रवक्ता के रूप में प्रस्तुत किया गया है। उसके संवादों में वैचारिक ओजस्विता के साथ एक आन्तरिक निष्ठा प्रकट हुई है। चूँकि रामचन्द्र को 'रामचन्द्र'-सा आचरण करने

वाला आदर्श व्यक्ति दिखाया गया, ऐसी स्थिति में उसके प्रति मानवीय सहानुभूति जगाना बहुत कठिन कार्य न था। बिकाश राय की वास्तविक चुनौती कैप्टन कपूर जैसे 'जंगली जानवर' के लिए उपयुक्त दंड-विधान निर्धारित करना था। वारदात की परिस्थितियों और उससे जुड़ी युक्तियों के संयोजन से कहीं अधिक अपनी युक्ति और तर्क की धार से बिकाश राय ने कपूर की कुटिल-वृत्ति को उघाड़ा और उसे अपमान के घूँट पीने के लिए विवश किया। इन सबकी अपेक्षित परिणति हुई—आत्महत्या। नाटककार ने इसे 'पोएटिक जस्टिस' माना है।

यहाँ कुछ सवालों पर विचार करना आवश्यक है। दोनों प्रमुख पात्र रामचन्द्र एवं कैप्टन कपूर की संकल्पनाएँ एकरेखीय हैं—अच्छे-बुरे ढाँचे में ढली लगभग अपवाद-सी। पूर्वग्रह स्पष्ट है। इतने गुणों से विभूषित रामचन्द्र क्या सेना के आम जवान का प्रतिनिधि माना जा सकता है ? दुष्ट एवं दुराचारी प्रकृति का कैप्टन कपूर एक प्रकार से मनोरोगी है जिसे 'सैडिस्ट' कहा गया। ऐसी विकृति के चलते अगर वह एक 'छोटी जाति' के अपने अर्दली के साथ बर्बर व्यवहार करे तो यह बात बहुत चौंकाने वाली नहीं रह जाती। इस पृष्ठभूमि में यह कहना कठिन हो जाता है कि नाटक के संकट की बुनियाद क्या है ? उसका सम्बन्ध ऊँच-नीच के जातिगत द्वेष से हटकर एक व्यक्ति की मनोग्रन्थि तक सिमटने लगता है। इधर बिकाश राय ने 'आत्मा के अहेरी' होने का दावा किया है जिसकी अन्तर्ध्वनि यह है कि वह दुश्चरित्र बी.डी. कपूर के जमीर को जगाता है ताकि उसमें अपने किए का अहसास जागे। वर्ग और वर्ण के बर्ताव के साथ अध्यात्म की विधि को इस तरीके से अपनाना और फिर मनोरोग की पैबन्द जोड़ देना इस नाटक की तर्क-पद्धति और उसके स्थापत्य में गुँथी प्रगतिशील दृष्टि के अनुरूप नहीं है।

किसी भी रचनाकार के द्रष्टा रूप का आकलन करना हो तो रचना के अन्त से जुड़ी सम्भावनाओं का सूक्ष्म विश्लेषण करना चाहिए। 'पोएटिक जस्टिस' के तहत बी.डी. कपूर के दंड-विधान का औचित्य सिद्ध किया जा सकता है परन्तु इससे नाटककार का दायित्व समाप्त नहीं होता। विचारणीय बिन्दु यह है कि मौजूदा भ्रष्ट तंत्र में 'रूलिंग क्लास' के ऐसे निकृष्ट अधिकारियों को दंड की लपेट में कैसे लिया जाए ? क्या 'पोएटिक जस्टिस' ऐसा कारगर दृष्टिपथ माना जाए जिस पर चलकर सबको न्याय मिल जाएगा ?

लेखक स्वदेश दीपक के जहन में समाज को बदलने के 'सच्चे सपने' हैं। 'कोर्ट मार्शल' के ये संकेत उनके नए नाटक 'सबसे उदास कविता' में साकार हुए। बिकाश राय—"जो पापी है उसका रक्तपान करती हजारों भुजाओं वाली काली" की शक्ति को यह मानते हैं जिसे 'सबसे उदास कविता' की अपूर्वा में अभिव्यक्ति मिली। नक्सलवादी आन्दोलन की प्रतिकृति अपूर्वा 'पीपुल्स कोर्ट' में अत्याचारियों के लिए 'पीपुल्स जस्टिस' का तत्काल निर्णय लेती और कार्रवाई करती है। नक्सलवादी आन्दोलन की महत्त्वपूर्ण ऐतिहासिक भूमिका रही है। इस नीति-पथ पर चलकर सामाजिक न्याय लाने वाला यह जनसंघर्ष हिंसा-प्रतिहिंसा की प्रतिकार भावना से बाहर न निकल सका। 'कोर्ट मार्शल' ने अपनी महत्ता अर्जित की है। नाट्यालेख की बुनावट, स्थितियों के सघन-संयोजन, उत्तरोत्तर तनाव और विस्फोट का जिस नाटकीय दक्षता से विन्यास किया गया है, उसका मंच-प्रभाव उत्तेजनापूर्ण

सिद्ध हुआ है। क्या इस नाट्यालेख की वास्तविक उपलब्धि केवल गहरे नाटकीय अनुभव प्रदान करने वाले शिल्प में ही है ?

इसे मात्र संयोग न कहना होगा कि जिस दूसरे नाटक ने इतने व्यापक स्तर पर मंच-ख्याति हासिल की, उसकी भी ऐसी सीमाएँ प्रश्नवाचक चिह्न लगाती हैं। साम्प्रदायिक वैमनस्य और दंगों की आग के बीच देश का विभाजन हुआ जब दोनों धर्मों के झुलसे लोगों को अपना घर और अपना देश छोड़ना पड़ा। 'ओ जन्मया नइं' में इतिहास के इस संवेदनशील, पर कुछ भूले-बिसरे प्रसंग को नाट्य-जगत में पहली बार उठाकर असग़र वजाहत ने उसे नया परिप्रेक्ष्य दिया। साहस का परिचय देते हुए नाटककार ने मुस्लिम समाज को कठघरे में खड़ा किया ताकि सबको यह विश्वास हो जाए कि 'इस्लाम दूसरे मजहबों की कद्र और इज्जत करना' सिखाता है। इस नाटक के सारे कार्य-व्यापार की धुरी रतन लाल जौहरी की 65 वर्षीय माँ है जिसने बेटे के इन्तजार में न तो अपनी हवेली छोड़ी न लाहौर। 'हर दिल अजीज' और 'मुहल्ले भर की माई' ने इस सन्देह और तनाव भरे वातावरण को अपनी जादूभरी उपस्थिति से सौहार्द-भाव में बदल दिया। इसी उमंग में माई ने पूजा-पाठ और जगमगाहट के साथ दीवाली का त्योहार मनाया। मुस्लिम लीगी नेता पहलवान और उसके गिरोह की माई की जान और दौलत पर पहले से ही नजर थी; मुहल्ले की शिरकत और पूजा-पाठ से वे भड़क उठे। मौलाना के सार्थक हस्तक्षेप से वे मौके की तलाश में चुप हो गए। सुबह से शाम तक 'मजलूम की मदद' में घूमने वाली माई पूरी खबरों और खतरों से वाकिफ थी। मिर्जा परिवार को कोई आँच न आए, इस 'फर्ज' को ध्यान में रखते हुए उसने लाहौर छोड़ने का कड़ा निर्णय लिया। पता लगने पर संवेदनशील शायर नासिर की अन्तरात्मा कराह उठी—'तुम हमारी माँ' ही नहीं, ऐसी नैतिक शक्ति हो जिसके यहाँ न रहने पर 'हम नंगे हो जाएँगे।' उसने माई को जाने नहीं दिया। अचानक माई की मौत हो गई, आसपास गहरा सदमा छा गया। शिद्दत के साथ माई की खिदमत और अहसानों को याद किया गया और इज्जत के साथ रावी के किनारे संस्कार करने की व्यवस्था की गई। पहलवान और गिरोह में सुलग रही नफरत की आग ने मौलाना की हत्या से ही सन्तोष पाया।

मुस्लिम समाज के प्रति आधुनिक रवैया रखते हुए असग़र वजाहत ने साम्प्रदायिक समस्या के सभी पहलुओं को स्थान दिया है। मिर्जा परिवार में धार्मिक संस्कार जरूर हैं परन्तु उनका नजरिया उदार और सहनशील है। इसीलिए माई के साथ रहते हुए उनके आपसी रिश्तों में भावनात्मक ऊष्मा गहराती गई। विस्थापन की व्यथा से पीड़ित, शायर और ऊँचे दर्जे के इनसान नासिर काजमी इस मसले को धर्म और जाति के घेरे से बाहर मानवीय धरातल पर आँकते हैं। दूसरे धर्म के लोग महज 'काफिर' नहीं 'इनसान' हैं और धर्म की असली पहचान 'ईमान' है। चायवाले, ताँगेवाले, मुहल्ले वाले माई के उदात्त-स्पर्श से सब भेदभाव भूल जाते हैं। इस तबके के लोग प्रकृत रूप में संकीर्ण नहीं हैं। मौलवी इकरामुद्दीन इस नाटक की विशिष्ट चरित्र-सृष्टि हैं। इस्लाम के इस प्रबुद्ध अध्येता और सुलझे व्याख्याता में पहलवान की शंकाओं के निराकरण करने और उसे काबू से बाहर न होने देने की एक रूहानी ताकत भी है। विविध स्वभाव और

व्यवहार के इन पात्रों से नाटककार इतनी पुरानी समस्या को नया, अपना परिप्रेक्ष्य देने में सफल रहा।

'जिस लाहौर नइ देख्या ओ जन्मया नइ' एक ऐतिहासिक नाटक तो नहीं है परन्तु इसमें जिस साम्प्रदायिक समस्या के विकल्प की खोज की गई है, उसका इतिहास देश-विभाजन से भी बहुत पुराना है। नाटककार की मूल प्रेरणा और प्रयोजन दोनों धर्मों के बीच सौहार्द-भाव की स्थापना है। इस लक्ष्य को पूरा करने के लिए उसने दो ऐसे प्रमुख पात्रों की संकल्पना की जो संवेदना और संरचना के स्तर पर नाटक के आधार स्तम्भ हैं। बँटवारे के बाद अपनी हवेली में अकेली रहने वाली रतन की माँ साधारण हिन्दू स्त्री नहीं है। वह 'सब की मददगार' और ऐसी 'नेकदिल' औरत है जिसमें 'खिदमत का जज्बा' भरा हुआ है। इसलिए आसपास की मुस्लिम बिरादरी के लोग अपनी माई मानते हुए उसके गुणों का बखान करते रहते हैं। रतन की माँ चाहे कितने बड़े उद्देश्य की पूर्ति का माध्यम हो, वह एक मिसाल है, एक ऐसा अपवाद जो रचनाकार की फैंटेसी का आभास देती है।

चरित्रांकन में यही अतिमानवीय पुट मौलाना में भी मिला। अपनी वैचारिक विवेकशीलता के आधार पर मौलाना जिस युक्ति और नीति से पहलवान को निरुत्तर और निष्क्रिय करता रहा, वह द्रष्टव्य है। दीवाली के मौके पर उठे विवाद का वह इस तरह समाहार करता है—"पूजा का मतलब ही इबादत है... सबको अपनी इबादत करने और अपने खुदाओं को याद करने का हक है... तुम दूसरों के मजहब को बुरा न कहो ताकि वह तुम्हारे मजहब को बुरा न कहे।" माई की मृत्यु के प्रसंग को निमित्त बनाकर मौलाना ने जिस तर्कनिष्ठा से इन बिखरे पड़ोसियों की अन्तश्चेतना को जगाया और धर्म की उदात्त व्याख्या की, उससे नाटककार का उद्देश्य छिपा नहीं रहता—"आज जबकि वो मौत के आगोश में सो चुकी है, तुम उसे माँ मानने से इनकार कर दोगे...और अगर वो तुम्हारी माँ है तो जो उसका मजहब था, उसका एहतेराम करना तुम्हारा फर्ज है।" एक हिन्दू औरत की मय्यत पर ऐसे आदर्श आचरण की प्रेरणा देना इस्लामी बिरादरी के लिए गौरव का विषय है। 'अल्लाह के हुक्म' से नाटक को विशिष्ट दिशा और दृष्टि देने का श्रेय भी मौलाना को जाता है। यह नाटककार की एक सार्थक संकल्पना है परन्तु क्या यह जीवन और इतिहास की सच्चाई नहीं है कि ऐसे तनावपूर्ण हालात में मौलानाओं को मजबूरन आतंकवादियों का साथ देना पड़ता है या चुप रहना पड़ता है।

इस नाटक की विषयवस्तु के केन्द्र में धर्म है। कहीं वह सदाशय भाव की निर्मल अभिव्यक्ति है और कहीं उच्च मानवीय मूल्यों की स्थापना। धर्म का यह रूप आदर्शपरक है। इसके दूसरे नजरिए को भी समझना होगा जहाँ अपनी अस्मिता के नाम पर व्यवस्था के प्रत्येक क्षेत्र में अपने अधिकारों के लिए वह संघर्ष का जरिया बनता है। अपनी महत्ता और प्रभुता (हेजीमनी) प्रतिष्ठित करते हुए वह राजनीति का प्रबल मोहरा और सत्ता प्राप्ति की सीढ़ी बन जाता है। देश-विभाजन के उस भयानक दौर में जो इतनी खून की होली खेली गई, क्या उस समय धर्म मात्र राजनीति का मोहरा न था? 'ओ जन्मया नइं' में धर्म के बद्धमूल रूप को बड़ी कुशलता से हाशिए पर रखा गया। नाटककार ने धर्म के उदार वैयक्तिक पक्ष को प्रमुखता दी। इस नीति का पालन हुआ, जिसके परिणामस्वरूप नाटककार को इतिहास के बाहर भाववादी होना पड़ा।

'कोर्ट मार्शल' और 'जिस लाहौर नइ देख्या ओ जन्मया नइ' नब्बे के दशक के श्रेष्ठ नाटक हैं। इनमें जिन समस्याओं पर विचार किया गया है, उनकी जड़ें 19वीं सदी तक फैली हैं। दोनों नाटककारों ने इनके सामयिक तेवर को समझा और अपने कोण से उठाया। इनके वर्चस्ववादी विमर्श इतने सबल सिद्ध हुए कि सृजन प्रक्रिया में प्रश्नाकुलता की सम्भावनाएँ नहीं रहीं। वस्तुनिष्ठ दृष्टिकोण के अभाव में न सजग आत्म-द्रष्टा रूप मिला न तात्त्विक ऊँचाई।

(समकालीन भारतीय साहित्य, नवम्बर-दिसम्बर 2000)

10

युद्ध के निमित्त राष्ट्र–प्रेम और राजनीति

वैश्वीकरण की प्रक्रिया से चाहे कितने सन्दर्भ बदले पर राष्ट्र–प्रेम के प्रति भावावेग में अभी तक कमी नहीं आई; कहीं–कहीं वह उन्माद का रूप धारण करता रहा है। उसके लिए एकान्त निष्ठा तो हमेशा जरूरी रहेगी परन्तु किसी भी देश के इतिहास की पृष्ठभूमि पर विचार करें तो यह एक ऐसा विषय है जो अन्तर्विरोधों से भरपूर मिलेगा। जहाँ वह अन्त:करण का खरा निर्मल भाव या आग्रह है, वहाँ वह इतना निरीह है कि बहुत जल्दी जिस किसी की राजनीति का विस्फोटक उपकरण बनकर रह जाता है। इधर, देश में राष्ट्र–प्रेम के मुखर स्वर चारों ओर गूँज रहे हैं। मीडिया भी इन उमड़ती भावनाओं से अपनी–अपनी लक्ष्यसिद्धि कर रहा है। ऐसे आवेगपूर्ण माहौल में किसी सर्जक का इस प्रवाह में सन्तुलन खोकर पक्षधरता का मार्ग अपनाना एक रचनात्मक कमजोरी माना जाएगा। रचना के अन्दर के संसार में रचनाकार आन्तरिक अनुशासन से बँधा है। इसलिए श्रेष्ठ या उल्लेखनीय रचनाएँ युग की प्रवृत्तियों से जुड़ी तो जरूर रहती हैं परन्तु उनकी उपलब्धि के कारण या गुण स्वतंत्र होते हैं।

इस नए दौर की एक मुश्किल का उल्लेख आवश्यक है। समाज के इस लालसा–भरे वातावरण में 'रचना–कर्म' के लिए 'स्पेस' या किसी समस्या का सिरा खोज निकालना कठिन होता जा रहा है। यह मानना होगा कि अपनी सधी–मँजी कुछ वैचारिक पृष्ठभूमि और कुछ ऐतिहासिक अन्तर्दृष्टि के कारण प्रगतिशील लेखक इस अपसंस्कृति से उत्पन्न नई जटिल चुनौतियों का सामना करने में अधिक सक्षम सिद्ध हुए हैं। जाने–माने वरिष्ठ नाटककार असग़र वजाहत ने अपनी नई नाट्य–कृति 'अकी' में इस क्षमता के प्रमाण दिए हैं।

मध्यकालीन पूर्वी यूरोप की पृष्ठभूमि पर आधारित इस सुगठित नाट्यालेख का आकार चाहे बड़ा नहीं है परन्तु इसमें देश–प्रेम के वास्तविक हितैषी के सवाल को व्यवस्था के स्तर पर उठाया गया है। कारोबारिए अम्बी और मर्दान व्यापार के नाम पर जमाखोरी–चोरबाजारी तो करते ही थे, वे अपनी आर्थिक शक्ति के कपटजाल से सत्ता–संचालन के सूत्रधार भी हो जाते हैं। न्याय के नाम पर शासा और ब्रॉन जैसे निर्दोष और निरीह व्यक्तियों की निर्मम हत्या इनके लिए कठिन नहीं रही। अपने लाभ और स्वार्थ की रक्षा के लिए ये कारोबारिए शत्रु पक्ष के साथ किसी भी प्रकार की सौदेबाजी कर सकते हैं। इन्हीं की वजह से अब्रील अपने मकसद में कामयाब हुआ चाहे राष्ट्रीय गौरव का प्रतीक शत्रु पक्ष

का झंडा क्यों न फहरा रहा हो! कितनी बड़ी विडम्बना है कि निष्कपट और असहाय शासा और ब्रॉन देशद्रोही होने का दंड पाते हैं और देश के साथ धोखा करने वाले व्यवस्था के कर्णधार का राष्ट्रीय सम्मान पा रहे हैं। लेखक इतिहास की गति को समझता है। इधर देशप्रेम की उमड़ती भावनाओं में आम आदमी झंडे को सलामी देने के लिए उल्लसित रहेगा, उधर तीसरा मोर्चा व्यवस्था का नियमन अपने हित में चलाएगा। युद्ध और राष्ट्रीयता से जुड़ी इस राजनीति से कोई मुक्ति नहीं है। यह नियति है।

इस नाटक की दूसरी उपलब्धि इसकी संरचनात्मक दक्षता में मिल जाएगी। अर्थपूर्ण नाट्य स्थितियों के कुशल गठन के कारण अन्तर्वस्तु, प्लॉट और चरित्र रेखाओं की ऐसी सघन बुनावट हुई है कि 13 दृश्यों में उनका समग्र प्रभाव संघर्ष को उत्तरोत्तर तीव्र और नाटकीय अनुभव को प्रबल करता गया है, हालाँकि नाटककार छोटे-छोटे दृश्य-विधान की अपनी कमजोरी से उबर नहीं पाया।

राष्ट्र-प्रेम के इसी प्रवाह में हिन्दी के वरिष्ठ नाटककार गिरिराज किशोर का नाटक 'काठ की तोप' प्रकाशित हुआ, जिसमें उन्होंने सोच-समझ कर बोध-कथा का सरल-सुगम परिप्रेक्ष्य चुना, पर वे अपने लक्ष्य में यथेष्ट गम्भीर थे। नाटक की विषयवस्तु को मध्यकाल के सामंती परिवेश में प्रस्तुत किया गया। इसमें दरबार है, नवाब हैं, मुसाहिब हैं, वैसी भाषा, अभिव्यंजना और आचरण पद्धति है। दो भाइयों—बड़े नवाब और छोटे नवाब के बीच बँटवारा हुआ। उदार और संवेदनशील बड़े नवाब को सौभाग्य से एक 'खूबसूरत दरख्त' मिला, उधर छोटे नवाब के हिस्से में 'काठ की तोप' आई। इस अन्याय से क्षुब्ध वे अपनी मर्यादाओं की परवाह किए बिना सदा प्रतीकात्मक व्यवहार करते रहते। 'खूबसूरत दरख्त' को हथियाने की आकांक्षा ने द्वेष नहीं, अब शत्रुता का रूप धारण कर लिया है। गोलीबारी हो रही है और दोनों देश हथियार खरीदने की अन्धी दौड़ में जुट गए हैं। उन्माद की इस स्थिति का अनुचित लाभ, पहले व्यापारी मटरूमल उठाता रहा, अब उसी के जरिए विदेशी कम्पनी के सदर ने उनको नीचा दिखाने के लिए एक अनोखी शर्त रखी है। दोनों नवाब एक ही पलंग पर सोएँगे, दोनों नवाबों को अपने पायजामों के इजारबन्द से अपने पाँव बाँधकर सोना होगा ताकि वे नीचे न गिरें। उन्हें ऐसा करना पड़ा, ऐसी सूरत में सोते हुए पायजामों की गाँठें तो खुलनी थीं। दूसरे दिन सुबह अपने लक्ष्य में सफल सदर ने कहा, "अब कपड़े सँभालें।" अपनी इज्जत गँवाने के बाद सदर ने हथियार देने का आश्वासन दिया। इस तरह लड़ाई जारी रही।

'काठ की तोप' की नाट्य-संरचना एकरेखीय है। समस्या के पक्ष-विपक्ष, घटना-क्रम, चरित्रांकन, कार्य-व्यापार की गति, भाषा-संवाद, सबका सतही होना नाटक के उद्देश्य के अनुरूप उपयुक्त और प्रभावी सिद्ध हो सकता है। अन्तर्वस्तु का आवरण बहुत झीना है। बड़े नवाब में भारत की उदात्त विशेषताएँ हैं और छोटे नवाब की छल-छद्म की संकीर्ण प्रकृति पाकिस्तान की है। 'खूबसूरत दरख्त' कश्मीर का प्रतीक है। हथियारों की होड़ और सदर के संकेत को समझना कठिन नहीं रहता। सारी स्थितियाँ सामयिक और स्पष्ट हो गई हैं। स्वतंत्र रूप से आँका जाए तो भारत-पाक-कश्मीर का मसला ख़ास जटिल हो चुका

है, उसे इतने सीधे ढंग से पेश करना इस आशंका की पुष्टि करता है कि कहीं यह 'प्रोपेगंडा-प्ले' तो नहीं।

इस नाटक में लोकधर्मी रूढ़ियों का रचनात्मक उपयोग नहीं हुआ। उद्घोषक-सूत्रधार एक-दो-तीन और कोरस के संवाद पद्य में हैं। पद्य का स्तर बहुत सामान्य है। नाटककार के पास ऐसे अनेक अवसर आए जहाँ वह इस रंगरूढ़ि का बहुविध प्रयोग कर सकता था—कुछ टिप्पणी, कहीं प्रतिक्रिया, नए मायने, या तात्पर्य या आयाम—सब मिलकर सतह पर चल रहे कार्य-व्यापार में ओजस्विता लाते और अन्तर्वस्तु को बोध-कथा से बाहर निकालकर गम्भीर नाटकीय तात्पर्य देते। यहाँ नाटककार चूक गए। तीसरे अंक की असंगति भी ठीक नहीं रही। नाटक के अन्त को भी कोई उठान नहीं मिला। मंच-प्रभाव की दृष्टि से 'काठ की तोप' में सम्भावनाएँ मिल जाएँगी परन्तु यह किस स्तर या प्रकार का राष्ट्र-प्रेम है?

अज्ञेय ने युद्ध के प्रश्न को अपने गीति-नाट्य उत्तर प्रियदर्शी में नए परिप्रेक्ष्य के साथ प्रस्तुत किया था। कलिंग-युद्ध की विजय ने अशोक की संहार-वृत्ति और गर्व-भाव को और भी तीव्र कर दिया था। नृशंस-प्रकृति के अशोक का करुणा के पथ पर आने की अन्तर्यात्रा ही इस विलक्षण नाट्य कृति की अन्तर्वस्तु है। एकाध प्रसंग का आश्रय भर लिया गया है, अन्यथा नाट्ककार का पूरा ध्यान संवेदनाओं के आन्तरिक संघर्ष को दृश्य-बिम्ब देने में रहा है। इस प्रयोजन को पूरा करने के लिए उसने संरचना को विशिष्ट आकार दिया परन्तु इस नाट्यालेख की अन्तर्निहित शक्ति इसकी भाषा में देखी जानी चाहिए। तत्सम शब्दावली का इतना अर्थपूर्ण गायन उल्लेखनीय कहा जाएगा—कहीं छोटे सुगठित वाक्य, कहीं मात्र शब्द और कुछ काव्य-संवाद। इसका तात्पर्य यह है कि नाटककार नेपथ्य के वाद्य-यंत्रों के अनुरूप ध्वनियों-अन्तर्ध्वनियों-स्वरों की लय, शब्दों की गूँज, पार्श्व-संगीत, विराम, कहीं मौन, कहीं भाव-भंगिमाएँ—अर्थात् सूच्य और वायवी कार्य-व्यवहार के लिए जीवन्त वातावरण और दृश्याकार देती परिकल्पनाएँ। अध्यात्म और मनोविज्ञान पर अज्ञेय का यथेष्ट अधिकार रहा है, उसी से अर्जित अन्तर्दृष्टि को यहाँ अभिव्यक्ति मिली है। इसमें तत्त्व के सूक्ष्म संकेतों को उद्वेलित करने की क्षमता है। स्वयं नाटककार द्वारा किया गया प्रभावी-पाठ उपर्युक्त विशेषताओं की पुष्टि करता है। इसके वाचन की सम्भावनाओं में इसकी प्रस्तुति दृश्याकार ले सकती है। इस चुनौतीपूर्ण नाट्य-कृति का निर्देशन लक्ष्मीनारायण लाल, प्रभात कुमार भट्टाचार्य, मुद्राराक्षस आदि ने किया। परन्तु नाट्यालेख के अन्तरंग को कल्पनाशील दृश्य-बिम्बों और नाटकीय अनुभव को संवेदनशील स्वरूप प्रदान करने में सर्वाधिक सफलता रतन थियम के मणिपुरी प्रस्तुतीकरण को ही मिली। नाटक के इस नए पेपर बैक संस्करण का स्वागत।

एक निश्चित आशय लेकर मोहनदास नैमिशराय अपने रचनाकर्म में क्रियाशील हैं। उनके लेखन की चिन्ता के केन्द्र में दलित प्रश्न रहे हैं, इस क्षेत्र के वे सुपरिचित लेखक हैं। दरअसल दलितों के साथ इस कदर अन्याय होता रहा है कि लेखक ने अपने नाटक 'हैलो कामरेड' में उसके लिए अपेक्षित परिप्रेक्ष्य देना जरूरी नहीं समझा। 'हैलो कामरेड' नाटक में उनका

मन्तव्य 'राजनीति के अजगर' को रेखांकित करना है जिसके दंश दलित-समाज आज भी भुगत रहा है। एक नेता द्वारा लिखवाए हुए भाषण के रोचक प्रकरण से शुरू हुआ यह नाटक हीरालाल-परिवार की त्रासदी के इर्द-गिर्द बढ़ता है। प्राइवेट कम्पनी के मुलाजिम अधेड़ उम्र के हीरालाल ने राजनीति को ही अपने जीवन का कार्य-क्षेत्र बनाया था परन्तु सिद्धान्त और ईमानदारी अपनाने से उन्हें कदम-कदम पर इतनी ग्लानि, पीड़ा और कहीं प्रहार झेलने पड़े कि विवश होकर उन्हें राजनीति से संन्यास लेना पड़ा। उन्हीं की पीढ़ी के रवि की पत्नी सुधा के साथ गुंडों ने बलात्कार-हत्या की ऐसी घिनौनी हरकत की, कहीं से न्याय नहीं मिला और इस आघात ने रवि को दयनीय और आधा पागल बना दिया। 'पॉलिटिक्स' के कुचक्र से प्रताड़ित ये पहली पीढ़ी के अनुभव हैं। हीरालाल की बेटी कॉमरेड विमला में नई पीढ़ी की उमंग और उद्यम है। जनता के बीच सक्रिय और गतिशील—उसने अपनी कार्य-कुशलता का प्रभाव डाला है। इस लगन और मेहनत को ध्यान में रखते हुए पार्टी ने उसे सूबा कौंसिल में मनोनीत किया है। विमला की इस पदोन्नति से कुछ पुराने कार्यकर्ताओं में तीखी प्रतिक्रिया हुई। सवर्ण मानसिकता और उद्दंड प्रकृति के अरविन्द ने इसे अपनी उपेक्षा और अपमान समझा। अपनी बिखरी महत्त्वाकांक्षाओं से उत्तेजित उसने बदला लेने की ठानी। उसने एक षड्यंत्र के तहत विमला को पार्टी कार्यालय में बुला लिया और अवसर पाकर अरविन्द ने उसकी इज्जत लूटी। इस हादसे से जो सामाजिक कलंक लगा, उससे सरल और सच्चे स्वभाव की विमला टूट गई। यह सब जानकर विमला के भाई अजय के लिए शान्त रहना असम्भव था। राजनीति में सामाजिक न्याय के पक्षधर होने के नाते उसने अपराधी को उपर्युक्त दंड देने का दायित्व अपने हाथ में रखा, इसी आवेग में उसने अरविन्द की हत्या कर दी। अजय को पकड़ने पुलिस घर पहुँच गई और लांछन से हीरालाल के मन को गहरा धक्का लगा, इससे वे अपने आपको सँभाल न सके और उन्होंने वहीं सबके सामने दम तोड़ दिया। रवि की यह भविष्यवाणी सही साबित हुई कि राजनीति का अजगर इस परिवार की शान्ति को निगल जाएगा।

'हैलो कॉमरेड' की घटनाओं की बुनावट बहुत निपुणता से की गई है, इससे संघर्ष में गति और निरन्तरता का निर्वाह हुआ है। प्रचलित भाषा और चुस्त संवाद शैली ने नाटकीय दबाव को असरदार रखा। यह एक सुनियोजित नाट्यालेख है जिसमें न वैचारिक आग्रह है, न कोई अन्तर्विरोध या आन्तरिक द्वन्द्व। इसमें लेखक दलित-दायरे से बाहर नहीं गया, न उसे किसी सम्बद्ध सरोकार या औचित्य की चिन्ता है। उसने बार-बार पॉलिटिक्स के सर्प की बात उठाई है। उसके संकेत मायने रखते हैं परन्तु उन्होंने राजनीति को इतने सीधे-सपाट धरातल पर लिया है जैसे कोई व्यवसाय हो। आज की पॉलिटिक्स की अपनी चुनौतियाँ और गुत्थियाँ हैं। स्वतंत्र रूप से आकलन करें तो क्या यह कटु सत्य किसी से छिपा है कि दलित-दुर्दशा के बाहर भी पॉलिटिक्स सारे देश की तरक्की को निगल रही है? नैमिशराय इन सवालों से टकराना नहीं चाहते। इसी पूर्वग्रह के कारण उन्होंने 17 वर्ष पुराने इस नाट्यालेख में किसी सुधार या बदलाव की जरूरत महसूस नहीं की। पर अपनी सीमाओं में 'हैलो कॉमरेड' एक सफल नाट्य-कृति है।

कन्नड़ नाटक 'महाचैत्र' की कई उल्लेखनीय विशेषताएँ हैं। सबसे पहले प्रभाव पड़ता है नाटककार के सुलझे दृष्टिपथ का, जिसे प्रगतिशील कहा जा सकता है। बिना किसी मतवाद के घेरे में बँधे, प्रतिष्ठित नाटककार शिवप्रसाद ने मध्यकाल की सामाजिक व्यवस्था से उभरी समस्याओं एवं सवालों को आधुनिक आलोक में ऐसे विश्लेषित किया जैसे वे समकालीन मुद्दे हों। 'महाचैत्र' घटना-क्रम की धुरी है चमार हरलय्या के बेटे के साथ ब्राह्मण मधुवय्या की बेटी माधवी का विवाह। उस युग की यथास्थितिवादी मान्यताओं को सामने रखें तो यह एक ऐसा विस्फोटक प्रसंग है जिसने सारे प्रभु-समाज में प्रतिकार की लहर पैदा कर दी। एक ओर पुरातन-पंथी समाज में वर्ण-व्यवस्था का अनुशासन था, अर्थात् उच्च जाति का नियमन और छोटी जाति का दमन चल रहा था। उधर धर्म के नाम पर यज्ञ, पशुबलि आदि का कर्मकांड और पुरोहिताई का दबाव उग्र हो रहा था। 'शरणा' कहलाने वालों के आन्दोलन के प्रवर्तक सन्त बसवण्णा ने इन कुरीतियों का इसलिए विरोध किया ताकि छोटी जाति के साथ अत्याचार और अन्याय न हो। दूसरे, प्रभु समाज को इस सच्चाई पर गौर करना होगा कि उनकी जीवन-सुविधा के कई आवश्यक कार्य केवल छोटी जाति के लोग पूरा करते हैं। इसलिए बसवण्णा की इस स्थापना में बल है कि समाज की सर्वांगीण प्रगति के लिए उदार मानवीय रवैया अपनाना प्रभु और प्रजा दोनों वर्गों के लिए हितकर है। देश के शासक बिज्जल की सोच और कार्य-प्रणाली पर ज्योतिष और पुरोहितों का नियंत्रण था या बिज्जल को सत्ता-सुरक्षा या अपने उत्तराधिकारी की चिन्ता सता रही थी। शरणों की जागृति की लहर से दोनों वर्गों में टकराहट की स्थितियाँ बढ़ रही थीं। हड़ताल के कारण सब कुछ अस्त-व्यस्त था। सामूहिक संघर्ष पर उतरे शरण अब कामयाब हो रहे थे। वे सत्ता के लिए नहीं, परन्तु बेहतर और कारगर व्यवस्था के लिए आगे आए थे। इससे सामाजिक सौहार्द रहेगा और आर्थिक समृद्धि होगी। प्रभु समाज की शोषण प्रणाली के विनाश के बाद 'महाचैत्र' में समाज के नव-निर्माण की संकल्पना है। समता, न्याय और मुक्ति की सम्भावनाओं के कारण नाटक के अन्त की अर्थवत्ता और महत्ता बढ़ गई है।

'महाचैत्र' के नाट्य-विधान की परिकल्पना एक व्यापक फलक पर की गई है। उसके विन्यास और विकास में नाटककार ने संरचनात्मक दक्षता का परिचय दिया है। नाट्यालेख को सघन और सुबद्ध आकार देने के लिए वह यथार्थवादी शैली का लाभ उठाता है। अपने मन्तव्य को प्रकट करने के लिए तीन हँसोड़ 'नुक्कड़ नट' की उपस्थिति बहुत असरदार सिद्ध हुई है। उससे नाटकीय अनुभव में ताजगी तो आई ही, उनकी तीखी व्यंग्यपूर्ण टिपपणियों से कथ्य की नई भंगिमाएँ प्रकट हुईं। पाठ और प्रस्तुति के स्तर पर गहरी छाप छोड़ने वाला नाटक 'महाचैत्र' वास्तव में एक विशिष्ट नाट्य-कृति है।

'महाचैत्र' और 'मातृका' की विषयभूमि में समानताएँ मिल जाएँगी, दोनों में मुक्ति का प्रश्न है, एक में समाज केन्द्र में है, दूसरे में व्यक्ति। एक अप्रत्याशित बदलाव चाहते हुए शिवप्रसाद 'मातृका' में अध्यात्मक के क्षेत्र में प्रवेश करते हैं और इसकी अभिव्यक्ति के धरातल को कल्पनाशील और भावपरक रखते हैं। भौतिक जगत के प्रलोभन, प्रपंच, माया और उनसे जुड़े सूक्ष्म सवालों का सामना तो होना ही था। वस्तु-विधान, चरित्र-सृष्टि और संरचना के स्तर पर व्यापक परिप्रेक्ष्य खोजा गया है। कार्य व्यापार का स्वरूप संश्लिष्ट

और वायवी हो गया है। नाट्य-कला की दृष्टि से 'मातृका' एक साहसिक प्रयोग तो माना जा सकता है परन्तु उसका समग्र नाटकीय अनुभव बहुत आश्वस्त नहीं करता। 'महाचैत्र' में शिवप्रकाश ने सामाजिक यथार्थ के अन्तर्विरोधों से गुजरते एक नवीन द्रष्टा के संकेत दिए। 'मातृका' में वे स्वयं बहुत स्पष्ट और समर्थ नहीं लगे।

चर्चित नाटक

'अकी' : असग़र वजाहत; ग्रन्थ निकेतन, 1/11244-सी, निकट कीर्ति मन्दिर, सुभाष पार्क, नवीन शाहदरा, दिल्ली; संस्करण 2002

'काठ की तोप' : गिरिराज किशोर; नेशनल पब्लिशिंग हाउस, नई दिल्ली; संस्करण 2001

'उत्तर प्रियदर्शी' : अज्ञेय; वाग्देवी प्रकाशन बीकानेर; संस्करण 2002

'हैलो कामरेड' : मोहनदास नैमिशराय; सबस्व फाउंडेशन 'आस्था', 224-ए, राजोकरी पहाड़ी, नई दिल्ली-110038; संस्करण 2002

'महाचैत्र' और 'मातृका' : एच.एस. शिवप्रकाश; कन्नड़ से अनुवाद : बी.आर. नारायण और अजय कुमार सिंह; वाग्देवी प्रकाशन, बीकानेर; संस्करण 2001

(समकालीन, 2003)

11

निगाह स्थापना पर किसकी ?

तीन एकान्त (1975) के प्रस्तुतीकरण में ऐसा विरल सर्जनात्मक उत्कर्ष मिला, जिसके प्रगाढ़ रंगानुभव और आशातीत प्रभाव ने चारों—कहानीकार, निर्देशक, अभिनेता, दर्शक—को अपने-अपने स्तर पर आन्दोलित और मंत्रमुग्ध कर दिया। अब इसे हिन्दी रंगमंच की उल्लेखनीय घटना माना जा सकता है, जिसकी दो उपलब्धियाँ रहीं—पहली, कहानी के रंगमंच की शुरुआत और दूसरे कहानी का रंगमंच के क्षेत्र में अपनी मौलिक उद्भावनाओं के कारण देवेन्द्र राज अंकुर की नई निर्देशन-क्षमता की प्रतिष्ठा। 'कहानी का रंगमंच' आज हिन्दी रंगमंच की मात्र एक शाखा नहीं रहा, अपनी विकास-यात्रा तय करते हुए और विविध प्रकार की कशमकश से गुजरते हुए समृद्ध और प्रौढ़ हो चुका है। साहित्य के गम्भीर अध्येता तथा एक समर्थ निर्देशक के नाते अंकुर ने साहित्य को साहित्य के धरातल पर आत्मसात् करने की अन्तर्दृष्टि अर्जित की है। इसलिए उनकी प्रस्तुति-परिकल्पना में साहित्य की निरन्तर उपस्थिति का अहसास होता है। इस सन्दर्भ में यह द्रष्टव्य है कि भारतेन्दु और प्रसाद के मौलिक नाटकों को तभी वे सादी पर कुशल तरतीब से सँभाल सके। कहानी की निजता को रखना, आत्मीयता और संवेदनशीलता से उसका मंच-साक्षात्कार करवाना एक चुनौतीपूर्ण कार्य है। समर्पित और निरन्तर प्रयोगशील अंकुर के लिए अब यह कठिन नहीं रहा। कहानी का यह नया दृश्य-पाठ ताजा और उत्तेजक तो होता ही है, अक्सर उस कहानी के दबे-छिपे अर्थ या अबूझ संकेत खुलने लगते हैं, नए प्रभाव-बिन्दु उभर आते हैं और इस तरह यह प्रस्तुतीकरण कहानी पर नया कमेंट करता है।

कहानी के वृत्तान्त भाग या 'नैरेशन' को कार्य-व्यापार का सहज हिस्सा बनाना और मायने देना एक जटिल सवाल है। अंकुर ने अपनी प्रणाली विकसित की और उसे कहीं संवाद में जोड़कर, कहीं स्वगत बनाकर, कहीं अलगाव-विधि अपनाकर, कहीं सूत्रधार की टिप्पणी में बदलकर नाटकीय लाभ उठाया है। अभिनय-शैली और रंग-उपकरणों के स्तर पर भी लीक से हटकर नवीनता लाई गई है।

साहित्य और रंगमंच की पारस्परिकता को निभाते हुए अंकुर अपनी प्रस्तुति-कला को माँजने-सँवारने में निपुण हो गए हैं। समय आ गया है कि स्वतंत्र पहचान बना रहे कहानी का रंगमंच के इतिहास, प्रदर्शन-शैली, और योगदान का मूल्यांकन हो। सुपरिचित रंग-समीक्षक महेश आनन्द ने इस जरूरत को जिस शिद्दत और सूझबूझ से समझा, चुस्त-

दुरुस्त रूपरेखा इसका प्रमाण है। जिस सतर्कता से सामग्री का चयन-सम्पादन हुआ है, उसी विवेकशीलता से लेखकों को लेकर निर्णय लिया गया है। 'कहानी का रंगमंच' एक अछूता विषय है, इसका पहली बार गम्भीर समीक्षात्मक अध्ययन हुआ है। इसे एक आधार-पुस्तक का दर्जा दिया जा सकता है, जिसमें सभी पहलुओं पर विमर्श किया गया। दरअसल इस पुस्तक का प्रयोजन कहानी के रंगमंच की स्थापना है जो सामयिक भी है और महत्त्वपूर्ण भी। विभिन्न रचनाकारों, निर्देशकों, अभिनेताओं की अन्तर्यात्रा से गुजरी हुई टिप्पणियाँ, प्रतिक्रियाएँ और विचार सजीव चित्र की रेखाएँ लगती हैं। एक विधा की अपनी संरचनात्मक मर्यादा रखते हुए उसे भिन्न धरातल पर नया मंच-आकार और जीवन प्रदान करना कहीं इन्हें चौंकाने वाला लगा, पर कहीं चुनौतीपूर्ण। लेखकों-समीक्षकों ने कहानी के रंगमंच के नए प्रदर्शन-पाठ और प्रदर्शन-विधि से उठे मुद्दों-स्थितियों का सुलझा तात्त्विक अध्ययन किया। इस तरह इसके स्वायत्त वजूद और उसकी महत्ता स्थापित की गई।

यह किताब कुछ सवाल भी उठाती है। कहानी की मंच-प्रस्तुति तभी आस्वाद-योग्य और अर्थवान बन सकती है, जब रंग-तत्त्वों का नया सर्जनात्मक संयोजन हो। जाहिर है, केन्द्रीय सन्दर्भ रंगमंच का रहेगा। दूसरे शब्दों में, 'फार्म' के स्तर पर साहस और मौलिक प्रयोग की आवश्यकता है। सच तो यह है कि थिएटर और प्रयोग पर्याय है। कौन-सा ऐसा गिनती लायक असाधारण प्रस्तुतीकरण है, जहाँ निर्देशक 'फॉर्म' के धरातल पर अपनी प्रतिभा की अनूठी छाप नहीं छोड़ जाता? इस नजर से देखें तो अन्ततः अंकुर का सारा हुनर उपयुक्त प्रस्तुति-परिकल्पना की खोज में है, जहाँ मूल कहानी की रक्षा की गई है। इसी सिलसिले में एक तथ्य पर और ध्यान देना होगा। प्रेक्षक की दिलचस्पी मंच-अनुभव और उसके असर से है, मूल-पाठ की कितनी रक्षा हो रही है, इसका उससे इतना वास्ता नहीं है। पाठ का महत्त्व निर्देशक, अभिनेता और रचनाकार के स्तर पर तो समझ में आता है, प्रेक्षक की नजर तो केवल प्रस्तुति-सुख पर होगी। इसलिए प्रस्तुतीकरणों को अपने ही मानदंडों पर देखना-परखना होगा। इस दृष्टि से आकलन करें तो अंकुर का रिकॉर्ड उत्साहवर्धक है।

अनगिनत जीवन स्थितियों, व्यवहारों, चरित्रों, समस्याओं से जूझते हुए आसपास की जिन्दगी और समाज की जीवन्त अभिव्यक्ति करने वाले कहानी और रंगमंच के नए रिश्ते को जोड़ने का श्रेय अंकुर को जाता है। आसानी से उपलब्ध इस अथाह-स्रोत का विस्तार और प्रवृत्ति का रूप धारण करना प्रत्याशित कहा जाएगा। आज इसमें कई निर्देशक क्रियाशील हैं। कुछ वरिष्ठ निर्देशकों ने भी बेहतर प्रयास किए हैं। इस किताब में संकलित सभी रचनाओं में अंकुर और उसकी प्रस्तुतियों को केन्द्र में रखकर सचेत अध्ययन हुआ है। इससे विषय-विवेचन सीमित और एकपक्षीय हो गया है। कहीं वर्चस्ववाद की गंध भी आती है। एक प्रवृत्ति का परिप्रेक्ष्य देते हुए अगर कहानी के रंगमंच का मूल्यांकन होता तो वस्तुपरकता बनी रहती।

भारतीय जीवन और समाज के अन्तर्विरोधों और विसंगतियों को सामने लाने वाला 'महाभारत' एक ऐसा सदाबहार आख्यान है, जिसमें से सुपरिचित नाटककार रामेश्वर प्रेम नई जमीन-खोज निकालने में जरूर समर्थ मिले। कुरुक्षेत्र के युद्ध को सच्चाई की लड़ाई

के कारण धर्मयुद्ध का दर्जा दिया गया परन्तु सबसे अधिक अधर्म उसी में हुआ। लेखक के मत में ऐसी विकृतियाँ सूर्यास्त के बाद निर्व्याज रूप से प्रकट हुईं। दिन भर की टकराहट और टूटन के बाद बढ़ता हुआ अँधेरा अन्तश्चेतना को संवेदनहीन कर देता है, व्यक्ति मात्र शस्त्र की सन्तान बनकर रह जाता है जो हत्या और बलात्कार के षड्यंत्र रचने लगता है। 'शस्त्र-सन्तान' में विषयवस्तु की दृष्टि से महत्त्वाकांक्षी जयद्रथ के अध:पतन की संकल्पना अनूठी पर अर्थपूर्ण है। 'पम्प के स्वप्न' में डूबा जयद्रथ रात के अँधेरे में असहाय द्रौपदी के अपहरण तथा बलात्कार की योजना बनाता है ताकि दुर्योधन की नजरों में वह महारथी लगे और कुछ कृपाकांक्षा पा सके। दुर्योधन की बहन और जयद्रथ की पत्नी दु:शला एक स्त्री होने के नाते इस घिनौनी तरकीब का कड़ा विरोध करती है परन्तु प्रतिशोध की आग में जल रहे जयद्रथ को दोनों ओर से मुँह की खानी पड़ी। द्रौपदी के शिविर में प्रहरियों ने ठीक समय पर उसे पकड़ लिया और बाल इस तरह से काट दिए, ताकि उसके कुकर्म की सार्वजनिक पहचान हो सके। उधर अँधेरे में अकेले लौट रही दु:शला को सैनिकों ने धर दबोचा। कहने-सुनने के बावजूद वह शील-हरण से न बच सकी। ऐसे अपमानजनक आघात को सहना असम्भव था, दु:शला ने आत्महत्या कर ली।

दूसरा प्रकरण हिडिम्बा-घटोत्कच से जुड़ा है जो वैसा ही मर्मभेदी अनुभव प्रदान करता है। वर्षों की प्रतीक्षा और उत्कंठा के बाद भविष्य की मधुर आकांक्षाओं में खोया निरीह घटोत्कच राजधानी में अपने पिता भीम से मिलने आया। कर्ण के अमोघ प्रहार से अर्जुन की जीवन-रक्षा के लिए श्रीकृष्ण ने कुचक्र चलाया। सीधे-सादे घटोत्कच की बलि चढ़ा दी गई। गीताकार श्रीकृष्ण की इस क्रूर हरकत से हतप्रभ हिडिम्बा को गहरा सदमा पहुँचा और उसके आगे इन महारथियों की असलियत खुल गई। भीम ने एक अलग मिसाल कायम की। उसने कौरवों के आठ मासूम बच्चों की निर्मम हत्या कर अपनी नृशंसता का परिचय दिया। कैसी विडम्बना है कि अँधेरे के कारनामों ने जयद्रथ, भीम और श्रीकृष्ण को एक पंक्ति में ला खड़ा किया।

जिस धरातल पर इस सघन और संवेदनशील प्रसंगों की परिकल्पना की गई है, संघर्ष-निर्वाह, अन्विति और समग्र प्रभाव की दृष्टि से शस्त्र सन्तान वैसा असर नहीं पैदा कर सका। नाटक की अन्तर्वस्तु प्रबल और अर्थपूर्ण है, अँधेरे की करतूतों के अनुरूप असरदार वातावरण तैयार किया गया परन्तु संरचनात्मक स्तर पर नाटककार यथेष्ट समर्थ नहीं मिला। मध्य प्रदेश रंगमंडल, भारत भवन, भोपाल की ओर से ब.व. कारन्त के निर्देशन में इस नाटक का प्रथम प्रदर्शन हुआ था।

'राबिया' में मुहम्मद अलीम ने मुस्लिम समाज में अपनी पहचान के लिए सतर्क हो रही स्त्री के स्वतंत्र अस्तित्व की संकल्पना की है। जिस सादगी और मासूमियत से राबिया की विवशता, पीड़ा और निराशाजनक परिणति को रेखांकित किया गया है, वह लेखक की क्षमता के प्रति हमें आश्वस्त करता है। एक मामूली मुलाजिम महमूद की बेटी राबिया स्वभाव से अन्तर्मुखी पर सजग है। पति के घर में 'दम घुटने' के हालात पाकर वह अपने बाप के साथ लौट आई। एक साफ और ईमानदार पति होने के नाते अब्दुल खबीर को बिना वजह

राबिया के चले जाने का गहरा मानसिक आघात लगा और उसने आत्महत्या कर ली। वास्तव में राबिया जीवनसाथी के बारे में अपनी पसन्द और सहमति चाहती थी, पर इसकी किसे परवाह थी। परिस्थितियों के भँवर में फँसी राबिया को दुहाजू से बँधने के लिए मजबूर होना पड़ा। घटनाओं की संरचना सीधी और गतिशील है जो मुस्लिम समाज की विसंगतियों को प्रकट करती है परन्तु इनके लिए विश्वसनीय आधार तैयार नहीं किया गया। तीन बरस से कमाने गए पति के इन्तजार में घुट-घुट कर जी रही भाभी और राबिया की त्रासद स्थिति स्त्री की हैसियत का पर्दाफाश करते हैं। नाटक उर्दू एकेडेमी, दिल्ली द्वारा पुरस्कृत है।

नाटक का शीर्षक 'सोच' जरूर प्रभावहीन लगा परन्तु लेखक ललन तिवारी ने बिहार की राजनीति की प्रकृति और प्रणाली को बारीकी से समझने और उसी तेवर में उपयुक्त नाटकीय आकार देने में कोई कोताही नहीं की। सत्ता को जैसे-तैसे हथियाए रखने के लिए कैसे दाँव-पेच खेले जा रहे हैं और गरीबी तथा बेरोजगारी के कारण अराजकता की ओर बढ़ रही इस व्यवस्था में जनता कितनी मजबूर हो चुकी है, असलियत की इन परतों को उघाड़ने में लेखक ने सूझबूझ दिखाई है। लेकिन टाइप-व्यक्तित्व वाले चरित्रों और उन्हीं के अनुरूप बँधी शैली में कुचक्रों के विधान से वस्तुपरकता का निर्वाह नहीं हो सका। समापन-खंड में बच्चों-शिक्षक के माध्यम से हृदय-परिवर्तन का जो आदर्शोन्मुख पैबन्द लगाया गया, वह नाटक को कमजोर बनाता है और लेखक के चिन्तन की बुनियादी कमी की ओर इशारा करता है।

ब्रेख्त ने अपने नाटकों में व्यक्ति और व्यवस्था के जटिल रिश्तों और दबावों की विचारधारात्मक पृष्ठभूमि में बाह्य और आन्तरिक संघर्ष की परिकल्पना की है। जीवनीपरक नाटक की सीमाओं का अतिक्रमण करते हुए 'गैलीलियो का जीवन' नाटक में गैलीलियो की खोज और उससे जुड़ी कशमकश को निमित्त बनाकर चर्च और विज्ञान के बीच उठे द्वन्द्व को ऐतिहासिक परिप्रेक्ष्य में प्रस्तुत किया गया है। गैलीलियो के लिए विज्ञान की खोज दरअसल ऐसे उपयोगी ज्ञान और सच्चाई की तलाश है जो अनगिनत मामूली आदमियों के लिए लाभकारी और बेहतर जिन्दगी के सपने जगाती है। गैलीलियो के पास अपनी स्थापना और उसकी सच्चाई को साबित करने के लिए ठोस प्रमाण है, तर्क है, गम्भीर बौद्धिक विश्लेषण की शक्ति है, इसलिए उसे पूरा भरोसा है कि नए युग का सूत्रपात करने वाले उसके निष्कर्षों को मान लिया जाएगा। लेकिन देश के सतर्क, चतुर और प्रतिष्ठित बुद्धिजीवी उसे अपना पक्ष प्रस्तुत करने का अवसर ही नहीं देते। चर्च (धर्म), समाज और सत्ता सनातन नियमों और शास्त्र के शाश्वत सिद्धान्तों का हवाला देकर अपनी महत्ता और प्रभुता बनाए रखने का दुष्चक्र चलाए रखते हैं। अपनी जिन्दगी के कड़वे अनुभवों से गैलीलियो इस कूटनीति को समझ चुके हैं। उन्हें मालूम है कि इस तंत्र में स्थितिशीलता, जड़ता और उससे उत्पन्न क्रूरता होगी। कोपरनिकस की मिसाल उनके सामने थी। दंड और यातना का डर भी कम न था। वे अपनी इस प्रकृति से भी वाकिफ थे, जिसके लिए खाने-पीने की सुविधाओं के बिना जीना मुश्किल था। इन

अन्तर्विरोधों के चलते गैलीलियो ने धार्मिक अदालत को दिए स्पष्टीकरण में अपने ही सिद्धान्त का खंडन कर सभी वैज्ञानिकों को अचरज में डाल दिया। मजबूरियों के बावजूद गैलीलियो की प्रतिबद्धता में अन्तर न आया था। कारावास में रहते हुए उन्होंने अपनी खोज 'डिस्कोरसी' की एक प्रति गुप्त रूप से तैयार की और अपने नाराज पर अजीज शिष्य आन्द्रिया को दे दी ताकि वह उसे रोम के बाहर ले जाकर प्रकाशित करवा सके। नाटक की केन्द्रीय धुरी गैलीलियो की प्रबल उपस्थिति है, जहाँ न भावनाओं से खेला गया है और न अतिमानवीय आग्रह हैं। गैलीलियो के लम्बे वक्तव्यों में ब्रेख्त का सुलझा आधुनिक चिन्तन प्रकट हुआ है। उन्होंने विज्ञान को रूढ़िवादी जीवन में बदलाव और सामाजिक प्रगति के एक कल्याणकारी औजार के रूप में स्थापित किया है। इस नाटक में मुठभेड़ के पक्ष प्रत्यक्ष एवं पूर्व निर्धारित हैं परन्तु दृश्य-संरचना में एक ओर उभर रहे निर्बल निम्न मध्यवर्ग की आशंकाएँ हैं और दूसरी ओर प्रभु समाज का अहं। गैलीलियो के आत्मीय, अगली पीढ़ी के आन्द्रियाँ की परिकल्पना ने नाटकीय संघर्ष को विश्वसनीय और अर्थवान बनाया है। मार्क्सवादी चिन्तन के सूक्ष्म एवं सर्जनात्मक प्रयोग में सिद्धहस्त ब्रेख्त आज भी अद्वितीय हैं।

दूसरी भाषा का आश्रय लिए बिना महेश दत्त ने जर्मन में लिखे 'गैलीलियो का जीवन' का पहली बार सीधे हिन्दी में अनुवाद किया। इस प्रकार प्राप्त अधिकृत पाठ की गुणवत्ता ही अलग किस्म की होती है। ऐसे में मूल पाठ की रक्षा के प्रति अधिक सावधान रहना, अन्तर्वस्तु को विशेष महत्त्व देना स्वाभाविक होगा। अनुवाद की इन विशेषताओं के कारण कहीं-कहीं व्यावहारिक पक्ष कमजोर मिला है। मंच-सजगता और संवाद-कला के प्रति अनुवादक ने अपेक्षित ध्यान नहीं दिया, यहाँ तक कि हिन्दी की प्रकृति के उलट कुछ अटपटे प्रयोग मिले हैं। [मूल नाटक के एक अंश को हटा देने तथा मूल जर्मन से अनुवाद की त्रुटियों पर 'कथादेश' पत्रिका में श्री विष्णु खरे ने गम्भीर आपत्तियाँ उठाई हैं। पाठकों के सूचनार्थ—सं.]

चर्चित पुस्तकें

'कहानी का रंगमंच' : सम्पादन : महेश आनन्द; राष्ट्रीय नाट्य विद्यालय, बहावलपुर हाउस, भगवानदास रोड, नई दिल्ली-110001; संस्करण 1997

'शस्त्र-सन्तान' : रामेश्वर प्रेम; राधाकृष्ण प्रकाशन; संस्करण 1997

'राबिया' : मुहम्मद अलीम; पिजन बुक हाउस, जामिया नगर, नई दिल्ली; संस्करण 1996

'सोच' : ललन तिवारी; पाटलिप्रभा प्रकाशन, पटना; संस्करण 1996

'गैलीलियो का जीवन' : बर्टोल्ट ब्रेख्त; जर्मन से अनुवाद : महेश दत्त; राधाकृष्ण प्रकाशन; संस्करण 1998

(समकालीन भारतीय साहित्य, 1999)

12

औपनिवेशिक परिवेश में विदेशी भाषाओं के नाट्यानुवाद

अनुवाद-कर्म पर विचार करते हुए एक हद तक यह दावा किया जा सकता है कि विद्वानों ने उसके एक महत्त्वपूर्ण पहलू पर पूरी तरह गौर नहीं किया। अनुवाद-कार्य चाहे एक वैयक्तिक पहल और प्रेरणा का परिणाम होता है परन्तु इस सन्दर्भ में एक और तत्त्व पर भी निगाह डालनी होगी। युग की राजनीतिक ताकतें और सांस्कृतिक दबाव ऐसा महीन लेकिन असरदार ताना-बाना बुनते हैं जो लेखक की सोच या लेखन की दिशा को अनुप्रेरित या अनुशासित करते हैं या कर सकते हैं। 19वीं सदी का नवोदित शिक्षित वर्ग ऐसा ही तबका था जिसमें प्रभु-समाज का हिस्सा बनने की मध्यवर्गीय महत्त्वाकांक्षाएँ कुलबुला रही थीं। परमुखापेक्षी इसी मानसिकता ने अनुवाद-कर्म के लिए जमीन तैयार की। यहाँ इस ऐतिहासिक सच्चाई को याद रखना होगा कि नवजागरण के उस दौर में राजभक्ति के उफान के साथ-साथ देश-प्रेम की भावनाएँ भी उमड़ रही थीं। भारत के जनमानस में दीन-हीन और पराधीन होने के अहसास को मनोवैज्ञानिक स्तर पर सुदृढ़ और स्थायी आधार देने के लिए ब्रिटिश साम्राज्य ने अंग्रेजी भाषा, साहित्य और संस्कृति की प्रभुता का व्यापक जाल बिछाया। 'शेक्सपियर' को साम्राज्यवादी शक्ति के साहित्यिक सांस्कृतिक गौरव-स्तम्भ के रूप में स्थापित किया गया। ब्रिटिश कूटनीति सफल हो रही थी। 'आधुनिक' होने के गर्व के लिए व्यग्र इस तबके की इस हास्यास्पद जहनियत को बाङ्ला के प्रख्यात नाटककार माइकेल मधुसूदन दत्त ने अपने प्रसिद्ध प्रहसन 'क्या इसी को सभ्यता कहते हैं?' में जीवन्त ढंग से दृश्यांकित किया है।

'शेक्सपियर' अर्थात् व्यापक अर्थ में विदेशी साहित्य और सभ्यता का जादुई असर कम नहीं हुआ। हिन्दी नाटक के जनक भारतेन्दु हरिश्चन्द्र ने व्यापक अर्थ में भी राजभक्ति का सुख भोगा था, पर वे नवजागरण के सतर्क प्रहरी थे। उनका राष्ट्रभाव किसी लिहाज से कम प्रबल न था। वे एक सुलझे हुए जागरूक मनीषी थे। उन्होंने इस चुनौती को सकारात्मक धरातल पर लिया। प्रभु-समाज के साथ अपने अनुभवों के आलोक में अंग्रेजों की चाल और उसके दूरगामी खतरों को समझना उनके लिए कठिन नहीं था। अंग्रेजी रीति-नीति की सचेत अवज्ञा करते हुए भारतेन्दु ने 'निज भाषा उन्नति अहै, सब उन्नति को मूल' के मंत्र का उद्घोष किया। एक ओर शेक्सपियर के नाटक 'ऐज यू लाइक इट' का 'दुर्लभ बन्धु' के नाम से भारतीय रूपान्तर तैयार किया तो दूसरी ओर उन्होंने स्वदेशी सम्मान की

रक्षा करते हुए, संस्कृत में विशाखदत्त द्वारा लिखित 'मुद्राराक्षस' का हिन्दी गद्य में अनुवाद किया। साथ ही, 'ज्ञानवृद्धा बड़ी बहन' के नाम से, बाङ्ला से 'विद्यासुन्दर' का अनुवाद कर एक सन्तुलित राष्ट्रीय परिदृश्य के दिशा-संकेत दिए। जाहिर है, नवजागरण के अन्तर्विरोधों के बीच ही भारतेन्दु के अनुवाद-कर्म का आकलन करना सही होगा।

दूसरे चरण में, 'शेक्सपियर' साम्राज्यवादी दम्भ के प्रतीक मात्र नहीं रहे। उनका विशाल पाठक-वर्ग बन चुका था जो उन्हें अब साहित्य की परिधि और परिप्रेक्ष्य में देखने-परखने लगा। शेक्सपियर को विश्व साहित्य की दुर्लभ विभूति का दर्जा देने में कोई हिचक न रही। उनके नाटकों के संवेदन और चिन्तन को साहित्य की अमूल्य निधि माना गया। 'हैमलेट', 'किंग लीअर', 'मैकबेथ', 'जूलियस सीजर' जैसे कालजयी चरित्र मानव-प्रकृति की जटिल गुत्थियों के संवाहक के रूप में देखे गए; इस नाते वे विदेशी या पराए नहीं रहे। फलस्वरूप शेक्सपियर के नाट्य-संसार का भाषान्तरण तो हुआ ही, उसका भारतीयकरण भी कम नहीं हुआ। इस सन्दर्भ में पारसी थिएटर एक मिसाल है जिसने इसका भरपूर व्यावसायिक लाभ उठाया।

तीसरे चरण में 'शेक्सपियर' अर्थात् पाश्चात्य ज्ञान-विज्ञान, साहित्य और संस्कृति-साम्राज्यवादी वर्चस्व के केवल प्रतीक ही नहीं रहे, बल्कि ऐसे वातायन के रूप में सर्वमान्य हो गए जहाँ से नए सिद्धान्त या विचार या अनुभव का आलोक मिल सकता है। स्पष्ट है, भारतीय समाज औपनिवेशिक तंत्र से सर्वथा स्वाधीन नहीं हो सका। कहीं गहरे, जाने-अनजाने, वह पाश्चात्य रचना-संसार को टटोलता रहता है ताकि उसके लेखक को नया आयाम या नए प्रकार की ऊर्जा मिल सके। नवजागरण से 'आधुनिक' होने की जो प्रक्रिया शुरू हुई थी, उसमें मौजूद स्वीकार-अस्वीकार का द्वन्द्व आज भी विद्यमान है।

वैश्वीकरण और उदारीकरण की विश्वव्यापी लहर ने सांस्कृतिक धरातल पर आपसी दूरियों के प्रति नजरिया ही बदल दिया है। बाजार व्यवस्था हावी हो रही है। सार्थक रंगकर्म के साथ-साथ उसकी सफलता की चिन्ता बढ़ रही है। इस पृष्ठभूमि में नए नाट्यालेख की अनवरत खोज में स्वदेशी या विदेशी भाषा का परहेज कहाँ ठहर सकता है! यह स्वीकार करने में कोई संकोच नहीं होगा कि हिन्दी के मौलिक नाटक प्रस्तुत करने के लिए निर्देशकों में जो जरूरी आत्मविश्वास या निष्ठा चाहिए, वह अभी तक नहीं आई। शौकिया रंगमंडलियाँ न तो साधन-सम्पन्न हैं, न उनमें जोखिम उठाने की हिम्मत है। इस दिशा में राष्ट्रीय नाट्य विद्यालय, साहित्य कला परिषद् जैसी संस्थाओं ने अवश्य सराहनीय पहल की है। कहानी-रंगमंच ने इस गतिरोध को दूर करने में मदद की। पर कुल मिलाकर विदेशी भाषाओं के खेले-परखे नाटकों के प्रति झुकाव बना हुआ है। सारी वस्तुस्थिति को यूँ समेटा जा सकता है कि रंगकर्म के उत्तरोत्तर उत्कर्ष का यह प्रत्यक्ष या परोक्ष परिणाम होगा ही कि उसकी पूर्ति के लिए अनुवाद-कार्य होता रहे। आज अनुवाद-कार्य का मुख्य स्त्रोत पाश्चात्य नाटक है। उनमें कहीं विषयवस्तु या कहीं संरचना की नवीनता की विलक्षणता इस प्रवृत्ति को बढ़ाए रखती है। इसका प्रमाण 2003 में एक साथ सात स्तरीय नाट्य-कृतियों के अनुवाद रूपान्तर के प्रकाशन से मिल गया। यह सचमुच एक प्रसन्नता का विषय है कि इस कार्य को सम्पन्न करने का दायित्व इस क्षेत्र की अग्रणी प्रतिभाओं ने किया है।

सूची इस प्रकार है—

1. मूल : ग्रीक नाटककार यूरिपिडीज; नाटक 'मीडिया' (ईसा पूर्व 431); अनुवादक : देवेन्द्र राज अंकुर;
2. मूल : स्पानी नाटककार पेट्रो काल्देरोन दे ला बार्का; नाटक : 'सालामेतआ का सरपंच' (1644); अनुवादक : सुरेश धींगड़ा, सम्पादन : अपराजित चट्टोपाध्याय;
3. मूल : जर्मन नाटककार गोएथे, नाटक : 'फाउस्ट' (1832); अनुवादक : अरविन्द कुमार;
4. मूल : जर्मन नाटककार जॉर्ज ब्युखनर; नाटक 'दांतौं की मौत' (1835); अनुवादक : जे.एन. कौशल;
5. मूल : ब्रिटिश नाटककार सेम्युअल बेकेट; नाटक : 'गोदो का इन्तजार' (1954); अनुवादक : वल्लभ सिद्धार्थ;
6. मूल : जर्मन नाटककार बर्टोल्ट ब्रेख्त; नाटक : 'मदर करेज' (1939); 'हिम्मतमाई'; रूपान्तरकार : नीलाभ;
7. मूल : जर्मन नाटककार फ्रीडरिश ड्यूरनमट; नाटक : 'घात' (1962); अनुवादक : रेणु दत्त एवं महेश दत्त।

विदेशी भाषाओं के उपरिलिखित नाटकों में समय और स्थान की दूरी के साथ-साथ विषयवस्तु और प्रस्तुति-संरचना में बहुत विविधता है। अपनी भाषा, साहित्य और देश की इन कीर्तिमान उपलब्धियों ने अब कालजयी होने का सम्मान अर्जित किया है। इस सूची में कुछ ऐसे नाटक हैं जो एक अर्से से हिन्दी रंगमंच पर खेले जाते रहे हैं—'मीडिया', 'मदर करेज', 'गोदो का इन्तजार', 'दांतौं की मौत'। सच तो यह है कि इन प्रकाशित संस्करणों के अतिरिक्त विभिन्न निर्देशकों ने अपनी-अपनी जरूरत के मुताबिक इन नाटकों के रंगमंचीय आलेख तैयार किए, पर जिन्हें कभी छपने का अवसर नहीं मिला। सालामेआ का 'सरपंच', 'फाउस्ट' और 'घात' को यहाँ प्रस्तुत करने का संयोग नहीं बना परन्तु मूल स्पानी और जर्मन में उनको यथेष्ट मंच-प्रतिष्ठा मिली है। उपरिलिखित अनुवादकों की सूची पर गर्व किया जा सकता है। इनमें से कुछ तो सीधे रंगजगत से आए हैं। जाने-माने बहुमुखी रंगकर्मी जे.एन. कौशल योग्य, अनुभवी एवं प्रतिष्ठित अनुवादक रहे हैं जिन्होंने 40 श्रेष्ठ नाटकों का भाषान्तरण किया है। रा.ना.वि. के निदेशक देवेन्द्र राज अंकुर प्रख्यात निर्देशक, नाट्य-समीक्षक एवं अग्रणी रंगकर्मी हैं जिन्होंने इस क्षेत्र के अपने पहले प्रयास में उल्लेखनीय क्षमता प्रदर्शित की है। कुछ अनुवादक ऐसे हैं जिन्हें रंगमंच के अनुरूप नाट्य-लेखन का यथेष्ट अभ्यास रहा है, नीलाभ और वल्लभ सिद्धार्थ इसी कोटि में आते हैं। अंग्रेजी से भिन्न विदेशी भाषाओं से नाटकों (एवं अन्य रचनाओं) के हिन्दी रूपान्तर प्राय: अंग्रेजी पाठ के आधार पर होते रहे हैं। जर्मन भाषा के विशेषज्ञ और अनुवाद-कार्य में निपुण महेश दत्त (और रेणु दत्त) ने इस परिपाटी को बदला और जर्मन से सीधे में भाषान्तर तैयार किए। यही श्रेय सुरेश धींगड़ा को जाता है जिन्होंने स्पानी भाषा से सीधे हिन्दी रूपान्तर प्रस्तुत किया। अपनी कार्यनिष्ठा के लिए समर्पित अरविन्द कुमार ने इस क्षेत्र में अलग पहचान अर्जित

की है। अनुवाद जगत की इन सक्षम और प्रतिष्ठित हस्तियों ने इस कार्य को बहुविध स्तरीयता प्रदान की है। इन अनुवादकों का तुलनात्मक अध्ययन जहाँ उपयोगी होगा वहाँ इनके अनुवाद-कर्म की शक्ति और सीमा को भी उजागर करेगा।

यूँ तो अनुवाद-कार्य को दोयम दर्जे का लेखन माना जाता है परन्तु इस तथ्य से इनकार नहीं किया जा सकता कि इस क्षेत्र में उन्हीं लेखकों को मान्यता और ख्याति मिली है जिनमें शब्द के सर्जनात्मक प्रयोग की क्षमता रही है। नाट्यानुवाद और भी अधिक चुनौतीपूर्ण है। अनूदित रचना अच्छी पठनीय तो होनी ही चाहिए परन्तु उसकी वाचिक परीक्षा तो मंच पर होनी है जहाँ अभिनेता उन शब्दों में प्राण फूँकता है। यहाँ कई स्तरों पर चौकस रहना पड़ता है। प्रत्येक भाषा की विशिष्ट अभिव्यंजना पद्धति होती है जो एक तरह से रूढ़ हो जाती है और प्रत्येक शब्द का दरअसल कोई पर्याय नहीं होता। जाहिर है, अनुवाद-कार्य में कुछ लचीलापन, कुछ छूट की गुंजाइश रखनी पड़ेगी। ऐसी स्थिति में अनुवाद के भावानुवाद या छायानुवाद हो जाने की आशंका से बचना मुश्किल है। मूलपाठ की रक्षा के लिए अगर मर्यादावादी नीति अपनाई जाए तो अनूदित रचना के निष्प्रभ होने का डर है। अनूदित कृति यदि स्वत:पूर्ण एवं सार्थक आस्वाद दे रही है तो उसे किसी मौलिक रचना के समकक्ष रखा जा सकता है। हिन्दी नाटक के पुरोधा भारतेन्दु हरिश्चन्द्र ने अनुवाद-कला में सर्जनात्मक साहस का सहारा लिया। उनकी अनूदित नाट्य-कृतियों का प्रांजल गद्य इसकी मिसाल है।

रंगकर्म और अनुवाद-कर्म के समान रूप से ख्याति प्राप्त करने वाले जे.एन. कौशल की रंगयात्रा का सबसे अधिक वास्ता अनुवाद जगत से रहा। अनेक प्रकार के अनुभवों से समृद्ध, प्रौढ़ एवं दृष्टिसम्पन्न कौशल अनुवाद के क्षेत्र में बहुत आगे निकल आए हैं। विदेशी भाषाओं के नाटकों के अनुवाद-रूपान्तर करते समय वे रंगकर्म के अनुशासन को ध्यान में रखते हैं। इस सन्दर्भ में उनका यह दावा मायने रखता है कि "मेरे अनुवाद...'प्रोडक्शन ओरिएन्टिड' या 'एक्टर ओरिएन्टिड' हैं।" इस नीति का पालन करने से यह लाभ हुआ है कि उनकी संवाद-संरचना में वाचन-क्षमता पर बल दिया गया। दूसरी ओर नाटक के ढाँचे में कसाव आ गया। उनकी अभिव्यक्ति कला में अन्दरूनी प्रवाह है जो सुबोध एवं सम्प्रेषण के साथ-साथ अभिनेता की सुविधा पर नजर रखता है। उनका शब्द-संयोजन और वाक्यों की बुनावट इसके प्रमाण हैं। कार्य-व्यापार को गति देने के लिए पूरे वाक्य का बोझ नहीं आने दिया गया। उनकी भाषा को उर्दू-हिन्दी की खिचड़ी कहना उचित होगा। छोटे संवाद में स्फूर्ति और चुस्ती है परन्तु वास्तविक चुनौती बहुत कुछ समेटे लम्बे संवाद हैं। फ्रांस की क्रान्ति की पृष्ठभूमि में लिखे 'दांतौं की मौत' नाटक में क्रान्ति के विचार का विखंडन किया गया है। 'इन्कलाब का पुतला' दांतौं के मत में "हम इन्कलाब नहीं लाए, इन्कलाब ने हमें बनाया है।" निर्मल उदार प्रकृति का वह एक ऐसा ऊँचा इनसान है जहाँ मानवीय कमजोरियों के लिए जगह है। 'दयावतार' रोब्सपीये में क्रान्ति की अवधारणा को लेकर गहरा चिन्तन और उभरते सपने हैं। दोनों विलोम चरित्र हैं जिनकी प्रत्येक स्तर पर हुई तीखी टकराहट ने इस नाटक को विचारोत्तेजक बनाया। चारों ओर फैली बदहाली और आदर्शवादी मूल्यों के

अध:पतन से आहत रोब्सपीये के वक्तव्यनुमा लम्बे संवादों (पृ. 35, 36, 37, 51, 52) में गहरा आक्रोश एवं पीड़ा है। अपने आन्तरिक संघर्ष में वह कम निर्मम नहीं। इस नाटक की यह कितनी बड़ी विडम्बना है कि रोब्सपीये की उदात्त संकल्प शक्ति की परिणति क्रूरता में होती है। कौशल ने इन पहलुओं को सँभाला है। एक विलक्षण व्यक्तित्व है दांतौं का। जनता को संघर्ष के लिए आन्दोलित करने और उसे सशक्त नेतृत्व प्रदान करने की उसमें आज भी अदम्य शक्ति है। दूसरी ओर अपनी कमजोरियों की बेबाक स्वीकृति और साफगोई के कारण वह निर्दोष और निरीह लगता है। कौशल ने उसके भावजगत को संवेदनशीलता से प्रस्तुत किया है। कौशल की स्रोत भाषा उर्दू रही है। गम्भीर विचारों या संश्लिष्ट संवेगों को प्रकट करने के लिए कई जगह दुर्बोध शब्दों का सहारा लेना पड़ा। इससे कुछ तत्त्व की बातें अधखुली रहीं, कुछ अस्पष्ट और कुछ का फीका प्रभाव पड़ा। कुछ असर मंचानुशासन के कारण भी हुआ।

रा.ना.वि. ही नहीं, रंगजगत में कई स्तरों पर सक्रिय एवं अग्रणी देवेन्द्र राज अंकुर भी उपर्युक्त कोटि में आएँगे। उन्होंने अनुवाद-विधि की चुनौती का सूझबूझ और विवेकशीलता से सामना किया। अपने मकसद को पूरा करने के लिए जहाँ उन्होंने एक सुलझी भाषा नीति अपनाई, वहीं उनकी इस समावेशी दृष्टि का ही परिणाम है कि वे रंगमंच और साहित्य की अपेक्षाओं में तालमेल रख सके। अंकुर ने न तो तत्सम शब्दों की आलंकारिक शैली को अपनाया और न मात्र उर्दू को स्रोत भाषा होने दिया। मूल भाव के अनुरूप तत्सम, तद्भव, उर्दू आदि के शब्दों का कुशल संयोजन करते हुए उन्होंने चरित्र रेखांकन के साथ-साथ रचनात्मक प्रवाह पर ध्यान दिया है। 'मीडिया' पत्नी एवं माँ जरूर है परन्तु सबसे पहले वह एक स्त्री है जो अपने प्यार और आत्मसम्मान को ठेस लगने पर निर्मम एवं क्रूर भी हो सकती है। वह एक विरल प्रबल व्यक्तित्व है। 'मीडिया' के लम्बे संवादों या दो-दो पन्नों तक फैले आत्मालाप में कितने प्रकार का आन्तरिक संघर्ष या भावों के उबाल उमड़ रहे हैं। इन संश्लिष्ट स्थितियों को जीवन्त अभिव्यक्ति में अंकुर की प्रस्तुति-क्षमता आँकी जा सकती है। कोरस को निमित्त बनाकर समाज के विभिन्न प्रकार के लोगों की तत्काल प्रकट की गई टिप्पणियाँ हैं जिनमें कहीं सबक-सलाह तथा कहीं व्यंग्य-विडम्बना या तीखी प्रतिक्रिया है। इस विविधता की रक्षा हुई है। अंकुर की अनुवाद-प्रक्रिया में रंगमंच का सचेत दखल नहीं हुआ है। 'मीडिया' एक क्लासिक दर्जे का काव्य-नाटक है। अंकुर ने इसका अनुवाद गद्य में किया परन्तु उसकी आन्तरिक लय और साहित्यिक गरिमा का भी निर्वाह किया है। आजकल स्त्री-विमर्श पर खूब बहस चल रही है, 'मीडिया' में इस सवाल की सामयिक अन्तर्ध्वनियाँ सुनाई देंगी। ऐसे अर्थ-संकेत देने में यह पाठ समर्थ रहा है।

विविध विधाओं के प्रतिष्ठित लेखक नीलाभ अनुवाद रूपान्तरण के क्षेत्र में अधिक प्रौढ़ एवं सक्षम कहे जा सकते हैं। कवि होने की वजह से उनकी अभिव्यंजना में संवेदन पक्ष उभर आया है। 'हिम्मतमाई' ब्रेख्त के मूल नाटक 'मदर करेज' का रूपान्तर है। इस नाटक के भारतीयकरण की प्रक्रिया में उन्हें मूल नाटक की सामाजिक या सांस्कृतिक या अन्य

मर्यादाओं के निर्वाह की बन्दिश नहीं रही; दूसरे शब्दों में, अपने रूपान्तर को सर्जनात्मक स्वरूप देने के उन्हें अधिक अवसर मिल गए। इधर भारतीयकरण ने कई अबूझ सवाल खड़े कर दिए। ब्रेख्त ने 'मदर करेज' का आधार यूरोप में कैथोलिक और प्रोटेस्टेंट के बीच चली 30 साल (1818-48) की जंग को लिया। ब्रेख्त ने अपने जीवन-काल में पहले महायुद्ध (1914-18) और दूसरे महायुद्ध (1939-45) की विभीषिकाओं से साक्षात्कार किया था। युद्ध और उससे जुड़े सवालों को लेकर ब्रेख्त का अपना अलग वैचारिक नजरिया बन चुका था। 'मदर करेज' कोई ऐतिहासिक नाटक नहीं है परन्तु ब्रेख्त के दृष्टिकोण को अवश्य स्थापित करता है। भारतीयकरण करते हुए नीलाभ ने मध्यकाल को आधार बनाया और तिलकधारी एवं जटाधारी की निरन्तर चली लड़ाइयों के बीच हिम्मतमाई की संकल्पना की। जाहिर है, तिलकधारी और जटाधारी दो सम्प्रदायों के संकेत अवश्य देते हैं परन्तु इन प्रतीकों से पाठक या दर्शक के मन में मध्यकाल का कोई सीधा इतिहासबोध नहीं होता। समय-स्थान-समाज के विभिन्न सन्दर्भ साफ उभरकर हमारी चेतना को आन्दोलित नहीं करते। ऐसा लगता है कि नीलाभ की दिलचस्पी केवल नामान्तरण तक रही, अन्यथा मूल कथ्य और चरित्रों की पूरी ऊर्जा और विश्वसनीयता से दृश्यांकित करने में वे सफल रहे। सर्जनात्मक आग्रह के कारण नीलाभ ने हिन्दी-उर्दू की खिचड़ी का अपना मुहावरा दिया। सधे-मँजे हाथ से सुबोध और सीधी दिखाई देने वाली अभिव्यक्ति में गहरे मायने देने वाली टिप्पणियाँ अनेक स्थलों पर मिल जाएँगी। अलग-अलग पात्र प्रसंग के अनुरूप संवाद के रूपान्तर में ज्यादा कठिनाइयाँ हैं, नीलाभ कार्य-व्यापार-मूलक लय निर्धारित करने में सतर्क रहे हैं। अनोखे जीवट वाली हिम्मतमाई सारे नाटक की केन्द्रीय धुरी है। उसकी बेबाक तर्क-विधि में व्यंग्य-प्रहार से कहीं अधिक जीवन की गहरी समझ मिल जाएगी। नीलाभ उसकी 'हिम्मत' को ओजस्वी स्वर देने में समर्थ सिद्ध हुए हैं। इसकी वास्तविक पहचान जिजीविषा के वे गीत हैं जो अन्तर्वस्तु को नया आयाम देते हैं :

मेरे अँगना में फूल खिले, महकी है डाली-डाली,
जब आए जाड़े का मौसम, हवा चली तूफानी,
हम जा बैठे घर के अन्दर, बाहर ओला-पानी,
हमें नहीं छू भी पाती है, मौसम की मनमानी,
जो भटके सड़कों पर उनसे, रूठी किस्मत रानी।

नीलाभ कवि हैं, सम्भवतः इसीलिए उनकी गद्य-शैली में सादगी भरा अन्तर्पाठ विद्यमान है। यहाँ पर जे.एन. कौशल द्वारा इसी नाटक का 'दिलेर माँ' शीर्षक से किए गए अनुवाद का उल्लेख अप्रासंगिक न होगा। अपनी सुपरिचित भाषा-शैली में उन्होंने इस नाट्यालेख को मंचानुरूप सुबद्ध एवं प्रभावी रखा। एक गीत की निम्न पंक्तियाँ उनके रचनात्मक तेवर को प्रकट करती हैं—

घर में घुसकर छुप रहने से यारो कुछ न होगा,
जो कायर हैं उनको घर से बाहर आना होगा। (दृश्य सात)

इसी गीत को नीलाभ ने इस प्रकार का मोड़ दिया है—

घर में घुसकर छुप रहने से कोई न बच पाए
ऐसी जगह कौन-सी यारो, जहाँ मौन न आए (दृश्य सात)

कौशल के गीत को उपर्युक्त पंक्तियों में आवाहन के संकेत हैं, नीलाभ ने नाटक की संरचना के अनुरूप अपने गीत को कथात्मक रखा है।

द्वितीय महायुद्ध की भयावह तबाही और उस खौफनाक माहौल से उत्पन्न अनास्था, अर्थहीनता तथा अकेलेपन की उपज है नाटक 'गोदो का इन्तजार'। इस विख्यात विसंगत (ऐब्सर्ड) नाटक ने इतिहास, राष्ट्र, समाज और जीवन जैसे स्तम्भों के होने या न होने को महत्त्वहीन और व्यर्थ माना। इस पृष्ठभूमि में इसके रचयिता सेम्युअल बेकेट का स्थापित नाट्य-रूढ़ियों के प्रति नकार का भाव रखना प्रत्याशित ही था। यहाँ प्रचलित शैली में न कोई कार्य व्यापार है, न कोई गति, संघर्ष या उत्कर्ष, और न कथानक, चरित्र या उद्देश्य। कहीं कोई 'औचित्य' नहीं है। स्वयं इसके नाटककार की मातृभाषा अंग्रेजी है परन्तु उन्होंने इस कृति को पहले फ्रांसीसी भाषा में प्रकाशित किया। दो वर्ष बाद इसके लेखक ने ही अंग्रेजी भाषान्तरण प्रस्तुत किया। इस अनोखे पर साहसी नाट्य-प्रयोग का अनुवाद भी कम कठिनाइयों से घिरा हुआ नहीं है क्योंकि इसकी विषयवस्तु, शिल्प और अभिव्यक्ति का स्वरूप भी पुरानी परिपाटियों पर नहीं हुआ। भारत में इस नाटक का मंचन पहले अंग्रेजी में, और बाद में हिन्दी में कई बार हुआ, अर्थात् इस नाट्य-कृति के कई अनूदित नाट्यालेख अप्रकाशित रहे होंगे। वल्लभ सिद्धार्थ का रंगजगत से सीधा वास्ता तो नहीं रहा परन्तु उनके लिए नाट्यालेख तैयार करने का उन्हें यथेष्ट अनुभव है। सम्भवत: इसीलिए उनकी अनुवाद-कला में मंचोपयोगिता के प्रति सजगता मिलती है। इस दृष्टि से वाक्यों की बुनावट और संवाद-गठन पर खास नजर रखी गई है। ब्लादीमीर और एस्त्रागां के छोटे-कसे संवाद यथेष्ट असरदार हैं परन्तु पोजों और लकी के लम्बे वक्तव्यनुमा संवादों को विन्यास देने में अपेक्षित दक्षता नहीं मिली। कुछ नए और कुछ अटपटे—विश्लेषणों के इस्तेमाल में—प्रयोग मिले हैं। ऐसे नाट्यालेख में बाहरी स्तर पर चाहे असंगति का आभास मिल सकता है परन्तु कहीं विनोदपरक और कहीं मजाकिया शैली में सच्चाई की चमक या तत्त्व की बात अवश्य व्यंजित होनी चाहिए। कुल मिलाकर वल्लभ सिद्धार्थ उपयुक्त परिदृश्य प्रस्तुत करने में समर्थ रहे हैं।

'गोदो का इन्तजार' नाटक और उसके अनुवाद के सन्दर्भ में यह विश्वास के साथ कहा जा सकता है कि हिन्दी के वरिष्ठ एवं प्रतिष्ठित कथाकार-नाटककार कृष्ण बलदेव वैद इस कार्य के लिए सर्वाधिक सक्षम एवं योग्य लेखक हैं। अंग्रेजी, हिन्दी, उर्दू और फ्रांसीसी भाषाओं पर उन्हें अच्छी महारत हासिल है। 'वेटिंग फॉर गोदो' का उनका अनुवाद पहले 1971 में, फिर कुछ सुधार के बाद 1999 में प्रकाशित हुआ। वैद मूल पाठ की संवेदना और चरित्रांकन के महीन संकेतों और उसके साहित्यिक स्वरूप के संरक्षण को सँभाल रखने में सफल रहे हैं। इस अनुवाद-दृष्टि के फलस्वरूप उनकी अभिव्यक्ति-पद्धति और वाक्यों

की संरचना व्याख्यात्मक हो गई है। वैद का उर्दू भाषा पर नैसर्गिक अधिकार है, उनकी भाषा को उर्दू-हिन्दी की खिचड़ी कहना उपयुक्त होगा। गम्भीर स्थलों पर वे दुर्बोध उर्दू शब्दों का आश्रय लेते हैं, इसलिए सम्प्रेषण के स्तर पर बाधा आई है। वैद का संस्करण अधिक तात्पर्य खोलता है; उधर अन्तर्वस्तु के अनुरूप वातावरण-निर्माण में वल्लभ सिद्धार्थ सफल सिद्ध हुए हैं। इस पृष्ठभूमि में दोनों अनुवादकों के संवाद-गठन का तुलनात्मक अध्ययन उपर्युक्त अन्तर पर प्रकाश डालता है—लकी का संवाद (वैद—पृ. 50-51, वल्लभ सिद्धार्थ—पृ. 48-49)। वैद और सिद्धार्थ के अनुवादों को आमने-सामने रखें तो कुछ बातों पर एकदम निगाह जाती है। वैद के प्रकाशन का शीर्ष है—'गॉडो की इन्तजार में', और पात्रों के नाम हैं—ब्लाडीमीर और ऐस्तरागां। सिद्धार्थ के संस्करण में लिखा है—'गोदो का इन्तजार', और पात्रों के नाम हैं—ब्लादीमीर और एस्त्रागां। कहने की आवश्यकता नहीं कि यह अन्तर केवल पीढ़ियों का ही नहीं है, अनुवाद-कर्म को लेकर दोनों भिन्न धरातल पर खड़े हैं।

बहुमुखी प्रतिभा के धनी, ज्ञान-विज्ञान और कला में पारंगत, नाट्य-लेखन एवं रंगकर्म में सक्रिय, नवचेतना के प्रतीक जर्मन-भाषी कवि गोएथे आज विश्व साहित्य की विभूति बन चुके हैं। मध्यकाल की दन्तकथा से धीरे-धीरे ऊपर उठकर फाउस्ट का अद्वितीय व्यक्तित्व नव-प्रबोधन के दौर में मानवता की प्रेरक शक्ति बन गया था। इस परिसंस्कार का श्रेय पन्द्रहवीं-सोलहवीं सदी के साहित्यकार मार्लो को जाता है। 19वीं सदी में गोएथे ने इसी हस्ती—फाउस्ट—को नया जन्म दिया और उसे इस काव्य-नाटक के नायक-पद से गौरवान्वित किया। गोएथे का 'फाउस्ट' दो खंडों में विभाजित है जिसके लेखन एवं सुधार में वे जीवन भर जुटे रहे। 'फाउस्ट' एक क्लासिक कृति है जो जितना महाकाव्य है, उतना नाट्क है, या इसे महाकाव्यात्मक नाटक माना जा सकता है। इस रचना में काव्य, नाटक और गद्य की विधाएँ समाहित हैं। यह त्रिवेणी इसकी विशिष्ट उपलब्धि है।

अपनी एकाग्र-निष्ठा और प्रतिबद्धता के लिए सुपरिचित अरविन्द कुमार में अनुवाद-क्षेत्र की अच्छी समझ और पर्याप्त जानकारी है। कुछ वर्ष पूर्व उन्होंने शेक्सपियर के नाटक 'जूलियस सीजर' का भारतीय रूपान्तरण प्रस्तुत किया। 'जूलियस सीजर' का काव्यानुवाद करते हुए अरविन्द कुमार ने 'नाटकीय मुहावरे' के अनुरूप छन्दों की खोज में निपुणता हासिल कर ली। 'फाउस्ट' अरविन्द कुमार की प्रिय रचना रही है जिसका उन्होंने कई बार अध्ययन-मनन किया है। कई विधाओं को समेटे इस काव्य-नाटक के संरचनात्मक विधान को लेखक ने सूझबूझ से संयोजित किया है। 'फाउस्ट' की मूल भाववस्तु के सम्बन्ध में वे पूरे संवेदनशील रहे परन्तु उनकी सर्जनात्मक ऊर्जा की दिशा 'तुकान्त रबड़ छन्द' के बुनने-चुनने में अधिक लगी रही। उसी प्रवाह में शब्द चयन और संवाद-क्रम का विन्यास होता गया। तुक का निर्वाह अभिनय की सम्भावना को विस्तार देता है। इन छन्दों में काव्य तत्त्व ढूँढ़ने की बजाय कहीं वर्णन-वितरण और कहीं अन्तर्जगत का संघर्ष मिलेगा। इस काव्यानुवाद की चाहे खिचड़ी भाषा है परन्तु इसकी अभिव्यक्ति के स्वरूप में साहित्यिक स्तर और गौरव की रक्षा की गई है। 'फाउस्ट' एक

ऐसी त्रासदी है जो आज के ऐश्वर्य सम्पन्न प्रबुद्ध मानव की प्रकृति, पीड़ा और विवशता को व्यंजित करती है।

स्पानी साहित्य के स्वर्ण युग के रचनाकार पेट्रो काल्देरोन दे ला बार्का द्वारा लिखित 'सालामेआ का सरपंच' उस युग की विशिष्ट नाट्य-कृति है। इस नाटक का अनुवाद सुरेश धींगड़ा और सम्पादन अपराजित चट्टोपाध्याय ने किया। इस त्रिअंकीय नाटक का घटनाक्रम मध्यकालीन परिवेश और परिस्थितियों से सम्बद्ध है। इतिहास की पृष्ठभूमि में देखें तो अनाचार-बलात्कार जैसा जघन्य आचरण कोई 'नई समस्या' नहीं है परन्तु नाटककार काल्देरोन ने इसे इंसाफ की लड़ाई का जो नया परिप्रेक्ष्य दिया है वह मध्यकाल के सन्दर्भ में साहसी और प्रगतिशील कहा जा सकता है। अपने लाव-लश्कर के साथ बादशाह फिलिप ताजपोशी के लिए पुर्तगाल जा रहे हैं। उसकी सेना की अग्रिम टुकड़ी को सालामेआ के सरपंच पेट्रो क्रेस्पो के यहाँ पड़ाव डालना है। इस टुकड़ी के कप्तान दोन अल्वारो और उसके सिपाही सरपंच की युवा एवं सुन्दर बेटी इसाबेल को मौज-मस्ती के लिए हथियाने का षड्यंत्र रचते हैं। इस दुश्चक्र में सफलता न मिलने पर कप्तान अल्वारो इसाबेल को भगाकर जंगल में ले जाता है और वहाँ उसके साथ बलात्कार करता है। शीलभंग के गहरे मानसिक आघात से पीड़ित और अस्थिर इसाबेल जैसे-तैसे अपने पिता को इस कलंक-कथा की सूचना देती है। एक सजग एवं स्वाभिमानी किसान होने के नाते वह सेना के सेवा-सत्कार को अपना दायित्व और गौरव मानता है परन्तु किसान की 'भलमनसाहत' के साथ ऐसा अत्याचार और उसकी 'मान-मर्यादा' का यह उपहास वह चुपचाप नहीं सहेगा। सरपंच की हैसियत से वह कप्तान को मृत्युदंड देकर मानवीय न्याय की प्रतिष्ठा करता है। सेना के अधिकारियों में कम आक्रोश न था परन्तु बादशाह ने सरपंच की प्रमाण-पुष्ट युक्तियों से सहमति दिखाई और उसे सालामेआ का आजीवन सरपंच बना दिया। कप्तान और किसान की इस संघर्ष गाथा में दुराचारी को दंड और सामान्य हैसियत के किसान को इंसाफ की विजय दिलवाकर नाटककार ने न्यायमूलक नैतिक आदर्श की प्रतिष्ठा की है। उत्तरोत्तर सघन होते कार्य व्यापार का उत्कर्ष, प्रभावोत्पादक चरित्रांकन, विशेष रूप से इसाबेल का वेदनापूर्ण अन्तर्द्वन्द्व, नवचेतना के उच्चतर मूल्यों की स्थापना ऐसी उपलब्धियाँ हैं जो नाटककार कोल्देरोन को अगर शेक्सपियर के समकक्ष रखती हैं तो इसे उचित ही मानना होगा।

'सालामेआ का सरपंच' एक काव्य नाटक है जिसमें अनुवादक की चिन्ता अन्तर्वस्तु की अन्विति और प्रस्तुति के लय-निर्वाह में अधिक रही है। मध्यकाल के ऐतिहासिक परिवेश को जीवन्त रखने के लिए इस नाटक में उर्दू-हिन्दी को अभिव्यक्ति का माध्यम बनाया गया है। स्रोत भाषा उर्दू ही रही है। अपने समय की परिपाटी का पालन करते हुए कोल्देरोन ने मुक्त छन्द (ब्लैंक वर्स) अपनाया है। घटना सूत्र और चरित्रानुरूप संवाद-प्रतिसंवाद के शृंखलाबद्ध गठन पर ध्यान दिया गया है। 'सालामेआ' में काव्य का स्वरूप विवरण-प्रधान है जहाँ शब्द-शक्ति की व्यंजनाएँ कम स्थलों पर मिलेंगी। भावांकन और प्रस्तुति-विधि के कारण यह नाटक कहीं-कहीं पारसी थिएटर का आस्वाद देता है। प्रूफ आदि की गलतियों से बचना चाहिए था। समग्र रूप से देखें तो मूलकृति के आशय को जिस प्रभावी

ढंग से दृश्यांकित किया गया है, वह अनुवाद कला में सुरेश धींगड़ा की दक्षता के प्रति आश्वस्त करता है।

फ्रीडरिश ड्यूरनमट जर्मन भाषा के समकालीन अग्रणी नाटककार हैं जिन्होंने 'दि फिजिसिस्ट्स—घात'—में एक अछूते विचारोत्तेजक विषय को उठाया है। वैज्ञानिक और उसकी खोज का पहला और मूल सरोकार है—'मनुष्य जाति का पतन से बचाव'। परमाणु बम से शुरू हुई, दिल दहला देने वाली विनाशलीला के बाद यह कितनी विडम्बनापूर्ण एवं त्रासद स्थिति आ चुकी है कि सत्ता और राजनीति उसका अब इस हद तक दुरुपयोग कर रही है। इस नाटक के कथ्य और कार्यव्यापार की धुरी, भौतिक-वैज्ञानिक म्योबिउस मनोरोगी होने का बहाना कर 'ले शेरीजिए' पागलखाने में दाखिल हो गया है ताकि अपना शोध-कार्य जारी रख सके। वह एक खतरनाक फार्मूले पर काम कर रहा है और इस रहस्य का पता गुप्तचरों को लग चुका है। न्यूटन और आइंस्टाइन के छद्म नाम रख दो गुप्तचर वैज्ञानिक वहाँ घात लगाए साथ रहने लगे। देखभाल के लिए रखी नर्स के साथ इन वैज्ञानिकों के धीरे-धीरे प्रगाढ़ और आत्मीय सम्बन्ध होने लगे। रहस्य खुल जाने की आशंका से त्रस्त वे आवेग में नर्स की हत्या कर देते हैं। तीनों अपराधी हैं, पुलिस उनकी हरकतों की छानबीन कर रही है। वैज्ञानिक सतर्क हो जाते हैं। म्योबिउस अपनी शोध पांडुलिपि को जला देता है परन्तु पागलखाने की डॉक्टर और व्यवस्थापक को इनके रहस्यों का पूर्वानुमान था। उसने सारी सामग्री की प्रतिलिपि पर पहले ही कब्जा कर लिया था। इतिहास इस सच्चाई का गवाह कि शासकों की घेरेबन्दी से वैज्ञानिक कभी भी स्वतंत्र नहीं रह सकते। इसलिए दुनिया की तबाही को रोकना सम्भव नहीं।

रहस्य और रोमांच से भरे इस नाटक का ताना-बाना और पात्रों का आचरण एक से अधिक धरातल पर चला है। रेणु दत्त एवं महेश दत्त ने इस चुनौती का सामना करते हुए अन्तर्वस्तु और प्रस्तुति-शिल्प के सभी पहलुओं पर अपनी पकड़ रखी है। एक सुलझी भाषा-नीति अपनाई गई है, इससे साफ और निखरी अभिव्यक्ति में तेजस्विता का स्पर्श मिल जाएगा। म्योबिउस सारे नाटक के केन्द्र में है, वही नाटक के प्रयोजन और नाटककार के मन्तव्य को व्यक्त करता है। मानवीय चिन्ता को प्रकट करने वाले उसके सशक्त संवादों में अन्दरूनी बेचैनी है—"सिर्फ पागलखाने में ही हम स्वतंत्र हैं। सिर्फ पागलखाने में ही हमें सोचने की आजादी है...या तो हम पागलखाने में रहें या दुनिया पागलखाना बन जाए।" 'घात' का यह ज्वलन्त प्रश्न हमें सोचने के लिए विवश करता है। यह अनुवाद हमें उस बिन्दु तक ले जाने में सफल रहा है। यह दोनों अनुवादकों की उपलब्धि है।

नाट्यानुवादक को साहित्य-पाठ और रंग-पाठ दोनों स्तरों पर सन्तुलन रखना पड़ता है। रंगकला के पारखी जे.एन. कौशल को मालूम है कि उनका अनूदित नाट्यालेख मंच के लिए तैयार हो रहा है। उनकी अनुवाद-विधि मंचानुकूल रही है। इसी नीति का वल्लभ सिद्धार्थ ने भी पालन किया। रंगजगत की अपेक्षाओं को समझने वाले नीलाभ स्वयं एक रचनाकार भी हैं। उन्होंने अपने रचनाधर्म को निभाया और रंग अनुशासन का प्रत्यक्ष दखल नहीं होने दिया। अरविन्द कुमार, महेश दत्त, सुरेश धींगड़ा थिएटर की माँग से अपरिचित

नहीं हैं परन्तु उन्होंने नाटक को साहित्य के दायरे में रखकर भाषान्तरण किया। इससे मूल पाठ और उसकी अभिव्यंजना को पूरे अवसर मिले। यह उन्होंने बड़े मनोयोग से किया। अंकुर सीधे रंगजगत से जुड़े हुए हैं। वे ये नहीं भूले कि जिस रचना का अनुवाद किया जा रहा है, वह एक क्लासिक नाटक है जिसके पाठ में हस्तक्षेप से वे बचें। उन्होंने दोनों पक्षों में तालमेल रखा, इसी पृष्ठभूमि में इन अनुवादकों की भाषा-नीति पर विचार करना होगा।

नाट्यानुवाद के लिए उर्दू ही उपयुक्त स्रोत-भाषा है, यह एक सर्वमान्य और कुछ-कुछ बद्धमूल विश्वास बन चुका है। इसकी पुरानी और समृद्ध परम्परा भी है। कारण कई हैं—पारसी थिएटर, फिल्मी आलेख, व्यावहारिक सुविधाएँ आदि। कौशल, नीलाभ, वल्लभ सिद्धार्थ, सुरेश धींगड़ा ने इस परिचित रास्ते का अनुसरण किया। अरविन्द कुमार, अंकुर, महेश दत्त के इस साहस की प्रशंसा करनी होगी कि उन्होंने इस परिपाटी को तोड़ा और अनुवाद के लिए एक उदार शैली विकसित की। इसमें वे सफल रहे। समग्र रूप से आकलन करें तो यह स्वीकार करना होगा कि नीलाभ अपने अनुवाद कर्म में अधिक समर्थ पाए गए।

वैश्वीकरण और उदारीकरण के निर्बाध प्रवाह में कहने को यह आदान-प्रदान का सिलसिला है। दरअसल, बाजार के नाम पर 'शेक्सपियर' का वर्चस्व बना हुआ है। औपनिवेशिक मानसिकता के चलते वह कई छद्म आकार में प्रकट हो रहा है। अनुवाद-कर्म को समानान्तर लेखन कहना बेहतर होगा, जिससे बच निकलने की कोई सम्भावना नहीं।

चर्चित नाटक

'मीडिया': 'यूरिपिडीज'; अनुवादक देवेन्द्र राज अंकुर; वाणी प्रकाशन; संस्करण 2003

'दांतौं की मौत' : 'जॉर्ज ब्युखनर; अनु. जे.एन. कौशल; राष्ट्रीय नाट्य विद्यालय, बहावलपुर हाउस, नई दिल्ली; संस्करण 2003

'हिम्मतमाई' : बर्टोल्ट ब्रेख्त; अनु. नीलाभ; राष्ट्रीय नाट्य विद्यालय; संस्करण 2003

'फाउस्ट' : गोएथे; अनु. अरविन्द कुमार; भारतीय ज्ञानपीठ, नई दिल्ली; संस्करण 2002

'घात' : (दि फिजिसिस्ट्स) : फ्रीडरिश ड्यूरनमट; अनु. रेणु दत्त एवं महेश दत्त; राधाकृष्ण प्रकाशन, दिल्ली; संस्करण 2003

'सालामेआ का सरपंच' : पेट्रो काल्देरोन दे ला बार्का; अनु. सुरेश धींगड़ा एवं अपराजित चट्टोपाध्याय; प्रकाशन संस्थान, नई दिल्ली-110002; संस्करण 2003

'गोदो का इन्तजार' : सेम्युअल बेकेट; अनु. वल्लभ सिद्धार्थ; राधाकृष्ण प्रकाशन, विदिशा; संस्करण 2003

(समकालीन भारतीय साहित्य, 2004)

13

प्रासंगिकता के दबाव से घिरे कुछ नाटक

नई शताब्दी अनोखी खूबियाँ लेकर आई। वह किसी परम्परा, आदर्श, इतिहास या विचारधारा के होने न होने के बोझ या सोच में पड़ना ही नहीं चाहती, न उसे किसी नायक का इन्तजार है। ऐसे नजरिए से कई तरह के सवाल और संकट खड़े हुए। इनसे निपटने के लिए खास तरह का जो नैतिक उपक्रम चाहिए, उसकी कुछ नाटककारों में आज भी कमी नहीं आई। प्रतिष्ठित नाटककार नरेन्द्र मोहन को 17वीं शती के जनप्रिय मराठी सन्त तुकाराम की शब्द-साधना ने एक हद तक सम्मोहित-सा कर दिया—

घर में हमारे शब्दों के ही रत्न / शब्दों के शस्त्र युद्ध हेतु॥
शब्द से ही हमारे प्राणों का जीवन / बाँटे शब्द-धन जनलोक में॥
कहे तुका देखो शब्दार्थ ही देव / शब्द ही गौर व पूजा करे॥

इस छन्द की अर्थपूर्ण सम्भावनाओं से नरेन्द्र मोहन की रचनाशीलता इतनी अनुप्राणित हुई कि उन्होंने तुकाराम के जीवन-चरित पर ढेर सारा सम्पर्क-संवाद कार्य कर डाला। 'अभंग गाथा' इसी मेहनत की सुखद उपलब्धि है। जन्म से शूद्र और व्यवसाय से व्यापारी तुकाराम का जीवन कई गुत्थियों और उनका युग जटिल परिस्थितियों से भरपूर था। 17वीं शती के उस दौर में मुगलों के साथ देहू गाँव के आसपास अनेक लड़ाइयाँ हुईं। नरसंहार और विनाश से तुकाराम का बार-बार वास्ता पड़ा और अपने सामने आम आदमी की कठिनाइयों एवं पीड़ा को समझने-महसूस करने के उन्हें मौके मिले। इधर, अकाल ने चारों ओर हाहाकार मचा दिया। भूखे लोगों की पुकार सुनकर तुकाराम ने अपनी दुकान खोल दी और सारा अनाज बाँट दिया। इन भयावह स्थितियों से उद्वेलित तुकाराम के सरल भावपूर्ण अभंग प्रस्फुटित होते रहे और वे चारों ओर जागृति की लहर लाने लगे। शूद्र के ऐसे दुस्साहस को मम्बाजी और ब्राह्मण वर्ग कैसे बर्दाश्त कर सकता था! उनके मोहरे दामोदर, सदाशिव, ताना जी और मंगला वेश्या तुकाराम के अपमान, दमन और हत्या के षड्यंत्र में सक्रिय रहे। वे तुकाराम को लांछित और निष्कासित करने में सफल हुए। विद्वान और पंडित रामेश्वर भट्ट के आदेश पर उनके अभंग की पांडुलिपि को नदी में बहा दिया गया। पारिवारिक स्तर पर छोटा भाई कान्ह बड़े भाई की इस व्यापार-शैली से क्षुब्ध और अशान्त है जहाँ अकाल के समय अनाज लुटा दिया जाता है। वह अब अलग होना चाहता है। तुकाराम के दाम्पत्य जीवन में कम उलझनें नहीं हैं। असन्तुष्ट और कटु युवा पत्नी जिजाई का दैहिक

आकर्षण उनकी कमजोरी बना हुआ है, पर पहली पत्नी रुखमा उनकी 'ज्ञानसेवा' का आदर करती है। तुकाराम की मानसिक यंत्रणाओं में कभी कमी नहीं आई। आत्ममन्थन में वे अकेले जरूर थे परन्तु उनकी विद्रोही-वृत्ति प्रखर रही। दरअसल इसी मनोभूमि पर अभंग की नैसर्गिक अभिव्यक्ति का विस्फोट हुआ। जीवन-संघर्ष से उभरे ये अभंग इसीलिए अधिक लोकप्रिय और प्रभावशाली सिद्ध हुए। समग्र रूप से देखें तो 'अभंग गाथा' नाटक में सब कुछ समेटने का मोह छिपा नहीं रहता, सारा ध्यान नाटकीय संरचना को सँभालने पर लगा है, इससे सघन और तीव्र प्रभाव उत्पन्न करने वाली नाटकीय एकाग्रता नहीं आ सकी। एकालाप की रंगयुक्ति का पूरा नाटकीय लाभ उठाते हुए तुकाराम के आन्तरिक द्वन्द्व को तो पता लग जाता है परन्तु जनमानस को आन्दोलित करने वाले अभंग रचयिता सन्त तुकाराम से साक्षात्कार नहीं होता। 'अभंग' केन्द्र में नहीं रहा और हिन्दी अनुवाद निष्प्रभ पद्य लगे। हम सचमुच अभंग गाथा से वंचित रह जाते हैं।

भक्ति आन्दोलन को याद करना काफी है—रामानुजाचार्य का नाम हिन्दी जगत के लिए अपरिचित नहीं है। उनके सिद्धान्त विशिष्टाद्वैतवाद ने वैष्णवमत को एक नई, महत्त्वपूर्ण दिशा प्रदान की। तमिल के विख्यात नाटककार और सरस्वती सम्मान से सम्मानित इन्दिरा पार्थसारथी ने उनके जीवन-चरित पर 'रामानुजर' नामक नाटक लिखा। इसकी कुछ विशेषताएँ उल्लेखनीय हैं। इस नाट्य-कृति में रामानुजर के व्यक्तित्व के 'समाज-पुरुष' पक्ष को केन्द्र में रखा गया। 12वीं-13वीं शती की मध्यकालीन पृष्ठभूमि में देखें तो उनका आचरण, स्थापनाएँ और सुधार क्रान्तिकारी कहे जा सकते हैं। अपनी अन्तर्वस्तु को प्रखरता प्रदान करने के लिए नाटककार ने संरचनात्मक धरातल पर यथार्थवादी नाट्य-विधान का अनुसरण किया है। परिणामस्वरूप वस्तुगठन, शील निरूपण, अभिव्यंजना के स्वरूप में एक सुनियोजित क्रियाशीलता का विकास मिला है। नाटक का पहला अंक, पहला दृश्य : गुरु आलवन्दार ने अपने शिष्य रामानुजर के जीवन-पथ के निम्न तीन लक्ष्य रेखांकित किए : 1. जातिहीन समाज—केवल मनुष्यजाति—स्त्री-पुरुष में समानता, बेसहारों के लिए सुखद जीवन, 2. संकीर्ण वैष्णव धर्म को सीमा पार करके विस्तृत होना है, 3. ब्रह्मसूत्रों का विशिष्टाद्वैत व्याख्यान।

नाटक के अन्तिम दृश्य में उनकी पूर्ति पर रामानुजर अपने सौभाग्य पर गर्व करता है। सारा कार्य-व्यापार और संघर्ष प्रयोजनबद्ध है। इसका लाभ यह हुआ है कि जीवनीपरक यह नाटक एकरूपता से बच गया है। प्रतिपक्ष का विधान चाहे कितना ही प्रबल क्यों न हो, निश्चित और सुखद परिणति का पता तो पहले से होगा ही, ऐसे अनुशासन में इन्दिरा पार्थसारथी ने वैष्णव-भाव का आश्रय लेते हुए अपनी नाटकीय शैली को कुछ मानवीय और कुछ संवेदनशील स्पर्श दिया है। इससे विश्वसनीयता और प्रभावशीलता आ गई है, निम्न प्रसंग इसकी पुष्टि करते हैं—तिरुक्करी-रामानुजर-तेजम्मा प्रसंग—वरदन-व्यापारी-परुत्तिक्कोल्ले प्रसंग—राजा पिट्टल देवन-पत्नी चांडल देवी-बेटी नीलादेवी-रामानुजर प्रसंग—तुर्कराजा-रजिया-रामानुजर प्रसंग। तीन अंकों के इस नाटक में दृश्य छोटे-छोटे हैं परन्तु उनके एक-दूसरे में विलय के कारण कार्यगति निर्बाध चल सकती है। सूझबूझ

और विस्तार से दिए गए रंग संकेत इस दिशा में मदद कर सकते हैं। इस नाटक का गठन और विन्यास इसकी उपलब्धि है। भक्ति की अगाध शक्ति ने रामानुजर के व्यक्तित्व को सौम्य और संवेदनशील बनाया। नाटककार ने उनके असाधारण गुणों को अतिमानवीय या तात्त्विक होने से बचाया है। रामानुजर के आचरण में एक ओजस्विता और निर्भीकता है जो सामाजिक बदलाव चाहती है। वे ऐसे युग-पुरुष हैं जो भक्ति को निमित्त बनाकर समाज के नव-निर्माण की संकल्पनाएँ करते हैं। नाटककार वैष्णव धर्म को मानवीय स्वरूप देने और इस तरह विचारक रामानुजर की समकालीन महत्ता स्थापित करने में सफल रहा। इस नाटक के अनुवाद-पक्ष पर और ध्यान देना चाहिए था।

8 अगस्त, 1942 को कांग्रेस ने बम्बई में 'भारत छोड़ो आन्दोलन' का प्रस्ताव किया। महात्मा गाँधी के 'करो या मरो' के आह्वान ने उत्तेजना-भरे स्वाधीनता संग्राम में चिंगारी का काम किया। सारे देश में आजादी की आग भड़क उठी। 9 अगस्त, 1942 को पटना में डॉ. राजेन्द्र प्रसाद गिरफ्तार किए गए। 10 अगस्त को सदाकत आश्रम, जिला कांग्रेस और सोशलिस्ट पार्टी के कार्यालय पर कब्जा आदि कई घटनाएँ हुईं। 11 अगस्त, 1942 को दिन के 2.15 बजे बिहार असेम्बली भवन, पटना की मुंडेर पर राष्ट्र-ध्वज फहराते समय सात युवकों ने अपने जीवन की आहुति दी। इन युवा शहीदों की याद में बने स्मारक में अग्रणी थे जगतपति। इनके जीवन-वृत्त को आधार बनाकर रामदास शर्मा कौशिक ने 'अमर शहीद जगतपति' नाटक लिखा। इसमें जगतपति के बचपन और युवावस्था की घटनाओं को समेटा गया है। यह जीवनीपरक नाटक है परन्तु जगतपति शेष छह शहीदों का प्रतिनिधि तो है ही, वास्तव में वह उस दौर की युवा पीढ़ी की क्रान्तिकारी आकांक्षाओं का प्रतीक है। लेखक उस समय के इतिहास की परिधि से बाहर नहीं गया और न उसने उस जमाने के भाववादी आवेग में कोई अन्तर आने दिया। इसीलिए इन्द्रभूषण तथा प्रो. शान्तनु के बीच चले संवाद में दो पीढ़ियों की व्यवहार-पद्धति मिली। पूर्वावलोकन-विधि का आश्रय लेकर लेखक जगतपति के जीवन-यात्रा के उल्लेखनीय प्रसंग दृश्यांकित करता है। जगतपति एक रईस जमींदार सुखराज बहादुर का बेटा है जिसका बड़ा भाई पटना का जाना-माना वकील है। जगतपति बचपन से ही अंग्रेजी शासन के विरुद्ध रहा है। लँगड़ू गुरु, किसान सभा के सहजानन्द और अन्य क्रान्तिकारियों ने इस आग को प्रज्वलित रखा। अच्छी पढ़ाई के लिए उसे बड़े भाई के पास पटना भेजा गया परन्तु उसका तन-मन देश के लिए समर्पित हो चुका था। जगतपति के साहस और बलिदान में छह और युवक थे—एक पूरी पीढ़ी इसमें शामिल थी। लेखक ने उस युग का पूरा परिप्रेक्ष्य देते हुए गाँव-शहर, जमींदार-किसान, छोटे-बड़े सभी प्रकार के प्रसंग और विचार जोड़े हैं। भावप्रवण दृष्टिकोण के कारण नाटकीय बुनावट में अतिरंजना और शिथिलता से बचना सम्भव न था और न ही मंच-मर्यादाओं की कोई परवाह रही। नई सदी में भी 1942 की भावभूमि पर स्थिर रहना, वही आवेग है, वही उन्माद है, यह नैतिकता चाहे खरी लगे पर उसकी उपयोगिता बाल मानस या युवा मानस से आगे नहीं है। लेखक के लिए इन सीमाओं के प्रति सतर्क रहना जरूरी है।

हिन्दी के ऐसे बहुत कम उपन्यास हैं जिन्हें साहित्य के साथ-साथ सिनेमा और थिएटर में भी समान आदर-भाव मिला हो। भगवतीचरण वर्मा का प्रसिद्ध उपन्यास 'चित्रलेखा' (1943) एक अलग प्रकार की सशक्त रचना है जिसे यह श्रेय प्राप्त है। दिल्ली की सुपरिचित संस्था चित्रकला संगम की ओर से 1972 में इस उपन्यास को ऑपेरा फॉर्म में प्रस्तुत किया गया था। सभी स्तरों पर इस विशिष्ट और सफल प्रस्तुतीकरण का निर्देशन ब.व. कारन्त और संगीत निर्देशन शन्नो खुराना की विरल जोड़ी ने सँभाला था। काव्य-नाटक के रूप में इस उपन्यास के सुबोध और प्रभावी रूपान्तरण का गौरव जाने-माने गीतकार बालस्वरूप राही को देना होगा जिन्होंने अपनी पहचान की मोहर लगाते हुए इसका शीर्षक 'राग-विराग' रखा।

भारतीय संस्कृति और जीवन का एक घिसा-पिटा विचारणीय विषय रहा है : योग या भोग, राग या विराग। इनकी टकराहट से ही पाप क्या है, पुण्य क्या है, के सवाल हमेशा खड़े होते रहे हैं। रूपान्तरण की प्रक्रिया से गुजरते हुए राही ने अपने शीर्षक 'राग-विराग' को दृष्टिपथ के रूप में अपनाया। उसी के आलोक में पक्ष-प्रतिपक्ष निर्धारित हुए, नाट्य-स्थितियों का संयोजन, चरित्र-रेखांकन हुआ। इसका परिणाम यह निकला कि मूल अन्तर्वस्तु की जटिल गुत्थियाँ अब साफ और सपाट दिखाई देने लगीं। प्रमुख तीनों पात्र—बीजगुप्त-चित्रलेखा-कुमारगिरि—चारित्रिक स्तर पर टाइप भी हैं और व्यक्ति भी। व्यक्ति-पक्ष में इनका आन्तरिक द्वन्द्व उठाया गया है। उत्तरार्ध में कार्य-व्यापार और पात्रों के मानसिक संघर्ष में तीव्रता आई है, इनके भावपूर्ण दृश्यांकन में राही की काव्य-क्षमता के प्रमाण मिल जाएँगे

कुमारगिरि : *हृदय चाहता है साकार / रहे न कोई तृप्ति उधार / करो प्रणय मेरा स्वीकार / रचो नया मधुमय संसार।*

बीजगुप्त : *तोड़कर सब मोह के धागे / मैं चला आया बहुत आगे / प्यार तुम्हारा मर जाता तो / क्यों मैं संन्यासी बनता।*

अन्तर्जगत् के मनोवेगों पर ही राही की अच्छी पकड़ है।

यशोधरा : *जो गीत रहे अनगाए / वे आज अधर पर आए।*

इस काव्य-नाटक में बीजगुप्त की अन्तर्यात्रा को बहुत संवेदनशील और विश्वसनीय आकार मिला है। इधर कुमारगिरि के अध:पतन का रेखांकन करते हुए राही उसे खलनायक के निकट ले आए। राग और विराग की लहरों में उलझती चित्रलेखा यथेष्ट प्रभाव डालती है। सामान्य रूप से सोच और गहराई कम मिली है, गीतों के स्थायी अदृश्य तत्त्व का ध्यान आकृष्ट करते हैं परन्तु उनके अन्तरे नहीं। सम्भवत: इसीलिए पाप का प्रश्न हाशिए पर चला गया और समापन खंड में झकझोरने की शक्ति नहीं रही।

राही की प्रतिभा को निखार संरचना और अभिव्यंजना के क्षेत्र में मिला है। इस फैले उपन्यास के नाट्यालेख की बुनावट को पूर्वार्ध-उत्तरार्ध पहला अंक-नौवाँ दृश्य दूसरा अंक-दसवाँ दृश्य में विभाजित कर राही ने अन्तर्वस्तु को उपयुक्त नाटकीय आकार दिया है। काव्यनाटक में संघर्ष का स्वरूप अन्तर्जगत की भावभूमि पर केन्द्रित है, बाह्य प्रसंग निमित्त मात्र हैं। कार्य-व्यापार की अन्विति और विन्यास को लेकर वे सावधान रहे हैं। नाट्यस्थिति, पात्र और उसकी मन:स्थिति के अनुरूप संवाद-संयोजन हुआ है, भाषा, छन्द और लय

इन्हीं की कड़ी है। सूच्य और वर्णनात्मक स्थल पद्य में है, विवेचन मुक्त छन्द में परन्तु भाव-संघर्ष गीतों में प्रकट किया गया। इस विविधता से नाटकीय गति और तनाव की रक्षा हो सकी है। अभिव्यक्ति का स्वरूप अभिधापरक है परन्तु शैली और मुहावरा पर्याप्त सधा-मँजा है। पूरे पाठ में संवेदन पक्ष का निर्वाह है, इसलिए प्रस्तुति के स्तर पर नई सम्भावनाएँ खुलने लगेंगी। 'राग-विराग' चित्रलेखा नहीं है परन्तु नाटकीय आस्वाद और प्रभाव की दृष्टि से यह एक विशिष्ट काव्य-नाटक है। राही की उपलब्धि का वास्तविक क्षेत्र यही है।

विख्यात अमेरिकी रचनाकार जॉन स्टीनबैक के प्रसिद्ध उपन्यास 'ऑफ माइस एंड मैन' का प्रभावोत्पादक नाट्यान्तर स्वयं उपन्यासकार ने किया। वैसा ही समर्थ हिन्दी रूपान्तर—'ये आदमी ये चूहे'—वरिष्ठ निर्देशक-लेखक देवेन्द्र राज अंकुर और जाने-माने अभिनेता रहे वीरेन्द्र सक्सेना द्वारा लिखा गया। गरीबी और बेरोजगारी के कारण नौकरी की तलाश में भटक रहे जग्गू और लोरी का स्वभाव एक-दूसरे के विपरीत है। जग्गू व्यवहार-कुशल और जागरूक है, दुनिया की रीति-नीति को समझने लगा है। लोरी शरीर से ताकतवर परन्तु स्वभाव से निश्छल और बालबुद्धि का है। वह जहाँ कहीं काम करने गया, किसी-न-किसी झमेले में फँस गया। लोरी की निर्मल प्रकृति और अगाध विश्वास से जग्गू को दोस्ती के बन्धन में ऐसा बाँध रखा है कि वह लोरी को कभी असहाय या अकेला नहीं छोड़ सकता। नई कम्पनी में उनके अनाज ढोने का काम अभी शुरू नहीं हुआ था कि दो वारदातों ने सपनों के मनोहारी संसार पर पानी फेर दिया। बॉस के बेटे बॉबी ने अपनी पत्नी के बारे में पूछताछ के दौरान बिना वजह जग्गू-लोरी से झगड़ा मोल लिया और निर्दोष लोरी को पीटने लगा। लोरी ने बॉबी के हाथ को इतने जोर से दबोचा कि उसके हाथ की हड्डियाँ टूट गईं। मजदूरों के बाड़े में वक्त-बे-वक्त मँडराती बॉबी की बीवी की सीधे-सादे लोरी पर नजर थी। दूसरे दिन लोरी को अकेला पाकर बॉबी की बीवी ने पहल की। बातों-बातों में सहलाते हुए लोरी उत्तेजित हो गया और उसे पता ही नहीं लगा कि उसने औरत का गला दबा दिया और उसकी मृत्यु हो गई है। दोनों वारदातों से बॉबी और दूसरे साथियों में बदले की आग भड़क उठी, सभी लोरी को मारने के लिए निकल पड़े। जग्गू समझ गया कि उसे मित्रता का नया दायित्व अब कैसे निभाना है। सूझबूझ से उसने लोरी को नृशंस हत्या से बचाया। वह लोरी को उसके चिर-परिचित मीठे सपनों के संसार में ले गया और उसे हमेशा के लिए सुला दिया।

तीन दिनों के सुगठित नाट्यालेख में घटनाओं का संयोजन बहुत संवेदनशीलता से किया गया। बीच-बीच में चूहे, खरगोश, कुत्ते के पिल्ले, बूढ़े कुत्ते की अर्थपूर्ण उपस्थिति से अन्तर्वस्तु को नया आयाम दिया गया। सारा कार्य-व्यापार वीरवार रात को शुरू हुआ और इतवार शाम तक यह त्रासदी भी हो चुकी थी। इन तीन दिनों में वह सब कुछ हो गया जो न सोचा था और न चाहा था। नियति जैसे उन दोनों को यहाँ इसीलिए लाई थी। लोरी के समान भले लोगों के लिए इस चतुर संसार में कोई जगह नहीं है। कैसी विडम्बना है कि लोरी की हत्या उसके अभिन्न मित्र के हाथों हुई। इस झकझोर देने वाली त्रासदी से जीवन की विवशता और अर्थहीनता का तीखा अहसास होता है। मंच की अपेक्षाओं और

व्यावहारिकताओं के इतने अनुभवी और कुशल इन अनुवादक-कलाकारों ने रूपान्तरण का दायित्व कलात्मक निपुणता के साथ निभाया। मूल नाटककार के बारे में बहुत कम जानकारी दी गई है। प्रूफ तथा अन्य अटपटी गलतियों को देख लेना चाहिए था।

उर्मिला कौल के लिखे 'तारालोक' नाटक को अपनी विषयवस्तु के कारण एक भिन्न प्रकार की कृति कहना होगा। चन्द्रमा पर मानव के अवतरण को विज्ञान की असाधारण उपलब्धि माना गया परन्तु इस घटना से तारालोक के कुछ वासियों की इस आशंका को पुष्टि मिली कि अधिकार-लोलुप मानव अब देवलोक पर अपना आधिपत्य जमाना चाहता है। पंचतारा की सम्राज्ञी शर्मिष्ठा चूँकि मर्त्यलोक से आई थी और उन्हें मानव-प्रकृति और मानव इतिहास का यथेष्ट अनुभव था, इसलिए वह बहुत उत्तेजित हुई। चंचल स्वभाव के मरीचि उनके साथ थे। पूरे देवलोक में तनाव छा गया। गुरुदेव बृहस्पति, अरुन्धती, वसिष्ठ जैसी विभूतियों ने इस प्रसंग को सही परिप्रेक्ष्य में देखा और समझा। उनके मत में मानव जिज्ञासा और प्रगति की यात्रा का अनथक यात्री रहा है। अन्तरिक्ष के रहस्य जानने के लिए ही वह चाँद पर आया। 'त्रिकालज्ञ और त्रिलोकज्ञ' बृहस्पति प्राचीन और नवीन ज्ञान-विज्ञान के ज्ञाता ही नहीं, वे किसी किस्म के प्रश्न या उलझन या तनाव का तत्काल निराकरण करने की अद्वितीय क्षमता भी रखते हैं। संकटमोचन की भूमिका निभा रहे बृहस्पति नाटक के सूत्रधार हैं। 11 अंकों तक चले इस विवाद में नई-नई सूचनाएँ दी गईं जिनके फलस्वरूप कार्य-व्यापार के नाम पर केवल बहस होती रही। समापन खंड में बृहस्पति अपने प्रयोजन में सफल सुखद परिणति की ओर बढ़ते हैं। शर्मिष्ठा का भी हृदय-परिवर्तन हुआ। लेखिका ने देवलोक के पात्रों के मानवीकरण का दावा किया है परन्तु उनके कार्य-कलाप और सन्दर्भ चूँकि पौराणिक हैं इसलिए अतिरंजना या अति-मानवीयता का आ जाना प्रत्याशित या स्वाभाविक कहा जा सकता है। परन्तु कुछ बातों की संगति नहीं बैठती, जैसे इन पात्रों का अंग्रेजी बोलना या हिटलर का उल्लेख आदि। लेखिका की स्थापना है कि प्राचीन ऋषि-मुनियों ने एक परादृष्टि अर्जित कर ली थी जिसकी पारलौकिक शक्ति से वे ब्रह्मांड के गूढ़ रहस्यों के अन्तर्यामी हो गए थे। रामायण में पुष्पक विमान या हनुमान का संजीवनी बूटी को लाने के लिए हिमालय यात्रा ऐसी विलक्षण सच्चाइयाँ हैं जो भारतीय संस्कृति की श्रेष्ठता सिद्ध करती हैं। विधर्मियों के आक्रमण के कारण यहाँ अब मानसिक दासता व्याप्त है। वास्तव में वेदों को यूरोप में पहुँचा दिया गया और उन पर शोध होने लगी...भारत के विरुद्ध षड्यंत्र...भारतभूमि के तपस्वियों ने संसार को अलभ्य ज्ञान दिया। विदेशियों ने उसी के आधार पर उन्नति की। इसी तरह की टिप्पणियाँ बिलकुल अप्रासंगिक हैं और इनका नाटक की मूल प्रकृति से सीधा वास्ता नहीं है। यह लेखिका के रूढ़िवादी विचारों की अभिव्यक्ति है जो नाटक के उद्देश्य को दूषित करती है। इस नाटक का शिल्प रेडियो नाटक के अनुरूप लगा। प्रूफ की कई अशुद्धियाँ रह गईं।

प्रासंगिकता का सारा सन्दर्भ अप्रत्यक्ष या अन्तर्ध्वनियों से व्यंजित होना चाहिए। इसके प्रत्यक्ष आग्रह से पैदा होने वाली असंगतियाँ उपरिलिखित जीवनीपरक नाटकों में मिल जाएँगी।

चर्चित नाटक

'अभंग-गाथा' : नरेन्द्र मोहन; जगतराम एंड संस, दरियागंज, नई दिल्ली-110002; संस्करण 2000

'रामानुजर' : इन्दिरा पार्थसारथी; अनु. के.आर. उषा; वाणी प्रकाशन, नई दिल्ली-110002; संस्करण 2001

'अमर शहीद जगतपति' : रामदास शर्मा कौशिक; मध्य प्रदेश लेखक संघ, भोपाल-462001; संस्करण 2000

'राग-विराग' : (चित्रलेखा से उत्प्रेरित ऑपेरा) : रूपान्तरकार : बालस्वरूप राही; मेधा बुक्स—एक्स-11, नवीन शाहदरा, दिल्ली-110032; संस्करण 2000

'ये आदमी ये चूहे' : जॉन स्टीनबैक रूपान्तर : देवेन्द्र राज अंकुर, वीरेन्द्र सक्सेना; वाणी प्रकाशन; संस्करण 2001

'तारालोक' : उर्मिला कौल; विभोर प्रकाशन, 49-बी, हेस्टिंग रोड, इलाहाबाद; संस्करण 2000

(समकालीन भारतीय साहित्य, 2002)

14

नाट्यालोचन की नई मूल्यांकन-दृष्टि

नाटक और रंगमंच को आमने-सामने रखकर जो समीक्षक समन्वित दृष्टि से नाट्यालोचना की सही दिशा में कार्य कर रहे हैं उनमें जयदेव तनेजा की उपलब्धि नगण्य नहीं कही जा सकती। अब तक उनकी तीन समीक्षात्मक पुस्तकें प्रकाशित हो चुकी हैं—'लहरों के राजहंस : विविध आयाम', 'समकालीन हिन्दी नाटक और रंगमंच' तथा 'आज के रंग नाटक : परिवेश और परिदृश्य', जिनके आधार पर यह तो निर्णय लिया ही जा सकता है कि उनकी समालोचना पद्धति अध्यापकीय प्रणाली से दूर है और उनमें नाटक का नाटक की सीमाओं में पहचानने-परखने की तलाश स्पष्ट मिलती है।

'अन्धायुग और भारती के अन्य नाट्य-प्रयोग' जयदेव की चौथी आलोचनात्मक पुस्तक है, जिसमें उन्होंने पहली बार नाटककार भारती की सम्भावनाओं को उजागर किया है। इनमें कवि भारती की अप्रतिम शक्ति तथा सूक्ष्म अन्तर्दृष्टि को सिद्ध करते हुए अन्धायुग में उठाए गए विभिन्न प्रश्नों का विवेचन किया गया है। परन्तु 'अन्धायुग' मूलतः एक काव्य नाटक है, अर्थात् काव्य तत्त्व नाट्य तत्त्व के पोषण एवं संवर्धन के लिए है। दोनों तत्त्वों के विरल एवं अद्भुत समन्वय ने इस रचना को इस विधा की अनुपम कृति का दर्जा तो दिया ही है, निर्देशकों के लिए भी चुनौतीपूर्ण आकर्षण उत्पन्न किया है।

जयदेव ने इस पुस्तक को तीन खंडों में विभाजित किया है। खंड एक के दो भाग हैं, पहले में अन्धायुग : कथ्य और शिल्प तथा रंगमंचीयता से जुड़े अनेक प्रश्नों का विवेचन हुआ है। इस सूची पर नजर डालने से छिपा नहीं रहता कि लेखक कथ्य और शिल्प के सभी पहलुओं पर अपनी दृष्टि से समीक्षा करने के लिए सतर्क है। उन्होंने पुनरावृत्ति से बचते हुए नाट्य तत्त्व को केन्द्र में रखकर विश्लेषण किया है। इसलिए वे नाटक के आलोचकों तथा निर्देशकों के सन्दर्भों और निर्देशों को महत्त्व देते हैं। सत्यदेव दुबे, अल्काज़ी, अजितेश बनर्जी, मोहन महर्षि, राजेन्द्र गुप्त, एम.के. रैना की टिप्पणियाँ, प्रतिक्रियाएँ तथा वक्तव्य 'अन्धायुग' की संवेदना के नए आयाम खोजते हैं।

दूसरे भाग में रंगमंचीयता और प्रस्तुतीकरण शीर्षक के अन्तर्गत काव्य, दृश्य काव्य, रेडियो-रूपक तथा रंगनाटक की प्रस्तुतियों का विवेचन है। इस विस्तृत सूची में 'अन्धायुग' की अब तक सभी महत्त्वपूर्ण प्रस्तुतियों की पूरी जानकारी के साथ टिप्पणियाँ, प्रतिक्रियाएँ

और कहीं समीक्षाएँ दी हैं। ऐसे कठिन कार्य को पूरा करने के लिए निश्चय ही जयदेव साधुवाद के पात्र हैं।

खंड दो के (क) भाग में पाँच एकांकियों के कथ्य, पात्र, वस्तु-विन्यास, संवाद, रंग योजना, बिम्ब, प्रतीक, भाषा शैली, रंगशैली, मंचन, प्रकाश की दृष्टि से देखा-परखा गया है। (ख) भाग में प्रस्तुतीकरण सन्दर्भ में इनकी विभिन प्रस्तुतियों की आवश्यक जानकारी तथा टिप्पणियाँ दी गई हैं। इस प्रकार एकांकी—अध्ययन में भी जयदेव अपनी मूल्यांकन-दृष्टि का निर्वाह करते हैं।

खंड तीन में नाट्येतर रचनाओं के मंच-प्रयोग हैं। इनके विवेचन के माध्यम से जयदेव इस निष्कर्ष पर पहुँचे कि भारती के व्यक्तित्व एवं कृतित्व में नाट्यात्मकता और काव्यात्मकता का अनोखा मिश्रण रहा है।

निस्सन्देह इस पुस्तक में पहली बार नाटककार भारती की प्रतिभा की अलग रेखाएँ और पहचान उभरती हैं, इस दृष्टि से इस पुस्तक के योगदान को स्वीकारना पड़ेगा। कुल मिलाकर यह अवश्य महसूस होता है कि हिन्दी रंग-आन्दोलन को नया जीवन प्रदान करने में 'अन्धायुग' का ऐतिहासिक महत्त्व रहा है तथा भारती कवि के रूप में चाहे कितनी सीमाएँ रही हों, उनकी नाटकीय सम्भावनाएँ बहुमूल्य हैं।

(अन्धायुग और भारती के अन्य नाट्य-प्रयोग—लेखक : जयदेव तनेजा; प्रकाशक : नचिकेता प्रकाशन, पहाड़गंज, नई दिल्ली-110055, पृ. सं. 207)

(आजकल, 1982)

15

सदाशय-प्रकृति के अन्तोन चेखव न जीवन में और न लेखन में—कोई 'विलेन' रहा

विश्व साहित्य के कालजयी लेखकों के व्यक्तित्व का प्रखर खाका खींचा जाए तो अन्तोन चेखव (1860-1904) की पहचान सबसे आसान होगी। बात चाहे सादगी भरे रहन-सहन की हो या उनके सरल-निश्छल आचरण की, व्यक्ति के नाते चेखव जितना सीधा-सादा इनसान था, उतना ही सहज-स्वाभाविक लेखक और उसका लेखन था। मानवीय-मूल्यों का निष्ठा और ऊष्मा से पालन करने वाले इस लेखक और उसके लेखन में अनूठी कशिश रही है। सम्भवत: इसीलिए टाल्सटॉय, गोर्की, स्तानिस्लावस्की जैसी विभूतियाँ चेखव की मित्र थीं। मास्को में चेखव अपनी डॉक्टरी की पढ़ाई पूरी कर रहा था, तभी अपने छात्र जीवन काल से चेखव ने लेखन की दुनिया में अपनी जगह बनानी शुरू कर दी थी। इस तथ्य पर ध्यान देना जरूरी है कि अपने लेखन से पहले चेखव की सोच में न कोई विचारधारा थी, न कोई दार्शनिक चिन्तन, न कोई धार्मिक सिद्धान्त, उनके सामने था केवल जीवन का व्यापक फलक और उनका विविध-अनुभव संसार। चेखव के लेखन की बुनियाद जीवन-अनुभवों के जीवन्त-यथार्थ पर स्थिर थी पर इनकी परिणति कुछ अन्तर्मुखी—कुछ मनोवैज्ञानिक यथार्थ के करीब पहुँच जाती है। इसीलिए उनकी कहानियों में कथानक का विशेष महत्त्व रहा है। चेखव की अन्तर्दृष्टि इन गुत्थीदार अनुभवों को विश्लेषण करने में एक सुलझा नजरिया अपनाती है। अपनी व्याख्या या विवेचन में न कटुता आने देते हैं, न प्रतिकार-भाव और न किसी 'विलेन' को। दरअसल चेखव सामान्य व्यक्ति के जीवन में 'सभ्य समाज' से नैतिक आचरण और सामाजिक-न्याय के पालन पर विश्वास करते हैं, ताकि कमजोर तबके का आदमी शान्ति से जीवन बिता सके। वे सीधे रईस समाज से आग्रह करते हैं, 'आज की सभ्यता को क्या हो गया...आप अगर स्वतंत्र हैं, निठ़ल्ले हैं, कोई श्रम नहीं करते...क्योंकि आपको काम करने की जरूरत नहीं है—आप अपने ही जैसे निठल्ले, नकारा व्यक्ति की पार्टी में उसी की शराब पीकर कोई घटिया मजाक कर हँसते हुए...उसके सामने उसकी युवा पुत्री से प्रेम का नाटक कर सकते हैं, लेकिन अगर आप उससे निचले दर्जे के हैं, वैभव सम्पन्न नहीं हैं, श्रम कर अपने अस्तित्व को बनाए रखने के लिए, अपने सम्मान की रक्षा के लिए संघर्ष कर रहे हैं तो आपको जूतों की धूल समझा जाएगा, बहुत आसानी से आपका अपमान कर दिया जाएगा, ताकि उन सबका मनोरंजन हो सके...हम

अपने को बेहतर इनसान क्यों नहीं बनाना चाहते।' 1885 में लिखी और आज भी प्रासंगिक और असरदार कहानी 'पियानो वादक' का पेत्या स्वयं आभिजात्य वर्ग की बेरहमी और यातना को भुगत चुका है। पेत्या का सवाल आज भी महत्त्व रखता है, 'हम अपने को बेहतर इनसान क्यों नहीं बनाना चाहते।' यह मुद्दा, अब तात्त्विक हो गया है। दरअसल चेखव में मानव-प्रकृति और जीवन के रहस्यों को टटोलने-परखने की प्रबल जिजीविषा रही है। 1890 में की गई शाखालिन की दुर्गम यात्रा का संकल्प इस तथ्य की पुष्टि करता है। साइबेरिया पार कर शाखालिन द्वीप मास्को से साढ़े छह हजार मील की दूरी पर स्थित है। इस द्वीप में एक ऐसी कारावास बनाई गई है, जिसमें आजीवन कैदी रखे जाते हैं। बर्फीला इलाका, पहुँचने के लिए न कायदे की सड़कें थीं, न कोई सवारी, न जरूरी सुविधाएँ। चेखव ने ऐसी दुस्सघ यात्रा केवल इसलिए की कि वे स्वयं अपने अनुभव से यह जानना-समझना चाहते थे कि ऐसे खतरनाक कैदी अब कितने जालिम रह गए हैं। वे बन्दी, अपराधी जरूर थे परन्तु अब वे सामान्य इनसान की तरह व्यवहार करते हुए अपना जीवन बिता रहे थे। चेखव की जीवन-दृष्टि और समाज के अनुभव-पुष्ट यथार्थ पर टिकी थी। गोर्की के इस वक्तवय में सच्चाई छिपी है—'चेखव का साहित्य रूस की आवाज है।'

नाट्य रूपान्तर की परम्परा हिन्दी नाट्य-साहित्य और रंगमंच के इतिहास में नई नहीं रही। पारसी थिएटर ने इस प्रवृत्ति का भरपूर लाभ उठाया। चालीस के दशक में इप्टा का एक देशव्यापी आन्दोलन चला था जिसमें कृश्न चन्दर, बेदी, अश्क जैसे अनेक नाट्य-लेखकों ने जरूरत के मुताबिक कभी मौलिक नाट्यालेख तैयार किए, कभी किसी का नाट्य रूपान्तर लिख दिया। आज स्थिति बहुत बदल चुकी है, अब कहानी-रंगमंच स्वतंत्र प्रतिष्ठा ले चुका है। कहानी-रंगमंच को एक समानान्तर थिएटर कहना बेहतर होगा, उसमें कई सार्थक प्रयोग हुए हैं।

नाट्यान्तर की प्रक्रिया पर्याप्त जटिल एवं चुनौतीपूर्ण है। कई स्तरों पर सतर्क तथा सक्षम रहना होगा। मूल रचना और उसके पाठ के साथ तभी न्याय हो सकता है, अगर नाट्य रूपान्तरण में यथेष्ट सर्जनात्मक क्षमता हो और नाट्य कला की अच्छी समझ और पकड़ हो। रचनात्मक स्तर पर 'थोड़ी-बहुत स्वतंत्रता' का अगर नाटकीय निपुणता से सार्थक प्रयोग किया जाए तो रूपान्तरित नाट्यालेख मंचोपयोगी तथा मौलिक नाटक का आस्वाद देने में समर्थ हो सका है। इसकी ताजा मिसाल है अन्तोन चेखव की कहानियों के प्रकाशित निम्न दो नाट्य-रूपान्तर—'चेखव का संसार' (2009) तथा 'दो ध्रुव' (2012)। इन संग्रहों के लेखक हैं सत्येन्द्र शरत जो हिन्दी के एक प्रतिष्ठित रचनाकार हैं, इनके तीन कहानी संग्रह, तीन एकांकी संग्रह और चार उपन्यास प्रकाशित हो चुके हैं। सत्येन्द्र शरत बरसों से आकाशवाणी महानिदेशालय के चीफ ड्रामा प्रोड्यूसर रहे हैं, उन्हें नाट्य-कला का लम्बा अनुभव और व्यावहारिक अन्तर्दृष्टि प्राप्त है, इसका प्रमाण उपरिलिखित दो संकलन हैं। हिन्दी पाठक / दर्शक की इस पसन्द पर सत्येन्द्र ने पूरा ध्यान रखा है—यहाँ वह रूसी लेखक चेखव का आस्वाद लेना चाहता है। शरत ने नाट्यान्तर करते समय रूसी जीवन, समाज और सांस्कृतिक परिवेश की रक्षा की है इसलिए घटनाओं, पात्रों के, शहरों के नाम आदि का यथासम्भव निर्वाह किया गया है। नाट्यान्तर प्रक्रिया में शरत ने स्वतंत्रता का दरअसल प्रयोग मूल नाट्यालेख को मंचोपयोगी स्वरूप देने के लिए किया है।

पहले संग्रह 'चेखव का संसार' में लेखक ने निम्न दस कहानियों के नाट्य-रूपान्तर संकलित हैं—'एक कलाकृति', 'पियानो वादक', 'एक प्रस्ताव', 'खुशी', 'उथल-पुथल', 'बदला', 'एक खुश इनसान', 'समस्या का हल', 'गिरगिट', 'रीढ़ रहित'। इन रूपान्तरों में 'पियानो वादक', 'एक प्रस्ताव', 'गिरगिट', 'रीढ़ रहित' रूपान्तर सशक्त अन्तर्वस्तु और प्रभावी नाटकीय अनुभव के कारण विशिष्ट और उल्लेखनीय हैं। पियानो वादक पेत्या एक साधनहीन पर समर्पित कलाकार है, उसका पियानो भी पुराना हो गया है और वादन शैली भी। एक रईस कर्नल के यहाँ आयोजित पार्टी में उसे बुलाया गया। पेत्या को मामूली हैसियत का कलाकार जानकर दो रईस युवा महिलाओं ने पेत्या का मजाक बनाया, उसे नीचा दिखाया गया। इस अपमान से मर्माहत पेत्या टूट जाता है।—'ऐसा घटिया मजाक हमारे जैसे साधनहीन लोगों के साथ कब तक होते रहेंगे...कब तक।' एक बहुत ही संवेदनशील मुद्दे को चेखव ने उठाया और सँभाला है। 'एक प्रस्तावं' में भी मूल मुद्दा अमीर और गरीब की टकराहट का है। जागीरदार के घमंडी बेटे और किसान की बेटी के बीच चली तीखी नोक-झोंक पर अन्त में विवाह का प्रस्ताव एक रोचक नाटकीय विस्फोट की तरह करवट लेता है। दोनों चाहते हुए भी वर्ग और जाति के भेद के संस्कारों से मुक्त नहीं हो पाते। 'गिरगिट' में शासन तंत्र का पुलिसवाला गरीब फूल बेचने वाले के लिए रूखा और कड़ा है। अमीर कर्नल के कुत्ते के प्रति वह एकदम नरम व्यवहार करने लगता है। ऊपर तीन नाट्यान्तरों के कथ्य, प्रस्तुति-विधा तथा नाटकीय अनुभवों में कितना अन्तर है ?

दूसरे संग्रह 'दो ध्रुव' में निम्न आठ नाट्य रूपान्तरण हैं—'दो ध्रुव', 'नकाब', 'दुश्मन', 'नया अनुभव', 'कोरस में गाने वाली लड़की', 'जंगली भालू', 'दलदल', 'दुल्हन'। इन मंच-रूपान्तरणों की चयन प्रक्रिया अधिक प्रौढ़ तथा बेहतर नाटकीय प्रभाव पैदा करती है। 'नकाब' इस संकलन का इसलिए श्रेष्ठ नाट्य रूपान्तर है क्योंकि इसकी अन्तर्वस्तु व्यक्ति और व्यवस्था के ओढ़े हुए नकाब का अनावरण कर असलियत से साक्षात्कार करवाती है और वस्तुस्थिति पर प्रहार करती है, इसकी शिल्पगत संरचना व्यंग्य की धारा को तीखा करने में मदद करती है। शहर की लाइब्रेरी के लिए फंड की जरूरत पड़ी, नकाब लगाकर नाच-गाने के एक प्रोग्राम का आयोजन किया गया, पार्टी में भाग लेने वालों को यह बात पसन्द आई। यह प्रोग्राम खुले 'लॉन' में हुआ, ऐसी पार्टी में हो-हल्ला और हुड़दंग बाजी भी हुई। अचानक एक चुस्त चालाक व्यक्ति दो युवतियों को साथ लेकर लाइब्रेरी के उस कमरे में आ धमका जिसमें कुछ बुजुर्ग अखबार पढ़ते हुए ऐसी पार्टी पर टीका-टिप्पणी कर रहे थे। कमरे में घुसते ही इस दबंग व्यक्ति ने न किसी का लिहाज रखा, न मर्यादा, लड़कियों के साथ खुलकर मजाक और छेड़छाड़ करने लगा। बुजुर्गों के विरोध, चौकीदारों, यहाँ तक कि पुलिस अधिकारी की धमकियों की भी उस व्यक्ति ने परवाह न की, न कोई चिन्ता दिखाई। बहुत खींचतान के बाद, जैसे ही उस व्यक्ति ने नकाब उतारा, उसे देखते ही सारा समाज स्तब्ध था, इस समाज का भी मुखौटा उतर गया। सभी विनम्र और शालीन हो गए। स्तुतिगान का दौर शुरू हुआ, पलक झपकते ही वह व्यक्ति उद्दंड नहीं रहा, अब 'महापुरुष' लगा। उसने पुलिसवालों को वर्दियाँ सिलवाकर दी, अनाथालय का खर्चा उठाया, लाइब्रेरी को किताबें लेकर दी—शहर के इस बड़े रईस ने सबके लिए क्या-क्या नहीं किया।

उसके आगे सब बिके हुए हैं। वह व्यवस्था की असली ताकत है। इस बड़े उद्योगपति को अपनी शोषण-वृत्ति पर पर्दा डालने के लिए 'महापुरुष' बनना पड़ता है। चेखव ने व्यंग्यपूर्ण शैली में नकाब के मंच-रूपान्तर में एक साथ कई मुद्दों पर चोट की—रूसी समाज तथा शासन-व्यवस्था की असली ताकत किनके हाथ में रहती है, विलासप्रिय समाज, तथा भद्र समाज का दोहरा चेहरा। 'कोरस में गाने वाली लड़की' की जीवन स्थितियाँ बड़ी निराशाजनक हैं। आसपास कोई उसकी विवशता को समझना नहीं चाहता। लेखक ने उसकी त्रासद मनोदशा को संवेदनशीलता से प्रस्तुत किया है। विविध नाटकीय अनुभवों की वजह से असरदार, इस संग्रह के अन्य मंच-रूपान्तर रूसी समाज की ऐसी विश्वसनीय तस्वीर पेश करते हैं जो आज भी ताजा लगती है।

दोनों संग्रह के 18 मंच-रूपान्तरों का एक साथ आकलन करें तो यह दावा किया जा सकता है कि इन रूपान्तरों को निमित्त बनाकर चेखव ने यह जाना और समझा कि रूसी समाज को कौन-सी शक्तियाँ परिचालित करती हैं। चेखव को धीरे-धीरे पता लगा कि समाज का एक वर्ग अपने छल से एक छद्म नकाब ओढ़े रहता है, वह शासन प्रणाली का ऐसा नियमन करता है कि उस वर्ग की सुख-समृद्धि और प्रभुता बढ़ती रहे। समाज का बहुसंख्य तबका साधनहीन है, वह रईस उद्योगपतियों के प्रयास और अपमान को सहने और संघर्षशील जिन्दगी बिताने के लिए विवश है। चेखव का ऐसी स्थितियों का विवेचन वर्ग, शोषण का पूरा आभास देता है। परन्तु यहाँ चेखव की जीवन-दृष्टि उदार मानवीय-मूल्यों की ओर मुड़ जाती है। मंच-रूपान्तर 'दुश्मन' के डॉक्टर का बिगड़े रईस अवोगिन मरीज के प्रति आक्रोश तो है आपको अपना नकली दुख मेरे सच्चे दुख से बड़ा लगा—"इतना बड़ा कि आप मुझे इस अँधेरी रात में मेरी अकेली बीवी और मृत बच्चे से चौदह मील दूर घसीट लाए।" बद-दिमाग मरीज के प्रति डॉक्टर की कटुता प्रतिद्वन्द्विता की ओर नहीं बढ़ी। कुछ न कर पाने की इस सूरत में असहाय डॉक्टर हताश और मजबूर है। यही नियति पियानोवादक की हुई। चेखव का लिखना ऐसे ही बिन्दुओं पर केन्द्रित रहा है।

चेखव हिन्दी रंगमंच के लिए कभी अपरिचित तो नहीं रहे परन्तु जहाँ ऐसे मंचानुकूल एवं असरदार नाट्यालेख सुलभ हों, उनकी महत्ता और आवश्यकता को समझा जा सकता है। नाट्य कला मर्मज्ञ सत्येन्द्र शरत इन दो संग्रहों के प्रकाशन के लिए बधाई के पात्र हैं।

चर्चित नाटक

'चेखव का संसार' (2009) : वाणी प्रकाशन, दिल्ली

'दो ध्रुव' (2012) : अमर साहित्य प्रकाशन, दिल्ली, रूपान्तर सत्येन्द्र शरत

(कथादेश, 2016)

16

प्रतिबद्ध नाट्य-लेखन

भारतीय रंगकर्म के देशव्यापी उत्कर्ष में जितनी उत्सव-वृत्ति और समर्पण-भाव मिला है, उतना अन्तर्वस्तु और उसके अनुरूप प्रदर्शन-स्वरूप को लेकर कोई साफ सोच विकसित नहीं हुई। भारतीय रंगकर्म की अस्मिता और उसके भविष्य की रूपरेखा पर नए सन्दर्भ से विचार करने वाले बादल सरकार सम्भवतः अकेले ऐसे नाटककार हैं, जिन्होंने 70 के दशक में निम्न मध्यवर्ग की अपेक्षाओं को केन्द्र में रखा और 'थर्ड थिएटर' की अपनी नई स्थापना से रंगजगत का ध्यान खींचा। प्रचलित मंच-थिएटर के प्रति बुनियादी बदलाव करते हुए उन्होंने उसे अर्थतंत्र के खतरों से—कहीं वह रिझाऊ थिएटर न बन जाए—सावधान किया और 'दर्शक के लिए : दर्शक के बीच' पहुँचकर मंच-मुक्त थिएटर करने का साहसी कदम उठाया। उन्होंने अपने दर्शक को नायक का दर्जा दिया और इस तरह थिएटर को जन-सुलभ और व्यापक परिप्रेक्ष्य की दिशा की ओर मोड़ा। 'जुलूस' के लेखन और मंचन को हिन्दी प्रदेश में जो स्वीकृति और मान्यता मिली, उसने नुक्कड़ नाटक की सम्भावनाओं के प्रति नया विश्वास पैदा किया। बादल सरकार ने अपनी स्थापना को व्यवहार में साकार कर एक अनोखी मिसाल कायम की।

अपने पहले दौर में नुक्कड़ नाटक वामपन्थी राजनैतिक आन्दोलनों का औजार रहा। सफदर हाशमी, गुरशरण सिंह जैसे प्रतिबद्ध निर्देशक अपने उद्देश्य के प्रति सच्चे और सक्रिय तो थे ही, उनके रंगकर्म में एक प्रकार की तेजस्विता थी, जिसने कई प्रगतिशील कलाकारों को उत्तेजित किया। यह भी पाया गया कि इस नाट्य-प्रकार की अपेक्षा और अनुशासन की चिन्ता किए बिना कई जोशीले ग्रुप नारेबाजी और बयानबाजी पर उतर आए। 90 के दशक में उदारीकरण के नाम पर आई उपभोक्ता संस्कृति और बाजार-व्यवस्था से स्थिति जटिल और गम्भीर हो गई है। इस बदले माहौल में 'मंडी हाउस' टाइप मंच-थिएटर विशिष्ट समाज तक सिमटता जा रहा है। इधर मौजूदा तंत्र की मजबूरियों और दबावों में जीने वाले तबके के पास न इतनी फुर्सत है और न सुविधा कि कहीं आ-जा कर अपनी थिएटर की भूख को मिटा सके। अभिव्यक्ति के अवसर न मिलने के कारण इस वर्ग के लोगों की संवेदना और सपने जड़ होने लगते हैं। इस शून्य को भरने और अर्थ देने का दायित्व अब नुक्कड़ नाटक निभा रहा है। साम्प्रदायिक सौहार्द, साक्षरता, पर्यावरण, एड्स, शराबबन्दी यानी दबे-घुटे समाज के नुकीले प्रश्न उठाए जाने लगे। शम्सुल इस्लाम जैसे कई समर्पित

निर्देशक नुक्कड़ नाटक के सचमुच बन रहे जनवादी रूप को अपना रहे हैं। इधर विश्वविद्यालय की नियमित प्रतियोगिताओं ने नुक्कड़ नाटक को अप्रत्याशित ऊर्जा और महत्ता मिली है और युवा पीढ़ी को रंगकर्म की नई रंगभूमि प्राप्त हुई।

असल में नुक्कड़ नाटक का तेवर व्यवस्था-विरोधी रहा है। वह जिन्दगी की सतह पर रहता है और मेरी-तेरी-सबकी बात उठाता है। उसके एकरेखीय आलेख में सपाटबयानी उसकी ताकत है। उसका आधार व्यक्ति नहीं, जन है अर्थात् समाज—वह समाज जिसकी घुटन और आक्रोश को आवाज चाहिए। वह कभी सलाह देता है और कभी संघर्ष के लिए उत्तेजित करता है। उसका लक्ष्य दर्शक को झकझोरना है, ताकि वह इस असलियत को अच्छी तरह समझ ले कि उसकी मौजूदा हैसियत के जिम्मेदार फरेब और अन्याय पर चल रही यह व्यवस्था है या कोई अलौकिक शक्ति जिसे भाग्य कहते हैं। नुक्कड़ नाटक के आलेख पाठ के स्तर पर इतने गम्भीर और साहित्यिक नहीं मिलते, दरअसल उनकी निहित प्रभावशक्ति प्रस्तुतीकरण में खिलती है, जहाँ लोक शैली का खुलापन, ऊर्जा और आशुप्रयोग कलात्मक निखार लाते हैं। इस क्षेत्र में कई नाटककार सक्रिय हैं और आलेख तो अनगिनत होंगे, पर सादगी और सच्चाई की विशेषता वाले आलेख बहुत कम हैं, जहाँ नुक्कड़ नाटक के प्राण हैं।

किसी-न-किसी प्रकार की राजनीति में रहने के कारण नुक्कड़ नाटक विवाद से घिरा रहा है। सामाजिक सरोकार के जिस तर्क और आग्रह ने बादल सरकार को चौखटा मंच छोड़कर आम आदमी के बीच नाटक ले जाने के लिए विवश किया, उसका प्रतिफलन सम्भवत: हिन्दी प्रदेश में सबसे अधिक हुआ। इस उमड़ते उभार को कुछ नियमों और विशेषताओं में दृष्टिबद्ध करने की चिन्ता सर्वेश्वर दयाल सक्सेना में मिली। रंगकर्मियों का पथ-प्रदर्शन करने वाले उनके लेख 'जनवादी नाटक' का ऐतिहासिक महत्त्व आज समझा जा सकता है। अवधारणा के स्तर पर उन्होंने—किस सूझबूझ से—राजनैतिक नाटक और जन नाटक से जनवादी नाटक को अलग रखकर उसकी विशिष्टता स्थापित की। नुक्कड़ नाटक की प्रगति का गम्भीर अध्ययन और मूल्यांकन करते हुए वरिष्ठ और प्रतिष्ठित आलोचक नेमिचन्द्र जैन ने उसके अस्तित्व पर ही प्रश्न-चिह्न लगा दिया। प्रासंगिकता और मतवाद के निरन्तर दबाव ने नुक्कड़ नाटक को इतना एकपक्षीय और मुखर बना दिया है कि उसमें वांछित शिल्प और कलात्मक अनुशासन के प्रति उपेक्षा-भाव रहा है। रंगशाला बनाम नुक्कड़ नाटक के विवाद को उठाना, नियमित प्रदर्शनों को बुर्जुआ रंगकर्म मानकर खारिज करना और नुक्कड़ नाटक को श्रेष्ठ सिद्ध करना दरअसल इसी मनोवृत्ति को उजागर करते हैं। नेमिजी के ये निष्कर्ष निराधार नहीं कहे जा सकते परन्तु यह भी सच है कि नुक्कड़ नाटक ऐसे अति-उत्साही रचनाकारों तक सिमटा नहीं रहा। अपनी प्रकृति और प्रभाव के कारण नुक्कड़ नाटक जनव्यापी रहा है। वह अपने बलबूते पर जीवन और समाज में जगह बना चुका है, जिसकी ताजा मिसाल प्रौढ़ निदेशालय के समीक्षाधीन नाटक *नुक्कड़ 1-2* हैं। अगर कुछ लोग रंगकर्म की अभिव्यक्ति का एकमात्र साधन 'नुक्कड़ नाटक' को ही मानने लगे हैं तो ऐसे बद्धमूल दृष्टिकोण पर विचार करने तक की जरूरत नहीं है। उसी तरह, नुक्कड़ नाटक को रंगकला का दर्जा तक न देना वैसा ही अतिवाद कहा जाएगा। अब समय आ गया है कि

इस विवाद को नए सन्दर्भ में देखा जाए। रंगशाला और मंचमुक्त रंगकर्म का अपना-अपना दर्शक समाज है, जिन्हें वे सार्थक नाटकीय अनुभव प्रदान कर रहे हैं। दोनों में कला के स्वर और स्वरूप के आधार अलग एवं परिवर्तनशील हैं। दोनों को अपनी उपयोगिता और आवश्यकता है। दोनों नाट्य-प्रकार एक-दूसरे के पूरक और उत्प्रेरक होने चाहिए।

भारत सरकार के प्रौढ़ शिक्षा निदेशालय द्वारा प्रकाशित नुक्कड़ पर-1 (12 आलेख) और नुक्कड़ पर-2 (7 आलेख) का प्रकाशन एक बार फिर नुक्कड़ नाटक की शक्ति और सम्भावना के प्रति आश्वस्त करते हैं। इन आलेखों के कोई लेखक नहीं हैं; विभिन्न कार्यशलाओं में ये पके-मँजे से असरदार दस्तावेज हैं। कई पीढ़ियों से महाजन-चौधरी के शिकंजों से घिरा-फँसा अनपढ़, असहाय किसान-मजदूर, कर्जे और मुफलिसी से घायल उनका जीवन इन आलेखों की अन्तर्वस्तु है। इनकी ताकत साफगोई में है। शोषक और शोषित के पक्ष-प्रतिपक्ष और धन्धे के नाम पर चल रही धोखाधड़ी पर कोई पर्दा नहीं डाला गया। इन आलेखों से गुजरते हुए 'गोदान' के होरी का बिम्ब बार-बार सामने आता है। निरन्तर कर्जे के बोझ से टूट रहे होरी पर सभी महाजनों ने जो भी जुल्म किए, उन सबका मूल कारण होरी का अनपढ़ होना ही तो था। आज का किसान एक ठोकर के बाद सँभल और जग रहा है।

सोद्देश्यता की सीमाओं के बावजूद इन आलेखों में शिल्पगत प्रयोग और ताजगी मिली है। नाट्य-स्थिति के अनुरूप छोटे-तीखे पर अर्थपूर्ण संवाद हैं तो कहीं सूत्रधार के वक्तव्य से वाचिक अभिनय का आस्वाद है। गीत-कोरस नाटकीय व्यापार को नया आयाम देते हैं और उसे अधिक हृदयग्राही बनाते हैं। लोकमंच के खुलेपन के साथ जमूरा-मदारी-उस्ताद के तमाशे का रचनात्मक लाभ उठाया गया है। गति संयोजन, दृश्य संयोजन, फ्रीज, भाषा-लय में विविधता और प्रारम्भ में दी गई उपयोगी हिदायतों से पता लगता है कि इन आलेखों को कलात्मक निखार दिया गया। 'फँस गया बदल चक्कर में', 'यह कौन', 'अनचीन्ही मेहनत के अग्निकुंड में', 'बोल जमूरे बोल' इत्यादि को इन दो संग्रहों की उपलब्धि माना जा सकता है। सामयिक प्रश्नों को अनदेखा नहीं किया गया इसलिए ये आलेख अपने प्रयोजन और प्रभाव को लेकर समर्थ और सार्थक हैं। व्यवस्था की 'कुचाल' को दूर करने के लिए भारतेन्दु हरिश्चन्द्र ने इस विधा की प्रभाव-क्षमता का लाभ उठाने पर बल दिया था। ब्रेख्त के इस ओजस्वी गीत का भाव सामाजिक बदलाव में साक्षरता की अहम भूमिका और शक्ति को रेखांकित करता है :

पढ़ना-लिखना सीखो ओ मेहनत करने वालो
पढ़ना-लिखना सीखो ओ भूख से मरने वालो
पढ़ो कि हर मेहनतकश को उसका हक दिलवाना है
पढ़ो अगर इस देश को अपने ढंग से चलवाना है।

बहुत कम वरिष्ठ नाटककारों ने नुक्कड़ नाटक को अपना माध्यम बनाना उपयुक्त समझा। कुसुम कुमार के 'वह रंग शाम और दो सड़क नाटक' इस विश्वास को पुष्ट करते हैं कि सधे-मँजे हाथ अपनी रचनात्मक प्रयोगशीलता से इस विधा की नई सम्भावना की तलाश कर सकते हैं।

रेडियो नाटक की अपेक्षाओं के लिए लिखे गए 'ताकन लागे काग' ठीक-ठिकाने के छह लघु नाटक हैं। स्वतंत्र रूप से आँकें तो नाटककार सुतीक्ष्ण कुमार की दृष्टि-सीमा साफ दिखाई देती है।

नाटक और रंगमंच पर केन्द्रित 'सार्थक' विशेषांक का इसलिए स्वागत करना चाहिए क्योंकि अधिकांश पत्रिकाएँ इस विधा पर पूरा ध्यान नहीं देतीं। इस अंक के लेखकों में दो-एक बड़े नाम हैं और कुछ लेखों के शीर्षक ध्यान आकृष्ट करते हैं। परन्तु कुल मिलाकर सामग्री चयन में कोई दृष्टि या सरोकार नहीं मिला।

चर्चित किताबें

'नुक्कड़ पर' (1 और 2) : प्रौढ़ शिक्षा निदेशालय, मानव संसाधन विकास मंत्रालय, शिक्षा विभाग, भारत सरकार, नई दिल्ली-110001

'वह रंग शाम और दो सड़क नाटक' : कुसुम कुमार; अभिरुचि प्रकाशन, दिल्ली-110032; संस्करण 1995

'ताकन लागे काग' : सुतीक्ष्ण कुमार 'आनन्दम्'; साक्षर प्रकाशन, जम्मू; संस्करण 1995

'सार्थक' : जनवरी, 1993; नाटक और रंगमंच पर केन्द्रित; सं. शिवकुमार मिश्र

(समकालीन भारतीय साहित्य, 1997)

17

विभाजन की उलझन भरी दास्तान

स्वतंत्रता की 50वीं वर्षगाँठ का अवसर मनीषी-समाज के लिए उन पेचीदा सवालों से जूझने-समझने का समय है जिनकी जड़ें इतनी गहरी रही हैं कि उन्होंने इतिहास की दिशा तक बदल दी। विचाराधीन मुद्दा यह है कि देश का बँटवारा क्यों हुआ ? क्या यह 1947 के आसपास की प्रबल घटनाओं का अप्रत्याशित परिणाम था या इसके बीज और खतरनाक इशारे बहुत पहले से मिलने लगे थे ? इस सन्दर्भ में गांधी जी के इस सुपरिचित दावे पर भी ध्यान देना होगा कि बँटवारा करने के लिए मेरी लाश से गुजरना होगा। स्वतंत्रता प्राप्ति के लिए व्यग्र हमारे राजनेता सत्ता के सुख में इतने डूब गए कि उन्होंने हिमालय जैसी इस भूल का आकलन नहीं करना चाहा। यह भी कम आश्चर्यजनक नहीं कि हमारा संवेदनशील साहित्यकार इस भयानक कांड से आन्दोलित नहीं हुआ। द्वितीय महायुद्ध के बाद विश्व की महत्त्वपूर्ण घटना होने के नाते विदेशी लेखकों ने इस गुत्थी को 'द ग्रेट डिवाइड' का नाम दिया और उसे खोलने की कोशिश की। अंग्रेजी में (ब्रिटिश) राज-साहित्य का एक अलग वर्ग बन चुका है। इस पृष्ठभूमि में फ्रेंच साहित्य में 30 पुस्तकों की लेखिका और जानी-मानी नाटककार हेलेन सिक्सू के नाटक 'सपनों की अधूरी दास्तान' पर विशेष ध्यान जाना स्वाभाविक है। फ्रेंच में लिखे इस नाटक को सीधे अनुवाद कर अनु अनेजा ने हिन्दी नाट्य जगत को इस चुनौतीपूर्ण सवाल से टकराने का नया मौका प्रदान किया है।

'सपनों की अधूरी दास्तान' में सिक्सू ने तिथियों और तथ्यों को जिस सूझबूझ से अपना विन्यास दिया है, वह उनकी अद्भुत इतिहास दृष्टि का प्रमाण है। इस दौर की विशिष्ट घटनाओं, उनके जिम्मेदार अग्रणी राजनेताओं, तथा उनसे प्रभावित आम आदमी को समेटते हुए लेखिका ने विषयवस्तु को सही और खरा परिप्रेक्ष्य प्रदान किया है। उन्होंने इस बात का पूरा ध्यान रखा है कि स्वतंत्रता संग्राम में शामिल अलग-अलग प्रदेश, धर्म, जाति, वर्ग के लोगों को स्थान मिले। इस नाटक के कई घटनास्थल हैं और 45 से ऊपर पात्र हैं, इस तरह आन्दोलन को पूरी आवाज दी गई है।

उस युग के इतिहास के प्रति लेखिका कितनी सजग और सन्तुलित रही है, यह पात्रों की निम्न सूची से प्रकट हो जाता है : 'कांग्रेस पार्टी और साथी'—नेहरू, आजाद, सरोजिनी नायडू, पटेल, गांधी, अब्दुल गफ्फार खान, कस्तूरबा गांधी, अरुणा आसफ अली, सुशीला नायर आदि। 'मुस्लिम लीग और साथी'—जिन्ना, लियाकत अली, मुहम्मद इकबाल,

फातिमा जिन्ना। 'प्रादेशिक सरकारें'—फजलुल हक, (बंगाल के मुख्यमंत्री) सिकन्दर हयात खाँ, (पंजाब के मुख्यमंत्री), तारासिंह; बिहार की सरकार के मंत्री। 'इंग्लैंड'—वायसराय-लिनलिथगो, वेवल, माउंटबेटन। 'गली बाजार'—हरिदासी एक बंगाली बंजारन, गुलाब, तुगलक : पठान। 'नई दिल्ली'—गंगासिंह (सिख ड्राइवर), इन्दर (अछूत रिक्शावाला), लाला, अहमद, रहमान : रिक्शावाले, ईमा, सूफी पीर की मजार का पहरेदार, नाथूराम गोडसे। 'पंजाब'—राजकुमार-सियालकोट का किसान, सिख सिपाही—शिमला का रहने वाला। 'सिन्ध'—बहादुर-भालू राजा, मुन्नी-भालू। 'बंगाल'—नोवाखली से—हाथीभाई सेन, राजीव सेन। 'बिहार'—मुराद खान, 'बम्बई'—दर्शन लाल-जिन्ना का हिन्दू नौकर। 'तमिलनाडु'—एक सिपाही। जाहिर है कि सिक्सू इतिहास की परिधि में रहना पसन्द करती हैं। अंक और दृश्य-विधान के मूल में खास सन और उल्लेखनीय प्रसंग रहे हैं। नाटक 1937 से शुरू होता है, जब विभाजन का बीजारोपण हुआ। इसी वर्ष देश में विधानसभा के चुनाव हुए, कांग्रेस को बहुमत मिला और सत्ता प्राप्त हुई। पराजित होने के बावजूद मुसलमानों के एकमात्र प्रतिनिधि होने के नाते मुस्लिम लीग ने यू.पी. की सत्ता में हिस्सा माँगा। नेहरू को यह ज्यादती लगी, वह रजामन्द नहीं हुए। असल में जिन्ना इसी अवसर की तलाश में थे, उन्होंने मुसलमानों के लिए अलग प्रदेश की माँग रखी। इन्हीं दिनों इकबाल जैसे ऊँचे दर्जे के शायर ने इस माँग को जातीय गौरव का आधार बनाया और इस तरह प्रचार और प्रतिष्ठा प्रदान की। साम्राज्यवादी अंग्रेजों की भेदनीति गुप्त रूप से सक्रिय थी। सम्पूर्ण स्वराज्य की भावनाओं से देश में नई लहर ला रहे कांग्रेसी नेता लीग की ऐसी सियासत के लिए तैयार न थे। जिन्ना की कूटनीति के सामने कांग्रेस निरुपाय और कमजोर साबित होने लगी। जहाँ एक ओर जिन्ना पंजाब और बंगाल के घमंडी गैर-मुस्लिम लीग मुख्यमन्त्रियों को धमकी और आतंक के बल पर अपने पक्ष में करने में सफल रहे, वहीं दूसरी ओर कांग्रेस ने गफ्फार खाँ जैसे निष्ठावान कांग्रेसी और उनके प्रदेश के साथ विश्वासघात किया। कलकत्ता, 1946 में हुए 'डायरेक्टर एक्शन' और अन्तरिम सरकार की नियोजित विफलता ने कांग्रेस को बँटवारे के लिए मजबूर किया।

सिक्सू ने वस्तुनिष्ठता का निर्वाह किया है। उन्होंने किसी को खलनायक नहीं माना, कहीं 'टू नेशन थ्योरी' का विमर्श नहीं रखा और न गांधीवाद और स्वराज्य को वैचारिक औचित्य दिया। लेखिका की अपनी कोई नई स्थापना नहीं है, नाट्य-स्थितियों और व्यवहारों के संयोजन से ऐसे संकेत अवश्य मिलते हैं जिनसे लेखिका के मन्तव्य को समझा जा सकता है। कांग्रेस ने जिन्ना के स्तर पर उतरकर जिन्ना की असलियत की और वक्त की नब्ज को पहचानने की कोशिश नहीं की; न उसके विचारों को गम्भीरता से लिया गया और न कोई तर्कनिष्ठ तथा प्रमाणपुष्ट विकल्प तैयार किया गया। द्वेष और वैमनस्य से भरे ऐसे वातावरण में वे जिन्ना के हृदय-परिवर्तन की उम्मीद रखते रहे। कट्टर और क्रूर जिन्ना की हिंसा-नीति सफल होनी थी, तप और त्याग से जीवनभर आदर्शों के लिए संघर्षशील गांधी, नेहरू, पटेल, आजाद, नायडू के सामने खंडित हुए। उत्तेजना के ऐसे माहौल में लेखिका ने हिन्दू-मुस्लिम-सिख ड्राइवर, रिक्शावाले, पहरेदार, किसान, सिपाही के कारनामों को

भी शामिल किया है जो हिंसा की होली से न बच सके। इन्हें महसूस हुआ कि कांग्रेस ने अपने वायदे का पालन नहीं किया। ऐसा लगता है कि परिस्थितियों के दुश्चक्र से इस नाटक की त्रासदी का दृश्यांकन किया गया है।

'सपनों की अधूरी दास्तान' के वस्तुगठन में अन्विति, संघर्ष में तीव्रता, नाट्य-कृति को असरदार बनाते हैं। पात्र और परिस्थिति में अनोखा सामंजस्य है। इतिहास के इन परिचित प्रसंगों में ताजगी लाने के लिए संवाद के स्वरूप को कहीं औपचारिक, कहीं अनौपचारिक और कहीं अन्तर्द्वन्द्व के क्षणों में एकालाप का आश्रय लिया है। इस विविधता से व्यक्तित्व की नई परतें खुली हैं। इकबाल, जिन्ना, नेहरू, सरोजिनी, गांधी के आन्तरिक संघर्ष नई नाटकीय सम्भावनाएँ खोलते हैं। यथार्थवादी पद्धति में लिखे पाँच अंकों और 18 दृश्यों के इस नाटक का यह फैला विधान वस्तुतः इतिहास के दबाव के कारण हुआ है। कहीं-कहीं यह 'डिबेट-प्ले' लगता है। कार्य-व्यापार में गति है, गांधी हत्या इस त्रासदी का मर्म-बिन्दु है। हरिदासी को नटी भूमिका दी गई है, जो व्यावहारिक स्तर पर उपयोगी है। मानसिक दबाव और तनाव झेल रहे गांधी, नेहरू को गाते दिखाना चरित्रानुरूप नहीं लगा। पाठ के स्तर पर अपने सहज प्रवाह के कारण यह कृति मूल का आस्वाद देती है। भाषा में एक लय है जो नाट्य स्थिति के अनुरूप बदलती गई है। अनु अनेजा का अनुवाद इस रचना की शक्ति है।

क्या 'सपनों की अधूरी दास्तान' इतिहास की सीमाओं में आबद्ध रचना है या वह एक प्रभावी नाट्य-कृति है? पक्ष-विपक्ष के प्रत्यक्ष कारण एवं औचित्य होते हुए वस्तुपरकता का आग्रह इस नाटक को खुलने नहीं देता। ब्योरों की प्रामाणिकता के प्रति लेखिका जितनी सतर्क रही, उतनी कुशलता उन्हें तात्पर्य देने में नहीं लगाई गई। नाटक का शीर्षक कुछ व्यंजनाएँ लिए हुए है। कांग्रेस पार्टी का पूरा इतिहास सम्पूर्ण स्वराज्य के सपनों की संघर्ष गाथा है। बँटवारे ने इन नेताओं के सपनों को खंडित किया। इन्हीं की दास्तान अधूरी रही। यह आघात गांधी की त्रासद-मृत्यु से कम नहीं। ऐसे में तटस्थता का पालन नाटकीय प्रभाव को निष्प्रभ करता है। विदेशी लेखक होने के नाते एलेन सिक्सू को सम्भवतः यह दृष्टिकोण अपनाना पड़ा, फिर भी, हमारे इतिहास के एक ज्वलन्त प्रश्न से साक्षात्कार करने का अवसर दिया, इसलिए यह नाटक उल्लेखनीय है।

चर्चित किताब

'सपनों की अधूरी दास्तान' नाटक : एलेन सिक्सू, फ्रेंच से अनुवाद : अनु अनेजा, राधाकृष्ण प्रकाशन, नई दिल्ली, पृ. सं. 104

(आजकल, 1998)

18

नैतिक दृष्टि से उत्तेजक कुछ नाटक

अपने समय की किसी असाधारण रचना की विशिष्टता को पहचान पाना साधारण काम नहीं होता। किन्हीं मानदंडों पर परखकर रचना को श्रेष्ठ सिद्ध करना तो निभ सकता है परन्तु वह कैसे महान होने का दर्जा ग्रहण कर लेती है, इसका कोई व्याकरण नहीं। कुछ मूलभूत विशेषताएँ अवश्य ध्यान में रखनी पड़ती हैं : उस कृति की जड़ें अपने समय के जीवन और समाज की गुत्थियों से गहरे सरोकार रखती हों। अपनी संवेदनशीलता के कारण बार-बार किए उसके पाठ ताजा और प्राणवान तो लगें ही, उसके अन्तर्पाठ से खुलती व्यंजनाएँ हमारे अनुभव-संसार को आन्दोलित करती रहें। रचनाकार का जीवन-परिप्रेक्ष्य इतना व्यापक और जीवन-दृष्टि इतनी सूक्ष्म एवं वस्तुनिष्ठ हो कि समकालीन यथार्थ पर केन्द्रित कृति में से मानव-प्रकृति और मानव-नियति जैसे सवालों की अन्तर्ध्वनियाँ सुनाई दें। 'फूजीयामा' इन्हीं अपेक्षाओं को पूरा करने वाली महत्त्वपूर्ण नाट्य-कृति है।

कथा-सूत्र कुछ यों है : जीवन की दौड़-धूप से थके-ऊबे पुराने सहपाठी दोस्त, सपत्नीक, प्राकृतिक सौन्दर्य से भरपूर एक पहाड़ी टीले पर पिकनिक मनाने आए। भूगोल की अध्यापिका अल्मागुल ने इस पहाड़ी टीले को फूजीयामा (एक जापानी बौद्ध) नाम दिया है, जिसका तात्पर्य एक ऐसा पवित्र-पर्वत है, जिसके सामने सच्चा अनुयायी अपने अन्त:करण की आवाज का पालन करते हुए अपने अच्छे-बुरे कर्मों का लेखा-जोखा करता है।

पिकनिक के खुशनुमा वातावरण और आपसी नोक-झोंक का रुख फूजीयामा अर्थात् 'गुनाह-कबूली' की ओर मुड़ना था। इसकी शुरुआत गुलजान ने इसलिए की क्योंकि वह सच्ची और संवेदनशील स्त्री है। वह बीते दिनों के अपने पाप स्वीकार कर अपने मन के मैल को धोना चाहती है। स्नेहमयी आइशा की उपस्थित और पति की कपट-वृत्ति ने भी उसे कम उत्तेजित नहीं किया। इस मंडली के अनुपस्थिति पर सबसे अनोखे एवं होनहार छात्र कवि साबूर का जिक्र तो छिड़ना ही था। द्वितीय महायुद्ध के दौरान जर्मन-आक्रमण से रूसी समाज में विलक्षण साहस और मनोबल आ चुका था। मातृभूमि की रक्षा और राष्ट्र-प्रेम की भावनाओं में स्कूल के किशोर छात्र भी बह रहे थे। साबूर के साथ इन चार मित्रों ने रक्षा-अधिकारियों से मोर्चे पर जाने की अनुमति ले ली। मासूम किशोरों के इस जोखिम भरे निर्णय से ममतामयी आइशा बहुत परेशान थी। उस जोशीले माहौल से अनुप्रेरित साबूर

भावोत्तेजनापूर्ण कविताएँ लिख रहा था। ये सारे मित्र उसकी प्रतिभा के कायल थे। इधर युद्ध की विभीषिकाओं से लगातार वास्ता रहने के कारण साबूर ने मारे गए सैनिकों के प्रति मानवीय संवेदनाओं से भरपूर एक कविता लिख डाली। इन दोस्तों को जंग के दौरान ऐसी कविता लिखना मातृभूमि के सम्मान के विरुद्ध लगा। अधिकारियों को इस कविता की खबर मिल गई। साबूर के विरुद्ध कार्रवाई हुई, मुकदमा चला पर वह बरी हो गया। सत्ता के प्रहार उसके कवि-कर्म को तबाह करने में सफल रहे। कविता से हटकर साबूर का कोई अस्तित्व न था। उसी में और उसी के लिए वह जीता था। प्रताड़ित और निर्वासित साबूर के लिए अब जीवित अथवा मृत होने में अन्तर नहीं रहा। उसकी ऐसी गिरी अवस्था के लिए ये सब साथी उत्तरदायी थे। साबूर इनका आत्मीय और अन्तरंग ही नहीं, प्रेरक और अग्रणी था। आइशा ने इस मुद्दे को उठाकर इन दोस्तों को पुनरवलोकन का मौका दिया, ताकि असलियत खुले। फूजीयामा की पहाड़ी पर अन्त:करण की आवाज सुनने और मन की गाँठ खोलने वाला पहला मित्र माम्बेत निकला। उसमें आत्म-स्वीकृति से सच प्रकट करने की विलक्षण शक्ति आ गई। उसने माना कि सबने साबूर के साथ विश्वासघात ही नहीं किया, एक प्रकार से हत्या की है। इसाबेक कभी संवेदनशील नहीं रहा, पर सच्चाई बताने की बजाय वह अपनी क्षुद्रता छिपा न सका। शेष दोनों ने बचाव की नीति अपनाई। इस हादसे की चर्चा से इन दोस्तों के मन अवश्य छिल गए।

आइशा को विदा करने सभी महिलाएँ बाहर आ गईं। अचानक इन मर्दों में अजीब वहशी-भाव-सा जाग उठा। बेनकाब, ये पहाड़ी के नीचे जोर से पत्थर फेंकने के क्रूर खेल में जुट गए। इन पत्थरों की चोट से नीचे घायल एक औरत मर गई। कानून की पकड़ में आने से वहीं ये चुस्ती से बच निकले। इस प्रत्यक्ष हत्या की न तो जिम्मेदारी लेने के लिए ये लोग आगे आए और न मानवीय स्तर पर मदद करने।

आधुनिकता के नाम पर मध्यवर्गीय जीवन-पद्धति कैसे मूल्यहीन और खोखली हो रही है, इसे दोनों नाटककारों ने पहचानने की कोशिश की है। जीवन है तो विकास की अपनी गति और अपनी दिशा है, भविष्य की अपनी चुनौतियाँ, जिनका सामना कर सपने साकार होते हैं। फलस्वरूप समाज में रुतबा बढ़ता है, इज्जत मिलती है। जीवन की ऐसी दौड़ में इनको पता ही नहीं लगा कि नैतिकता कब हाशिए में चली गई। क्या मौजूदा जिन्दगी की यह विवशता है कि सफलता और नैतिकता साथ-साथ नहीं चल सकते? उन्नति के पथ पर बढ़ रहे दोसबेर्गिन, ताताइविच और इसाबेर की जीवन-प्रणाली तो यही साबित करते हैं कि किस कुशलता से ये अन्त:करण की आवाज को अनसुना करते रहे। माम्बेत और गुलजान के माध्यम से नाटककार दूसरे पक्ष को रखना नहीं भूले। माम्बेत के विकास की दिशा भौतिक नहीं, बौद्धिक-विमर्श में है। वह अपने अपराध-भाव को बखूबी समझने लगा है। साबूर-प्रसंग ने उसकी अन्तश्चेतना को उद्वेलित किया और उसने मानवीय दृष्टिकोण अपनाया। गुलजान के जीवन में समृद्धि और प्रसिद्धि है, पर अन्दरूनी प्रेरणा से उसने सारी बातें खोलकर रख दीं। इससे उसे आत्मशक्ति मिली और यह समझ में आया कि इन मर्दों में जमीर नहीं है। इस प्रकार बिना कोई फैसला सुनाए नाटककारों ने सभी प्रकार की स्थितियाँ और अनुभव सामने रख दिए।

दरअसल नाटककारों की तर्क-प्रणाली दिलचस्प और उल्लेखनीय है। उनकी दृष्टि में नैतिकता का ऊँची शिक्षा और वैचारिक क्षमता से समाज में ऊँचे ओहदे और वर्चस्व से, लेखक के नाते प्रमुख रचनाओं और गौरवपूर्ण स्थान से न तो कोई जरूरी रिश्ता है और न ही इनमें संगति बैठाने की आवश्यकता है। इसलिए सुख-समृद्धि तक रुचि रखने वाले दोसबेर्गिन अपने स्वार्थ और भविष्य के लिए शातिर लाताइविच अपनी कीर्ति-पताका की चिन्ता करने वाले रचनाकार इसाबेक ने न कभी अन्तःकरण की आवाज की परवाह की है और न इनके जीवन में नैतिकता का कोई महत्त्व है। साबूर-चर्चा से इन मित्रों को इतना तो समझ में आ गया कि अब तक अपनी जिन जीवन-उपलब्धियों पर वे गर्व कर रहे थे, उनके पीछे कितनी क्रूरता दबी पड़ी थी।

यही नहीं, जीवन और साहित्य के विभिन्न पहलुओं पर गम्भीरता से विचार-विमर्श करने वाले, अपने अनुभव तथा उसमें पके चिन्तन से प्रौढ़, पढ़े-लिखे तबके और ऊँचे दर्जे के ये लोग एक दबाव के हटते ही कैसे वहशी हो सकते हैं और दोबारा एक शर्मनाक हत्या में फँस सकते हैं। यह इसलिए सम्भव हुआ क्योंकि इन्होंने अन्तरात्मा की आवाज को हमेशा अनसुना किया। नाटककारों की यह धारणा ध्यान आकृष्ट करती है कि नैतिकता अन्तःकरण की आवाज है, एक अहसास है, जिसका सम्बन्ध व्यक्ति की प्रकृति और मूल्य-पद्धति से है। आत्म-स्वीकृति और आत्मबल से अर्जित नैतिकता ही व्यक्ति के वजूद का आधार है। इस प्रकार जीवन का मकसद उदात्त नैतिक शक्ति की महत्ता स्थापित करना है। यही मानवीय विवेक और मानवीय मूल्य है। चूँकि साहित्य को जीवन और समाज के साथ जोड़कर देखना चाहिए, इसलिए साहित्य का उद्देश्य महान नैतिक मूल्यों की प्रेरणा देना है। बिना किसी विचारधारा या दर्शन का आश्रय लिये और लेखकीय हस्तक्षेप का सहारा लिये नाटककारों ने ऐसी नैतिकता की महत्ता पर बल दिया है, जो मानवीयता का पर्याय है। यह इस नाटक की अद्‌भुत उपलब्धि है।

'फूजीयामा' ने अपने अर्थ के अनुरूप प्रेरकस्रोत की भूमिका निभाई है। मंच-परे दो घटनाओं पर आधारित इस नाटक के कार्य-स्थल और कार्य-व्यापार की धुरी चूँकि एक जगह है, नाटककार गत्यात्मकता को लेकर पर्याप्त समर्थ सिद्ध हुआ है। जीवन-यथार्थ से जुड़ी नाट्य स्थितियाँ, इनमें से उभरते व्यक्तियों के विभिन्न प्रकार के चरित्र की तीखी रेखाएँ, उठते द्वन्द्व एवं अन्तर्विरोध—इस सबको ऐसा विन्यास दिया गया है कि अन्तर्वस्तु और प्रस्तुति-परिकल्पना में सहज तादात्म्य आ गया है। भीष्म साहनी ने अपनी सर्जनात्मक क्षमता और अनुभव का लाभ उठाते हुए मूल का आस्वाद देने वाले अनुवाद को जीवन्त और असरदार रखा है।

यह जानकर हैरानी होती है कि देश के विभाजन जैसी महत्त्वपूर्ण ऐतिहासिक घटना पर हिन्दी में कोई नाटक नहीं लिखा गया। फ्रेंच साहित्य की जानी-मानी लेखिका और नारीवाद की अग्रणी प्रवक्ता एलेन सिक्सू ने भारत के बँटवारे जैसे विषय को उठाकर साहस का परिचय दिया। लेखिका ने 1937 से 1948 तक की प्रमुख घटनाओं को आधार बनाया है। 1937 के विधानसभा चुनावों में साम्प्रदायिक द्वेष और बँटवारे के बीज पड़ने लगे थे, जो 1948 में गांधी-हत्या में फलीभूत हुए। इतिहास की यथेष्ट जानकारी से पुष्ट और वस्तुनिष्ठ

दृष्टि से सम्पन्न एलेन सिक्सू अपने नाटक 'सपनों की अधूरी दास्तान' में हलचल से भरे उस दौर के उठ रहे सभी प्रकार के सवालों को समेटने में समर्थ रहीं। देश के भविष्य को लेकर राजनेता उत्तेजित और अशान्त थे, पर साधारण जनता को भी बहुत कुछ झेलना पड़ रहा था। इतिहास की पूरी और सही तस्वीर खींचने की कोशिश में एलेन सिक्सू ने कांग्रेस पार्टी और उसके साथी, मुस्लिम लीग और उसके साथी, प्रादेशिक सरकारें, इंग्लैंड, गली-बाजार, नई दिल्ली, पंजाब, सिन्ध, बंगाल, बिहार, बम्बई, तमिलनाडु के नेताओं, मन्त्रियों, अधिकारियों के साथ-साथ जिन्ना के हिन्दू नौकर, पठान, ड्राइवर, रिक्शावाला, किसान आदि को शामिल कर अपने नाटक को देशव्यापी आधार दिया है। 5 अंक, 18 दृश्य और 45 पात्रों के फैले इस नाटक में लेखिका की शक्ति घटनाक्रम को विन्यास देने और पात्रों को उपयुक्त नाटकीय परिप्रेक्ष्य देने में लगी है। नाटक के शीर्षक से यह संकेत निकलता है कि इतने पुष्ट जनाधार के बावजूद महात्मा गांधी और कांग्रेस जिन्ना के आगे क्यों पराजित हुए? विभाजन जैसे ज्वलन्त प्रश्न पर, विशेष रूप से अंग्रेजों की भूमिका पर लेखिका का तटस्थ रहना नाटक के असर को फीका करता है।

नुक्कड़ नाटक में समकालीन यथार्थ का स्वरूप और प्रकार सीधा और सपाट तो होना ही है पर वह तीखा एवं असरदार तभी हो सकता है, अगर उसकी बुनावट में प्रयोगशीलता हो। जितेन्द्र जालौरी स्वयं रंगकर्मी रहे हैं, इसलिए 'चोरी करे पहेरिया' में संकलित तीन नाटक 'चोरी करे पहेरिया', 'राजा साहब', 'श्री श्री चार सौ बीस' एक मँजे हाथ की पहचान देते हैं। नुक्कड़ नाटक और उसकी परिधि के बाहर भी इनकी सम्भावनाएँ आश्वस्त करती हैं। कई बार खेले जा चुके नुक्कड़ नाटक मालमसिंह चन्द्रवंशी लिखित 'प्रजातंत्र सड़क पर' की प्रखर सामयिकता बाँधती है। शीर्षक के तात्पर्य स्पष्ट हैं। गीत नई भंगिमा देते हैं। कुछ वक्तव्य लम्बे हो गए हैं पर रचना में अन्दरूनी जान है। दो छोटे नाटकों 'होशियार सावधान'—शराब परिवार को कैसे तबाह करती है, अ-आ-क-ख—निरक्षरता विनाश का कारण बनती है—के लेखक अर्धेन्दु चक्रवर्ती ने सार्थक प्रयास किए। महावीर अग्रवाल द्वारा लिखित 'आखिर कब तक' में सात छोटे नाटक संकलित हैं। ड्रग, कोढ़, टीके, अशिक्षा आदि परिचित सवालों को उठाने में चूँकि प्रयोगशील होने की कोशिश की गई, इसलिए इनमें थोड़ी ताजगी आ गई।

प्रौढ़ शिक्षा निदेशालय, भारत सरकार द्वारा प्रकाशित 'नुक्कड़ पर-1', 'नुक्कड़ पर-2' की विस्तृत चर्चा एक पिछले अंक (69) में हो चुकी है। इसी क्रम में 'सात साक्षरता नाटक' का प्रकाशन एक और उपलब्धि के रूप में इसलिए देखना चाहिए, क्योंकि विभिन्न कार्यशालाओं से बने-सँवरे इनके आलेख और मंचन में हिन्दी रंगमंच के जाने-माने निर्देशक-नाटककार शामिल हुए। स्थानीय रंग-उपकरणों और परिपाटियों के सर्जनात्मक संयोजन से इन्होंने नुक्कड़ नाटक की नई सम्भावनाओं को विकसित किया और उसके प्रदर्शन-प्रभाव में नवीनता लाई। समाज में एक स्वस्थ समझ बढ़ाने से इनका उल्लेखनीय योगदान है।

पत्रिका 'वर्तमान साहित्य' के नाटक-रंगमंच तथा फिल्म पर केन्द्रित अंक में जिस मेहनत और सूझबूझ से सामग्री प्रस्तुत की गई है, वह कई दृष्टियों से ध्यान आकृष्ट करती

है। 'संवाद' के तहत कावालम पणिक्कर, ब.व. कारन्त, राज विसारिया, रतन थियम, रामगोपाल बजाज, भानु भारती, अलख नन्दन, उषा गांगुली और गुरुशरण सिंह जैसे अग्रणी निर्देशकों के विचार प्रस्तुत करना मायने रखता है। स्ट्रिंडबर्ग के एक अनूदित नाटक के अतिरिक्त स्वदेश दीपक के तीन अंकों के सम्पूर्ण मौलिक नाटक 'जलता हुआ रथ' इस अंक की विशिष्टता है। व्यवस्था की चहुँमुखी विसंगतियों को रेखांकित करने के लिए गरीब तबके का आधार लिया गया, पर सारा दायित्व केन्द्रीय पात्र बाबा पर आन पड़ा, जो फैंटेसी का-सा रूप धारण कर लेता है। मिली-जुली शैलियों के बावजूद यह नाटक नुक्कड़ नाटक का आभास देने लगता है। श्रीराम सेंटर रंगमंडल ने इस नाटक को मंच-प्रतिष्ठा तो प्रदान की, पर इससे उसकी सीमाएँ छिपी न रहीं।

भारतीय लोककला मंडल, उदयपुर की पत्रिका 'रंगायन' का जनवरी-मार्च 1997 अंक मात्र पठनीय ही नहीं, इस विषय पर नई दृष्टि प्रदान करता है। छत्तीसगढ़ी लोकमंच के विख्यात कलाकार देवदास बंजारे की जीवन-यात्रा पर 'आरुगफूल' लिखकर परदेशी राम वर्मा ने एक उत्साहवर्धक दायित्व निभाया है। निरन्तर संघर्षों से जूझते हुए देवदास की कला-साधना में उत्कर्ष तो आया ही, धीरे-धीरे आए भक्ति-भाव ने उसे उदात्त बना दिया।

चर्चित पुस्तकें

'फूजीयामा' : चिंगेज आइतमातोव एवं कलताई मोहम्मेजानोव; अनुवाद : भीष्म साहनी; राधाकृष्ण प्रकाशन; 1997

'सपनों की अधूरी दास्तान' : एलेन सिक्सू; अनुवाद : अनु अनेजा; राधाकृष्ण प्रकाशन, संस्करण 1997

'चोरी करे पहेरिया' : जितेन्द्र जालौर; यूनिक ट्रेडर्स, 250, चौड़ा रास्ता, जयपुर; संस्करण 1997

'प्रजातंत्र सड़क पर' : मालमसिंह चन्द्रवंशी; रामकृष्ण प्रकाशन, सावित्री सदन, तिलक चौक, विदिशा, म.प्र.; संस्करण 1995

'होशियार सावधान' : अर्द्धेन्दु चक्रवर्ती; गीता चक्रवर्ती, क्वा. एम/11, जी.एम. कॉलोनी, धोरी एरिया, डाकघर धोरी, बोकारो-825102, राँची; संस्करण 1997

'आखिर कब तक', : महावीर अग्रवाल; श्री प्रकाशन, एच 24/7, सिविल लाइन, दुर्ग-491001 (म.प्र.); संस्करण 1997

'सात साक्षरता नाटक' : प्रौढ़ शिक्षा निदेशालय, शिक्षा विभाग, भारत सरकार, नई दिल्ली; संस्करण 1994

'वर्तमान साहित्य' : जुलाई-सितम्बर 1997; नाटक-रंगमंच तथा फिल्म पर केन्द्रित अंक

'रंगायन' : जनवरी-मार्च 1997; भारतीय लोक कला मंडल, उदयपुर-313001

'आरुगफूल' : परदेशी राम वर्मा; श्री प्रकाशन, दुर्ग (म.प्र.); संस्करण 1997

(समकालीन भारतीय साहित्य, 1998)

19

सम्पादित पुस्तकों का प्रयोजन

छठे दशक की सम्पादित पुस्तकों में डॉ. नगेन्द्र द्वारा सम्पादित 'सेठ गोविन्ददास अभिनन्दन ग्रन्थ : नाट्य सिद्धान्त' (1956) में पूर्वी-पश्चिमी नाट्यशास्त्र, संस्कृत, हिन्दी तथा अन्य प्रादेशिक भाषाओं के नाट्य-साहित्य के विकास को लेकर इतने मौलिक, गम्भीर तथा स्तरीय निबन्ध संकलित हैं कि आज भी उनकी महत्ता और उपयोगिता कम नहीं हुई। दूसरा ग्रन्थ है डॉ. इन्द्रनाथ मदान द्वारा सम्पादित 'हिन्दी नाटक और रंगमंच : पहचान और परख' (1975)। इसमें डॉ. मदान ने नाट्य-आलोचना और रंग-आलोचना के दो खंडों में प्रतिष्ठित विद्वानों के निबन्ध संकलित किए परन्तु चुनाव की सीमाओं के कारण वे उसे कोई विशिष्टता प्रदान न कर सके। 'आधुनिक हिन्दी नाटक और रंगमंच' (1979) इस शृंखला की तीसरी पुस्तक है जिसमें सम्पादक श्री नेमिचन्द्र जैन अपने दृष्टिकोण के बारे में इतने स्पष्ट हैं कि प्रचलित मान्यताओं में बुनियादी अन्तर को लाने के लिए वे इस संकलन के निबन्ध-निबन्धकार के चुनाव में विशेष आग्रह रखते हैं। यही इसकी विशिष्टता है।

उपर्युक्त ग्रन्थों के सन्दर्भ में यह प्रश्न उठता है कि इनमें सम्पादक की क्या भूमिका है और सम्पादित पुस्तकों का क्या प्रयोजन है ? जाहिर है कि सम्पादक एक निश्चित दृष्टि तथा मत-प्रस्तुति लेकर योजना बनाता है, जिसका असर निबन्धों तथा समीक्षकों से प्रकट हो जाना चाहिए। यह विशिष्टता ही नाट्यालोचन के नए आयाम की तलाश है जो कुल मिलाकर ऐसी पुस्तकों की उपलब्धि कही जा सकती है, अन्यथा, सम्पादन और संकलन में कोई अन्तर न करते हुए ये प्रकाशन प्रचार के सर्वाधिक सस्ते साधन बन सकते हैं।

इस पृष्ठभूमि में नरनारायण राय की पुस्तक 'आधुनिक हिन्दी नाट्यालोचन' कई तरह की आशंकाएँ पैदा करती है। इसमें विभिन्न समीक्षकों के कई निबन्ध संकलित हैं परन्तु पुस्तक पर लेखक के तौर पर नरनारायण राय का नाम प्रकाशित है। यही नहीं, प्रत्येक निबन्ध शीर्षक के साथ लेखक का नाम नहीं दिया गया। राय सुपरिचित समीक्षक हैं और उनकी कई रचनाएँ प्रकाशित हो चुकी हैं। इसलिए यह स्वीकार करना नामुमकिन है कि कहीं कोई भ्रम या भूल हुई है। रैपर पर भी कोई सुधार नहीं किया गया, जो बहुत बाद में छपता है। जाहिर है कि इस तरह का व्यवहार लेखकीय ईमानदारी और उससे जुड़ी नैतिकता के प्रश्न को उठाता है। अपने सहयोगी लेखकों के साथ किया गया यह आचरण खेदजनक ही नहीं, निन्दनीय भी है।

इस पुस्तक में 14 निबन्ध संकलित हैं जिनके अधिकांश लेखक अध्यापक-समीक्षक हैं। विश्वविद्यालय के पाठ्यक्रम, परीक्षा आदि के गतानुगतिकतापूर्ण वातावरण में कुछ अध्यापकों का एक सीमा तक अवश्य उल्लेखनीय योगदान है क्योंकि वे नाट्यालोचन में शास्त्रीय जड़ता और ठहराव से मुक्त होकर नई मूल्यांकन प्रक्रिया के लिए प्रयत्नशील हैं। जाहिर है कि बदलाव की यह तलाश और कुछ निबन्धों में उसकी छटपटाहट रंगमंच को केन्द्र में रखकर हुई है। डॉ. श्रीमती गिरीश रस्तोगी ने नाटक के संश्लिष्ट-अनुभव को समझते हुए अपने निबन्ध 'समकालीन नाट्य समीक्षा : मूल्यांकन का सन्दर्भ' में निर्देशक-समीक्षक-नाटककार के बीच एकरूपता पर बल दिया है। नाट्य-समीक्षा के खतरों के प्रति सावधान करते हुए उन्होंने भारतीय सन्दर्भ में निहित रंग-सूत्रों को जानना जरूरी समझा है। डॉ. गोविन्द चातक में 'हिन्दी नाट्य-समीक्षा और रंगमंच' नामक निबन्ध में विश्वविद्यालय में हो रहे शोध-कार्य की दृष्टि पर सही प्रहार किया है। यथार्थवाद की मिथ्या धारणा ने समीक्षा को पंगु रखा। नाटककार-रंगकर्मी-समीक्षक के परिसंवाद पर जोर देते हुए उन्होंने नाट्य-जगत में व्याप्त पक्षधरता की निन्दा की है। डॉ. श्रीमती भूपेन्द्र कुलसी ने 'नाट्यालोचन के नए प्रतिमान' में संघर्ष को नाटक का मूल तत्त्व मानते हुए युग-संवेदना, आन्तरिक रचना, रूपबन्ध तथा प्रस्तुतीकरण के धरातल पर उसकी अर्थवत्ता सिद्ध की है। गति और विसदृशता के माध्यम नाटक में वे मूल्यांकन के लिए समन्वित दृष्टि प्रस्तुत करती हैं। श्री श्रीपति कुमार गुप्त के मत में आधुनिकता का अभिप्राय है रंग-प्रक्रिया से जुड़कर नाट्यालोचन करना। डॉ. मान्धाता ओझा ने पूर्वी और पश्चिमी नाट्य-दृष्टियों का ऐतिहासिक विवेचन करते हुए नए प्रतिमानों की खोज में समग्रता पर बल दिया है। श्री मदनमोहन माथुर ने अपने विस्तृत निबन्ध 'नाट्य समीक्षा : आधुनिकता के आयाम' में रंग-टिप्पणियों-समीक्षाओं के माध्यम से नाट्यालोचन में बदलाव को ढूँढ़ा है। समीक्षक के सामूहिक दायित्व को स्पष्ट करते हुए उन्होंने कृति के मूल्यांकन के साथ-साथ निर्देशकीय व्याख्या के मौलिक बिन्दुओं को समान महत्त्व देने का आग्रह किया है।

इस पुस्तक में श्री नरनारायण राय के दो निबन्ध संकलित हैं। पहले निबन्ध 'आधुनिक नाट्यालोचन' में उन्होंने इस पुस्तक के आलोचकों के परिचय के बहाने नाट्यालोचन में बदलाव का सर्वेक्षण किया। दूसरे निबन्ध 'नाट्य-समीक्षा : नए क्षितिज की खोज' में काव्यत्व और दृश्यत्व के समन्वित रूप को नाट्यानुभूति के अन्तर्गत स्वीकारा है। काव्यशास्त्र के अज्ञात आग्रह तथा सिद्धान्त-स्थापना के मोह ने सारी विवेचना को सामान्यीकृत कर दिया है। कुछ शब्दों के कुशल प्रयोग से ये अवश्य प्रभावित करना चाहते हैं, पर कुल मिलाकर सारी बात दृश्य सम्भावनाओं से जुड़ने की है।

श्री किरनचन्द्र शर्मा का निबन्ध 'नाटक तथा आलोचना का सन्दर्भ' एक अलग तेवर लिये हुए है। आधुनिक जीवन की जटिल स्थितियों तथा तनावों के परिप्रेक्ष्य में नाटक अन्य विधाओं से कहाँ-कैसे भिन्न है, उसमें आलोच्य क्या है, तथा नाटक नहीं, नाट्य का विश्लेषण होना चाहिए—आदि सवालों को स्पष्ट करते हुए लेखक ने नाटक के विधान को समझाने का प्रयास किया है। अपने विचारोत्तेजक निबन्ध 'नाटक-समीक्षा और नाटक की पहचान का प्रश्न' में श्री जगदीश शर्मा ने नाटक की पहचान के लिए अन्ततः आलेख पर बल दिया

है। नाटक का नाटक की दृष्टि से मूल्यांकन प्रस्तुति–समीक्षा तथा रंग–कर्म तक सीमित नहीं रह सकता, रंगमंचीय सम्भावनाओं का आकलन समग्रता प्रदान कर सकता है।

नरनारायण राय जिस अनुपात में लिख रहे हैं उसका स्वाभाविक परिणाम अन्यत्र और इस पुस्तक में देखा जा सकता है। सम्पादक के दायित्व और अपेक्षा के अनुरूप न तो विशिष्ट मत या दृष्टि है और न उसके लिए उपयुक्त परिश्रम किया गया है। अधिकांश निबन्ध परिचित पुस्तकों या थीसिसों के अंश हैं। इसमें नाट्यालोचन के बदलाव की चर्चा है परन्तु अनुभव और सृजन के धरातल पर, कुछ एक निबन्धों को छोड़कर, इन प्रश्नों से गम्भीरता से जूझने की कोशिश नहीं की गई। इसलिए नए प्रतिमानों की तलाश में यह कोई 'नई भूमिका' अदा नहीं कर सकी।

(नटरंग, 1980)

20

नारी की त्रासद नियति के नाटक

'अन्धा कुआँ' लक्ष्मीनारायण लाल का पहला सम्पूर्ण नाटक है जिसमें आद्योपान्त पहली रचना की ऊर्जा और उत्साह है, और जो प्रकाशन (1955) से पूर्व इलाहाबाद में मंचित हुआ था। इससे लाल को रंगजगत में ऐसी मान्यता मिलनी शुरू हुई जो किसी-न-किसी प्रकार से उन्हें आज भी मिल रही है। यह रचना कथा और शिल्प के स्तर पर एक नए युग की शुरुआत इंगित करती है, जब नाटककार आलेख की मंचन सम्भावनाओं तथा प्रस्तुतीकरण के विभिन्न पहलुओं के बारे में सतर्क होने लगा था। छठे दशक में हिन्दी रंगमंच अपनी शैली और स्वरूप की तलाश कर रहा था। परन्तु हमारा नाटककार, कुछ समकालीन परिस्थितियों के कारण और कुछ पश्चिमी प्रभाव के कारण, यथार्थवादी रंग-पद्धति के प्रति आकृष्ट था। 'अन्धा कुआँ' आज वह प्रकरण प्रस्तुत करता है। इसमें ग्राम्य जीवन के परिप्रेक्ष्य में नारी की त्रासदी को रेखांकित किया गया है परन्तु रचनाकार गाँव के खुले परिवेश और लोक-शैली से हटकर इसकी सारी बुनावट यथार्थवादी पद्धति में करता है। प्रत्येक अंक के दृश्यबन्ध या रंगचर्या को लेकर दिए गए लम्बे-लम्बे ब्योरों और रंग-संकेतों, अंक-विभाजन, चरम उत्कर्ष के उत्तरोत्तर विधान, संवाद में विदग्धता और पैनेपन, आदि को यथार्थवादी रंग-दृष्टि में संयोजित किया गया है।

नवें दशक में हिन्दी रंगमंच यथार्थवादी पद्धति की सीमाओं से बखूबी परिचित हो जाने के कारण उससे मुक्ति पा रहा है और परम्पराशील रंग-शैलियों के सर्जनात्मक प्रयोग की ओर उन्मुख हो रहा है। 'अन्धा कुआँ' का नया संस्करण यह सिद्ध करता है कि लाल दोनों पद्धतियों से रचनात्मक लाभ उठाने में सफल रहे हैं। एक और कोण से देखा जाए तो 'अन्धा कुआँ' के दो संस्करण हिन्दी रंगमंच के दो चरणों में प्रचलित दो रंग-दृष्टियों को व्यक्त करते हैं।

'अन्धा कुआँ' का नया संस्करण अपेक्षाकृत एक प्रौढ़तर आलेख है। नाटक के परिवेश और कथ्य के अनुरूप गायक-वादक-कथाकार मंडली एक ऐसी महत्त्वपूर्ण परिकल्पना है जिसने आलेख को बहुआयामी अर्थवत्ता और प्रभविष्णुता प्रदान की है। कथाकार और कथागायन का प्रयोग प्रत्येक अंक के प्रारम्भ में, तथा तीसरे एवं चौथे अंक के बीच में भी, किया गया है। जहाँ लाल एक ओर पूरबी लोकगीतों का आश्रय लेते हुए वातावरण में विश्वसनीयता उत्पन्न करते हैं, वहीं कथाकार के संवाद खड़ी बोली में हैं। सूचनाओं, घोषणाओं तथा टिप्पणियों से वस्तु-विन्यास में सुबद्धता तथा आन्तरिक संगति आ गई है

(जो पुराने संस्करण में नहीं थी), और प्रेक्षक के स्तर पर रंगानुभूति में पारस्परिकता तथा तरलता का अनुभव होता है। चौथे अंक में, चरम उत्कर्ष के क्षणों में कथाकार की टिप्पणी तथा भरतवाक्य की निम्न पंक्तियाँ गहरा नाटकीय असर छोड़ जाती हैं :

केहु ना सुनी पुकार,
हिरनी तब कुँअना गिरी,
तुहिं राखो यहि बार
बिरन गोसाईं कूँअना।

'अन्धा कुआँ' में काव्य-तत्त्व प्रबल नहीं है। असल में इसके बहुविध प्रयोग में लाल ने ब्रेख्त की दृष्टि का भी लाभ उठाया है।

वस्तु-गठन में सुधार और संशोधन किए गए हैं। प्रत्येक अंक के प्रारम्भ में कथाकार के आने से कई अवान्तर प्रसंगों को हटाकर सूच्य बना दिया गया है। इस तरह प्रत्येक अंक सीधे कार्य-व्यापार से शुरू होता और बढ़ता है। व्यावहारिकता और एकसूत्रता को देखते हुए कई प्रसंग निकाल दिए गए हैं, कहीं नाट्य-स्थितियों को आगे-पीछे कर पुन: संयोजित किया है, और एक-आध पात्र को जोड़ा या हटाया गया है। तीसरे अंक का प्रारम्भ एक नई नाट्य स्थिति से होता है, जहाँ सूका और भगौती में आपसी आकर्षण और प्रेम की झलक दिखाई गई है। भगौती का यह बदला व्यवहार उसे रूढ़ चरित्र होने से बचाता है। परन्तु इसके बाद भगौती का बदले की भावना में आकर लच्छी से विवाह जमता नहीं है। इस प्रकार चारों अंकों की संरचना में परिवर्तन किए गए हैं जिससे उनकी नाटकीयता बढ़ गई है।

तत्त्वत:, दोनों संस्करणों के कथ्य, चरित्र-सृष्टि तथा वस्तु-विधान में कोई आधारभूत परिवर्तन नहीं हुआ है। पहले संस्करण में शिथिलता, विस्तार और वाग्स्फीति है जिसे तराशा, सँवारा तथा छोटा किया गया है। इसलिए दूसरा संस्करण अधिक सुगठित तथा अधिक नाटकीय है।

लाल की नाट्य-भाषा में 'अन्धा कुआँ' चाहे पहली रचना है, पर वह उन गिने-चुने नाटकों में से एक है, जो इतने वर्षों के बाद भी जीवन्त और सम्भावनापूर्ण है। इसमें सूका के माध्यम से नारी की त्रासद नियति को व्यक्त किया गया है, जो विवश है, निरुपाय है, और जिसकी अन्धे कुएँ से मुक्ति की कोई आशा नहीं। विवाहिता होते हुए भी पति उसे 'भगैल-चुड़ैल-रखैल' समझता है। पति क्रूर है पर वह उसके प्रति निष्ठा और करुणा रखती है। सूका शोषित और पीड़ित है परन्तु उसमें भवानी की शक्ति है। वस्तुत: इस नाटक की उपलब्धि है वस्तु और पात्र परिकल्पना के धरातल पर समानान्तरता। इससे असादृश्य और द्वन्द्व बहुधरातलीय हो गए हैं।

'अन्धा कुआँ' का पहला संस्करण भारती भंडार, प्रयाग से 1955 में प्रकाशित हुआ था। 1981 में नए प्रकाशक के यहाँ से छपे 'अन्धा कुआँ' में भी प्रथम संस्करण लिखा गया है। समय और अनुभव के साथ परिपक्वता आने के कारण नाटककार अक्सर नए संस्करण में आलेख का परिसंस्कार करते हैं। कभी-कभी महत्त्वपूर्ण परिवर्तन भी करने पड़ते हैं। परन्तु जहाँ कथानक में, पात्रों के चरित्र में, कथ्य और लक्ष्य में, तथा शीर्षक में, आमूल

बदलाव न हुआ हो, वहाँ लेखक का 1981 के प्रकाशन में प्रथम संस्करण का आग्रह न उपयुक्त लगता है और न उचित।

'खेल नहीं नाटक' के दूसरे संस्करण में संकलित एकांकियों के कथ्य के अनुरूप यथार्थवादी स्थापत्य रखा गया है। परन्तु इनकी रंग-परिकल्पना अधिक व्यावहारिक, सादी और लचीली है। इस संग्रह में आठ एकांकी हैं।

'अखबार' में देश के पतन के सभी समाचारों को समेटने का प्रयास किया गया है। दफ्तरों की ठहरी जिन्दगी, नौकरशाही, भ्रष्टाचार, नैतिक पतन तथा जीवन की व्यर्थता को 'फाइल' के गायब होने और फाड़ने के निमित्त व्यंजित किया गया है। मध्यवर्ग की स्थितियों को विसंगत-शैली में संयोजित किया गया है। 'अखबार' एक चुस्त, गठीला और उत्तेजनापूर्ण एकांकी है जिसमें परिस्थितियों के प्रपंच में व्यक्ति की पहचान करवाई गई है। 'परिचय' में अनिल और जोशी के विसंगत संवादों और अटपटी स्थितियों से युवा पीढ़ी की दिशाहीनता को व्यक्त किया गया है। व्यक्ति विभिन्न स्थितियों को जोड़ता है और नई-पुरानी पीढ़ी को आमने-सामने रख यह निष्कर्ष निकालता है कि अपना चरित्र खो जाने के कारण नई पीढ़ी अब परिचयहीन होती जा रही है। 'शहर' में बहुत-से पात्र और बहुत-सी स्थितियों को इकट्ठा करने के मोह ने एकांकी की प्रभविष्णु-शक्ति का ह्रास किया है। स्त्री-पुरुष सम्बन्ध, जीवनसाथी का चुनाव, भ्रष्टाचार, हड़ताल, परिवार-नियोजन और भीड़ का वर्ग-संघर्ष और आक्रोश, जो आपके द्वार तक आ चुका है, सबको विश्वसनीय बनाने का प्रयास किया गया है। परन्तु अन्त आकस्मिक और बाद में चस्पाँ लगता है। इसके गठन में अन्विति और निर्वाह है। 'अप्रासंगिक' में शिक्षा-जगत की ऐसी स्थितियों की कल्पना की गई है जो पर्याप्त फिल्मी लगती है, हालाँकि लाल स्वयं अध्यापक रहे हैं। तत्त्वत: सही सवाल को उठाया है परन्तु जिस तरह उसे प्रस्तुत किया है, उसे देखते हुए यह एकांकी सचमुच अप्रासंगिक है। 'खेल' में पहला, दूसरा, तीसरा युवक, युवती और आगन्तुक अटपटे व्यवहार और अनोखे संवादों से विसंगत स्थिति लाने का प्रयास तो करते हैं परन्तु सब कुछ खेल में होने के कारण न लेखक के पास कुछ नियोजित है, न पात्रों के पास। चरित्र और कायदे को लेकर व्यर्थ का शब्दालाप किया गया है। 'एक घंटा' में सात व्यक्ति, एक पुरुष और एक युवती द्वारा एक घंटा बिताने के उनके खेल को चित्रित किया गया है। सात लोग और एक पुरुष को लेकर लिखा नहीं व्यर्थ का शब्दालाप बनकर रह गया है। 'क्रिकेट' के खेल के जरिये सत्ता के उस खेल को चित्रित किया गया है जब देश में आपातस्थिति लागू थी। लेखक की स्पष्ट पक्षधरता होने के कारण आज वह मात्र खेल लगता है।

इस संकलन के आठ एकांकियों में से पहले तीन—'अखबार', 'परिचय' और 'शहर'—में विश्वसनीय स्थितियों, उपयुक्त भाषा-शैलियों के कुछ निर्वाह के कारण कुछ सफलता मिली है। शेष एकांकी खेल-खेल में लिये गए हैं और इस तरह संकलन के शीर्षक को सार्थक करते हैं—'खेल, नाटक नहीं'।

इन एकांकियों में समसामयिक जीवन में युवा पीढ़ी की व्यर्थता और दिशाहीनता को उठाया गया है। इन सभी लघु-नाटकों में कोई नाम नहीं है। संज्ञा होने से जो विशिष्टता और अस्मिता होनी चाहिए थी वह समाप्त हो रही है, इसलिए अब पहला, दूसरा आदि

संख्याएँ हैं। इन सबमें लाल ने एक विशेष व्यक्ति या पुरुष की कल्पना की है जिसमें सन्तुलन, विवेक और दृष्टि है। संवाद-गठन में चुस्ती और पैनेपन का मेल है। कार्य-व्यापार में हास्य, व्यंग्य और विसंगत स्थिति उत्पन्न करने का प्रयास किया गया है। भाषा की दृष्टि से अंग्रेजी शब्दों और कहीं-कहीं वाक्यों के प्रयोग में लेखक उत्साहित दिखाई देता है। पंजाबी और बंगला आदि भी हैं। लाल लघु-नाटकों के लेखन में अपेक्षाकृत अधिक सफल रहे हैं परन्तु यह संग्रह बहुत आश्वस्त नहीं करता।

डॉ. अज्ञात सुपरिचित नाट्य-समीक्षक, पत्रकार, रंगकर्मी तथा नाटककार के रूप में यथेष्ट प्रतिष्ठा अर्जित कर चुके हैं। षष्टिपूर्ति पर उनका अभिनन्दन भी किया गया। 'तूफान, नौका और घाटी' चाहे 1980-81 में प्रकाशित उनका पहला नाटक है परन्तु मूल रूप में इसकी परिकल्पना उन्होंने 1945 में 'वे तीन' के नाम से की थी। 1953 तथा 1955 में उन्होंने इस प्रारूप का परिमार्जन किया और उसे मौजूदा नाम से तैयार किया, जो 1957 में कानपुर में पहली बार खेला गया। मंचन के व्यावहारिक अनुभव से गुजरने से डॉ. अज्ञात ने दृश्यबन्ध, दृश्य-परिवर्तन, संवाद और अन्त की दृष्टि से नाट्यालेख का संशोधन किया और उसे चार अंकों के पौने तीन घंटे का नाटक बनाकर प्रकाशित करवाया।

पुरुष प्रधान समाज में उनके अत्याचार और अनाचार से पीड़ित नारी की विवश-निरुपाय स्थिति को 'तूफान, नौका और घाटी' में रेखांकित किया गया है। वनदेवी का विवाह राजेन्द्र प्रसाद से हुआ है। स्वार्थी और विलासी राजेन्द्र प्रसाद वस्तुतः पुंसत्वहीन है परन्तु सेवा, समर्पण तथा तपस्या की मूर्ति अपनी पत्नी वनदेवी पर यह आरोप लगाता है कि वह बाँझ है। राजेन्द्र की विधवा माँ दुर्गा आनन्द प्रकाश की लड़की बासन्ती से उसका पुनर्विवाह तय करती है। घृणा और अपमान के जीवन से बचने के लिए वनदेवी चुपचाप घर छोड़ देती है।

वनदेवी की भेंट विधवा लता से होती है जो बसन्त कुमार नामक युवक के प्रति सहज आकर्षण और समर्पण के फलस्वरूप गर्भवती होती है, पर बसन्त कुमार में इतना साहस नहीं कि वह लता से विवाह कर समाज का सामना कर सके। लता अपने आपको कुलटा नहीं मान पाती, इसलिए वह अपने नवजात शिशु को छोड़कर अपना जीवन समाप्त करने को उद्यत थी। वनदेवी के मनोबल से उसका कायापलट होकर उसमें अपनी अस्मिता का उदय होता है।

वहीं एक झोंपड़ी में एक तीसरी स्त्री है, पगली मालती, जो अपने अध्यापक शिवमूर्ति के साथ सम्बन्ध होने के कारण अविवाहित ही माँ बनती है। उसका पिता इस कलंक-चिह्न को समाप्त कर मालती का विवाह किसी योग्य वर के साथ करना चाहता है और बच्चे को समाप्त कर देता है। मालती इस आघात से पागल हो जाती है। वनदेवी के स्निग्ध आचरण से वह भी सन्तुलित होती है।

वनदेवी, लता और मालती की स्थिति में विशेष अन्तर नहीं है। दो को माँ बनने का और एक को माँ न बन पाने का दंड मिला। तीनों पुरुष-प्रधान समाज द्वारा पीड़ित और प्रताड़ित हैं पर उनकी प्रताड़ना यहीं खत्म नहीं होती। अन्त में वनदेवी के पति राजेन्द्र के एक षड्यंत्र के फलस्वरूप वनदेवी को आजीवन कारावास का दंड मिलता है, लता और मालती को भी सजा दी जाती है।

'तूफान, नौका और घाटी' में डॉ. अज्ञात ने पुरुष की शोषणवृत्ति को सामाजिक पृष्ठभूमि में चित्रित किया है। राजेन्द्र प्रसाद, बसन्त कुमार और शिवमूर्ति के आचार-व्यवहार में अन्तर नहीं है। मगर सामाजिक चेतना और नारी जागरण की दृष्टि से लेखक अपने समय से काफी प्रतिगामी लगते हैं। तीसरे और चौथे अंक की घटनाओं से यह सिद्ध होता है कि एकजुट होकर सामूहिक जागरण और अभियान से भी कुछ नहीं हो सकता। नारी को मात्र सहना है और अपनी भावनाओं तथा आकांक्षाओं की आहुति देनी है। यह दृष्टिकोण रचना को आधुनिक नहीं बनने देता।

इस नाटक की बुनावट में कार्य-व्यापार के निरन्तर निर्वाह का सूझबूझ से ध्यान रखा गया है। संघर्ष और द्वन्द्व की स्थितियाँ चाहे एक-आयामी हैं परन्तु वे हैं आद्योपान्त।

नाटक के अन्त में राजेन्द्र को पागल दिखाया गया है जो विश्वसनीय नहीं बन पाया। यह नाटक में से नहीं उभरता, नाटककार के आग्रह से जुड़ा लगता है। सम्प्रेषणीयता के बारे में नाटककार सतर्क रहे हैं। गीत बहुत सार्थक, सटीक तथा नाटकीय अनुभव को तरल बनाते हैं। भाषा-संवाद में व्यावहारिकता पर पूरा ध्यान दिया गया है। डॉ. अज्ञात ने जितनी बार इस आलेख का संशोधन-सुधार किया, वह मुख्यतः प्रस्तुतीकरण को बेहतर और प्रभावशाली बनाने के लिए किया। इस धरातल पर वे कुछ सफल भी रहे हैं परन्तु कथ्य के धरातल पर यह नाटक कई दशक पहले की जीवन-दृष्टि को व्यंजित करता है।

वस्तुतः डॉ. अज्ञात के सम्पूर्ण लेखन की यह स्पष्ट सीमा दिखाई देती है कि उपयुक्त श्रम और सामग्री होते हुए भी उनके पास आधुनिक संवेदना और दृष्टि प्रतिष्ठित करने की क्षमता नहीं है। सारी कोशिश रंगशिल्प को सँवारने में लगी है।

'चलते सिक्के' डॉ. अज्ञात के सात रंग-एकांकियों का संग्रह है जिसका प्रकाशन काल 1981 है परन्तु रचनाकाल 1942 से 1954 तक का है। यहाँ भी डॉ. अज्ञात की पहली चिन्ता रंगमंच की दृष्टि से इनकी शैली और शिल्प को सँवारने की रही है। संवेदना के स्तर पर इनमें कोई नया या उल्लेखनीय अनुभव नहीं होता। 'चन्द अध्याय' में सौतेले भाइयों में सम्पत्ति के कारण वैमनस्य की स्थिति है। 'गिरती दीवारें' में सौतेली माँ, भाई और सम्पत्ति के प्रश्न को एक नया सन्दर्भ देकर उठाया गया है। 'रूप की हाट : चाँदी का सौदा' और 'रैन-बसेरा' में पुरुष द्वारा नारी के शोषण और वेश्यावृत्ति के प्रश्न को उठाया गया है।

पहले में भाषा, संवाद और कार्य-व्यापार का निर्वाह होते हुए भी वह अन्त : स्थितिजन्य न होकर लेखक की भावप्रवण दृष्टि को व्यंजित करता है। दूसरे में कथ्य तथा चरित्रों की रूपरेखा विश्वसनीय हैं परन्तु कार्य-व्यवहार में अतिनाटकीयता आ गई है। 'हवाई हमला' और 'हार की जीत' बाल एकांकी हैं। इनके लेखन में बच्चों की-सी निरीहता नहीं है। इनका रचनाकाल 1942 तथा 1944 है। ये न तो प्रासंगिक रहे हैं और न सजीव। 'चलते सिक्के' एक भिन्न प्रकार का एकांकी है। इसके प्रसंगों में चुस्ती और तेजी है जो चरित्रों तथा भाषा-संवाद में भी अच्छी तरह निभाई गई है। यह एकांकी सुबद्ध और प्रभावशाली है। परन्तु इस एकांकी के जरिये डॉ. अज्ञात क्या अभिव्यक्त करना चाहते

हैं ? इस एकांकी को संग्रह का शीर्षक देकर वे जो महत्त्व देना चाहते हैं, वह संकलन के शेष एकांकियों की संवेदना और दृष्टि के अनुकूल नहीं है। यह अन्तर्विरोध चकित करने वाला है।

संग्रह में कुछ सामान्य प्रवृत्तियाँ दिखाई देती हैं। डॉ. अज्ञात गठन-कौशल के बारे में सर्वत्र सतर्क रहे हैं, इसलिए इन एकांकियों में स्थितियों के संयोजन में नाटकीयता है परन्तु उनका विकास इतना पूर्व-निर्धारित-सा लगता है कि वे फिल्मी लगती हैं। परम्परागत मूल्यों की प्रतिष्ठा के स्वाभाविक आग्रह के कारण ये एकांकी कुछ-कुछ अप्रासंगिक तथा अविश्वसनीय भी लगते हैं। इनमें स्थान की अन्विति का पालन भी नहीं हुआ है। प्रत्येक एकांकी में कई बार दृश्य-परिवर्तन होता है। ध्वनि-प्रभाव के प्रति लेखक कुछ अतिरिक्त मोह दिखाता है। जाहिर है लेखक ध्वनि-नाटक की सम्भावनाओं को देख रहा है ताकि ये एकांकी रेडियो पर भी खेले जा सकें। दूसरी ओर, जिस अनुपात में छोटे-से-छोटे कार्य-व्यापार के लिए रंग-संकेत दिए गए हैं, वे अनावश्यक तो लगते ही हैं, कुल मिलाकर रंगशैली को उलझा-सा देते हैं। यों भूमिका में एकांकी के स्वरूप को लेकर कुछ प्रकाश डाला गया है परन्तु रचना-शिल्प को लेकर दी गई टिप्पणियाँ इस उलझाव को बढ़ाती हैं।

डॉ. अज्ञात का नाट्य-लेखन पाँचवें दशक की संवेदना का अनुभव प्रदान करता है, इसलिए उनका महत्त्व ऐतिहासिक अधिक है परन्तु रंगकौशल की दृष्टि से उसमें सातवें दशक की पकड़ है।

चर्चित किताबें

'अन्धा कुआँ' : लक्ष्मीनारायण लाल, अम्बर प्रकाशन, नई दिल्ली-5, प्र.सं., पृ. 82

'खेल नहीं नाटक' : लक्ष्मीनारायण लाल, सरस्वती बिहार, दिल्ली-32, दू. सं., पृ. 104

'तूफान, नौका और घाटी' : डॉ. अज्ञात, समीर प्रकाशन, कानपुर, प्र. सं., पृ. 68

'चलते सिक्के' : डॉ. अज्ञात, समीर प्रकाशन, प्र. सं., पृ. 108

(नटरंग, 1984)

21

प्रकृति में विकृति का खेल

एक ओर विदेशी निर्देशक और विदेशी नाटक, दूसरी ओर भारतीय रंगकर्मी और अपनी भाषा दोनों में ऐसी द्वन्द्वात्मक स्थितियाँ रहती हैं जिनसे प्रस्तुतीकरण की नई सम्भावनाएँ खुलती हैं। फार्ल वेबर, रिचर्ड शेखनर, फिट्ज बेनेविट्ज जैसे विख्यात निर्देशकों ने आलेख और प्रस्तुति-परिकल्पना को स्थानीय तात्पर्य देते हुए कई प्रयोग किए। दसवें दशक तक हिन्दी में कुछ अधिक, पर अन्य भाषाओं में ऐसे बहुत, सह-प्रयास हो चुके हैं जो अपने प्रयोजन में सफल रहे। हाल ही में नाटक कर्नाटक रंगायन, मैसूर के तत्त्वावधान में यूनानी नाटक, यूरोपिडीज कृत 'हिप्पोलिटस' को प्रस्तुत करते हुए एक युवा यूनानी निर्देशक वेसिलियस कालिटर्सिस ने साहस के साथ स्वीकार किया : यहाँ थिएटर के जादुई रहस्य की खोज में भारत सदा मेरे साथ रहा है। यह देश छोड़ते हुए अब मैं मानसिक और आध्यात्मिक तौर पर बदल चुका हूँ।

रंगायन कर्नाटक राज्य सरकार द्वारा स्थापित पहला रंगमंडल है। पहले मुख्य परामर्शदाता ब.व. कारन्त कर्नाटक के रंगकर्म को नया अनुशासन और नया परिप्रेक्ष्य देना चाहते हैं। असल में, रंगायन उनके सतत चिन्तन और सर्जनात्मक उद्भावनाओं को साकार करने की रंगभूमि है। गुब्बी कम्पनी, दिल्ली और भोपाल के खट्टे-मीठे थिएटर-अनुभव से ये अब प्रौढ़ और प्रवीण निर्देशक हो चुके हैं। कलाकार को पहले दो वर्ष 'प्रोडक्शन' के स्थान पर 'परफॉरमेन्स' के लिए तैयार करना इस दिशा में पहला सार्थक कदम है। रंगमंडल के 24 कलाकारों (18 पुरुष, 6 महिलाओं) की जीवन-प्रणाली और प्रशिक्षण को ऐसा सुनियोजित किया गया है कि वे निरन्तर रंगकर्म की रचनात्मक दुनिया में जीयें, सोचें और अभ्यास करें। उनके रंग-संस्कार इस तरह दक्ष और पुष्ट हों कि उनको व्यावसायिक क्षमता के लिए समर्थ बनाया जा सके। पिछले डेढ़ वर्ष की प्रस्तुतियों का लेखा-जोखा साबित करता है कि कारन्त ने इस चुनौती को गम्भीरता से लिया है। शौकिया थिएटर की तो बात ही क्या, कर्नाटक में तीन-चार रंगमंडल स्तरीय व्यावसायिक थिएटर कर रहे हैं। पिछले सात वर्षों से चल रही बी. सुबन्ना की संस्था नीनासम ऐसी एक मिसाल है।

'हिप्पोलिटस' के प्रस्तुतीकरण के लिए यूनान से ख्यातिप्राप्त रंगकर्मियों का दल आया है। निर्देशक बेसिलि, उनकी फिल्म अभिनेत्री-पत्नी एलेक्जेन्ड्रा, संगीत-संयोजक फिलिप्स, प्रस्तुतकर्ता क्रिस्टोफर की समन्वित कोशिशें, और इधर कारन्त और रंगमंडल की सहयोग-

भावना। नाटक के स्वरूप को ध्यान में रखते हुए पहली रचनात्मक तलाश उस रंगस्थल की हुई जो यूनानी रंगमंच के अनुरूप हो। जैसे-जैसे शब्द दृश्य-रूप ग्रहण करने लगे, अभिनय-क्षेत्र का निर्णय होने लगा। कार्य-व्यापार का केन्द्र बनी वह तीन फुट ऊँची और उतनी ही चौड़ी पट्टी जिसने रंगभूमि के पेड़ों को समेटते हुए एक भव्य रूप ग्रहण कर लिया। चीड़ के-से ऊँचे पेड़ यूनानी स्तम्भों का आभास और वातावरण देने लगे। पीछे फैला अबूझ जंगल जीवन के अबूझ रहस्यों को व्यजित करने लगा। पट्टी के एक ओर एफ्रोडिटे देवी और दूसरी ओर आर्टेमिस की सफेद मूर्तियाँ स्थापित की गईं। इस प्रकार वनरंग (मुक्ताकाशी थिएटर का नाम) में बने इस नैसर्गिक रंगस्थल का विराट और प्रभावी आकार आकृष्ट करने लगा। ऐसी खोज करते समय अल्काज़ी को याद आना स्वाभाविक है। अपने प्रिय दो नाटकों—'अन्धायुग' और 'तुगलक'—के लिए उन्होंने बम्बई में टैरेस, दिल्ली में फिरोजशाह कोटला, मेघदूत और पुराना किला में कला-प्रयोग किए।

सोफोक्लीज के समकालीन, पर जीवनदृष्टि से भिन्न, यूरोपिडीज ने त्रासदी में दोनों पक्षों के अनिश्चय और अन्तर्विरोध को ऐसा व्यक्तिवादी आधार प्रदान किया जिसका असर आधुनिक यथार्थवादी नाटककारों तक में देखा जा सकता है। उनके 'हिप्पोलिटस' नाटक का कथानक यूनानी पुराण से लिया गया है। हिप्पोलिटस एथेन्स के सम्राट थेसियस का अवैध, पर प्रिय पुत्र था। उच्च शिक्षा-दीक्षा के कारण वह चरित्रवान ही नहीं, साहसी और सजीला जवान था। उसकी सौतेली माँ फैड्रा उस पर इतनी मुग्ध हो गई कि कामपीड़ा से अशान्त रहने लगी। चतुर परिचारिका हिप्पोलिटस को अन्त:पुर ले आई। फैड्रा की मनोदशा देखकर उसने माँ के घोर अनैतिक आचरण की भर्त्सना की। निन्दा और भय से आक्रान्त फैड्रा ने आत्महत्या कर ली। प्रतिशोध में वह यह पत्र लिखकर छोड़ गई कि हिप्पोलिटस ने मेरे साथ बलात्कार किया। पत्र पढ़कर सम्राट क्रोध से पागल हो गया। उसने बेटे को देश-निकाला दिया और शाप भी दिया। अपने ही रथ से घायल हिप्पोलिटस की मृत्यु हो गई।

यूनानी अनुष्ठान और विश्वास के अनुरूप यूरोपिडीज के नाटकों में देववाणियों का महत्त्व है। एफ्रोडिटे प्रेम की देवी है और आर्टेमिस आखेट की देवी है। दोनों में परस्पर शत्रुता है। प्रस्तावना में एफ्रोडिटे भविष्यवाणी कर देती है। वह फैड्रा का पक्ष लेती है और हिप्पोलिटस को कठोर दंड देती है। इसीलिए उसकी मृत्यु हुई। अन्त में, आर्टेमिस अपने भक्त हिप्पोलिटस की रक्षा करती है और स्वर्ग के लिए आमन्त्रित करती है। थेसियस पश्चात्ताप और ग्लानि से पीड़ित रहता है। इस तरह यह नाटक तीन व्यक्तियों की त्रासदी है। फैड्रा ने अपने पाप का दंड भोगा, थेसियस विवेकहीनता और हिप्पोलिटस दुर्भाग्य के कारण नष्ट हुए।

वेसिलि ने नाट्यालेख में कोई परिवर्तन नहीं किए। उन्होंने स्थितियों और व्यक्तियों को मानवीय और आधुनिक परिप्रेक्ष्य प्रदान किए। उन्होंने 'टु प्ले' के स्थान पर 'इन ले' के दृष्टिपथ के लिए कलाकारों को अनुप्राणित किया। वे कलाकारों की आन्तरिक ऊर्जा (फायर) और भाषा की लय (म्यूजिकैलिटी) से बहुत प्रभावित थे। यूनानी ट्रेजेडी की मूल परिपाटी का अनुसरण सम्भव न था। आमने-सामने की स्थितियों और प्रतिक्रियाओं से ही

उन्होंने दृश्य-संयोजन और अभिनय का स्वरूप तय किया। संवाद-प्रस्तुति को वे इमोशनल नहीं बनाना चाहते थे ताकि शब्द की प्रभविष्णुता बनी रहे। शब्दबहुल होने के कारण कार्य-व्यापार की गति बहुत धीमी रही। लम्बे-लम्बे संवादों को, जिनके बीच विराम दिए गए हैं, कलाकारों ने साहस के साथ सँभाला। फिर भी पूर्वार्द्ध शिथिल हो गया। तीनों प्रमुख पात्र मूल संवेदना और चरित्र के मर्म को प्रतिष्ठित करने में सफल रहे परन्तु अन्तर्जगत के सूक्ष्म उद्वेगों तक पहुँचने में समय लगेगा। मुखौटों, मुद्राओं, गतियों के प्रयोग कोरस को वह पहचान और शक्ति न दे सके जो उसे यूनानी थिएटर में प्राप्त है। कोरस और प्रस्तुति में अन्तर्क्रिया स्थापित न हो सकी।

संगीत इस प्रस्तुतीकरण का प्रबल और प्रभावी पक्ष है। यूनानी और भारतीय स्वरों के सर्जनात्मक मिश्रण से नवीनता आई। पार्श्व-संगीत और कोरस की गतियों में उसका उपयोग हुआ। वाद्य यंत्र भारतीय रहे। पार्श्व-संगीत और गीतों के संयोजन में संगीत अध्यापक चीनी और कारन्त की मुख्य भूमिका रही। कुल मिलाकर आस्वाद के स्तर पर भारतीय माधुर्य का चाहे अनुभव होता है परन्तु वह प्रस्तुति को भावमय और प्राणवान बनाता है।

इस नाटक का कन्नड़ अनुवाद रंगायन के अध्यापक रघुनन्दन ने किया। भाषा और अभिव्यंजना के स्तर पर यह इतना स्वच्छ, परिमार्जित और सजीव है कि कहीं बोझिल या बनावटीपन का अहसास नहीं होता। इसका एक और कारण है। कन्नड़ में इसी आशय की एक लोककथा प्रचलित है जिसमें सौतेली माँ पुत्र पर आसक्त हो जाती है। इस कथा को समय-समय पर कई कवियों ने उठाया है। इस समृद्ध साहित्य की अभिव्यक्ति-प्रणाली का रचनात्मक लाभ उठाते हुए रघुनन्दन अपने अनुवाद की नई लय विकसित करने में सफल रहे।

1972 में कारन्त द्वारा निर्देशित सोफोक्लीज के नाटक राजा ईडिपस के प्रभावी प्रस्तुतीकरण से कर्नाटक में यूनानी नाटकों को गम्भीरता से उठाया जाने लगा। वेसिलि का यह प्रस्तुतीकरण कहीं विशिष्ट नहीं लगा। पर उल्लेखनीय हैं वे सृजनशील अन्तर्कियाएँ, जिनका परिणाम है एक रम्य, नवगठित कार्यक्षेत्र, भावप्रबल संगीत, स्पष्ट-परिष्कृत अनुवाद, प्रकृति में चल रहे विकृति के खेल से आन्दोलित कलाकार जो इसे नया आयाम दे रहे हैं।

(नटरंग, 1991-92)

22

सम्पादक के दायित्व और वार्षिकी

आज ऐसी स्थिति आ चुकी है कि किसी भी प्रबुद्ध पाठक के लिए समसामयिक प्रकाशित साहित्य से परिचय-मात्र प्राप्त करना न सम्भव है और न आसान। ऐसी सूरत में वार्षिकी-योजना का स्वागत होना चाहिए। इस साहस का श्रेय सुपरिचित नाट्य समीक्षक नरनारायण राय को मिलता है जिन्होंने नाटक और रंगमंच जैसे क्षेत्र के लिए इस तरह का प्रयास किया है। वे इस योजना को सफल बनाने के लिए तत्पर एवं निष्ठावान हैं, जिसका प्रमाण 'हिन्दी नाटक और नाट्यसमीक्षा' के वर्ष 1974, 75 तथा 76 के प्रकाशित संकलन हैं। ऐसा लगता है कि राय अपने कार्य की सीमाओं के प्रति पर्याप्त सजग हैं, इसीलिए 'नाट्यसमीक्षा-1974' (सम्पादकीय, पृ. 6-7) तथा 'नाट्यसमीक्षा-1975' (सम्पादकीय, पृ. 5-6) में वे अपने प्रयोजनों को रेखांकित करते हैं : (क) वर्षभर की नाट्य-कृतियों का एकत्र-परिचय प्रस्तुत करना; (ख) वर्षभर की नाट्यसमीक्षा की प्रगति से पाठकों को अवगत कराना; (ग) समकालीन नाट्यसमीक्षकों को प्रतिनिधित्व देना; (घ) नाट्यसमीक्षा के स्तर में आ रहे नवीनतम परिवर्तन को रेखांकित करना जो भविष्य की सुदृढ़ नाट्यसमीक्षा के लिए प्रतिमान प्रस्तुत करने में भूमिका निभा रहे हैं; (ङ) नाट्यसमीक्षा-विषयक निजी सिद्धान्त की पुष्टि के लिए, नाट्यसमीक्षा की कृति-समीक्षा एवं प्रस्तुति-समीक्षा की एकत्र प्रस्तुति द्वारा ही नाट्यसमीक्षा की पूर्णता का प्रतिपादन करना।

'हिन्दी नाटक और नाट्यसमीक्षा 1975 तथा 1976' पर सरसरी नजर डाली जाए तो पहला असर यही होगा कि राय अपने प्रयोजन में सफल दिखाई देते हैं। पहली पुस्तक में सम्पादकीय; 1975 के नाट्य-साहित्य का सर्वेक्षण; कृति-समीक्षाएँ; प्रस्तुति-समीक्षक तथा नाटककार सूची, प्रथम प्रस्तुतियाँ, पत्र-पत्रिकाएँ, नाट्यालोचन और सन्दर्भ ग्रन्थ द्वारा वे कुशल संकलन-दृष्टि का परिचय देते हैं। अनुभव का लाभ उठाते हुए 1976 में वे कुछ सही संशोधन करने में समर्थ हुए : सम्पादकीय; हिन्दी नाटक 1976—सर्वेक्षण; कृति-समीक्षा—मौलिक नाट्यसंग्रह तथा लघुनाट्य, अनूदित नाट्य; प्रस्तुति-समीक्षा; परिशिष्ट : 76 के समीक्षक और उनकी समीक्षाएँ, 76 का नाटक साहित्य, 76 के नाटककार, सन्दर्भगत पत्र-पत्रिकाएँ, 76 के नाटकों के प्रथम प्रदर्शन एवं अन्य प्रयोग। 1976 के सर्वेक्षण को सम्पूर्णता और सार्थकता प्रदान करने के लिए राय ने अपेक्षाकृत अधिक सूझबूझ का परिचय दिया है। इस प्रकार ये सर्वेक्षण अपने आप में उस सीमा तक सफल है जहाँ वे अपने पाठक

को दोनों वर्षों की सामान्य जानकारी देते हैं। उपर्युक्त निर्धारित प्रयोजनों में क, ख, ग, की पूर्ति हुई है। इस सन्दर्भ में यह द्रष्टव्य है कि परिशिष्ट में वर्गीकृत सामग्री सर्वाधिक उपयोगी है; अर्थात् परिशिष्ट खंड शेष खंड की तुलना में ज्यादा लाभकारी हैं।

थोड़ा गहराई से इन पुस्तकों का अध्ययन किया जाए तो कई सवाल सामने आते हैं। प्रस्तुति-समीक्षा 1975-76 में केवल पाँच नाटकों की समीक्षाएँ लिखी गई हैं। दूसरे शब्दों में 1975 की पुस्तक के 156 पृष्ठों में से केवल 11 पृष्ठ तथा 1976 की पुस्तक के 166 पृष्ठों में से केवल 17 पृष्ठ इस खंड पर किए परिश्रम को उजागर करते हैं। प्रस्तुति-समीक्षा के चुनाव में महत्त्वपूर्ण एवं बहुचर्चित प्रस्तुतियों को नहीं लिया गया। 'रसगन्धर्व' की कारन्त या राष्ट्रीय नाट्य विद्यालय की; 'सूर्य की अन्तिम किरण से सूर्य की पहली किरण तक' की बजाज की, 'हयवदन' की राजिन्दर नाथ की प्रस्तुतियाँ अधिक प्रभावशाली रही हैं।

नाटक के प्रकाशन और प्रस्तुतीकरण में सदा अन्तराल रहता है। सम्पादक ने इस पक्ष पर पूरा सोचा-विचारा नहीं है, अन्यथा कई महत्त्वपूर्ण नाटकों की प्रस्तुति-समीक्षा और कई नाटकों की कृति-समीक्षा न छूट जाती। वर्ष 1975 में 'तीसरा हाथी', 'मरजीवा', 'चारपाई', 'गिनीपिग', 'कुमार की छत पर' जैसी उल्लेखनीय प्रस्तुतियों का अभाव खलता है। वर्ष 1976 में 'आठवाँ सर्ग', 'तीन एकान्त', 'एक सत्य हरिश्चन्द्र', 'यक्षप्रश्न', 'अलीबाबा', 'गिद्ध', 'बल्लभपुर की रूपकथा' के प्रस्तुतीकरण पर कोई प्रकाश नहीं डाला गया। पुस्तक प्रकाशन से पूर्व इनकी प्रस्तुतियों की चर्चा हो चुकी थी। इसी प्रकार 'ठहरा हुआ पानी', 'शह ये मात', 'मरजीवा', 'तेंदुआ', 'योर्स फेथफुली', 'चारपाई' जैसे प्रतिष्ठित नाटकों की कोई चर्चा नहीं की गई।

जिन नाटकों की कृति-समीक्षा और प्रस्तुति-समीक्षा की गई है, उनमें 'नाट्यसमीक्षा की पूर्णता' का कोई प्रयास नहीं किया गया। जैसे, 'रसगन्धर्व', 'व्यक्तिगत', 'सूर्य की अन्तिम किरण...', 'युद्धमन', 'एक और द्रोणाचार्य' के दोनों धरातलों पर हुए विवेचन से उठे प्रश्नों पर पारस्परिक दृष्टि से सम्पादकीय या विस्तृत भूमिका में विचार करने की कोशिश नहीं की गई।

'हिन्दी नाटक 1975 तथा 1976 : सर्वेक्षण' में सम्पादक का उद्देश्य होना चाहिए था—'नवीनतम परिवर्तन रेखांकित करना जो नाट्यसमीक्षा के लिए प्रतिमान' निर्धारित कर रहे हैं। राय ने मत-स्थापना के स्तर पर यह अवश्य दोहराया कि वर्तमान नाट्यसमीक्षा की माँग काव्यपक्ष और दृश्य-सम्भावनाओं की पारस्परिकता में है। परन्तु सारे विवेचन में वे इस दृष्टि से न कहीं विश्लेषण कर सके और न कोई प्रमाण ढूँढ़ने की कोशिश की गई। परिचित प्रणाली में प्रवृत्तियों का वर्गीकरण—ऐतिहासिक, पौराणिक—कथ्य के नाम पर कथा तथा प्रस्तुतीकरण के कुछ मुद्दे उठाना ही इस सर्वेक्षण का प्रयोजन रहा है। इस प्रकार जिन पक्षों की चर्चा सर्वेक्षण में की गई है, अधिकांश का विवेचन बाद में कृति-समीक्षा में हुआ है। सर्वेक्षण से मूल्यांकन के स्तर पर कोई गुणात्मक लाभ नहीं हुआ है। इस सन्दर्भ में केवल एक प्रश्न को उठाना चाहूँगा, हिन्दी नाटक, और काफी हद तक रंगमंच भी, बंगला और मराठी के अनुवादों से आक्रान्त रहा है। मौलिक नाटकों का अभाव न होते हुए भी दोनों क्षेत्रों में उनके सर्वव्यापी प्रभाव के कारक तत्त्वों का अनुशीलन नहीं किया गया।

नाट्यालोचन की सीमाओं को देखते हुए सम्पादक ने लगभग सभी परिचित समीक्षक लिए हैं—सिद्धनाथ कुमार, अज्ञात, गिरीश रस्तोगी, आत्मानन्द, जयदेव तनेजा, महेश आनन्द, आदि। परन्तु इससे बात बनती नहीं है। जिस समन्वित दृष्टि का दावा दोनों पुस्तकों में बार-बार किया गया है, उसके निर्वाह और पालन के लिए यथेष्ट परिश्रम नहीं किया गया। इस तरह सारा दायित्व सम्पादक पर आ पड़ा। नरनारायण राय के चिन्तन और लेखन की अपनी सीमाएँ हैं। 1975 की वार्षिकी में उन्होंने सम्पादकीय तथा विस्तृत सर्वेक्षण के अतिरिक्त छह समीक्षाएँ लिखीं। 1976 की वार्षिकी में सम्पादकीय तथा विस्तृत सर्वेक्षण के अतिरिक्त उनकी दस कृति-समीक्षाएँ, एक प्रस्तुति-समीक्षा संकलित हैं। जाहिर है कि यह कोई सुखद स्थिति नहीं है। एक व्यक्ति की, जो स्वयं सम्पादक भी है, सीमाओं ने ही इस प्रशंसनीय योजना की सम्भावना को संदिग्ध बिन्दु पर ला खड़ा किया है। इस योजना के उपर्युक्त रेखांकित पाँच प्रयोजन इस योजना की सम्भावनाओं को सीमाबद्ध अवश्य करते हैं परन्तु इन दोनों पुस्तकों में इनको छुआ भर गया है, इन्हें नाट्य-मूल्यों का दर्जा देने के लिए गम्भीर प्रयास नहीं किया गया। सूचना और परिचय के स्तर की उपयोगिता से ऊपर उठाने तथा इस कोशिश को ऐतिहासिक अर्थवत्ता प्रदान करने के लिए सम्पादक का अपने दायित्वों के प्रति सतर्क होना आवश्यक है।

चर्चित किताब

'हिन्दी नाटक और नाट्यसमीक्षा 1975, हिन्दी नाटक और नाट्यसमीक्षा 1976' : सम्पादक : नरनारायण राय; स्मृति प्रकाशन, इलाहाबाद; प्रथम संस्करण 1978

(नटरंग, 1979)

23

मार्क्सवादी विचार के तहत मुक्ति की मिथकीय सम्भावनाएँ

'कोमल गांधार' (1982) और 'माधवी' (1984) जैसे प्रमुख और प्रभावी नाटकों के प्रकाशन का यह स्पष्ट तात्पर्य है कि इस दशक में हमारे नाटककारों की मिथकों के प्रति दिलचस्पी में कमी नहीं आई है। इस आकर्षण के कारणों में अब गुणात्मक बदलाव आ गया है। राष्ट्रीय सम्मान या सांस्कृतिक पुनर्जागरण से अनुप्रेरित होकर वह अतीत के भव्य और प्रीतिकर पुनराख्यान का मुग्धभाव से चित्रांकन नहीं करना चाहता। पूर्ववर्ती नाटककारों के अनुभव से सतर्क इस दशक का नाटककार वर्तमान की धुरी—अर्थात् समकालीन यथार्थ से इतना गहरे जुड़ा-बँधा है कि अतीत के विलक्षण-रोमांचकारी संसार में वह बह नहीं सकता। अपनी पहचान के लिए ही मिथक या इतिहास का आश्रय लिया जाता है। वह वर्तमान के बुनियादी प्रश्नों को वर्तमान मानदंडों के आधार पर परखने के लिए अतीत के आलोक का लाभ उठाता है, ताकि नई अवस्था और नई दृष्टि से वर्तमान के संकट का सामना किया जा सके। स्पष्ट है, मार्क्सवादी विचारधारा इस दिशा में वह दृष्टिपथ प्रदान करता है जहाँ अतीत और वर्तमान के भेद छोटे होने लगते हैं और व्यवस्था में व्याप्त शोषण-तंत्र और वर्ग-संघर्ष के बड़े सवाल सामने उभर आते हैं। कहानीकार और कवि के रूप में सुपरिचित दूधनाथ सिंह की पहली नाट्य-कृति 'यमगाथा'* में इस परिप्रेक्ष्य की कुशलता से निभाने का प्रयास किया गया है।

पुरूरवा-उर्वशी का पौराणिक प्रसंग रोमांटिक के कारण विख्यात है। दूधनाथ सिंह के इस प्रसंग से सम्बद्ध समग्र सामग्री का अनुशीलन किया और वे इस निष्कर्ष पर पहुँचे कि निजी सम्बन्धों और भावनाओं वाले इस प्रसंग का पूरा और सही जायजा धार्मिक, सामाजिक और राजनैतिक स्थितियों के सन्दर्भ में लेना चाहिए। मार्क्सवादी दृष्टिकोण से वैदिक युग के समाज और संस्कृति का विश्लेषण किया जाए तो व्यवस्था के स्तर पर शोषण और वर्ग-द्वन्द्व के पूरे प्रमाण मिलेंगे। इस प्रकार मिथक के आधुनिकीकरण में लेखक ने तीखी अन्तर्दृष्टि का परिचय दिया है। एक ओर आर्य परम्परा की देवसंस्कृति है, जिसने यज्ञ-तंत्र के द्वारा अपनी प्रभुता को प्रतिष्ठित कर रखा है। असुरों और अनार्यों का जनसमुदाय धर्म के नाम पर, आचार अनुष्ठान से दबा-पिसता रहता है। सारी शक्ति और अधिकार प्रभु वर्ग के पास है, जिनके हाथ में सत्ता और शासन है। धर्मपथ राजपथ का अनुगामी है। स्वर्ग

* यमगाथा, दूधनाथ सिंह, लोकभारती प्रकाशन, इलाहाबाद।

के सारे वैभव और ऐश्वर्य इन्हें उपलब्ध हैं, इसलिए उसकी राजधानी अमरावती में विलास के लिए न बाधा है न द्वन्द्व। यज्ञ-संस्कृति के आतंक से विशाल जनसमुदाय दीन-हीन, 'अग्नि' से वंचित, पीड़ा और अभाव का जीवन बिताता है। ऐसे शोषित वर्ग की आकांक्षाओं का प्रतिनिधि है पुरूरवा जो रूढ़ि-विध्वंसक है और जो इन लोगों को न्याय और अधिकार दिलवाना चाहता है।

अर्थप्रधान मानदंडों के आधार पर क्या धर्मप्रधान व्यवस्था का विश्लेषण उचित ठहराया जा सकता है ? वैदिक समाज में वर्ग-संघर्ष की तलाश बाहरी सिद्धान्तों का आरोपण तो नहीं ? यह सवाल बने रहें परन्तु 'यमगाथा' का रचना संसार इस स्थापना पर बल देता है कि वर्ण और वर्ग विभाजन में तत्त्वत: अन्तर नहीं है। यहाँ के प्रभु-वर्ग में इन्द्र, नारद, गन्धर्व, ऋषि आदि अपनी उच्चता और पवित्रता का पूर्वग्रह रखते हैं। वे जिस यज्ञ-संस्कृति के संवर्धक थे, वह संकीर्ण और यथास्थितिवाद की पोषक थी। धार्मिक और नैतिक भावनाओं से खेलने वाले पितृहंता, पामर और लम्पट इन्द्र अपने को सर्वज्ञ, सनातन और सर्वाधिकारी समझता है। उसकी राजनीति धूर्त नीति है, जहाँ पर वह छल-छद्म से शत्रु को सामना करने लायक नहीं रहने देता। सत्ता बनाए रखने के लिए वह झूठ को सच बना सकता है और किसी भी प्रकार का समझौता कर सकता है। जनपदीय संस्कृति में आपसी मेलजोल से उपजे समन्वयवादी मूल्यों-आदर्शों का पालन होता है, जिसे वर्ण संकर कहा गया है। ऋषि होने के कारण वसिष्ठ इन्द्र के दुश्चक्र को समझता है। वह विचारक और सुधारक है, इसलिए धर्म की विकृतियों का विरोध करता है। वइ द्रष्टा है जिसकी नई परम्पराओं को जनजीवन में प्रचार-प्रतिष्ठा दिलाने का कार्य पुरूरवा कर रहा है। इस प्रकार राजतंत्र और यज्ञ-तंत्र से पीड़ित प्रजा के लिए वसिष्ठ-पुरूरवा मुक्तिदूत बनते हैं। विचार पक्ष और कर्मपक्ष के समन्वित प्रयास से दोनों को 18 वर्ष के मुक्ति-युद्ध में सफलता मिली। नवजागरण के अग्रदूत पुरूरवा को स्वर्ग में उर्वशी का हृदय जीतने और आम आदमी के लिए 'अग्नि' प्राप्त करने में बाधा का सामना नहीं करना पड़ा।

मार्क्सवादी दृष्टिकोण ने 'यमगाथा' के उल्लेख में धार और पैनापन ला दिया है। इधर नाटकीय अनुभव के स्तर पर उसे समकालीन यथार्थ से जोड़ा गया है। राजनीति का विकृत रूप जो मौजूदा व्यवस्था को घुन की तरह खा रहा है, इन्द्र के व्यक्तित्व और व्यवहार से बिलकुल ताजा हो जाता है। 18 वर्ष की संघर्ष-साधना के बाद जनता की यमगाथा से उभरा पुरूरवा जन आन्दोलन से कैसे अलग रह सकता है। व्यवस्था-विरोधी व क्रान्तिकारी पुरूरवा को जनकल्याण हेतु अपने जीवन का मूल्य चुकाना पड़ा। स्वर्ग की भोग्या अप्सरा उर्वशी का जैसे नई मानवीय संस्कृति से वास्ता पड़ा, उसमें नई स्त्रियोचित चेतना और शक्ति का उदय हुआ। वसिष्ठ ऐसा बुद्धिजीवी मनीषी ऋषि है जिसमें धार्मिक रूढ़िवादिता को समझने की अनोखी पकड़ है परन्तु उसका वर्गगत व्यवहार आड़े आता है। इस प्रकार 'यमगाथा' का समकालीनता का स्वर प्रच्छन्न होते हुए भी मुखर और व्यंजनापूर्ण है।

शोषण की प्रक्रिया और प्रणाली चाहे भिन्न लगे, यज्ञ-तंत्र के वर्गगत द्वन्द्व को नाटकीय अनुभव बनाने में दूधनाथ सिंह यथेष्ट समर्थ सिद्ध हुए हैं। वैचारिक आग्रहों ने नाट्य स्थितियों और पात्रों को प्रखर-प्रबुद्ध तो बना दिया पर पक्ष-विपक्ष का स्पष्ट पूर्वाभास होने लगता

है। द्वन्द्व के स्वरूप, प्रकार और दिशा प्रत्याशित होने के कारण नाटकीय विकास और उत्कर्ष का हनन हुआ है। ऐसा लगता है कि लेखक इसके प्रति सतर्क रहा है। इसलिए उसने व्यवस्था के प्रश्नों के परिप्रेक्ष्य में वैयक्तिक सवालों को भी उठाया है। इन्द्र, पुरूरवा, उर्वशी, वसिष्ठ को अपनी दुनिया में निजी उलझनों और आन्तरिक संघर्ष से जूझते दिखाया है। बहिर्जगत और अन्तर्जगत में संघर्ष-निर्वाह की दृष्टि से इन्द्र और उर्वशी के रेखांकन में अधिक सफलता मिली है। इसको यूँ भी स्वीकारा जा सकता है कि स्थिति तथा पात्र टाइप या प्रातनिधिक है परन्तु लेखक व्यक्ति-पक्ष के प्रति सचेष्ट रहा है।

मार्क्सवादी विचार और स्थापना को केन्द्र में रखकर ही ब्रेख्त ने एक नए नाट्य-शिल्प का सूत्रपात किया। उनके सामने यथार्थवादी और अयथार्थवादी रंगदृष्टि की सीमाएँ थीं। अपने मंतव्य को प्रमुखता देनी थी, इसलिए ब्रेख्त ने दोनों पद्धतियों का मिश्रण किया। इस पृष्ठभूमि में दूधनाथ सिंह का 'एपिक शिल्प' की वकालत करना प्रत्याशित लगता है। 'यमगाथा' की आधारभूमि यथार्थवादी है और इसलिए इस पद्धति की ओर विशेष झुकाव मिला है। नाटक का आलेख सुगठित है परन्तु प्रथम अंक जितना सुबद्ध है, वैसे शेष अंक नहीं रहे। कुछ दृश्यों को संयोजन जैसे I-2 प्रभावित करता है, कुछ दृश्य छोटे हैं। सूच्य और मंत्र कार्य में विवेक का ध्यान रखा गया है। कार्य-व्यवहार के साथ विस्तृत रंग संकेत उसकी इसी मनोवृत्ति की सूचना देते हैं। ये तीन प्रकार के हैं—एक दृश्यबन्ध और रंग उपकरण सम्बन्धी। दूसरा, दृश्यअंक-दृश्यान्त, प्रवेश-प्रस्यात। तीसरा, रंगचर्या। कार्य व्यापार में तीव्रता है, इसलिए यथार्थवादी पद्धति का आश्रय स्वाभाविक है परन्तु रंग संकेतों में अनुपात और अपेक्षा से अधिक दिलचस्पी न सही है और न उपयोगी।

नाटक के लक्ष्य और प्रयोजन को स्पष्ट करने के लिए अयथार्थवादी रूढ़ियों को अपनाया गया है। जन-चेतना को आन्दोलित करने के लिए काव्य का सहारा लिया गया है जो कथ्य को सम्प्रेष्य और प्रभावी बनाता है। इस दृष्टि से अन्तिम दृश्य में आकाश की ओर बाँहें कर, जैसे मशाल के समान गरम और तेज हो, वसिष्ठ एक नए जागृति-मंत्र का आवाहन करता है—मौत के साथियो! / तुम आँख हो / तुम चित्त हो, विचार हो / लौटो / यम की आँतों को फाड़कर / लौटो...

समवेत स्वर की यह प्रार्थना न ईश्वर से है, न देवता से है, न मात्र पात्रों से है, यह दर्शकों से है, हम-आप से है। यहाँ (अन्यत्र भी) नाटककार ने ब्रेख्त के निरपेक्ष-सिद्धान्त का सार्थक प्रयोग किया है। इससे नाटक का समापन सचमुच गहरा असर छोड़ता है। तीन अंकों के नाम—अग्नि-मंथन (चार दृश्य), द्वन्द्व (सात दृश्य), पुरुषमेध (दो दृश्य) विकास-यात्रा को समझने में मदद करते हैं। तीसरे अंक में अपेक्षानुसार नाटकीय उत्थान के स्थान पर शिथिलता है पर अन्तिम छोटे दृश्य 'उत्थान' की परिकल्पना से नाटक का सचमुच उत्थान हुआ है।

मिथकीय विश्वसनीयता तथा वातावरण बनाए रखने की कुछ अपेक्षाएँ और बन्धन हैं। दूसरी ओर, आधुनिक संवेदना के अपने तकाजे हैं। 'यमगाथा' में भाषा या अभिव्यंजना का प्रश्न लेखक की दुविधा को व्यक्त करता है। सवाल तत्सम शब्दावली का नहीं है, वैदिक युग के स्थान, पात्र, संकेत आदि अपनाने जरूरी थे। भूमिका की छोटी टिप्पणी का शब्द

प्रग्रहण (गिरफ्तारी) जरूर इशारा करता है कि मिथकीय मर्यादाओं के प्रति थोड़ा पवित्रतावादी रुख है इससे दुरूहता आ गई है। मार्क्सवाद के अनुशासन के कारण लेखक वर्तमान युग और व्यवस्था की लय को निभाना चाहता है। तत्सम शब्दावली को समकालीन प्रतिक्रियाओं, प्रतिध्वनियों और गूढ़ संकेतों के अनुरूप ढालने में लेखक एक सीमा तक सफल रहा है, कहीं-कहीं सम्प्रेषण में बाधा पहुँचती है। इस अन्तर्विरोध का परिणाम है निम्न अटपटे शब्दों का प्रयोग—बकवास (7), सिरफिरा (24)), आदत (27), दरबार (46), बेचैन (47), लुटेरा (49), मक्कार (53), अजूबा (78), सदाबहार (56), कबाड़ (101)।

वसिष्ठ का यह वाक्य—'इरादों को और खूँखार बनाते हैं' (63) अभिव्यंजना की सीमा को इंगित करता है। काव्य-खंडों में प्रचलित शब्दावली का प्रयोग इसलिए बाधक नहीं लगता क्योंकि उनका लक्ष्य निरपेक्ष सिद्धान्त के अन्तर्गत जन-स्तर की अभिव्यक्ति है। भाषा की कठिनाई वस्तुतः रचना दृष्टि के साथ जुड़ी हुई है। भाषा और अभिव्यंजना के कारण पौराणिकता का आवरण भारी नहीं होना चाहिए।

कुछ बातों पर ध्यान देना जरूरी है। नाटक पढ़ते हुए यह महसूस होता है कि पुरूरवा की चरित्रगत विशेषताओं का कम विवेचन हुआ है, स्वाभाविक नाटकीय कार्य और उत्कर्ष नहीं हुआ। इसी सन्दर्भ में यह द्रष्टव्य है कि तीसरे अंक की पूरी परिकल्पना कथ्य की दृष्टि से सार्थक हो सकती है, पर नाटकीय विकास की अपेक्षित तीव्रता खंडित हुई है। अनुष्ठान प्रक्रिया और अन्य प्रसंग अन्तिम अंक को शिथिल बनाते हैं।

दूधनाथ सिंह विचारों के सृजनात्मक रूपान्तरण में अवश्य सफल रहे हैं। अतीत उनके लिए नास्टेल्जिया नहीं है। 'यमगाथा' में मुक्ति की सर्वग्रासी इच्छा जितनी मिथकीय है, उतनी ही आधुनिक। मुक्ति चाहिए उस ह्रासोन्मुख सामाजिक-राजनैतिक आधार से जहाँ व्यक्ति विभाजित और विवश होकर अन्याय सहने के लिए अभ्यस्त होता है, वैयक्तिक स्तर पर अन्तर्मन के जड़ संस्कारों और रूढ़ियों से भी मुक्ति चाहिए ताकि अग्नि-मंथन किया जा सके। व्यक्ति और व्यवस्था, द्वन्द्व और अन्तर्द्वन्द्व की पारस्परिकता ने नाटक को प्रभविष्णु और समकालीन अनुभव से जोड़ा है। 'यमगाथा' एक ऐसा समर्थ आलेख है जो लेखक की पहली नाट्य-कृति का अहसास नहीं कराता। इसे रंगजगत में उपयुक्त स्थान मिलना चाहिए।

(आलोचना, 1989)

24

एक ऐतिहासिक नायक की समकालीन सम्भावनाएँ

समकालीन नाट्य-जगत में रचनाकार नरेन्द्र मोहन एक सुपरिचित हैसियत रखते हैं। रंग-जगत की नई चुनौतियों और अपेक्षाओं का उन्हें यथेष्ट अहसास है, उनके नाटक यदा-कदा खेले जाते हैं। उनका लिखा नया नाटक 'मलिक अम्बर' एक उल्लेखनीय नाट्य-कृति है। उसमें एक नए अछूते विषय को उठाने का साहस दिखाया गया है जिसके मूल सूत्र तो प्रगतिवादी चिन्तन से जुड़े हुए हैं और जिसके फुटकर संकेत नाट्यालेख में गुँथे भी हुए हैं परन्तु जिसकी वैचारिक अवधारणाओं से सायास बचने की कोशिश की गई है।

इथोपिया का रहने वाला वह एक अफ्रीकी हब्शी और गुलाम मलिक अम्बर एक काफिले के साथ हिन्दुस्तान इसलिए भाग आया ताकि वहाँ की पैशाची व्यवस्था की दमन और यातनाभरी जिन्दगी से बचकर वह एक आजाद इनसान होने का अहसास पा सके। इधर-उधर भटकने और संघर्ष करने के बाद मलिक दक्कन के निजाम के यहाँ टिक गया। वह अपने नाम के साथ जुड़े विशेषणों—दो दागों—एक विदेशी, दूसरा हब्शी और गुलाम को मिटाना चाहता था। इस मकसद को पूरा करने की कोशिश में मलिक अम्बर को कई प्रकार की विपरीत परिस्थितियों और तीव्र आन्तरिक द्वन्द्व का सामना करना पड़ा। इस प्रक्रिया का रचनात्मक लाभ यह हुआ कि अम्बर की अन्दरूनी ताकतें निखरती गईं, उसका मनोबल बढ़ता गया और एक साधारण दिखाई देने वाले विदेशी हब्शी में असाधारण क्षमताएँ पाई गईं। दरअसल अम्बर ऐसे देश में पला-बढ़ा हुआ, जहाँ अपने आचरण से वह गुलाम था। आजाद हिन्दुस्तान में वह खुली आँखों से एक नई और ऐसी जिन्दगी जीना चाहता था, जिससे यह साबित हो जाए कि वह एक संवेदनशील, जागरूक और बेहतर इनसान है, जो न अब परदेसी रहा और न गुलाम। सच्चाई यह है कि उपरलिखित दोनों मसले अम्बर की मनोग्रन्थियाँ-सी बन चुकी हैं, जिसके लिए उसे दोनों स्तर पर—बाहरी और अन्दरूनी संघर्ष करना पड़ा। संघर्ष के इस सफर को लेखक ने विश्वसनीय धरातल पर रखने की पूरी कोशिश की, पर वह संयम का निर्वाह नहीं कर सका। निजामशाही के अस्थिर हालात में वजीर-ए-आजम दलबीर खाँ को जहर देकर मार डाला गया। ऐसी बिगड़ी सियासी स्थितियों में वजीर-ए-आजम का पद मलिक अम्बर जैसे भरोसेमन्द सरदार को सौंपना पड़ा। उसने पूरी जिम्मेदारी से शासन की बागडोर सँभाली। अम्बर अपने सपनों को साकार करने में अति मानवीय क्षमता का परिचय देने लगा। देखते-देखते अम्बर ने देश का कायापलट कर दिया।

उसके पास एक जादू की छड़ी थी, जिससे उसने पहाड़ी इलाके के दुर्गम रास्तों से नई राजधानी के लिए पानी लाने के मसले को हल कर दिया। इस तरह दौलताबाद को एक आलीशान राजधानी बनाने में वह कामयाब हुआ। नाटक के पूर्वार्द्ध में घटनाक्रम जादू की छड़ी से अवश्य क्रियाशील रहा है—सम्भवत: अम्बर को स्थापित करने के लिए—परन्तु नाट्यालेख के उत्तरार्द्ध में लेखक जमीनी यथार्थ से टकराता है।

देसी और विदेशी के मुद्दे को इसलिए उठाया गया ताकि उसके बहाने से राजसत्ता पाने की महत्त्वाकांक्षाओं के उभरने और बढ़ने के मौके मिलें। इधर मुगल शासन अपने साम्राज्य के विस्तार के लिए दक्कन को अपने 'पिशाची पंजे' में लेना चाहता है। अम्बर की सेना के सरदार बादशाह जहाँगीर के प्रलोभनों के जाल में फँसते जा रहे हैं। सबसे पहले अम्बर के बेटे फतेह खाँ ने धोखा दिया, फिर राजू दक्कनी ने और अन्त में सेना के सरदार लखूजी जाधव जहाँगीर से जा मिला। विद्रोही राजू अम्बर की जेल में अवश्य है परन्तु अम्बर का दायाँ हाथ और भरोसेमन्द दोस्त मंसूर जहाँगीर के कब्जे में है। खड़की के युद्ध में अम्बर की पराजय से उसकी त्रासदी शुरू होती है। अन्दर और बाहर से घायल—मौत की ओर बढ़ रहे अम्बर के साथ केवल युवा सरदार शाहजी भोंसले रह गया। सारे सपने बिखर गए—अकेले-हताश अम्बर का अन्त!

अपने जीवन-संघर्ष में विफल अम्बर के सपने अवश्य टूटने लगते हैं परन्तु उसके विचार, उसकी उदात्त आकांक्षाएँ नहीं। अम्बर ने विदेशी-स्वदेशी की बनावटी दीवार को तोड़ने और मानवीय सौहार्द और एकजुटता की स्थापना के लिए अपने जीवन की आहुति दी। उसने पूरी निष्ठा और समर्पण-भाव से इस देश को अपना माना। उसने उदात्त जीवन-मूल्यों का पालन किया। और उन्हीं के अनुरूप पुरानी व्यवस्था में आमूल परिवर्तन किए—उसने गरीबी-गुलामी और आपसी भेदभाव को मिटाने और समतामूलक नई व्यवस्था की स्थापना के लिए क्रान्तिकारी कदम उठाए। पट्टे पर जमीन जोत रहे किसानों को उस जमीन के स्वामित्व के अधिकार दिए। नई व्यवस्था की प्रतीक नई आलीशान राजधानी—दौलताबाद की स्थापना को साकार किया।

ग्यारह दृश्यों के इस नाटक में नाट्य-शिल्प की दृष्टि से नाटककार ने ब्रेख्त और उसकी सोच के प्रगतिशील विचार-बिन्दुओं का लाभ उठाया है। नाटक का आरम्भ और अन्त एक नई रंगयुक्ति से किया गया है। अम्बर मलिक और उसकी पत्नी सईदा एक सामान्य प्रेक्षक के नाते नाटक के आरम्भ और उसके समापन पर ऐसे टिप्पणी करते हैं, जैसे उन्होंने सारा प्रस्तुतीकरण देखा-परखा हो और उस पर नए कोण से अपनी राय दे रहे हों। यह प्रयोग नाटकीय अनुभव में उत्सुकता और ताजगी लाता है। पहले पाँच दृश्यों में अधिकांश कार्य-व्यापार विवरणात्मक शैली में सूच्य बनाकर प्रस्तुत किया गया है। इन दृश्यों में मलिक अम्बर की सफलताएँ दृश्यांकित की गई हैं, जैसे—जल-जादूगर की खोज, नहरों का जाल बिछाना, बिलबिलाते किसानों की दुर्दशा और दौलताबाद—एक खूबसूरत राजधानी का निर्माण।

अम्बर के व्यक्तित्व निर्माण में उसकी माँ की महत्त्वपूर्ण भूमिका रही है, उनकी मौत मात्र एक सूचना बनकर रह गई। वृत्तान्त शैली में प्रस्तुत इन प्रसंगों के नाटकीय-आस्वाद को जीवंत और असरदार बनाए रखने के लिए गायन-मंडली का रचनात्मक प्रयोग किया

गया है। इस नाट्य-कृति के श्रेष्ठ-अर्थपूर्ण संवाद समान खंड के एकालाप हैं, जिनमें द्वन्द्व-अन्तर्द्वन्द्व को रेखांकित किया गया है। राजू दक्कनी इस नाट्यालेख का खल पात्र है, लम्बे एकालाप की रंगयुक्ति से उसकी मानसिक उथल-पुथल को प्रकट करते हुए उसके चरित्र को टाइप होने से बचा लिया गया है। इस नजर से आँकें तो सईदा का एकलाप सर्वाधिक सशक्त है, जो मलिक अम्बर के अन्तर्जगत की गुत्थियों और उसके व्यक्तित्व के नए पहलू पर प्रकाश डालता है। अम्बर की बेटी हमीदा के एकालाप को भी सईदा के संवाद के साथ रखा जा सकता है।

नाटककार ने कुछ अच्छे रंग प्रयोग किए हैं—बैंक स्टेज पर प्रकाश—आगे अँधेरा—पात्र अपनी मन:स्थिति के अनुरूप खड़े हैं। इस नाट्यालेख में बहुलांश कार्य-व्यापार विवरणात्मक हैं, जिसके लिए विस्तार से रंग-निर्देश लिखने पड़े। इस दिशा में लेखक विवेकशील नहीं रहा—बिना नाटकीय औचित्य दिए पात्रों का अकस्मात् प्रवेश या प्रस्थान या फेड इन—फेड आउट दिखाया गया है। नाटककार को रंग-शिल्प की समझ या जानकारी का होना एक अच्छी बात है परन्तु विस्तृत रंग-संकेतों द्वारा मंच-व्यापार में उसका दखल साबित करता है कि यह कोशिश अपनी सीमा का अतिक्रमण है।

इस बात का श्रेय रचनाकार नरेन्द्र मोहन को देना होगा जिन्होंने अपने अध्यवसाय और शोधपरक-साधना के बल पर दक्कन (निजाम) के इतिहास की एक विस्मयकारी विभूति की दुर्लभ क्षमताएँ उजागर कीं। जो लेखक अपनी विषयवस्तु के सन्दर्भ में इतिहास की खोज में गहरी दिलचस्पी लेते हैं और उसमें कामयाबी पाते हैं—जैसे अम्बर मलिक में। उनकी कुछ उत्साह, कुछ गर्व-भाव से लिखी भूमिका की अन्तर्ध्वनियों में एक प्रकार की ओज और चमक का आ जाना स्वाभाविक ही कहा जाएगा परन्तु इसे विडम्बना ही कहना होगा कि 'मलिक अम्बर' के नाट्यालेख में ये विशेषताएँ प्रतिफलित नहीं हो सकीं। अम्बर ने अपने को और अपने इस देश को बेहतर बनाने के लिए कई अग्नि-परीक्षाएँ दीं, ताकि अपने देश में गरीबी और गुलामी दूर हो सके। उसने नई व्यवस्था के सपने देखे। उसने युग-निर्माता का धर्म निभाया। इस नाटक की असली ताकत अम्बर के सपने बुनने में इतनी नहीं है, जितनी उन सपनों के टूटने की मर्मव्यथा में है। इस लड़ाई में वह अकेला पड़ता गया—अम्बर के त्रासद अन्त की वजह शत्रुओं से कहीं अधिक अपनों का विश्वासघात है। इस संकल्पना के लिए नरेन्द्र मोहन साधुवाद के पात्र हैं।

चर्चित किताब

'मलिक अम्बर' : नाटक, संजय प्रकाशन, दरियागंज, नई दिल्ली-110002, संस्करण 2011

(समकालीन भारतीय साहित्य, 2013)

25

‘सगरो पानी दे...’

रवीन्द्र भारती द्वारा लिखित ‘अगिन तिरिया’ एक विशिष्ट प्रकार की नाट्य-कृति है। इस नाटक के कथ्य से कहीं अधिक इसकी अभिव्यक्ति-शैली में स्थानीयता का ताना-बाना ऐसा गुँथा हुआ है कि इसे भिन्न प्रकार प्रदान करती है। यह जानकर कुछ सन्तोष होता है कि लेखक आदिवासी समाज के बीच रहा है और उनके सुधार का काम करता रहा है। जैसे भी हो, इस अन्तर्यात्रा से नाटककार ने एक अन्तर्दृष्टि अर्जित की, जिसकी वजह से वह आदिवासी समाज और उनके जीवन की समस्याओं के मूल बिन्दु तक पहुँचने में समर्थ हुआ। अन्याय और शोषण के साथ बिता रहे अपने जीवन में बराबरी लाने वाले एक बेहतर समाज के सपने जगाना और इस संघर्ष में कामयाबी हासिल करना एक दुर्लभ लक्ष्य था जो रवीन्द्र भारती ने इन कमजोर से दिखाई देने वाले आदिवासियों में पूरा कर दिखाया!

इस नाटक का मूल प्रश्न है ‘माँ अग्नि’ पर अधिकार। प्रकृति का ‘चिरन्तन सत्य है तिमिर’—ऐसी स्थिति में सत्ताधारी संन्यासी समाज अपने पुरखों को कैसे भूल सकता है, जिनकी युगों से चल रही तपस्या और साधना का यह प्रतिफल है कि अब उनके पास माँ अग्नि अवतरित हो रही है; जिसका दो दिन बाद अभिषेक होने जा रहा है। पूरे संन्यासी समाज में उत्सव और उल्लास का जोश छाया हुआ है। ‘माँ अग्नि’ ने उन्हें ताप दिया, आलोक दिया, दृष्टि दी, पथ दिया, साहस दिया और दिया सम्भावनाओं से भरा जीवन। इस सम्प्रदाय के संन्यासी पुरोहित ने साफ-साफ कह दिया कि जिसके पास ज्ञान और धर्म है वही आदमी, वही वर्ग उत्कृष्ट है—उसी को पृथ्वी पर जीने का, ‘माँ अग्नि’ के संरक्षण का एकमात्र अधिकार है। पृथ्वी के शेष आदमी निकृष्ट हैं, उन्हें ‘माँ अग्नि’ की आकांक्षा का, यहाँ तक कि पृथ्वी पर जीने का अधिकार नहीं होना चाहिए। तानाशाही मानसिकता रखने वाले इस संन्यासी सम्प्रदाय का यह विश्वास है कि “यदि माँ अग्नि सार्वजनिक हो गई तो धर्म का क्या होगा, हमारी सत्ता का क्या होगा।” इस प्रकार संन्यासी समाज सारी व्यवस्था का नियन्ता बना बैठा है।

दूसरा ‘निकृष्ट’ तबका प्रकृति की तरह सरल और निश्छल जीवन बिताना चाहता है। बिना किसी राग-द्वेष के उनका नजरिया है—‘मेघा सगरो पानी दे’, जैसे बिना भेदभाव के बादल चारों ओर पानी बरसाता है, वैसे ‘माँ अग्नि’ पर किसी का एकाधिकार नहीं होना चाहिए, उसे सार्वजनिक स्तर पर सर्वत्र प्रकाश बाँटते रहना चाहिए। यह तबका पराधीनता

के अँधेरे में जी रहा है। संन्यासी सम्प्रदाय दबे-सहमे इस तबके पर निरन्तर अत्याचार और दमन करता रहता है। अवसर मिलने पर इसकी हत्या करने में पीछे नहीं रहता। वनदेवी में दिव्य-शक्ति है, वह अपने तबके के लोगों में इस विकट स्थिति का सामना करने का आत्मविश्वास एवं साहस पैदा करती रही है। यह वनदेवी की संग्रामी-वृत्ति का नतीजा था कि मात्या ने पूरी सुरक्षा के होते हुए संन्यासी सैनिक से माँ अग्नि को छीन लिया और चारों ओर प्रकाश फैलाया।

विषयवस्तु की दृष्टि से 'अगिन तिरिया' का समाज उत्कृष्ट और 'निकृष्ट' दो वर्गों में तो बँटा हुआ है ही, दरअसल वह दोनों वर्गों—दलित आदिवासी और उच्च जाति के संन्यासी (मुख्यत: ब्राह्मण) में भी विभाजित है। 'अगिन तिरिया' के नाट्यालेख की संरचना कुछ इस प्रकार की है कि पाठक एक ऐसे नए भाव-संसार में प्रवेश करता है जो वास्तविक संसार के नियमों के अनुसार नहीं चलता। कार्य-व्यापार, पात्रों की गतियाँ, नाट्य स्थितियाँ कुछ मिथिकल रीति, कुछ प्रचलित विश्वास, कुछ फैंटेसी, कुछ यथार्थ के बेतरतीब हिसाब से परिचालित होती हैं। यहाँ के आदमी जीवन में जिस धीमी गति से काम करते हैं, नाट्यालेख का गठन भी उसी के अनुरूप है। यह नाटक तीन अंकों में विभाजित है, पहले अंक में सात, दूसरे में चार और तीसरे में नौ दृश्य हैं। नाटककार को नाट्यस्थितियों में अन्विति के निर्वाह की इतनी चिन्ता नहीं रही जितनी निकृष्ट समाज के परिवेश या पृष्ठभूमि की रही है। इन प्रसंगों-नाट्यस्थितियों का नियमन कौन-कैसे करता है, इनके औचित्य का कोई पता नहीं। मात्या-बाघ प्रकरण इसकी मिसाल है। मात्या यह कदम किसकी प्रेरणा पर उठा रही है, और यह कहाँ लिखा है कि बाघ को मारने के बाद मात्या 'माँ अग्नि' छीन लेने में समर्थ सफल हो जाएगी? पहले दो अंकों में नाटकीय सघनता कम है, शिथिलता से बचा नहीं गया। नाटक में इतने पात्र और नए-नए प्रकार की नाट्य-स्थितियाँ हैं जिनके प्रवेश ने प्रस्थान को साफ-साफ रेखांकित नहीं किया गया। तीसरे अंक में नाटकीय सूत्रों को बेहतर तरीके से सँभाला गया है। पहले दो अंकों की अस्पष्टता दूर करते हुए उत्कृष्ट और निकृष्ट तबकों के बीच का द्वन्द्व खुलकर सामने आ जाता है। इस अंक का समापन खंड विशेष रूप से नाटक का अन्त सब कुछ संयोजित करता हुआ सार्थक और उत्प्रेरक परिणति प्रदान करता है। जिस फुर्ती और हिम्मत से मात्या संन्यासी पुरोहित से 'माँ अग्नि' छीनकर भाग निकलती है और चारों ओर फैले अँधेरे को दूर कर प्रकाश फैलाती जाती है, यह नाटक के लक्ष्य को आलोकित करता है, समरसता और नवजीवन का संचार करता है।

इस नाटक के शीर्षक की संकल्पना केन्द्रीय स्त्रीपात्र—मात्या को सामने रखकर की गई है परन्तु सम्भावना यह है कि नाटककार ने तीनों प्रमुख पात्रों—वनदेवी, मात्या, सुआ को समन्वित कर 'अगिन तिरिया' शीर्षक का प्रातिनिधिक स्वरूप देना चाहा है। वनदेवी तो दिव्य क्षमता रखती है। उसके प्रीतिकर प्रशिक्षण से मन से कमजोर हुआ निडर और ताकतवर बन गई है। गम्भीर एवं निष्ठावान प्रकृति की मात्या अपने आचरण में संयत एवं संवेदनशील है। मात्या में अदम्य संकल्प शक्ति है, सादी-साधारण इस आदिवासी स्त्री में अब गजब की अन्दरूनी ताकत आ गई है। 'माँ अग्नि' का प्रकरण इसका प्रमाण है।

इस नाटक की अन्तर्वस्तु का विधान कुछ इस प्रकार का है कि एक ओर स्त्री पात्र हैं—ये सब निकृष्ट कोटि के हैं, दूसरी ओर पुरुष पात्र हैं—ये सब उत्कृष्ट तबके के हैं। निकृष्ट और उत्कृष्ट वर्गों में 'माँ अग्नि' के एकाधिकार को लेकर द्वन्द्व है। क्या यह स्त्री-पुरुष के बीच टकराहट का नाटक है? इस नाटक की विषयवस्तु के कई आयाम हैं—केन्द्र में है—'माँ अग्नि'। सत्ताधारी संन्यासी पुरोहित साम्राज्यवादी प्रवृत्ति का पालन करते हुए 'माँ अग्नि' पर अपना एकाधिकार बनाए रखना चाहते हैं, निकृष्ट स्त्री पात्र लोकतान्त्रिक उदात्त नजरिया रखते हैं। यह तबका चौतरफा प्रकाश फैलाने का पक्षधर है। इस नाट्यालेख में वर्ग-संघर्ष की पूरी स्थितियाँ मौजूद हैं।

'अगिन तिरिया' नाटक के कथ्य में, विषयवस्तु के फलक में समकालीन सन्दर्भों की अन्तर्ध्वनियाँ स्पष्ट रूप से सुनी जा सकती हैं। इस समय विश्व का यह एक ज्वलंत मसला है—प्राकृतिक संसाधन। ये प्रकृति की अपार सम्पदा है, उन पर एकाधिकार कैसे? वस्तु-स्थिति यह है कि आज विश्व की दक्षिणपन्थी ताकतें हों या वामपन्थी, दोनों ओर इन संसाधनों को हथियाने, अपने अधिकार में रखने की बेझिझक साम्राज्यवादी नीति का पालन हो रहा है। प्रकृति के नियमानुसार इन संसाधनों का प्रयोग करते समय साझेदारी, उदार मानवीय आदर्शों की बात तो बहुत होती है पर अमल में, अपने स्वार्थों की चिन्ता रहती है। इस नाटक में यह कैसी विडम्बना है कि उत्कृष्ट कोटि का संन्यासी सम्प्रदाय निकृष्ट आचरण करता है और निकृष्ट तबके का समाज आदिवासी दलित समाज—उदात्त मूल्यों की मिसाल कायम करता है। संन्यासी सम्प्रदाय के दमन एवं अन्याय से पीड़ित दबा-सहमा निकृष्ट तबका अपनी संघर्ष-साधना में विजयी होने पर 'माँ अग्नि' अपने कब्जे में ले लेता है। इस कामयाबी को हासिल करने के बाद यह तबका केवल अपने समाज तक प्रकाश को सीमित नहीं रखता बल्कि पूरी मानव जाति के लिए 'माँ अग्नि' को समर्पित कर देता है।

इस नाटक में स्त्री-पात्रों की भूमिका उल्लेखनीय है। सीधी-सादी मात्या में कुछ भी विशेष नहीं है। पर चुनौती मिलने पर उसके अन्दर के असाधारण की सम्भावनाएँ खुल जाती हैं, अब वह एक सबल आधुनिक चरित्र है। उसकी जड़ें अपनी जमीन से जुड़ी हुई हैं। वह प्रकृति की प्रतिमूर्ति और अपने आदर्श 'मेघा सगरो पानी दे' का निर्वाह करती है। मानव कल्याण के लिए प्रतिबद्ध मात्या एक मासूम अदना-सी औरत है परन्तु 'माँ अग्नि' की दिलेरी ने उसे स्त्री जाति का गौरव बना दिया।

चर्चित किताब

'अगिन तिरिया' : नाटक, राधाकृष्ण प्रकाशन, नई दिल्ली, संस्करण 2011

(समकालीन भारतीय साहित्य, 2012)

26

समकालीन विसंगतियों की संगत अभिव्यक्ति
रोशनी एक नदी है

समसामयिक संघात को तीखे यथार्थ के साथ प्रस्तुत करने की शुरुआत हुई भुवनेश्वर से परन्तु अलग-अलग कोण उसके प्रहार को नाटकीय रूप प्रदान किया उपेन्द्रनाथ अश्क, लक्ष्मीनारायण लाल (कुछ नाटक), अमृतराय, विपिन कुमार अग्रवाल, मुद्राराक्षस, सर्वेश्वर दयाल सक्सेना ने। लक्ष्मीकान्त वर्मा इस परम्परा के नाटककारों से इसलिए विरले एवं महत्त्वपूर्ण नाटककार हैं क्योंकि वे वर्तमान जीवन की जटिल एवं संश्लिष्ट स्थितियों के रेखांकन में सबसे अधिक सफल हुए हैं। लक्ष्मीकान्त वर्मा ने समसामयिक सन्दर्भों को सह-परिप्रेक्ष्य में उठाया है और इस तरह उन्होंने वास्तव में, सन्तुलित आधुनिक दृष्टि का परिचय दिया है। अपने नवीनतम नाटक 'रोशनी एक नदी है' में जिस साहस और कौशल के साथ नाटककार ने अपने समय की हलचल, छटपटाहट तथा बेचैनी को रूपायित किया है, वह समकालीन हिन्दी नाटक की दुर्लभ उपलब्धि है। असल में यह नाटक वर्तमान व्यवस्था में पनप रहे अन्याय एवं शोषण के तीव्र संघात तथा उनको सहने की आम आदमी की विवश नियति का दस्तावेज है। जीवन के चौराहे की विभिन्न, कहीं-कहीं अन्तर्विरोधी, पर वास्तव में एक ही व्यवस्था की उपज, जीवन, स्थितियाँ इस रचना की नाट्य-स्थितियाँ हैं। इस नाटक का कथ्य कोई विशिष्ट प्रश्न या समस्या नहीं परन्तु वर्तमान तंत्र में विद्यमान विषमताओं तथा विसंगतियों के प्रति तीखी प्रतिक्रिया तथा परिवर्तन की अदम्य आकांक्षा पर बल है।

लक्ष्मीकान्त वर्मा ने सीधा प्रहार उन सत्तासम्पन्न शक्तियों पर किया है जिन्होंने कोरे नारे जनता में चूसनी की तरह फेंक दिए ताकि उनको चूस-चूसकर जनता चुप एवं शान्त रहे तथा अपने उज्ज्वल भविष्य की प्रतीक्षा करे। यह इस व्यवस्था में ही सम्भव है कि 'जिन्दाबाद' सुखी रहे तथा 'इंकलाब' 'एक ऐसा टूटा हुआ खाली डिब्बा' हो जिसमें कुछ नहीं ठहरे। वस्तुतः इस देश का 'इंकलाब' जंगली है, इसमें आदमी का आदमी बना रहना कठिन है। वह जानवर बना दिया गया है। जैसे हितोपदेश की कथा में जानवर मानव की तरह कार्य व्यापार करते हैं, वैसे ही इस देश के गरीब 'जानवर' जिन्दा हैं। जानवर में फिर भी कहीं अनुशासन मिलता है और वह जरूरतन शिकार करता है परन्तु आदमी आदतन शिकार करता है। चारों ओर पाशविक वृत्तियाँ इस सीमा तक व्याप्त हैं कि मुखौटा लगाना आवश्यक हो गया है। इससे अब सुविधा रहती है और 'हर आदमी में अपना जानवर साफ

दिखाई देता है।' सच तो यह है कि आदमी और जानवर, लैम्पपोस्ट और कूड़ादान, दिल और रुपया की मर्यादाएँ अर्थहीन हो गई हैं। 'क्या जुलूस, अर्थी में शामिल होने वाली भीड़, बारात, मजदूरों की टोली में अन्तर है ? इन सबके परिप्रेक्ष्य में आत्मा का क्या महत्त्व है ? गरीब के लिए तो वह ऐसी लाश के समान है जिससे जितनी जल्दी छुटकारा पाया जाए उतना ही अच्छा है। ऐसे आत्मघाती वातावरण में मर्द और औरत जहर पीने के लिए झगड़ा करें तो चौंकना नहीं चाहिए।'

जाहिर है कि जीवन अपनी अर्थवत्ता खोकर धुरीहीन एवं दिशाहीन हो रहा है। चारों ओर व्याप्त इन विद्रूप स्थितियों के बावजूद जीवन की कोई संगति है ? 'रोशनी एक नदी है' में सचमुच रोशनी विकीर्ण होती है और यही नाटक का दूसरा महत्त्वपूर्ण आयाम है। वर्मा की दृष्टि में वह जुलूस है। जुलूस जनजागरण और जनशक्ति का प्रतीक है। अगर जुलूस को समर्थ नेतृत्व तथा दिशा-निर्देशन प्राप्त है तो वह 'इतिहास बदलता है, क्रान्ति लाता है' अन्यथा वह भीड़ है, मेला है, व्यर्थ का कोलाहल एवं नारा है। नाटक का वृद्ध पिता ऐसे ही नेतृत्व के लिए अनथक प्रयास कर रहा है। वह क्या सभी पात्र जुलूस की आकांक्षा एवं प्रतीक्षा कर रहे हैं। वृद्ध कई बार घायल हुआ, उसकी मृत्यु भी हो गई परन्तु इससे जुलूस का महत्त्व कम नहीं हुआ। नाटक का प्रारम्भ और समापन वृद्ध की हत्या से हुआ है। जुलूस ऐसी नदी के समान है जिसका अर्थ और इति एक है। उसमें जनजागरण और जन-शक्ति की रोशनी है जिससे प्रभावित होकर युवक कहता है—'यह मेरा पिता है, मैं उस जनता के बीच से उठकर आया हूँ, इसलिए यह हम सबका पिता है,' नाटक का यह प्राणवान समानान्तर पहलू आत्मघाती संस्कारों से उठते हुए निरन्तर संघर्ष एवं परिवर्तन के लिए प्रेरित करता है।

नाटक के कथ्य और नाटककार की जीवन-दृष्टि के परिप्रेक्ष्य में ही नाटक की रंग-दृष्टि और रंग-परिकल्पना का अनुशीलन किया जा सकता है। यथार्थवादी रंगविधियों पर आधारित एक ही दृश्यबन्ध तथा दृश्यसज्जा में सारा नाटक खेला जा सकता है : इस नाटक के वस्तु-तंत्र का विभाजन शास्त्रीय दृष्टि के अनुसार अंक-दृश्य में नहीं हुआ है। नाट्य-स्थितियों में परिवर्तन ही दृश्य-परिवर्तन की सूचना है। कहीं यह सूचना जुलूस के आने से, कहीं ट्रैक-ब्रैक-क्रैक के आने से दी गई है। नाटक के मुख्य पात्र हैं लड़का-लड़की, वही मर्द-औरत, वहीं नीरद-कुमकुम की भूमिका करते हैं। वृद्ध पिता सारे नाट्य-तंत्र की मूल धुरी है जो नाटक के दूसरे समानान्तर पक्ष को उजागर करता है। तीन अन्य मुख्य पात्रों से शेष सभी पात्रों का कार्य निभाया जा सकता है।

प्रेक्षागृह का प्रयोग इस नाटक के सन्दर्भ में इसलिए अर्थवान है क्योंकि इसके माध्यम से नाटककार दर्शक को सहभागी बनाकर जुलूस से जोड़ना चाहता है। बीच-बीच में प्रेक्षागृह से पात्रों का अपनी तीखी प्रतिक्रियाएँ व्यक्त करना चौंकाने वाली रंगविधि नहीं है बल्कि कथ्य को उजागर करने वाली प्रभावशाली रंगरूढ़ि है। इसी तरह बीच-बीच में संकेत अभिनय तथा मुखौटों का प्रयोग किया गया है।

वर्मा ने इस नाटक में 'ऐब्सर्ड नाट्य शैली' का सार्थक प्रयोग किया है। विसंगतिपूर्ण जीवन की प्रभावोत्पादक प्रस्तुति के लिए इस रंग-शैली का आश्रय लेना स्वाभाविक है।

लड़का और लड़की, मर्द और औरत के सामान्य रूप से तथा ट्रैक-ब्रेक-क्रैक के सारे संवाद विशेष रूप से अलगाव का बोध कराते हैं इनमें तत्त्वत: संगति एवं सार है।

जहाँ असंगति हो वहाँ स्वाभाविक है कि व्यंग्य एवं चुभन हो। इसलिए स्थान-स्थान पर पैनी टिप्पणियाँ तथा तीखी प्रतिक्रियाएँ मिलती हैं। संवाद छोटे, क्षिप्र तथा पैने हैं। इस सन्दर्भ में वर्मा को सर्वाधिक सफलता सही भाषा के चुनाव में मिली है। सच तो यह है कि भाषिक चेतना के आधार पर उनकी समसामयिक चेतना का बोध हो जाता है। लैम्पपोस्ट, कूड़े का डिब्बा, जुलूस, इंकलाब, जिन्दाबाद जैसे प्रचलित शब्दों का प्रतीकात्मक प्रयोग नाटक के यथार्थ रूप को उजागर करता है।

'रोशनी एक नदी है' में विविधता है और विस्तार है। प्रारम्भ में तीन गुंडों तथा उत्तरार्द्ध में आदम-हव्वा के प्रसंग को संक्षिप्त किया जा सकता है। नाटककार को ब्रेक-क्रैक-ट्रैक से चाहे कितना मोह हो, उनके प्रवेश पर रोक लगाकर नाटक को सुबद्ध बनाया जा सकता था।

जैसा कि लक्ष्मीकान्त वर्मा ने 'आदमी का जहर' में स्वीकारा है, नाटक 'आदमी के विभिन्न पक्षों, विभिन्न चेहरों सौर विरोधात्मक तत्त्वों की झाँकी दिखाता है' 'रोशनी एक नदी है' इन्हीं अन्तर्विरोधों का दस्तावेज है। वर्मा की अपनी स्थापना के अनुरूप यह नाटक न ड्राइंग रूप में सड़ने और न इतिहास का 'ममी' बनने के लिए है। इसमें अपने समय के ताप तथा परिवेश का दबाव है। यही इस नाटक की प्राणशक्ति है जो इसे समकालीन नाटकों से भिन्न परन्तु महत्त्वपूर्ण प्रमाणित करती है। नाट्य-लेखन के माध्यम से सामाजिक यथार्थ के प्रति प्रतिबद्धता और उसी के परिप्रेक्ष्य में रंग-अन्वेषण ऐसी विशेषताएँ हैं जो लक्ष्मीकान्त वर्मा की अनंत नाटकीय सम्भावनाओं को इंगित करती हैं।

(रंगमंच कला मन्दिर, ग्वालियर, 1976-77)